本丛书系国家社科基金“一带一路”建设研究专项“‘一带一路’沿线国别研究报告”（批准号：17VDL002）成果，并得到上海社会科学院“一带一路”建设专项经费资助

总主编　王振

副总主编　王健　李开盛　王震

“一带一路”国别研究报告

（菲律宾卷）

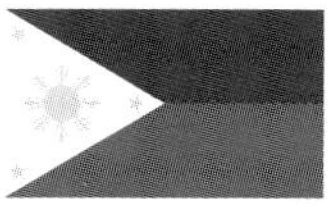

李开盛　等著

The Belt and Road Country Studies

(Philippines)

中国社会科学出版社

图书在版编目（CIP）数据

“一带一路”国别研究报告．菲律宾卷／李开盛等著．—北京：中国社会科学出版社，2022.1

ISBN 978－7－5203－9660－8

Ⅰ.①一…　Ⅱ.①李…　Ⅲ.①政治—研究报告—世界②政治—研究报告—菲律宾　Ⅳ.①D52②D734.1

中国版本图书馆CIP数据核字（2022）第018707号

出 版 人　赵剑英
责任编辑　周晓慧
责任校对　刘　念
责任印制　戴　宽

出　　版　中国社会科学出版社
社　　址　北京鼓楼西大街甲158号
邮　　编　100720
网　　址　http://www.csspw.cn
发 行 部　010－84083685
门 市 部　010－84029450
经　　销　新华书店及其他书店

印刷装订　北京君升印刷有限公司
版　　次　2022年1月第1版
印　　次　2022年1月第1次印刷

开　　本　710×1000　1/16
印　　张　45
插　　页　2
字　　数　751千字
定　　价　258.00元

总　序

自习近平总书记2013年分别在哈萨克斯坦和印度尼西亚提出建设“丝绸之路经济带”和“21世纪海上丝绸之路”以来，“一带一路”倡议得到了沿线国家的普遍欢迎，以政策沟通、设施联通、贸易畅通、资金融通、民心相通为代表的“五通”成为连接中国与世界的新桥梁与新通道。习近平总书记在第二届“一带一路”国际合作高峰论坛开幕式上发表的主旨演讲中特别指出：共建“一带一路”，顺应经济全球化的历史潮流，顺应全球治理体系变革的时代要求，顺应各国人民过上更好日子的强烈愿望。面向未来，我们要聚集重点、深耕细作，共同绘制精谨细腻的“工笔画”，推动共建“一带一路”沿着高质量发展方向不断前行。

2014年以来，上海社会科学院积极推进“一带一路”相关研究和国别数据库建设。2017年4月，正值第一届“一带一路”国际合作高峰论坛召开之际，我们与中国国际经济交流中心紧密合作，联合推出了智库型“丝路信息网”。在创建“一带一路”数据库的过程中，我们深感以往学术界、智库对“一带一路”沿线国家的国情、市情研究在广度和深度上都存在着明显不足。比如，传统的区域国别研究或以历史、语言等为背景，或主要局限于国际问题领域，往往缺乏国情、市情研究的多学科特点或专业性调研；对于当下“一带一路”建设中的实际需求也考虑较少。“一带一路”沿线国家各有其不同的历史文化和国情，只有深入了解和认识这些国家的国情、市情，才能为“一带一路”建设和相关决策提供较为扎实的智力保障和知识依托。

全国哲学社会科学工作办公室为推进“一带一路”国情研究，于2017年专门设立了“一带一路”国别与数据库建设研究专项，并组织上海社会科学院、中国人民大学国家发展与战略研究院、兰州大学中亚研究所三家智库组成联合课题组，系统开展“一带一路”国别研究。2018 年正式启动第一期研究，三家智库根据各自专业优势，分别选择不同国家开展研究，并在合作交流中逐步形成了体现国情研究特征的国别研究框架体系。

上海社会科学院高度重视“一带一路”相关研究，并具有较为扎实的国际问题研究和国别研究基础。在王战教授（原院长）、张道根研究员（原院长）、于信汇教授（原党委书记）等原领导和权衡党委书记、王德忠院长、干春辉副院长的支持和指导下，由副院长王振研究员牵头，组成了跨部门研究团队。其中，既囊括了本院国际问题研究所、世界经济研究所、应用经济研究所、城市与人口研究所、宗教研究所、社会学研究所、本院数据中心等相关研究部门的科研骨干，还特邀上海外国语大学、同济大学、复旦大学等上海高校的学者担任国别研究首席专家。在各位首席专家的牵头下，不仅有我院各个领域的科研骨干加入各国别研究团队，还吸收了国内外的一流专家学者参与国别研究，真正形成了跨学科、跨领域的国际化研究格局。

为深化“一带一路”国别研究，有力地推动“一带一路”国别数据库建设，我们在充分总结、评估和吸收现有各类研究文献基础上，更为突出国情研究的特定类型和方式，并在课题研究和数据库建设中特别重视以下几方面特征。一是内容的相对全面性。即除了研究各个国家的资源禀赋、对外开放、人口结构、地域政治外，还要研究各个国家的综合国力、中长期战略、产业结构、市场需求、投资政策、就业政策、科教文化、政治生态、宗教文化等，同时涉及重点城市、产业园区的研究等。特别是用了较大篇幅来梳理、分析我国与这些国家关系的发展。二是调研的一线性。课题组既要收集、整理对象国政府和智库的最新报告，并动员这些国家的优秀专家参与部分研究，增强研究的客观性和实地性，又要收集、整理来自国际组织、国际著名智库的最新国别研究报告，以便多角度地进行分析和判断。三是观察的纵向时序性。课题研究中既有对发展轨迹的纵向梳理和评价，同时还包括对未来发展的基本展望和把握。四是数据库建设内容更新的可持续性与实用性。课题组既要研究国情信息来源渠道的权威性、多样性和长期性，确保国情研究和数据库建设基础内容的需要，同时还要研究如何把汇集起来的大量国情内容，经过专业人员的分析研究，形成更加符合政府、企业和学者需要的国情研究成果。

在研究过程中，课题组经过多次讨论、反复推敲，最终形成了包括基本国情、重大专题和双边关系三方面内容的基本研究框架，这一框架所蕴含的研究特色至少体现在以下三个方面：一是通过跨学科协作，突出基本国情研究的综合性。在第一篇"基本国情"部分，我们组织了来自经济学、地理学、人口学、政治学、国际关系学、宗教学等学科和领域的专家，分别从综合国力、人口结构、资源禀赋、基础设施、产业结构、政治生态、民族宗教、对外关系等方面对"一带一路"沿线国家的基本国情进行深度剖析。二是结合"一带一路"建设需要，突出重大专题研究的专业性。本书第二篇为"重大专题"，我们采取了"3＋X"模式，其中"3"为各卷均需研究的基本内容，包括国家中长期战略、投资与营商环境、中心城市与区域影响力。"X"为基于各国特定国情，以及"一带一路"建设在该国的特定需要而设置的主题。三是着眼于务实合作，突出双边关系研究的纵深度。第三篇主要侧重于"双边关系"领域，我们同样采取了"3＋X"模式。其中，"3"仍为各卷均需研究的基本内容，具体内容包括双边关系的历史与前瞻、对象国的"中国观"、"一带一路"与双边贸易。这些内容对于了解中国和"一带一路"沿线国家双边关系的历史与现实有着非常重要的意义。"X"则着眼于"一带一路"背景下的双边关系特色，以突出每一对双边关系中的不同优先领域。

经过科研团队的共同努力，首期6项国别研究成果（波兰、匈牙利、希腊、以色列、摩洛哥和土耳其）在2020年、2021年由中国社会科学出版社出版，并得到了学界和媒体的较高评价。第二期课题立项后，我们立即组织国内外专家分别对埃及、阿尔及利亚、印度尼西亚、巴基斯坦、菲律宾、斯里兰卡、伊朗、沙特、捷克、马来西亚10国进行了全面研究。第二期课题在沿用前述研究思路和框架的同时，还吸取了首期课题研究中的重要经验，进一步增强了研究的开放性和规范性，强化了课题研究质量管理和学术要求，力求在首期研究成果的基础上"更上一层楼"。

我们特别感谢全国哲学社会科学工作办公室智库处和国家哲学社会科学基金（以下简称"全国社科规划办"）对本项目第二期研究所给予的更大力度的资助。这不仅体现了全国社科规划办对"一带一路"国别研究和数据库建设的高度重视，也体现了对我们首期研究的充分肯定。我们要感谢上海社会科学院有关领导对本项研究的高度重视和大力支持，感谢参与这个大型研究项目的全体同仁，特别要感谢共同承担这一专项研究课题的中国人民大学和兰州大学研究团队。五年来，三家单位在各自擅长的领域共同研究、分别推进，这种同侪交流与合作既拓展了视野，也弥补了研究中可能出现的盲点，使我们获益良多。最后，还要感谢中国社会科学出版社提供的出版平台，他们的努力是这套丛书能够尽早与读者见面的直接保证。

王　振

上海社会科学院副院长、丝路信息网负责人

2022 年 2 月 25 日

本卷作者

前言　李开盛　上海社会科学院国际问题研究所副所长、研究员

第一篇

第一章　周　琢　上海社会科学院世界经济研究所副研究员

第二章　周海旺　上海社会科学院城市与人口发展研究所副所长，研究员

　　　　曹小雪　上海社会科学院城市与人口发展研究所硕士研究生

第三章　海骏娇　上海社会科学院信息研究所博士

第四章　马　双　上海社会科学院信息研究所助理研究员

第五章　卢晓菲　江苏省社会科学院世界经济研究所助理研究员

第六章　来庆立　上海社会科学院中国马克思主义研究所副研究员

第七章　史习隽　上海社会科学院宗教学研究所助理研究员

第八章　李开盛　上海社会科学院国际问题研究所副所长、研究员

　　　　张启平　上海社会科学院国际问题研究所硕士研究生

第二篇

第一章　张宇权　中山大学国际关系学院副教授

第二章　李冬雪　上海社会科学院“一带一路”信息研究中心助理翻译

第三章　王学东　中山大学国际关系学院副教授

第四章　魏家佳　上海师范大学地理系硕士研究生

　　　　廖邦固　上海师范大学地理系副教授

　　　　邓智团　上海社会科学院城市与人口研究所研究员

第五章　杨静林　广西民族大学东盟学院副教授

第六章　蒋国学　暨南大学国际关系学院研究员

　　　　李晓月　广东省亚太地区发展研究中心副研究员
第七章　杨静林　广西民族大学东盟学院副教授
第八章　刘　锋　海南师范大学菲律宾研究中心执行主任
第九章　代　帆　暨南大学国际关系学院/华侨华人研究院副院长
　　　　关瑶玲　暨南大学国际关系学院/华侨华人研究院硕士研究生

第三篇

第一章　王海峰　广西大学中国东盟研究院菲律宾研究所助理研究员
　　　　张南侠　郑州大学马克思主义学院助教
第二章　代　帆　暨南大学国际关系学院/华侨华人研究院副院长
第三章　缪慧星　广西大学中国—东盟研究院副院长、讲师
　　　　蔡　可　广西大学商学院硕士研究生
第四章　李　姣　暨南大学国际关系学院/华侨华人研究院硕士研究生
第五章　代　帆　暨南大学国际关系学院/华侨华人研究院副院长

前　言

菲律宾地处东南亚，是一个多民族群岛国家，面积 29.97 万平方公里，人口约 1.08 亿（2019 年 11 月）。14 世纪以前，菲律宾群岛上仅有诸多土著部落，并不存在现代意义上的国家。14 世纪后期，在今菲律宾南部的苏禄群岛出现了菲律宾历史上第一个国家——苏禄苏丹国。1565 年，菲律宾群岛沦为西班牙殖民地。1898 年 6 月 12 日，宣布独立。但于同年美西战争后，又成为美国殖民地，直至 1946 年 7 月 4 日获得独立。菲律宾为发展中国家，也是世界上的新兴市场之一，近年来，经济发展较快但贫富差距很大。中国同菲律宾于 1975 年 6 月 9 日建交，建交以来双边关系总体发展顺利，但不时受到南海岛礁主权争端的影响。2005 年，两国建立致力于和平与发展的战略性合作关系。2018 年 11 月，在习近平主席对菲律宾进行国事访问期间，两国领导人一致决定建立全面战略合作关系。

当前菲律宾政府对中国的"一带一路"倡议表示了浓厚的兴趣。杜特尔特总统分别于 2017 年、2019 年前来中国参加"一带一路"国际合作高峰论坛，双方也达成了多项合作协议。在"一带一路"建设过程中，菲律宾扮演着十分重要而特殊的作用。这是因为"一带一路"倡议推行七年来，积累了许多的经验与教训，其项目建设以及整个倡议的成败，受到各方面因素的影响。菲律宾作为一个在政治、经济、文化、社会等方面均明显不同于中国的国家，又是东盟成员、美国盟友和"一带一路"建设的重要伙伴，相关影响因素均可以在菲律宾找到。从这个意义上讲，菲律宾确实是观察、推进"一带一路"建设的特殊样本，对于我们思考今后"一带一路"的进一步发展具有重要意义。

影响"一带一路"建设的因素不少，一是中国经济发展经验与当地国情的契合程度。“一带一路”倡议强调基础设施建设，致力于以产业园的方式推动中国与当地的产能合作，这些都体现了中国在改革开放40多年中所积累的经验，对于后发的发展中国家确实具有重要的借鉴意义。但是，其他国家能否接受、适应并学好这些经验，与当地的国情紧密相关。菲律宾恰恰是一个与中国在政治、经济和社会制度等方面极其不同的国家。菲律宾尽管地处东方的亚洲，但作为美国的前殖民地以及按美国模板打造出来的国家，它在许多方面更加类似于西方而非东方。但与此同时，菲律宾的一些领导人，典型的如现任总统杜特尔特以及2001—2010年担任总统的阿罗约，又十分重视中国的经济发展经验，愿意与中国开展合作。正因如此，杜特尔特上台后即在全国开展“大建特建”计划，强调引进外资。但其政策能在多大程度上改变菲律宾经济发展的原有道路与模式，还有待观察。面对发展落后的现象与西方发展理念交相充斥的菲律宾国情，“一带一路”建设如何去调整、适应，仍然需要探索。

二是对当地营商环境的适应。营商环境是决定一个项目与企业在成败的重要外部因素，中国企业已经习惯在一个快节奏、日益规范化的中式经营环境中运作，在“走出去”的过程中往往有水土不服的问题。特别是在一些法律规定比较烦琐、办事程序又较为缓慢的国家，中国企业往往显得特别不适应。而菲律宾在这方面就体现出与中国较大的差异。从世界银行发布的《营商环境报告》来看，菲律宾的排名是比较落后的。2020年较前有了很大进步，但也只是从第124名上升到了第95名，特别是在开办企业、获得信贷、执行合同等项上都排在130名以外。另外，尽管受美国影响，菲律宾也是一个有着较强民族主义情绪的国家，在不少领域对外资设置了40%的投资比例限制，这对于那些一心想要掌控项目与企业主导权的中国企业来说不是一个好消息，有些就不得不求助于当地合作伙伴，如在不突破40%限制的前提下多找几家当地合作方，从而保持多数股份与控制权。沿带沿路国家往往是发展中国家，营商环境有待改善是很自然的事，但中企“走出去”就必须学会并适应当地的营商环境，在自己的目标、经营习惯与当地环境之间取得合理的平衡。

三是当地政府的更替。“一带一路”倡议视政策沟通为五通之一，当地政府的支持至关重要。在不少国家，其政府会因选举而出现定期的更替，其对华政策包括对“一带一路”倡议的态度很容易因此而发生改变。

特别是在那些竞争激烈的两党制国家，其内外政策往往因政府更迭而出现180°的大转变，“一带一路”建设因此也可能出现过山车式的变化。菲律宾就是一个典型。自1986年马科斯政府垮台以来，为了防止独裁重演，菲律宾现行宪法规定总统任期六年、不能连任，同一领导人连续执政的可能性就没有了。由于菲律宾政党体制较弱，同一政党想换一领导人继续执政也不太可能，因此政策六年一变就成了常态。阿基诺三世政府时期，由于菲律宾发起所谓南海仲裁案，双边关系跌至谷底，自然谈不上参加中国倡导的“一带一路”建设。杜特尔特上台，不但表态“搁置”“南海仲裁裁决”，而且主动对接中国的“一带一路”建设，积极学习中国的发展经验。但是，杜特尔特的任期截止到2022年，如果下一任领导人不延续杜特尔特的对华政策，“一带一路”倡议在菲律宾的前景将蒙上一层阴影。因此，如何更好地与东道国不同党派打交道，使参与“一带一路”建设成为东道国的跨党派共识，中国还有很多工作要做。

四是贪腐问题的影响。中国政府一直致力于打击企业的海外腐败行为，2017年第一届“一带一路”国际合作高峰论坛提出要建设“廉洁之路”。但是，由于海外经营环境复杂、个别企业急功近利以及国际合作监管的缺失，有些“一带一路”项目还是会卷入当地的腐败丑闻之中，从而对“一带一路”建设的信誉造成重大影响，甚至直接影响到相关项目在当地的开展。菲律宾腐败问题历来突出，这方面的风险也比较大。在阿罗约政府时期，就有不少中资企业因参与项目而卷入当地官员的贪腐丑闻中，从而导致项目受挫。当前杜特尔特政府厉行反腐，加上“一带一路”项目建设逐步规范，尚未有这方面大的丑闻传出。但是，考虑到菲律宾的腐败文化与运作方式根深蒂固，对这方面的防范与监管绝不可以掉以轻心。两国如何在中国开展的腐败预防与打击方面进行深入的合作，如何避免一些纯粹的法律事件被当地的反政府人士与媒体进行“政治化”的炒作，还有很大的改进空间。

五是当地非政府组织的影响。企业是“一带一路”倡议在东道国落地生根的主要执行者，也是各种机遇、矛盾与挑战的聚焦点。一旦一个项目破土动工，就很可能涉及劳工、环境、土地拆迁等问题。对于这些问题，国内已经有一套成熟的处理机制，中国企业也已经适应。一旦到了国外，虽问题依旧但所带来的挑战与处理的方式可能就完全不同，这是因为许多沿带沿路国家受西方体制的影响，存在较为强大的非政府组织，而劳工、环境、土地等都是它们集中关注的议题。即使相关项目对于东道国以及当地来说，从整体和长期来看确实有益处，但这些非政府组织及其所代表的利益群体可能会从他们的视角提出不同的看法，并常以弱者的身份出现，通过媒体、社会活动甚至是政治抗议来博得同情和阻碍项目的正常进行。许多东道国政府能够较为妥善地处理这些问题，但有些行政能力较弱的政府却不一定应付得了。而且，有些东道国内部政治形势复杂，这些非政府组织在卷入其中后，往往成为该国各派系间政治斗争的重要工具，而“一带一路”项目与形象也往往因此受到波及和损失。因此，处理好非政府组织的影响，不但是“一带一路”企业要特别关注的问题，也成为中国从“一带一路”建设整体角度加以认真处理的因素。

六是美国的影响。自从中国提出“一带一路”倡议以来，美国出于压制中国崛起的需要，对“一带一路”倡议进行了各种抹黑和打压，其影响手段多种多样：一是利用其在国际舆论上的主导权制造“债务陷阱”等不实谬论，在相关国家中制造恐慌；二是利用其在相关国家的政治影响，甚至直接施加外交压力，对“一带一路”倡议项目进行抵制；三是联合相关国家推出诸如“蓝点网络”等计划，名义上响应发展中国家基础设施建设的需求，实际上旨在破坏或抵消中国的影响。尽管“一带一路”倡议确实符合许多发展中国家的需要，但由于有全球霸权优势，加上其盟友、相关地缘政治势力的合谋与推动，美国确实对中国“一带一路”倡议的推进造成了不小的干扰。菲律宾作为美国的盟友，在政治制度、意识形态与社会生活等方面深受美国的影响，是美国要重点影响的一个国家。在杜特尔特治下，美国虽然未能对政府层面的中菲经济合作造成明显的破坏，但在美国影响下的精英舆论以及政治反对派，始终对中国的“一带一路”倡议以及杜特尔特的合作政策持怀疑态度，一些项目的推进也因此受到不同程度的干扰。中国不必与美国进行影响力的竞争，但面对美国在第三方国家中对中国利益与“一带一路”倡议的干扰，却必须出台相应的反制措施。而这可能正是中国对菲关系中的薄弱之处。

以上因素决定我们有必要从“一带一路”建设的视角与需要出发，对菲律宾进行更加深入的研究。当前不少文献对菲律宾各方面的情况进行了梳理与介绍，但结合“一带一路”建设需要，从便于政府决策、企业经营以及社会了解的角度对菲律宾进行深入剖析的综合性成果还不多。基于此，由上海社会科学院王振副院长领衔的国家社科基金重大专项课题“一带一路”国别研究决定将菲律宾列入第二阶段研究的国家，并委托笔者承担这一子课题的具体组织工作。在此，要特别感谢王振副院长在组织“一带一路”国别研究方面的远见卓识，并付出巨大努力组织院内跨所、跨学科力量支持这一研究。正因为有了这些力量的整合，本书对菲律宾的研究才得以真正体现出跨学科的视角。另外，还要特别感谢上海社会科学院智库建设处王震副处长在课题组织、协调中付出的辛劳，以及来自上海社会科学院各研究所、“一带一路”信息研究中心以及国内各高校、研究机构各位同仁的加盟与支持。本人所在的上海社会科学院国际问题研究所王健所长、余建华副所长以及各位同事也为本书研究提供了宝贵的支持。

本书从立项到完稿仅用了不到一年的时间，由于时间仓促，错漏在所难免，期待各位读者批评指正。希望本书的出版，能够有助于大家进一步了解菲律宾，同时为“一带一路”建设在菲律宾的深入发展以及中菲关系实现互利共赢尽自己的绵薄之力。

李开盛

2021 年 2 月 18 日

目　　录

第一篇　基本国情研究

第二篇 重大专题研究

第三篇 双边关系研究

第一篇
基本国情研究

第一章　综合国力评估

综合国力评估是对一个国家基本国情的总体判断，也是我们进行国与国之间比较的基础。综合国力是一个系统的概念，涉及基础国力、消费能力、贸易能力、创新能力和营商环境。如何对其加以度量、量化是本章的主要工作。本章试图通过数量化的指标体系对菲律宾的综合国力进行评价，进而对菲律宾在"一带一路"国家以及全世界国家中的实力情况有一个较为全面与客观的认识。

第一节　指标体系构建原则

为了准确反映一国在一个时期内的综合国力，我们在参考国际上的指标体系和竞争力指标的基础上，立足于"一带一路"国家的特点，制定了"一带一路"国家综合国力指数。

从国际贸易角度出发，国际竞争力被视为比较优势。绝对优势理论、相对优势理论、要素禀赋理论都认为，一国或一企业之所以比其他国家或企业有竞争优势，主要是因为其在生产率、生产要素方面有比较优势。从企业角度出发，竞争力被定义为企业的一种能力，国际经济竞争实质上是企业之间的竞争。从国家角度出发，国际竞争力被视为提高居民收入和生活水平的能力。美国总统产业竞争力委员会在 1985 年的总统经济报告中将国家竞争力定义为："在自由和公平的市场环境下，保持和扩大其国民实际收入的能力。"

裴长洪和王镭指出，所谓国际竞争力，有产品竞争力、企业竞争力、产业竞争力以及国家竞争力之分。① 从经济学视角看，关于各类竞争力的

① 裴长洪、王镭：《试论国际竞争力的理论概念与分析方法》，《中国工业经济》2002 年第 4 期。

讨论有微观、中观和宏观三个不同层次。不同于以往的国家综合国力指数，“一带一路”国家综合国力评估立足于发展，发展是“一带一路”国家的本质特征，我们试图从基础国力、消费能力、贸易能力、创新能力和营商环境五个方面来评价“一带一路”国家发展的综合实力和潜力。

我们认为，合理地选取指标和构建“一带一路”国家综合国力指数评价体系，有利于真实、客观地反映“一带一路”国家的质量与综合水平。本书在回顾既有研究成果的基础上，结合“一带一路”国家发展实际，提出了构建“一带一路”国家综合国力指数的原则，并据此构建一套系统、科学、可操作的评价指标体系。

这些原则包括：

（1）系统性原则。指标体系的设置要能全面反映“一带一路”沿线国家的发展水平，形成一个层次分明的整体。

（2）通用性原则。指标体系的建立需要实现标准统一，以免指标体系混乱而导致无法进行对比分析，指标的选取要符合实际情况和大众的认知，要有相应的依据。

（3）实用性原则。评价“一带一路”国家国情的目的在于反映“一带一路”沿线各国的发展状况，为宏观调控提供可靠的依据。因此设置的评价指标数据要便于搜集和处理，要合理控制数据量，以免指标反映的信息出现重叠的情况。

（4）可行性原则。在设置评价指标时，要考虑到指标数据的可获得性，需要舍弃难以获取的指标数据，并采用其他相关指标进行弥补。

具体的构建方法包括：第一步，对原始数据进行标准化处理；第二步，按照各级指标进行算术加权平均；第三步，得出相应数值，进行排名。

本书所构建的国家综合国力指数的基础数据主要来源于世界贸易组织（WTO）、国际竞争力报告、联合国贸发会议（UNCTAD）、世界银行（WB）、国际货币基金组织（IMF）、世界知识产权组织（WIPO）、联合国开发计划署（UNDP）、联合国教科文组织（UNESCO）、世界能源理事会（WEC）、社会经济数据应用中心（SEDAC）以及“一带一路”数据分析平台等。

关于数据可得性的解释。指数所涉及的统计指标会存在缺失的情况，特别是在一些欠发达国家。为了体现指数的完整性和强调指数的横向比较性，对缺失指标，我们参考过去年份的统计数据，采取插值法来使其完整。

第二节　指标体系构建内容

本书拟构建一个三级指标体系来对一个国家的综合国力进行评估。

一　一级指标

本章的综合国力概念主要是基丁“一带一路”国家的发展特点提出来的，所以在选择基本指标时，我们倾向于关注国家的发展潜力，这里的一级指标体系包括四个“力”和一个“环境”，分别为基础国力、消费能力、贸易能力、创新能力和营商环境。

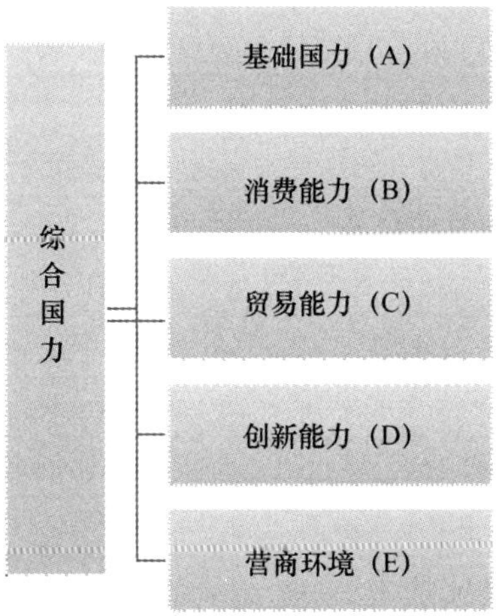

图Ⅰ-1-1　“一带一路”国家综合国力的一级指标

二　二级指标

在基础国力（A）中，本书设置了四个二级指标，分别是资源禀赋（A1）、人口状况（A2）、教育水平（A3）和基础设施（A4）。

在消费能力（B）中，本书设置了两个二级指标，分别是消费总量

（B1）和消费结构（B2）。

在贸易能力（C）中，本书设置了两个二级指标，分别是进口能力（B1）和出口能力（C2）。

在创新能力（D）中，本书设置了三个二级指标，分别是创新人才（D1）、研发投入（D2）和创新成果（D3）。

在营商环境（E）中，本书设置了四个二级指标，分别是制度环境（E1）、投资安全（E2）、外商政策（E3）和公共服务（E4）。

三　三级指标

本书的三级指标共有 139 个，具体见表Ⅰ-1-1。

表Ⅰ-1-1　　“一带一路”国家综合国力指标列表

一级指标	二级指标	三级指标	三级指标代码
基础国力（A）	资源禀赋（A1）	地表面积	A101
		可再生内陆淡水资源总量	A102
		耕地面积	A103
	人口状况（A2）	总人口数	A201
		城市人口数	A202
		农村人口数	A203
		少儿人口抚养比	A204
		老龄人口扶养比	A205
	教育水平（A3）	中学教育入学率	A301
		教育体系的质量	A302
		数学和科学教育质量	A303
		管理类教育质量	A304
		学校互联网普及程度	A305
		基础教育质量	A306
		基础教育入学率	A307

续表

一级指标	二级指标	三级指标	三级指标代码
基础国力（A）	基础设施（A4）	总体基建水平	A401
		公路长度	A402
		铁路长度	A403
		港口效率	A404
		空中运输	A405
		航线客座公里（百万/每周）	A406
		电力供应	A407
		手机普及程度（每百人）	A408
		固定电话数（每百人）	A409
消费能力（B）	消费总量（B1）	GDP（PPP）（百万美元）	B101
		国内市场规模指数	B102
	消费结构（B2）	人均消费（底层40%的人口）（美元/天）	B201
		人均消费（总人口）（美元/天）	B202
		人均实际消费年化增长率（底层40%的人口）（%）	B203
		人均实际消费年化增长率（总人口）（%）	B204
贸易能力（C）	进口能力（C1）	保险和金融服务（占商业服务进口的比例）（%）	C101
		商业服务进口（现价美元）	C102
		运输服务（占商业服务进口的比例）（%）	C103
		旅游服务（占商业服务进口的比例）（%）	C104
		货物进口（现价美元）	C105
		农业原料进口（占货物进口总额的比例）（%）	C106
		食品进口（占货物进口的比例）（%）	C107
		燃料进口（占货物出口的比例）（%）	C108
		制成品进口（占货物进口的比例）（%）	C109
		矿石和金属进口（占货物进口的比例）（%）	C110
		通信、计算机和其他服务（占商业服务进口的比例）（%）	C111

续表

一级指标	二级指标	三级指标	三级指标代码
贸易能力（C）	出口能力（C2）	保险和金融服务（占商业服务出口的比例）（%）	C201
		商业服务出口（现价美元）	C202
		运输服务（占商业服务出口的比例）（%）	C203
		旅游服务（占商业服务出口的比例）（%）	C204
		货物出口（现价美元）	C205
		农业原料出口（占货物出口总额的比例）（%）	C206
		食品出口（占货物出口的比例）（%）	C207
		燃料出口（占货物出口的比例）（%）	C208
		制成品出口（占货物出口的比例）（%）	C209
		矿石和金属出口（占货物出口的比例）（%）	C210
		通信、计算机和其他服务（占商业服务出口的比例）（%）	C211
创新能力（D）	创新人才（D1）	高等教育入学率	D101
		留住人才能力	D102
		吸引人才能力	D103
		科学家和工程师水平	D104
		每百万人中 R&D 研究人员（人）	D105
		每百万人中 R&D 技术人员（人）	D106
	研发投入（D2）	研发支出占 GDP 的比例	D201
		最新技术有效利用程度	D202
		企业的科技运用能力	D203
		科学研究机构的质量	D204
		企业研发投入	D205
		产学研一体化程度	D206
		政府对高科技产品的采购	D207
		FDI 和技术转化	D208
		互联网使用者（% 人口）	D209
		固定宽带用户（每百人）	D210
		互联网带宽	D211
		移动互联网用户（每百人）	D212

续表

一级指标	二级指标	三级指标	三级指标代码
创新能力（D）	创新成果（D3）	非居民专利申请数（项）	D301
		居民专利申请数（个）	D302
		商标申请（直接申请，非居民）（个）	D303
		商标申请（直接申请，居民）（个）	D304
		商标申请合计（个）	D305
		高科技产品出口（现价美元）	D306
		在科学和技术学术期刊上发表的论文数（篇）	D307
		高科技产品出口占制成品出口的比例（%）	D308
		工业设计应用数量，非居民（个）	D309
		工业设计应用数量，居民（个）	D310
		非居民商标申请（个）	D311
		居民商标申请（个）	D312
		中高技术产品出口占制成品出口的比例（%）	D313
营商环境（E）	制度环境（E1）	有形产权保护	E101
		知识产权保护	E102
		公共基金的多样性	E103
		政府公信力	E104
		政府的廉政性	E105
		公正裁决	E106
		政府决策偏袒性	E107
		政府支出效率	E108
		政府管制负担	E109
		争端解决机制的法律效率	E110
		改变陈规的法律效率	E111
		政府政策制定透明程度	E112
		审计和披露标准力度	E113
		公司董事会效能	E114
		金融服务便利程度	E115
		金融服务价格合理程度	E116
		股票市场融资能力	E117
		贷款便利程度	E118
		风险资本便利程度	E119

续表

一级指标	二级指标	三级指标	三级指标代码
营商环境	投资安全（E2）	公安机关的信任度	E201
		恐怖事件的商业成本	E202
		犯罪和暴力的商业成本	E203
		有组织的犯罪	E204
		中小股东利益保护	E205
		投资者保护（0—10 分）	E206
		银行的安全性	E207
	外商政策（E3）	当地竞争充分程度	E301
		市场的主导地位	E302
		反垄断政策力度	E303
		税率对投资刺激的有效性	E304
		总体税率（% 利润）	E305
		开办企业的步骤	E306
		开办企业的耗时天数	E307
		农业政策成本	E308
		非关税壁垒的广泛程度	E309
		关税	E310
		外资企业产权保护	E311
	公共服务（E4）	当地供应商数量	E401
		当地供应商质量	E402
		产业集群发展	E403
		自然竞争优势	E404
		价值链宽度	E405
		国际分销控制能力	E406
		生产流程成熟度	E407
		营销的能力	E408
		授权的意愿	E409
		劳动和社会保障计划的覆盖率（占总人口的百分比）	E410
		劳动和社会保障计划的充分性（占受益家庭总福利的百分比）	E411

续表

一级指标	二级指标	三级指标	三级指标代码
营商环境	公共服务（E4）	20%的最贫困人群的劳动和社会保障计划的受益归属（占总劳动和社会保障计划受益归属的百分比）	E412
		失业救济和积极劳动力市场计划的覆盖率（占总人口的百分比）	E413
		20%的最贫困人群的失业救济和积极劳动力市场计划的受益归属（占总失业救济和积极劳动力市场计划受益归属的百分比）	E414
		社会安全网计划的覆盖率（占总人口的百分比）	E415
		社会安全网计划的充分性（占受益家庭总福利的百分比）	E416
		20%的最贫困人群的社会安全网计划的受益归属（占总安全网受益归属的百分比）	E417
		社会保险计划的覆盖率（占总人口的百分比）	E418
		社会保险计划的充分性（占受益家庭总福利的百分比）	E419

第三节　菲律宾综合国力评估

根据上述综合国力评估框架，我们可以发现，菲律宾2019年的综合国力指数为24.4，相比2018年略有提升，但是幅度不大，在总体排名中保持稳定。在“一带一路”国家中排第32名，在世界141个国家[①]或地区中排第64名（见图Ⅰ-1-2）。从地区内横向比较看，菲律宾的综合国力在东盟处于中游水平。菲律宾在基础国力、创新能力和营商环境方面表现较弱，消费能力和贸易能力相对较强。

图Ⅰ-1-3为我们展现了五大分指标的排名顺序。

一　基础国力评价

基础国力是衡量一国在资源禀赋、人口状况、教育水平和基础设施方面的能力。菲律宾的资源禀赋在“一带一路”国家中排第45名，在世界141个国家或地区中排第70名。菲律宾矿藏主要有铜、金、银、铁、铬、

① 由于数据的可得性，因此在我们的全样本中一共有141个国家或地区。

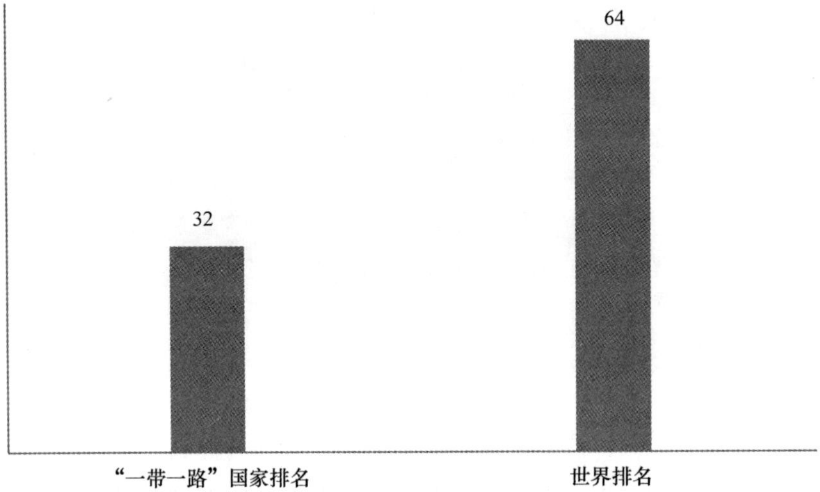

图Ⅰ-1-2　菲律宾的综合国力排名（名）

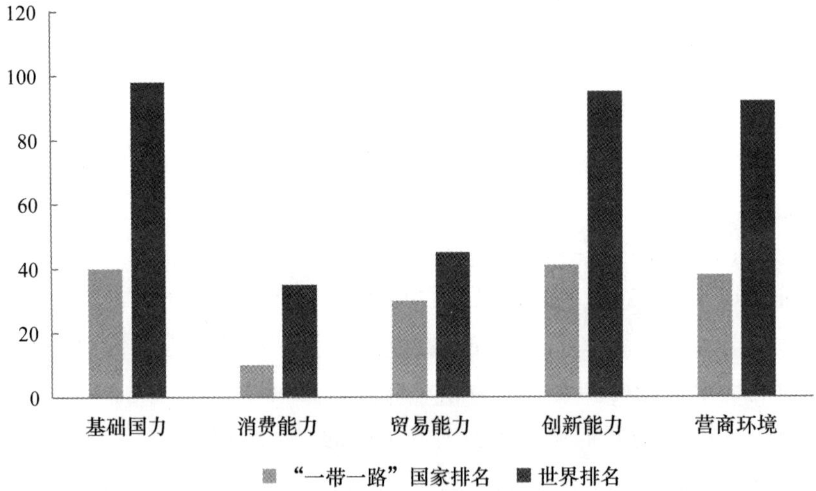

图Ⅰ-1-3　菲律宾综合国力一级指标排名（名）

镍等20余种。铜蕴藏量约48亿吨、镍10.9亿吨、金1.36亿吨。地热资源丰富，预计有20.9亿桶原油标准的地热能源。巴拉望岛西北部海域初步探测的石油储量约3.5亿桶。森林面积1585万公顷，覆盖率达53%，有乌木、紫檀等名贵木材。境内野生植物有近万种，其中高等植物有

2500余种。水产资源丰富，鱼类品种达2400多种，金枪鱼资源居世界前列。

菲律宾的人口在“一带一路”国家中排第5名，在世界141个国家或地区中排第20名。以人口总数为例，2017年美国的人口总数为3.26亿人，中国的人口总数为13.86亿人，菲律宾的人口总数为1.07亿人，菲律宾的人口为美国人口总数的32.82%，为中国人口总数的7.72%。在东盟内部，菲律宾的人口总数仅次于印度尼西亚，但是从绝对量来说，印度尼西亚的人口数量是菲律宾人口的一倍多。

菲律宾的教育水平在“一带一路”国家中排第45位，在世界141个国家或地区中排第105名。初、中等教育以政府办学为主。全国共有小学39312所，小学生入学率达97%；中学7128所，中学生入学率为65%；高等教育机构1599所，主要由私人控制，在校生约244万人。菲律宾人大都掌握英语，识字率非常高，仅次于区域内的新加坡，但是菲律宾的地区教育水平差异极大，在菲律宾的一些地区，只有不到30%的学生完成学业。在图Ⅰ-1-4中，我们看到初中入学人数有所下降，但是高中入学人数有一定幅度的提升。

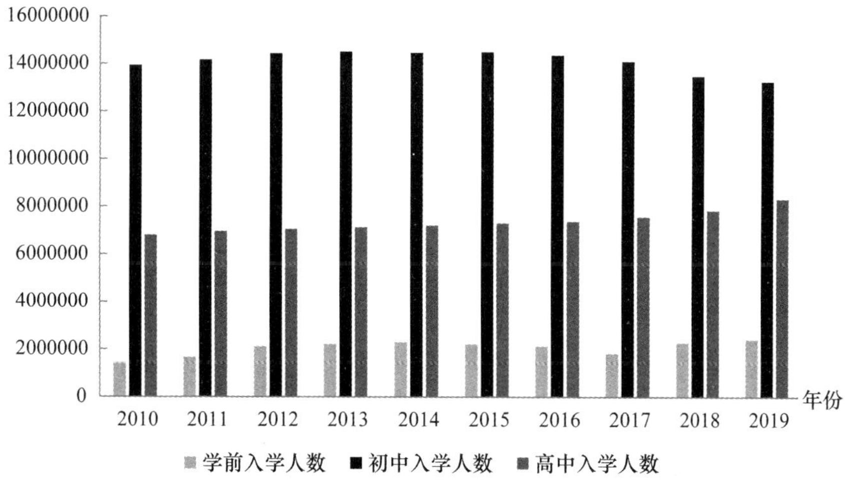

图Ⅰ-1-4 菲律宾入学人数情况（人）

资料来源：CEIC。

菲律宾的基础设施在“一带一路”国家中排第39位，在世界141个国家或地区中排第96位。在东盟国家的横向比较中，菲律宾的基础设施较弱，排名处于尾部。我们看到，2010—2018年，菲律宾国道长度变化

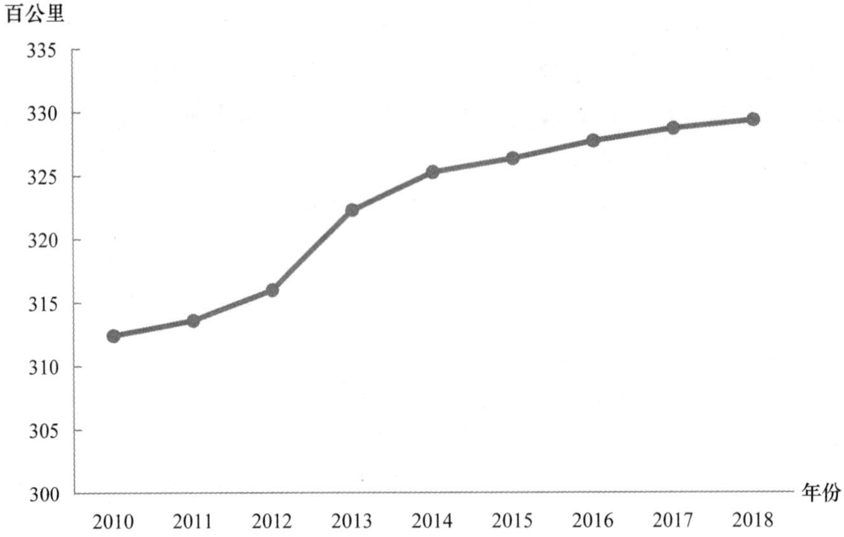

图Ⅰ-1-5　菲律宾国道长度

资料来源：CEIC。

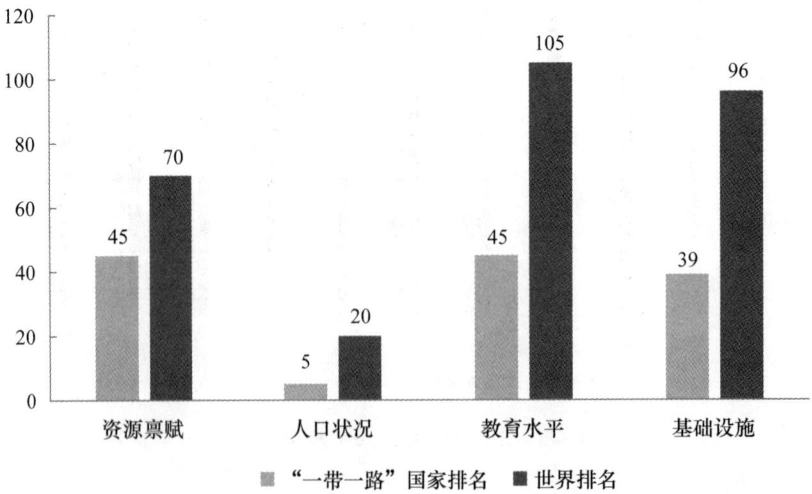

图Ⅰ-1-6　菲律宾基础国力二级指标排名（名）

很小，2018 年相对 2010 年而言，仅增长了 5.41%。在我们的计算样本中，菲律宾在基础设施分指标上的得分为 6.3 分，与位于排名中部的柬埔寨（8.0 分）相差较多。

表Ⅰ-1-2 菲律宾基础国力三级指标排名 （名）

三级指标	"一带一路"国家排名	世界排名	三级指标	"一带一路"国家排名	世界排名
地表面积	40	70	管理类教育质量	37	63
可再生内陆淡水资源总量	50	99	学校互联网普及程度	38	66
耕地面积	55	95	基础教育质量	13	52
总人口数	39	88	基础教育入学率	12	50
城市人口数	37	82	总体基建水平	34	92
农村人口数	28	68	公路长度	41	84
少儿人口抚养比	35	74	铁路长度	56	91
老龄人口扶养比	14	73	港口效率	40	80
中学教育入学率	15	81	空中运输	29	63
教育体系的质量	46	95	航线客座公里（百万/每周）	28	80
数学和科学教育质量	57	109	电力供应	40	99
固定电话数（每百人）	38	98	手机普及程度（每百人）	38	98

二 消费能力评价

消费能力是衡量一国内需的能力，消费能力包括了市场规模、人均 GDP 和人均消费增长等能力。从图Ⅰ-1-7 和图Ⅰ-1-8 中，我们可以发现，菲律宾的消费总量在"一带一路"国家中排第 11 名，在世界 141 个国家或地区中排第 31 名。菲律宾的消费结构在"一带一路"国家中排第 8 名，在世界 141 个国家或地区中排第 30 名。菲律宾是东盟十国中发展最快的经济体，受私人消费和政府支出的推动，2017 年全年经济增长率为 6.7%。其主要行业包括服务业（占 GDP 的 60%）。根据菲律宾国家统计局公布的数据，菲律宾居民的日常用品、个人卫生用品、服装和食品、医疗等基本生活开销占整个消费支出的比例为69%，其中食品支出平均占45%，服装和鞋帽支出占3%。

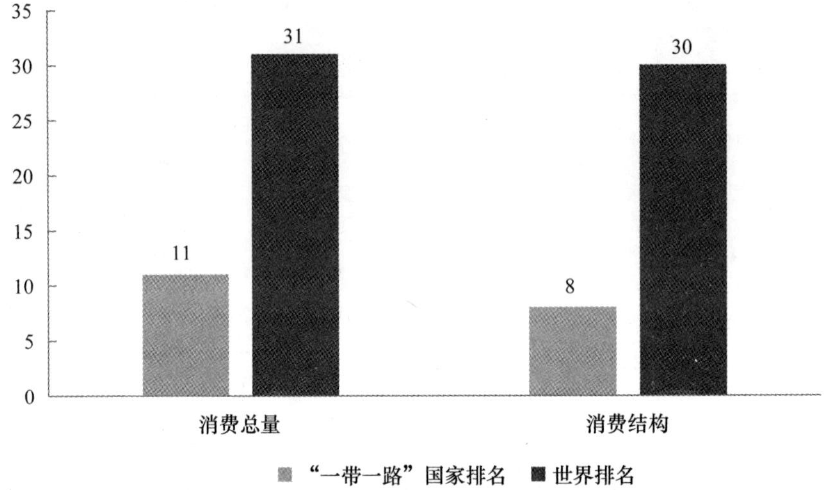

图Ⅰ-1-7　菲律宾消费能力二级指标排名（名）

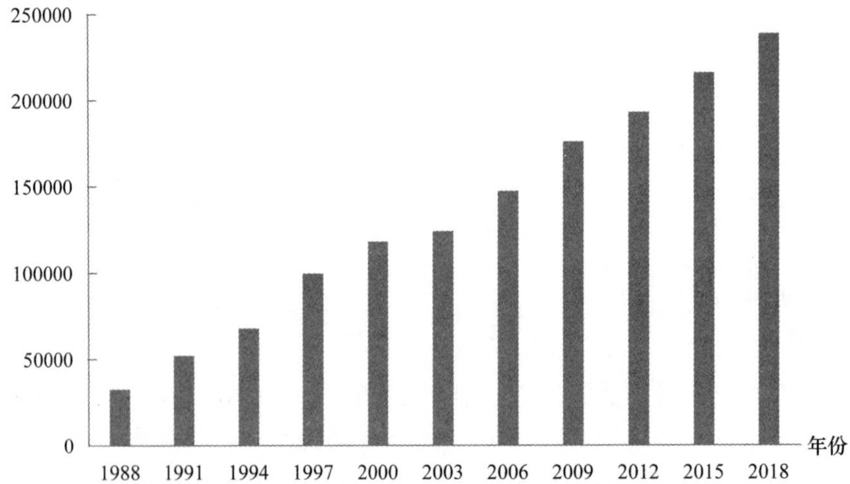

图Ⅰ-1-8　菲律宾家庭平均开支（比索）

资料来源：CEIC。

表Ⅰ-1-3　　菲律宾消费能力三级指标排名　　（名）

三级指标	“一带一路”国家排名	世界排名
GDP（PPP）（百万美元）	8	31
国内市场规模指数	7	38
人均消费（底层40%的人口）（美元/天）	5	34
人均消费（总人口）（美元/天）	10	36
人均实际消费年化增长率（底层40%的人口）（%）	12	35
人均实际消费年化增长率（总人口）（%）	13	30

三　贸易能力评价

贸易能力是衡量一国对外开放的能力，是一国为全世界提供产品和为全世界提供消费市场的能力。从图Ⅰ-1-10中，我们可以发现，菲律宾的进口能力在“一带一路”国家中排第25名，在世界141个国家或地区中排第75名。菲律宾的出口能力在“一带一路”国家中排第24名，在世界141个国家或地区中排第79名。菲律宾主要出口商品为电子产品、其

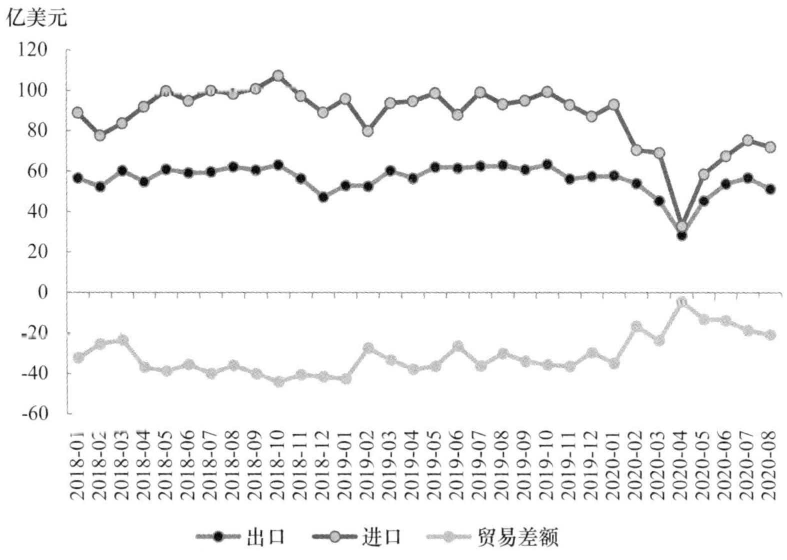

图Ⅰ-1-9　2018年1月至2020年8月的菲律宾货物进出口额变化

资料来源：CEIC。

他生产产品、机械及运输设备、金属组件、黄金；主要进口商品为电子产品、矿物燃料和润滑油、运输设备、工业机械和设备、钢铁。

2019 年上半年，菲律宾的前五大贸易伙伴是中国、日本、美国、中国香港和韩国。根据菲律宾官方统计数据，2019 年 1—6 月，菲律宾货物进出口贸易总额达 872.3 亿美元，同比下降 0.9%，其中出口总额为 341.1 亿美元，下降 0.8%；进口总额为 531.2 亿美元，下降 1%（主要分布在其他商业服务及旅游服务领域。菲律宾的进出口规模位于东盟十国的中游，2019 年菲律宾的进出口总额增速为 9.5%，继 2015 年以来，连续五年增长。

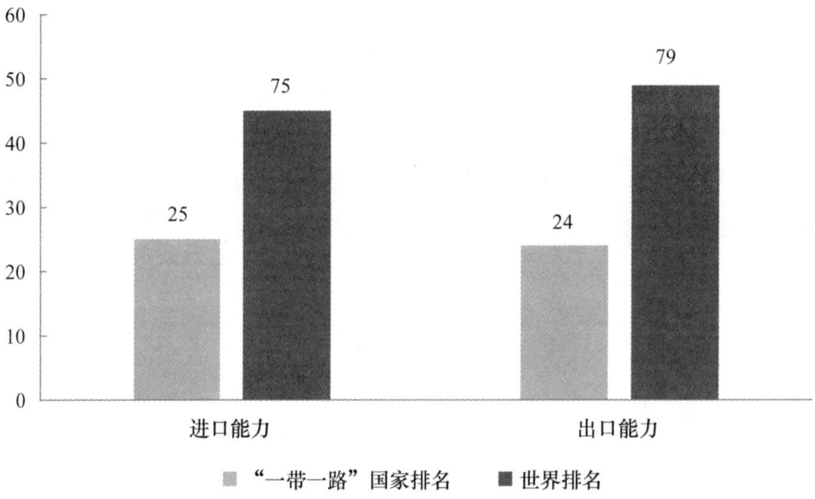

图Ⅰ-1-10 菲律宾贸易能力二级指标排名（名）

表Ⅰ-1-4 菲律宾贸易能力三级指标排名 （名）

	"一带一路"国家排名	世界排名		"一带一路"国家排名	世界排名
保险和金融服务（占商业服务进口的比例）（%）	29	78	保险和金融服务（占商业服务出口的比例）（%）	10	76
商业服务进口（现价美元）	21	76	商业服务出口（现价美元）	12	77
运输服务（占商业服务进口的比例）（%）	29	70	运输服务（占商业服务出口的比例）（%）	28	72

续表

	"一带一路"国家排名	世界排名		"一带一路"国家排名	世界排名
旅游服务（占商业服务进口的比例）（%）	26	72	旅游服务（占商业服务出口的比例）（%）	26	77
货物进口（现价美元）	22	77	货物出口（现价美元）	20	78
农业原料进口（占货物进口总额的比例）（%）	21	73	农业原料出口（占货物出口总额的比例）（%）	20	72
食品进口（占货物进口的比例）（%）	22	79	食品出口（占货物出口的比例）（%）	23	70
燃料进口（占货物出口的比例）（%）	29	79	燃料出口（占货物出口的比例）（%）	29	78
制成品进口（占货物进口的比例）（%）	20	75	制成品出口（占货物出口的比例）（%）	21	75
矿石和金属进口（占货物进口的比例）（%）	21	72	矿石和金属出口（占货物出口的比例）（%）	20	73
通信、计算机和其他服务（占商业服务进口的比例）（%）	25	73	通信、计算机和其他服务（占商业服务出口的比例）（%）	26	74

四 创新能力评价

创新能力是一个国家高质量发展的基础动力。习近平主席在第二届"一带一路"国际合作高峰论坛上提到"创新就是生产力，企业赖之以强，国家赖之以盛。我们要顺应第四次工业革命发展趋势，共同把握数字化、网络化、智能化发展机遇，共同探索新技术、新业态、新模式，探寻新的增长动能和发展路径，建设数字丝绸之路、创新丝绸之路"①。

从图Ⅰ-1-11中，我们可以发现，菲律宾的创新人才在"一带一路"国家中排第40名，在世界141个国家或地区中排第99名。由于营商环境的原因，菲律宾缺少创新人才，在我们的计算样本中，美国的创新人

① 《习近平谈治国理政》（第3卷），外文出版社2020年版，第493页。

才得分为6.4分，中国的创新人才得分为3.5分，菲律宾的创新人才得分为1.7分。

菲律宾的研发投入在“一带一路”国家中排第31名，在世界141个国家或地区中排第87名。总体上讲，菲律宾在研发投入上表现不足，菲律宾政府也试图改善这一状况。2018年12月，菲律宾贸易和工业部、科技部以及信息和通信技术部联合签发了“创企支持计划（2019—2023）”，希望借此为更多创新研发企业提供发展所需的资金、设施、业务许可等支持。2019年，菲律宾总统杜特尔特签署了《菲律宾创新法案》（Philippines Innovation Act），旨在促进中小微型企业的快速发展，推动企业创新，提升企业国际竞争力。

菲律宾的创新成果在“一带一路”国家中排第42名，在世界141个国家或地区中排第88名。到2017年，菲律宾推出了一系列企业孵化器和加速器，包括Idea Space和QBO创新中心等核心企业。同时，针对初创企业和动态科技生态系统的《创新创业法案》和《菲律宾创新法案》等政策也纷纷落地，其中包括免税、设立PHPP10B基金以及其他支持创业的措施，这些措施都能有效帮助企业减少入场障碍，推动当地经济的持续稳定增长。

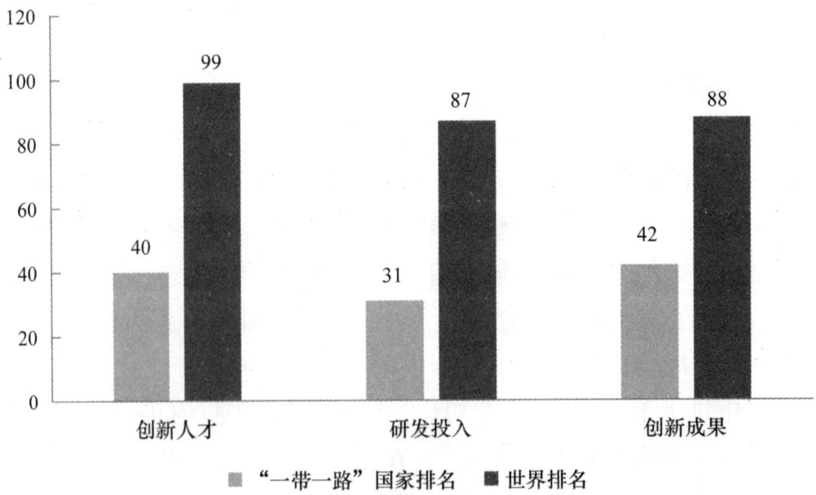

图Ⅰ-1-11　菲律宾创新能力二级指标排名（名）

表Ⅰ-1-5　　菲律宾创新能力三级指标排名　　（名）

	“一带一路”国家排名	世界排名		“一带一路”国家排名	世界排名
高等教育入学率	40	85	固定宽带用户（每百人）	35	79
留住人才能力	43	73	互联网带宽	46	85
吸引人才能力	40	86	移动互联网用户（每百人）	47	81
科学家和工程师水平	41	84	非居民专利申请数	43	83
每百万人中 R&D 研究人员（人）	42	89	居民专利申请数	32	85
每百万人中 R&D 技术人员（人）	43	87	商标申请（直接申请，非居民）	39	86
研发支出占 GDP 比例	45	77	商标申请（直接申请，居民）	44	82
最新技术有效利用程度	46	85	商标申请合计	33	81
企业的科技运用能力	37	89	高科技产品出口（现价美元）	46	82
科学研究机构的质量	48	88	在科学和技术学术期刊上发表的论文数（篇）	33	84
企业研发投入	35	88	高科技产品出口占制成品出口的比例（%）	45	80
产学研一体化程度	33	87	工业设计应用数量，非居民	38	85
政府对高科技产品的采购	46	87	工业设计应用数量，居民	36	76
FDI 和技术转化	40	75	非居民商标申请	45	85
互联网使用者（%人口）	36	82	居民商标申请	30	83
中高技术产品出口占制成品出口的比例（%）	48	71			

五　营商环境评价

营商环境是指市场主体在准入、生产经营、退出等过程中所涉及的政务环境、市场环境、法治环境、人文环境等有关外部因素和条件的总和。菲律宾政府行政效率不高，在菲律宾办事手续烦琐，办理企业开业登记平均需要80天。外资企业运营成本较高。菲律宾税种多，税率高，税负较重，税务审计周期长、要求高。电力短缺严重，电价高昂。

从图Ⅰ－1－13中我们可以发现，菲律宾的制度环境在"一带一路"国家中排第42名，在世界141个国家或地区中排第95名。尽管菲律宾已经修订了《公司法》（Corporation Code），并发布了《营商便利法》（Ease of Doing Business Law），但其地方层面（省、市和村）的营商流程仍极为烦琐，阻碍着当地企业的运营。

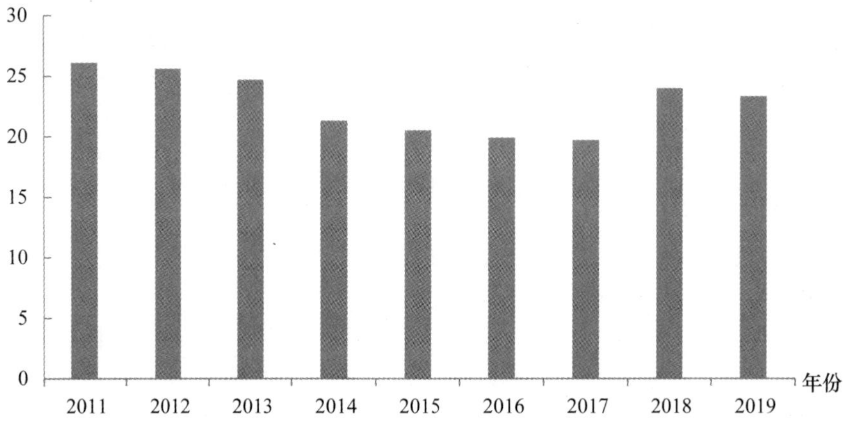

图Ⅰ－1－12　企业开办程序成本占人均国民总收入的百分比（%）

资料来源：CEIC。

菲律宾的投资安全在"一带一路"国家中排第38名，在世界141个国家或地区中排第95名。菲律宾社会整体治安状况较差，对于企业投资安全将产生负面影响。治安刑事案件多发，枪支泛滥，绑架及恐怖袭击事件多发，涉赌非法拘禁现象十分严重，马尼拉湾一带"迷魂党盗窃财物"案频发。大马尼拉地区人员流动密集、成分复杂、黄赌毒泛滥，有着较高的恐怖威胁和安全风险。

菲律宾的外商政策在“一带一路”国家中排第22名，在世界141个国家或地区中排第34名。从目前的情况来分析，取消宪法关于外国投资限制的希望也不大（目前公共事业等行业的外资占比最高为40%）。由于海外汇款、外包业务等菲律宾经济主要外汇来源行业的前景不佳，限制外资的机会成本在未来几年里可能会变得越来越高。

菲律宾的公共服务在“一带一路”国家中排第30名，在世界141个国家或地区中排第89名。菲律宾当前普遍使用的基本服务主要由国内企业提供，例如电力、水、电信等都受到外国所有权的限制。但是，消费者和企业对这些服务不满意，价格高、服务差。这些资本密集型行业缺乏竞争，消费者缺乏选择，最终导致市场失灵。

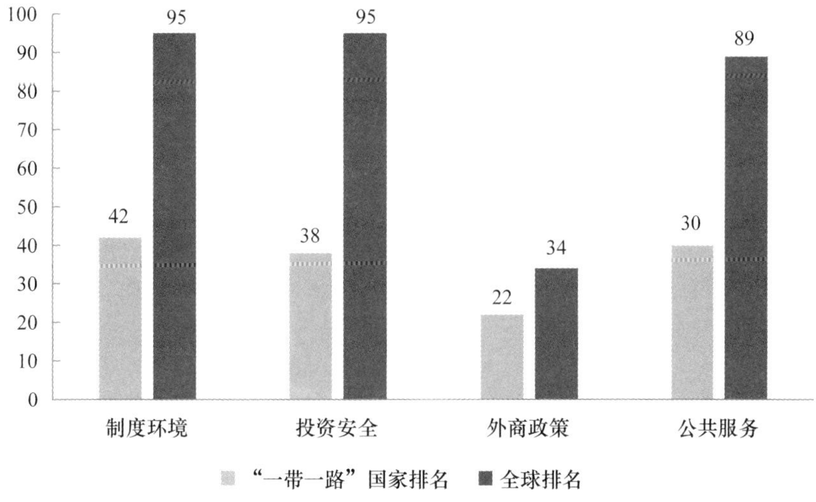

图Ⅰ－1－13　菲律宾营商环境二级指标排名（名）

表Ⅰ－1－6　　菲律宾营商环境三级指标排名　　（名）

三级指标	“一带一路”国家排名	世界排名	三级指标	“一带一路”国家排名	世界排名
有形产权保护	45	96	公司董事会效能	35	84
知识产权保护	49	94	金融服务便利程度	37	82

续表

三级指标	"一带一路"国家排名	世界排名	三级指标	"一带一路"国家排名	世界排名
公共基金的多样性	46	96	金融服务价格合理程度	35	75
政府公信力	45	91	股票市场融资能力	37	73
政府的廉政性	49	88	贷款便利程度	39	72
公正裁决	48	83	风险资本便利程度	36	76
政府决策偏袒性	47	84	公安机关的信任度	31	78
政府支出效率	30	83	恐怖事件的商业成本	29	89
政府管制负担	31	85	犯罪和暴力的商业成本	28	96
争端解决机制的法律效率	32	91	有组织的犯罪	29	82
改变陈规的法律效率	30	95	中小股东利益保护	37	81
政府政策制定透明程度	35	96	投资者保护（0—10分）	36	82
审计和披露标准力度	36	89	银行的安全性	36	83
当地竞争充分程度	20	76	劳动和社会保障计划的充分性（占受益家庭总福利的百分比）	45	79
市场的主导地位	24	77	20%的最贫困人群的劳动和社会保障计划的受益归属（占总劳动和社会保障计划受益归属的百分比）	47	83
反垄断政策力度	13	78	失业救济和积极劳动力市场计划的覆盖率（占总人口的百分比）	49	96
税率对投资刺激的有效性	22	80	20%的最贫困人群的失业救济和积极劳动力市场计划的受益归属（占总失业救济和积极劳动力市场计划受益归属的百分比）	40	92
总体税率（%利润）	41	72	社会安全网计划的覆盖率（占总人口的百分比）	41	89

续表

三级指标	"一带一路"国家排名	世界排名	三级指标	"一带一路"国家排名	世界排名
开办企业的步骤	49	118	社会安全网计划的充分性（占受益家庭总福利的百分比）	43	87
开办企业的耗时天数	40	108	20%的最贫困人群的社会安全网计划的受益归属（占总安全网受益归属的百分比）	40	73
农业政策成本	43	100	社会保险计划的覆盖率（占总人口的百分比）	42	76
非关税壁垒的广泛程度	45	101	社会保险计划的充分性（占受益家庭总福利的百分比）	41	77
关税	32	107	自然竞争优势	40	76
外资企业产权保护	36	86	价值链宽度	49	88
当地供应商数量	39	87	国际分销控制能力	41	89
当地供应商质量	47	88	生产流程成熟度	40	83
产业集群发展	46	86	营销的能力	49	98
劳动和社会保障计划的覆盖率（占总人口的百分比）	49	83	授权的意愿	46	99

第二章　人口结构

菲律宾是东南亚的一个多民族群岛国家，有1.08亿人口（2019年），菲律宾人口长期保持持续增长态势，但是增长速度近年来开始放缓。全国主要分为吕宋、米沙鄢和棉兰老岛三大岛群，共有大小岛屿7000多个，种族众多、文化多样。

第一节　人口发展状况

社会是人的社会，人是社会的主体。一定数量的人口是社会存在和发展的必要前提，没有一定数量的人口，就不能构成社会。在人类社会中，劳动力人口作为社会生产力的构成要素，是社会生产过程的主体，在生产力的诸因素中起着主导作用。

从人的经济活动二重性方面考察，人口对社会发展的作用体现在人口的经济活动之中。人口规模、人口结构、人口再生产等，可以通过生产、分配、交换、消费等经济活动去影响社会。无论是研究一个国家的经济还是社会，都需要基于这个国家的人口发展情况。

一　人口总量及发展变化趋势

（一）人口总量变化趋势

根据世界银行和菲律宾统计局的统计，从人口总量上看，截止到2019年底，菲律宾总人口数量约为1.08亿人，其中男性人口数量约为5431万人，占总人口的比例为50.24%；女性人口数量约为5380万人，占总人口的比例为49.76%，总人口性别比为101，国际上一般认为，人口性别比例正常区间为96—106，菲律宾的男女性别结构合理。

从人口变化趋势上看，2000—2019 年，菲律宾总人口数量整体上呈不断增加趋势，2000 年，总人口数量为 7799.2 万人，到 2019 年，总人口数量为 10811.7 万人，总人口增加了 3012.5 万人；2000—2019 年，菲律宾男性人口数量变动趋势同总人口数量变动趋势一致，呈不断上升趋势，2000 年，男性人口数量为 3928.1 万人，到 2019 年，男性人口数量为 5431.6 万，男性人口数量增加了约 1503.5 万人；2000—2019 年，菲律宾女性人口数量变动趋势同总人口数量变动趋势也一致，呈不断上升趋势，2000 年，女性人口数量为 3871.1 万人，到 2019 年，女性人口数量为 5380.1 万人，女性人口数量增加了 1509 万人。

从性别结构上看，2000—2019 年菲律宾男性人口数量一直高于女性人口数量，总人口性别比介于 101 和 102 之间，大致可分为三个阶段：第一阶段，2000—2005 年，总人口性别比处于小幅度下降阶段，从 2000 年的 101.5 下降到 2005 年的 101；第二阶段，2006—2011 年，总人口性别比处于小幅度上升阶段，从 2006 年的 101.1 上升到 2011 年的 101.8；第三阶段，2012—2019 年，总人口性别比处于小幅度下降阶段，从 2012 年的 101.7 下降到 2019 年的 101.0。

表Ⅰ-2-1　2000—2019 年菲律宾人口总数和性别的变化情况

年份	总人口（万人）	女性（万人）	男性（万人）	总人口性别比
2000	7799.2	3871.1	3928.1	101.5
2001	7967.3	3956.9	4010.4	101.4
2002	8136.5	4043.7	4092.8	101.2
2003	8305.2	4130.0	4175.2	101.1
2004	8471.1	4214.0	4257.1	101.0
2005	8632.6	4294.0	4338.6	101.0
2006	8788.7	4369.3	4419.5	101.1
2007	8940.5	4440.8	4499.7	101.3
2008	9090.2	4510.6	4579.6	101.5
2009	9241.4	4581.9	4659.5	101.7
2010	9396.7	4656.9	4739.8	101.8

续表

年份	总人口（万人）	女性（万人）	男性（万人）	总人口性别比
2011	9557.0	4736.5	4820.5	101.8
2012	9721.3	4819.8	4901.41	101.7
2013	9887.2	4905.2	4982.0	101.6
2014	10051.3	4990.0	5061.3	101.4
2015	10211.3	5072.4	5138.9	101.3
2016	10366.4	5152.1	5214.3	101.2
2017	10517.3	5229.4	5287.9	101.1
2018	10665.2	5305.0	5360.1	101.0
2019	10811.7	5380.1	5431.6	101.0

说明：总人口性别比，即人口中每 100 名女性所对应的男性人数。

资料来源：世界银行，https：//data. worldbank. org. cn/；菲律宾统计局，http：//www. psa. gov. ph/。

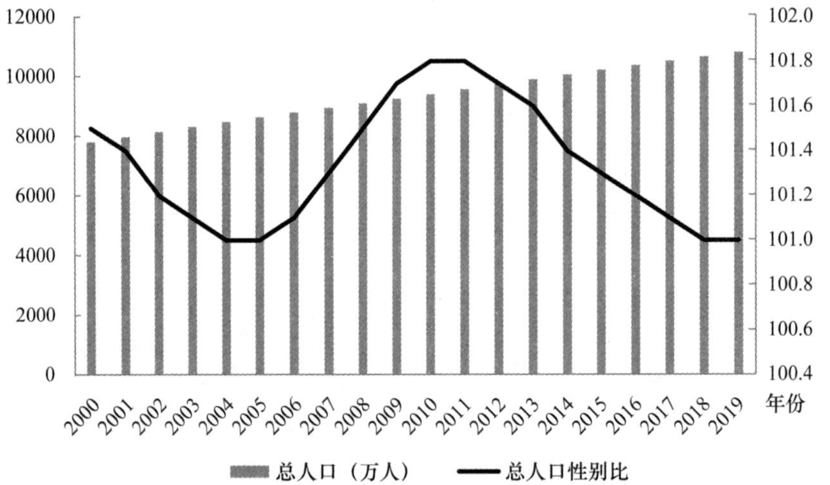

图Ⅰ-2-1　2000—2019 年菲律宾总人口数量和总人口性别比

资料来源：世界银行，https：//data. worldbank. org. cn/。联合国人口司：《2019 世界人口展望》，https：//population. un. org/wpp/Publications/Files/WPP2019。

从人口自然增长率来看，根据菲律宾中央统计局统计数据，截止到 2018 年底，菲律宾的人口出生率为 15.8‰，人口死亡率为 5.6‰，人口自然增长率为 10.2‰。截取 1950—2018 年的人口数据，可以发现，人口出生率不断下降，从 1950 年的 48.6‰一直下降到 2018 年的 15.8‰。从人口死亡率来看，可以分为两个阶段。第一阶段，1950—1995 年为下降阶段，在这一阶段，1950 年人口死亡率为 12.8‰，1995 年为 5.4‰，下降了 7.4‰。这一阶段人口死亡率下降速度快，下降幅度大，主要原因是菲律宾经济较之前得到了迅速的发展。根据死亡率理论，死亡率水平和社会经济发展水平之间呈负相关关系。从微观层面来看，死亡率的迅速下降在很大程度上是由于传染病、寄生虫病和呼吸系统疾病的发病率和死亡率得到有效控制以及政府公共卫生计划推行，医疗水平的提高。第二阶段，1995—2018 年死亡率处于波动上升状态，这一阶段人口死亡率出现上升，1995 年为 5.4‰，2018 年为 5.6‰，死亡率上升了 0.2‰，这一阶段死亡率变动的幅度非常小，因为这一阶段死亡率已经得到了有效的控制，更多的是自然死亡和一些慢性疾病引起的死亡。除此之外，当时菲律宾的人口结构属于年轻型，老年人口占比较低。

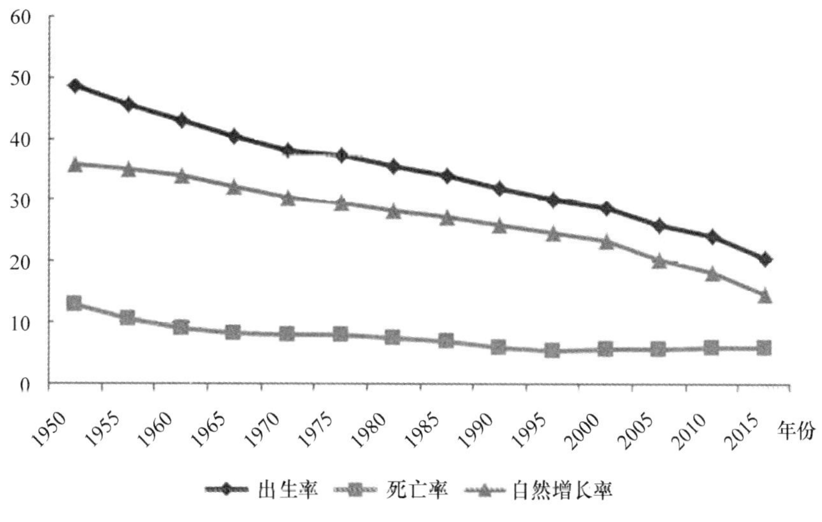

图Ⅰ-2-2 1950—2018 年菲律宾人口自然变动情况（‰）

资料来源：菲律宾统计局，http://www.psa.gov.ph/；世界银行，https://data.worldbank.org.cn/。

从全世界人口的自然增长率来看，根据联合国人口司《2019 世界人口展望》中的数据，2000—2018 年人口自然增长率从 12.6‰下降到 2018

年的 10.9‰，人口自然增长率下降 1.7 个千分点。菲律宾人口自然增长率变化趋势和全世界人口自然增长变化趋势相一致，人口呈正增长，但是增长速度开始放缓，菲律宾放缓的幅度远高于世界平均水平。与此同时，菲律宾人口的自然增长率是高于全世界人口自然增长率水平的。

有人认为，菲律宾人口增长拖累了其经济发展。根据世界银行的数据，2000—2016 年菲律宾人均 GDP 增长率的变化和 GDP 总量增长率的变化相一致，均呈现出波动上升的趋势。2016 年以后，菲律宾的经济增速放缓，人口自然增长率也下降了。这说明，人口增加不是菲律宾人均 GDP 放缓的主要因素，而是菲律宾自身经济发展放缓所致。菲律宾经济要想实现高速发展，控制人口只是一方面，更重要的方面是经济本身的发展。

（二）人口发展前景预测

联合国人口司编撰的《2019 世界人口展望》中的预测结果是，2020 年菲律宾总人口数量为 1.09581 亿人；2030 年菲律宾总人口数量为 1.23698 亿人；2050 年菲律宾总人口数量为 1.44488 亿人；2075 年菲律宾总人口数量为 1.53374 亿人；2100 年菲律宾总人口数量为 1.46327 亿人。从联合国的人口预测结果可以看出，未来菲律宾总人口变动呈现先上升后下降的趋势，菲律宾总人口数量会一直保持上升趋势，直到 2075 年，2075—2100 年菲律宾总人口将开始减少。

表Ⅰ-2-2 **菲律宾人口发展预测**

年份	总人口（万人）
2020	10958.1
2030	12369.8
2050	14448.8
2075	15337.4
2100	14632.7

资料来源：联合国人口司《2019 世界人口展望》，https：//population. un. org/wpp/Publications/Files/WPP2019。

二　人口自然变动情况

（一）生育水平变化趋势

总和生育率反映的是一个国家或地区某个时间段育龄妇女的总体生育水平，它是各育龄段妇女生育率的总和，表达的是按照当年生育水平每个育龄妇女一生生育孩子的总数。2018 年菲律宾的总和生育率为 2.58，从 1960—2017 年菲律宾总和生育率数据变化来看，总和生育率变动整体上呈波动下降趋势，波动范围在 2 和 7.5 之间，1960 年菲律宾总和生育率为 7.148，此时达到最大值，到 2018 年菲律宾总和生育率为 2.58，此时达到最小值。但是，即使是在 2018 年，菲律宾的总和生育率仍然高于世界平均水平（2.1）。

之所以如此，部分是因为当地的生育观。菲律宾大部分人信奉天主教，在教会“支持生命”的立场下，《生育卫生法》在菲律宾国会悬置了 15 年，迟迟未能通过，多数民众也相信子女是上天的礼物，应顺其自然，而不应使用人工避孕用品。由于缺乏健康生育方面的知识和服务，贫困育

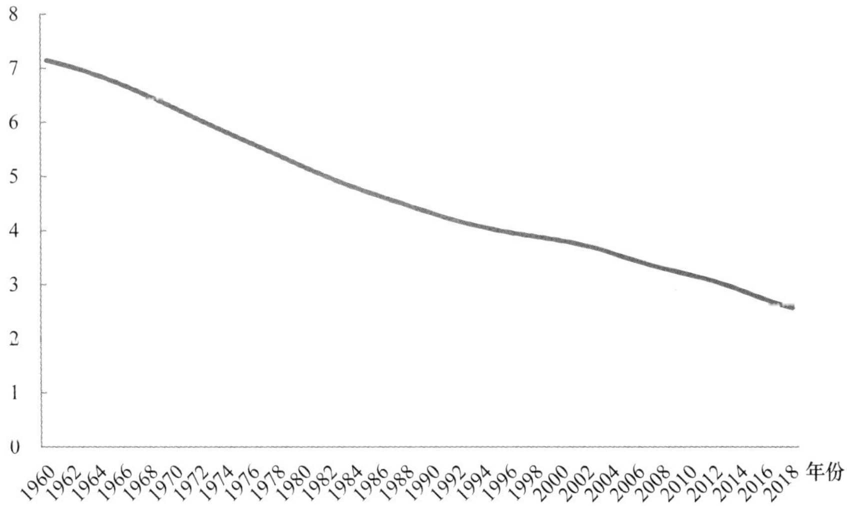

图Ⅰ-2-3　1960—2018 年菲律宾总和生育率变动趋势

资料来源：世界银行，https：//data.worldbank.org.cn/indicator/。

龄妇女平均生育数为 6 个，而富有的民众平均生育子女数只有 2—3 个。菲律宾政府想在控制人口过快增长上有所作为，但受到教会反对与社会习俗的限制。联合国人口基金会指出，菲律宾难以满足健康生育的要求，特别是自愿计划生育的需求仍然是菲律宾面临的一大问题。但是，随着经济的发展以及生育政策的逐步实施，菲律宾总和生育率有望继续呈整体下降趋势。

（二）预期寿命变化

从 1960—2018 年菲律宾人口预期寿命数据来看，总人口预期寿命变动呈上升趋势，从 1960 年的 61. 1 岁上升到 2018 年的 71. 1 岁，其中男性人口预期寿命、女性人口预期寿命变动均呈上升趋势，且女性预期寿命一直高于男性预期寿命，男性人口预期寿命从 1960 年的 58. 97 岁上升到 2018 年的 67. 12 岁，女性人口预期寿命从 1960 年的 63. 21 岁上升到 2018 年的 75. 39 岁。从性别寿命变化的幅度来看，女性增加的幅度大于男性增加的幅度。

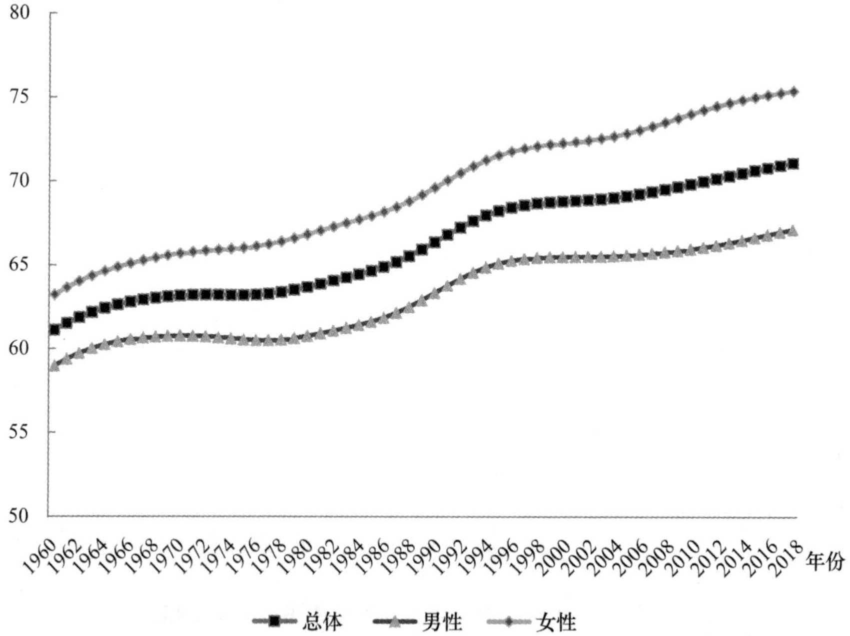

图Ⅰ-2-4　1960—2018 年菲律宾预期寿命变化（岁）

资料来源：联合国人口司，https：//esa. un. org/unpd/wpp/Download/Standard/Population/。

三　人口城乡分布情况

城乡人口规模变化趋势

根据世界银行统计数据，截至 2019 年，菲律宾总人口数量为 10811.66 万人，其中城镇人口数量为 5097.59 万人，约占 47.15%；农村人口数量为 5714.07 万人，约占 52.85%。

从 1950—2019 年菲律宾城乡人口数据来看，城镇人口、农村人口数量都在不断增加，两者都呈持续上升的趋势，但是农村人口增速一直高于城镇人口。菲律宾城镇人口数量从 1960 年的 795.89 万人增加到 2019 年的 5097.59 万人，净增 4301.7 万人。农村人口数量从 1960 年的 1831.08 万人增加到 2019 年的 5714.07 万人，净增 3882.99 万人。虽然整体上农村人口一直多于城镇人口，但是城镇人口增长数量是高于农村人口增长数量的。

菲律宾城镇化发展趋势大致可分为三个阶段。第一阶段，1960—1990 年，城镇化水平持续上升，从 30.3% 增加到 46.99%；第二阶段，1991—2011 年城镇化水平略微下降，从 46.99% 下降到 45.32%，下降了 1.67 个百分点；第三阶段，2012—2019 年，城镇化水平开始回升，2012 年城

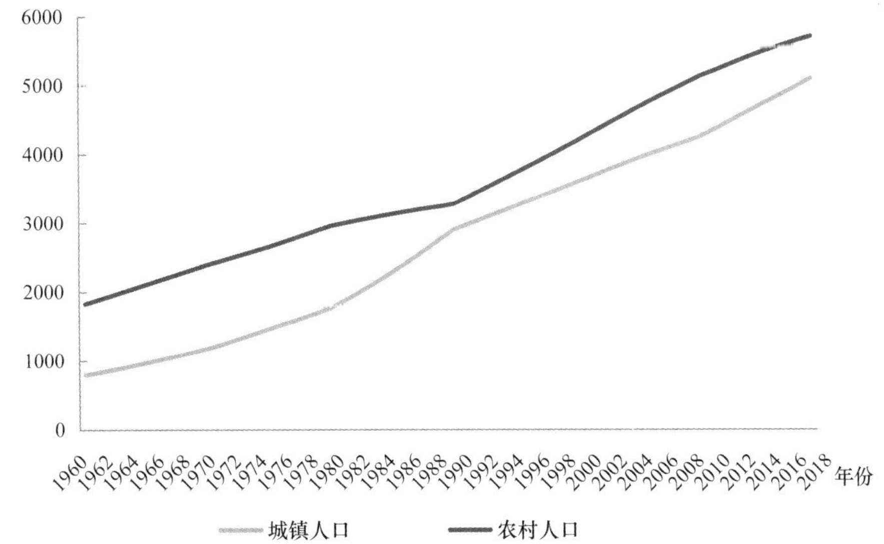

图Ⅰ-2-5　1960—2019 年菲律宾城乡人口变化（万人）

资料来源：世界银行，https：//data. worldbank. org. cn/indicator/。

镇化水平为45.71%，到2019年城镇化水平为47.15%，但仍然低于当前世界城镇化的平均水平（55%）。在城镇化发展的同时，菲律宾农村人口占比从1960年的69.7%下降到2019年的53.85%，下降了约17个百分点。

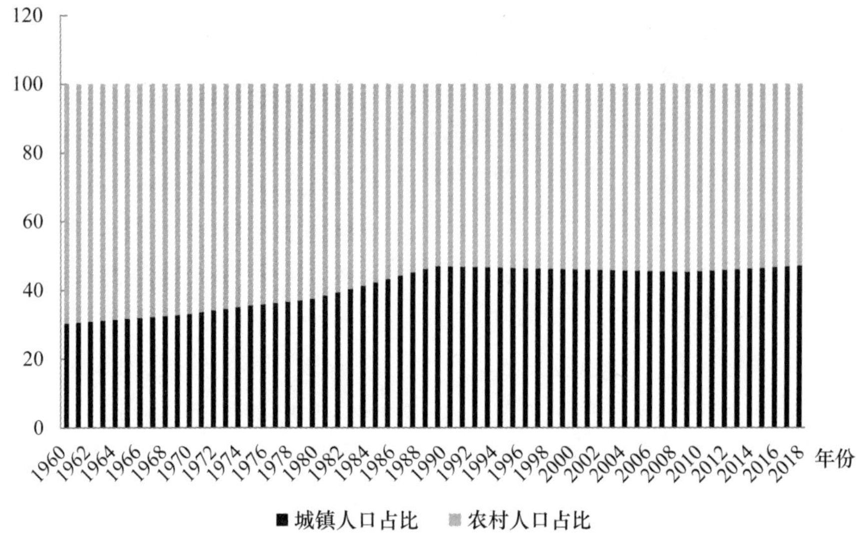

图Ⅰ-2-6　1960—2019年菲律宾城乡人口占比变动（万人）

资料来源：世界银行，https://data.worldbank.org.cn/indicator/。

四　人口地区分布情况

根据菲律宾中央统计局统计数据，截至2015年底[①]，菲律宾各省区人口占比如表Ⅰ-2-3所示。菲律宾有18个行政区，其中，甲拉巴松（Calabarzon）大区人口最多，约为1441.5万人，占全国总人口的14.27%。国家首都区为人口第二大行政区，人口为1287.7万人，占全国总人口的12.75%。

对比2000年的人口数据可以看出，中央吕宋大区（Central Luzon）、甲拉巴松大区（Calabarzon）、北棉兰老大区（Northern Mindanao）、达沃

① 根据菲律宾国家统计局公示数据可知，菲律宾人口普查每5年进行一次，各区省人口数据是五年进行一次普查和公示，到目前为止能查到的最新数据为2015年的。

地区（Davao Region）、南哥苏库萨将大区（Soccsksargen）［包括哥打巴托市（Cotabato）］和棉兰老穆斯林自治区（ARMN-Autonomous Region of Muslim Mindanao）的人口占全国的比重在2015年均有提升，其中甲拉巴松大区的人口比重涨幅最大，为2.1%。其余行政区的人口比重均出现了不同程度的下降，其中伊罗戈斯大区（Ilocons Region）的人口比重降幅最大，为0.51%。

表Ⅰ-2-3　2000年、2015年菲律宾不同地区人口分布情况　（万人）

省份和地区	2015	占全国比重（%）	2000	占全国比重（%）
总人口	10097.7		7648.4	
国家首都区（NCR）	1287.7	12.75	993.3	12.99
科迪勒拉行政区	172.2	1.71	136.5	1.78
伊罗戈斯大区	502.6	4.98	420	5.49
卡加延河谷大区	345.1	3.42	281.3	3.68
中央吕宋大区	1121.8	11.11	820.5	10.72
甲拉巴松大区	1441.5	14.28	932.1	12.19
西南他加禄大区	296.3	2.93	229.9	3.01
比科尔大区	579.7	5.74	468.7	6.13
西米沙鄢大区	447.7	4.43	364.5	4.77
中米沙鄢大区	604.2	5.98	457.7	5.98
内格罗斯岛地区（NIR）	441.4	4.37	369.6	4.83
东米沙鄢大区	444	4.40	361	4.72
三宝颜半岛大区	363	3.59	283.1	3.70
北棉兰老大区	468.9	4.64	350.6	4.58
达沃地区	489.3	4.85	367.6	4.81
南哥苏库萨将大区（包括哥打巴托市）	454.5	4.50	322.2	4.21
卡拉加	259.7	2.57	209.5	2.74
棉兰老穆斯林自治区（ARMM）	378.1	3.74	280.3	3.66

资料来源：菲律宾统计局，http://www.psa.gov.ph/。

第二节　人口结构变化

人口结构，又称人口构成，是指将人口以不同的标准划分而得到的一种结果。它反映一定地区、一定时点人口总体内部各种不同质的规定性的数量比例关系，主要有性别结构和年龄结构。构成这些标准的因素主要包括年龄、性别、人种、民族、宗教、受教育程度、职业、收入、家庭人数等。

一　人口年龄结构构成及变化情况

（一）总体情况

根据菲律宾国家统计局 2015 年的人口普查数据，菲律宾人口年龄结构为增长型，人口金字塔呈上尖下宽的形态（见图Ⅰ－2－7）。从人口数量上看，2015 年人口普查中全国人口总数为 10097.93 万人，其中：0—14 岁人口数量为 3215.58 万人，占人口总数比重为 31.84%（在 0—14 岁人口中，男性人口数量为 1659.27 万人，女性人口数量为 1556.31 万人）；15—64 岁人口数量为 6403.59 万人，占总人口数量比重为 63.41%（在 15—64 岁人口中，男性人口数量为 3246.88 万人，女性人口数量为 3156.71 万人）；菲律宾 65 岁及以上人口数量为 478.76 万人，占总人口数量比重为 4.74%（在 65 岁及以上人口中，男性人口数量为 200.84 万人，女性人口数量为 277.92 万人）。

按照联合国的老龄化社会标准（即一个地区 60 岁及以上老人达到总人口的 10%，或者 65 岁及以上老人占总人口的 7%，该地区即被视为进入老龄化社会），菲律宾尚未进入老龄化社会，青少年人口占比大，属于年轻型人口结构。对这种类型的人口来说，由于育龄人群比重高，后备力量多，在生育水平几乎不变的情况下，未来人口变动趋势呈正增长，即人口出生率大于人口死亡率，出生人口大于死亡人口，人口呈增加态势。

（二）各年龄组人口变动情况

从图Ⅰ－2－8 人口比重来看，菲律宾 0—14 岁人口数量占总人口数量的比重介于 30% 和 50% 之间，整体上呈持续下降趋势。1960 年菲律宾 0—14 岁人口数量占总人口数量的比重为 47.02%，到 2018 年菲律宾 0—

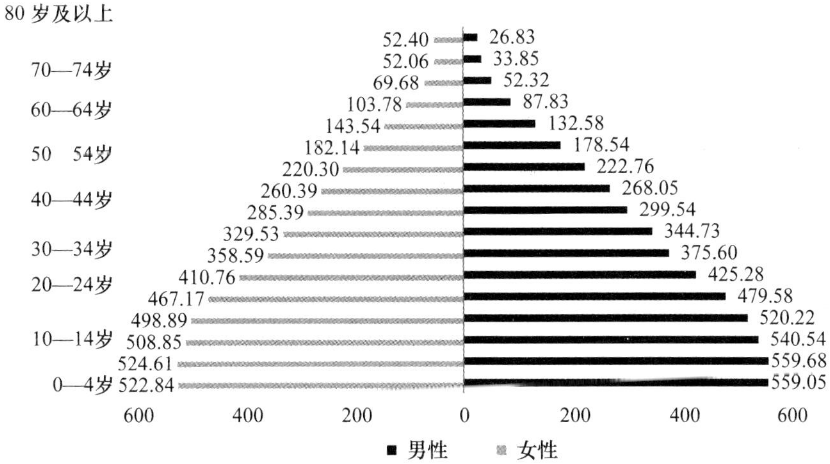

图Ⅰ-2-7 2015 年菲律宾人口金字塔（万人）

资料来源：菲律宾国家统计局：http：//www. psa. gov. ph/statistics/。

14 岁人口数量占总人口数量的比重减少到 30.96%，达到历史最低值，减幅达 16.06%。

15—64 岁人口数量占总人口数量的比重介于 49% 和 64% 之间，整体上呈波动上升趋势。具体来看，1960 年菲律宾 15—64 岁人口数量占总人口数量的比重为 49.88%，2018 年为 63.91%，增加了 14.03 个百分点。

65 岁及以上人口数量占总人口数量的比重介于 2.9% 和 5.2% 之间，整体上呈波动上升趋势。具体来看，大致可以分为三个阶段：第一阶段，1960—1970 年，菲律宾 65 岁及以上人口数量占总人口数量的比重变动呈小幅下降趋势，1960 年，65 岁及以上人口数量占总人口数量的比重为 3.09%，到 1970 年，65 岁及以上人口数量占总人口数量的比重为 2.97%，减少了 0.12%；第二阶段，1970—1997 年，菲律宾 65 岁及以上人口数量占总人口数量的比重变动呈小幅度波动上升趋势，1970 年，65 岁及以上人口数量占总人口数量的比重为 2.97%，到 1997 年，65 岁及以上人口数量占总人口数量的比重为 3.16%，增加了 0.19%；第三阶段，1997—2018 年，菲律宾 65 岁及以上人口数量占总人口数量的比重变动再次呈上升趋势，65 岁及以上人口数量占总人口数量的比重从 1997 年的 3.16% 上升到 2018 年的 5.12%，增加了 1.96%。

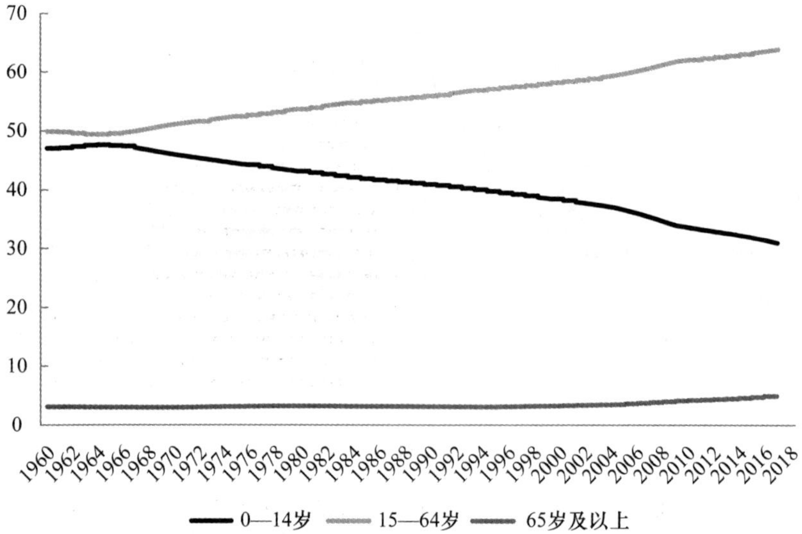

图Ⅰ-2-8 1960—2018 年菲律宾各个年龄组人口占比变动（%）

资料来源：世界银行，https：//data. worldbank. org. cn/indicator/SP. POP. DPND. OL?view = chart。

菲律宾人口结构的变化与其政府的人口政策有一定的关系。在独立后的较长时期内，菲律宾政府奉行鼓励人口增长的政策。但到 20 世纪 60 年代后期，由于人口的迅速增长，带来粮食、教育、就业、生活、市政和医疗设施等社会经济问题，政府开始调整政策。1968 年，菲律宾设立母婴保健规划办公室，制订全国家庭生育计划。1969 年，菲律宾建立了人口委员会，明确宣布在全国推行家庭生育计划是国家的政策。此后，人口生育受到一定的控制，0—14 岁人口占比开始逐步下降，而 15—64 岁人口占比逐步增加。

（三）抚（扶）养比

抚（扶）养比，也称抚（扶）养系数，是指在人口中非劳动年龄人口对劳动年龄人口数之比。抚（扶）养比越大，表明劳动力人均承担的抚（扶）养人数就越多，即意味着劳动力的抚（扶）养负担就越严重。少年儿童抚养比，指某一人口中少年儿童人口数与劳动年龄人口数之比，通常用百分比来表示。老年扶养比是指人口中非劳动年龄人口数中老年部分对劳动年龄人口数之比，用以表明每 100 名劳动年龄人口要负担多少名老年人。

根据世界银行统计数据，从总抚（扶）养比来看，1960—2018 年菲律宾总抚（扶）养比整体介于 56%—103%，呈现持续下降的趋势。总抚（扶）养比在 1964 年达到最大值，为 102.54%，因为这个时期人口中少年儿童比重非常高，增加了总抚（扶）养比。2018 年总抚（扶）养比最小，为 56.46%，较 1960 年降低了 46.08%，这是人口结构变化以及生育政策带来的结果。

从少儿抚养比来看，2000—2018 年菲律宾少儿抚养比变动整体上呈下降趋势，下降幅度较大，1966 年少儿抚养比达到最大值，为 95.51%；2018 年少儿抚养比为最小值，为 48.44%。

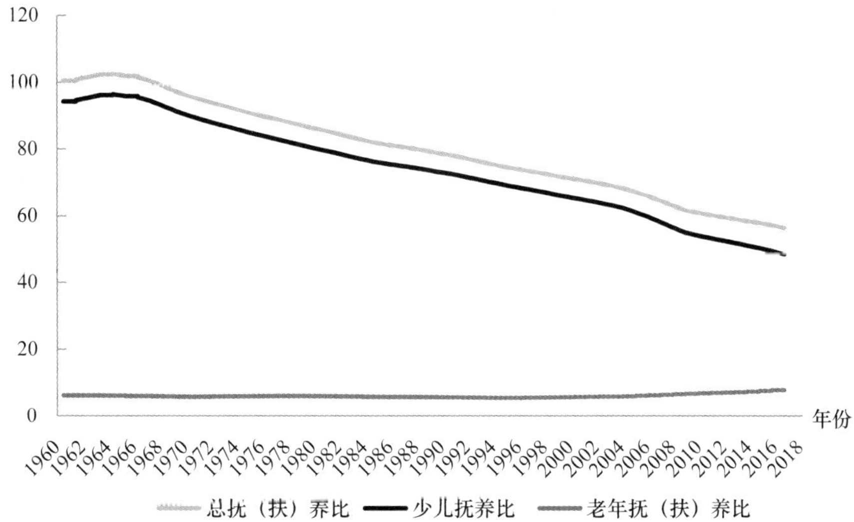

图Ⅰ-2-9　1960 年以来菲律宾抚（扶）养比变动（%）

说明：总抚（扶）养比/系数 =（0—14 岁人口数量 + 65 岁及以上人口数量）/ 15—64 岁人口数量 ×100%，少儿抚养比 =（0—14 岁人口数量/ 15—64 岁人口数量）×100%，老年扶养比 =（65 岁及以上人口数量/ 15—64 岁人口数量）×100%。

资料来源：世界银行，https：//data.worldbank.org.cn/indicator/SP.POP.DPND.OL?view = chart。

从老年扶养比来看，1960—2018 年菲律宾老年扶养比整体上呈上升趋势，具体来看，大致分为两个阶段：第一阶段，1960—1979 年菲律宾老年扶养比处于小幅波动下降状态，1960 年老年扶养比为 6.2%，到 1979 年老年扶养比增加到 6.02%；第二阶段，1980—2018 年菲律宾老年扶养比变动呈小幅上升状态，老年扶养比从 1980 年的 5.98% 增加到 2018 年的 8.01%。

二　人口受教育情况

（一）人口文化程度变动情况

联合国教科文组织提供了 1956 年、1960 年、1970 年、1975 年、1980 年、1990 年、2000 年、2004 年、2008 年、2010 年、2013 年、2017 年菲律宾 25 岁以上人口受教育程度数据，从中可以发现，受过中学、大学教育的人口比重从 1956 年开始增加，未上学率和小学未完成率整体下降。2000 年小学教育程度的比重为 28.9%，到 2004 年小学教育程度下降至 18.1%，下降幅度为 10.8%。但是中学毕业率和大学及以上毕业率大幅提高，中学毕业率为 36.3%，大学及以上毕业率为 27.3%，较 2000 年

表Ⅰ-2-4　菲律宾 25 岁以上人口受教育程度构成变动情况　（%）

年份	未上学	小学未完成	小学	中学	大学及以上	未知
1956	36.3	49.6		8.6	5.5	
1960	33.5	49.7		10.6	6.2	
1970	19.8	38.4	18.1	14.2	9.6	
1975	14.1	35.9	21.7	16.4	11.8	
1980	11.7	31.3	22.8	18.9	15.2	
1990	6.7	46.9		27.2	18.7	1.5
2000	4.2	15.2	28.9	40.8	8.4	7.8
2004	2.4	15.9	18.1	36.3	27.3	
2008	3.4		31.7	40.6	24.2	0.3
2010	2.5	15.4	15.2	50.1	16.4	0.9
2013	2.4	13.4	14.1	53.1	17.0	
2017	2.0	14.0	24.6	43.4	15.9	

资料来源：联合国教科文组织，http：//www.unesco.org。

中学毕业率降幅为4.5%，大学及以上毕业率增幅为18.9%。自2000年起，中学毕业率超越小学毕业率，并且中学毕业率在整个受教育程度构成中比重是最高的。可见菲律宾人口整体的文化程度在不断提高。

（二）入学率及性别差异

1. 小学入学率

根据联合国教科文组织统计数据，1970—2018年菲律宾小学教育入学率情况如下：从总入学率来看（有部分数据缺失），可分为六个阶段：1970—1976年，呈下降趋势；1976—1979年呈上升趋势；1980—1987年呈波动下降趋势；1987—1991年呈波动上升趋势；1992—2005年呈现波动下降趋势；2005—2018年呈现波动上升趋势。从性别来看（部分数据缺失），可以分为三个阶段。第一阶段：1981—1987年，男性入学率和女性入学率相当；第二阶段：1988—1990年，女性入学率高于男性入学率；第三阶段：1991—2018年，男性入学率总体高于女性入学率，并且到后期差距还在变大。

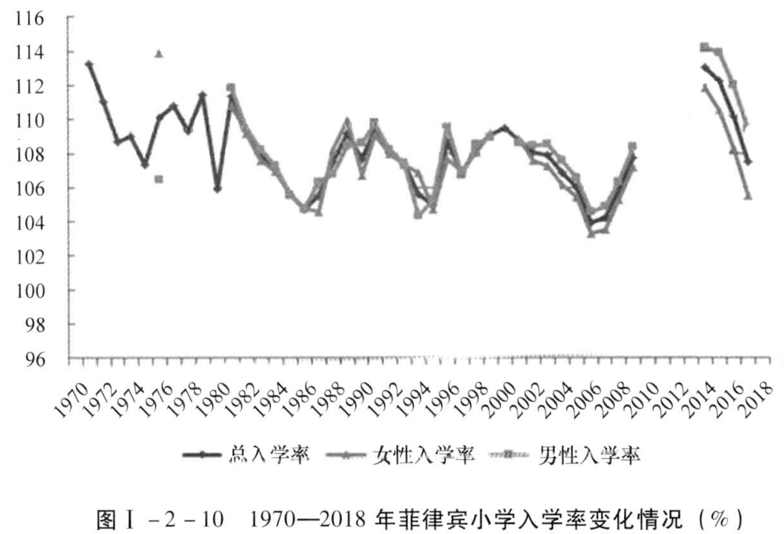

图Ⅰ-2-10　1970—2018年菲律宾小学入学率变化情况（%）

说明：小学总入学率是指无论年龄大小，小学的总入学人数与官方规定的小学适龄总人口的百分比值。总入学率可能会超过100%，因为包含了较早或较晚入学及复读的超龄和小龄学生。部分年份数据缺失。

资料来源：世界银行，https://data.worldbank.org.cn/indicator/SP.POP.DPND.OL?view=chart。

2. 中学入学率

根据联合国教科文组织统计数据，1981—2017 年菲律宾中学教育入学率（部分数据缺失）情况如下：从总入学率来看，可分为三个阶段。第一个阶段：1981—1995 年，总体呈波动上升趋势；第二个阶段：1995—1999 年，总体呈略微下降趋势；第三个阶段：2001—2017 年，总体呈上升趋势。从性别来看，女性入学率一直高于男性入学率。

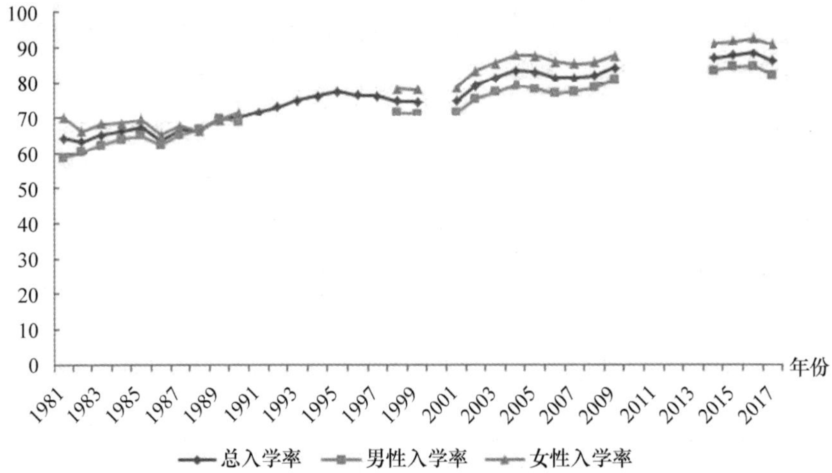

图Ⅰ-2-11　1981—2017 年菲律宾中学入学率变化情况（%）

说明：中学总入学率，是指不论年龄大小，中学在校生总数占符合中学官方入学年龄人口的百分比。总入学率可能会超过 100%，因为包含了较早或较晚入学及复读的超龄和小龄学生。部分年份数据缺失。

资料来源：联合国教科文组织，http://www.unesco.org。

3. 高等教育入学率

根据联合国教科文组织统计数据，1995—2017 年菲律宾高等教育入学率（部分数据缺失）情况如下：从总入学率来看，可分为三个阶段。第一个阶段：1995—2001 年，总体呈增长趋势；第二个阶段：2001—2005 年总体呈小幅度下降趋势；第三个阶段：2005—2017 年总体呈上升趋势。从性别来看，1995—2017 年女性入学率一直高于男性入学率。

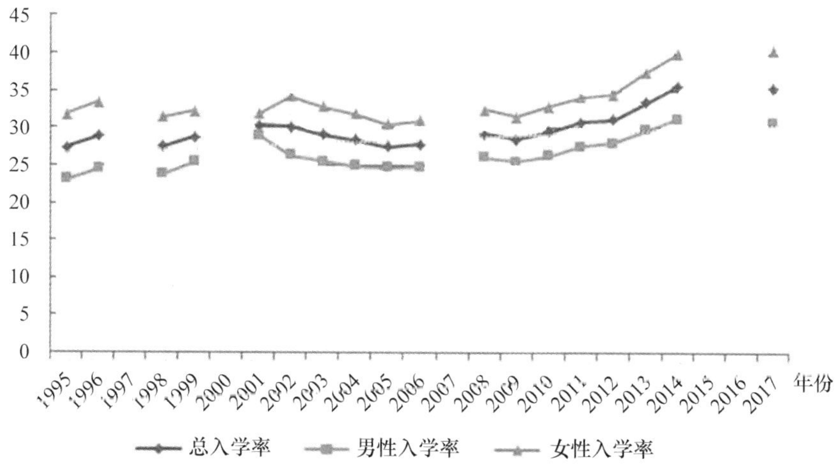

图Ⅰ－2－12　1995—2017 年菲律宾大学及以上入学率变化情况（%）

说明：大学总入学率是指不论年龄大小，大学在校生总数占中学之后 5 年学龄人口总数的百分比。部分年份数据缺失。

资料来源：联合国教科文组织，http：//www. unesco. org。

第三节　人口就业状况

就业是民生之本，了解一个国家的就业状况对社会生产和发展具有重要意义。一方面，就业能够使劳动力和生产资料相结合，生产出社会所需的物质财富和精神财富，促进社会生产的发展；另一方面，就业问题关系到社会稳定，国家政权的巩固与和谐社会目标的实现。对劳动者而言，就业是获取报酬的重要途径，能够使社会劳动力实现再生产。

一　就业人口规模及变化情况

（一）劳动参与率

劳动参与率，是指经济活动人口（包括就业者和失业者）占劳动年龄人口的比率，是用来衡量人们参与经济活动状况的指标。根据经济学理论和各国的经验，劳动参与率反映了潜在劳动者对于工作收入与闲暇的选择偏好，它一方面受到个人保留工资、家庭收入规模，以及性别、年龄等个人人口学特征的影响，另一方面受到社会保障的覆盖率和水平、劳动力市场状况等社会宏观经济环境的影响。

据《马尼拉公报》[①] 报道，伴随着近年来经济快速增长，菲律宾劳动力市场就业结构性矛盾凸显，主要表现为就业难与招工难并存。一方面，失业率保持在7%左右，居高不下；另一方面，企业招工困难，劳动力成本提高。一些基础设施建设项目因招不到建筑工人而受到影响；旅游酒店很难雇用到本地工人，不得不增加成本从其他省份引进。

出现这种现象的原因，一是技能不匹配，企业不能找到合适的工人；二是越来越多的人倾向于自我创业，即使受教育程度很低的人也尝试着开办企业。由于销售仿制药品盈利颇丰，许多执业药师自己开办药店，因此药剂师缺乏。其他如出纳和会计人才也十分紧俏。

根据菲律宾统计局统计数据，截至2018年，菲律宾劳动就业人口总数为7133.9万人，15岁以上人口劳动参与率为59%，其中，15岁以上男性劳动参与率为72.5%，15岁以上女性劳动参与率为45.4%。2008—2018年，菲律宾15岁以上男性和女性劳动参与率的变动趋势同总劳动参与率的变动趋势一致。变动趋势大致可以分为三个阶段：第一阶段，2008—2011年，菲律宾15岁以上人口总劳动参与率、男性劳动参与率、女性劳动参与率均呈波动上升趋势，各指标均上升了约1个百分点；第二阶段，2012—2013年，菲律宾15岁以上人口总劳动参与率、男性劳动参与率、女性劳动参与率均呈小幅度下降趋势，总劳动参与率下降了约1个百分点，男女劳动参与率下降了约0.5个百分点；第三阶段，2014—2018年，菲律宾15岁以上总劳动参与率、男性劳动参与率、女性劳动参与率大幅下降，2014年总劳动参与率为62.2%，2018年为59%，总劳动参与率下降3个百分点以上，男性劳动参与率下降了约3个百分点，女性劳动参与率下降了约4个百分点，这一阶段主要是因为更多的年轻人选择全日制学习，而女性则因为家务而选择失业。

可以看到，总劳动参与率、男性劳动参与率、女性劳动参与率与GDP总量和人均GDP的变化相一致，从2016年以后劳动参与率开始下降，所以近几年来劳动参与率下降与经济发展之间有很大的关系。

---

① 《马尼拉公报》，https：//mb. com. ph。

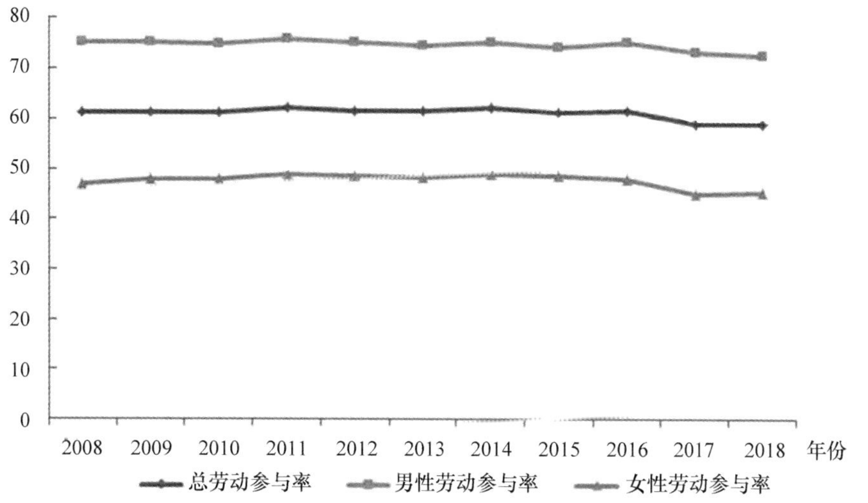

图Ⅰ-2-13 2008—2018年菲律宾15岁以上人口劳动参与率（%）

说明：劳动参与率=从业人口/劳动年龄人口×100%。

资料来源：菲律宾国家统计局，http://www.psa.gov.ph/statistics/。

（二）失业率

根据国际劳工组织的数据，从2000年到2018年，菲律宾男性失业率、女性失业率变动同总人口失业率变动趋势一致，呈现出波动下降的特点。从2008年到2009年，男性失业率、女性失业率、总人口失业率呈现出上升趋势，但均没有高于4.5%；2010年到2013年，男性失业率、女性失业率、总人口失业率维持稳定状态；2014年以后，男性失业率、女性失业率、总人口失业率呈现迅速下降趋势。2018年男性失业率为2.1%，女性失业率为2.7%，总人口失业率为2.3%，失业率为十多年来的最低点。菲律宾劳动力市场蓬勃发展是由于活跃的批发和零售贸易、运输和仓储、建筑、教育、餐饮和住宿服务活动以及政府积极的公共行政和国防活动，以及农业、渔业和水产养殖，这些都极大地促进了本地就业的恢复。

二 就业人口的主要行业构成及变化特点

（一）服务业成为就业的主要行业

根据国际劳工组织统计数据，2018年菲律宾就业人口的行业情况如

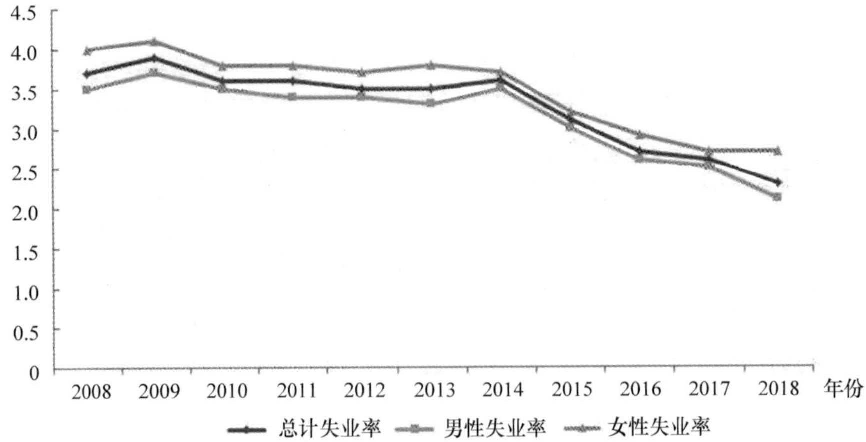

图Ⅰ-2-14　2008—2018年菲律宾失业率变动情况（%）

资料来源：国际劳工组织，https：//www. ilo. org/global/lang - - en/index. htm。

下：以农业、工业、服务业为主的就业人口总数为4115.6万人；农业就业人数为999.8万人，占就业人口总数的比重为24.3%；工业就业人数为784.6万人，占就业人口总数的比重为19.1%；服务业就业人数为2331.2万人，占就业人口总数的比重为56.6%。

表Ⅰ-2-5　　**2018年菲律宾分行业就业人数**

行业	百分比（%）	人数（万人）
总行业	100	4115.6
农业	24.3	999.8
工业	19.1	784.6
服务业	56.6	2331.2

资料来源：国际劳工组织，https：//www. ilo. org/global/lang - - en/index. htm。

（二）各行业就业人口变化趋势存在差异

国际劳工组织数据显示，菲律宾总就业人口从2000年的2744.6万人增加到2018年的4115.6万人，整体上呈现出波动上升的趋势。但2001年、2003年就业人口出现大幅度的下降，2001年总就业人口下降至

241.89 万人，下降幅度达 2500 万，其主要原因是 2001 年菲律宾社会发生了许多影响政治、经济生活的重大事件。是年初，总统埃斯特拉达因涉嫌受贿被迫提前下台，南部棉兰老岛地区穆斯林分裂势力不断制造绑架事件，以及遍及社会各个层面的贪污腐败现象都给菲律宾经济发展蒙上了一层阴影。同时菲律宾最大的贸易、投资伙伴国美国经济开始放缓，日本经济持续衰退，对菲律宾的经济发展也产生了不利的影响①，2003 年、2005 年菲律宾总就业人口和 2001 年的总就业人口相近。2003 年总就业人口为 115.46 万人，失业率居高不下。近几年来，菲律宾政府努力推行扩大就业政策，取得了一定的成效。据菲律宾国家统计局数据，2001—2003 年，新增就业岗位 105.8 万个，远远大于 1998—2000 年的 32.6 万个。但是，过高的人口增长率，使得新增就业岗位难以满足劳动力迅速增长的需求，就业形势一直未有改观，失业率长期保持在两位数，2003 年失业率达 11.4%。同时较高的人口增长率导致了失业率高和贫困人口增加等问题。② 2005 年菲律宾就业人口也仅有 142.35 万人，这是由天灾和人祸共同作用的结果，接连遭受的洪涝和台风灾害，复杂的国内政治、经济问题以及美国提前撤军给外交关系蒙上的阴影等都严重影响着菲律宾经济发展和人口就业。③

从行业来看，农业就业人口从 2000 年 1018.1 万人下降到 2018 年的 999.8 万人，出现略微下降。工业就业从 2000 年的 445.4 万人增加到 2018 年的 784.6 万人，工业就业人口增加约 340 万人。服务业就业人口从 2000 年的 1281.10 万人增加到 2018 年的 2331.2 万人。

（三）农业、工业就业人口变化幅度大

根据国际劳工组织的数据，2000—2018 年（其中，2004 年数据缺失），农业就业人口占比在 4%—38%，工业就业人口占比在 13%—48%，而服务业占比在 46%—58%。农业、工业就业人口比例变化幅度高达 30%，服务业变化幅度为 12%。变化极大的是 2001 年、2003 年、2005 年农业因遭受

---

① 中华人民共和国驻菲律宾共和国大使馆经济商务处，http://ph.mofcom.gov.cn/article/ddgk/zwjingji/200302/20030200069436.shtml。

② 中华人民共和国驻宿务总领事馆经贸之窗，http://cebu.mofcom.gov.cn/aarticle/ztdy/200404/20040400209939.html。

③ 陈红升：《菲律宾 2004—2005 年回顾与展望》，《东南亚纵横》2005 年第 4 期。

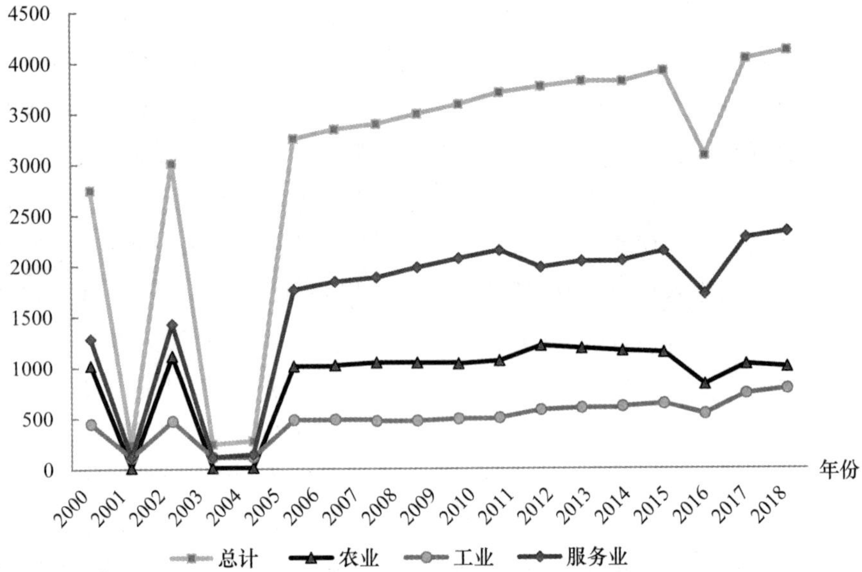

图Ⅰ-2-15　2000—2018 年（其中，2004 年数据缺失）菲律宾各行业就业人口变化（万人）

资料来源：国际劳工组织，https：//www.ilo.org/global/lang--en/index.htm。

自然灾害而导致失业人口急剧增加，农业就业人口减少，其他行业就业比例相对上升。除了这三年的极端数据外，其他年份农业、工业就业人口变化幅度都比较小，服务业就业人口相对稳定，围绕 50% 上下波动。

三　就业人口的职业构成

菲律宾各职业大类的就业人数比较均衡。根据国际劳工组织统计数据，在 2018 年菲律宾就业人口的职业分布中，简单劳动职员的就业总量最大（占分职业人口的 26.87%），武装人员最少，仅占分职业人口的 0.23%。排在简单劳动职员之后的是管理者，这和菲律宾人口结构也有很大的关系，分职业人口总量大，其管理者数量也比较多。

服务和销售人员占比较大，这是因为服务业在菲律宾国民经济中占据主要地位，其产值占国民生产总值的 50% 以上，近年来，服务业产值一直呈逐年增长趋势。菲律宾的农业、林业和渔业从业人员占比也很大，占分职业人口的 12.39%。菲律宾是个农业国，农业人口占总人口的 2/3 以

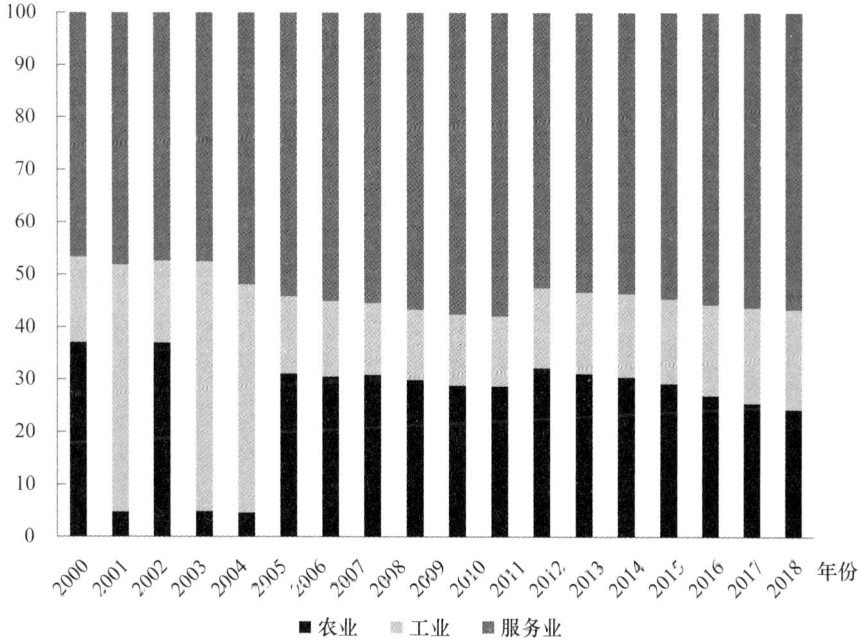

图Ⅰ-2-16 2000—2018年各行业就业人口比例变化（%）

资料来源：国际劳工组织，https：//www. ilo. org/global/lang--en/index. htm。

上，有很大部分的劳动力靠农业为生，菲律宾有其地理优势，四周环海，水产资源丰富。鱼类品种达2400多种，是东南亚第二大渔业国，同时，菲律宾是世界上少数几个海藻产量稳定的国家之一。近十多年来，随着海藻养殖和加工技术的进步以及菲律宾政府扶持政策的实施，菲律宾海藻产业从无到有，逐步发展成对出口创汇、增加就业和减少贫困有重大贡献的主要产业。菲律宾森林资源丰富，有红木、樟木等名贵木材，木材业也提供了很多的就业岗位。

一般技术人员和专业技术人员占分职业人口的9.49%，其专业技术人员占比较高。比如电脑软件开发，菲律宾拥有大批电脑专业人才，在国际上享有较高的声誉。随着互联网和电子商务的迅速普及，网络开发、电脑设计、广告等领域的动画制作需求越来越多，为菲律宾创造了更多的机遇，也提供了许多的技术岗位。医学数据编译，是菲律宾的新兴产业，有着旺盛的发展势头，目前已有近30家医学数据编译公司，专家有1500多名。这些行业的出现和迅速发展为菲律宾创造了新的机遇，同时也造就了更多的工作岗位。

其他职业人口结构如表Ⅰ-2-6所示。

表Ⅰ-2-6　　2018年菲律宾分职业人口构成

类别	数量（万人）	百分比（%）
就业总人数	4116	100
管理者	658.9	16.01
专业技术人员	224.7	5.46
一般技术人员	165.7	4.03
文职人员	238.9	5.80
服务和销售人员	617	14.99
熟练的农业、林业和渔业工人	510	12.39
与工艺有关人员	323.2	7.85
工厂和机器操作员及装配工	262.4	6.38
简单劳动职员	1105.8	26.87
武装人员	9.4	0.23

说明：此处的就业总人数为表中不同职业就业人数的总和，与社会上总的就业人口数据有出入，因为有一部分就业人口不在表中所列的分职业中。

由于四舍五入，总计百分比大于100%。

资料来源：国际劳工组织，https：//www.ilo.org/global/lang－－en/index.htm。

第四节　国际移民

最新的全球移民报告显示，在全世界70多亿人口当中，移民人数超过2亿人。经济正朝着全球化发展，世界越来越小，联系越来越密切。国际移民已经成为影响经济、社会、安全等多个方面的重要因素。随着全球化的日益深入，移民对国家和居民的影响比过去的任何时候都要深刻。

一　国际移民迁入数量

（一）总体情况

根据联合国人口司统计数据，截至2019年，菲律宾国际移民数量为

218530 人。从 1990 年到 2019 年，国际迁移人数变动大致可以分为三个阶段。第一阶段为 1990—2000 年，国际迁移人数呈现不断上升趋势，并在 2000 年达到最大值，1990 年菲律宾国际迁移人数为 154071 人，到 2000 年达到迁移人数的巅峰，为 318095 人；第二阶段为 2000—2010 年，国际迁移人数呈现持续下降趋势；第三阶段为 2010—2019 年，菲律宾国际迁移人数呈缓慢上升趋势，2010 年国际迁移人数为 208599 人，2019 年国际迁移人数为 218530 人。

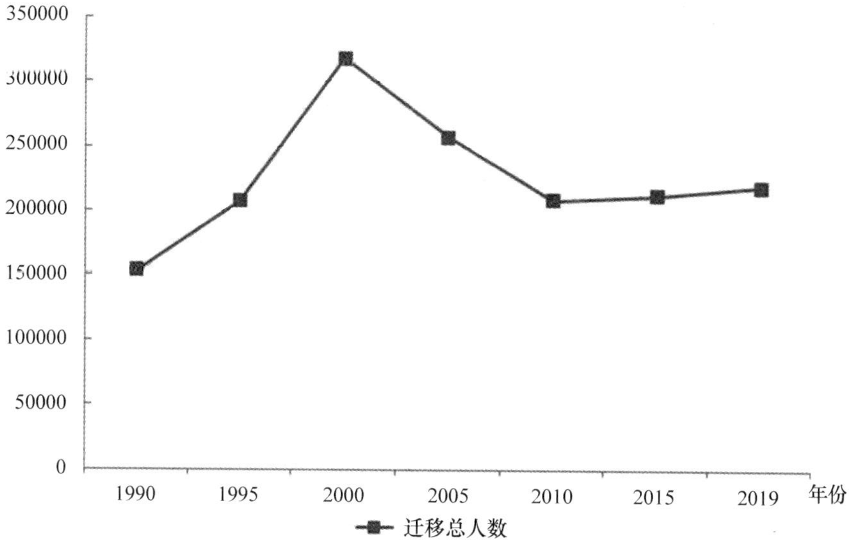

图Ⅰ-2-17　1990—2019 年菲律宾国际迁移人数变动情况（人）

资料来源：联合国人口司：https：//www. un. org/en/development/desa/population/migration/data/。

（二）21 世纪以来的变动趋势

根据前述分析，从 2010 年到 2019 年，菲律宾不断吸引国际移民的到来，国际移民数量逐步增加。根据联合国人口司的数据，2010 年，菲律宾国际移民来源地主要包括中国、美国、日本、印度、韩国、加拿大，占菲律宾国际移民总量的比重分别为 16.97%、16.80%、9.49%、5.02%、3.26%、2.63%；2015 年，菲律宾国际移民来源地依旧主要为中国、美国、日本、印度、韩国、加拿大，但是美国所占菲律宾国际移民总数量的比重发生了一定的变化，下降了0.01%，即为16.79%。2019年菲律宾国际移民来源地依旧主要为中国、美国、日本、印度、韩国、加拿大，并且其比重与2015年的数据相同，分别为16.97%、16.79%、9.49%、5.02%、3.26%、2.63%。

表Ⅰ-2-7　　　菲律宾国际移民来源国变动情况

年份	主要来源国	移民数量（人）	移民总数（人）
2010	中国	35398	208599
	美国	35051	
	日本	13537	
	印度	10476	
	韩国	6799	
	加拿大	5480	
	其他国家	101858	
2015	中国	35952	211862
	美国	35564	
	日本	13749	
	印度	10639	
	韩国	6906	
	加拿大	5565	
	其他国家	103487	
2019	中国	37083	218530
	美国	36683	
	日本	14181	
	印度	10973	
	韩国	7123	
	加拿大	5740	
	其他国家	106747	

资料来源：联合国人口司，https：//esa. un. org/unpd/wpp/Download/Standard/Population/。

（三）国际移民来源地稳定

中国一直为菲律宾最大的移民来源国。根据表Ⅰ－2－7，从 2010 年到 2019 年，来自中国的移民逐步增加，2010 年，来自中国的移民数量为 3.5 万人左右，2015 年，这一数据增加到 3.6 万人左右，到了 2019 年，这一数据达到 3.7 万人左右。中国移民数量最多是现实原因和历史原因共同作用的结果。第一，社会资本：历史、文化与移民网络。移民网络说认为，移民网络就是通过亲情、友情和乡情等方式将原居住地和目的地的移民、以往的移民和非移民联系起来的一系列人际关系。这些关系的存在被假定为因其提高了收益、降低了成本和国际移民的风险，而增加了对外移民的可能性。20 世纪 70 年代最早移民菲律宾的中国人，主要是投靠他们在菲律宾的直系亲属。随着大量中国人逐渐外移，跨越国际空间的社会关系架构，进一步鼓励了以家庭团聚、亲友聚居为形式的移民，移民得以自我维系，并不断扩大和发展。第二，富余劳动力迁移。从中国尤其是东南沿海的侨乡地区向海外流动，尽管福建（尤其是泉州地区的移民仍然是菲律宾中国新移民的主体）位于东南沿海，但它是中国东南沿海地区中经济相对落后的省份，它本身没有能力消化农村大量的富余劳动力，这样的客观现实迫使富余的农村劳动力将求生的目光投向海外。第三，菲律宾有成本优势，机会多。在菲律宾，商铺费用低，租期灵活，能以较低的资金启动生意，因此不少新移民在抵达菲律宾之后即开始经营杂货零售店铺，发展机会相对较多。第四，中国移民可通过特赦获得永久居留权，1995 年和 1998 年，菲律宾政府先后实行两次特赦，赋予符合条件的非法移民以合法居留权，并且按照菲律宾法律，为他们的配偶和子女申请到居留权。

美国、日本、韩国、加拿大等发达国家人口移民菲律宾主要有以下原因。第一，离岸公司业务，目前国际上提供离岸公司注册业务的国家没有哪个国家能够为达到离岸公司标准的投资者提供绿卡（永久定居签证），唯独菲律宾可以提供。加上廉价的注册、年检、税收等优惠条件，相对于中国香港、百慕大、维尔京群岛等地更拥有相对的绿卡签证优势，因此菲律宾是避税投资的好地方。第二，由于菲律宾拥有全球最大的、最受欢迎的菲佣服务人员，其需求遍布欧美发达国家。因此持有菲律宾绿卡的人，去其他国家很方便。在此背景下，移民菲律宾成为去其他国家的一个跳板。第三，菲律宾是自由市场经济国家，和欧美国家关系密切，是企业进军国际市场的好选择。菲律宾信息机制很成熟，商机也透明，人工成本低、生产成本低、流通成本低，处处充满着创业的机会。第四，菲律宾是英语国家，沟通交流障碍低。第五，菲律宾自然环境优美，非常适合居住和生活，并且物价水平低，对于发达国家人员有着较大的吸引力。

二　国际移民净迁移情况

净迁移量是指某时期某地区迁入人数与迁出人数之差。如果某时期内迁入人数大于迁出人数，则人口净迁移量为正值。反之，迁入人数小于迁出人数，则人口净迁移量为负值。

从表Ⅰ－2－8可以看出，1950—2015年菲律宾净迁移量一直小于0，长期处于人口净迁出状态。菲律宾的净迁移人口可以大致分为两个阶段：第一阶段为1950—2010年，移民净迁出人口呈不断上升趋势，从1950—1955年的4.9万人增加到2005—2010年的154.8万人。在这一阶段，特别从马科斯政权开始，菲律宾政府开始积极推动菲律宾人赴海外务工，其主要目的是降低国内的失业率、利用海外学到的技术开发人力资源和通过获得外汇来改善国际收支等。为此，政府发布了许多总统令和行政命令，完善了有关海外打工的法律和行政命令。

第二阶段为2010—2015年，净迁出人口呈下降趋势。相对2005—2010年154.8万人的净迁出，2010—2015年下降到83.5万人，净迁出人口减少了约70万人。之所以净迁出人口开始减少，一方面是因为迁入菲律宾的人口增加了，另一方面是这一阶段菲律宾经济取得了较快的发展，向外迁移人口相对以往减少了一些。

表Ⅰ－2－8　**菲律宾人口净迁移情况**　（万人）

年份	净迁移数
1950—1955	－4.9
1955—1960	－15.4
1960—1965	－21.8
1965—1970	－47.0
1970—1975	－37.5

续表

年份	净迁移数
1975—1980	-47.7
1980—1985	-29.2
1985—1990	-31.5
1990—1995	-69.9
1995—2000	-94.9
2000—2005	-124.4
2005—2010	-154.8
2010—2015	-83.5

说明：人口净迁移量 = 迁入人数 - 迁出人数。

资料来源：移民数据网，https://migrationdataportal.org/。

第三章　资源禀赋

菲律宾是位于东南亚的群岛型国家，由约 7100 座大小岛屿构成。优越的光热条件和绵长的海岸线为菲律宾创造了丰富的矿产资源和动植物资源，为产业发展提供了良好基础。20 世纪的工业化发展一度造成菲律宾严重的资源退化，随着近 30 年来原始林采伐禁令、渔业法典、采矿法等各项资源环境法令及配套政策的相继出台，资源开采的可持续性不断提高。

第一节　土地资源

菲律宾国土面积约 29.97 万平方公里，7107 座大小岛屿被分为吕宋（Luzon）、米沙鄢（Visayas）和棉兰老（Mindanao）三大岛群，约有 350 座岛屿面积在 2.59 平方公里以上，其中吕宋岛、棉兰老岛、萨马岛（Samar）等 11 个主要岛屿占全国总面积的 96%。[①] 菲律宾群岛主要由火山岩和珊瑚礁构成，岛内以山地为主，多火山（约 50 座），除少数岛屿有较宽广的内陆平原外，大多数岛屿仅沿海有零星分布的狭窄平原。[②] 大部分区域土壤肥沃，富含有机质和矿物质，适合多种农作物和林木生长。全国农用地面积约 1244 万公顷，占比 41.72%；林地面积约 804 万公顷，占比 26.96%；其他用地面积共 934 万公顷，占比 31.32%。

一　林地资源概况

菲律宾森林资源较丰富，林地权归国家所有。全国拥有林地约 804 万

---

① Carolina G. Hernandez, "Philippines," https://www.britannica.com/place/Philippines#ref23724.

② 高珊珊、闫金凤、王梦涵、徐美荣、张宵宵：《1990—2017 年菲律宾耕地时空变化特征分析》，《科学技术与工程》2019 年第 25 期。

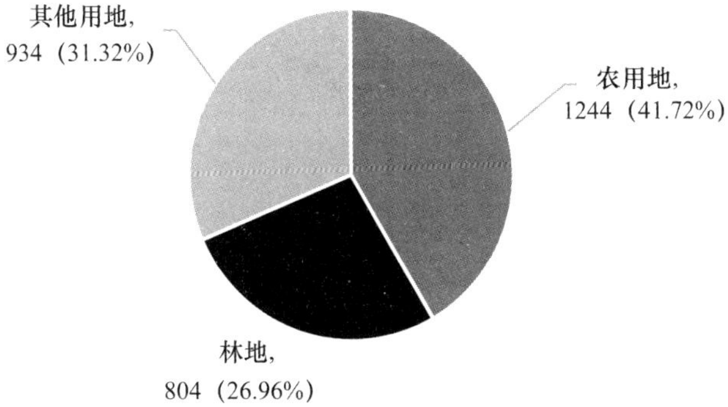

图Ⅰ-3-1　2017年菲律宾土地利用结构概况（万公顷）

资料来源：世界粮农组织统计数据库——土地利用情况，http：//www.fao.org/faostat/en/#data/RL。

公顷，其中，86万公顷为原始天然林，占比10.7%，为生物多样性提供了重要保障；593万公顷为天然次生林，占比73.76%；125万公顷为人工林，占比15.55%。[①]

近30年来，菲律宾森林保护工作日见成效，林地面积呈现增加趋势。1990—2017年，全国林地面积共增加148.5万公顷，增幅达到22.65%。其中，原始天然林面积基本保持不变；天然次生林面积增加54.1万公顷，增幅为10.03%；人工林面积增加94.4万公顷，增幅超过300%。然而，由于20世纪菲律宾遭遇了森林资源的严重衰退，当前27%的森林覆盖率仍然远低于热带国家的平均水平（约54%）。[②]

（一）森林破坏情况及其演化

20世纪90年代之前，菲律宾森林曾遭受严重破坏。由于高强度的伐木、采矿、烧耕农作（kaingin）等活动，菲律宾原始天然林面积锐减，森林资源减少，森林覆盖率从20世纪初的70%急剧降至1990年的22%，被视为20世纪全球森林破坏程度十分严重的十个国家之一。[③] 据估计，在

---

① 《土地利用情况》，世界粮农组织统计数据库，http：//www.fao.org/faostat/en/#data/RL。

② 李伟、何淑嫱、潘瑶、沈立新：《巴布亚新几内亚、菲律宾和斐济林业发展比较与分析》，《世界林业研究》2019年第4期。

③ 包茂宏：《森林史研究：以菲律宾森林滥伐史研究为重点》，《中国历史地理论丛》2005年第1期。

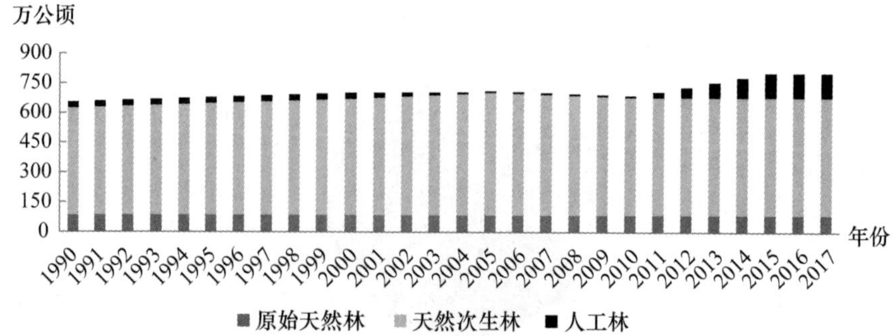

图Ⅰ-3-2　1990—2017年菲律宾森林资源总量及结构演化

资料来源：世界粮农组织统计数据库——土地利用情况，http：//www.fao.org/faostat/en/#data/RL。

1920—1934年美国殖民时期，菲律宾每年伐木面积约14万公顷；在取得政治独立以后的20世纪50年代至1973年，每年伐木面积高达17.2万公顷；1969年，菲原木产量达到1158.4万立方米，林产品出口占出口总额的比重达到峰值，高达39%。[①]

1975年《菲律宾林业法》（即菲律宾第705号总统令）颁布之后，国家开始重视并加强森林与林地生态系统的保护与恢复，全国森林退化速度有所降低。但由于前期政策执行不力，1981—1990年，菲律宾可统计的森林退化面积仍有23.6万公顷，其中火灾造成17.6万公顷森林毁坏，占比74.72%；烧耕农作造成2.4万公顷森林退化，占比10.32%；非法伐木造成2.2万公顷森林退化，占比9.14%。

1991年菲律宾政府进一步颁布并实施《原始林采伐禁令》，1992年颁布《国家综合保护区体系法》（即共和国第7586号法令），大规模毁林情况逐步得到遏制。[②] 1991—2000年，全国可统计的森林退化面积为15.7万公顷，火灾、烧耕农作、非法伐木造成的毁林面积均呈现出不同程度的下降，其中非法伐木毁林面积大幅减少75.6%。

21世纪以来，菲律宾烧耕农作和非法伐木行为基本得到遏制，火灾

① 蒋细定：《面临枯竭的菲律宾森林资源》，《南洋问题研究》1991年第4期。

② 商务部国际贸易经济合作研究院、中国驻菲律宾大使馆经济商务参赞处、商务部对外投资和经济合作司：《对外投资合作国别（地区）指南——菲律宾（2019年版）》，http：//www.mofcom.gov.cn/dl/gbdqzn/upload/feilvbin.pdf。

毁林面积逐步降低。尤其是2011 年采伐禁令法（第23 号行政命令）颁布以来，境内所有天然林和天然次生林中的一切树木资源被全面禁止砍伐[①]，此后，菲律宾非法伐木毁林面积清零。

表Ⅰ-3-1 1981—2017 年菲律宾森林破坏情况及其演化 （公顷）

年份	烧耕农作	火灾	非法伐木	其他原因（病虫害、台风等）	森林退化总面积
1981	5826	12471	6108	200	24605
1982	3286	8063	4954	351	16654
1983	2241	117951	1015	119	121326
1984	1137	3177	478	103	4895
1985	941	11743	1918	30	14632
1986	1991	4257	90	1344	7682
1987	570	5386	676	514	7146
1988	2914	423	4474	2444	10255
1989	4683	675	1727	5729	12814
1990	720	11872	89	2868	15549
小计	24309	176018	21529	13702	235558
1991	759	5872	72	530	7233
1992	86	12720	—	—	12806
1993	90	15330	—	2442	17862
1994	1529	7720	107	986	10342
1995	409	10331	9	13354	24102
1996	94	4558	10	524	5186
1997	4693	3539	93	16568	24893
1998	14430	18313	2	6860	39605
1999	119	3206	45	692	4061

① 李伟、何淑嫱、潘瑶、沈立新：《巴布亚新几内亚、菲律宾和斐济林业发展比较与分析》，《世界林业研究》2019 年第4 期。

续表

年份	烧耕农作	火灾	非法伐木	其他原因（病虫害、台风等）	森林退化总面积
2000	875	4809	4920	498	11171
小计	23084	86398	5258	42454	157261
2001	37	776	—	587	1400
2002	753	2465	—	4782	7999
2003	—	1042	—	—	1042
2004	11	1376	—	312	1700
2005	1	2715	—	—	2716
2006	—	3005	—	—	3005
2007	34	903	1552	87	2576
2008	105	77	—	367	549
2009	—	1200	—	—	1200
2010	—	1561	—	—	1561
小计	941	15120	1552	6135	23748
2011	—	—	—	—	—
2012	—	5822	—	—	5822
2013	—	—	—	—	1016
2014	—	—	—	—	795
2015	1727	2518	—	11457	15702
2016	12	422	—	1455	1888
2017	50	1	—	1955	2006
小计	1789	8763	0	14867	27229
总计	50123	286299	28339	77158	443796

资料来源：1981—1999 年数据来源于《菲律宾统计年鉴 2001》；2000—2017 年数据来源于《菲律宾统计年鉴 2019》。

（二）造林情况及演化

在菲律宾环境和自然资源部下属林业管理办事处的指导下，造林工作持续稳步推进。1976—2010 年，全国每年造林面积在 5 万公顷上下，基本保持稳定。2011 年以来，随着《菲律宾国家绿化规划》（第 26 号行政命令）的出台，要求2011—2016年在全国150万公顷的土地上种植树木15亿株，菲律宾造林面积得到大幅提升。从总体上看，1976—2018年，政府主导的造林面积达到83%，私人部门主导的造林面积仅为17%，政府的主导作用明显，而且越来越突出。

表Ⅰ-3-2　　1976—2018年菲律宾造林面积及其演化

年份	政府部门造林		私人部门造林		造林总面积（公顷）
	面积（公顷）	占比（%）	面积（公顷）	占比（%）	
1976—1980	193018	0.66	98698	0.34	291716
1981—1985	139508	0.59	96392	0.41	235900
1986—1990	327896	0.71	132163	0.29	460059
1991—1995	144126	0.54	123501	0.46	267627
1996—2000	154313	0.69	70187	0.31	224500
2001	26524	0.84	4920	0.16	31444
2002	20681	0.81	4939	0.19	25620
2003	13195	0.87	1893	0.13	15088
2004	12436	0.61	7902	0.39	20338
2005	7187	0.44	9311	0.56	16498
2006	4476	0.62	2747	0.38	7223
2007	25024	0.90	2813	0.10	27837
2008	27752	0.64	15857	0.36	43609
2009	53842	0.98	950	0.02	54792
2010	32384	0.88	4493	0.12	36877
2011	102884	0.80	25674	0.20	128558
2012	207044	0.93	14719	0.07	221763
2013	326106	0.98	7054	0.02	333160
2014	315278	0.94	19024	0.06	334302
2015	360357	1.00	—	0.00	360357

续表

年份	政府部门造林		私人部门造林		造林总面积（公顷）
	面积（公顷）	占比（%）	面积（公顷）	占比（%）	
2016	284089	1.00	—	0.00	284089
2017	200544	1.00	—	0.00	200544
2018	141148	1.00	162	0.00	141310
总计	3119812	0.83	643399	0.17	3763211

资料来源：1976—1999 年数据来源于《菲律宾统计年鉴 2001》；2000—2017 年数据来源于《菲律宾统计年鉴 2019》；2018 年数据来源于菲律宾环境和自然资源部《环境与自然资源统计概要 2018（Compendium of ENR Statistics 2018）》。

（三）林木产品产量及其演化

整个 20 世纪，菲律宾原木、木材等林木产品产量及出口强度整体上很高。1969 年，菲原木产量达到峰值 1158.4 万立方米，随后政府为应对森林资源枯竭的困境，采取了一些限制伐林和原木出口的措施，林木产品产量出现大幅下降。1976 年原木产量降至 865 万立方米，1990 年降至 250 万立方米。[①]

20 世纪 90 年代左右，菲律宾已从原木主要出口国逐步向原木进口国转变。[②] 为了在可持续的基础上满足人们对林产品及相关服务的需求，1990 年制定《林业发展总计划》，1995 年颁布《社区森林经营（CBFM）策略》（第 263 号行政命令），鼓励私营企业投资者经营和保护天然林，在毁坏或退化的林地上营建人工林，从而保证天然林和人工林的木材及其他林产品的持续供应。[③] 1990 年以来，菲律宾原木、木材、胶合板、薄木等各类林木产品产量趋于稳定，其中，原木产量维持在每年 100 万立方米左右。

① 菲律宾国家统计局：《菲律宾统计年鉴 2001》，https：//psa. gov. ph/products – and – services/publications/philippine – statistical – yearbook。

② 蒋细定：《面临枯竭的菲律宾森林资源》，《南洋问题研究》1991 年第 4 期。

③ 商务部国际贸易经济合作研究院、中国驻菲律宾大使馆经济商务参赞处、商务部对外投资和经济合作司：《对外投资合作国别（地区）指南——菲律宾（2019 年版）》，http：//www. mofcom. gov. cn/dl/gbdqzn/upload/feilvbin. pdf。

表Ⅰ-3-3　1976—2018年菲律宾林木产品产量及其演化　（万立方米）

年份	原木（logs）	木材（lumber）	胶合板（plywood）	薄木（veneer）
1976	864.6	160.9	41.6	40.3
1977	787.3	156.7	48.9	49.6
1978	716.9	178.0	49.0	54.6
1979	659.6	162.6	50.3	63.4
1980	636.8	152.9	55.3	66.0
1981	542.0	121.9	45.7	36.4
1982	458.9	120.0	42.2	15.9
1983	446.8	122.2	45.9	14.6
1984	387.2	123.4	43.8	8.4
1985	356.8	106.2	35.0	7.7
1986	343.4	97.7	42.4	7.3
1987	414.7	123.3	51.7	7.5
1988	380.9	103.3	41.5	8.5
1989	316.9	97.5	34.4	6.1
1990	250.3	84.1	39.7	4.9
1991	192.2	72.6	32.1	5.4
1992	143.8	64.7	33.1	8.0
1993	102.2	44.0	27.3	6.5
1994	95.7	40.7	25.8	3.9
1995	75.8	28.6	29.0	1.9
1996	77.1	31.3	50.8	8.2
1997	55.6	35.1	48.4	6.2
1998	63.4	22.2	24.6	5.9
1999	73.0	28.8	24.3	8.9
2000	80.0	15.1	28.6	17.8
2001	57.1	19.7	29.2	13.5

续表

年份	原木（logs）	木材（lumber）	胶合板（plywood）	薄木（veneer）
2002	40.3	16.3	35.0	17.2
2003	50.6	24.6	35.1	15.2
2004	76.8	33.9	38.6	18.0
2005	84.1	28.8	31.4	13.3
2006	103.5	43.2	31.7	9.5
2007	88.1	36.2	28.1	12.4
2008	81.5	35.8	23.5	10.1
2009	80.1	30.4	25.3	8.8
2010	55.7	37.7	27.6	13.6
2011	87.1	37.2	30.0	11.4
2012	86.2	21.8	29.7	12.9
2013	116.6	45.0	19.9	6.0
2014	110.2	49.6	16.4	4.0
2015	84.2	32.2	14.6	5.9
2016	79.0	42.5	15.2	5.9
2017	73.3	36.0	17.5	4.2
2018	88.4	37.0	18.9	21.3

资料来源：1976—1999 年数据来源于《菲律宾统计年鉴 2001》；2000—2017 年数据来源于《菲律宾统计年鉴 2019》；2018 年数据来源于菲律宾环境和自然资源部《环境与自然资源统计概要 2018》。

二　农用地资源概况

菲律宾是农业大国，农用地面积约 1244 万公顷，占国土总面积的 42%，其中耕地面积 1094 万公顷，永久草地和牧场面积约 150 万公顷。近年来，菲律宾农用地总量整体呈现出上升趋势，1990—2017 年，耕地面积增长 130 万公顷，增幅约为 13.16%；永久草地和牧场面积增加 24 万公顷，增幅约为 19.05%。然而，由于人口增速过快，人均耕地面积持续减少，粮食自给自足难度越来越大。

表Ⅰ－3－4　1990—2017年主要年份菲律宾农用地面积及变化趋势　（万公顷）

年份	1990	1995	2000	2005	2010	2015	2017
农用地	1114	1102	1123	1136	1210	1244	1244
耕地	988	969	973	986	1076	1094	1094
永久草地牧场	126	133	150	150	150	150	150

资料来源：世界粮农组织统计数据库——土地利用情况，http：//www.fao.org/faostat/en/#data/RL。

（一）耕地资源空间分布

菲律宾耕地资源的空间分布呈现出整体分散、区域集中的特征。从三大岛群来看，吕宋岛群耕地面积占比最大，水田面积占全国的近3/5，其地势北高南低，以山地、丘陵为主，平原较少，中央平原和比科尔平原拥有火山喷发形成的肥沃土壤，农业发达，盛产大米，是全国重要的粮食产区；南部和东南部是重要的经济作物产区；北部和西北部为烟草主要产区。米沙鄢岛群为多海岛地区，耕地面积最少，其中，内格罗斯岛（Negros）是菲律宾的蔗糖生产中心，产糖量约为菲律宾的50%；班乃岛（Panay）盛产水稻，稻田面积仅次于吕宋岛，位居全国第二；其他岛屿耕地均较少，主要发展渔业和旅游业等。[①] 棉兰老岛群多火山、土地肥沃，相比菲律宾的其他地区，较少受到台风袭击，有利于农业生产，盛产玉米、水稻、马尼拉麻、香蕉、凤梨、杧果、椰子等农作物。

表Ⅰ－3－5　1990年、2017年菲律宾农用地资源空间分布（按三大岛群划分）　（%）

	土地总面积	1990年		2017年	
		旱地	水田	旱地	水田
吕宋岛群	47.14	40.2	63.1	38.6	57.4
米沙鄢岛群	18.85	24.1	19.6	26.0	21.2
棉兰老岛群	34.01	35.7	17.3	35.3	21.4

资料来源：《菲律宾统计年鉴2019》；高珊珊、闫金凤、王梦涵、徐美荣、张宵宵《1990—2017年菲律宾耕地时空变化特征分析》，《科学技术与工程》2019年第25期。

① 高珊珊、闫金凤、王梦涵、徐美荣、张宵宵：《1990—2017年菲律宾耕地时空变化特征分析》，《科学技术与工程》2019年第25期。

从大区分布来看，菲律宾耕地资源主要分布在经济水平较高的区域，如中央吕宋大区、西米沙鄢大区等。旱地主要位于吕宋群岛的伊罗戈斯大区、米沙鄢群岛的西米沙鄢大区和中米沙鄢大区，棉兰老群岛的南北哥苏库萨将大区和棉兰老穆斯林自治区，这些区域的旱地面积均占到区域总面积的1/5左右。水田高度集中于吕宋群岛的中央吕宋大区和米沙鄢群岛的西米沙鄢大区，2017年这两地的水田面积分别占区域总面积的25.5%、21.5%。此外，吕宋群岛的伊罗戈斯大区和卡加延河谷大区的水田面积比重也相对较高。

1990—2017年，在全国耕地面积普遍增长的背景下，除了首都大马尼拉地区以外，其他16个大区的旱地水田总面积普遍出现不同程度的增加。旱地面积指数增长较大的区域依次为中米沙鄢大区、西米沙鄢大区、南北哥苏库萨将大区，这些区域旱地种植业基础很好，近30年来农业发展优势继续增强。水田面积指数增长较大的区域有西米沙鄢大区、棉兰老穆斯林自治区、南北哥苏库萨将大区、卡加延河谷大区等，其中，西米沙鄢大区和卡加延河谷大区的水稻种植传统优势继续强化，棉兰老穆斯林自治区和南北哥苏库萨将大区的水田本来较少，近30年来增加迅速。

表Ⅰ-3-6　1990年、2017年菲律宾农用地资源空间分布（按大区划分）　（%）

	1990年		2017年		旱地面积指数变动	水田面积指数变动
	旱地面积指数	水田面积指数	旱地面积指数	水田面积指数		
大马尼拉地区（NCR）	4.9	0.9	1.9	1.1	-3.0	0.2
科迪勒拉行政区（CAR）	2.0	2.2	6.2	3.3	4.2	1.1
伊罗戈斯大区（I-Ilocos Region）	21.5	12.2	22.4	12.8	0.9	0.6
卡加延河谷大区（II-Cagayan Valley）	10.5	10.4	14.6	13.0	4.1	2.6
中央吕宋大区（III-Central Luzon）	6.9	25.2	7.9	25.5	1.0	0.3
甲拉巴松大区（IV-A Calabarzon）	11.5	2.2	10.9	4.4	-0.6	2.2
南他加禄大区（IV-B Mimaropa）	2.2	4.6	2.2	6.1	-0.1	1.5
比科尔大区（V-Bicol Region）	6.4	6.2	6.7	6.6	0.3	0.3
西米沙鄢大区（VI-Western Visayas）	19.2	16.5	24.1	21.5	4.9	5.0

续表

	1990 年		2017 年		旱地面积指数变动	水田面积指数变动
	旱地面积指数	水田面积指数	旱地面积指数	水田面积指数		
中米沙鄢大区（VII-Central Visayas）	17.1	0.8	24.0	2.2	6.9	1.4
东米沙鄢大区（VIII-Eastern Visayas）	1.2	2.5	2.4	3.5	1.2	1.0
三宝颜半岛大区（IX-Zamboanga Peninsula）	5.0	3.1	6.1	4.3	1.1	1.2
北棉兰老大区（X-Northern Mindanao）	12.5	3.2	16.2	3.6	3.7	0.4
达沃大区（XI-Davao Region）	2.5	3.3	6.1	3.3	3.7	0.0
南北哥苏库萨将大区（XII-Soccsksargen）	20.7	4.7	25.1	8.3	4.3	3.5
卡拉加大区（XIII-Caraga）	1.7	3.2	1.7	5.7	0.0	2.5
棉兰老穆斯林自治区（ARMM）	17.6	3.0	16.5	7.6	-1.1	4.6

说明：旱地面积指数是指该区域旱地面积占所属行政区土地总面积的比重，水田面积指数同上。

资料来源：高姗姗、闫金凤、王梦涵、徐美荣、张宵宵《1990—2017 年菲律宾耕地时空变化特征分析》，《科学技术与工程》2019 年第 25 期。

（二）耕地资源作物类型分布

菲律宾光热条件优越，可耕地区多数土壤较为肥沃，适合多种农作物生长。在农用地中，粮食用地约占 31%（约 400 万公顷），其他食物用地约占 52%，非食物用地占 17%。①

水稻和玉米是菲律宾主要的粮食作物，由于复种程度高，总播种面积超过 700 万公顷，占所有农作物播种面积的 50% 以上。2019 年，水稻种植面积达到 465.15 万公顷，主要分布在中央吕宋大区、西米沙鄢大区和卡加延河谷大区；玉米播种面积为 251.67 万公顷，集中分布在卡加延河谷大区、南北哥苏库萨将大区、北棉兰老大区和棉兰老穆斯林自治区。此外，菲律宾较常见的粮食作物还有木薯、红薯和绿豆，木薯种植区域集中在棉兰老穆斯林自治区，约占全国播种总面积的 45%；红薯种植区域主要位于东米沙鄢大区和比科尔大区；绿豆种植集中在卡加延河谷大区。

① 中华人民共和国驻菲律宾共和国大使馆经济商务处：《菲律宾农业概况》，http://ph.mofcom.gov.cn/article/zxhz/zhxm/200304/20030400084541.shtml。

菲律宾的主要经济作物有椰子、香蕉、杧果、甘蔗、咖啡、橡胶、马尼拉麻等，每年种植（或收获）面积约有600万公顷。椰子种植面积占据经济作物的半壁江山，2019年达到365.19万公顷，广泛分布在甲拉巴松大区、比科尔大区、三宝颜半岛大区等区域。香蕉种植面积约44.90万公顷，达沃大区占全国总种植面积的20%以上。甘蔗种植面积约37.93万公顷，其中西米沙鄢大区种植面积超过20万公顷。蔬菜生产是菲律宾农业的薄弱环节，全国总种植面积仅27万公顷，不足总耕地面积的2%①，占比相对较大的蔬菜种类是茄子和洋葱，种植面积均在2万公顷左右。

表Ⅰ-3-7　1990—2019年菲律宾主要农作物种植面积及其变化趋势　（万公顷）

	1990年	1995年	2000年	2005年	2010年	2015年	2019年
水稻	331.87	375.87	403.81	407.04	435.42	465.62	465.15
玉米	381.96	269.23	251.03	244.18	249.90	256.19	251.67
木薯	21.37	22.58	21.02	20.48	21.76	22.30	22.24
红薯	13.67	14.52	12.77	12.06	10.94	8.58	8.33
绿豆	3.66	3.48	3.97	3.61	4.01	4.15	4.17
椰子	311.20	309.45	314.39	324.33	357.59	351.77	365.19
香蕉	31.18	33.94	38.25	41.78	44.94	44.34	44.90
甘蔗	23.53	30.20	38.38	36.89	35.49	42.13	37.93
橡胶	8.63	8.67	8.10	8.19	13.87	22.26	22.94
杧果	7.71	10.81	13.38	16.41	18.94	18.84	18.66
马尼拉麻	10.25	10.56	10.68	13.60	13.51	13.42	13.24
咖啡	14.40	14.09	13.69	12.80	12.14	11.37	11.20
菠萝	4.08	4.16	4.30	4.92	5.85	6.28	6.60
油棕	—	—	—	2.55	4.50	5.98	6.28
烟草	6.32	5.63	4.40	2.96	2.97	3.31	2.80

资料来源：菲律宾国家统计局统计数据库——农林牧渔业子库，http：//openstat. psa. gov. ph/Database/Agriculture - Forestry - Fisheries。

① 李春艳、韩福光、郑锦荣：《菲律宾农作物资源状况调研报告》，《广东农业科学》2011年第S1期。

第二节　矿产资源

菲律宾地处环太平洋火山地震带，地质构造和地理环境有利于矿床的形成，大约30%的土地面积（约900万公顷）具有高度的矿产资源潜力，是世界上重要的矿产资源国。在目前已探明储量的矿藏中，有13种金属矿产和29种非金属矿产，储量估计分别为71亿吨和510亿吨。菲律宾金属矿产储量更具比较优势，钴矿储量居世界第五位，铜矿储量居世界第七位，镍矿储量居世界第八位。[①] 此外，还有重要的金矿、铬矿资源分布。非金属矿产以石灰石为主，占全国非金属矿产资源量的89%。[②] 菲律宾北部吕宋的本格特省（Benguet）、三描礼士省（Zambales）、马林杜克省（Marinduque），中部米沙鄢的萨马地区（Samar）、西内格罗斯省（Negros Occidental），西部的巴拉望省（Palawan）和南部棉兰老岛的北苏里高省（Surigao del Norte）、达沃市（Davao City）、东达沃省（Davao Oricntal）、北三宝颜省（Zamboanga del Norte）都是重要的矿产区。[③]

1995年《菲律宾采矿法》规定，该国领土和专属经济区内的公共和私人土地上的所有矿产资源均为国家所有。[④] 由于国家对采矿限制较严格，截至2020年5月，全国只有2.42%的土地实施了矿产资源开发（约72.74万公顷）。现有金属矿山50处（包括金矿11处、铜矿3处、镍矿29处、铬矿4处、铁矿3处），非金属矿山54处（石灰岩/页岩采石场27处、大理岩采石场4处、二氧化硅采石场2处、14个骨料采石场、白云石采石场1处、黏土采石场3处、沙砾采石场1处、火山凝灰岩矿山1处、杂砂岩/火山灰矿山1处）。

菲律宾矿产品绝大部分用于出口，特别是金属矿产基本全部用于出口。全国只有5座矿产加工厂，包括2个黄金加工厂、2个镍加工厂和1

---

① 陈喜峰、施俊法、陈秀法、叶锦华：《“一带一路”沿线重要固体矿产资源分布特征与潜力分析》，《中国矿业》2017年第11期。

② DENR-Mines and Geosciences Bureau, “Non-Metallic Mineral Resource/Reserve Inventory of the Philippines: 2018,” https://www.denr.gov.ph/index.php/e-library/enr-compendium-2018.

③ 中华人民共和国驻菲律宾共和国大使馆经济商务处：《菲律宾矿产资源及其开发与利用》，http://ph.mofcom.gov.cn/article/law/200311/20031100152601.shtml。

④ 赵百胜、张建龙：《菲律宾的矿业管理及矿业投资环境》，《中国矿业》2011年第7期。

个铜冶炼厂。2019年，全国金属、非金属矿产及矿产制品出口额为43.8亿美元，铜、金和镍是主要的出口矿产，主要销往日本、澳大利亚、加拿大和中国。[①] 目前，菲律宾矿产资源开发程度较低，资源潜力巨大。

一 金属矿产资源概况

菲律宾金属矿藏主要有金、铜、镍、铬、钴等，其单位面积储量在全球均名列前茅。其中，铜矿资源量最大，估计约85亿吨，已探明储量约18亿吨。同时，金矿资源量超过62亿吨，探明储量近12亿吨；银矿资源量超过17亿吨，探明储量近17亿吨；镍矿资源量超过25亿吨，探明储量约6亿吨；含镍黄铁矿资源量近19亿吨，探明储量超过6亿吨；铬铁矿资源量约1.5亿吨，探明储量逾5000万吨。此外，铁矿、铝土矿、锌矿、锰矿等也有一定量的分布。

表Ⅰ-3-8 **2018年菲律宾主要金属矿产资源量与储量**

序号	矿产资源量/万吨	矿产资源储量/万吨	主要分布区域
金矿	623680	118274	南他加禄大区、南北哥苏库萨将大区
银矿	170558	169562	南他加禄大区
铜矿	847093	175871	南他加禄大区、南北哥苏库萨将大区、科迪勒拉行政区
镍矿	259997	60617	卡拉加大区
含镍黄铁矿	189630	62353	卡拉加大区
铬铁矿	15207	5752	东米沙鄢大区
锌矿	1155	—	比科尔大区
锰矿	25	—	三宝颜半岛大区
铁矿	104190	5732	东米沙鄢大区
铝土矿	11760	—	东米沙鄢大区

资料来源：DENR-Mines and Geosciences Bureau, "Metallic Mineral Resource/Reserve Inventory of the Philippines: 2018," https://www.denr.gov.ph/index.php/e-library/enr-compendium-2018.

---

① DENR-Mines and Geosciences Bureau, "Minerals Industry at a Glance," https://mgb.gov.ph/images/Mineral_Statistics/mining_facts_and_figures_updated_22_June_2020_final.pdf.

2019年，菲律宾金属矿产总产值约为1307.3亿比索，比2018年增长7.03%。20世纪90年代，由于政治上的不稳定，国际市场金属矿产品价格波动和开采技术落后、资金短缺及环境保护方面的问题，菲律宾相继关闭了几个主要的金属矿，金属矿产量保持低迷。[①] 2005年以后产能快速恢复，稳步增长，2011年国际金价高涨，2014年印尼禁止原矿出口，使得菲律宾镍矿产量和出口量大增，镍矿价格上涨，金属矿产总产值达到阶段性高点。1991—2019年金属矿产产值年均增长率达到7.55%。从矿石产量来看，铜矿、镍矿产出量最高。从矿石产值来看，金矿、铜矿贡献率最大，此外，镍矿、钴矿产量和产值占比近年来得到迅速提高。

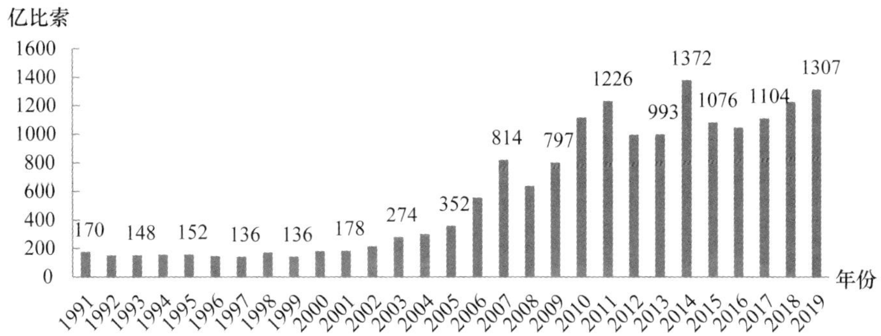

图Ⅰ-3-3　1991—2019年菲律宾金属矿产产值变化趋势

资料来源：《菲律宾统计年鉴2001—2019》；DENR-Mines and Geosciences Bureau，"Minerals Industry at a Glance，" https：//mgb. gov. ph/images/Mineral_ Statistics/mining_ facts_ and_ figures_ updated_ 22_ June_ 2020_ final. pdf。

（一）铜矿

铜是菲律宾的主要矿产，估计资源量约85亿吨，已探明储量约18亿吨。由于地处环太平洋斑岩成矿带上，矿床类型以斑岩型为主，产量占菲律宾铜矿产量的90%。相较而言，脉型、黑矿型、塞浦路斯型、别子型、接触交代型铜矿居于次要地位。已知菲律宾有斑岩铜矿38个，估计有未

---

① 中华人民共和国驻菲律宾共和国大使馆经济商务处：《菲律宾矿产资源及其开发与利用》，http：//ph. mofcom. gov. cn/article/law/200311/20031100152601. shtml。

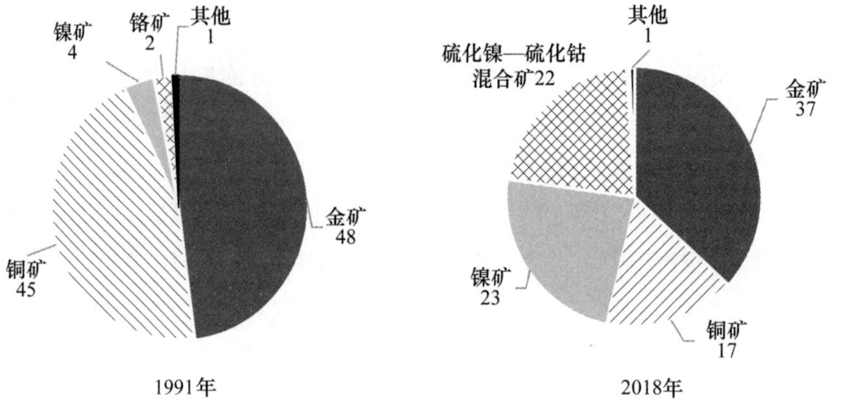

图Ⅰ-3-4　1991年、2018年菲律宾金属矿产产值结构对比（%）

资料来源：《菲律宾统计年鉴2001》；DENR-Mines and Geosciences Bureau, "Minerals Industry at a Glance," https://mgb.gov.ph/images/Mineral_ Statistics/mining_ facts_ and_ figures_ updated_ 22_ June_ 2020_ final.pdf。

发现矿床28个。[①] 菲律宾全国各地均有铜矿分布，主要产区位于科迪勒拉行政区的本格特省、南他加禄大区、南北哥苏库萨将大区等。

表Ⅰ-3-9　　**2018年菲律宾主要铜矿资源及分布**

	资源量		资源储量	
	重量（万吨）	平均品位（克/吨）	重量（万吨）	平均品位（克/吨）
科迪勒拉行政区（CAR）	126809	0.39	5912	0.36
卡加延河谷大区（II-Cagayan Valley）	3884	0.42	—	—
中央吕宋大区（III-Central Luzon）	7945	0.36	—	—
南他加禄大区（IV-B Mimaropa）	169427	0.44	169427	0.44
比科尔大区（V-Bicol Region）	576	0.85	—	—
西米沙鄢大区（VI-Western Visayas）	47751	0.41	—	—
东米沙鄢大区（VIII-Eastern Visayas）	3453	0.67	—	—

① 唐玉浩、崔彬：《菲律宾矿业及相关产业投资前景分析》，《中国矿业》2018年第8期。

续表

	资源量		资源储量	
	重量（万吨）	平均品位（克/吨）	重量（万吨）	平均品位（克/吨）
三宝颜半岛大区（IX-Zamboanga Peninsula）	7042	1.23	—	—
达沃大区（XI-Davao Region）	52836	0.38	—	—
南北哥苏库萨将大区（XII-Soccsksargen）	396865	1.10	—	—
卡拉加大区（XIII-Caraga）	30506	3.84	532	—

资料来源：DENR-Mines and Geosciences Bureau，"Metallic Mineral Resource/Reserve Inventory of the Philippines：2018，" https：//www.denr.gov.ph/index.php/e－library/enr－compendium－2018.

经地质勘查，菲律宾铜矿伴生的有用组分较多，如钼、金、银、铁等，均可回收利用，因此经济价值较高。[①] 目前，全国主要有三家企业进行铜矿石开采、一家企业进行铜矿石冶炼，2016 年铜矿石（含铜量）产出 8.36 万吨，冶炼金属铜 21.5 万吨，精炼金属铜 18.5 万吨，实现产值约 177.6 亿比索。

表Ⅰ－3－10　　　　菲律宾主要铜矿企业生产情况

序号	企业	主要设施	地点	年产能（吨）
1	Carmen Copper Corp.	托莱多（Toledo）铜矿综合体（Carmen 和 Lutopan 矿区）	宿务岛中部	20000
2	Oceana Gold Philippines Inc.	迪迪奥（Didipio）铜金矿项目	吕宋岛北部	25010
3	Philex Mining Corp.	帕德卡（Padcal）铜矿项目	吕宋岛本格特省图巴（Tuba）	21000
4	Glencore International plc.	菲律宾联合冶炼和精炼公司（PASAR）	莱特省伊莎贝尔（Isabel）	冶炼 250000 精炼 173000

资料来源：USGS，"2015 Minerals Yearbook-Philippines（Advance Release）".

① 吴良士：《菲律宾有色金属矿产概况》，《矿床地质》2012 年第 6 期。

表Ⅰ-3-11　　1998—2018 年菲律宾铜矿产品产量及其产值

年份	产量（吨）			产值（百万比索）
	铜矿石（含铜量）	冶炼金属铜	精炼金属铜	
1998	45400	161600	152431	2754
1999	34600	162000	147982	2147
2000	129768	160000	150000	2336
2001	20322	165000	164500	1569
2002	18364	137800	144300	1493
2003	20414	111600	171152	1950
2004	15984	120000	174628	2205
2005	16320	170000	172000	3288
2006	17161	239600	181000	5911
2007	22862	220000	160200	7479
2008	21235	239700	174600	6029
2009	49060	230100	178000	10818
2010	58412	216200	171900	15776
2011	63835	205000	164100	19092
2012	65444	97000	90400	15546
2013	90861	181900	153000	22358
2014	91824	153200	130000	22758
2015	83835	189200	153000	18985
2016	83649	215000	185100	17760
2017	—	—	—	19305
2018	—	—	—	20679

资料来源：《菲律宾统计年鉴 2006—2019》；USGS，Minerals Yearbook-Philippines（2002－2016）.

（二）金矿

菲律宾黄金资源量超过 62 亿吨，探明储量近 12 亿吨。根据地质特点，最大和最具有生产潜力的金矿沿菲律宾断层分布，沿经线整个切过菲律宾群岛，以复合矿和冲击矿形式存在。根据在产矿山数量、矿层体积和矿山及矿山远景区的分布，全国可分为五个金矿区：碧瑶（Baguio）金矿区，位于吕宋岛中央山脉西侧；帕拉卡莱（Paracale）金矿区，位于北甘马仁省沿岸；马斯巴特（Masbate）金矿区，位于马斯巴特岛西北；苏里高（Surigao）金矿区，位于莱特岛南部至棉兰老岛北阿古桑省；马萨拉（Masara）金矿区，位于棉兰老岛东南部。[①]

表Ⅰ-3-12　　2018年菲律宾主要金矿资源及其分布

	资源量		资源储量	
	重量（万吨）	平均品位（克/吨）	重量（万吨）	平均品位（克/吨）
科迪勒拉行政区（CAR）	53251	0.64	6110	0.77
卡加延河谷大区（II-Cagayan Valley）	7801	1.54	1356	1.84
甲拉巴松大区（IV-A CALABARZON）	628	1.92	—	—
南他加禄大区（IV-B MIMAROPA）	169427	0.08	169427	0.08
比科尔大区（V-Bicol Region）	26274	1.43	9344	0.94
西米沙鄢大区（VI-Western Visayas）	37540	2.28	—	—
三宝颜半岛大区（IX-Zamboanga Peninsula）	3189	1.09	135	2.50
北棉兰老大区（X-Northern Mindanao）	107	5.28	—	—
达沃大区（XI-Davao Region）	89475	1.51	155	6.63
南北哥苏库萨将大区（XII-Soccsksargen）	196326	0.15	—	—
卡拉加大区（XIII-Caraga）	39662	1.47	1748	0.58

资料来源：DENR-Mines and Geosciences Bureau，“Metallic Mineral Resource/Reserve Inventory of the Philippines：2018，” https：//www. denr. gov. ph/index. php/e－library/enr－compendium－2018.

菲律宾主要有11家企业进行金矿开采，2家企业进行冶炼初加工。2018年，菲律宾约产金矿20.8吨，实现产值约448.07亿比索。

① 唐玉浩、崔彬：《菲律宾矿业及相关产业投资前景分析》，《中国矿业》2018年第8期。

表Ⅰ-3-13 菲律宾主要金矿企业生产情况

序号	企业	主要设施	地点	年产能（吨）
1	APEX Mining Company Inc.	APEX Maco 运行公司	—	1500
2	Benguet Corp.	阿库潘（Acupan）采矿项目	本格特省	800
3	Carmen Copper Corp.	托莱多（Toledo）铜矿综合体（Carmen 和 Lutopan 矿区）	宿务岛中部	1000
4	Greenstone Resources Corp.	锡亚纳（Siana）黄金项目	棉兰老岛北苏里高省	1000
5	Lepanto Consolidated Mining Co.	维多利亚和特雷莎（Victoria and Teresa）矿山	本格特省曼卡扬（Mankayan）	2000
6	Oceana Gold Philippines Inc.	迪迪奥（Didipio）铜金矿项目	吕宋岛北部	4000
7	Philex Mining Corp.	帕德卡（Padcal）铜矿项目	吕宋岛本格特省图巴（Tuba）	5000
8	Philippines Gold Processing & Refining Corp.	马斯巴特（Masbate）黄金项目	马斯巴特省马尼拉以南 350 公里	6000
9	Philippine Mining Development Corp.	迪瓦瓦（Diwalwal）直营开发项目		100
10	Philsaga Mining Corp.	巴纳豪（Banahaw）黄金项目	—	—
11	TVI Resources Development Philippine Inc.	卡纳图（Canatuan）采矿项目	棉兰老岛北三宝颜省司康（Siocon）以东	500
12	Bangko Sentral ng Pilipinas	铸造与冶炼部（Mint and Refinery Operations Department）	奎松市（Quezon City）	冶炼
13	Mindanao Mineral Processing and Refining Corp. and Philsaga Mining Corp.	Co-O 黄金项目	棉兰老岛南阿古桑省	冶炼 3500

资料来源：USGS，“2015 Minerals Yearbook-Philippines（Advance Release）.”

表Ⅰ-3-14　　1998—2018 年菲律宾金矿产品产量及产值

年份	产量（千克）	产值（百万比索）	年份	产量（千克）	产值（百万比索）
1998	34000	12763	2009	37000	52768
1999	31100	10725	2010	40850	70508
2000	36500	13764	2011	31120	63143
2001	33800	14382	2012	14596	32721
2002	35900	18009	2013	17248	32441
2003	37800	23846	2014	18423	32977
2004	35500	25595	2015	21314	35334
2005	37500	28303	2016	23053	45522
2006	36100	34734	2017	22700	45796
2007	38800	39924	2018	20800	44807
2008	35600	42763			

资料来源：《菲律宾统计年鉴 2006—2019》；USGS，“Minerals Yearbook-Philippines（2002－2016）.”

（三）镍矿

菲律宾镍矿在世界上占有重要的地位，全球约有 11% 的镍产量来自菲律宾。[①] 镍储量约为 480 万吨，其中，红土型镍矿资源储量约占总储量的 99%，岩浆型矿床和浅成低温热液型矿床占比不足 1%。[②] 资源分布较为集中，主要位于东达沃省、巴拉望省、北苏里高省和三描礼士省。

表Ⅰ-3-15　　2018 年菲律宾主要镍矿资源分布

	资源量		资源储量	
	重量（万吨）	平均品位（克/吨）	重量（万吨）	平均品位（克/吨）
卡加延河谷大区（II-Cagayan Valley）	12552	1.24	3570	1.36
中央吕宋大区（III-Central Luzon）	17007	1.23	4604	1.13
南他加禄大区（IV-B MIMAROPA）	24268	1.18	3316	1.42

① 商务部国际贸易经济合作研究院、中国驻菲律宾大使馆经济商务参赞处、商务部对外投资和经济合作司：《对外投资合作国别（地区）指南——菲律宾（2019 年版）》，http：//www.mofcom.gov.cn/dl/gbdqzn/upload/feilvbin.pdf。

② 吴良士：《菲律宾有色金属矿产概况》，《矿床地质》2012 年第 6 期。

续表

	资源量		资源储量	
	重量（万吨）	平均品位（克/吨）	重量（万吨）	平均品位（克/吨）
比科尔大区（V-Bicol Region）	250	0.60	0	—
东米沙鄢大区（VIII-Eastern Visayas）	6757	0.53	2110	0.59
达沃大区（XI-Davao Region）	20675	1.30	—	—
南北哥苏库萨将大区（XII-Soccsksargen）	32700	0.90	—	—
卡拉加大区（XIII-Caraga）	145788	1.07	47017	1.09

资料来源：DENR-Mines and Geosciences Bureau，"Metallic Mineral Resource/Reserve Inventory of the Philippines：2018，" https：//www. denr. gov. ph/index. php/e – library/enr – compendium – 2018.

菲律宾镍矿多为高镍含量的铁矾土，大部分处在浅土层，易于开采且开采成本低。全国主要有 9 家企业进行矿石开采，2 家企业进行冶炼加工（钴通常与镍伴生，是生产镍的重要副产品）。从 2006 年起，镍矿开采速度快速提高，至 2016 年，全国镍矿开采达到 48.7 万吨（含镍量），仅直运矿项目产值就达到 237.17 亿比索。

表Ⅰ–3–16　　菲律宾主要镍矿企业生产情况

序号	企业	主要设施	地点	年产能（吨）
1	CRAU Mineral Resources Corp.	圣克鲁斯坎德拉里亚（Santa Cruz-Candelaria）镍矿项目	三描礼士省	1000
2	CTP Construction & Mining Corp.	阿德莱—卡迪亚诺—坦达瓦（Adlay-Cagdianao-Tandawa）镍矿项目	南苏里高省卡拉斯卡市（Carrascalmunicipality）	10000
3	Hinatuan Mining Corp.	南迪纳加特（South Dinagat）项目	诺克岛（Nonoc）	4000
4	Hinatuan Mining Corp.	塔加纳安（Tagana-an）镍矿项目	日纳图岛（Hinatuan）	30000
5	Platinum Group Metals Corp.	卡格迪瑙（Cagdianao）镍矿项目	迪纳加特岛（Dinagat）巴朗盖瓦伦西亚（Barangay Valencia）	10000

续表

序号	企业	主要设施	地点	年产能（吨）
6	Nickel Asia Corp.；Pacific Metals Co.；Sojitz Philippines	里奥图巴（Rio Tuba）镍矿项目	巴拉望省巴塔拉扎市（Bataraza Municipality）	5000
7	SR Metals，Inc.	SR 镍矿项目—图拜（Tubay）矿山	北阿古桑省图拜（Tubay）	25000
8	Toledo Mining Corp. Plc.	博荣（Berong）镍矿项目	巴拉望岛	10000
9	Agata Mining Ventures Inc.	阿加塔（Agata）红土镍矿项目	北阿古桑省	—
10	Coral Bay Nickel Corp.	珊瑚湾镍高压酸浸厂（Coral Bay Nickel High-pressure Acid-leach（HPAL）Plant）	巴拉望岛	加工（镍 24000；钴 1800）
11	Taganito Mining Corp.	克莱弗（Claver）镍矿项目（塔加尼托（Taganito）；镍高压酸浸（HPAL）厂	北苏里高省	加工（镍 70000；钴 2600）

资料来源：USGS，“2015 Minerals Yearbook-Philippines（Advance Release）.”

表Ⅰ－3－17　　1998—2018 年菲律宾镍矿产品产量及产值

年份	产量（吨）	产值（百万比索）	年份	产量（吨）	产值（百万比索）
1998	23713	793	2009	144000	7070
1999	20689	583	2010	204000	13198
2000	17388	1144	2011	349000	25600
2001	23100	1519	2012	455000	34875
2002	24148	1318	2013	466000	29567
2003	19537	1361	2014	586000	59769
2004	16973	1431	2015	558000	34266
2005	26636	3240	2016	487000	23717
2006	64705	7231	2017	—	24649
2007	136000	20355	2018	—	28589
2008	75000	7715			

资料来源：《菲律宾统计年鉴 2006—2019》；USGS，“Minerals Yearbook-Philippines（2002－2016）.”

二　非金属矿产资源概况

菲律宾的非金属矿产资源有石灰石、大理石、二氧化硅、氧化镁等，主要用于水泥生产，满足国内建筑业发展需求。石灰石是菲律宾储量最大的非金属矿物，在各地均有分布，资源量约为 610 亿吨，储量超过 30 亿吨，约占非金属矿产总资源量的 89%；大理石资源量约为 16 亿吨，页岩资源量近 18 亿吨，中米沙鄢大区储量较大；砂石骨料资源量约 13 亿吨，主要分布于甲拉巴松大区；二氧化硅资源量超过 12 亿吨；氧化镁资源量超过 11 亿吨；磷矿可分为鸟粪和磷块岩两种，以鸟粪类磷矿资源为主，原生磷块岩主要分布在中部莱特岛、宿务岛和内格罗斯岛一带。[①] 此外，黏土、菱镁矿等也有一定量的分布。

表Ⅰ-3-18　　2018 年菲律宾主要非金属矿产资源量与储量

	矿产资源量（万吨）	矿产资源储量（万吨）	主要分布区域
石灰石	6106779	306397	东米沙鄢大区、甲拉巴松大区
大理石	159439	185	中米沙鄢大区、南他加禄大区
页岩	177319	6162	中米沙鄢大区
砂石骨料	132441	11965	甲拉巴松大区
二氧化硅	122342	1905	中米沙鄢大区、甲拉巴松大区
氧化镁	112000	—	南北哥苏库萨将大区
黏土	28089	7311	比科尔大区
菱镁矿	7907	—	达沃大区
硫黄	4006	—	比科尔大区
长石	2160	—	伊罗戈斯大区
珍珠岩	796	—	比科尔大区
火山灰	517	—	甲拉巴松大区
膨润土	150	36	伊罗戈斯大区
硅藻土	91	—	比科尔大区

① 吴良士：《菲律宾铜、铝、磷矿产资源概况》，《矿床地质》2013 年第 3 期。

续表

	矿产资源量（万吨）	矿产资源储量（万吨）	主要分布区域
沸石	64	—	伊罗戈斯大区
石膏	36	—	甲拉巴松大区
滑石	25	—	南他加禄大区
磷矿	17	—	西米沙鄢大区

资料来源：DENR-Mines and Geosciences Bureau, "None-Metallic Mineral Resource/Reserve Inventory of the Philippines: 2018," https://www.denr.gov.ph/index.php/e-library/enr-compendium-2018.

2018 年，菲律宾非金属矿产总产值约为 576.4 亿比索，1991—2018 年年均增长 8.11%。在煤炭等能源矿石之外的其他非金属矿产中，砂石和石灰岩的产出量和产值较大。

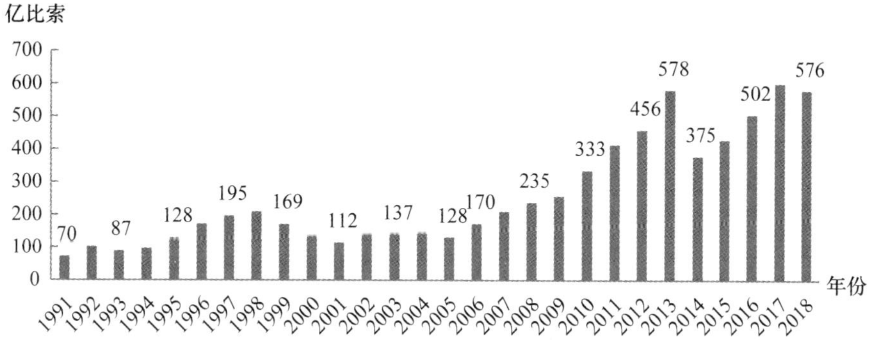

图Ⅰ-3-5　1991—2018 年菲律宾金属矿产产值变化趋势

资料来源：《菲律宾统计年鉴 2001—2019》，https://psa.gov.ph/products-and-services/publications/philippine-statistical-yearbook。

表Ⅰ-3-19　1998—2018 年菲律宾主要非金属矿产产量

年份	石灰石（万吨）	大理石（千立方米）	硅砂（万吨）	砂石（万立方米）	磷矿石（毛重）（吨）
1998	2771.4	—	33.4	3470.7	—
1999	1338.0	—	32.8	3242.0	—
2000	2042.7	—	64.4	3024.8	—
2001	1982.7	—	40.2	3525.8	—

续表

年份	石灰石（万吨）	大理石（千立方米）	硅砂（万吨）	砂石（万立方米）	磷矿石（毛重）（吨）
2002	1862.6	—	53.1	3777.4	—
2003	1643.2	—	37.3	3635.9	—
2004	1902.8	—	40.7	3613.3	2380
2005	1935.7	—	39.7	3679.2	2180
2006	2051.8	—	32.4	3845.5	1963
2007	2519.3	—	36.2	4007.6	1961
2008	3007.2	—	44.2	4660.2	2271
2009	3166.8	—	46.9	4665.9	2257
2010	3411.2	—	49.5	4900.9	2308
2011	4086.3	—	58.2	5881.5	2778
2012	5173.9	—	62.1	6666.4	2952
2013	7110.5	20.0	97.4	9030.0	3478
2014	5081.7	24.0	105.5	10090.8	3897
2015	6668.0	66.3	118.2	10642.5	5437
2016	6715.1	66.9	120.6	12165.4	8019
2017	6936.8	89.5	—	—	—
2018	1967.6	87.8	122.7	—	—

资料来源：《菲律宾统计年鉴 2006—2019》；USGS，“Minerals Yearbook-Philippines（2002 - 2016）”。

第三节 生物资源

菲律宾是世界上生物多样性十分丰富的国家之一，大量的森林、近海和湿地区域为动植物提供了多样的栖息地。菲律宾约有珊瑚礁 3867 种、鱼类 2600 余种，曾被世界上 100 位著名科学家宣布为全球海洋生物多样性中心。大面积的热带森林中保存着至少 13500 种植物，约占世界植物物种总数的 5%，其中大约 3800 种为国家特有物种；拥有 100 余种两栖爬行类、500 多种鸟类和近 200 种哺乳类动物，其中 54% 的两栖动物、31% 的鸟类、62% 的哺乳类动物为其特有物种。菲律宾还拥有多样的湿地类型，以海岸红树林和高纬度火山湖泊为代表，哺育了大量的有机生命体。①

① 刘思慧：《菲律宾生物多样性现状及其保护策略》，《世界林业研究》1999 年第 4 期。

菲律宾的动植物具有高度地方性，因此位列全球十个需要优先保护生物多样性的国家之列①，是生物多样性大国联盟（Like-Minded Megadiverse Countries，LMMCs）的成员国之一。从1940年在吕宋岛开设第一家海洋公园起，菲律宾国家公园和保护区日益增加，现有保护区（Protected Area）244个［包括国家综合保护区体系（NIPAS）授权保护区13个，国会立法保护区107个］，其中陆地保护区面积468.24万公顷，占陆地总面积的15.61%，海洋保护区面积308.08万公顷，占领海面积的1.40%②；至2018年，国家公园面积总计达到134.10万公顷。③

然而，由于管理不善、资金不足等原因，菲律宾生物多样性一度遭遇严重危机。据估计，20世纪以来，菲律宾有70%的原始红树林遭到毁坏，94%的原始森林消失，约30%—50%的海草层消失，约80%的红树属植物消失，约60%的特有物种灭绝。约50%的国家公园不具备生物学上的重要性。④

《世界自然保护联盟（IUCN）濒危物种红色名录》显示，目前，菲律宾有受威胁物种967种，其中，极危物种（CR）127种，濒危物种（EN）284种，易危物种（VU）556种。

表Ⅰ-3-20　**菲律宾濒危物种分布**

		植物	动物	真菌	合计
极危物种（CR）	物种数量	60	67	0	127
	代表物种	壮丽大王花（Rafflesia Magnifica）、巴拉望罗汉松（Podocarpus Palawanensis）、波纹观音莲（Alocasia Sinuata）等	菲律宾鳄（Philippine Crocodile）、食猿雕（Philippine Eagle）、红头犀鸟（Rhabdotorrhinus Waldeni）等		

① 包茂宏：《森林史研究：以菲律宾森林滥伐史研究为重点》，《中国历史地理论丛》2005年第1期。

② DENR, "Biodiversity and Management Bureau," PA database, http://padatabasealpha.biodiversity3.synology.me/pa/.

③ 《菲律宾统计年鉴2019》，https://psa.gov.ph/products-and-services/publications/philippine-statistical-yearbook。

④ 陈宗波：《菲律宾生物多样性及其相关知识的立法及对中国的启示》，《河北法学》2008年第11期。

续表

		植物	动物	真菌	合计
濒危物种（EN）	物种数量	102	181	1	284
	代表物种	吕宋苏铁（Cycas Riuminiana）、轩尼斯兜兰（Paphiopedilum Hennisianum）等	班乃岛巨蜥（Varanus Mabitang）、喀拉米豚鹿（Axis Calamianensis）、米沙鄢犀鸟（Visayan Hornbill）等	Calostoma Insigne	
易危物种（VU）	物种数量	144	412	0	556
	代表物种	吕宋朴（Celtisluzonica）、三籽桐（Reutealis Trisperma）、帕伦槟榔（Arecaparens）等	菲律宾雕鸮（Philippine Eagle-owl）、棕颈鸭（Anas Luzonica）、菲律宾海蜥（Hydrosaurus Pustulatus）等		

资料来源：《世界自然保护联盟（IUCN）濒危物种红色名录（2020 年 2 月更新）——菲律宾》，https：//www. iucnredlist. org/search/grid? landRegions = PH&searchType = species。

一　植物资源概况

菲律宾光热条件优越、雨量充足、土壤肥沃，非常有利于植物生长。境内拥有约 16233 种植物，种类居世界第 15 位。[①] 菲律宾有 2500 多种树木，其中，吕宋岛北部森林的主要山树为松树，国内其他区域以菲律宾桃花心木（Philippine Mahogany）为优势树种。[②] 菲律宾的国树是纳拉树（Narra），属紫檀木的一种，它树冠高大，终年长绿，木质坚硬细致，是制作高级家具和乐器的良好材料；树皮在受伤时会渗出猩红色液体，可做染料和制药原料。

岛上有开花植物和蕨类植物数千种，其中以各种热带兰花最为著名，共 900 多种，一些品种极其罕见，如菲律宾角心兰（Ceratocentron Fesselii）、盆距兰（Gastrochilus Calceolaris）、巴拉望兜兰（Paphiopedilum

① 彭宾、王语懿、Monina T. Uriarte：《东盟生物多样性和生态恢复概况》，https：//www. lieguozhi. com/skwx_ lgz/book/initChapterDetail? siteId = 45&contentId = 5817041&contentType = literature。

② Carolina G. Hernandez，"Philippines，" https：//www. britannica. com/place/Philippines/Plant – and – animal – life.

Fowliei）、马面兜兰（Paphiopedilum Adductum）、麦察蝴蝶兰（Phalaenopsis Micholitzii）等。此外，还有壮丽大王花等濒危特有花卉，目前仅存于马格桑山脉（Maragusan）。菲律宾的国花是被称为“桑巴吉塔”的茉莉花，在菲律宾他加禄语（Tagalog）中的原意是爱情誓约。距离马尼拉市不远的内湖省（Laguna Province）有大片茉莉花种植区，每年花季都要举行一次茉莉花庆祝活动。在外国贵宾来访时，人们常把茉莉花结成花环，挂在贵宾的脖子上，表示纯洁的友谊。①

根据《世界自然保护联盟（IUCN）濒危物种红色名录》，菲律宾受威胁的植物有306种。其中，极危物种（CR）60种，濒危物种（EN）102种，易危物种（VU）144种。这些物种主要以森林为栖息地，其濒危的主要原因是农业开垦、城市化造成的森林退化。

表Ⅰ-3-21 菲律宾濒危植物物种分布 （种）

	裸子植物	被子植物	苔藓植物	合计
极危物种（CR）	4	56	0	60
濒危物种（EN）	5	95	2	102
易危物种（VU）	5	139	0	144

资料来源：《世界自然保护联盟（IUCN）濒危物种红色名录（2020年2月更新）——菲律宾》，https：//www. iucnredlist. org/search/grid？ landRegions = PH&searchType = species。

二 动物资源概况

菲律宾动物资源丰富，广泛栖息于森林、海洋、湿地等多种生态系统中。据统计，境内拥有动物资源约22103种，且地方特有物种众多。其中，特有鸟类的种类居世界第四位，特有哺乳动物种类居世界第五位，特有爬行动物种类居世界第八位。②

菲律宾陆地野生哺乳动物多达200多种，大多数为翼手目、啮齿目与

① 马燕冰、黄莺：《菲律宾植物概况》，https：//www. lieguozhi. com/skwx_ lgz/book/initChapterDetail？ siteId = 45&contentId = 541068&contentType = literature。

② 彭宾、王语懿、Monina T. Uriarte：《东盟生物多样性和生态恢复概况》，https：//www. lieguozhi. com/skwx_ lgz/book/initChapterDetail？ siteId = 45&contentId = 5817041&contentType = literature。

食虫目，兽类较少，包括水牛、野猪、眼镜猴、鼠鹿、云鼠、松鼠、穿山甲等。其中，较为珍稀的物种有：民都洛水牛（Bubalus Mindorensis），是生活在菲律宾民都洛岛伊格利特巴科山国家公园（Mount Iglit-Baco National Park）、阿鲁扬/萨布拉扬山（Mount Aruyan/Sablayan）附近，以及卡拉维特—塔马劳保护区（Mount Calavite Tamaraw Preserve）的特有物种[1]；米沙鄢野猪（Sus Cebifrons），现仅存于内格罗斯岛（Negros）、班乃岛（Panay）及马斯巴特岛（Masbate）；菲律宾穿山甲（Manis Culionensis），仅生活在巴拉望省的几个岛屿，由于20世纪末期遭遇高强度的狩猎压力而濒临灭绝。[2] 此外，菲律宾拥有50多种蝙蝠，其中许多种类是菲律宾特有的。

菲律宾最大的爬行动物是菲律宾鳄，生活在巴拉望岛和棉兰老岛，据估计，现存成熟个体仅92—137只。巴拉望岛与苏禄岛沿海是著名的海龟产地，有玳瑁、绿海龟、东南亚箱龟等种类。干旱地区有眼镜蛇、网纹蟒等物种分布。

菲律宾群岛的原始森林中栖息着大量鸟类，多数是本地独有，不乏世界著名珍奇物种。例如食猿雕（Philippine Eagle），也称菲律宾雕，成鸟数量现仅存180—500只，主要集中分布于棉兰老岛的雨林中，是菲律宾的国鸟。塔维鸡鸠（Sulu Bleeding-heart）是菲律宾苏鲁群岛（Sulu Archipelago）的特有物种，因胸部正中央有一簇很突出的红色羽毛而得名，现存种群数量估计不到50只，属于极危物种。四色啄花鸟（Cebu Flowerpecker）是宿务岛的特有物种，由于森林栖息地被毁坏，该种群现存成鸟数量约为100只，2010年曾出台一项拯救宿务四色啄花鸟的专项行动，对其栖息的宿务森林实施全面保护，并支持在兰托伊山（Mt Lantoy）建立国家公园。

菲律宾海岸线总长35286公里，拥有丰富的海洋资源。有名称的鱼类超过2400种，其中有65种具有良好的商业价值，较重要的海产品有金枪鱼、沙丁鱼、鲣鱼、虾鱼、鲳鱼、柔鱼、石斑鱼等。同时，菲律宾近海还

---

① Brent Huffman, "Bubalus Mindorensis," http://www.ultimateungulate.com/artiodactyla/bubalus_mindorensis.html.

② IUCN, "Philippine Pangolin," https://www.iucnredlist.org/species/136497/123586862#geographic-range.

有大量珍稀的珊瑚、虾蟹、螺贝等，如华丽滨珊瑚（Porites Ornata）、小穴孔珊瑚（Alveopora Minuta）、凸棘假鹿角珊瑚（Anacropora Spinosa）、黑乳海参（Holothuria Whitmaei）、三棘鲎（Tri-spine Horseshoe Crab）等。从二战后初期至20世纪90年代，菲律宾通过一系列以开发为核心的渔业政策实现了海洋渔业产量的迅速增长，不断强化沿海水域捕捞，渔业资源遭严重损耗，海洋生境严重破坏等危机日益显现。直至90年代末期，菲律宾颁布《渔业法典》（1998年）等法令，强调社会公正和渔业的可持续发展，试图扭转资源危机。[①] 目前，海洋资源正逐步得到恢复，渔业捕捞量逐步增长，70%被破坏的珊瑚礁已得到有效恢复。[②]

《根据世界自然保护联盟（IUCN）濒危物种红色名录》，菲律宾受威胁的动物有660种。其中，极危物种（CR）67种，濒危物种（EN）181种，易危物种（VU）412种。这些物种濒危的首要原因是城市化及人类娱乐休闲活动所造成的生态环境破坏，其次是过度捕捞所造成的不可持续发展。

表Ⅰ-3-22　**菲律宾濒危动物物种分布**

	哺乳类	鱼类	鸟类	爬行类	两栖类	昆虫	珊瑚	其他	合计
极危物种（CR）	5	24	19	4	1	11	0	3	67
濒危物种（EN）	15	22	27	15	12	72	10	8	181
易危物种（VU）	22	63	68	20	19	45	148	27	412

资料来源：《世界自然保护联盟（IUCN）濒危物种红色名录（2020年2月更新）——菲律宾》，https://www.iucnredlist.org/search/grid?landRegions=PH&searchType=species。

第四节　遗产资源

菲律宾是地处东南亚的多民族群岛国家，历史上经历过西班牙等国长达300余年的殖民时期，因此，一方面生物资源非常丰富，另一方面保有

① 刘宏焘：《二战以后菲律宾的渔业政策与渔业危机的形成》，《学术研究》2020年第2期。

② 马燕冰、黄莺：《菲律宾的动物概况》，https://www.lieguozhi.com/skwx_lgz/book/initChapterDetail?siteId=45&contentId=541070&contentType=literature。

独特而东西融合的文化遗存，共有十项世界性的各类遗产资源。

一　世界遗产资源

菲律宾是《世界遗产公约缔约国》之一，目前拥有世界遗产六处，包含三处自然遗产资源、三处文化遗产资源。

（一）自然遗产资源

三处自然遗产资源分别为图巴塔哈群礁海洋公园（Tubbataha Reefs Natural Park）、普林塞萨地下河国家公园（Puerto-Princesa Subterranean River National Park）和汉密吉伊坦山野生动物保护区（Mount Hamiguitan Range Wildlife Sanctuary）。

图巴塔哈群礁海洋公园于1993年作为自然遗产被列入世界遗产名录。它位于巴拉望省普林塞萨港东南的苏禄海（Sulu Sea）中，占地96828公顷，包括三个环礁和一大片深海。该区域拥有丰富的海洋生物——原始珊瑚礁，拥有超过360种珊瑚，占菲律宾所有珊瑚种类的90%；栖息着近700种鱼类、11种鲸和11种鲨鱼；是两种濒危海龟（绿海龟和玳瑁）的重要筑巢区；是白腹军舰鸟（Christmas Frigatebird）等七种珍稀濒危海鸟的繁殖地。[①] 图巴塔哈群礁海洋公园在强化保护的基础上，支持旅游业发展，是可媲美大堡礁的潜水胜地。

普林塞萨地下河国家公园于1999年作为自然遗产被列入世界遗产名录。它位于巴拉望省中西部海岸，占地面积22202公顷，以雄伟的石灰石喀斯特地貌和长约8.2公里的地下河流而举世闻名。该地下河直接汇入海洋，形成一套完整而独特的山—海生态系统，哺育着红树林、海滩森林、山地森林、石灰岩森林等八种完整的原始森林，具有重要的树种生物多样性价值。普林塞萨地下河国家公园是菲律宾第一个由地方政府成功管理的国家公园，对游客开放。游客可以乘坐游船在石灰岩洞观看形形色色造形奇特的岩石。[②]

汉密吉伊坦山野生动物保护区于2014年作为自然遗产被列入世界遗

① UNESCO, "Tubbataha Reefs Natural Park," http://whc.unesco.org/en/list/653.

② UNESCO, "Puerto-Princesa Subterranean River National Park," https://whc.unesco.org/en/list/652.

产名录。它位于东达沃省的普嘉达半岛（Pujada Peninsula）的山地生态系统中，呈南北走向，海拔75—1637米，总面积16923公顷，为多种生物提供了不同海拔高度的陆地和水生栖息地。据估计，该区域共有1380个物种，其中，341个物种为菲律宾特有，包括食猿雕、菲律宾凤头鹦鹉等八种地方特有濒危物种。其较低海拔地带以农业生态系统和龙脑香林为主，拥有大约246种植物；海拔420—920米地带是龙脑香林生态系统，拥有418种植物、146种动物；较高海拔地带为山地森林生态系统，拥有多种苔藓、地衣和附生植物，以及动物物种约105个；更高海拔为苔藓森林生态系统，为菲律宾侏儒果蝠（Haplonycteris Fischeri）、尖吻树蛙（Philautus Acutirostris）等提供了栖息地；最顶端海拔1160—1200米地带是苔藓矮林生态系统，呈现出独特的天然热带盆景森林景观，是汉密吉伊坦山猪笼草（Nepenthes Hamigitanensis）和马格萨达纳斑粉蝶（Delias Magsadana）的栖息地。①

（二）文化遗产资源

三处文化遗产资源分别为菲律宾巴洛克教堂（Baroque Churches of the Philippines）、科迪勒拉水稻梯田（Rice Terraces of the Philippine Cordilleras）和维甘历史古城（Historic City of Vigan）。

菲律宾巴洛克教堂于1993年作为文化遗产被列入世界遗产名录。它由四座罗马天主教教堂组成，分别坐落在吕宋岛的马尼拉、圣玛丽亚（Santa Maria）、帕瓦伊（Paoay）和班乃岛的米亚高（Miag-ao），建于16世纪至18世纪的西班牙殖民时期。它们代表了欧洲教堂设计风格与当地建筑材料和装饰图案的融合，形成了新的教堂建筑传统，对该地区后来的教堂设计建造产生了重要影响。整体设施与宗教元素至今仍保存相当完好。②

菲律宾科迪勒拉水稻梯田于1995年作为文化遗产被列入世界遗产名录。它位于吕宋岛北部科迪勒拉山脉的偏远地区，已有超过2000年的历史。其重点保护区域由五组最完整、最壮观的梯田组成，由于高山阻隔，

① UNESCO, "Mount Hamiguitan Range Wildlife Sanctuary," http://whc.unesco.org/en/list/1403.

② UNESCO, "Baroque Churches of the Philippines," https://whc.unesco.org/en/list/677.

居住于此地的少数民族伊夫高族（Ifugao）仍沿袭着传承千年的传统耕种技术和原有部族文化，代表了高山地区所持有的传统农业系统，体现了自然、社会、文化、经济、宗教和政治环境的绝对融合。①

维甘历史古城于1999年作为文化遗产被列入世界遗产名录。它坐落于吕宋岛西北海岸的亚伯拉河（Abra River）三角洲，总面积17.25公顷，始建于16世纪，是当时（殖民时期）重要的贸易中心，现为亚洲保存最完好的西班牙殖民城镇。维甘古城由菲律宾伊洛卡诺人与华裔混血的富裕家庭居住，因此其融合了菲律宾、中国、欧洲、墨西哥等多地的文化元素和建筑特色，与拉丁美洲的西班牙殖民城镇具有显著差异，在整个东亚和东南亚地区别具一格。该遗产区域呈现了整个城镇的发展历史，共由25条街道网格和233座历史建筑构成。②

二　非物质文化遗产资源

菲律宾是联合国《保护非物质文化遗产公约》成员国，目前已有非物质文化遗产资源四项。其中，两首史诗和一项民间运动入选联合国《人类非物质文化遗产代表性名录》，分别为拉瑙湖马拉瑙人的《达兰根》史诗唱述（Darangen Epic of the Maranao People of Lake Lanao），伊夫高族群哈德哈德圣歌（Hudhud Chants of the Ifugao），以及与柬埔寨、韩国、越南三国联合申报的拔河运动（Tugging Rituals and Games）。入选《急需保护的非物质文化遗产名录》的项目为布克洛（苏巴内族的感恩节仪式）（Buklog，Thanksgiving Ritual System of the Subanen）。

拉瑙湖马拉瑙人的《达兰根》史诗唱述于2008年被列入《人类非物质文化遗产代表性名录》。马拉瑙人是菲律宾三大穆斯林群体之一。《达兰根》是一首古老的史诗，共计17段、72000行，记录了生活在棉兰老岛拉瑙湖地区的马拉瑙人的历史及其古代神话英雄的磨难遭遇。唱诵内容除了大量历史叙事以外，还通过象征、隐喻、讽刺等手法解读了生死、求爱、爱情和政治等深层主题，并传授着马拉瑙人特有的传统法规、伦理纲

---

① UNESCO，"Rice Terraces of the Philippine Cordilleras，" https：//whc.unesco.org/en/list/722.

② UNESCO，"Historic City of Vigan，" https：//whc.unesco.org/en/list/502.

常、审美标准以及社会价值观。《达兰根》史诗大多通过口头传诵，部分内容拥有手稿记录，通常由专门的男女表演者在婚礼庆祝活动中唱诵，需要持续几个晚上，吟唱时伴随着音乐和舞蹈。①

伊夫高族群哈德哈德圣歌于 2008 年被列入《人类非物质文化遗产代表性名录》。伊夫高族居住于吕宋岛北部科迪勒拉山脉，以其壮观的科迪勒拉水稻梯田而闻名于世。哈德哈德圣歌是伊夫高族群的叙事性记录，通常在水稻播种季节、收获季节、丧葬仪式、宗教节庆等场合由族中多位德高望重的老年妇女演唱。圣歌起源于 7 世纪以前，是一组包含 200 多首吟唱歌曲在内的组歌，每首吟唱歌曲又分为 40 段，讲述了祖先英雄、伦理纲常、宗教信仰和生活习俗，也强调了水稻种植的重要性。圣歌的语言充满了转喻、隐喻和拟声词，书面记录非常困难。一次完整的吟诵需要持续数天。②

拔河运动于 2015 年被列入《人类非物质文化遗产代表性名录》，由菲律宾、柬埔寨、韩国、越南联合申报。该运动被认为是东亚和东南亚稻作文化区域的农业仪式，以促进社群成员的团结与归属感，提供娱乐，并祈祷丰收和繁荣。③

布克洛（苏巴内族的感恩节仪式）于 2019 年被列入《急需保护的非物质文化遗产名录》。布克洛是菲律宾南部土著居民苏巴内族隆重的感恩节仪式。该宗教仪式包括祈求神灵允许从森林里采集生活物资、供奉祭品、招引逝者魂灵、召唤水神和土地神、族员在被称为“Buklog”的高木台上跳舞唱歌等环节，通过表达对魂灵的感激之情，确保家庭、宗族和社区成员之间的和睦以及人类、自然与精神世界之间的和谐。由于其他文化涌入、家庭形态变革、经济制约等因素，苏巴内族的布克洛仪式面临着消亡的威胁。④

① UNESCO, “Darangen Epic of the Maranao People of Lake Lanao,” https://ich.unesco.org/en/RL/darangen-epic-of-the-maranao-people-of-lake-lanao-00159.

② UNESCO, “Hudhud Chants of the Ifugao,” https://ich.unesco.org/en/RL/hudhud-chants-of-the-ifugao-00015.

③ UNESCO, “Tugging Rituals and Games,” https://ich.unesco.org/en/RL/tugging-rituals-and-games-01080.

④ UNESCO, “Buklog, Thanksgiving Ritual System of the Subanen,” https://ich.unesco.org/en/USL/buklog-thanksgiving-ritual-system-of-the-subanen-01495.

第四章　基础设施

菲律宾基础设施比较落后。据2014年汇丰银行分析，菲律宾在其周边13个国家或地区的基础设施领域排名末尾。[①] 另据世界经济论坛最新发布的《全球竞争力报告2019》数据，菲律宾基础设施得分下降至57.8分，在141个参评国家和地区中仅排第96名，远远落后于其在制度、宏观经济稳定等其他领域的得分和排名，与东盟的印尼、马来西亚、新加坡、泰国和越南五国的比较中，菲律宾基础设施建设也远远落在后面。[②] 近年来，菲律宾对基础设施建设的投入不断加大。在阿基诺执政期间，菲律宾提倡通过公私伙伴关系（PPP）项目，吸引私人投资，改善基础设施。但由于需更换的陈旧基础设施数量过大，建设资金捉襟见肘。2016年，杜特尔特上任后，将基础设施建设作为重点发展领域，提出了“大建特建”基础设施规划，计划至2022年在基础设施领域投入8万—9万亿比索（约合1.1万—1.3万亿元人民币），基础设施支出占GDP的比重从2017年的5.2%提高到7.4%。

第一节　交通基础设施

菲律宾交通基础设施较为落后，公路、铁路、机场和港口等都急需扩容或升级。受其影响，菲律宾制造业、物流业、旅游业、外资招商、减贫等领域发展动力不足，严重制约了经济社会的发展。为此，菲律宾政府一

---

① 中国信用保险公司资产评估中心：《菲律宾基础设施行业报告》，https://max.book118.com/html/2017/0628/118673630.shtm。

② World Economic Forum, *The Global Competitiveness Report 2019*, http://www3.weforum.org/docs/WEF_ The GlobalCompetitivenessReport2019.pdf.

直在交通基础设施领域投入重资，产值规模呈现出快速上升态势。2019 年，菲律宾交通基础设施行业总产值达 18112.7 万元人民币，相比 2000 年的 4325.0 万元人民币增加了 3 倍多，年平均复合增长率达 7.8%。其中，陆地基础设施行业总产值从 2000 年的 3450.7 万元人民币增加到 2019 年的 13465.0 万元人民币，平均复合增长率达 7.4%；水地基础设施行业总产值从 2000 年的 518.7 万元人民币增加到 2019 年的 1014.6 万元人民币，平均复合增长率达 3.6%；航空基础设施行业总产值从 2000 年的 355.6 万元人民币增加到 2019 年的 3633.1 万元人民币，平均复合增长率达 13.0%。

从产值占比来看，陆地基础设施行业从 2000 年的 79.8% 下降至 2019 年的 74.3%，下降了 5.5 个百分点；水路基础设施行业从 2000 年的 12% 下降至 2019 年的 5.6%，下降了 6.4 个百分点；航空基础设施行业从 2000 年的 8.2% 上升至 2019 年的 20.1%，上升了 11.9 个百分点。总体而言，菲律宾交通运输产业规模实现了快速增长，各交通基础设施部门都呈现出持续增长态势，特别是航空基础设施行业取得了长足的进步，但产业规模、设施能级与其他国家相比仍有欠缺。

表Ⅰ-4-1 2000—2019 年菲律宾交通基础设施业产值情况 （万元人民币）

年份	陆地基础设施行业产值	水路基础设施行业产值	航空基础设施行业产值	交通基础设施行业总产值
2000	3450.7	518.7	355.6	4325.0
2001	3801.3	581.5	350.0	4732.8
2002	3956.2	610.6	437.1	5003.9
2003	4298.8	613.9	562.4	5475.1
2004	4717.0	706.7	692.2	6115.9
2005	5106.6	723.9	772.7	6603.2
2006	5524.9	687.8	863.7	7076.4
2007	5908.3	688.1	1054.1	7650.5
2008	6195.3	721.8	1123.4	8040.5
2009	6122.7	538.6	1511.6	8172.9
2010	6238.4	606.4	1868.9	8713.7
2011	6784.4	698.2	1933.8	9416.4

续表

年份	陆地基础设施行业产值	水路基础设施行业产值	航空基础设施行业产值	交通基础设施行业总产值
2012	7497.9	747.6	1893.7	10139.2
2013	8354.3	746.3	2254.9	11355.5
2014	9039.5	823.1	2470.1	12332.7
2015	9907.1	915.7	2684.3	13507.1
2016	10938.0	970.4	3002.0	14910.4
2017	11634.4	987.2	3083.6	15705.2
2018	12414.7	1078.3	3324.2	16817.2
2019	13465.0	1014.6	3633.1	18112.7

资料来源：菲律宾国家统计局，http：//openstat. psa. gov. ph。

一　公路

根据国际公路协会《世界公路统计 2019》统计数据，截至 2017 年底，菲律宾公路通行里程约 21.6 万公里。[①] 另据《菲律宾统计年鉴 2019》的数据，在全国公路中，混凝土公路占 58.72%，沥青公路占 29.90%，砂石路占 11.40%，土路占 0.24%。其中，路况良好的占 35.16%，路况一般的占 32.12%，路况不佳、较差的占 23.56%，另有 9.17% 的公路路况未作评估。2018 年，菲律宾全国共有桥梁 8339 座，总长 372 公里，其中混凝土桥 7026 座，总长 295 公里，钢桥 1160 座，总长 72 公里，另有临时桥梁 153 座，总长约 5 公里。[②]

从发展历程来看，2000—2017 年菲律宾公路总里程从 201706 公里增加到 216115 公里，总里程增加了 14409 公里，年均复合增长率为 0.41%。其中，高级道路总里程从 27616 公里增加到 33000 公里，年均复合增长率达 1.05%；硬面公路总里程从 18154 公里增加到 31121 公里，年均复合增长率为 3.22%，所占比重从 9.0% 增加至 14.4%，上升了 5.4 个百分点。公路路网密度从 2000 年的 67.3 公里/百平方公里上升至 2017

① International Road Federation, *World Road Statistics 2019*, https：//irfnet. ch/data - statistics/.

② Philippine Statistics Authority, *2019 Philippine Statistics Yearbook*, http：//www. psa. gov. ph/products - and - services/publications/philippine - statistical - yearbook.

年的72.3公里/百平方公里，路网密度增加了5.0公里/百平方公里，年均复合增长率为0.42%。总体而言，菲律宾公路基础设施的发展建设仍较为缓慢。

表Ⅰ-4-2　　　2000—2017年菲律宾公路路网情况

年份	公路总里程（公里）	高级道路里程（公里）	硬面道路里程占比（%）	公路密度（公里/百平方公里）
2000	201706	27616	9.0	67.3
2001	202082	27886	9.2	67.4
2002	202123	28070	9.3	67.4
2003	200037	28266	9.6	66.7
2004	202142	28459	9.9	67.4
2005	204240	28737	10.0	68.1
2006	206325	29000	10.0	68.8
2007	208182	29370	10.1	69.5
2008	210625	29650	10.3	70.3
2009	213151	29898	10.5	71.1
2010	213262	31242	11.3	71.2
2011	213480	31359	11.6	71.2
2012	213771	31598	11.9	71.3
2013	214555	32227	12.5	71.6
2014	214970	32526	12.9	71.7
2015	215214	32633	13.4	71.8
2016	217456	32768	13.8	72.6
2017	216115	33000	14.4	72.3

资料来源：国际公路协会《世界公路统计2019》。转引自Philippine Statistics Authority，*2019 Philippine Statistics Yearbook*，http：//www.psa.gov.ph/products－and－services/publications/philippine－statistical－yearbook.

目前，菲律宾公路等级普遍不高。在全国21.6万公里的通行道路中，国道占15%，省道占13%，市镇道路占12%，其余60%均为乡村道路，路面硬化程度极低。高速公路共 6 条，总长约 300 公里。菲律宾首都地区大马尼拉，被全球社交导航软件“位智”评为全球交通最差的城市。马尼拉每天因交通拥堵产生的经济损失高达 24 亿比索（约合人民币 3.3 亿元）。如任其发展，到 2030 年每天损失将高达 60 亿比索（约合人民币 8.3 亿元）。以大马尼拉的乙沙大道（Edsa）为例。乙沙大道设计的最大车流量是 16 万辆，但目前每天车流量达 25 万辆，远不能满足需求。由于公路设施简陋和高速公路匮乏对经济发展的制约日趋显现，近年来，菲律宾政府投入更多的资源和精力来发展公路建设，但由于政府投入仍然不足，公路方面的建设常常依靠国际合作来完成。

以国道为例。2018 年菲律宾国道总长 32933 米，其中混凝土路面占比达 65.36%，比 2000 年增加了近一倍。沥青道路占比 30.67%，比 2000 年增加了 7 个百分点。[①] 泥土和沙砾路面长度占比不到 5%，与 2000 年相比大幅度减少。虽然菲律宾国道硬化路面增加较快，但高等级国道的道路覆盖面不足，道路改造提升的空间仍然存在。

表Ⅰ-4-3　　2000—2018 年菲律宾国道各类型道路长度及占比

年份	泥土路面		沙砾路面		沥青路面		混凝土路面	
	长度（米）	占比（%）	长度（米）	占比（%）	长度（米）	占比（%）	长度（米）	占比（%）
2000	612	2.11	11424	39.32	6684	23.00	10336	35.57
2001	684	2.29	11050	36.98	6815	22.81	11329	37.92
2002	736	2.45	10335	34.42	7048	23.47	11911	39.66
2003	198	0.75	7607	28.63	6944	26.13	11823	44.49
2004	189	0.68	7896	28.35	7282	26.14	12486	44.83
2005	110	0.38	8416	29.36	7375	25.73	12764	44.53
2006	90	0.31	8417	29.05	7501	25.89	12970	44.76
2007	76	0.26	8287	28.22	7629	25.98	13378	45.55
2008	80	0.27	7947	26.75	7868	26.48	13814	46.50

① Philippine Statistics Authority, 2019 *Philippine Statistics Yearbook*, http://www.psa.gov.ph/products-and-services/publications/philippine-statistical-yearbook.

续表

年份	泥土路面		沙砾路面		沥青路面		混凝土路面	
	长度（米）	占比（%）	长度（米）	占比（%）	长度（米）	占比（%）	长度（米）	占比（%）
2009	87	0.29	7343	24.56	8282	27.70	14187	47.45
2010	106	0.34	7010	22.44	8701	27.85	15425	49.37
2011	64	0.20	6461	20.60	8894	28.36	15941	50.83
2012	69	0.22	6085	19.26	9124	28.88	16320	51.65
2013	58	0.18	5396	16.74	9596	29.78	17177	53.30
2014	52	0.16	4658	14.32	9793	30.11	18023	55.41
2015	77	0.24	3637	11.15	9756	29.90	19163	58.72
2016	67	0.20	2694	8.22	9612	29.33	20398	62.24
2017	54	0.16	1779	5.41	9854	29.98	21181	64.44
2018	45	0.14	1264	3.84	10100	30.67	21523	65.36

资料来源：《菲律宾统计年鉴2019》，http://www.psa.gov.ph/products-and-services/publications/philippine-statistical-yearbook。

从桥梁的发展情况来看，2000—2018年，菲律宾国内桥梁数量从7306座增加至8339座，增加了1033座，年均复合增长率不足1%；桥梁总长度从271293米增加至372166米，年均复合增长率仅1.8%。总体而言，菲律宾为岛屿国家，国内对桥梁建设需求仍有一定的空间，许多老桥亟待改造提升，但菲律宾国内桥梁建设进度比较缓慢，尽管菲律宾政府自2016年提出“大建特建”计划，投入也十分巨大，但实际效果仍需时间的检验。

表Ⅰ-4-4　　2000—2018年菲律宾桥梁数量和长度情况

年份	桥梁数量（座）	桥梁总长度（米）
2000	7306	271293
2001	7317	283000
2002	7502	294130
2003	7165	277586
2004	7324	282960

续表

年份	桥梁数量（座）	桥梁总长度（米）
2005	7560	296102
2006	7512	301365
2007	7743	314453
2008	7758	327721
2009	7793	330089
2010	8024	345056
2011	7949	345548
2012	7828	348575
2013	8030	355643
2014	8131	364693
2015	8166	364724
2016	8161	364162
2017	8260	367864
2018	8339	372166

资料来源：《菲律宾统计年鉴 2019》，http：//www. psa. gov. ph/products – and – services/publications/philippine – statistical – yearbook。

2016 年以来，菲律宾政府积极推进高速公路建设和升级 PPP 项目，其中包括南吕宋（Daang Hari-SLEX）高速连接路，尼诺·阿基诺国际机场（NAIA）高速公路项目二期、吉阿米蒂—内湖（Giammiti-Inner Lake）高速公路、拉古娜（Laguna）湖岸高速堤防项目、中吕宋高速连线（CL-LEX）二期、普拉里德尔（Plaridel）支线收费公路项目、C – 6 高速公路项目、北吕宋高速公路东项目、凯诺（Keno）公路和马科斯（Marcos）高速公路升级改造项目等。

二　铁路

菲律宾铁路主要集中于吕宋岛，截至 2017 年拥有运营铁路线 509 公里，此外还有约 700 公里铁路线亟须改造升级。[①] 由于铁路设施远远

① 中华人民共和国商务部：《对外投资合作国别（地区）指南——菲律宾（2019 年版）》，http：//www. mofcom. gov. cn/dl/gbdqzn/upload/feilvbin. pdf。

无法满足交通需要，菲律宾政府大力发展铁路建设。2014 年 11 月，菲律宾参议院批准在 2015 年 2.61 万亿比索（约合 0.37 万亿元人民币）的政府总预算中安排 17.5 亿比索（约合 2.46 亿元人民币）用于扩建和维修马尼拉至比科尔的铁路，其中 6 亿比索（约合 0.85 亿元人民币）用于将目前的单线扩展为复线，6 亿比索用于 9 辆列车的维修、恢复和备件采购，2 亿比索（约合 0.28 亿元人民币）用于铁轨维修，2 亿比索（约合 0.28 亿元人民币）用于购买专用带垂吊车以及沿线 400 座桥梁的维护，1.5 亿比索（约合 0.21 亿元人民币）用于 3 辆电气机车的维修，菲律宾交通部和国家铁路署一致认为，该铁路已年久失修，因此提出上述维修和扩建计划。

2015 年，菲律宾国家铁路公司投入 25 亿比索（约合 3.4 亿元人民币）用于现有机车设备和铁路设施的全面改造升级，并计划在未来 50 年内将现有运营能力扩大 2—3 倍甚至更多，以不断改善民众的交通需求。2014 年 5 月，菲律宾公共工程与公路部透露，菲律宾正准备筹资修建一条从卡兰巴市通往八打雁市的货运铁路。此外，还将建设造价 2840 亿比索（约合 386 亿元人民币）的南北客运铁路、2710 亿比索（约合 368 亿元人民币）的吕宋铁路项目。12 月，菲律宾公私合作伙伴中心表示，计划于 2015 年推出两个铁路 PPP 项目，即价值 1767 亿比索（约合 249 亿元人民币）的吕宋岛南北通勤铁路和价值 1350 亿比索（约合 190 亿元人民币）的大众运输系统环线项目。目前，菲律宾政府规划新建连接吕宋岛和棉兰老岛的南北铁路、苏比克—克拉克铁路、棉兰老铁路等，意图改善居民出行交通和满足货运需求。

2016 年杜特尔特就任总统后，宣布将优先发展铁路系统，并采取与他国合作修建、菲律宾政府独立运营的方式修建四条铁路，包括由马尼拉辐射至吕宋岛三个城市的三条铁路以及贯穿棉兰老岛的另一条铁路。三个城市分别为位于北吕宋的新怡诗夏省（Nueva Ecija）和位于南吕宋的索索贡省（Sorsogon）及八打雁（Batangas），并积极与中国企业合作。

从发展历程来看，2007—2017 年，菲律宾铁路总里程从 85 公里增加到 509 公里，总里程增加了 424 公里，年均复合增长率为 19.6%。铁路路网密度从 2007 年的 2.84 公里/万平方公里上升至 2017 年的 16.98 公里/万平方公里，路网密度增加了近 5 倍，年均复合增长率为

19.6%。客运量和客运周转量分别从2007年的31700万人和2714百万人公里增加到2017年的41000万人和8655百万人公里，年均复合增长率分别达到2.6%和12.3%。总体而言，与东南亚其他五国相比，菲律宾铁路发展建设较为缓慢，许多年份停滞不前，客运量、客运周转量同样如此。

表Ⅰ-4-5　　2007—2017年菲律宾铁路里程和客运量情况

年份	铁路总里程（公里）	铁路密度（公里/万平方公里）	客运量（万人）	客运周转量（百万人公里）
2007	85	2.84	31700	2714
2008	85	2.84	34600	2962
2009	85	2.84	35000	2996
2010	195	6.51	38191	7552
2011	532	17.75	39554	9015
2012	568	18.95	43124	9924
2013	528	17.62	43923	8605
2014	528	17.62	43609	8631
2015	495	16.52	36021	1450
2016	509	16.98	38400	8170
2017	509	16.98	41000	8655

资料来源：《东盟统计年鉴2017》、世界银行数据库（https://data.worldbank.org.cn/indicator）。

在城市轨道交通方面，菲律宾2010—2017年的客运量从372.2百万人下降至349.3百万人，乘客负荷量从73.8%提升到81.1%，营业收入从703万元人民币提升到926.5万元人民币。由于轨道车辆缩减，在客运量下降的情况下，轨道交通的负荷量却在提高。目前，马尼拉轻轨3号线设计的运载能力是35万人次/每天，现实是每天需要运送超过50万人次。可见菲律宾城市轨道交通的建设仍然任重道远。

表Ⅰ-4-6　　2010—2017 年菲律宾城市轨道交通情况

年份	客运量（百万人）	客运负荷量（%）	营业收入（万元人民币）
2010	372.2	73.8	703.0
2011	379.5	59.6	718.5
2012	415.5	66.0	788.1
2013	419.3	88.5	796.0
2014	411.3	87.7	777.5
2015	299.4	79.6	858.5
2016	338.0	83.2	917.9
2017	349.3	81.1	926.5

资料来源：《菲律宾统计年鉴 2019》，http://www.psa.gov.ph/products-and-services/publications/philippine-statistical-yearbook。

目前，菲律宾各城市轨道交通及相应配套交通基础设施的建设发展需求正在不断增长，以缓解道路拥堵、提升城市交通系统的综合运力。但是，菲律宾企业在城市轨道建设方面缺乏足够的专业知识（从设计到铺设铁轨）和自行开发城市轨道项目的能力，其轨道交通建设项目仍需要外资介入。目前，价值 3700 亿比索（约合 521 亿元人民币）的大型环线交通系统项目和价值 193.3 亿比索（约合 27.2 亿元人民币）的机动车检视系统项目，旨在连接博尼法西奥（Bonifacio）国际城、马卡蒂（Makati）市中心和亚洲商城，这是菲律宾首条地下轨道交通系统，也是菲律宾政府迄今为止最大的公私合营（PPP）项目。

三　航空

菲律宾有近 300 个机场，国内航线遍及 40 多个城市，但很多机场设施落后，许多省会机场是土石跑道的简易机场。菲律宾与 30 多个国家（地区）签订了国际航运协议，大多数主要航线每天或每周都有多个航班从马尼拉飞往亚洲国家和地区以及美国、欧洲与中东地区的主要城市。

菲律宾的主要机场有首都马尼拉的尼诺·阿基诺（Ninoy Aquino）国际机场、宿务市（Cebu）的麦克坦（Mactan）国际机场、达沃市的达沃（Davao）国际机场等。马尼拉国际机场位于菲律宾马尼拉市南郊，距离市中心约10公里。该机场一共有三个航站楼：一个国内航站楼，一个菲律宾航空专用航站楼（包括菲航国际国内的所有航班），还有一个是国际航站楼，供除了菲航以外的所有国际航班使用。宿务机场位于菲律宾宿务都会区麦克坦岛上的拉普拉普市（Lapu-Lapu City），是米沙鄢（Visaysa）地区主要的国际机场，也是菲律宾的第二大门户。机场占地面积为797公顷，有一条3300米的跑道和一条滑行道，年旅客吞吐量为450万人次。机场内设有14家客运航空公司和三家货运航空公司。2000—2015年，宿务国际机场的国际客流量平均每年增长21%，国内客流量平均每年增长5%。达沃国际机场位于菲律宾南部棉兰老岛重要城市达沃市，该机场由菲律宾民航局运营管理，主要服务于菲律宾国内航线以及东南亚地区的区域性国际航班，是棉兰老岛最繁忙的机场，也是该岛主要的空中门户。机场跑道长度为3000米，宽度为45米，每年可容纳约200万人次的旅客、约84600吨的货运量，楼内商业空间占地约9000平方米。

表Ⅰ-4-7　　2019年菲律宾主要机场及等级

国际机场	一级机场	二级机场	一般机场	
克拉克国际机场（Clark）	武端机场（Butuan）	安提克机场（Antique）	阿拉巴特机场（Alabat）	利洛伊机场（Liloy）
达沃机场（Davao）	卡加延机场（Cagayan）	碧瑶机场（Baguio）	阿拉山谷机场（Allah Valley）	加马利戈机场（Jomalig）
桑托斯将军城机场（General Santos）	哥打巴托机场（Cotabato）	巴斯科机场（Basco）	巴嘎巴格机场（Bagabag）	林加延机场（Lingayen）
伊洛伊洛机场（Iloilo）	第波罗机场（Dipolog）	布桑加机场（Busuanga）	巴莱尔机场（Baler）	卢邦机场（Lubang）
卡利博机场（Kalibo）	杜马格特（Dumaguete）	甲描育机场（Calbayog）	班塔延机场（Bantayan）	玛辛机场（Maasin）
拉瓦格机场（Laoag）	拉金丁安机场（Laguindingan）	甘米银机场（Camiguin）	布兰机场（Bulan）	马腊邦机场（Malabang）
麦克坦—宿务国际机场（Mactan-Cebu）	黎牙实比机场（Legazpi）	卡塔曼机场（Catarman）	比伦机场（Biliran）	曼布劳机场（Mamburao）
马尼拉国际机场（NAIA）	那牙机场（Naga）	卡地克兰机场（Caticlan）	比斯利格机场（Bislig）	马蒂机场（Mati）

续表

国际机场	一级机场	二级机场	一般机场	
公主港国际机场（Puerto Princesa）	帕加迪安机场（Pagadian）	库约机场（Cuyo）	波仑伽机场（Borongan）	奥萨米斯机场（Ozamis）
苏比克机场（Subic）	罗哈斯机场（Roxas）	霍洛机场（Jolo）	苏鲁卡加亚机场（Cagaya de Sulu）	帕拉南机场（Palanan）
三宝颜国际机场（Zamboanga）	圣若泽机场（San Jose）	马林杜克机场（Marinduque）	卡拉潘机场（Calapan）	普拉戴尔机场（Plaridel）
	锡莱机场（Silay）	马斯巴特机场（Masbate）	卡巴洛甘机场（Catbalogan）	皮娜玛拉延机场（Pinamalayan）
	塔克洛班机场（Tacloban）	奥尔莫克机场（Ormoc）	卡巴洛干机场（Cauayan）	罗莎莱斯机场（Rosales）
		朗布隆机场（Romblon）	达特机场（Daet）	圣费尔南多机场（San Fernando）
		邦奥山加机场（Sanga-Sanga）	希隆奥斯机场（Hilongos）	锡奥孔机场（Siocon）
		锡亚高机场（Siargao）	伊巴机场（Iba）	西基约尔机场（Siquijor）
		苏里高机场（Surigao）	伊皮里机场（Ipil）	索索贡机场（Sorsogon）
		丹达机场（Tandag）	伊利甘机场（Iligan）	乌贝机场（Ubay）
		比拉克机场（Virac）	伊特巴亚特机场（Itbayat）	维甘机场（Vigan）
				瓦博机场（Wao）
				瓦石机场（Wasig）

资料来源：《菲律宾统计年鉴 2019》，http：//www. psa. gov. ph/products – and – services/publications/philippine – statistical – yearbook。

从发展历程来看，2000—2018 年菲律宾航空运输量从 44547 次增加到 292450 次，年均复合增长率为 11.0%。航空客运周转量从 2000 年的 576 万人·公里增加至 2018 年的 4306 万人·公里，航空客运周转量增加了 3730 万人·公里，年均复合增长率为 11.8%；航空货运周转量从 2000 年的 290 百万吨·公里增加至 2018 年的 836 百万吨·公里，增加了 546 百万吨·公里，年均复合增长率为 3.6%。总体而言，菲律宾航空基础设施及其运输能力发展十分迅猛，航空运输量、客运能力和货运能力均有显著提升。

表Ⅰ-4-8　　　　2000—2018 年菲律宾航空运量情况

年份	航空运输量（次）	航空客运周转量（万人·公里）	航空货运周转量（百万吨·公里）
2000	44547	576	290
2001	60511	642	275
2002	57193	645	275
2003	56235	646	278
2004	56647	739	301
2005	58944	806	323
2006	61712	830	319
2007	65212	882	286
2008	72333	951	277
2009	87028	1048	227
2010	205318	2258	460
2011	225790	2633	470
2012	241699	2854	533
2013	200532	2554	326
2014	287460	3490	577
2015	325859	3702	605
2016	345482	4021	665
2017	273159	3934	753
2018	292450	4306	836

资料来源：世界银行数据库，https：//data. worldbank. org. cn/indicator。

从航空运输结构来看，2007—2017 年菲律宾国内航空客运量从 2094.7 万人次增加到 4014.9 万人次，总运量增加了 1920.2 万人次，年均复合增长率为 6.7%；国内航空货运量从 35.4 万吨增加至 55.7 万吨，总运量增加了 20.3 万吨，年均复合增长率达 4.6%；国际航空客运量从 1213.2 万人次增加到 1805.9 万人次，增加了 592.7 万人次，年均复合增长率为 4.1%，增速相较国内客运量要低；国际航空货运量从 32.7 万吨下降到 29.9 万吨，各年份起伏变化较大，但大致稳定在 30 万吨左右。总体而言，菲律宾航空客运以国内为主，国际为辅，航空货运量的国内运输增长比较迅猛，前景较为广阔。

表Ⅰ-4-9　2007—2017 年菲律宾航空运输结构情况

年份	国内航空客运量（万人次）	国内航空货运量（万吨）	国际航空客运量（万人次）	国际航空货运量（万吨）
2007	2094.7	35.4	1213.2	32.7
2008	2281.4	26.5	1229.3	27.9
2009	2883.6	34.5	1209.9	25.2
2010	2655.0	28.4	1238.1	30.7
2011	3641.6	29.5	1296.9	29.1
2012	4178.6	34.2	1642.1	34.3
2013	3818.1	31.7	1595.8	27.0
2014	3146.2	68.3	1991.4	26.7
2015	3668.2	60.3	1716.8	28.7
2016	3812.2	54.2	1883.5	31.8
2017	4014.9	55.7	1805.9	29.9

资料来源：世界银行、《东盟统计年鉴 2017》（The ASEAN Secretariat, *ASEAN Statistical Yearbook 2016/2017*, https://asean.org/?static_post=asean-statistical-yearbook-2016-2017）。

四　水运港口

菲律宾主要由吕宋、米沙鄢和棉兰老岛三大岛群构成，共有大小岛屿7000多个，海岸线总长18533公里，其中水运总长3219公里。菲律宾目前共有大小港口400多个，商船千余艘，主要港口有马尼拉、宿务、怡朗、三宝颜等。虽然菲律宾水运港口设施较其他交通基础设施相对成熟，但大多数港口仍需扩建和升级，以容纳大吨位轮船和货物。目前，菲律宾港口拥堵问题已日渐突显，落后的港口设施极大地限制了菲律宾贸易的发展，贸易商为此要承担更多的滞港费和卡车费用。比如，菲律宾的八打雁港，有靠港计划的船舶需等待2—3天，不在计划时间内临时靠港的船舶平均需等待4—7天。马尼拉北港的等待时间更长，两者分别为5—7天和7—10天。社会各界呼吁政府采取必要措施解决这一问题，如从短期而言应允许马尼拉港一周7天、每天24小时满负荷运行，从长期来看应扩建苏比克（Subic）和八打雁（Batangas）港，升级甲美地（Cavite）到马尼拉的交通网络。港口码头设施的完善，有助于菲律宾高速有效地处理货运。

根据联合国贸易和发展会议（UNCTAD）的数据，菲律宾班轮运输相关指数从2004年的15.5增加到2019年的30.6，年均复合增长率为4.6%。根据世界经济论坛发布的《全球竞争力报告》，菲律宾港口基础设施质量指数从2007年的2.8增加到2017年的2.9，年均复合增长率为0.4%。

据世界银行和《东盟统计年鉴2017》数据，2007—2017年菲律宾水运客运量和货运量都有较大幅度的提升。其中，国内水运客运量从4442.9万人增加到5523.5万人，年均复合增长率达2.2%；国内货物吞吐量从7459.1万吨上升至8388.8万吨，年均复合增长率为1.2%；国际海运客运量从4.0万人上升至5.2万人，年均复合增长率为2.7%；国际货物吞吐量从82.8百万吨上升至124.5百万吨，年均复合增长率达4.2%；港口集装箱吞吐量从435.1万标准箱增加到809万标准箱，年均复合增长率为6.4%。总体而言，菲律宾国内国际货运客运量均呈现出稳定的增长态势，发展速度较快，国际运输增量快于国内运输增量。

表Ⅰ-4-10　　2007—2017 年菲律宾港口吞吐量情况

年份	国内水运客运量（万人）	国内货物吞吐量（万吨）	国际海运客运量（万人）	国际货物吞吐量（百万吨）	港口集装箱吞吐量（万标准箱）
2007	4442.9	7459.1	4.0	82.8	435.1
2008	4387.1	7200.1	4.7	73.9	447.1
2009	4355.6	7148.4	4.6	78.8	430.7
2010	5270.2	6879.7	3.7	96.6	508.7
2011	4835.4	7411.3	5.8	103.7	531.5
2012	5315.6	7747.4	5.4	118.3	564.2
2013	5387.0	7796.1	4.2	124.1	582.6
2014	5582.6	7790.6	4.3	133.3	617.6
2015	5401.3	8380.5	4.4	125.9	721.0
2016	5434.8	8450.4	5.0	130.4	762.1
2017	5523.5	8388.8	5.2	124.5	809.0

资料来源：世界银行、《东盟统计年鉴 2017》（The ASEAN Secretariat, *ASEAN Statistical Yearbook 2016/2017*, https://asean.org/?static_post=asean-statistical-yearbook-2016-2017）。

从船只数量和吨位来看，菲律宾渔船数量最多，2018 年达 19209 艘，吨位超过 52 万吨，这与其本身是农业大国和群岛国家有关。其次规模较大的是客船，从 2015 年的 7387 艘快速增加到 2018 年的 13165 艘，增长近 1 倍；吨位从 41.5 万吨增长到 62.2 万吨，年均复合增长率超过 7%，货船、油船、拖船等也有不同程度的增加。值得一提的是，菲律宾最近几年的邮轮旅游方兴未艾，菲律宾旅游局将“邮轮游”作为国家旅游的重要战略产品。2018 年，通过海路抵达菲律宾的游客达 10 万人次，其中多数游客是乘坐邮轮抵达的。菲律宾旅游局和港务局已开展深度合作，升级港口设施以迎接更多邮轮的到来，重点改造的港口有马尼拉港、公主港、苏比克港和长滩港。

表Ⅰ-4-11 2015—2018年菲律宾各类型船只数量及吨位

船舶类型	数量（艘）				总吨位（吨）			
	2015年	2016年	2017年	2018年	2015年	2016年	2017年	2018年
客船	7387	9056	11135	13165	414891	498961	546831	621668
货船	3476	3926	4186	4606	1710982	1954871	2065058	2309427
油船	257	290	297	335	271261	308151	315259	383333
拖船	722	775	802	850	85275	95590	99950	106477
疏浚船	34	37	41	47	14521	18653	20077	23400
快艇	26	39	45	53	101	134	174	268
特种船	20	31	108	245	3816	6027	10555	21014
杂务船	99	147	179	221	20516	21449	21622	36865
其他	—	35	142	379	—	3268	25925	45274
渔船	13042	16518	17684	19209	420881	473835	495213	521581
总计	25063	30854	34619	39110	2942244	3380939	3600663	4069308

资料来源：《菲律宾统计年鉴2019》，http://www.psa.gov.ph/products-and-services/publications/philippine-statistical-yearbook。

第二节 通信基础设施

菲律宾的通信基础设施发展较好，近年来一直在扩建。国内网络质量较高，共有六个可用平台：专线、移动电话、有线电视、无线电视与广播以及VSAT系统。无线网络和固网数据服务等业务也迅猛提升，以满足国民对数据业务日益增长的需求。为发展信息通信技术，促进社会经济可持续发展，菲律宾信息与通信技术部于2017年推出“Pipol Konek”项目，计划斥资近30亿比索（约合4.2亿元人民币），在全国145个城市和1489个自治市的13000个公共网站覆盖免费无线网络，截至2019年底已经覆盖了南三宝颜、塔威塔威部分地区。菲律宾电信企业投入更多的资本用于扩大光纤网络，促进通信基础设施行业的发展。同时，受到智能电话业务增长的刺激，菲律宾电信产业2015—2020年增长率超过5%，相关电信企业正逐渐从单纯的信号提供商转化为信息和通信技术提供商。目前，菲律宾电信运营商主要有菲律宾长途电话公司（PDLT）、Smart、

ABS-CBN、全球电信（Globe Telecom）、菲律宾数字移动（Digital Mobile Philippines）等几大公司。其中，Smart 主要针对游客和各阶层群体，拥有 7280 万用户；Globe Telecom 主要是维护长期在网客户，拥有用户 5290 万户，最低平均月服务费在 350 比索（约 7.29 美元）。菲律宾政府近年来积极推进国内电信企业与国外公司合作，利用先进的卫星通信系统和移动 4G 技术，降低资费，普及大众通信服务。

从发展历程来看，2000—2018 年菲律宾互联网普及率从 2000 年的 2.0% 迅猛增加到 2018 年的 65.0%，增加了 30 多倍，年均复合增长率为 21.3%；每百万人拥有互联网服务器数从 2000 年的不到 1 个快速增加到 2018 年的 93 个，年均复合增长率达 30.6%；每百万人拥有固定宽带数从 2000 年的 45 部迅猛增加到 2018 年的 36753 部，年均复合增长率为 45.1%。

表Ⅰ－4－12　　2000—2018 年菲律宾互联网基础设施情况

年份	互联网普及率（%）	每百万人拥有互联网服务器数（个）	每百万人拥有固定宽带（部）
2000	2.0	不足 1	45
2001	2.5	1	126
2002	4.3	1	258
2003	4.9	2	662
2004	5.2	2	1051
2005	5.4	3	1425
2006	5.7	3	3016
2007	6.0	4	5549
2008	6.2	4	11504
2009	9.0	5	18638
2010	25.0	5	18689
2011	29.0	7	18740
2012	36.2	12	22081
2013	48.1	12	26022
2014	49.6	16	28852
2015	36.0	21	28400

续表

年份	互联网普及率（%）	每百万人拥有互联网服务器数（个）	每百万人拥有固定宽带（部）
2016	55.5	41	28799
2017	60.1	88	32321
2018	65.0	93	36753

资料来源：世界银行数据库，https://data.worldbank.org.cn/indicator。

根据世界银行的统计数据，2000—2018 年菲律宾每千人拥有移动电话数从 2000 年的 83 部增加到 2018 年的 1262 部，增加了 1179 部，年均复合增长率为 16.3%；菲律宾每千人拥有固定电话数大致稳定在 39 部左右。菲律宾人均移动电话拥有量的迅猛增加，一方面是由于国家整体经济的快速增长，带动电信市场特别是移动业务的高速发展；另一方面，由于菲律宾群岛国家的性质，相对于移动业务的高速发展，固话建网由于成本过高反而停滞不前。2018 年，菲律宾全国固定电话实装用户不到 400 万户，普及率低于 4%，而移动手机用户已超过 1 亿人。据爱立信最新移动报告，到 2021 年，菲律宾智能手机用户总数将增加至 9000 万户。①

表Ⅰ-4-13 2000—2018 年菲律宾固定/移动电话基础设施情况

年份	每千人拥有移动电话（部）	每千人拥有固定电话（部）
2000	83	39
2001	153	42
2002	189	41
2003	271	40
2004	389	41
2005	403	39
2006	488	41
2007	641	44
2008	749	45

① 爱立信公司，https://www.ericsson.com/en/newsroom/latest-news。

续表

年份	每千人拥有移动电话（部）	每千人拥有固定电话（部）
2009	818	44
2010	885	35
2011	986	37
2012	1049	36
2013	1040	32
2014	1108	31
2015	1154	32
2016	1159	36
2017	1101	40
2018	1262	39

资料来源：世界银行数据库，https：//data. worldbank. org. cn/indicator。

在无线电台、广播和有线电视台方面，菲律宾无线电基站在2010—2015年增速近20%，广播和有线电视基站增速超过25%，2015年，无线电基站数量近50万座，广播和有线电视基站数量近3500座。

从无线电基站的区域分布来看，菲律宾无线电基站主要分布在经济水平较高的区域，如国家首都大区（NCR）、中米沙鄢大区（VII-Central Visayas）、南他加禄大区（IV-Bmimaropa）等，2013年，这些区域的无线电基站数量占全国基站数量的比例近70%。此外，三宝颜半岛大区（IX-Zamboanga Peninsula）、北棉兰老大区（X-Northern Mindanao）、达沃大区（XI-Davao Region）基站数量也相对较多。

2007—2013年，在全国无线电基站数量普遍增长的背景下，中央吕宋大区（III-Central Luzon）无线电基站数量锐减，降幅达27.4%，此外科迪勒拉行政区（CAR）也略有下降，其他大区的无线电基站数量出现不同程度的增长。其中，无线电基站数量增长较快的区域依次为三宝颜半岛大区、卡加延河谷大区、国家首都大区、南北哥苏库萨将大区、卡拉加大区，这些区域的增幅都在2倍以上。

表Ⅰ-4-14　　2007—2013 年菲律宾无线电基站区域分布　　（座）

区域	2007	2008	2009	2010	2011	2012	2013
国家首都大区（NCR）	51947	35612	39731	39731	39731	39731	162412
科迪勒拉行政区（CAR）	3751	3751	3689	3689	3689	3244	3244
伊罗戈斯大区（I-Ilocos Region）	5401	2769	2836	4556	3852	4198	5644
卡加延河谷大区（II-Cagayan Valley）	3484	3398	3252	4945	6629	6289	12412
中央吕宋大区（III-Central Luzon）	27435	28540	34945	36344	37428	3578	4013
南他加禄大区（IV-Bmimaropa）	35712	39566	42021	30685	33182	34846	42845
比科尔大区（V-Bicol Region）	5723	5737	5845	6260	6970	7579	8856
西米沙鄢大区（VI-Western Visayas）	7577	8133	9107	9783	9820	12099	13393
中米沙鄢大区（VII-Central Visayas）	15919	19338	19338	18786	28817	28817	28817
东米沙鄢大区（VIII-Eastern Visayas）	2393	2841	2900	3115	3744	4668	5368
三宝颜半岛大区（IX-Zamboanga Peninsula）	2974	2998	5668	793	825	17313	17313
北棉兰老大区（X-Northern Mindanao）	15361	15412	16081	17122	26198	21805	23277
达沃大区（XI-Davao Region）	9636	10906	11832	12436	13506	18368	17829
南北哥苏库萨将大区（XII-Soccsksargen）	3918	4276	4536	4901	4901	8048	8048
卡拉加大区（XIII-Caraga）	1704	1809	1937	2087	2769	2769	3927
总计	192935	185086	203718	195233	222061	213352	357398

资料来源：《菲律宾统计年鉴 2019》，http：//www. psa. gov. ph/products - and - services/publications/philippine - statistical - yearbook。

从有线电视网络的区域分布来看，菲律宾有线电视网络主要分布在经济和人口较为集中的区域，如中央吕宋大区、南他加禄大区、比科尔大区、伊罗戈斯大区、中米沙鄢大区等，2018 年，这些区域的有线电视网络数量占比超过 70%。此外，东米沙鄢大区和西米沙鄢大区网络覆盖也相对较高。

2011—2018 年，除棉兰老穆斯林自治区保持不变、卡加延河谷大区略有下降以外，其他大区的有线电视网络数量都呈现上升态势。其中，增幅较快的五个区域依次为达沃大区、比科尔大区、伊罗戈斯大区、国家首都大区和中米沙鄢大区，年均增幅都在5%以上。

表Ⅰ-4-15　2011—2018年菲律宾有线电视网络区域分布　（座）

区域	2011	2012	2013	2014	2015	2016	2017	2018
国家首都大区	42	44	49	55	60	65	65	65
科迪勒拉行政区	13	17	19	19	20	20	20	20
伊罗戈斯大区	83	85	91	98	113	128	133	135
卡加延河谷大区	60	61	64	66	70	74	74	44
中央吕宋大区	146	154	165	177	196	215	215	220
南他加禄大区	229	237	251	269	289	309	316	317
比科尔大区	85	94	103	114	134	154	154	154
西米沙鄢大区	72	74	78	82	96	109	109	109
中米沙鄢大区	85	87	93	102	114	125	125	131
东米沙鄢大区	83	87	95	99	99	98	109	110
三宝颜半岛大区	44	45	45	46	46	45	48	48
北棉兰老大区	37	39	40	41	42	43	48	49
达沃大区	15	16	19	22	27	31	31	34
南北哥苏库萨将大区	41	44	45	46	47	47	50	52
卡拉加大区	41	45	50	56	61	65	65	57
棉兰老穆斯林自治区	8	8	8	8	8	8	8	8
总计	1084	1137	1215	1300	1418	1536	1570	1593

资料来源：《菲律宾统计年鉴2019》，http.//www.psa.gov.ph/products-and-services/publications/philippine-statistical-yearbook。

在邮政业务方面，2013—2017年菲律宾全国信件投递量从61.6亿次增加到70.0亿次，年均复合增长率达3.2%，增长略有起伏；信件寄送量从1187.1亿次增加到1614.8亿次，年均复合增长率达8.0%，呈现出稳步增长态势。

表Ⅰ－4－16　　2013—2017 年菲律宾邮政业务情况　　（亿次）

年份	信件投递量	信件寄送量
2013	61.6	1187.1
2014	85.2	1406.7
2015	76.2	1601.7
2016	76.6	1734.3
2017	70.0	1614.8

资料来源：Philippine Statistics Authority，2019 *Philippine Statistics Yearbook*，http：//www.psa.gov.ph/products－and－services/publications/philippine－statistical－yearbook.

自 2016 年上台以来，杜特尔特十分重视通信基础设施的发展，并力排众议引入中国电信公司，试图通过竞争提高通信行业质量。2019 年，菲律宾电信巨头 Globe Telecom 启动菲律宾 5G 商用网络服务，成为东南亚首个开通 5G 网络的国家，中国华为公司成为其核心设备供应商。5G 网络商用后，能够帮助当地将网络速度提升至 100 兆比特/秒。同年，中国电信集团与当地企业 Udenna Corporation 组成合资企业——Mislatel，该公司将着手建设天线等通信基础设施，并在部分地区提供移动电话服务。Mislatel 将投资 2880 亿比索（约合人民币 385 亿元）在菲律宾推出 4G 和 5G 服务，2020 年，运营网络速度达到 27Mbps，覆盖大约 37% 的市场。预计到 2025 年，Mislatel 的网络速度可以达到 55Mbps，其服务可覆盖菲律宾 84% 的人口（约 8800 万人）。

第三节　能源基础设施

菲律宾缺电现象严重，电力成本高昂，居民用电和工业用电价格居世界前列。2018 年，菲律宾全国总装机容量为 23815 兆瓦，其中煤电装机容量为 8844 兆瓦，占总量的 37.14%，地热、风电等清洁能源发电装机容量为 7227 兆瓦，占总量的 30.35%。[①] 菲律宾电力供应严重依赖燃煤，

① 中华人民共和国商务部：《对外投资合作国别（地区）指南——菲律宾 2019 年》，http：//www.mofcom.gov.cn/dl/gbdqzn/upload/feilvbin.pdf。

由于本国产煤量有限，大部分电力用煤需要进口，电力成本也随之上升，菲律宾居民用电成本每千瓦时超过22美分，是东南亚地区电价最高的国家。不仅如此，在夏季电力需求量大的时候，仍需限电，不少工厂因为电力供应不足而被迫停工。高电价、低发电量严重阻碍着菲律宾经济的发展。另外，在水源供应方面，受厄尔尼诺现象和台风的影响，近年来，菲律宾停水事件也不断发生，不仅严重影响居民生活，还影响了原本就供给不足的粮食生产。菲律宾政府试图通过对菲律宾国家电力公司进行私有化改革、发展可再生能源等措施，努力提高发电量。此外，菲律宾政府还减免对电力生产企业的税收和罚款，凡是与国有或国家控股企业以BOT方式合作的独立电力生产企业，对其土地、房产和设备所征收的不动产税或罚款都将予以减免。

根据世界银行的统计，2000—2015年，菲律宾煤炭发电量占比从36.8%增加到44.5%，上升了7.7个百分点；石油发电量占比从20.3%大幅下降至7.1%，下降了13.2个百分点；天然气发电量占比从0.1%大幅增加至22.9%，年均增幅超过40%。火力发电量总占比从2000年的57.2%上升至2015年的74.5%。水力发电量占比从2000年的17.2%小幅下降到2015年的10.5%，其他能源发电量占比从2000年的25.6%下降至2015年的15.0%，下降了10.6个百分点。总体而言，菲律宾现阶段的能源供应主要还是依靠不可再生的煤炭、天然气等，水力、风电、地热等清洁能源和可再生能源基础设施建设陷入停滞，菲律宾能源基础设施的发展水平仍有待提高。

表Ⅰ-4-17 2000—2015年菲律宾各能源基础设施发电量情况 (%)

年份	火力发电量占比			水力发电量占比	其他能源发电量占比
	煤炭发电量占比	石油发电量占比	天然气发电量占比		
2000	36.8	20.3	0.1	17.2	25.6
2001	39.9	21.0	1.8	15.1	22.2
2002	33.3	13.0	18.1	14.5	21.1
2003	28.2	13.5	24.8	14.9	18.6
2004	28.9	15.2	22.1	15.4	18.4

续表

年份	火力发电量占比			水力发电量占比	其他能源发电量占比
	煤炭发电量占比	石油发电量占比	天然气发电量占比		
2005	27.0	10.9	29.8	14.8	17.5
2006	26.9	8.2	28.8	17.5	18.6
2007	28.2	8.6	31.5	14.4	17.3
2008	25.9	8.0	32.2	16.2	17.7
2009	26.6	8.7	32.1	15.8	16.8
2010	34.4	10.5	28.8	11.5	14.8
2011	36.6	4.9	29.8	14.0	14.7
2012	38.8	5.8	26.9	14.1	14.4
2013	42.6	6.0	25.0	13.3	13.1
2014	42.8	7.4	24.2	11.8	13.8
2015	44.5	7.1	22.9	10.5	15.0

资料来源：世界银行。

目前，传统的火力发电依然是菲律宾电力系统的主导发展方向，许多规划或在建的电力设施项目都将使用石油或天然气作为燃料。菲律宾对煤炭和石油进口具有高度依赖性，不足以满足国内生产的需要，但天然气作为重要的清洁资源不但可自给自足还具备发展潜力，因此菲律宾政府不断提高天然气的使用率，电力企业也在以此取代石油进口，并扩大地热发电的能力。同时，菲律宾还积极投资建设新的燃煤电站，并对现有的许多燃煤发电站进行扩建提升以预防出现电力短缺问题。目前，石油在菲律宾电力生产中的地位已经明显下降，天然气和煤炭已日益成为火力发电的主要原料。此外，菲律宾水电也有一定的发展前景，据菲律宾国家能源部数据，菲律宾未开发的水电资源在 516 万千瓦左右，其中吕宋地区待开发的水电资源有 358 万千瓦，棉兰老岛有 86 万千瓦，米沙鄢地区有 72 万千瓦，共需约 130 亿美元的投资。截至 2014 年 8 月，菲律宾水电总装机容量为 349 万千瓦，占全国总装机容量的 13.7%，水电装机容量水平落后于越南、泰国和印尼。①

① 中国出口信用保险公司资产评估中心：《菲律宾基础设施行业报告》，https：//max.book118.com/html/2017/0628/118673630.shtm。

在清洁能源方面，菲律宾太阳能公司在2015年的装机总量达20万千瓦，并在八打雁有一个5万千瓦的太阳能发电项目，该项目占地75公顷，由超过15万块太阳能板构成，预计运营30多年，可减少碳排放超过100万吨，等同于植树500多万棵。该公司曾建造了菲律宾最大的屋顶太阳能装置，是菲律宾最大的清洁能源公司。截至2018年底，菲律宾全国可再生能源建成和在建项目已累计超过500个，包括地热电站、小型太阳能电站和小水电站项目等，部分项目业主为电力领域配电商。若全部建成，总装机容量将达到600万千瓦。

第四节　基础设施发展规划

长期以来，菲律宾落后的基础设施增加了运输和电力成本，造成区域经济发展失衡。2017年，菲律宾政府出台中期发展规划《2017—2022年菲律宾发展规划》（以下简称《规划》），将加快基础设施建设作为推动社会经济发展的首要任务，并将包容性增长和减贫作为建设基础设施的根本目标。

一　《规划》的内容

《规划》确定，发展基础设施的重点是优化资源配置、吸引投资、增强透明度、创造就业、适应气候变化和防灾减灾。其中，吸引投资是重中之重，要改善制度和监管环境，鼓励投资者参与公私合作伙伴项目。《规划》提出的基础设施公共支出总额到2020年计划达到1100亿美元。

在交通基础设施方面，菲律宾将实施一项全面的、长期的“全国交通政策（NTP）”，建设战略性交通设施并加强维护和管理，整合多功能物流和运输体系，实现有关政府部门监管和运营职能的分离，加强交通安全执法，加强社区间互联互通。具体措施包括：在资金分配上优先保障现有设施的维护和保养，坚持“用户付款”原则，恢复每年从“道路基金”中优先拨付道路保养经费的政策；鼓励投资商参与PPP项目；为主要景区和农作物产区提供通道；推动环保型、人性化的交通设施建设；根据全国总体规划建设多个物流走廊；改造滚装船码头；加强与其他东盟国家的海上互联互通；扩张航空服务，等等。

在通信基础设施方面，《规划》提出将致力于发展高速、可靠、廉价的通信和信息服务产业，积极为在农村和无服务地区开展通信基础设施建设提供激励政策；实施可持续的社区电子中心项目；采取措施保障网络数据通信安全和隐私等。相应地，菲律宾政府将加快立法、监管和政策改革，加强电子政务建设，并增强政府透明度、效率和公众信任。2018 年，菲律宾计划推出国家宽带计划，以满足每一个菲律宾人对互联网服务的需求。根据菲律宾信息和通信技术部的提案，菲律宾政府将花费 770 亿—2000 亿比索（约合 108 亿—280 亿元人民币）的资金实施国家宽带计划。

在能源基础设施方面，菲律宾政府通过实施对国家电力公司进行私有化改革和发展可再生能源等措施，努力提高发电量。为确保国家能源安全，菲律宾政府将加快油气区块的勘探与开发；加强可再生能源的开发和利用，开发环境友好型能源资源，研发相关技术，增加替代能源的使用；加强提高能源使用效率和节能的立法工作；实现可靠的电力供应，在棉兰老地区实现能源供应的多样化，研究可替代发电技术，评估能源设施应对气候变化和自然灾害的能力，与其他东盟国家能源政策进行对比分析，设定允许政府在私营部门投资不振的情况下重新进入发电行业的条件。

二　《规划》的实施

菲律宾负责基础设施建设的主要政府部门包括国家经济发展署（NEDA）、交通部（DOTr）、公共工程与公路部（DPWH）、住房与城市发展协调委员会（HUDCC）、马尼拉水务局（MWSS）和国家灌溉署（NIA）等。其中国家经济发展署负责各执行部门报送的基础设施项目技术审核及报批，各实施部门负责本部门有关基础设施发展计划并提交国家经济发展署履行审核批准程序。其中，交通部负责铁路、机场、港口等基础设施项目的实施；公共工程与公路部负责道路、桥梁以及基础设施项目涉及拆迁等的事务；住房与城市发展协调委员会负责城市贫民区安置、灾后重建等；马尼拉水务局负责水坝等水利设施建设；国家灌溉署负责农业项目的实施等。

2017 年菲律宾“大建特建”计划推行后，国家经济发展署公布了 77 个国家重点基础设施项目，涵盖了铁路、机场、港口、农业灌溉、水利、道路桥梁等多领域，体现了菲律宾近年来基础设施领域的主要发展方向。

菲律宾基础设施发展融资渠道多样，既有 PPP 等企业参与开发的商业模式，也有世界银行、亚洲基础设施投资银行、亚洲开发银行等多边机构和各国政府官方发展援助开发的执行模式。由于巨额基础设施投资将有效地刺激经济发展，菲律宾政府预计，未来 5 年的国内生产总值将维持约 7% 的增长，同时平均每年为菲律宾增加 100 万个就业岗位。

第五章　产业发展

菲律宾农业发展的自然资源优越，工业基础薄弱，主要以食品加工和电子工业为主，服务业是当之无愧的龙头产业，尤其是其旅游业和业务流程管理服务。在菲律宾 GDP 构成中，第一、第二、第三产业增加值在 GDP 中的占比近十年来基本保持在 10%、30% 和 60% 左右的水平。

第一节　产业结构演变

根据菲律宾统计局 2020 年 4 月公布的国民账户，菲律宾 GDP 可以分解为第一产业（包括农、林和渔业）、第二产业（以工业为主）和第三产业（服务业）。下面将先对这三大产业的增加值结构、就业结构和劳动生产率演变趋势进行分析，然后对这三大产业的发展概况和现状进行分析。

一　三大产业结构演变

菲律宾第一产业、第二产业和第三产业的增加值结构、就业结构和劳动生产率结构呈现出不同的发展趋势。

（一）增加值结构

从三大产业规模的绝对值来看，1946 年以来，菲律宾三大产业增加值均呈现波动增长的态势，尤其是第二、第三产业。以农业为主的第一产业在菲律宾建国之后承担了振兴经济的重要作用，因而得到迅速发展，1946—1960 年的年均增速高达 7.6%，此后增长势头逐渐减缓，尤其是 20 世纪 90 年代，受不利气候条件的影响，菲律宾农业发展缓慢，在 20 世纪 90 年代的十年期间年均增速降低至不足 2%。近十年来，农业增加值增长相对较慢，年均增速不足 2%，远低于菲律宾经济增速 5%，2019

年，菲律宾农业部门增加产值较上年增长 1.2%，达 17838.55 亿比索，增速基本与上年持平，但较 2017 年显著放缓。以工业为主的第二产业在菲律宾建国之后得到迅速发展，1946—1960 年的年均增速高达 13.7%，在此后较长时间里一直保持年均 6.5% 左右的较高速增长。2000 年以来，菲律宾工业部门年增速稳定在 5.3% 左右，2019 年增加产值较上年增长 4.7%，达 58439.34 亿比索，增速较此前三年显著放缓。作为第三产业的服务业，在菲律宾建国之后也呈现出较快的发展势头，1946—1960 年的年均增速高达 9.2%，在此后较长时间里一直保持年均 4.2% 左右的平稳增长。2000 年以来，菲律宾服务部门增速稳定在 6.1% 左右，2019 年增加产值较上年增长 7.5%，达 117407.24 亿比索，增速较上年显著提高。

表Ⅰ-5-1　1946—2019 年菲律宾三大产业增加值演变*

年份	第一产业		第二产业		第三产业	
	增加值（亿比索）	增速（%）	增加值（亿比索）	增速（%）	增加值（亿比索）	增速（%）
1946	1446.56		892.92		2134.83	
1950	2261.88	7.4	2260.89	7.4	3720.62	8.0
1960	3599.10	-0.9	4554.08	-0.4	7180.08	3.9
1970	5444.62	0.1	7940.68	5.5	11435.60	4.3
1980	7968.77	3.9	16897.83	4.9	19025.62	6.0
1990	8825.07	0.2	17403.59	2.3	26167.63	4.6
2000	10640.05	3.4	22333.32	6.6	36880.46	3.3
2005	13010.69	3.5	27012.85	5.1	47719.71	5.3
2010	14998.01	1.3	33580.23	9.8	63260.37	7.6
2011	15505.55	3.4	34118.09	1.6	66529.96	5.2
2012	15983.12	3.1	36741.10	7.7	71440.45	7.4
2013	16451.92	2.9	39245.19	6.8	76849.33	7.6
2014	16760.06	1.9	42188.72	7.5	82011.69	6.7
2015	16883.44	0.7	44933.90	6.5	88091.74	7.4
2016	16720.85	-1.0	48613.42	8.2	95292.49	8.2

续表

年份	第一产业		第二产业		第三产业	
	增加值（亿比索）	增速（%）	增加值（亿比索）	增速（%）	增加值（亿比索）	增速（%）
2017	17431. 34	4. 2	52025. 82	7. 0	102302. 62	7. 4
2018	17626. 16	1. 1	55825. 25	7. 3	109200. 48	6. 7
2019	17838. 55	1. 2	58439. 34	4. 7	117407. 24	7. 5

＊表中“增加值”均指以2018年不变价计算的各产业增加值；如无特殊说明，比索均指菲律宾比索；由于篇幅所限，2010年之前仅给出主要年份的数据。

资料来源：菲律宾统计局公布的国民账户，http：//www. psa. gov. ph/national – accounts/base – 2018/data – series。

从三大产业GDP占比结构来看，近十年来，菲律宾第一、第二、第三产业在GDP中的占比分别保持在10%、30%和60%左右的水平。农业是菲律宾的重要经济部门，直至2017年，以农业部门为主的第一产业增加值在菲律宾GDP中的比重一直在10%以上，2018年和2019年连续两年低于10%。菲律宾工业基础相对薄弱，工业部门对菲律宾GDP的贡献自其建国以来一直没有较大提升，稳定在30%左右。20世纪90年代开始，服务业占菲律宾GDP的比重超过50%并保持平稳提升的趋势，2019年首次超过60%。

表Ⅰ－5－2 1946—2019年菲律宾GDP三大产业增加值结构演变 （%）

年份	第一产业	第二产业	第三产业	总计
1946	32. 33	19. 96	47. 71	100
1950	27. 44	27. 43	45. 13	100
1960	23. 47	29. 70	46. 83	100
1970	21. 94	31. 99	46. 07	100
1980	18. 16	38. 50	43. 35	100
1990	16. 84	33. 22	49. 94	100
2000	15. 23	31. 97	52. 80	100
2005	14. 83	30. 79	54. 39	100

续表

年份	第一产业	第二产业	第三产业	总计
2010	13.41	30.03	56.56	100
2011	13.35	29.37	57.28	100
2012	12.87	29.59	57.54	100
2013	12.41	29.61	57.98	100
2014	11.89	29.93	58.18	100
2015	11.26	29.97	58.76	100
2016	10.41	30.26	59.33	100
2017	10.15	30.29	59.56	100
2018	9.65	30.56	59.79	100
2019	9.21	30.17	60.62	100

资料来源：菲律宾统计局公布的历年国民经济账户，http://www.psa.gov.ph/national-accounts/base-2018/data-series。

（二）就业结构

从三大产业就业结构来看，菲律宾统计局公布的当前劳动力统计数据（Current Labor Statistics）显示，近十年（2009—2018），菲律宾第一产业就业占比逐渐从34.3%降低至24.3%，第二产业就业占比逐渐从14.5%提高至19.1%，第三产业的就业占比逐渐从51.1%提高至56.6%。三大产业就业结构和增加值结构基本上呈现出较为一致的波动趋势。

表Ⅰ-5-3 2008—2018年菲律宾三大产业就业结构演变

	总人数（千人）	就业结构（%）		
		第一产业	第二产业	第三产业
2008	34089	35.3	14.8	49.9
2009	35061	34.3	14.5	51.1
2010	36035	33.2	15.0	51.8
2011	37191	33.0	14.9	52.1
2012	37600	32.2	15.3	52.6
2013	38118	31.0	15.6	53.4

续表

	总人数（千人）	就业结构（%）		
		第一产业	第二产业	第三产业
2014	38651	30.5	16.0	53.5
2015	38741	29.0	16.0	55.0
2016	40998	27.0	17.5	55.6
2017	40334	25.4	18.3	56.3
2018	41160	24.3	19.1	56.6

资料来源：菲律宾统计局公布的“劳动力和就业数据”，https：//psa. gov. ph/current – labor – statistics/statistical – tables。

（三）劳动生产价值演变

菲律宾统计局以每个劳动者所创造的国内生产总值来测算三大产业的劳动生产价值，提供了基于现价和基于2000年不变价计算的两种劳动生产价值。这里以2000年不变价计算，给出了菲律宾三大产业的劳动生产价值（见图Ⅰ–5–1）。可以看出，菲律宾当前第二产业的劳动生产价值

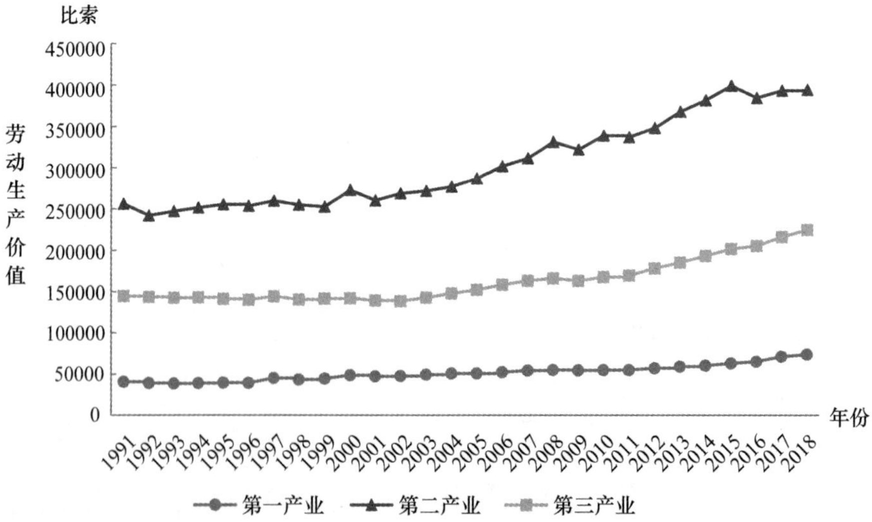

图Ⅰ–5–1 1991—2018年菲律宾三个产业生产价值演变趋势

资料来源：菲律宾统计局公布的“劳动力和就业数据”，https：//psa. gov. ph/current – labor – statistics/statistical – tables。

最高，且近年来提高的幅度也相对更大。主要原因是菲律宾第一产业和第三产业均为低附加值模式，人均增加值相对较低。

二　三大产业发展概况

（一）农业发展概况

尽管近年来农业增加值在 GDP 中的占比逐渐降低，2018 年和 2019 年连续两年降低至 10% 以下，但是农业部门依然提供了近 1/4 人口的就业，约有 1000 万人就业于农业部门，因此农业目前仍是菲律宾主要的经济部门，主要农作物包括大米、玉米、椰子、甘蔗、香蕉、菠萝、杧果、木薯、橡胶、可可和咖啡等，农业部门具有巨大的发展潜力，农业劳动人力和自然资源丰富，世界银行数据显示，2016 年菲律宾可耕地面积达 559 万公顷。①

从总体上而言，菲律宾农业部门发展较为缓慢。根据菲律宾统计局公布的“农业主要统计数据”②（见表Ⅰ－5－4），近十年来，农业部门总体增加值增速较低。其中，农作物和渔业增速波动较大，主要是由于这两个部门受天气条件的影响较大，在极端不利天气下，农作物和渔业会出现较大幅度的萎缩。相较之下，畜类、禽类和农业服务部门的增加值除了在 2009 年受金融危机的影响有所萎缩之外，基本呈现出较为平稳的发展态势。菲律宾统计局最新公布的“农业主要统计数据 2019”表明，以 2000 年不变价计算，2018 年农业部门（不包括林业）的总增加值达 7415.6 亿比索，较上年增长 0.8%，而当年 GDP 实现增长 6.2%，农业和渔业两部门仅贡献了 2018 年 GDP 的 8.1%。从产出角度来看，菲律宾农业部门的发展趋势基本和增加值趋势一致，都呈现出农作物和渔业增长速度波动较大，而畜类和禽类基本平稳发展的趋势。以 2000 年不变价计算，2018 年菲律宾农业部门总产出达 8146.95 亿比索，较上年增长 0.59%，主要是由于畜禽产出增加值大于农作物和渔业产出的减少值。

---

① https：//data.worldbank.org/indicator/AG.LND.ARBL.HA？locations = PH，登录时间：2020 年 9 月 1 日。

② “农业主要统计数据”中的农业部门不包括林业，仅包含农业（农作物和畜禽）和渔业。

表Ⅰ-5-4 菲律宾主要农业部门增加值增速 (%)

	农业总体	其中				
		农作物	畜类	禽类	渔业	农业服务
2009	-0.71	-0.71	-0.96	-1.97	3.03	-8.55
2010	0.02	-1.89	0.64	7.67	-0.50	3.31
2011	2.44	4.97	1.96	4.4	-4.33	3.02
2012	2.82	4.27	1.09	4.6	-0.38	2.14
2013	0.89	0.03	1.77	4.22	0.75	0.65
2014	1.60	2.38	1.02	0.32	-0.39	4.51
2015	0.30	-1.80	3.80	5.70	-1.80	6.20
2016	-1.20	-3.20	4.60	1.30	-4.00	3.90
2017	4.00	6.50	1.10	4.50	-0.90	4.30
2018	0.80	-0.90	1.90	5.80	-0.20	3.90

资料来源：菲律宾统计局公布的"农业主要统计数据"，http://www.psa.gov.ph/content/selected-statistics-agriculture。

从主要农作物产出来看，近五年来，菲律宾农业部门甘蔗产量最高、大米产值最高、大米种植面积最大。表Ⅰ-5-5数据表明，菲律宾甘蔗产量非常高，主要得益于其得天独厚的气候条件，近五年的年产量为2500万吨左右，其次是大米和椰子。从农作物产值来看，大米产值远远高于其他农作物，近五年的年产值基本在3500亿比索左右，2018年更是高达3800亿比索以上。其次是香蕉、玉米和椰子，也都属于较高产值的农作物。从种植面积来看，大米是菲律宾种植面积最广的农作物，种植面积基本在450万公顷以上，其次是椰子和玉米。就单位产出价值而言，2018年，菲律宾单位产出价值最高的农作物是咖啡，高达90648比索/吨，其次是菠萝（37984比索/吨）、大米（20193比索/吨）和玉米（14046比索/吨）。就单位种植面积产量而言，2018年，菲律宾单位种植面积产量最高的是甘蔗，高达56吨/公顷，其次是菠萝（41吨/公顷）和香蕉（20吨/公顷），大米、玉米、椰子和杧果的单位种植面积产量不足5吨/公顷，咖啡则仅为0.5吨/公顷。

表Ⅰ-5-5 菲律宾主要农作物产出情况及种植面积

	2014	2015	2016	2017	2018
农作物总产量（千吨）	87007.9	84324.6	81631.9	91552.5	87499.2
其中：甘蔗	25029.9	22926.4	22370.5	29286.9	24730.8
大米	18967.8	18149.8	17627.2	19276.3	19066.1
椰子	14696.3	14735.2	13825.1	14049.1	14726.2
香蕉	8884.9	9083.9	8903.7	9166.3	9358.8
玉米	7770.6	7518.8	7218.8	7914.9	7771.9
农作物总产值（现价，百万比索）	926051.6	857197.5	882691.8	965531.4	1002411.4
其中：大米	378218.5	311088.2	304598.8	350152.1	385008.5
香蕉	130696.3	136349.8	147445.0	147682.4	158837.4
玉米	100551.6	92480.7	85326.4	94257.2	109161.7
椰子	104931.6	96073.4	108665.1	120700.6	91768.4
甘蔗	40047.8	43101.7	44517.4	44091.2	40763.4
农作物总种植面积（千公顷）	13354.1	13229.3	13091.2	13507.9	13476.1
其中：大米	4739.7	4656.2	4556.0	4811.8	4800.4
椰子	3502.0	3517.7	3565.1	3612.3	3628.1
玉米	2611.4	2561.9	2484.5	2552.6	2511.4
香蕉	442.8	443.4	442.9	446.8	447.9
甘蔗	432.0	421.3	410.1	437.5	437.5

资料来源：菲律宾统计局公布的“农业主要统计数据 2014—2018”，http://www.psa.gov.ph/content/selected-statistics-agriculture。

从菲律宾主要农作物的地区分布来看，大米主要产于吕宋岛的中吕宋区和卡加延河谷区，玉米主要产于吕宋岛的卡加延河谷区和棉兰老岛的北棉兰老和索科斯克萨尔根，甘蔗则基本产于米沙鄢的西米沙鄢区（表Ⅰ-5-6）。

表Ⅰ-5-6　　菲律宾主要农作物的地区分布

地区	大米	玉米	椰子	甘蔗	菠萝	香蕉
菲律宾总计（千吨）	19066.1	7771.9	14726.2	24730.8	2731.0	9358.8
吕宋占比（%）	58.25	40.75	26.37	12.58	10.53	8.09
科迪勒拉行政区（%）	2.05	2.67	0.01	0.12	0.03	0.22
伊罗戈区（%）	9.02	7.22	0.29	0.08	0.01	0.45
卡加延河谷区（%）	12.48	20.91	0.50	1.61	1.42	3.70
中吕宋区（%）	18.96	3.50	0.73	3.11	0.07	0.54
卡拉巴松（%）	2.20	1.18	11.41	6.75	3.44	1.23
民马罗巴区（%）	6.46	1.67	5.37	—	0.02	1.11
比科尔区（%）	7.08	3.60	8.06	0.91	5.54	0.84
米沙鄢占比（%）	18.30	6.59	13.78	70.57	1.16	7.95
西米沙鄢区（%）	11.71	4	3.32	59.42	0.65	3.23
中米沙鄢区（%）	1.62	1.64	3.02	9.88	0.22	2.22
东米沙鄢区（%）	4.97	0.95	7.44	1.27	0.29	2.50
棉兰老占比（%）	23.44	52.65	59.85	16.84	88.31	83.95
三宝颜半岛（%）	3.82	3.33	12.03	0	0.04	2.77
北棉兰老（%）	3.99	16.59	12.49	12.41	57.57	20.85
达沃区（%）	2.56	3.53	13.12	1.59	0.98	37.99
索科斯克萨尔根（%）	7.04	15.84	7.72	2.38	29.59	12.91
卡拉加区（%）	2.68	1.75	5.40	0	0.11	3.09
邦萨摩洛自治区（%）	3.35	11.61	9.09	0.46	0.03	6.34

资料来源：菲律宾统计局公布的“农业主要统计数据 2019”，http：//www.psa.gov.ph/content/selected-statistics-agriculture。

在农业畜禽养殖方面，菲律宾主要以猪、鸡和黄牛为主，2018 年这三大畜禽部门产值分别高达 2679.99 亿比索、1709.84 亿比索和 283.5 亿比索。黄牛主要产于米沙鄢岛的西米沙鄢区和中米沙鄢区以及棉兰老岛的北棉兰老区，猪和鸡主要分布于吕宋岛的中吕宋区和卡拉巴松区。

渔业一直是菲律宾非常重要的经济部门，为菲律宾在二战后快速增长的人口提供了大量廉价的动物蛋白质。菲律宾渔业有三种模式：商业性渔业、市域渔业和水产养殖。商业性渔业是指使用三吨以上的渔船在近海进行捕鱼，市域渔业是指在内陆和沿海地区使用（或不使用）不超过三吨的渔船进行的捕鱼，水产养殖是指在封闭的区域内生产。在渔业政策的推动下，商业性渔业日益扩张，市域渔业在沿海水域不断强化捕捞，水产养殖则通过集约化经营和面积扩张来提高产量。① 菲律宾统计局公布的“农业主要统计数据 2019”显示，2018 年商业性渔业和市域渔业产量略有下滑，水产养殖则强劲增长 3%，带动整个渔业实现增长 1.0%（见图Ⅰ－5－2）。在渔业品种上，菲律宾海洋鱼类主要是鲹鱼、印度沙丁鱼、鲣鱼、黄鳍金枪鱼、扁花鲣和脂眼凹肩鲹等，水产养殖鱼主要是虱目鱼和吴郭鱼，内陆渔业规模相对较小，主要的鱼品种是吴郭鱼和狮子鱼。在渔业部门发展方面，根据联合国粮食和农业组织发布的《世界渔业和水产养殖状况 2018》报告，2016 年菲律宾在世界 25 个海洋捕捞渔业主产国中列第 10 位、在世界 16 个内陆水域捕捞渔业主产国中列第 16 位，同时在世界主要海藻养殖生产国中的排位仅次于中国和印度尼西亚。为促进渔业发展，菲律宾面向农业、渔业和自然资源部门打造了电子推广门户网站

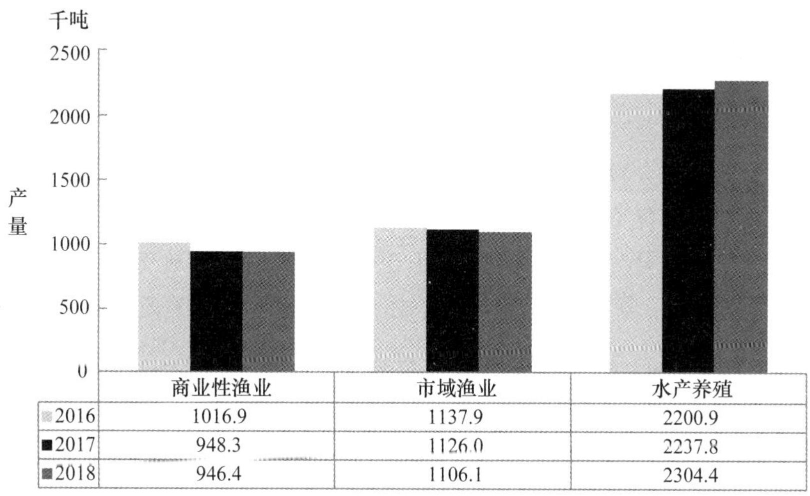

	商业性渔业	市域渔业	水产养殖
2016	1016.9	1137.9	2200.9
2017	948.3	1126.0	2237.8
2018	946.4	1106.1	2304.4

图Ⅰ－5－2　2016—2018 年菲律宾渔业产量

资料来源：菲律宾统计局公布的“农业主要统计数据 2019”，http：//www.psa.gov.ph/content/selected－statistics－agriculture。

① 刘宏焘：《二战以后菲律宾的渔业政策与渔业危机的形成》，《学术研究》2020 年第 2 期。

(http：//e－extension. gov. ph)，但是菲律宾渔业仍然面临过度捕捞所造成的海岸渔业衰退、渔业政策片面追求渔业产量而忽视海洋生态系统承载力等问题，最终对渔业资源的可持续利用造成严重损害。如何改进渔业管理政策从而缓解渔业危机是菲律宾渔业近年来的主要改革难题。

从菲律宾农产品贸易来看，2014—2018 年年出口产量最多的是香蕉，遥遥领先于其他农产品，2018 年较上年增长 9.5%，达 312.62 万吨；其次是椰子油、菠萝及其制品，2018 年出口产量分别达 92.0 万吨、73.92 万吨，分别较上年下跌 6.5% 和 16.0%。就农产品出口额而言，2014—2018 年，香蕉和椰子油的年出口额依然领先于其他农产品，2018 年分别高达 13.82 亿美元和 10.75 亿美元，其中香蕉出口额较上年同比增长 22.5%，椰子油较上年同比下降 33.4%。菲律宾香蕉主要出口市场是中国（35.9%）、日本（35.11%）和韩国（13.91%），椰子油主要出口市场是美国（44.64%）和荷兰（32.67%）。此外，菲律宾也是重要的农产品进口国，尤其是小麦、大豆油和大米等主要粮食作物，2018 年进口量分别高达 714.13 万吨、291.36 万吨和 200.64 万吨，进口额分别为 18.11 亿美元、12.52 亿美元和 86.95 亿美元。

从农业企业来看，菲律宾农业企业相对较少。截至 2020 年 7 月 29 日，根据菲律宾统计局最新公布的“劳动力就业相关数据”，2017 年菲律宾农业企业共计 9209 家，其中 73.7% 都是 10 人以下的小规模企业。

菲律宾政府为促进农业发展，也做出了一定的努力。杜特尔特总统执政后，为推动农业发展，将建立农业产业价值链纳入新政府“十项社会经济议程”。此外，新政府将现阶段农业部门的发展重点主要聚焦在以下几个方面：加强利益相关者之间的协调机制；为小农提供支持，特别是获得技术以及资金；推广气候适应性产品；投资农村基础设施；投资创新和研发活动；加强监管和认证体系；强化产权制度。在菲律宾投资署制定的《2017—2019 年投资优先计划》（IPP）中的所列项目将获得所得税减免等税收优惠。农产品加工业、农业和渔业是该计划中所列的优先经济活动。菲律宾国家经济发展署（NEDA）于 2018 年 12 月出版了《气候变化下的菲律宾农业的未来：政策、投资和方案》一书，该书分析了气候变化对农业的挑战，并提供了建议性政策以增强农业部门的适宜能力。该书使用最新数据进行建模输出和创新性分析，为在不同的气候变化情景下采取适宜措施提供了科学依据。

尽管政府针对农业部门做出了努力，但是农业部门发展依然缓慢。经过经济改革和强劲的国内消费的推动，菲律宾自2012年以来连续7年实现GDP增速超过6%，成为全球经济增长较快的经济体之一①，但是其农业部门近十年来的年均增长速度仅为2%，低于其GDP增速5%。菲律宾农业部门发展缓慢的原因主要有以下几点：第一，自然灾害频发。菲律宾农民每年面对台风约20次，时常担忧一场台风会卷走全部农作物，而菲律宾很多农作物的重新种植既费时又费用昂贵，比如椰子种植需要长达10年的时间。麦肯锡关于菲律宾农业增长机会的一份报告指出，将菲律宾某些地区的椰子种植转为香蕉或者花生作物种植，会有助于提高农业产量。② 第二，农业基础设施落后。菲律宾在农产品储存的供应链、冷链和仓储设施上的投资力度不足，导致农产品出口成本较高，浪费较为严重，从而降低了菲律宾在农产品加工和相关市场上的竞争优势。交通基础设施滞后增加了农产品的物流成本。据测算，2015年物流成本占菲律宾GDP的20%—25%，而泰国和马来西亚则仅为15%左右。第三，政府对农业的资金支持相对较小。非营利组织博根项目（The Borgen Project）2018年12月在关于菲律宾农业发展的一项报告中指出，菲律宾政府对农业部门的支持力度正逐渐减小。实际上，菲律宾预算管理部门（DBM）数据显示，2011年以来，菲律宾用于农业部门的国家预算仅在4%左右。此外，菲律宾农业机械化程度较低，农作物研究和农业融资渠道等方面落后也制约着菲律宾农业发展，农业发展所需的肥料主要依靠进口，菲律宾统计局最新公布的“农业主要统计数据2019”显示，2014年至2018年，菲律宾农业部门使用的肥料70%以上依赖进口，但是近年来菲律宾本国自产农业肥料的占比逐渐提高。

为支持菲律宾农业发展，许多反贫组织将菲律宾作为目标。比如，由世界银行资助的包容性农业竞争力合作伙伴关系（IPAC）项目，旨在扩

---

① https：//oxfordbusinessgroup. com/overview/room - grow - infrastructure - development - and - new - legislation - are - set - help - sector - realise - its - full，登录时间：2020 - 6 - 7。

② https：//www. mckinsey. com/ ~ /media/mckinsey/featured% 20insights/Asia% 20Pacific/Seeding% 20growth% 20in% 20Philippine% 20agriculture/Seeding% 20growth% 20in% 20Philippine% 20agriculture_ v2. ashx，登录时间：2020 - 6 - 7。

大小农的谋生能力。通过促进农业商业化和改善基础设施，小农户可以增加收入，并逐渐变得更加自力更生。发展农村农田的灌溉系统是该项目的重要方面，这使菲律宾人民的耕作效率得以提高。该项目在减少贫困方面发挥了重要作用，受益者中有20%是贫困农民。国际水稻研究所（IRRI）开发了一种可以在自然灾害（尤其是洪水）中生存的水稻品种，希望在未来十年里，通过引进名为Swarma的、具有抗洪基因的印度大米，将水稻产量提高50%。即使被洪水淹没了两周，水稻仍能够生长，而大多数其他水稻品种在洪水中的存活时间都不会超过四天。国际农业发展基金（IFAD）已资助了菲律宾16个项目，其中“促进农村增长和赋权的价值链融合”（ConVERGE）项目帮助菲律宾人利用价值链将农场发展为更大的企业。农发基金向菲律宾最贫困地区的55000个农户提供投资和商业计划，通过对农民进行指导，特别是采用可持续的耕作方法，希望增加他们的收入并减少贫困。

（二）工业发展概况

菲律宾工业基础相对薄弱，主要以轻工业为主，钢铁等重型工业较少。近几年来工业部门占GDP的比重不到1/3，2019年工业增加值为58439亿比索，仅占GDP的30.2%；2018年工业部门为784.5万人提供了就业，就业占比不足20%。菲律宾工业部门主要包括采掘业、制造业、建筑业和水电气供应业，近年来，这四大行业在工业部门增加值中的占比基本在3%、60%、10%和25%左右，2019年较上年同比增速分别为3.6%、3.2%、6.6%和7.8%。其中，制造业占比由于以低附加值轻工业为主而逐渐降低，而建筑业占比则由于杜特尔特政府的“大建特建”计划而显著提高（见表Ⅰ-5-7）。

表Ⅰ-5-7　**主要年份菲律宾工业部门细分行业增加值趋势**　（亿比索）

	采掘业	制造业	水电气供应业	建筑业
2000	564.5	15727.9	2277.5	3763.4
2005	993.4	19330.2	2840.9	3848.3

续表

	采掘业	制造业	水电气供应业	建筑业
2010	1334.0	22144.9	3609.8	6491.6
2011	1333.9	22971.9	3656.1	6156.2
2012	1280.1	24276.2	3878.4	7306.4
2013	1309.1	25387.6	4096.5	8452.0
2014	1495.1	27328.6	4284.4	9080.7
2015	1485.9	28742.8	4587.7	10117.5
2016	1568.1	30709.4	5004.7	11331.2
2017	1600.7	33176.4	5231.6	12017.1
2018	1633.2	34883.3	5570.3	13738.4
2019	1692.2	36001.8	5939.2	14806.1

说明：为节省篇幅，2010 年之前仅列出主要年份；表格中为以 2018 年不变价计算的数据。

资料来源：菲律宾统计局 2020 年 4 月 30 日公布的“年度国民账户时间序列数据 2000—2019”，http://www.psa.gov.ph/national-accounts/base-2018/data-series。

从工业部门的主导行业——制造业增加值的行业分布来看，菲律宾制造业呈现出严重的非均衡式发展结构。从表Ⅰ-5-8 中可以看出，2019 年，食品、饮料制造业占菲律宾总制造业的比重接近 50%，而运输设备和制药业等技术和资本密集度相对较高的制造部门占比均不足 2%，家具和印刷业等满足人民基本生活需要的制造业占比则不足 1%。这主要是由于在适宜的气候条件下，菲律宾农产品种类丰富，促进了食品制造业的繁荣发展，基于农业的制造业发展模式成为菲律宾产业的突出特点。与此同时，菲律宾基础设施不足、电力成本高昂以及高技能人才缺乏等问题，严重制约了机械设备和电子设备等技术密集型制造业的发展，导致这类制造业对工业部门增加值的贡献率相对较低。尽管食品制造业仍然占据着菲律宾制造业的半壁江山，但是得益于菲律宾政府近年来所采取的各种工业促进计划，菲律宾金属、橡胶塑料以及运输设备等具有基础工业部门发展迅速，近五年的年均增长在 10% 以上，电子设备和机械设备等较高技术密集度的工业部门也呈现出良好的发展态势，近五年的年均增速达 11% 以上。

表Ⅰ-5-8 主要年份菲律宾制造业细分行业增加值趋势 （亿比索）

行业	2000	2010	2017	2018	2019
制造业总计	15727.9	22144.9	33176.3	34883.2	36001.8
食品	6874.3	10987.8	15632.5	16064.3	16450.0
化学及化学制品	746.5	1411.0	3230.1	3587.2	4166.7
计算机、电子和光学设备	1589.6	2428.5	3738.8	4039.9	3868.1
焦炭和精炼石油产品	1494.2	1654.5	1764.2	2073.7	1748.1
饮料	703.5	926.6	1524.5	1570.7	1661.4
其他非金属矿物	333.8	498.7	783.6	876.9	885.9
基础金属	158.1	297.8	756.5	721.0	819.3
服装业	956.5	569.6	701.3	703.9	791.0
运输设备	157.4	429.2	710.1	736.2	696.1
其他制造业	206.0	556.4	647.9	674.8	688.9
电子设备	130.8	278.4	480.0	512.2	583.1
纺织	601.9	506.3	467.6	476.9	506.6
制药	327.0	357.1	379.9	351.8	471.8
机械设备	150.9	175.9	391.1	411.9	443.1
橡胶塑料	119.6	192.1	340.4	391.3	408.1
木竹藤及制品	103.3	133.5	253.4	287.6	345.3
机械设备之外的合金	80.9	107.4	292.4	310.5	329.8
印刷及媒体复刻	118.1	160.2	297.8	281.8	324.8
纸及纸制品	104.1	137.1	228.9	265.0	268.1
烟草	662.1	221.0	222.9	194.5	223.3
家具	22.8	36.3	191.7	203.6	167.2
皮革鞋靴	86.5	79.5	140.7	147.5	155.1

说明：表中增加值均以2018年不变价计算。

资料来源：菲律宾统计局2020年4月30日公布的“制造业增加值行业分布2000—2019”，http：//www.psa.gov.ph/national-accounts/base-2018/data-series。

从工业部门出口的重要性来看，工业部门是菲律宾重要的出口创汇部门，连续多年占菲律宾总货物出口的80%以上。根据菲律宾统计局提供的进出口贸易数据可以看出，近五年来，菲律宾制造业出口占绝大部分，2019 年达 84.0%。初级农产品及简单加工农产品占比较低，基本在 6%—7%。具体到制造业细分各行业的出口分布，从图Ⅰ-5-3 可以看出，2019 年菲律宾电子产品出口占其制造业出口的绝大部分，占比高达 73.5%。其次是机械及运输设备出口，也占据一定的份额，提供了 7.1% 的制造业出口。此外，纺织服装（包括鞋靴和行李箱包）、化学制品以及食品饮料出口，在菲律宾制造业总出口中的比例均在 2%—3%，而家具制品等行业的出口在制造业出口中的占比不足 1%。菲律宾这种出口结构体现出其主要出口模式仍为跨国公司的生产工厂所制造的加工贸易出口，出口附加值相对较低，在全球价值链中的嵌入相对较为低端，尚未形成大规模的本国高附加值出口结构。这也正是菲律宾政府在其工业发展计划中多次强调要积极深化融入全球价值链、提高本国比较优势部门的出口竞争力和附加值的重要原因。

表Ⅰ-5-9　　近五年菲律宾货物出口结构

	2015	2016	2017	2018	2019
出口额总计（亿美元）	588.27	574.06	687.13	693.07	703.25
主要贸易品占比（%）					
农产品	6.3	6.9	7.5	7.1	6.6
林产品	0.1	0.0	0.3	0.5	0.4
矿产品	4.8	4.1	6.2	6.4	5.8
石油产品	0.5	0.5	0.6	0.3	0.7
制造业产品	86.4	86.6	83.5	83.8	84.0
特殊贸易	1.9	1.8	2.0	1.9	2.5

资料来源：菲律宾统计局 2020 年 2 月 11 日公布的“菲律宾进出口贸易数据：2019 年 12 月”，http：//www. psa. gov. ph/statistics/foreign - trade/fts - table - id。

从工业部门吸引外资来看，菲律宾工业部门吸引的外资相对较少。根据菲律宾统计局公布的已批准外资数据，2019 年菲律宾所吸引的已批准外资共计 3901 亿比索，其中流入工业部门的仅占 34.5%，其余绝大部分流入服务部门。在流入工业部门的已批准外资中，有 45.9% 的流入制造

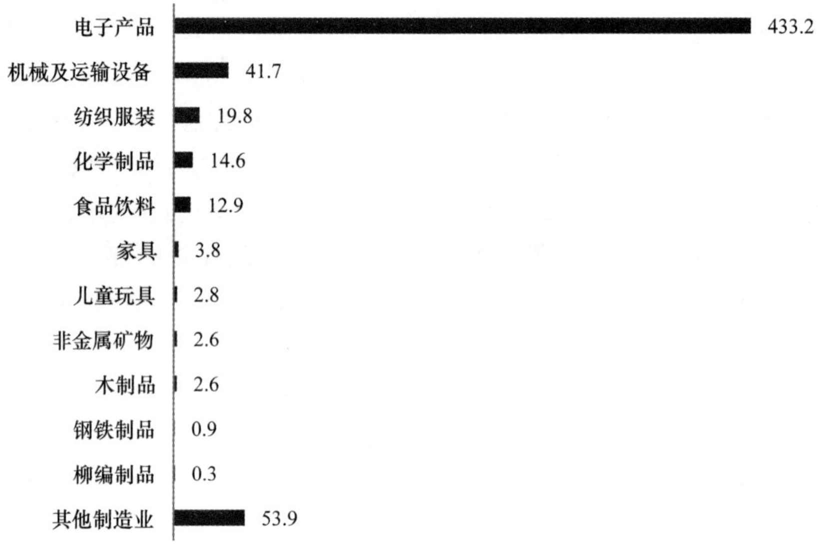

图Ⅰ-5-3　2019年制造业细分行业出口额分布（亿美元）

资料来源：菲律宾统计局2020年2月11日公布的“菲律宾进出口贸易数据：2019年12月”，http：//www.psa.gov.ph/statistics/foreign-trade/fts-table-id。

业，有54.1%的流入水电气供应业。

从工业部门经济活动的主要参与主体——企业数量分布来看，主要以小规模制造企业为主。截至2020年7月29日，根据菲律宾统计局最新公布的“劳动力就业相关数据”，2017年菲律宾工业企业共计124052家，仅占菲律宾总企业数量的13.4%。在工业企业中，有94.3%的都是制造业企业，而制造业企业中企业规模在10人以下的比例高达88.0%，仅有3.0%的企业规模在50人以上。

1981年由菲律宾贸易部和工业部合并而成的贸易和工业部（DTI）是菲律宾工业发展的主管部门。为解决菲律宾工业长期以来发展缓慢的困境，贸易和工业部也做出了不少努力。在工业长期发展计划上，菲律宾贸易和工业部为振兴国家工业，联合国家投资署、劳动就业部、科技部、能源部等，正在实施“制造业复苏计划”（MRP）。该计划旨在重建工业产能、加强新兴领域，并保持工业比较优势部门的竞争力。计划发展的重点方向是，建立基于农业的制造业以创造就业，通过提高产出、创造增加值、加强和大企业的融合以促进产品营销和融资，支持小微农户和农业合作社。这项计划主要分为三个阶段（见图Ⅰ-5-4）。

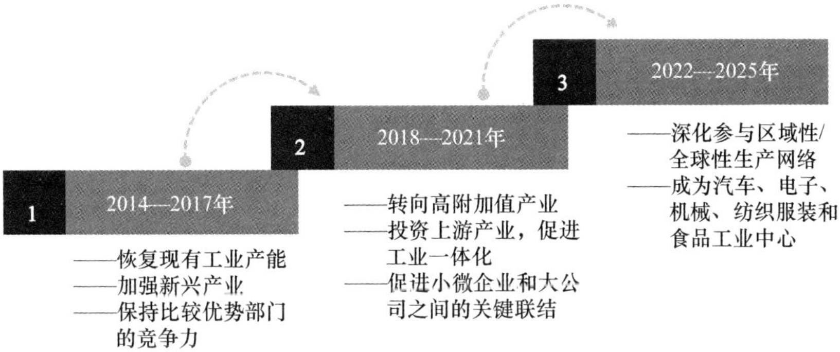

图Ⅰ-5-4　菲律宾制造业复苏计划的三个阶段

资料来源：菲律宾贸易和工业部，http：//industry. gov. ph/manufacturing - resurgence - program/。

在工业近期发展计划上，菲律宾杜特尔特政府的核心计划是“大建特建”计划（BBB 计划）。该计划旨在解决菲律宾经济发展的致命弱点——基础设施匮乏。BBB 计划力图将公共基础设施支出从阿基诺政权期间在 GDP 中占比 2.9% 提高到杜特尔特政府结束时的 7.3%，2016—2022 年，支出 8 万亿—9 万亿比索，以解决菲律宾长期以来的基础设施薄弱难题。此外，2019 年底，菲律宾贸易和工业部发起价值 5 亿美元的智慧计划（Smart Program），旨在促进制造业复苏和转型，重点支持领域包括新技术、新工艺或者新产品发展以及新商业模式发展。最后，菲律宾政府发起的包容性创新产业战略（i3S）也致力于促进工业增长，所关注的工业增长点主要包括电子工业、汽车工业、金属制品、机械和设备制造业、飞机零部件和维修保养。①

“亚洲内部人士”、菲律宾专家约纳·塞林（Joona Selin）认为，菲律宾未来工业制造业的发展重点主要是融入高端全球价值链，实施工业 4.0，注重研发和创新，尤其是在汽车领域，菲律宾政府的电动汽车项目

① “亚洲内部人士”商业资讯机构（Asian Insiders）发布的报告《菲律宾制造业趋势 2020》，https：//asianinsiders. com/philippines - manufacturing - trends - 2020/。

（EV）全力支持电动汽车发展，同时支持电池技术发展，并大力吸引相关领域的投资者。电动汽车和电池技术领域由此成为菲律宾工业发展的重要机遇。此外，菲律宾工业发展也面临一些突出的外部挑战，主要表现为全球疫情冲击、中美贸易战、进口竞争、原材料匮乏和世界市场对菲律宾产品的需求疲软，例如菲律宾水泥产量不足导致对中国和越南等国家严重的进口依赖。而菲律宾工业发展所面临的内部挑战则主要是菲律宾低效的基础设施、高昂的电力成本。

（三）服务业发展概况

服务业占据着菲律宾经济半壁江山的重要地位。20 世纪 90 年代以来，服务业对菲律宾 GDP 的贡献率一直在 50% 以上，2009 年以来提供了 50% 以上人口的就业，同时也是菲律宾重要的出口创汇部门。根据菲律宾统计局国民经济账户 2020 年 4 月 30 日发布的“国民经济账户 2000—2019”数据，服务业 2019 年创造增加值 117407.24 亿比索（以 2018 年不变价计算），2009—2019 年年均增长 6.3%，尤其是近五年来服务业快速发展，年均增长 7.4%。

从服务业贸易的重要性来看，服务出口逐渐成为菲律宾总出口中的重要构成部分。2000 年以来，服务出口在菲律宾总出口中的比重逐渐提高，从最初的 18.0%，逐渐提高到 2016 年的 45.1%，近两年来基本稳定在 44.0% 以上的水平，菲律宾货物出口额和服务出口额之间的差距也逐渐缩小（见图Ⅰ-5-5）。这种趋势特点主要是由于菲律宾人在国外作为永久或临时甚至是非正规移民工作的服务输出增加，菲律宾人的工作也发生了结构性变化：逐渐从低端服务性工作转变到需要更高教育技能的、更专业的工作上。

从服务业增加值行业分布来看，菲律宾服务业具有三大突出特点。第一，批发零售和车辆维修服务是主要的创收部门。2000 年以来，批发零售和车辆维修服务所创造的增加值占服务部门总增加值的比重一直保持在 30% 左右，但是近五年来，该行业增长速度逐渐放缓，2015—2019 年年均增长 6.9%，低于服务业总体增速（7.4%），该行业在服务业总增加值中的占比逐渐降低。第二，金融保险业快速发展，2013—2019 年实现年均增长近 10%，在服务业总增加值中的占比一直保持在 13% 以上。第三，房地产行业发展势头良好。这得益于杜特尔特总统“大建特建”计划的

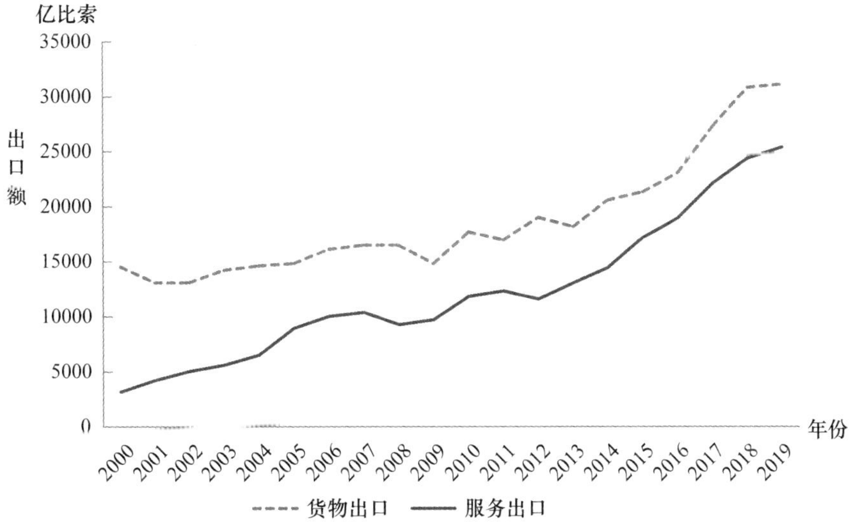

图Ⅰ-5-5　菲律宾服务出口额和货物出口额趋势对比

资料来源：菲律宾统计局国民经济账户2020年4月30日公布的“国民经济账户2000—2019”，http：//www. psa. gov. ph/national - accounts/base - 2018/data - series。

实施，菲律宾基础设施日益完善，也间接推动了房地产服务的发展，在服务业总增加值中的占比保持在10%以上，菲律宾投资署发布信息称，“菲律宾政府意欲保持住房生产能力12%的年增长率”，成为推动房地产发展的重要信号。此外，值得注意的是，菲律宾专业和商业服务业近年来迅速发展，尤其是2015—2019年的年均增速高达10.4%，在服务业总增加值中的占比一度从2000年的不足4%提高至11%左右。该行业具有代表性的专业商业服务是菲律宾信息技术和业务流程管理（IT-BPM）服务，菲律宾投资署认为，菲律宾该项服务业务“已经成为全球领导者”，“已经于2010年超过印度在语音服务方面的地位，成为全球经济中此类服务的第一大提供商”。

就服务业细分行业就业分布而言，和增加值结构一致，批发零售和车辆维修是菲律宾提供就业较多的部门，相较之下，创造较多增加值的金融保险业和专业商业服务业的就业人数相对较少，主要是由于批发零售和车辆维修的劳动密集度较高，而金融保险业和专业商业服务业这类需要专业技能的行业对技能和知识具有一定的要求，因而就业人数相对较少。

表Ⅰ-5-10　　主要年份菲律宾服务业增加值　　（亿比索）

	2000	2010	2017	2018	2019
服务业总体	36880.5	63260.4	102302.6	109200.5	117407.2
批发零售和车辆维修	12601.5	20303.1	30575.5	32373.0	35009.2
运输仓储	2671.0	3492.9	6481.5	6978.4	7421.1
住宿和餐饮业	1417.3	2134.7	3712.3	4032.9	4284.3
信息通信	1009.3	3265.8	4836.8	5159.3	5494.2
金融保险	3410.2	7579.0	13825.2	14981.5	16762.9
房地产	4878.7	7015.3	11290.8	11896.7	12512.9
专业商业服务	1451.0	5199.7	11172.6	11592.7	11860.8
公共管理和国防；社会基本保障	3303.7	4768.6	6663.9	7677.1	8708.8
教育	3558.5	5070.0	6718.4	7316.1	7764.4
卫生和社会福利	1192.7	1895.7	3093.2	3082.7	3209.4
其他服务业	1386.6	2535.6	3932.3	4110.3	4379.3

说明：表中增加值均以2018年不变价计算。

资料来源：菲律宾统计局国民经济账户2020年4月30日公布的“国民经济账户2000—2019”，http：//www.psa.gov.ph/national-accounts/base-2018/data-series。

从服务业吸引外资流入来看，服务业是菲律宾吸引外资的重要部门。2019年，服务业吸引外资达2551.37亿比索，占已批准总引进外资的65.4%。其中，2193.34亿比索都流向菲律宾的信息通信行业，表明信息通信行业是菲律宾当前重要的外资流入和政府支持发展部门（见图Ⅰ-5-7）。

从服务业企业的数量分布来看，主要以小规模制造业企业为主。截至2020年7月29日，根据菲律宾统计局最新公布的“劳动力就业相关数据”，2017年菲律宾服务企业共计791460家，占菲律宾企业总数的85.6%。服务企业中多为小规模批发零售和酒店餐饮企业。

此外，与住宿和餐饮业息息相关的旅游业也是菲律宾的重要服务部门。但是目前菲律宾的旅游业未能充分利用其旅游资源，在吸引国际游客方面落后于邻国新加坡、印度尼西亚和泰国等。造成这种情况的主要原因是基础设施不足（机场、铁路和公路联通性差），游客服务和设施不足。

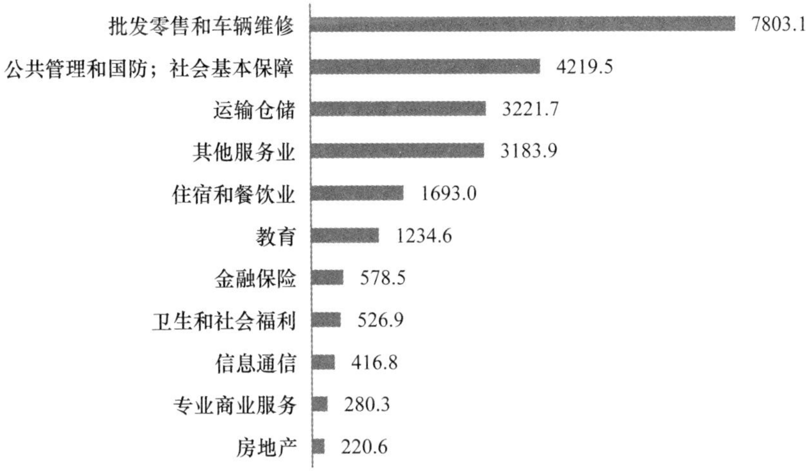

图Ⅰ-5-6　截至2018年7月菲律宾服务部门就业分布（千人）

资料来源：菲律宾统计局劳动就业数据“主要行业就业人数2016—2018年7月”，http：//www. psa. gov. ph/current - labor - statistics/statistical - tables。

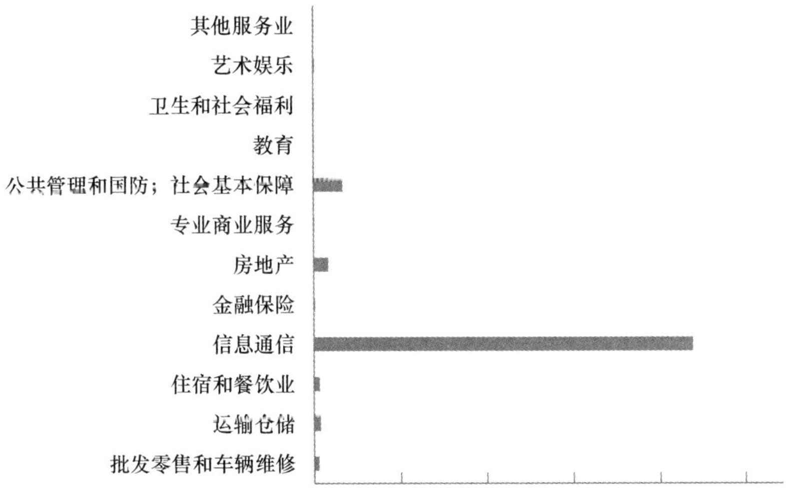

图Ⅰ-5-7　2019年菲律宾已批准外资流入的服务业分布（亿比索）

资料来源：菲律宾统计局“已批准外资的行业分布2019Q1—2020Q1”，https：//psa. gov. ph/foreign - investments - press - releases/tables。

菲律宾政府对其服务业发展的定位是成为亚太地区和东南亚地区服务贸易的核心，为此，制定了三个阶段性目标，以期建立一个具有全球竞争力的服务业，尤其是升级 IT-BPM 行业的全球价值链，成为人力资源开发和技能培训、制造业服务、船舶维修、飞机维护维修和大修及建筑工程的区域枢纽（见图Ⅰ-5-8）。

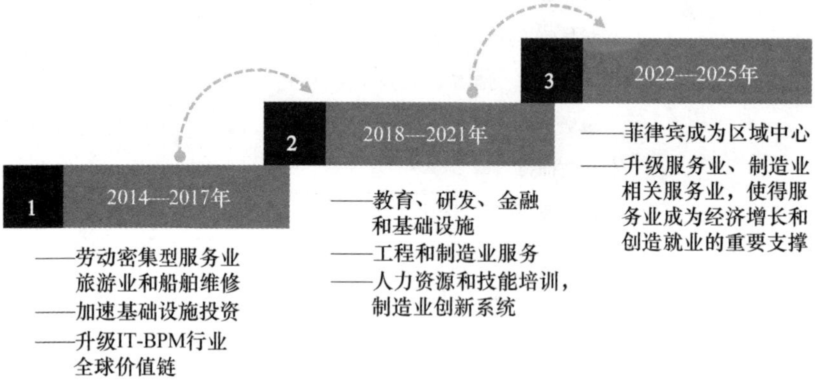

图Ⅰ-5-8　菲律宾服务业发展计划的三个阶段性目标

资料来源：菲律宾投资署，https：//boi. gov. ph/industry - development/industry - development - program/roadmaps/services - roadmaps/。

第二节　重点工业

结合此前针对菲律宾工业概况的梳理和分析，下面选择电子工业和食品工业作为菲律宾重点工业加以分析，每个重点工业的分析主要包括概况、市场竞争结构、出口情况和未来发展前景等。

一　电子工业

（一）概况

菲律宾电子工业是对菲律宾经济贡献最大的制造业部门。菲律宾统计局进出口贸易数据显示，2019 年电子工业出口占菲律宾总出口的 62%，计算机、电子和光学产品以及电子设备行业所创造的增加值占制造业部门的 12.4%；菲律宾半导体和电子工业组织（SEIPI）[①] 数据显示，2018 年

① SEIPI 是菲律宾最大的跨国性本地半导体和电子行业组织，目前有 346 个成员，包括制造公司、相关支持行业以及学术界。

菲律宾电子工业直接和间接提供了320万个就业岗位。菲律宾电子工业主要分布在菲律宾四个地区：马尼拉大都会、卡拉巴松、北/中央吕宋以及宿务地区。

菲律宾电子工业始于20世纪70年代中期，当时工业化国家为降低生产成本而纷纷将生产设施迁至第三世界国家，而菲律宾的地理位置和政府出台的大量激励政策将工业化国家的电子工业吸引到菲律宾。此后，菲律宾政府对电子工业的支持政策一直延续下来，并由于1986年的大众民主政治过渡而得到进一步完善，此后一直迅速发展。菲律宾统计局抽样调查了全国所有工商业企业中的24.3%，于2020年3月公布“菲律宾工商业年度调查数据2017”①。在抽样调查的24200家企业中，电子工业共有企业284家，仅占制造业总企业数的1.2%，但提供了制造业就业的19.0%、制造业总收入的16.3%，体现出电子工业在菲律宾重要的收入和就业创造功能。

菲律宾电子工业的国内增值率相对较低。目前菲律宾电子工业主要在组装、测试、包装和分销等相对低附加值环节实现了专业化。菲律宾统计局公布的“菲律宾工商业年度调查数据2017”提供了2014—2017年制造业行业的产出等数据，可以得出电子工业284家样本企业的产出和增加值之间的关系（见图Ⅰ-5-9）。可以看出，菲律宾电子工业产出呈现出逐渐增长态势，尤其是2017年。但是其中一多半都支付给了菲律宾的进口中间品，电子工业平均增值率不到40%。究其原因，主要是菲律宾电子工业多以外资企业为主导，而外资企业基于菲律宾的劳动力成本和土地成本低廉而在菲律宾设生产制造工厂，工厂进口原材料、出口制成品，在这种加工贸易模式下，菲律宾本国仅能获取加工制造环节所创造的较低增加值，从而导致整个电子工业呈现出增值率较低的特征。电子工业增值率较低的特点也反映了菲律宾目前在电子工业的全球价值链上处于低端嵌入环节，这也正是菲律宾工业和贸易部提出要“提高工业附加值、深化参与全球价值链”的重要原因。

（二）贸易情况

电子工业是菲律宾重要的贸易部门。无论是出口还是进口，电子工业

① 该调查于2018年进行，其中所涉及金额以2017年为基期。

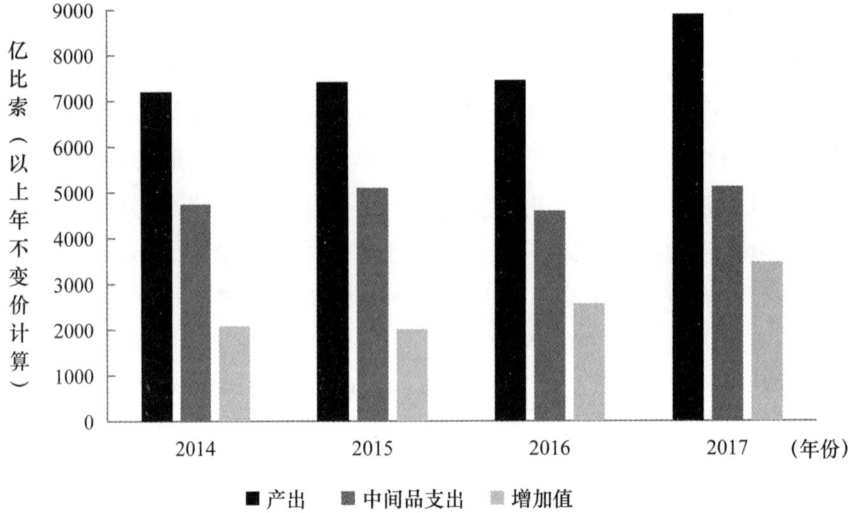

图Ⅰ－5－9 菲律宾电子工业产出和增加值趋势

资料来源：菲律宾统计局历年公布的“菲律宾工商业年度调查数据”，http：//www.psa.gov.ph/manufacturing/aspbi。

都是其中占比最大的部门。在出口方面，菲律宾统计局公布的进出口贸易数据显示，2019 年电子工业出口总额达 433.2 亿美元，占制造业总出口的 73%，占货物总出口的 62%。其中，包括半导体、计算机相关、办公设备、消费者电子、电信、雷达通信、控制仪器、医疗和工业设备以及汽车电子在内的九大主要电子工业部门的出口额达 400 亿美元，占菲律宾货物总出口的 57%。菲律宾电子工业主要出口市场是中国香港、中国内地、日本、美国和新加坡，菲律宾半导体和电子工业组织（SEIPI）数据表明，2018 年这五个市场在电子工业总出口中所占比重分别为 19%、13%、13%、12% 和 11%。SEIPI 数据显示，2020 年 5 月，这五大市场依然是菲律宾电子工业的主要出口市场，各个市场出口份额变为中国香港（23.9%）、美国（12.1%）、中国内地（11.0%）、新加坡（10.5%）和日本（8.8%）。2020 年以来，菲律宾电子工业出口普遍受到新冠肺炎疫情的不利影响，2020 年 5 月出口额同比下跌 35.92%，下跌幅度最大的办公设备出口下降了 76.6%。

在进口方面，菲律宾统计局数据显示，2019 年电子工业九大主要部门进口总额达281.2亿美元，占货物总进口的26.2%。SEIPI数据显示，主要进口来源是中国大陆、韩国、中国台湾、日本、新加坡。2020年5月，这五大进口来源在菲律宾总进口中所占比重分别为23.7%、17.6%、15.8%、9.89%和9%，其中，从中国大陆主要进口半导体元器件和电子数据处理系统，从其他四个国家或地区主要进口半导体元器件。2020年以来，受新冠肺炎疫情的影响，菲律宾电子工业进口规模大幅下跌，2020年5月进口额同比下跌27.2%，其中的十大电子工业部门进口全面萎缩，跌幅最高的消费者电子产品进口下降了近77%。

就电子工业内部细分行业的进出口贸易对比来看，电子工业进出口贸易主要以半导体行业为主，其次是计算相关产品，其他电子行业所占份额相对较小，主要原因是亚诺德半导体公司等外资企业在菲律宾设立的加工工厂促使菲律宾半导体加工贸易迅速发展，2019年半导体行业贸易顺差高达107亿美元。除了半导体行业和计算机相关产品行业实现贸易顺差外，菲律宾其他电子工业的表现相对暗淡得多，不仅出口规模较小，而且贸易赤字也持续出现，例如在电信产品行业，菲律宾贸易赤字近10亿美元，消费电子和雷达通信设备的贸易赤字也在5亿美元左右（见图Ⅰ-5-10）。

（三）市场竞争主体

菲律宾投资署（BOI）2020年8月公布的菲律宾电子工业发展概况显示，截至2017年，菲律宾国内各个电子行业的主要企业如表Ⅰ-5-11所示。

以最具代表性的半导体行业来说，菲律宾国内较具代表性的企业主要有三家，分别是德州仪器（Texas Instruments）、亚诺德半导体（Analog Devices）和赛普拉斯半导体（Cypress），这三家均为总部位于美国的大型半导体跨国企业，在菲律宾所设立的公司主要具有进行专业化加工、组装的加工工厂性质。其中，德州仪器年报数据显示，2018年和2019年投资在菲律宾的资产、工厂和设备价值分别高达4.37亿美元和3.94亿美元。亚诺德半导体公司年报数据显示，亚诺德半导体（菲律宾）是亚诺德半导体公司在美国之外的四个重要制造工厂之一，截至2019年，其占地面积约873000平方英尺（约81104.36平方米），主要进行晶圆测试、货物仓储等业务。赛普拉斯半导体公司年报数据显示，截至2019年，赛普拉斯半导体厂区（菲律宾）占地面积为221000平方英尺（约20531.57平方米），主要业务是半导体的研发和生产制造。

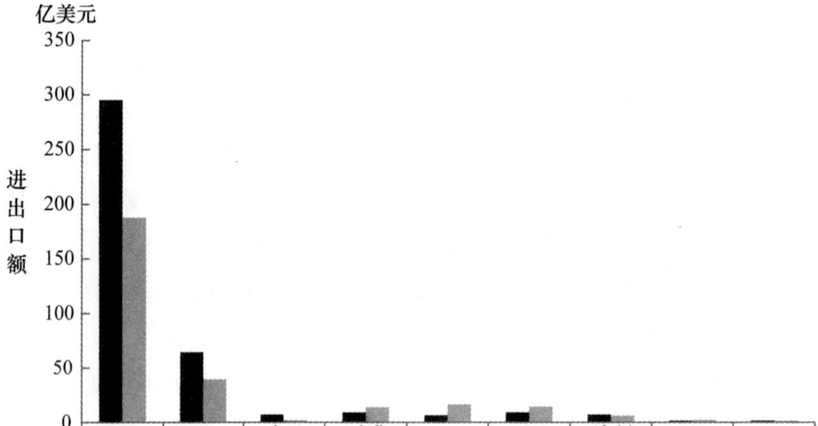

	半导体	计算机	办公设备	消费电子	电信	雷达通信	控制仪器	医疗工业设备	汽车电子
■出口	294.6	64.3	7.1	9.1	6.4	9.2	7.1	0.7	1.6
■进口	187.2	39.1	1.8	13.8	16.3	14.4	6.1	2.1	0.6

图Ⅰ-5-10　2019年菲律宾电子工业细分行业贸易情况

资料来源：菲律宾统计局2020年2月11日公布的"菲律宾进出口贸易数据：2019年12月"，http：//www. psa. gov. ph/statistics/foreign－trade/fts－table－i。

表Ⅰ-5-11　　**电子工业各行业的代表性企业一览**

电子工业细分行业	代表性公司
半导体	德州仪器、亚诺德半导体和赛普拉斯半导体
计算机相关产品	昱科环球储存，东芝信息设备（菲律宾）
办公设备	利盟，兄弟工业
消费者电子	佳能
电信	Remec，Ionics
雷达通信	村田制作所
控制仪器	美信
医疗、工业设备	美高森美公司，综合微电子
汽车电子	Continental Temic，富士通天
航空航天	穆格公司，BE航空航天公司
太阳能光伏	太阳能源

资料来源：菲律宾投资署，https：//boi. gov. ph/sdm_ downloads/electronics－3/。

（四）法规监管

菲律宾电子工业面临着由一系列立法监管问题所引发的挑战。目前，菲律宾电子工业面临的突出的法规监管不完善问题主要包括企业所得税改革和激励合理化法案（CITIRA）、许可证授权低效率和区域间保证金计算不一致等。专注于电子工业的全球性媒体《电子工程时报》（*EE Times*）指出，制造业70%—90%的成本都是由直接材料驱动的，而菲律宾CITIRA法案导致了级联成本（cascading cost）[①] 和政策的不确定性，增加了货物流动和资金流动中的摩擦成本。在菲律宾电力成本普遍较高（高于越南40%）、物流成本和劳动力成本比东南亚周边平均水平分别高出10%和28%的情况下，CITIRA法案进一步削弱了菲律宾电子工业本地企业的竞争力，导致菲律宾对国外半导体和电子跨国公司的吸引力下降，预计2022—2026年会导致就业岗位直接减少38万个、间接减少266万个。[②]

（五）未来发展前景

电子工业在菲律宾的发展潜力很大，主要是大量企业为满足全球需求，会进一步升级为高附加值制造业。菲律宾电子工业发展目标主要是通过将行业转向高价值活动，发展和加强本地供应链以及培养和保留合适的人才来支持高价值活动以保持竞争力。

菲律宾投资署发布的“电子工业2017”报告称，菲律宾电子工业的发展目标是至2030年吸引投资50亿美元，出口规模达520亿美元，提供就业岗位1400万个。

现阶段菲律宾电子工业的发展目标是使菲律宾成为具有全球竞争力的半导体和电子技术中心，菲律宾现阶段的主要发展任务是通过培训、研发、倡议、信息和网络服务（TRAINS）提高其电子工业的比较优势。为此，菲律宾电子工业协会定期举行贸易展销会，以加强大中小企业之间的合作；菲律宾科技部（DOST）成立了先进设备和原材料检测实验室（ADMATEL）以提高电子工业现有产能；科技部成立了电子产品发展中心（EPDC）以支持本地企业进行研发，设计、开发产品原型，从而扶持菲

---

① 级联成本主要指的是该法案的实施导致市场效率低下，进而导致上限税值之外的其他成本，也称为“税上税”（tax-on-tax）。

② 《电子工程时报》发布报告《菲律宾电子工业概览》，https：//www. eetasia. com/a – look – at – the – current – philippine – electronics – manufacturing – landscape – part – 1/。

律宾本地电子和半导体产业的发展。

二　食品工业[①]

（一）概况

食品工业也是菲律宾的重要制造部门。2017 年 5 月，菲律宾投资署发布的“菲律宾食品饮料业”报告仍将其定位为菲律宾的主导产业。菲律宾统计局数据显示，2019 年狭义的食品工业（不包含饮料加工业）贡献了制造业总增加值的 45.7%，广义的食品工业（包含饮料加工业）的增加值占制造业总增加值的一半以上（见图Ⅰ-5-11）。目前菲律宾一直是罐装菠萝和果汁市场的领导者。

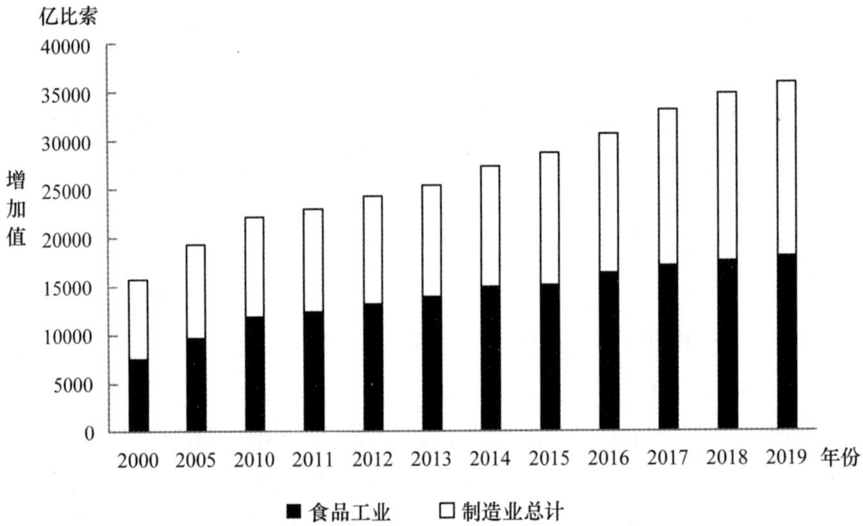

图Ⅰ-5-11　2000—2019 年菲律宾食品工业和制造业总计增加值对比

说明：图中增加值均以 2018 年不变价计算。

资料来源：菲律宾统计局 2020 年 4 月 30 日公布的“制造业增加值行业分布 2000—2019”，http://www.psa.gov.ph/national-accounts/base-2018/data-series。

菲律宾食品工业的典型代表是水果加工业、肉类加工业和虾类加工

① 如无特殊说明，本章“食品工业”均指包含饮料加工业在内的广义食品工业。

业。在水果加工业领域，菲律宾的杧果干享誉全球，长期出口美国、中国、日本和韩国等，主要加工制造厂位于宿务市。和生产杧果干的其他竞争对手相比，菲律宾的优势在于其产量丰富而独具特色的吕宋杧果，这种杧果的果肉较厚，制作杧果干的时候使用率更高。在国外市场上，由于消费者的营养需求提高，菲律宾的杧果干等果干的市场潜力巨大。目前，菲律宾正在针对杧果的种子和果皮再利用进行努力。杧果的种子和果皮占杧果重量的30%—50%，一直被当作垃圾直接丢掉。[①] 实际上，杧果核富含碳水化合物、脂肪、蛋白质和矿物质，可用于提取食用油；杧果皮中酚含量较高，可用于制作果皮粉，将其添加到饼干等食物中，可以帮助改善食物的营养质量。

在肉类加工业领域，菲律宾主要生产新鲜的肉类加工产品、腌制的肉块等，主要肉类加工企业分布于国家首都区、中央吕宋区和甲拉巴松区。肉类加工业的产出主要用于国内消费，也会部分出口香肠、咸牛肉、培根和午餐肉至阿联酋、卡塔尔和沙特阿拉伯等国家，总体上是肉类加工业的净出口国。

虾类加工业是菲律宾七大主要水产生产工业之一，也是菲律宾两大水产出口加工业之一，主要出口到日本、韩国和美国，出口种类多种多样，包括冷冻虾、无头虾、去壳虾等。目前，菲律宾的虾类加工厂主要分布于马尼拉、保和、布湍和三投斯将军市，主要产品包括巴氏杀菌的瓶装炒虾和虾粉等。最后，菲律宾虾类加工业的主要优势在于：得天独厚的群岛环境提供了天然的虾类养殖场；对虾养殖合作社为虾类供应链提供了必要的支撑；高技能、经验丰富的技术人员提供了技术支持。

（二）贸易情况

尽管食品工业贡献了菲律宾 GDP 的一半左右，但食品工业产出主要面向国内市场，出口规模相对较小。菲律宾统计局提供的贸易数据显示，2011—2019 年，食品工业每年出口额不足 15 亿美元，占货物总出口的比重基本在 2% 左右，尤其是 2018 年和 2019 年，由于外资企业的半导体加工贸易活动，食品工业在总出口结构中的占比逐渐降至 2% 以下。相较之

---

① http：//journals. upd. edu. ph/index. php/sciencediliman/article/viewFile/4877/4401，登录时间：2020 - 6 - 20。

下，菲律宾未经加工的初级农产品，比如香蕉、菠萝和杧果等的出口规模相对较大（见图Ⅰ-5-12）。2011—2019 年，初级农产品出口额基本在 40 亿美元左右，近年来逐渐增加，在总出口结构中的占比基本保持在 6% 左右，仅香蕉出口每年就高达 10 亿美元以上，2019 年香蕉出口值为 19.3 亿美元。菲律宾食品工业出口和初级农产品出口的规模差异，反映出菲律宾国内食品加工行业基础相对薄弱，对其丰富的农产品，尤其是菠萝等水果，更多地采取直接出口的方式，而较少拓宽其食品产业链。

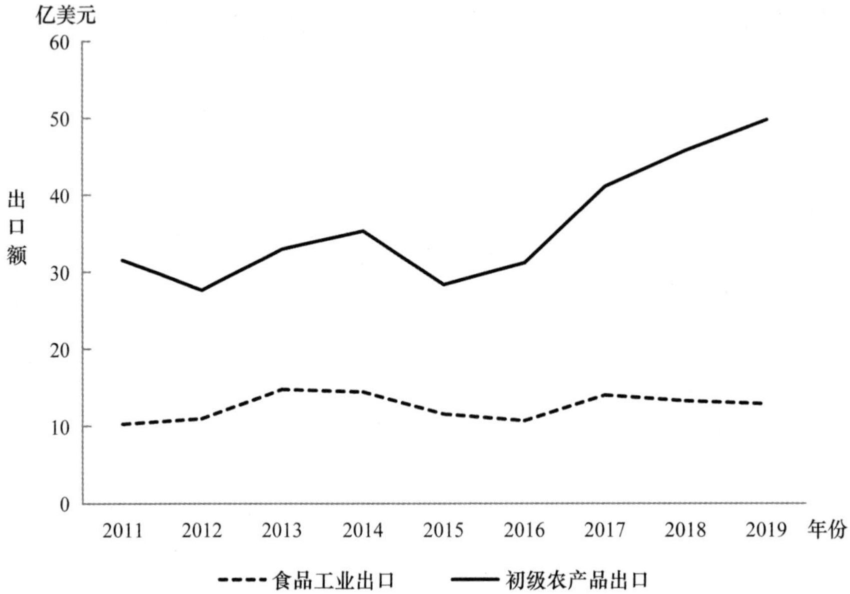

图Ⅰ-5-12　2011—2019 年菲律宾食品工业和初级农产品出口对比

资料来源：菲律宾统计局 2020 年 2 月 11 日公布的"菲律宾进出口贸易数据：2019 年 12 月"，http://www.psa.gov.ph/statistics/foreign-trade/fts-table-i。

（三）市场竞争主体

菲律宾食品工业企业数量众多，不少企业主要是小微企业，较大型企业如下。

生力集团（San Miguel Corporation），是菲律宾最大的食品饮料行业巨头公司，除了食品饮料之外，公司也经营包装、燃料燃油、基础设施建设和电力能源等业务。

RMF 公司，位于菲律宾马尼拉大都会区曼达卢永市，是菲律宾较大的食品饮料公司之一，始建于1958年[①]，1966年上市。[②] 截至2020年8月13日，菲律宾证券交易所数据显示，RMF公司市值达147.22亿比索（约合3.02亿美元）。至2019年12月31日，公司总资产达186.88亿比索（约合3.8亿美元）。[③] 除了主营的食品饮料外，该公司还经营驳船服务和商业/办公空间的租赁业务。

蒙代尼森公司（Monde Nissin），始建于1980年，总部位于菲律宾金融中心城市马卡蒂市。公司主要以Lucky Me!、Nissin、Voice、Bingo和Monde品牌生产面条、饼干、包装焙烤食品和烹饪助剂。该公司是菲律宾第一家参加亚洲食品工业协会（Food Industry Asia）[④] 的企业，根据该协会2017年5月发布的报道，蒙代尼森公司2016年收入超过12亿美元，2000年以来一直是菲律宾企业排行榜50强之一。

嗨莱斯营销公司（Hi-Las），是菲律宾水果蔬菜行业的领导者。公司成立于1976年，从一个水果蔬菜贸易零售商，逐渐发展成为一家多元化经营水果蔬菜种植、出口和加工制造的一体化企业。公司明星产品是菲律宾超级杧果，目前正大力推广"从树上直达餐桌"的活动，以保持杧果的高度营养和优质口味。

此外，亿滋国际和达能公司也都在菲律宾设有分部，生产各种食品、饮料等。

（四）法规监管

菲律宾政府相对较为支持食品工业发展，相继制定了不少有利于食品工业发展的政策、法规。主要有菲律宾2010—2016年发展计划（PDP），通过国际促销活动入境业务匹配以解决目标市场和增长市场的新要求所导致的市场准入问题，加强良好生产规范（GMP），危害分析关键控制点（HACPP）和ISO 22000的认证体系等，以提高食品工业的产品质量。

---

① RFM公司官网，http：//www.rfmfoods.com/AboutUs/TheCompany.aspx，登录时间：2020年7月18日。

② 菲律宾证交所，https：//www.pse.com.ph/stockMarket/companyInfo.html？id=77&security=164&tab=0，登录时间：2020年7月18日。

③ 菲律宾证交所，RFM财报，https：//edge.pse.com.ph/companyPage/financial_reports_view.do？cmpy_id=77，登录时间：2020年7月18日。

④ 亚洲食品工业协会是2010年成立、专注于食品健康和营养、食品安全以及标准统一化的非营利性国际组织。

（五）未来发展前景

为推动食品工业发展，菲律宾各相关部门各司其职。菲律宾科学技术部（DOST），特别是菲律宾农业、林业和自然资源研究与开发委员会（PCARRD）和工业技术与发展研究所（ITDI）为食品工业发展提供研究与开发支持。食品开发中心（FDC）、食品和药物管理局（FDA）、菲律宾食品技术专家协会（PAFT）为食品工业发展提供技术援助。此外，菲律宾投资署也出台了一系列激励措施，例如4—8年的所得税假期（ITH）、免税进口进行基本加工的资本设备和投入品等。在政策支持的基础上，再加上菲律宾人健康意识的提高，对水果果干和果汁等加工品的需求日益提高。

生力集团企业案例

生力集团（San Miguel Corporation，SMC）目前是菲律宾最大的、产品门类最为齐全的集团公司，公司高度一体化地运营食品饮料、包装、房地产、燃油提炼和营销、电力能源和基础设施等，集团总部位于马尼拉大都会的曼达卢永市。公司始建于1890年。1948年，该公司于菲律宾证交所上市，截至2020年8月13日，菲律宾证券交易所数据显示，SMC市值达2414.2亿比索（约合49.44亿美元）。截至2020年3月31日，SMC公司官网的财报数据显示，其总资产达7231.19亿比索（约合147.88亿美元）。生力集团官网数据显示，2019年生力集团的总收入贡献了菲律宾当年GDP的5.9%，直接提供就业岗位44024个，在菲律宾、东南亚、中国、澳大利亚和新西兰拥有100多个工厂。生力集团曾是菲律宾唯一的跨国企业，并一度因收到香港财团的收购建议而引起全国的保护热潮，目前是菲律宾当之无愧的龙头企业。

1. 发展历程

SMC是由一个小啤酒厂逐渐发展壮大的。1890年，菲律宾成立了东南亚第一家啤酒厂——生力啤酒厂，主要生产瓶装啤酒，并在当时成为世界顶级啤酒品牌。1914年，生力啤酒开始出口到上海、香港和关岛。1948年，生力啤酒厂在香港成立了第一家城外啤酒厂。

到今天，生力啤酒已经成为十分畅销的全球十大啤酒品牌之一。由酿酒开始，生力集团开始逐渐将经营业务拓宽到食品和包装业务领域，并经过一个世纪的发展，开始进入电力、矿业、能源、收费道路和机场建设等重工业领域。目前，生力集团已经成为一家全球知名的上市公司。截至2020年8月，生力集团官网公布了前五大股东，分别为顶尖前沿投资控股公司（Top Frontier Investment Holdings Inc.，持股40.84%）、PCD Nominee公司（菲律宾，持股24.36%）、Privado控股公司（持股9.56%）、PCD Nominee公司（持股8.24%）和Metroplex控股公司（持股2.8%）。

2. 主营业务

（1）食品饮料

SMC全资成立了生力食品饮料公司（San Miguel Food and Beverage，Inc.，SMFB），是菲律宾领先的食品饮料公司，专营食品饮料制造和销售，目前持有多个在食品饮料市场上非常受消费者喜爱的品牌，在食品饮料市场上具有市场领先地位。其中饮料业务主要由生力啤酒公司和Ginebra生力公司运营，食品业务主要由生力食品（San Miguel Food，Inc.）等子公司运营。

（2）包装品

生力集团专门成立了为食品、制药、化学等行业提供包装服务的专业化包装品公司——生力山村包装公司（The San Miguel Yamamura），公司产品销往亚太、中东、非洲和美国等地，成为菲律宾本地包装品公司的领导型企业。公司拥有世界顶级的制造设备，包括亚洲唯一的食品级对苯二甲酸乙二酯（PET）制造设备、先进的玻璃加工厂、菲律宾唯一的铝制饮料罐制造设备。目前，公司不仅直接销售由玻璃、金属、复合材料、塑料、PET和纸等制成的各类包装品，同时也提供包装图案设计、包装研究与测试、包装开发与咨询等服务。

除了上述两大主营业务，生力集团旗下还有一系列子公司或者合资公司从事更广范围的主营业务。例如，SMC控股持有的佩特龙公司（Petron Corporation）是菲律宾燃料燃油行业的市场领先者。SMC全球电力控股公司是SMC的子公司，目前已经拥有三个独立发电合约（IPPA）和绿地电厂。至2018年底，SMC全球电力控股公司的组合电网容量达4197兆瓦，占吕宋电网的25%、棉兰老电网的9%、国家电网的19%。SMC旗下还有一家SMC基础设施公司（SMC Infrastructure），主要运营基础设施的建筑和管理业务，同时运营菲律宾最大的基础设施网络，目前在建的项目包括打拉—邦阿西楠—拉乌尼翁高速公路等。此外，SMC还成立一家子公司——生力房地产公司（SMPI），专业从事商业地产开发、销售、租赁。

3. 财务状况

生力集团近年来的表现一直较为平稳，2017—2019年，销售额稳步增长，尤其是2018年快速增长，同比增速高达24%以上，至2019年实现年销售额10205亿比索（约合208.03亿美元）。从公司纳税来看，SMC集团是菲律宾的纳税大户，近年来纳税额逐渐提高，至2019年共计缴纳税收2209.7亿比索（约合45.03亿美元）。根据菲律宾统计局公布的、以现价计算的历年菲律宾政府支出来看，SMC集团缴纳的税收贡献了政府支出的9%左右，并且贡献率逐年提高。从公司净利润（这里主要指的是归属于SMC集团股东的净利润）来

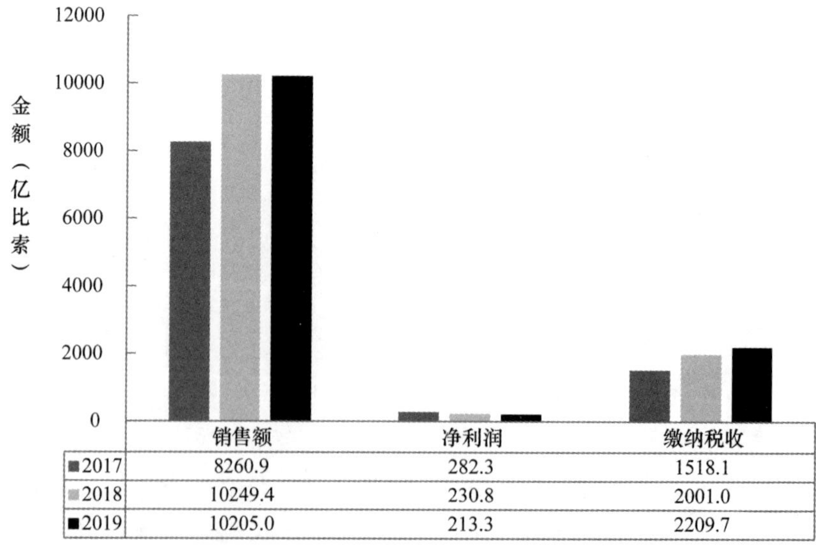

	销售额	净利润	缴纳税收
■2017	8260.9	282.3	1518.1
■2018	10249.4	230.8	2001.0
■2019	10205.0	213.3	2209.7

图Ⅰ-5-13　生力集团销售收入趋势

资料来源：生力集团年报，https：//www.sanmiguel.com.ph/financial_performance/annual_reports。

看，2017 年以来，SMC 的净利润持续减少，2019 年减少至 213.3 亿比索（约合 4.35 亿美元）。2018 年至 2019 年，在销售额略有下滑的情况下，税收增加是导致生力集团净利润减少的原因之一。

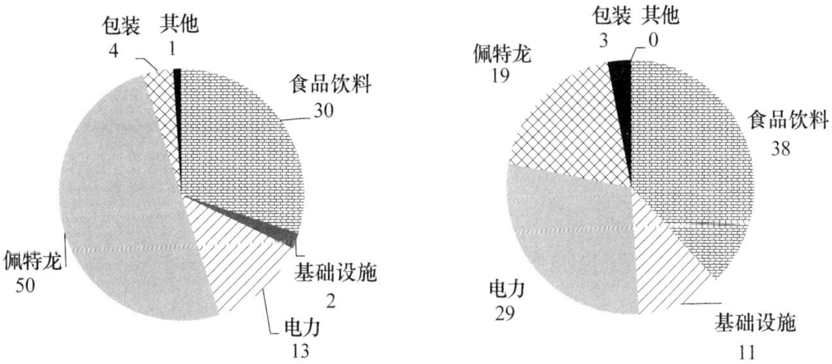

图Ⅰ－5－14　生力集团收入（左）和利润（右）结构（%）

资料来源：生力集团年报，https：//www. sanmiguel. com. ph/financial_ performance/annual_ reports。

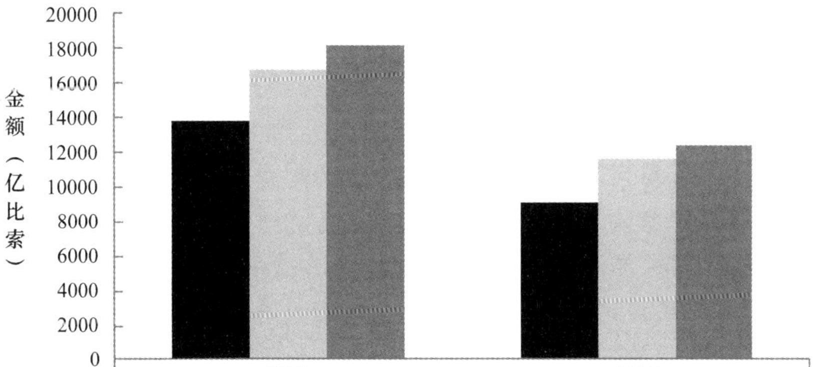

	资产	负债
■2017	13800	9086
■2018	16789	11614
■2019	18200	12400

图Ⅰ－5－15　生力集团近年资产负债情况

资料来源：生力集团年报，https：//www. sanmiguel. com. ph/financial_ performance/annual_ reports。

将生力集团销售收入和利润进行分解，可以看到生力集团旗下各主要子公司的贡献。就收入而言，主营燃料燃油的佩特龙公司的贡献最大，达50%，其次是食品饮料公司，达30%。但是就利润而言，佩特龙公司则相对要小得多，仅有19%，利润贡献较多的反而是食品饮料公司，贡献率达38%，其次是电力公司（29%）。

从公司近年来的资产负债情况来看，2017—2019年，SMC资产和负债均处于增长态势，相对而言，负债增长速度更快，因此公司负债占总资产的比重相对提高。

4. 未来发展

2020年以来，新冠肺炎疫情的影响导致公司各项业务都受到较大的不利影响。随着菲律宾各部门经济逐渐形成开放的格局，公司近期的工作会重点关注如何降低疫情对公司业务所产生的连锁效应。SMC集团各部门的经济业务也在逐渐复苏并预期会有良好的发展。

在食品业务上，目前，公司正在进行产能扩张项目，新的扩产能项目主要包括饲料加工厂和四个面粉加工厂，这些将成为SMC食品饮料公司的重要构成，以应对食品饮料市场的重要变化。此外，集团也在巴丹省建立其家禽养殖场，并正在奎松市和达沃市建立其下游产业的家禽加工处理厂。在啤酒业务上，集团公司于2019年第四季度在塔戈洛安建立了新的SMC啤酒工厂，目前正在落实许可证，将助力未来的啤酒业务发展壮大。

在基础设施建设与维护业务上，公司还与马尼拉国际机场签了为期50年的特许经营权协议，未来在基础设施建设上会有更大的发展空间。

第三节 重点服务业

菲律宾第三产业相对较为发达，2019年对菲律宾GDP的贡献率超过60%。结合菲律宾目前第三产业的发展情况，选择其中表现最为突出的旅游业和业务流程外包两个行业进行重点分析。

一 旅游业

（一）概况

旅游业是菲律宾外汇创收、吸引投资、增加国民收入和就业的重要产业。菲律宾中期发展计划（Medium Term Philippine Development Plan）把旅游业列为优先发展部门，以推动菲律宾成为首要旅游目的地和投资目的地作为目标。依赖保和岛、蓝色港湾、马荣火山、伊富高省原始梯田等旅游景点以及社会和政治环境的稳定，菲律宾吸引游客数量逐年增加。菲律宾旅游部（Philippine Tourism Department）数据显示，2008—2019 年，菲律宾入境游客数从 294.41 万人提高到 826.09 万人，2019 年较上年增长 15.24%，入境游客数量达到了菲律宾国家旅游发展计划 2017—2022 年的目标人数（见图Ⅰ-5-16）。由于入境游占据菲律宾旅游业的绝大多数比例，因此以下分析如无特殊说明，侧重于对菲律宾入境游的分析。

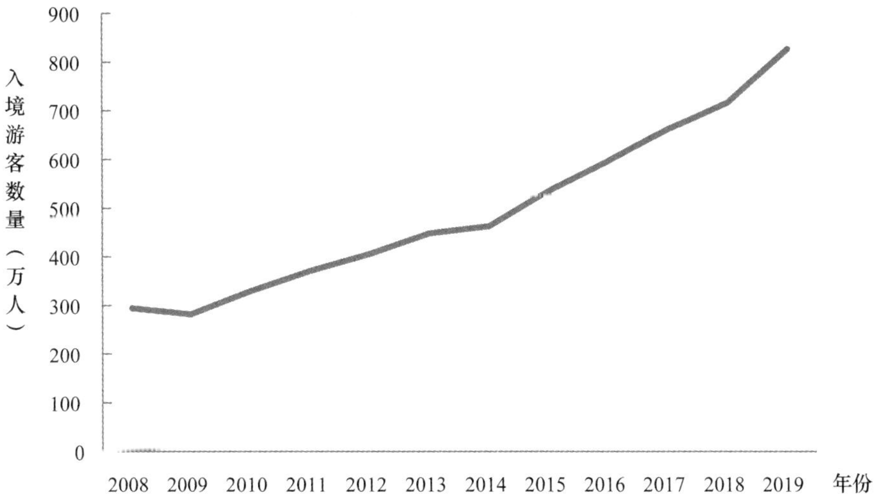

图Ⅰ-5-16 菲律宾历年入境游客数量趋势

资料来源：菲律宾旅游部“旅游业统计数据”，http://www.tourism.gov.ph/tourism_dem_sup_pub.aspx。

（二）游客结构

从来源结构上看，菲律宾入境游客主要以韩国、中国大陆、美国、日本和中国台湾等国家和地区的游客为主，且近十多年来游客结构相对较为稳定。2019 年，菲律宾入境游客中韩国游客最多，达 198. 93 万人，较上年增长 22. 48%，其次是中国大陆（174. 33 万人，较上年增长 38. 58%）和美国（106. 44 万人，较上年增长 2. 90%）。相较之下，距离菲律宾较近的东盟国家，除了入境游客规模较小之外，近年来，到菲律宾旅游的人数也普遍减少，以其中规模相对较大的新加坡和马来西亚来看，到菲律宾旅游的人数分别较上年减少 7. 68% 和 3. 69%（见图Ⅰ－5－17）。

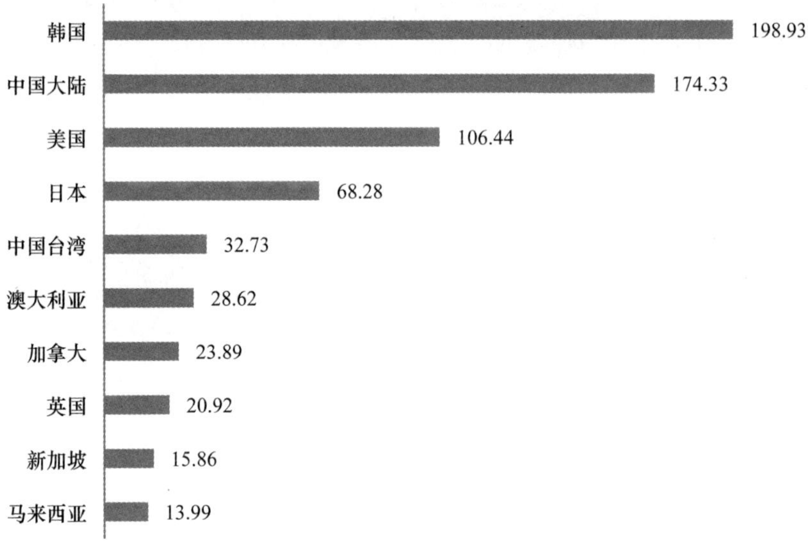

图Ⅰ－5－17　2019 年菲律宾入境游客数量分布（万人）

资料来源：菲律宾旅游部“旅游业报告 2019”，http：//www. tourism. gov. ph/Tourism_ demand/Arrivals2019. pdf。

从入境方式来看，由于菲律宾的岛国性质，多数游客以航空方式到达菲律宾各大机场。菲律宾旅游部数据显示，由马尼拉机场入境的游客最多，占比达 61. 59%，其次是宿务（20. 38%）、卡利博（9. 35%）和克拉克（5. 28%），其余机场入境游客相对较少，不足 1%。

从入境目的来看，大部分游客是把菲律宾作为旅游、休闲胜地。菲律宾旅游部数据显示，到菲律宾度假休闲的游客占比达 59. 34%，商务出行比例为 3. 43%，探亲访友比例则更低，仅为 1. 68%。

（三）经济贡献

旅游业为菲律宾经济发展做出了重要贡献。入境游客在菲律宾的支出为菲律宾带来了大量收入。根据菲律宾旅游部公布的2019年“菲律宾旅游业报告”，2015年至2019年，入境游客为菲律宾带来的收入从2276.2亿比索增加至4821.5亿比索，2019年较上年增加18.8%。而菲律宾统计局公布的“2019年菲律宾旅游卫星账户”显示，2019年入境游客为菲律宾带来的收入为5488亿比索，较上年增加23.2%。基于后者，从入境游客的旅游支出分布来看，主要支出花费在酒店住宿、食品饮料和交通运输上，相对而言，花费在旅游机构和景点的支出相对较少，而花费在购物上的支出在2009年前后达到高峰，此后逐渐降低。

旅游业也是菲律宾重要的就业创造部门。2000—2019年，旅游相关产业提供的就业岗位数越来越多，2019年达540万个，较上年增长6.5%，占菲律宾总就业人数的13.5%。就旅游业内部细分行业的就业分布来看，旅行机构和导游行业的就业人数占比逐渐降低，而酒店餐饮业就业人数逐渐提高（见表Ⅰ-5-12）。

表Ⅰ-5-12　**菲律宾历年旅游业就业分布**

	旅游业就业总人数（人）	其中各细分行业比例（%）					
		酒店餐饮	客运	旅行机构和导游	娱乐和文化	旅游产品零售	其他
2000	263.9	25.9	41.1	4.4	9.1	6.8	12.7
2005	313.6	27.4	42.7	4.5	8.2	7.7	9.5
2006	344.9	25.9	44.4	0.7	6.8	7.6	14.7
2007	354.9	25.6	45.0	0.7	6.8	7.5	14.4
2008	364.2	26.2	43.7	0.7	7.7	7.4	14.3
2009	391.2	26.0	45.0	0.7	7.1	7.0	14.2
2010	412.6	25.3	46.1	0.6	6.8	6.7	14.5
2011	426.6	26.2	43.8	0.7	7.7	7.2	14.4
2012	456.1	34.6	36.7	0.6	7.4	6.6	14.1
2013	470.9	34.0	37.1	0.6	7.3	6.6	14.4
2014	481.9	35.2	35.5	0.6	7.2	6.6	14.8

续表

	旅游业就业总人数（人）	其中各细分行业比例（%）					
		酒店餐饮	客运	旅行机构和导游	娱乐和文化	旅游产品零售	其他
2015	497.1	35.1	35.8	0.5	7.0	6.5	15.1
2016	522.4	33.6	36.9	0.6	7.0	6.8	15.1
2017	526.8	33.0	37.9	0.7	6.2	6.6	15.7
2018	536.5	32.2	38.2	0.7	6.9	6.6	15.5
2019	540.0	33.6	38.3	0.7	7.0	6.5	13.9

资料来源：菲律宾统计局“菲律宾旅游卫星账户”，http：//www.tourism.gov.ph/tourism_dem_sup_pub.aspx。

旅游业创收成为菲律宾经济增长的重要动力。在吸引投资方面，菲律宾统计局“菲律宾旅游卫星账户”（Philippine Tourism Satellite Accounts）数据显示，2012—2019 年，旅游业固定资本形成总额呈波动增长，2019 年达 5690.94 亿比索，较上年增长 3.6%，占菲律宾所有经济部门固定资本形成总额的 10.7%。尤其是其中的酒店住宿业固定资本形成，2019 年快速增长至 3673.07 亿比索，较上年增幅高达 49.9%。在创造增值方面，2000—2018 年，旅游业对菲律宾 GDP 的平均贡献率①达 7.4%，2019 年这一贡献率提高到 12.7%。

（四）未来发展预期

菲律宾旅游部针对菲律宾旅游业未来发展的重要方向做出了规划。其中重点规划的旅游项目包括国家公园、自然和生态旅游景点和潜水等。“国家旅游发展计划 2016—2022”（NTDP）制定了菲律宾在这期间发展旅游业的重要举措，该计划旨在将菲律宾旅游业打造成具有全球竞争力、环境可持续性和对社会负责任的行业，以支撑菲律宾经济增长、创造就业。在具体执行方式上，该计划采用旅游产品服务集聚的方式，即正确组合旅游景点、交通运输网络、城市服务中心和关键旅游基础设施，以提高游客在菲律宾的停留时间。计划到 2022 年，实现吸引入境游客 1200 万人，本

① 根据菲律宾统计局的定义，旅游业对 GDP 的贡献指的是“旅游业以及直接为入境游客服务的其他行业所创造的直接增加值占 GDP 的比重”。

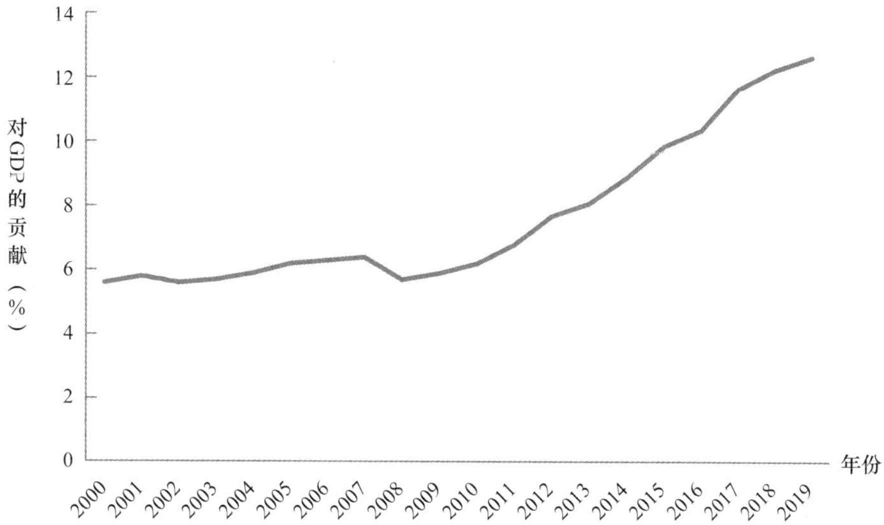

图Ⅰ-5-18 历年菲律宾旅游业对GDP的贡献趋势

资料来源：菲律宾统计局“菲律宾旅游卫星账户”，http：//www. tourism. gov. ph/tourism_dem_ sup_ pub. aspx。

地游客8920万人，提供就业岗位650万个的目标。

二 基于信息技术—业务流程的管理服务（IT-BPM）

（一）概况

菲律宾信息技术—业务流程管理服务（IT-BPM）主要是将生产流程、业务流程和财务审批流程等任务通过计算机处理，使其简化、自动化的管理服务。这一服务是菲律宾经济飞速增长的重要推动力。该项服务的发展最初始于2001年在菲律宾吕宋岛建立的第一家呼叫中心。菲律宾投资署认为，IT-BPM是过去几年中表现最佳、创造就业机会较多的行业之一。全球性商业资讯公司弗若斯特和沙利文公司（Frost & Sullivan）将菲律宾置于全球IT-BPM服务三个梯队中的第一梯队，认为菲律宾和印度在全球范围内同属于该领域的领导者（见图Ⅰ-5-19）。实际上，菲律宾在20多年前就已经超越印度成为语音相关业务流程管理服务的首选目的地。目前，菲律宾正在快速发展其横向业务流程管理能力，向全球范围内越来越多的客户提供非语音相关的、基于信息技术—业务流程的管理服务，主要包括金融、会计以及垂直一体化的解决方案，比如医疗信息服务等。

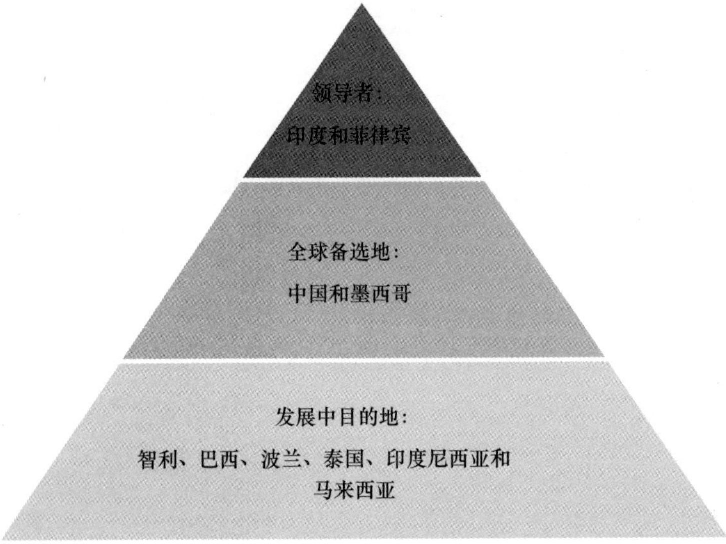

图Ⅰ-5-19　弗若斯特和沙利文公司划分的 IT-BPM 服务实力梯队

资料来源：菲律宾投资署发布的“IT-BPM 报告”，https://boi.gov.ph/sdm_downloads/it-bpm-2/。

（二）经济贡献

菲律宾的信息技术—业务流程管理（IT-BPM）是菲律宾经济增长的重要动力。菲律宾统计局 2020 年发布的“菲律宾工商业年度调查 2017”数据显示，菲律宾 2017 年具有 IT-BPM 服务性质的企业共计 1532 家，共提供就业岗位 64.4 万个，创造收入总和达 7633.17 亿比索（约合 156.98 亿美元，包括境外收入）。在创造增加值方面，IT-BPM 在 2015—2017 年也表现良好，呈现出持续增长的态势。在吸引投资方面，IT-BPM 在 2017 年吸引投资的规模方面有显著的降幅。

从菲律宾 IT-BPM 在境外收入的分解来看，近几年来美国一直是菲律宾 IT-BPM 服务输出的最大市场，2017 年在美国市场上的收入占比高达 66%。可以看出，在 IT-BPM 业务上，菲律宾的主要市场是以英语为官方语言的国家或地区，主要原因是菲律宾和这些国家或地区具有文化和历史相似性，以及菲律宾人可以熟练地讲英语。

表Ⅰ－5－13　　菲律宾 IT-BPM 服务的相关经济指标调查数据

	2015	2016	2017
企业数量（个）	1493	1496	1532
就业人数（千人）	573.22	609.85	644.05
收入（不包括境外收入，亿比索）	4614.16	4874.63	5670.09
境外收入（亿比索）	2053.15	1857.86	1963.08
创造增加值（亿比索）	3067.66	3131.17	3513.32
固定资本形成（亿比索）	124.71	152.99	92.57

资料来源：菲律宾统计局公布的 2015—2017 年“菲律宾工商业年度调查”，http：//www.psa.gov.ph/manufacturing/aspbi。

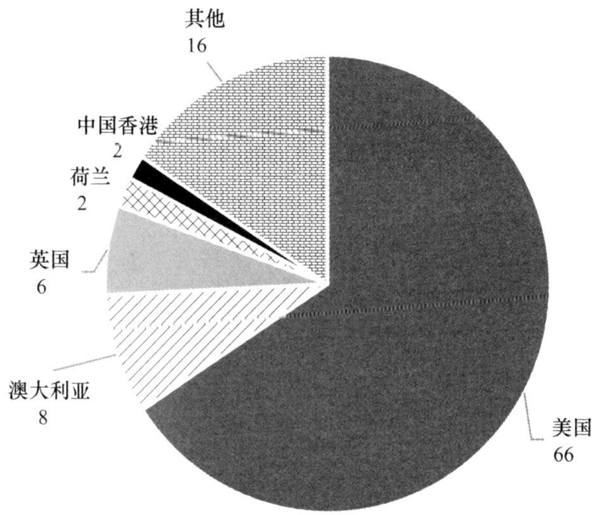

图Ⅰ－5－20　2017 年菲律宾 IT-BPM 服务收入的市场分布（%）

资料来源：菲律宾统计局公布的“菲律宾工商业年度调查 2017”，http：//www.psa.gov.ph/manufacturing/aspbi。

从菲律宾 IT-BPM 服务的细分服务行业收入来看，消费者关系管理服务（Customer relationship management activities）是其中带来收入最多的服务部门，2017 年仅该部门的收入高达 3073.24 亿比索，占当年 IT-BPM 收入（不包括境外收入）的 54.2%，其他 IT-BPM 服务的收入规模则相对小得多。

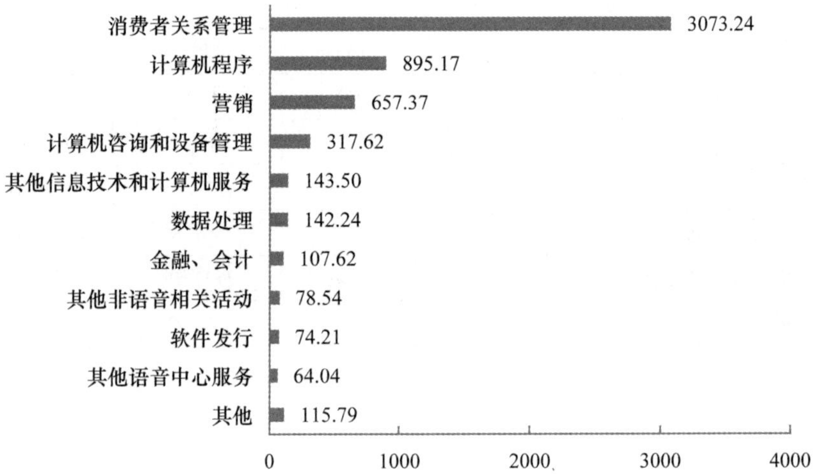

图Ⅰ-5-21　2017年菲律宾IT-BPM服务收入的行业分布（亿比索）

资料来源：菲律宾统计局公布的“菲律宾工商业年度调查2017”，http：//www. psa. gov. ph/manufacturing/aspbi。

（三）产业优势

IT-BPM已经成为菲律宾目前重点发展行业，该行业十分突出的产业发展优势有以下两点。第一，政策支持。菲律宾政府出台了“IT-BPM服务发展计划2022”，专门针对IT-BPM服务发展做出了具体规划，旨在强化IT-BPM新兴行业的专长和能力，利用技术进步，确保菲律宾人的专业技能符合未来发展的需要。IT-BPM行业技术工作组（TWG）为推动IT-BPM发展采取了一系列措施，尤其是在专业人员培训方面。菲律宾信息技术和业务流程协会（IBPAP）及开放大学（UP）的国家工程中心为首批20名毕业生提供了精益六西格玛（6 Sigma）[①]培训。IBPAP和UP都在努力建立枢纽，以在全国范围内培训IT-BPM人才。此外，还推出了服务管理计划（SMP）、高级英语职前培训（AdEPT）、IT服务扩展学习（ELITES）和全球竞争力评估工具（GCAT）等人才培训项目。

第二，研究跟进。菲律宾发展研究所（PIDS）是菲律宾最重要的研

---

① 精益六西格玛是精益生产与六西格玛管理相互补充、有机结合的综合方法论。通过吸收两种生产模式的优点，弥补单个生产模式的不足，达到更佳的管理效果。

究机构，该研究所一直密切关注跨国公司的外包服务。PIDS 每月会针对菲律宾政府出台的相关政策出具相关分析、观察报告，比如 2020 年 1 月至 7 月的政策研究报告分别是："公共部门基于绩效分红（PBB）机制的实施效果研究""评估菲律宾的灌溉发展计划、为什么以及如何评估无偿工作""灌溉投资：新旧议题讨论""菲律宾小规模采矿的关键性问题""菲律宾小规模采矿发展的瓶颈"。在关于 IT-BPM 的相关研究上，PIDS 在 2015 年至 2017 年发布了四项研究报告，比如 2015 年报告分析了菲律宾基于信息技术业务流程外包服务出口的演化模式，并深入探讨导致菲律宾信息技术的业务流程外包服务从低端的呼叫中心服务到高附加值服务转变的主要因素。而 PIDS 于 2017 年发布的关于业务流程外包服务的研究则表明，菲律宾业务流程外包服务已经开始扩张到向澳大利亚提供微离岸服务的小微企业，主要原因是节省成本。相较之下，菲律宾的 BPO 部门比澳大利亚更具比较优势，但也存在基础设施匮乏等短板。研究认为，菲律宾 BPO 部门应该继续向高附加值发展，提供高精尖服务，提高劳动生产率。

（四）未来发展预期

菲律宾在基于语音的服务方面的全球领导地位以及对非语音和复杂流程外包服务的持续改进，显示 IT-BPM 非常有发展前景。作为 IT-BPM 的推动者，菲律宾政府为 IT-BPM 公司提供了最佳的投资环境，例如，投资委员会（BOI）为产生原始内容的非语音和知识流程外包企业提供所得税免税期，降低资本设备的关税以及简化业务注册和协调程序。除了政府支持之外，菲律宾电信基础设施完善、熟练专业人员充足，这些条件共同确保了 IT-BPM 企业可以在稳定的宏观经济和投资环境下开展活动。

第六章　政治生态

1946 年菲律宾宣告独立，开始实行三权分立的总统制与两院制。此后，其政治发展大致可以分为三个阶段。一是独立初期（1946—1972），国民党（Nacionalista Party）和自由党两党交替执政，六位总统（见表Ⅰ-6-1）分别隶属这两大政党，并且都出身于传统精英家族。二是马科斯独裁时期（1972—1986），从时任总统费迪南德·马科斯（Ferdinand Marcos）宣布实施军事戒严开始，宣告施行了 26 年的民主政体的终结。马科斯加强军事管控，终止宪法，解散议会，禁止政党活动，施行独裁专制统治。三是后马科斯时期（1986 年至今），1986 年，第一次“人民力量革命”（EDSA I）[①] 推翻马科斯政府，科拉松·阿基诺（Corazon Aquino，也称阿基诺夫人）上台，废除了马科斯制定的独裁宪法，由全国公民投票以 76% 的支持率通过现行宪法——《1987 年菲律宾共和国宪法》（1987 Constitution of the Republic of the Philippines，以下简称《1987 年宪法》），此后菲律宾共选出五任总统（见表Ⅰ-6-1），逐渐恢复了被马科斯破坏的民主体制。基于上述历史发展，本章大体上从政治结构、政党政治、选举等层面出发考察菲律宾的政治生态。

---

① 1985 年 2 月，前总统马科斯在国内外舆论压力下举行了新的总统选举。选举委员会（COMELEC）统计结果显示马科斯获胜。但反对派认为选举结果并不合法公正，存在选举舞弊现象。选举过程中全国公民自由选举运动（NAMFREL）作为菲律宾民间选举监督机构的计票结果显示，阿基诺夫人得票更多。1986 年 2 月 22—25 日第一次“人民力量革命”爆发，民众抗议暴力专政和选举舞弊，国防部部长胡安·恩里莱（Juan Ponce Enrile）和参谋长菲德尔·拉莫斯（Fidel V. Ramos）发动兵变，转而支持阿基诺夫人，这场革命导致马科斯下台。由于这次革命发生于菲律宾国家首都区桑托斯大道（Epifanio de los Santos Avenue）而被称为“桑托斯大道革命 I”（EDSA I）。

第一节　政治结构

《1987 年宪法》规定，菲律宾实行三权分立（行政权、立法权和司法权）的政治制度，这反映了菲律宾的基本政治结构。

一　现行宪法

《1987 年宪法》包括序言、18 章 287 条。18 章包括：国家领土；关于原则和国家政策的宣告；人民的权利；公民资格；选举权；立法机关；行政机关；司法机关；宪法规定的委员会；地方政府通则；公职人员的责任；国民经济和国家资源；社会公平和人权；教育、科学、技术、艺术、文化和体育；家庭；一般条款；宪法的修改或修正；过渡条款。

在国体和政体上，现行宪法规定：菲律宾是一个民主共和国，其主权属于人民，政府的一切权力来自人民。菲律宾实行三权分立的多党议会民主制度，立法权属于菲律宾国会，国会由参议院和众议院组成，行政权属于总统，司法权属于最高法院和依法设立的各下级法院。“三种权力”相互制衡：总统对国会通过的法律享有否决权；国会有权确认或拒绝总统的任命，有权在参议院投票通过弹劾动议，如果动议获 2/3 以上参议员支持，可以将总统弹劾下台①；最高法院法官有权废止由总统签署并由参议院确认的违宪的法律。

宪法规定，国家基本原则是制止战争；奉行独立自主的外交政策；尊重人权，保障弱势群体权益等。同时为了避免军事独裁的再次发生，宪法规定总统不得连任，无权实施戒严、无权解散国会、无权任意逮捕反对派；也严禁军人干政、参政，支持政党等。②

---

① 国会众议院司法委员会接到弹劾总统动议后，必须在 60 个工作日内完成审议，并在获半数以上委员批准后将动议呈交众议院，众议院必须在 10 个工作日内举行全体会议对动议进行投票。只有在获得众议员的 1/3 以上支持后，弹劾动议才能立案上达参议院，且只有获得 24 名参议员中的 2/3 以上支持后才能将总统弹劾下台。

② 《1987 年菲律宾共和国宪法》，参见 https：//www. constituteproject. org/constitution/Philippines_ 1987. pdf? lang = en。

二　行政权

宪法规定，菲律宾的行政权属于总统。总统领导整个国家，是菲律宾的国家元首、国家政府领导人和军队总司令。任期六年，不得连选连任，凡继任总统职位并任职四年以上的人员均无资格再竞选总统。

在选举方面，总统候选人必须在出生时已具有菲律宾国籍，经登记为合格选民，具有读写能力，年满 40 岁且选举日前在菲律宾居住满十年。总统定期选举，一般在选举年 5 月的第二个星期一举行，由选民直接选举产生，得票最多者当选。如遇到同票数情况，则由国会两院全体议员投票，以多数票选出其中一人为总统。

在职能方面，总统有权主持内阁会议，领导政府和各行政部门，执行宪法和法律规定的各项任务和职责；有权提名委任政府各部长、驻外使节、上校以上军官和宪法授权委任的其他司法、行政官员；对外代表国家，接受外国使节的国书；必要时召开国会特别会议；签署法令、颁布经国会通过的法律；如果总统否决一项法案，该法案必须再经国会以 2/3 多数通过才能成为法律；总统有权对罪犯予以缓刑、减刑和赦免，等等。①

行政部门由总统及内阁组成。内阁成员一般包括副总统和各行政部门负责人。内阁成员由总统委任，并经任命委员会确认（副总统入阁无须经过确认）。副总统的资格、任期、选举和免职办法与总统相同，并与总统同时选举产生，连任不得超过两届，一旦总统无法履职，副总统将出任总统。由于总统和副总统分开投票，因此菲律宾会出现总统和副总统分属不同党派的情况。菲律宾现任总统是来自菲律宾民主党—人民力量党（PDP-Laban）的罗德里戈·杜特尔特（Rodrigo Duterte），副总统是来自自由党的莱妮·罗布蕾多（Leni Robredo），两人于 2016 年 6 月就任。

---

① 《1987 年菲律宾共和国宪法》，参见 https：//www. constituteproject. org/constitution/Philippines_ 1987. pdf? lang = en。

表Ⅰ-6-1　菲律宾独立后的历任总统

总统	任期	当选时所属党派
曼努埃尔·罗哈斯	1946—1948 年	自由党
埃尔皮迪奥·基里诺	1948—1953 年	自由党
拉蒙·麦格赛赛（Ramon Magsaysay）	1953—1957 年	国民党（Nacionalista）
卡洛斯·加西亚（Carlos Garcia）	1957—1961 年	国民党
迪奥斯达多·马卡帕加尔（Diosdado Macapagal）	1961—1965 年	自由党
费迪南德·马科斯	1965—1986 年	国民党
科拉松·阿基诺	1986—1992 年	统一民族民主组织（UNIDO）
菲德尔·拉莫斯（Fidel Ramos）	1992—1998 年	基督教穆斯林民主力量党（Lakas-CMD）
约瑟夫·埃斯特拉达（Joseph Estrada）	1998—2001 年	菲律宾爱国者斗争党（Struggle of the Patriotic Filipino Masses）
格罗丽亚·阿罗约（Gloria Arroyo）	2001—2010 年	基督教穆斯林民主力量党
贝尼格诺·阿基诺三世（Benigno Aquino III）	2010—2016 年	自由党
罗德里戈·杜特尔特	2016 年至今	民主党—人民力量党

资料来源："Philippine Presidents," Presidential Museum and Library, https://web.archive.org/web/20160527002034/http://malacanang.gov.ph/presidents/.

表Ⅰ-6-2　现任政府主要内阁成员

部门	现任领导人	任职时间	部门官方网站
财政部	卡洛斯·多明戈斯三世（Carlos Garcia Dominguez III）	2016 年至今	www.dof.gov.ph
农业部	威廉姆斯·达尔（William Dollente Dar）	2019 年至今	www.da.gov.ph
教育部	利奥诺·布里奥尼斯（Leonor Magtolis-Briones）	2016 年至今	deped.gov.ph
环境与自然资源部	罗伊·西马图（Roy Agullana Cimatu）	2017 年至今	www.denr.gov.ph

续表

部门	现任领导人	任职时间	部门官方网站
外交部	小特奥多罗·洛钦 （Teodoro Lopez Locsin，Jr.）	2018 年至今	www. dfa. gov. ph
卫生部	弗朗西斯科·杜克三世 （Francisco Tiongson Duque III）	2017 年至今	www. doh. gov. ph
司法部	蒙那多·格瓦拉 （Menardo Ilasco Guevarra）	2018 年至今	www. doj. gov. ph
交通部	亚瑟·杜亚德 （Arthur Planta Tugade）	2016 年至今	www. dotr. gov. ph
贸易与工业部	雷蒙·洛佩斯 （Ramon Mangahas Lopez）	2016 年至今	www. dti. gov. ph
旅游部	伯纳黛特·普亚特 （Bernadette Fatima Romulo-Puyat）	2018 年至今	www. tourism. gov. ph
国防部	德尔芬·洛伦扎纳 （Delfin Negrillo Lorenzana）	2016 年至今	www. dnd. gov. ph
住房与城市发展部	爱德华多·德罗萨里奥 （Eduardo Drueco del Rosario）	2020 年至今	dhsud. gov. ph
信息与通信技术部	格雷戈里奥·霍纳桑二世 （Gregorio Ballesteros Honasan II）	2019 年至今	www. dict. gov. ph
内政与地方政府部	爱德华多·阿诺 （Eduardo Manahan Año）	2018 年至今	www. dilg. gov. ph
公共工程与公路部	马克·维拉 （Mark Aguilar Villar）	2016 年至今	www. dpwh. gov. ph

资料来源：根据菲律宾各政府部门官方网站信息整理，截止日期：2020 年 9 月。

三 立法权

宪法规定，菲律宾的立法权属于国会，立法部门包括国会（参议院和众议院）以及若干为国会提供服务的机构。

国会选举一般在选举年 5 月的第二个星期一举行。在参议院选举中，参议员候选人必须在出生时已具有菲律宾国籍，具有读写能力，是经正式登记的合格选民，年满 35 岁且选举日前在菲律宾居住满两年。参议员由菲律宾国民大选产生，任期六年，连任不得超过两届，每三年改选参议院 24 个席位中的一半席位。参议院议长由参议员投票选举产生，现任议长是来自民族主义人民联盟（NPC）的铁托·索托（Tito Sotto）。

在众议院选举中，一部分众议员从各省、市和大马尼拉区根据人口比例划分的选区选出，另一部分由正式登记的全国性、地区性的政党或组织[①]按政党名单制（Party-List）[②]选出，来自政党名单制的众议员应占众议院20%的席位。众议员候选人必须在出生时已具有菲律宾国籍，具有读写能力，在本选区登记为合格选民（政党名单制代表除外），年满25岁且选举日前在该选区居住满一年。由于人口数量和政党名单的变化，每届席位数会有所变动，2019年众议院选举了304个席位。众议员任期三年，连任不得超过三届。众议院议长由众议员投票选举产生，现任议长是来自国民党的艾伦·P. 卡耶塔诺（Alan Peter Cayetano）。

在职权方面，国会主要负责制定、修改和废除法律，参众两院均有立法权，但众议院权力更大，所有关于拨款、岁入、税收、地方请援等法案均由众议院起草和提出。国会的职权还包括选举议长，决定对外宣战或媾和，弹劾总统、副总统、最高法院法官、检察长等，提出弹劾的权力属于众议院，参议院负责审理和裁决弹劾案件。[③]

国会在每年7月的第四个星期一召开例行年会。现行宪法将国会会期从马科斯独裁时期的100天延长至11个月，以避免总统在闭会期间滥用职权。

四 司法权

宪法规定，菲律宾司法权属于最高法院和依法设立的各下级法院。司法部门根据宪法设立最高法院、高级上诉法院、税务上诉法院、监察法院和各级区域初审法院等下级法院。

在职权方面，司法部门有权裁决其管辖权范围内涉及法律上可要求和可执行权利的争议；有权决定政府部门及其代理部门是否因严重滥用裁量

---

① 菲律宾宪法规定，菲律宾公民可以自由组建公开的政党、组织、联盟，但须向社会公布后在选举委员会登记注册，经选举委员会审查通过后成为合法政党。任何具有宗教性质的团体和教派不可登记为政党，而且以暴力或非法手段达到目标、获得外国政府支持的政党和组织也不被承认。

② 政党名单制，即选民将选票投给政党而非特定的候选人，得票数排名前五的政党不得参加政党名单制选举。根据政党在选举中的得票率分配众议院议席，每2%的得票率可以获得1个席位，最多可以得到3个席位。

③ 参见 http：//www. senate. gov. ph/about/Rules% 20of% 20the% 20Senate% 20July% 2027，% 202020 – EDP. pdf；http：//www. congress. gov. ph/about/？ about = mission。

权而导致管辖权缺位或过大；有权解释法律，决定是否将某项法条应用于个别案例；上级法院具有管理下级法院的职能。

具体来说，宪法明确授予最高法院司法审查权，可审理、裁定任何涉及法律、政府法令、条约等合宪性案件，宣告条约、法律、总统令、公告、命令、指示、法令或法规等违宪。最高法院院长由总统从司法和律师委员会提交的候选人名单中任命，没有固定期限，直到70岁强制退休。高级上诉法院等级仅次于最高法院，审理除了特别管辖之外的地方上诉案件，由1名首席法官和68名助理法官组成。与高级上诉法院同一级别的税务上诉法院和监察法院（The Sandiganbayan）是具有特别管辖权的法院，前者负责管辖与税务相关的上诉案件，后者负责管辖涉及官员贪污腐败行为和公职人员（包括政府拥有或控制的公司职员）的其他罪行的案件。①

第二节　主要政党

菲律宾是亚洲较早实行政党政治的国家之一，且带有浓烈的家族政治色彩。菲律宾各政党的政策纲领或思想没有太大差异，议员们基于利害关系在政党间游移也很常见。在多党竞争体制下，菲律宾党派林立，“民主党—人民力量党”、自由党、民族主义人民联盟、基督教穆斯林民主力量党、国民党是目前菲律宾政坛上的主要政党。

一　“民主党—人民力量党”

（一）历史沿革

“民主党—人民力量党”（以下简称“民主民力党”）创立于马科斯独裁时期。1978年，反对派领袖贝格尼奥·阿基诺成立人民力量党（Lakas ng Bayan）。1982年，卡加扬迪奥罗（Cagayan de Oro）市长阿奎里诺·皮门特尔（Aquilino Pimentel）和一部分马科斯政府的反对者成立了菲律宾民主党（PDP）。为了突破马科斯阵营的限制，赢得1984年举行的国民议会选举，1983年两党合并成民主民力党，1986年总统大选前又与时任参

---

① 参见sb. judiciary. gov. ph。

议员萨尔瓦多·劳雷尔（Salvador Laurel）领导的统一民族民主组织结成了当时最大的反对党联盟，并由阿基诺夫人的弟弟小何塞·科胡昂戈（Jose S. Cojuangco，Jr.）和罗伦素·塔纳达（Lorenzo Tanada）领导，联盟推选的阿基诺夫人和劳雷尔分别成功当选正副总统。

在后马科斯时期，民主民力党曾发生分裂。1988 年，大部分阿基诺家族势力离开并另组了菲律宾民主斗争党（LDP）。2010 年时任党主席杰约马尔·比奈（Jejomar Binay）当选副总统，后因与党总裁皮门特尔发生冲突，比奈及其家族势力脱党，民主民力党政治实力被大大削弱。可以说，成立以来该党的兴衰与政治家族势力的加盟与背离密切相关。2016 年，民主民力党总统候选人杜特尔特赢得总统大选。2019 年，在杜特尔特领导下，民主民力党重整旗鼓，在国会选举中率领竞选联盟成为菲律宾参众两院的“超级多数”。

民主民力党现任党总裁（President）是杜特尔特，党主席（Chairperson）是参议员阿奎里诺·皮门特尔三世（Aquilino Pimentel III），他是党派创始人之一老皮门特尔的儿子。

（二）政治主张和影响力

民主民力党的主要价值观是有神论、真正的人文主义、开明的民族主义、民主的社会主义、协商和参与的民主。[①] 在经济发展方面，该党主张民主社会主义，强调促进社会公平和财富平均分配；主张修订现行宪法，使菲律宾从目前的单一制过渡到联邦制，以期搞活地方经济，减小贫富差距。在治理方面，该党主张建构“以人为中心的服务型政府”；关注民生问题：通过立法推动全民医疗体系的建立，通过财政补贴消除教育不公平，实施贫困家庭补助计划，大力推进基础设施建设；民主民力党还主张通过较为严厉的刑罚全力打击毒品犯罪、遏制腐败犯罪。在对外交往方面，该党主张独立自主的外交政策，与中国保持友好密切的外交关系。杜特尔特上台后，民主民力党加强了与中国共产党的合作交流，两党交往逐渐机制化，成为当前中菲关系的重要组成部分。2020 年 6 月，在民主民力党的带领下，菲律宾主要政党与中国共产党建立了中菲“一带一路”

---

① Christine O. Avendaño，“Pimentel Allays Concerns over PDP-Laban Ties with China's Reds，” https：//globalnation. inquirer. net/164673/pimentel – allays – concerns – pdp – laban – ties – chinas – reds.

政党共商机制并举行第一次会议，通过党际渠道促进高质量共建“一带一路”合作取得更多成果。①

政党的影响力可以通过其在国会所占席位数体现出来，根据《1987 年宪法》实施后国会选举统计数据，民主民力党在国会中的席位数如图Ⅰ-6-1 所示和图Ⅰ-6-2。

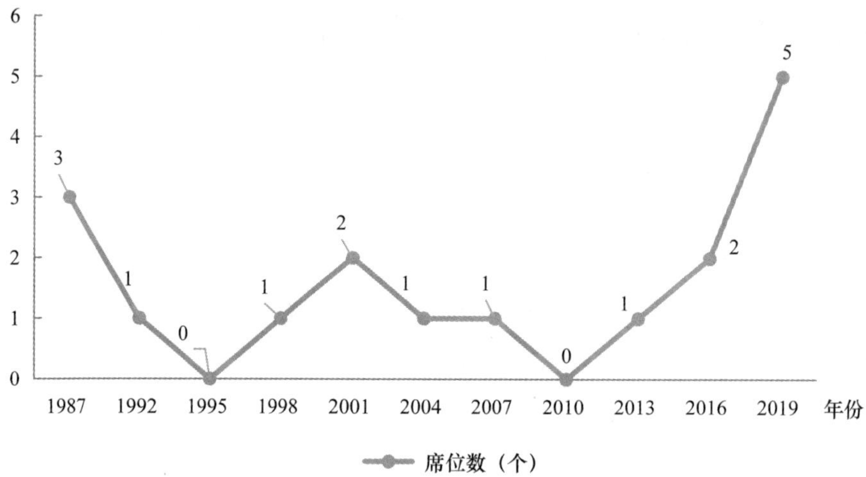

图Ⅰ-6-1　民主民力党参议院席位变化

资料来源：根据菲律宾选举委员会官方网站选举数据整理，https：//www. comelec. gov. ph/。

说明：1992 年参议院选举与自由党联合赢得 1 席。

如图Ⅰ-6-1、图Ⅰ-6-2 所示，近年来，民主民力党在国会中的影响力和地位一般，但随着 2016 年杜特尔特赢得大选而实力剧增，迅速崛起为菲律宾第一大党。目前菲律宾有 41 个省长②和 41 个副省长是该党党员。随着杜特尔特执政的深入，政府推进各项改革的阻力也逐渐加大，旷日持久的反毒战及民族和解进程在短期内仍难看到结果，各方对宪法修订也有诸多不同意见，民调数据显示，杜特尔特曾经稳定的公众支持率有所下滑。③ 杜特尔特和民主民力党一直积极推动修宪，然而，如果修宪的

① 参见 https：//www. idcpc. org. cn/bzhd/wshd/202007/t20200701_ 139216. html。

② 菲律宾共有 81 个省级行政区域。

③ 马勇、马云：《2018 年东南亚政治经济形势综述》，《南亚东南亚研究》2019 年第 1 期。

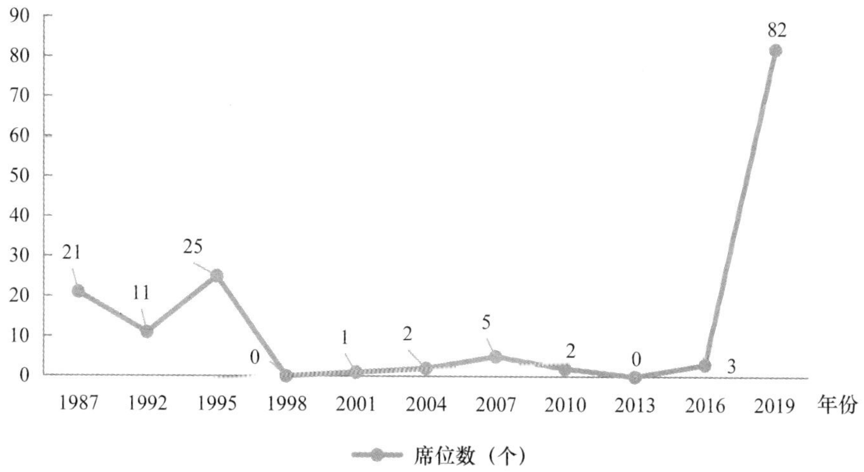

图Ⅰ-6-2　民主民力党众议院席位变化

资料来源：根据菲律宾选举委员会官方网站选举数据整理，https：//www.comelec.gov.ph/。

说明：1992 年众议院选举与自由党结盟共赢得 11 个席位；2007 年众议院选举与统一反对党（United Opposition）结盟共赢得 5 个席位。

政治红利无法顺利兑现，将有碍杜特尔特后期执政和民主民力党的持续发展。①

二　自由党

（一）历史沿革

自由党是菲律宾历史十分悠久的政党之一。最初是从国民党分裂出来的自由主义派别，由时任参议院议长曼努埃尔·罗哈斯（Manuel Roxas）等人于 1946 年 11 月创立。

菲律宾独立初期，自由党曾有三位候选人当选总统：曼努埃尔·罗哈斯（1946—1948）、埃尔皮迪奥·基里诺（1948—1953）和迪奥斯达多·马卡帕加尔（1961—1965）。这一时期自由党的政治实力不断壮大，成为当时菲律宾第一大党。

在马科斯独裁期间，在贝尼格诺·阿基诺（Benigno Aquino Jr.）等人

① 鞠海龙：《杜特尔特治下菲律宾民力党的崛起及愿景》，《当代世界》2018 年第 7 期。

的领导下，自由党以人权和民主自由等诉求对马科斯施压，该党许多领导人和成员在这个时期被起诉，甚至被杀害。

在后马科斯时期，自由党为菲律宾民主独立继续奔走。1991 年，自由党在菲律宾参议院发起运动，反对新的美军基地条约，从而结束了美国在菲律宾半个多世纪的军事存在。2000 年，自由党反对约瑟夫·埃斯特拉达政府的腐败，积极支持弹劾罢免动议，这些动议导致了第二次“人民力量革命”（EDSA II）[①]，最终推翻了埃斯特拉达政府的统治。[②] 2010 年，自由党候选人阿基诺三世（阿基诺夫人和贝尼格诺·阿基诺的儿子）成功当选总统。2016 年，阿基诺三世任期届满，该党提名曼努埃尔·罗哈斯二世（Manuel Roxas II）竞选总统，罗布蕾多竞选副总统，前者失利，后者当选。2017 年 2 月开始，自由党专注于重建，选择邀请一些非政界人士加入该党。2019 年国会大选之前，自由党成立了反对党联盟，希望推动一种新的政治文化，强调政治领导人要实践“倾听、学习、行动”，政府应倾听公民需求，在全国范围内开展一场“现代倾听运动”,[③] 但由于杜特尔特风头正劲，在民众中支持率很高，因而未能在选举中获胜。

目前自由党总裁是参议员弗朗西斯·潘希利南（Francis Pangilinan），党主席是副总统莱妮·罗布蕾多。

（二）政治主张和影响力

崇尚自由、社会正义和团结是自由党的主要价值观。[④] 在经济发展方面，自由党主张放宽投资限制，鼓励外来投资。在治理方面，自由党主张建立廉洁、高效、透明、有参与性的政府；建立一个公正、繁荣、和平、充满爱心的社会；为所有人提供体面的工作和可负担的住房、医疗与教育

---

① 第二次“人民力量革命”是 2001 年 1 月由菲律宾人民、天主教主教辛海棉（Cardinal Jaime Lachica Sin）、副总统阿罗约、菲律宾军方及内阁成员等拒绝继续支持被控贪腐的菲律宾总统埃斯特拉达而合力逼迫其于 1 月 20 日辞职下台的革命。由于这次革命与 1986 年的“人民力量革命”同样发生于菲律宾国家首都区桑托斯大道（Epifanio de los Santos Avenue）而被称为“桑托斯大道革命 II”（EDSA II）。

② Bea Cupin, “‘Melted’? Liberal Party Meets for 71st Anniversary,” http://www.rappler.com/newsbreak/inside-track/158997-liberal-party-anniversary.

③ “Opposition Is ‘Aliv’: VP Robredo Launches Senate Ticket,” https://news.abs-cbn.com/news/10/24/18/opposition-is-alive-vp-robredo-launches-senate-ticket.

④ https://liberal.ph/frequently-asked-questions-joining-partido-liberal/.

资源，以及宜居的社区生活条件；推动社会公平和可持续的经济发展。在对外交往方面，由于历史上自由党创始人和重要人物都与美国渊源深厚，一直奉行亲美路线。该党政治主张也基本贴合欧美主流价值观。

根据《1987 年宪法》实施后的国会选举数据统计，自由党在国会中的席位数如图Ⅰ-6-3 和Ⅰ-6-4 所示。

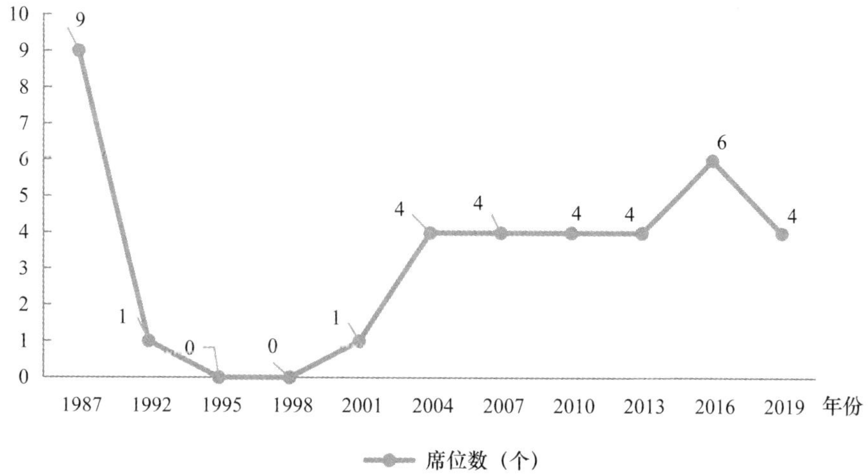

图Ⅰ-6-3　自由党参议院席位变化

资料来源：根据菲律宾选举委员会官方网站选举数据整理，https：//www.comelec.gov.ph/。

说明：1992 年参议院选举与民主民力党联合赢得 1 席。

如图Ⅰ-6-3、图Ⅰ-6-4 所示，近年来，自由党在菲律宾政坛上的影响力很大，曾数次成为国会两院席位最多的政党，也曾赢得总统、副总统选举。由于菲律宾政党忠诚度低，随着自由党在 2016 年总统竞选中失败，该党失去往昔优势，很多成员为了政治利益转投他党或另立门户。在 2019 年中期选举中，作为主要反对党的自由党失利，国会席位数一落千丈。目前，只有 2 个省长和 5 个副省长是自由党党员。该党的罗布蕾多当选副总统后，由于跟杜特尔特政见不合，所属党派利益不同，两人一直处于竞争关系。作为老牌政党，自由党在菲律宾政坛上仍有一定的影响力，但该党能否重整旗鼓，关键还在于该党候选人未来能否赢得总统选举。

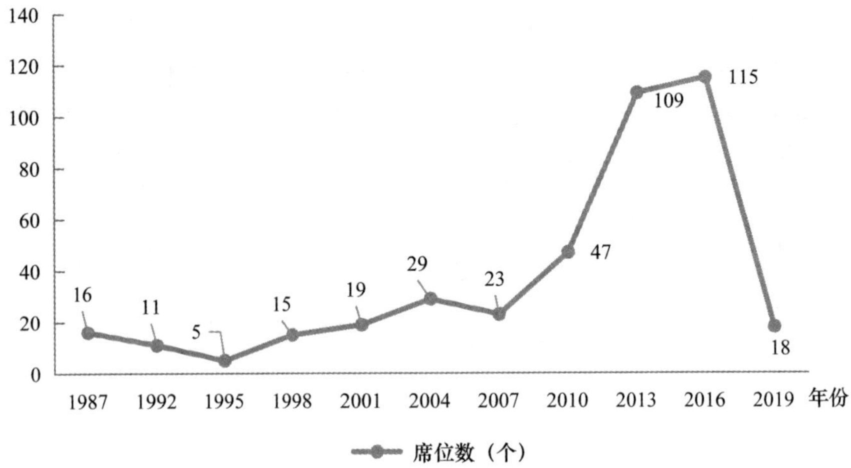

图Ⅰ-6-4　自由党众议院席位变化

资料来源：根据菲律宾选举委员会官方网站选举数据整理，https：//www. comelec. gov. ph/。

说明：1992 年众议院选举与民主民力党结盟共赢得 11 个席位。

三　基督徒穆斯林民主力量党

（一）历史沿革

1992 年，为支持拉莫斯参加总统选举，菲律宾力量党（LAKAS）、NUCD-UMDP 联盟①等党合并组成基督徒穆斯林民主力量党（以下简称“民主力量党”）。

1998 年，民主力量党候选人阿罗约赢得副总统选举，并于 2001 年埃斯特拉达政府被推翻后接任总统职位。2004 年，阿罗约赢得总统大选，该党也在国会选举中大获全胜。

在 2010 年总统大选中，民主力量党候选人吉尔伯托·特奥多罗（Gilberto Teodoro）落败，该党在参议院选举中赢得 2 个席位，在众议院选举中赢得 106 个席位，占 47%，但党员们大多投奔自由党或民族团结党（National Unity Party）。

2013 年，邦·雷维利亚（Bong Revilla）成为民主力量党主席，但由

① 由基督教民族主义联盟（NUCD）和菲律宾统一穆斯林民主者（UMDP）合并而成。

于涉嫌参与“猪肉桶骗局”[①]（the Pork Barrel Scam）而被拘留，此前，他被认为是该党2016年总统大选最有力的候选人，[②]这对民主力量党的打击不小。2018年12月，雷维利亚被判无罪[③]，并于2019年当选参议员，使该党恢复了一些元气。目前民主力量党总裁是现任众议院多数党领导人马丁·罗穆亚尔德斯（Martin Romualdez）。

（二）政治主张及影响力

民主力量党是受基督教和伊斯兰教影响的中右翼政党，持有基督教民主、伊斯兰民主、绿色政治、社会保守主义、自由保守主义、联邦制等价值理念。在经济发展方面，该党致力于菲律宾的经济增长和发展，重视农业、增加就业和扶助贫困；主张加快私有化。在治理方面，该党主张加强政府行政和立法部门之间的合作；希冀通过修宪向联邦制转变，扩大地方政府权力；[④]改革选举制度，将总统任期六年一届修改为四年一届，可连任两届，并向议会制转变；主张通过谈判实现民族和解，分化宗教极端分子，加强温和主义者的力量，促进社会稳定。在对外交往方面，倡导经济外交，奉行开放政策[⑤]，该党是最早与中国共产党建立党际关系的菲律宾政党，两党一直保持着友好交往关系。民主力量党修宪的主张与民主民力党相合，因而成为其政治联盟的核心成员。

根据《1987年宪法》实施后的国会选举数据统计，民主力量党在国会中的席位数如图Ⅰ-6-5和图Ⅰ-6-6所示。

---

① “猪肉桶骗局”是一个政治丑闻，菲律宾国会除每年例行的一般拨款法案和公共事务法案之外，总统以公共补助或地方建设为由，将特定款项——优先发展援助基金（PDAF）（俗称“猪肉桶”）交由国会议员使用，菲律宾国会一些成员涉嫌滥用这笔款项。关于优先发展援助基金可参见Gerardo M. Roxas, “The Pork Barrel System,” *Philippine Journal of Public Administration*, Vol. 7, No. 4, 1963.

② Karen Boncocan, “Bong Revilla a Strong Contender in 2016—Lakas-CMD,” *Philippine Daily Inquirer*, https://newsinfo.inquirer.net/350361/bong-revilla-a-strong-contender-in-2016-lakas-cmd.

③ 邦·雷维利亚为涉嫌的16宗贪污案件支付了48万比索的保释金，他的首席助手理查德·坎贝（Richard Cambe）和“猪肉桶”诈骗案主谋珍妮特·纳波勒斯（Janet Napoles）被判有罪。

④ “Romualdez Reaffirms Support for Duterte’s Federalism Agenda,” https://newsinfo.inquirer.net/1127176/romualdez-reaffirms-support-for-dutertes-federalism-agenda/amp.

⑤ 参见http://cn.brnn.com/n3/2019/0417/c414923-9567911.html。

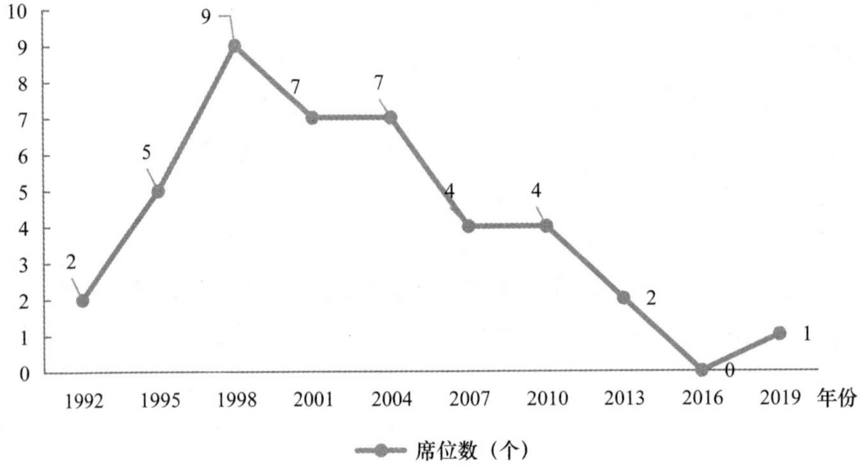

图Ⅰ-6-5　民主力量党参议院席位变化

资料来源：根据菲律宾选举委员会官方网站选举数据整理，https：//www. comelec. gov. ph/。

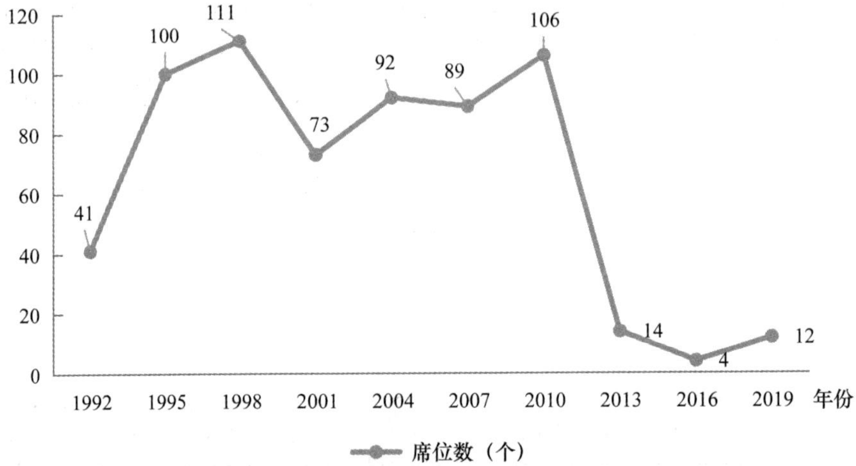

图Ⅰ-6-6　民主力量党众议院席位变化

资料来源：根据菲律宾选举委员会官方网站选举数据整理，https：//www. comelec. gov. ph/。

如图Ⅰ-6-5、图Ⅰ-6-6所示，民主力量党曾经在国会有很大的影响力，占有重要地位，但由于在近两次总统大选中表现不佳——在2010年的正副总统选举中均未能获胜，2016年没有推举出候选人参加正副总统选举，目前只能与民主民力党结成竞选联盟。在2019年中期选举中，该党在众议院的席位数由 4 个上升到 11 个。目前有 2 个省长和 3 个副省长是该党党员。

四 民族主义人民联盟

（一）历史沿革

1992 年，菲律宾工商业大亨爱德华多·许寰戈（Eduardo Cojuangco）为参加总统大选成立了民族主义人民联盟。尽管未能当选，但该党在众议院选举中赢得了很多席位。由于政策比较灵活，实力较为雄厚，该党经常成为其他政党拉拢的对象，总在关键时刻与相关竞选联盟组成“议会多数”[①]。

在 1998 年总统选举中，为了助力时任副总统约瑟夫·埃斯特拉达竞选总统，民族主义人民联盟加入菲律宾人民爱国斗争党（Struggle of the Patriotic Filipino Masses，LAMMP）。2001 年埃斯特拉达下台后，民族主义人民联盟脱离该党，转而支持阿罗约政府。

民族主义人民联盟未参加 2010 年和 2016 年的正副总统选举，虽然没有出现政治强人参与总统选举，但由于经常与执政党达成合作关系，因此该党在国会选举中成绩不俗。在 2019 年国会选举中，与民主民力党结成联盟“改革党派”（Faction for Change）。现任党主席是乔吉迪·阿戈本（Giorgidi Aggabao）。

（二）政治主张及影响力

民族主义人民联盟在菲律宾的政治光谱中位于中右，有着浓厚的社会保守主义和自由保守主义色彩。在经济发展方面，该党主张加快国有企业私有化进程，支持为所有菲律宾人创造财富和机会。在治理方面，该党主张通过解决贫困和保障社会公正来改善所有菲律宾人的生活质量；倡导弘扬民族自豪感、促进民族团结、发展国家利益、倡导社会变革；支持修改宪法，防止总统权力过大，主张实行议会制和两院制。[②] 在对外交往方面，该党也是中菲“一带一路”政党共商机制的成员党之一。民族主义

---

① 马燕冰编著：《列国志——菲律宾》，社会科学文献出版社 2019 年版，第 181 页。

② Perron Louis, *Election Campaigns in the Philippines*, Routledge Handbook of Political Management, 2010, p. 361.

人民联盟属于民主民力党政治联盟成员，目前的政治主张主要体现为支持民主民力党的施政目标。

根据《1987 年宪法》实施后的国会选举数据统计，民族主义人民联盟在国会中的席位数如图Ⅰ-6-7和图Ⅰ-6-8所示。

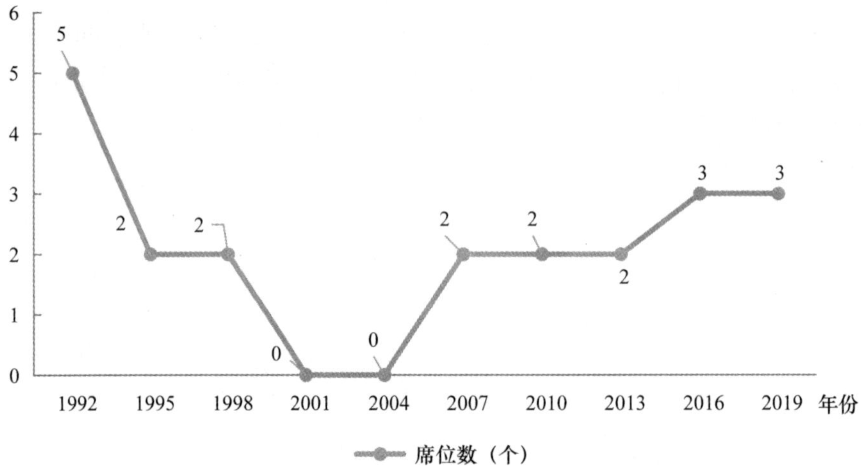

图Ⅰ-6-7　民族主义人民联盟参议院席位变化

资料来源：根据菲律宾选举委员会官方网站选举数据整理，https：//www.comelec.gov.ph/。

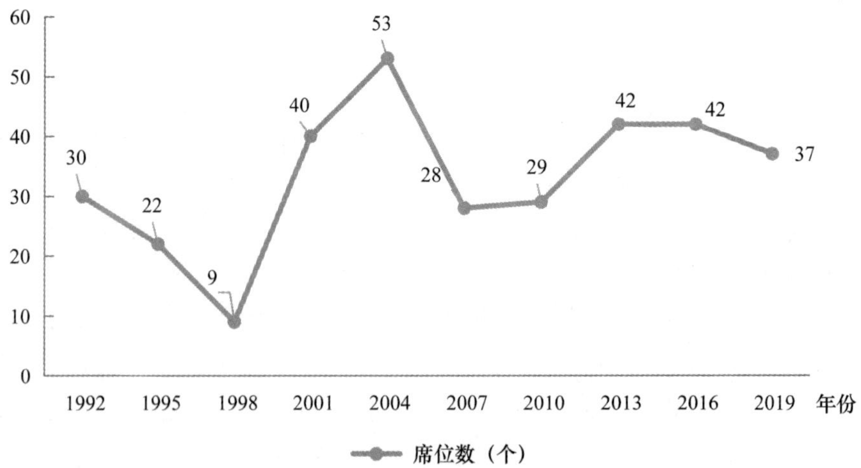

图Ⅰ-6-8　民族主义人民联盟众议院席位变化

资料来源：根据菲律宾选举委员会官方网站选举数据整理，https：//www.comelec.gov.ph/。

虽然没有政治强人参与正副总统选举，但如图Ⅰ－6－7、图Ⅰ－6－8所示，从所占席位数上看，该党在参众两院尤其是在众议院仍具有一定的威望和影响力。目前菲律宾有9个省长和14个副省长是该党成员。

五　国民党

（一）历史沿革

国民党是菲律宾乃至东南亚历史十分悠久的政党之一。自由党和民族主义人民联盟都是从国民党分裂出来的。

1901年8月21日，一批具有激进民族主义思想的政治精英为了实现国家独立在马尼拉的奎阿波（Quiapo）成立了国民党。

在菲律宾自治政府时期（1935—1946），国民党的曼努埃尔·奎松（Manuel Quezón）担任总统，国民党为建立现代民族国家和倡导有效的自治而奋斗，在菲律宾政坛上发挥了主导作用。

在菲律宾独立初期，国民党曾有三位候选人当选总统：拉蒙·麦格赛赛（1953—1957）、卡洛斯·加西亚（1957—1961）和费迪南德·马科斯（1965—1986）。

在马科斯独裁时期，国民党也进入休眠期。1978年，马科斯为了加强专制独裁而带领国民党内大部分力量组成新社会运动党，国民党力量被削弱。1979年，前议长小何塞·劳雷尔（Jose Laurel Jr.，前总统何塞·劳雷尔之子）等人退出新社会运动党，试图复兴国民党。

在后马科斯时期，国民党在1992年和2010年分别派出候选人萨尔瓦多·劳雷尔（Salvador Laurel）和曼尼·维拉尔（Manny Villar）参与总统选举，均成绩不佳。2016年，国民党未派出候选人参加总统选举，而是选择支持杜特尔特竞选总统。

现任党总裁是前参议院议长曼努埃尔·维拉（Manuel Villar），党主席是他的妹妹辛西亚·维拉（Cynthia Villar）。

（二）政治主张及影响力

国民党始终保持民族主义色彩，具有一定的保守主义倾向，因而他们反对自由党和进步党。在经济发展方面，该党主张扩大国内贸易，通过政府投资基础设施建设增加就业，致力于建设现代化高效益的农业和工业，停止对国有企业的补贴，扩大税收范围。在治理方面，主张建立高效的政府，节约公共资金开支，避免不必要的公共债务增加，以保障公共财政的稳健，主张维护司法公正和独立，主张继续实施教育改革，降低教育成本，并对私立和公立教育机构进行有效监督，支持国家加大对职业学校建设，主张扩大地方自治权，主张政府建立专门机构救济失业和贫困人口。在对外交往方面，国民党一直奉行独立自主的原则。①

根据《1987 年宪法》实施后的国会选举数据统计，国民党在国会中的席位数如图Ⅰ－6－9和图Ⅰ－6－10所示。

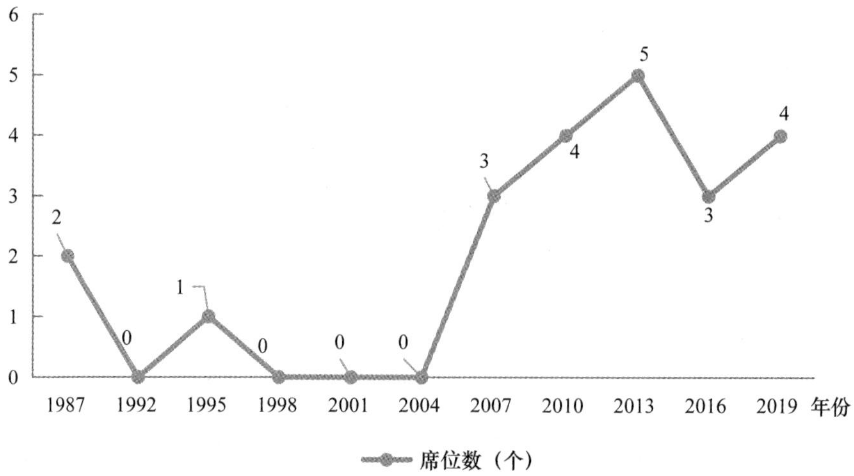

图Ⅰ－6－9 国民党参议院席位变化

资料来源：根据菲律宾选举委员会官方网站选举数据整理，https：//www. comelec. gov. ph/。

近些年来国民党没有斩获总统或副总统职位，但如图Ⅰ－6－9、图Ⅰ－6－10所示，国民党在国会中的影响力还是比较大的。由于历史悠久，很多地方政治家族成员出身该党，因此在地方选举中也占有一定的优势。目前有8位省长和11位副省长是该党党员。

① 参见 https：//www. officialgazette. gov. ph/1941/08/16/platform－of－the－nacionalista－party－august－16－1941/。

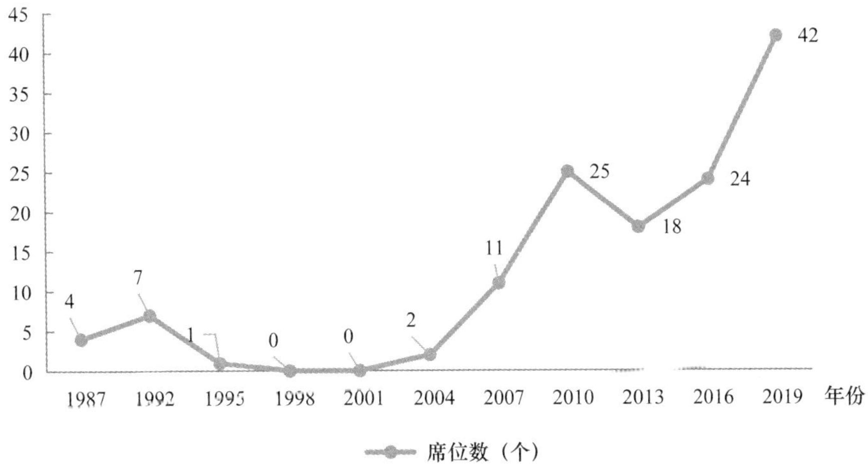

图Ⅰ-6-10　国民党众议院席位变化

资料来源：根据菲律宾选举委员会官方网站选举数据整理，https：//www. comelec. gov. ph/。

第三节　选举

自《1987 年宪法》实施以来，菲律宾政局逐渐稳定，选举日益成为反映菲律宾政治生态的重要晴雨表。当前，在选举委员会的监督下，菲律宾每六年举行一次总统大选，每三年进行一次国会选举和地方选举。

一　总统选举

作为总统制国家，菲律宾的总统选举最为重要。总统候选人是由各政党的政治代表大会决定的。由于菲律宾大多数政党组织结构都比较松散，多数人都会不时更换政党。没有政党提名的人可能会以独立候选人的身份参选，也可能被另一个政党接纳，或者组建自己的政党。

竞选活动持续 3 个月，从选举年的 2 月初开始，到大选前夕结束。计票工作首先在个人选区进行，然后将所有选票制成表格，提交给不同的市、省，最后提交给国会，国会是最后的“唱票人”。当最高法院作为总统选举法庭时，有权处理和裁判有关选举的抗议申诉。《1987 年宪法》颁布后，菲律宾总共进行了五次总统选举。

（一）1992 年总统选举

1992 年 5 月 11 日，菲律宾举行了《1987 年宪法》颁布后的第一次总统大选。民主力量党候选人、退役将军菲德尔·拉莫斯（前总统马科斯的表弟，曾帮助阿基诺夫人粉碎过七次军人政变）以极微弱优势打败了人民改革党（People's Reform Party）候选人米利亚姆·迪方索—桑蒂雅各（Miriam Defensor-Santiago）当选总统。由于桑蒂雅各在竞选前期一直处于领先地位，最后才被反超，再加上投票过程中曾发生停电事件，她认为这场选举存在舞弊行为，但其抗议申诉被最高法院驳回。[①] 来自民族主义人民联盟的电影演员兼议员约瑟夫·埃斯特拉达在副总统选举中以 33% 的得票率获胜。

表Ⅰ-6-3　　1992 年总统选举主要候选人选举结果

政党	候选人	选票数（张）	得票率（%）
基督教穆斯林民主力量党（Lakas-NUCD）	菲德尔·拉莫斯	5342521	23.58
人民改革党（People's Reform Party）	米利亚姆·迪方索—桑蒂雅各	4468173	19.72
民族主义人民联盟	小爱德华·许寰戈（Eduardo Cojuangco Jr.）	4116376	18.17

资料来源：http：//malacanang. gov. ph/74718 – elections – of – 1992/。

（二）1998 年总统选举

1998 年 5 月 11 日，菲律宾举行了总统选举。大选前，时任总统拉莫斯试图发动修宪运动连任，但被天主教会和反对党联合扼杀。拉莫斯被迫放弃连任，并指定众议院议长小何塞·贝内西亚（Jose de Venecia Jr.）作为民主力量党的候选人。而菲律宾人民武力党（Force of the Filipino Masses）候选人埃斯特拉达以副总统身份参与大选，由于其知名度极高，并且在打击犯罪和保护贫民方面颇有建树，获得了较高声望，很受民众欢迎。最终埃斯特拉达以 39.86% 的得票率，压倒性地赢得了总统职位。他取胜的关键还在于其亲民形象，在竞选中提出了“消除贫困、打击贪污犯

① Kristine F. Servando，“Miriam：I was cheated，but didn't call for people power，” https：//news. abs – cbn. com/nation/05/05/10/miriam – i – was – cheated – didn% E2% 80% 99t – call – people – power.

罪”的纲领。在副总统竞选中，民主力量党参议员格洛丽亚·阿罗约也以压倒性的优势赢得胜利。

表Ⅰ-6-4 1998年总统选举主要候选人选举结果

政党	候选人	选票数（张）	得票率（%）
菲律宾人民武力党	约瑟夫·埃斯特拉达	10722295	39.86
基督教穆斯林民主力量党（Lakas-NUCD—UMDP）	小何塞·贝内西亚	4268483	15.87
民主行动党（Democratic Action）	劳尔·罗科（Raul Roco）	3720212	13.83

资料来源：http·//malacanang.gov.ph//4722-elections-of-1998/。

（三）2004年总统选举

2004年5月10日，菲律宾举行了总统选举。这是2003年《海外缺席投票法案》（the Overseas Absentee Voting Act of 2003）实施后的首次选举，因而意义重大且引人注目。该法案使旅居海外70多个国家的菲律宾人也能参与国内选举投票，由于这一群体远离政治家族，也很难被“收买”，被认为是可能改善菲律宾政治生态的一股力量。最终，阿罗约赢得了胜利，比她的主要竞争对手多赢得了100万张选票，得票率为39.99%，菲律宾著名电影演员小费尔南多·傅（Fernando Poe Jr.）以3.48%的差距惜败。无党派人士诺力·卡斯特罗（Noli de Castro）以得票率49.8%的优势赢得了副总统选举。

表Ⅰ-6-5 2004年总统选举主要候选人选举结果

政党	候选人	选票数（张）	得票率（%）
基督教穆斯林民主力量党（Lakas-NUCD）	格洛丽亚·阿罗约	12905808	39.99
团结菲律宾人联盟（Coalition of United Filipinos）	小费尔南多·傅	11782232	36.51
民主菲律宾人民斗争党（Struggle of Democratic Filipinos）	班彼罗德·拉克松（Panfilo Lacson）	3510080	10.88

资料来源：http：//malacanang.gov.ph/74726-elections-of-2004/。

（四）2010 年总统选举

2010 年 5 月 10 日，菲律宾总统选举举行。为了防止恐吓选举官员改票等选举暴力事件的发生，根据菲律宾第 9369 号法案授权，选举委员会（COMELEC）在这次选举中第一次使用电子自动化设备进行投票计票。[①]最终，自由党参议员贝尼格诺·阿基诺三世以多数票获胜，赢得了自1986 年总统选举后的最高得票率 42.08%。与此同时，在副总统选举中，来自民主人力党的马卡蒂市（Makati）市长杰约马尔·比奈赢得 41.65%的选票率，以微弱优势击败自由党参议员马尔·罗哈斯（Mar Roxas）。

表Ⅰ-6-6　　2010 年总统选举主要候选人选举结果

政党	候选人	选票数（张）	得票率（%）
自由党（Liberal Party）	贝尼格诺·阿基诺三世	15208678	42.08
人民武力党	约瑟夫·埃斯特拉达	9487837	26.25
国民党	曼尼·维拉尔（Manny Villar）	5573835	15.42

资料来源："Philippine Electoral Almanac Revised and Expanded," https://archive.org/details/philippine-electoral-almanac-revised-and-expanded/page/n177/mode/2up.

（五）2016 年总统选举

2016 年 5 月 9 日，菲律宾举行了总统选举，超过 5500 万菲律宾人参加了此次投票，专家称这是自 1986 年推翻马科斯独裁政权以来最激动人心、竞争最激烈、政治意义最重大的选举。[②]

大选最终主要在三个候选人之间展开激烈竞争。一是自由党的曼努埃尔·罗哈斯二世（Manuel Roxas II）。他拥有的优势在于政治家族血统[③]，强大的政党机器支持，雄厚的经济实力、地方网络和公共资源的支持等。但他作为阿基诺三世政府的内阁成员表现平平，也没有展现出有效的领导

① Rene Sarmiento, "A Moment in History: Understanding Poll Automation for the 2010 National and Local Election," https://web.archive.org/web/20091023070134/http://businessmirror.com.ph/home/perspective/14399-a-moment-in-history-understanding-poll-automation-for-the-2010-national-and-local-elections.html.

② 参见 https://www.asiapacific.ca/canada-asia-agenda/2016-philippine-elections-democracys-discontents-and。

③ 曼努埃尔·罗哈斯二世是菲律宾独立后第一任总统曼努埃尔·罗哈斯的孙子。

力。二是格蕾丝·傅（Grace Poe）[①]。她的政治经验相对不足，“清新的政坛新人”形象正好迎合了菲律宾选民求变的期望。她的竞选优势集中在“形象”，以及拒绝与任何政党有瓜葛的独立人士身份上。然而，她因为总统候选人资格问题——是否在出生时就具有菲律宾国籍而受到质疑。[②]三是杜特尔特。在很大程度上，杜特尔特代表了阿基诺家族和长期主导菲律宾政治的精英家族的对立面。从表面上看，他不是天主教通常要求的道德典范。杜特尔特涉嫌参与法外处决罪犯和毒枭，以及他与马科斯家族的密切关系，也引起了菲律宾人权和民主捍卫者的忧虑。但他的优势主要在于：他是一名来自马尼拉精英权贵圈之外的“边缘”候选人；希望通过向联邦制转变来发展菲律宾的“边穷”地区；打击毒品犯罪的经验和治理贪腐的决心，等等，这些因素吸引了各个社会阶层尤其是底层的选民。最终，杜特尔特以39%的得票率赢得大选。

表Ⅰ-6-7　　2016年总统选举主要候选人选举结果

政党	候选人	选票数（张）	得票率（%）
菲律宾民主党—人民力量党	罗德里戈·杜特尔特	16601997	39.0
菲律宾自由党	曼努埃尔·罗哈斯二世	9978175	23.5
独立人士	格蕾丝·傅	9100991	21.4

资料来源：https：//www. comelec. gov. ph/？ r=2016NLE/ElectionResults。

二　近年来的国会选举

国会对菲律宾政治生态的影响也很大，参议员和众议员选举竞争非常激烈。从选举规则来看，参议院采用全民普选，每个选民有12张选票，不可重复投票，获得最多票数的12名候选人将赢得席位。众议院选举采用平行投票的方式，每个选民有两张选票：一票可以投给个人所在选区代表，另一票可投给政党代表。

① 格蕾丝·傅是2004年大选中落败的总统候选人——电影明星小费尔南多·傅的养女。

② 格蕾丝·傅幼年时在教堂被人发现并被收养，因此有人认为她国籍不明，并非“天生菲律宾人”，不具备竞选总统的资格。另外，她一度定居美国并拥有美国国籍，后来才放弃，也因此受到诟病。

从历年选举来看，国会选举主要特征有：第一，参议院选举中名人效应明显，由于参议员是从全国选区中选出的，因此具有高知名度的候选人较容易当选，很多知名富商、娱乐明星借此踏入政坛。第二，政党名单代表制度对扩大弱小政党参与政治的作用有限。从理论上讲，该制度可以限制传统主流政党，有利于代表社会底层贫民和弱势群体的政党组织参与政治。但现实中通过这项制度进入国会的政党数量偏少且力量单薄，因为许多参选政党及团体的得票率根本达不到 2% 的最低要求，因而无法获得政党名单代表制名额。第三，从总体上讲，国会席位被政治家族和精英人士霸占。比如 2010 年参议院选举中，10 名曾在参议院任职的参议员再次当选，其中 6 名为现任参议员，2 名新议员的父亲曾在参议院任职。①

自现行宪法实施以来，菲律宾共举行过 11 次国会选举，主要政党在国会选举中的表现已在上节中有所介绍，此不再赘述，仅具体介绍一下最新一次国会选举的情况。这次选举于 2019 年 5 月举行，被视为对杜特尔特三年政绩的“公投”。在参议院选举中，总统杜特尔特领导的民主民力党领导组成了竞选联盟改革党派（Faction for Change）（包括国民党、民主力量党和菲律宾人民主战斗党等），自由党领导的反对党联盟由副总统罗布蕾多领导。最终，改选的参议院 12 名议员中有 9 人来自改革党派，反对派提名的 8 名候选人全部落选。在这次选举后，改革党派在本届参议院赢得多数席位，民主民力党政治联盟也获得众议院多数席位——以 31.28% 的得票率赢得 82 个席位，国民党赢得 42 个席位，民主力量党赢得 11 个席位。

选举结果表明，杜特尔特的社会经济政策赢得了民众的支持，如严惩毒品犯罪和贪污、实施大规模基础设施建设等，这次选举后，执政联盟在参众两院席位的增多让杜特尔特政府未来能够获得国会更多的支持，有助于巩固其执政地位和改革政策的推行。②

---

① Kristine L. Alave, “Osme? Lapid, Guingona Take Last Senate Seats,” https://web.archive.org/web/20100524080119/http://politics.inquirer.net/politics/view/20100519 - 270818/Osmea - Lapid - Guingona - take - last - Senate - seats.

② 参见 http://www.xinhuanet.com/2019 -05/23/c_ 1124529971.htm。

表Ⅰ-6-8　　　　2019 年参议院选举后政党席位情况

政党	席位数（个）	席位占比（%）	趋势
菲律宾民主党—人民力量党	5	20. 8	+3
国民党	4	16. 7	+1
自由党	4	16. 7	-1
民族主义人民联盟	3	12. 5	-1
基督教穆斯林民主力量党	1	4. 2	+1
菲律宾人民主战斗党	1	4. 2	持平
阿克巴扬公民行动党（Akbayan Citizens' Action Party）	1	4. 2	持平
联合民族主义联盟	1	4. 2	-1
独立人士	4	12. 5	-1

资料来源：根据菲律宾选举委员会官方网站选举数据整理，https：//www. comelec. gov. ph/。

表Ⅰ-6-9　　　　2019 年众议院选举主要政党情况

政党	得票率（%）	趋势	席位数（个）	席位占比（%）	趋势
菲律宾民主党—人民力量党	31. 23	+29. 33	82	26. 97	+79
国民党	16. 1	+6. 68	42	13. 82	+18
民族主义人民联盟	14. 31	-2. 73	37	12. 17	-5
国家团结党	9. 51	-0. 16	25	8. 22	+2
自由党	5. 73	-35. 99	18	5. 92	-97
基督教穆斯林民主力量党	5. 11	+3. 57	12	3. 95	+8

说明：国家团结党得票率略微下降，但席位却增加 2 席，这是因为总席位数有所增加。

资料来源：根据菲律宾选举委员会官方网站选举数据整理，https：//www. comelec. gov. ph/。

三　近年来的地方选举

菲律宾虽然是单一制国家，但地方自治权力较大，1991 年，菲律宾制定了新的《地方政府法》（The Local Government Code of 1991），赋予地方政府自治、税收及经济规划权。同时，政治家族在地方盘踞，因此地方选举对菲律宾政治生态的影响也很大。

菲律宾地方选举每三年举行一次，分为省级、市/自治市（City/Municipalities）级、巴朗盖[①]级地方选举，其中比较重要的是省级和市级选举。在省级地方选举中，每个省要选出 1 名省长、1 名副省长，根据人口划分的选区选出 1—7 名省议员；在市级地方选举中每个市要选出 1 名市长、1 名副市长，根据人口划分的选区选出 4—12 名市议员。行政官员在相应的行政区域内进行普选，选民一人一票，得票最多者获胜；在议员选举时，每位选民拥有的票数与地方议会席位数相等，选民对同一候选人最多可投一次票，最后根据得票排名决定议席归属。

菲律宾地方选举的最主要特征是家族政治问题严重，主要表现为：第一，最高公职在政治家族"内循环"。在地方上，政治家族往往通过内部成员轮流出任职位而回避连任限制，省长、省议员、众议员和市长等地方最高公职基本上在家族政治中"内循环"，家族势力牢牢控制着地方政权。[②] 菲律宾"人民治理赋权中心"（Centre PEG）的一项调查显示，2016 年的全国选举后，菲律宾 81% 的省长、副省长，78% 的议员都是由政治家族的成员担任。[③] 地方选举成为被少数家族垄断的权贵游戏。例如前副总统比奈家族长期在大马尼拉地区的金融中心马卡蒂市掌权，虽然比奈在 2016 年总统大选中输给杜特尔特，但他的小女儿打败哥哥当选为马卡蒂市长，女婿当选为众议员，另外还有一个女儿是现任参议员。第二，地方选举中贿赂和暴力现象严重。在地方上，传统家族不但财力雄厚，可以影响地方的商业、民事等经济社会事务，甚至还拥有自己的武装力量。底层人民迫于眼前利益，大多会出卖选票。地方上不同家族的利益竞争相当激烈，暴力、暗杀时有发生，甚至会触发私人武装冲突。2009 年 11 月就曾发生震惊世界的安帕图安大屠杀。[④] 第三，弱政党化在地方选举中也体现得淋漓尽致。地方议员和政客对于政党的忠诚度很低，一旦哪个政党候选人当选总统，就会有地方政治势力转入这个政党，从而使该党在地方各级行政选举和议会选举中的胜选率大大提高。正如表Ⅰ-6-10 到

---

① 巴朗盖是早期菲律宾居民点的一种形式，是由 30 到 100 个家庭组成的村落，巴朗盖之间彼此独立。西班牙人在 16 世纪实施殖民后，将巴朗盖保留为一个当地行政单位。

② 参见 http：//news. sohu. com/20091128/n268530871. shtml。

③ 参见 https：//www. fountmedia. io/article/13428。

④ 曼古达达图家族试图在马京达瑙省省长选举中挑战长期把持这一位置的安帕图安家族。2009 年 11 月，当曼古达达图家族成员及 30 多名记者共 57 人，在递交竞选材料的途中，被 100 多名武装分子劫持并全部杀害。

表Ⅰ-6-15所示，2013年自由党总统在任时，自由党在地方选举中“风头无二”，2016年延续阿基诺三世在任期间的红利，自由党仍居第一，但随着2016年杜特尔特在总统大选中获胜，原本在地方选举中并未崭露头角的民主民力党在2019年地方选举中大获全胜。

表Ⅰ-6-10　2013年主要政党省级选举概况

政党	省长		副省长		省议会议员		
	人数（名）	占比（%）	人数（名）	占比（%）	人数（名）	占比（%）	执政省份数（个）
自由党	36	45	36	45	300	30	25
民族主义人民联盟	14	18	12	15	112	11	6
民族团结党（National Unity Party）	8	10	4	5	74	7	4

资料来源：根据菲律宾选举委员会官方网站选举数据整理，https：//www.comelec.gov.ph/。

表Ⅰ-6-11　2013年主要政党市级选举概况

政党	市长		副市长		市议会议员	
	人数（名）	占比（%）	人数（名）	占比（%）	人数（名）	占比（%）
自由党	61	33	57	40	647	34
民族主义人民联盟	22	15	19	13	206	11
联合民族主义联盟	16	11	16	11	169	9

资料来源：根据菲律宾选举委员会官方网站选举数据整理，https：//www.comelec.gov.ph/。

表Ⅰ-6-12　2016年主要政党省级选举概况

政党	省长		副省长		省议会议员		
	人数（名）	占比（%）	人数（名）	占比（%）	人数（名）	占比（%）	执政省份数（个）
自由党	39	48.1	39	48.1	334	32.8	16
民族主义人民联盟	9	11.1	1	12.3	107	10.5	2
民族团结党	9	11.1	7	7.6	69	6.8	2

资料来源：根据菲律宾选举委员会官方网站选举数据整理，https：//www.comelec.gov.ph/。

表Ⅰ-6-13 2016 年主要政党市级选举概况

政党	市长		副市长		市议会议员	
	人数（名）	占比（%）	人数（名）	占比（%）	人数（名）	占比（%）
自由党	759	46.5	705	43.1	5451	32.4
民族主义人民联盟	201	12.3	182	11.1	1583	9.4
国民党	145	8.9	139	8.5	1047	6.3

资料来源：根据菲律宾选举委员会官方网站选举数据整理，https：//www.comelec.gov.ph/。

表Ⅰ-6-14 2019 年主要政党省级选举概况

政党	省长			副省长			省议会议员			
	人数（名）	占比（%）	趋势	人数（名）	占比（%）	趋势	人数（名）	占比（%）	趋势	执政省份数（个）
民主党—人民力量党	41	50.6	+41	32	39.5	+30	263	25.7	+257	22
国民党	8	9.9	-1	11	13.6	+2	116	11.3	+52	7
民族团结党	8	9.9	-1	10	12.3	+3	67	6.5	-2	4
民族主义人民联盟	7	8.6	-2	6	7.4	-4	90	8.8	-17	2
自由党	2	2.5	-37	5	6.2	-34	54	5.3	-280	2
基督教穆斯林民主力量党	2	2.5	+2	2	2.5	持平	18	1.8	+14	1

资料来源：根据菲律宾选举委员会官方网站选举数据整理，https：//www.comelec.gov.ph/。

表Ⅰ-6-15 2019 年主要政党市级选举概况

政党	市长			副市长			市议会议员		
	人数（名）	占比（%）	趋势	人数（名）	占比（%）	趋势	人数（名）	占比（%）	趋势
民主党—人民力量党	611	37.4	+571	547	33.5	+514	4183	24.8	+3992
国民党	252	15.4	+107	244	14.9	+105	2009	11.9	+962
民族主义人民联盟	172	10.5	-29	184	11.2	+2	1413	8.4	-170

续表

政党	市长			副市长			市议会议员		
	人数（名）	占比（%）	趋势	人数（名）	占比（%）	趋势	人数（名）	占比（%）	趋势
民族团结党	125	7.6	+4	151	9.2	+24	990	5.9	+94
基督教穆斯林民主力量党	67	4.1	+61	66	4.0	+57	514	3.1	+450
自由党	47	2.9	-712	62	3.8	-643	385	2.3	-5066

资料来源：根据菲律宾选举委员会官方网站选举数据整理，https://www.comelec.gov.ph/。

第四节 政治生态的主要特征

基本政治结构、政党政治和选举活动塑造了菲律宾政治生态的主要客观场域，其中，传统政治家族、新兴政治精英、大主教会和军方等主体成为影响菲律宾政治生态的重要主观要素。在主客观结构的共同作用下，菲律宾政治生态主要体现出以下四方面特征。

一 民主制度之下政治家族根深蒂固

根据美国《赫芬顿邮报》统计，目前菲律宾有170多个政治家族，牢牢控制着81个省的行政权和议会席位的几乎2/3。① 例如，北伊罗戈省（Ilocos Norte）的马科斯家族，八打雁（Batangas）的劳雷尔家族和雷克多家族，达拉省（Tarlac）的阿基诺家族和科胡昂科家族，三苗礼士省（Zambales）的麦格赛赛家族，宿务省（Cebu）的杜拉诺（Durano）家族和奥斯敏纳（Osminna）家族，伊洛伊洛省（Province of Iloilo）的洛佩斯（Lopes）家族，卡皮斯省（Capiz）的罗哈斯家族等，都是雄居一方的大家族。其中马科斯、阿基诺、科胡昂科、罗哈斯等都是菲律宾十分知名的有能力掌控国家政治的家族。传统菲律宾政治家族可以追溯到西班牙殖民时期，新兴政治精英在推翻马科斯独裁后也逐渐登上政治舞台，成为菲律宾政治最重要的群体。

① 马燕冰编著：《列国志——菲律宾》，社会科学文献出版社2019年版，第153页。

（一）传统家族政治势力深厚

在西班牙殖民时期，菲律宾原来的聚落首领们通过贩卖、捐献聚落的共有土地给教会以巩固自身的地位，并作为地方精英被殖民当局允许参与省级以下的公职选举。[①] 延续至今的家族政治、代理人出选、贿选等政治特色，都能在西班牙殖民时期的选举中看到端倪，这些地方精英亦通过殖民体制累积财产，进一步掌握该地的经济、社会命脉。[②] 美国在殖民期间采取“扩大政治参与”的方式，笼络地主和资本家等精英阶层，将民主选举和政党制度引入菲律宾。[③] 但殖民当局只关注制度的建立，对于民主精神并不在意。结果，美国政府与本土精英共谋的“民主体制”反而为本土精英们发展政治家族王朝，巩固财权开启了方便大门。

菲律宾独立后，家族政治的阴影挥之不去，成为菲律宾最重要的政治力量和政治文化特征。多数总统“沾亲带故”，国会成为“名门望族子嗣”的聚集地。以菲律宾总统为例，民主转型以来的六位总统中有五位出身名门，其中还有两位是“父女总统”和“母子总统”[④]。造成这种局面的主要原因有：第一，即将卸任的议员会安排自己的亲属或政治盟友继续“霸占”席位，以规避宪法规定的任期限制。第二，政治家族扎根的区域往往比较落后，[⑤] 政治家族拿出一部分既得利益收买人心，贫困选民出于对眼前现实利益的考虑通常会出卖选票，甚至会对政治家族所施予的“恩惠”产生感恩心理和移情心理，进一步巩固了政治家族在地方上的根基，长久以来形成了菲律宾的选举文化。与此同时，高昂的选举费用使普通民众望尘莫及，政治家族成员及盟友拥有更大的竞选财力优势，利用经济实力影响选举，在政治上获利后再进一步攫取经济利益，从而加剧了民间贫困，形成了难以打破的政治垄断。第三，以血缘和人情交织的恩庇关系

---

① Soi Iglesias, “Colonial and Indigenous Influences on Local Power Structure in the Philippines,” *Asia Europe Journal*, Vol. 1, No. 4, 2003.

② 参见 https://crossing. cw. com. tw/article/9163。

③ Rizal G. Buendia, “Colonialism and Elitism in Philippine Political Development: Assessing the Roots of Underdevelopment,” *Philippine Journal of Public Administration*, Vol. 37, No. 2, April 1993.

④ 参见 https://www. guancha. cn/youyanruyu/2015_ 11_ 18_ 341669_ 1. shtml。

⑤ Ronald U. Mendoza, Edsel L. Beja Jr, Victor S. Venida & David B. Yap, “Inequality in Democracy: Insights from an Empirical Analysis of Political Dynasties in the 15th Philippine Congress,” *Philippine Political Science Journal*, Vol. 33, No. 2, 2012, pp. 132 – 145.

网，使人们对地方的政治家族产生一定的“亲近感”。在2016年的一项调查中，有超过1/3的受访者认为应该投票给那些有亲属正在担任或曾经担任政府公职的候选人。可见，在菲律宾传统文化背景下逐渐形成了选民投票惯性与固化心理，加之选民缺乏理性的、出卖选票的行为，以及畸形的政治环境与家族政治成员的操控，菲律宾的家族政治得到持续巩固的发展。①

（二）新兴政治精英难改“家族政治”传统

后马科斯时期的民主化和经济自由化为新的政治参与者的出现扫清了障碍，他们中的多数人积极参与了反马科斯的斗争，并在阿基诺夫人执政时期开始了政治生涯。但新兴政治精英并没有跳脱传统家族政治模式的影响，决定政府内阁人事安排的潜规则是恩庇关系所带来的“分赃”。政治权力掌控在少数精英及其亲信手上，他们成为政府决策的核心。阿基诺夫人以“民主”之名上台后同样将特权和资源分配给自己的至亲挚友，例如阿基诺家族和许寰戈家族之人（阿基诺夫人的娘家）等。② 为彰显公正，埃斯特拉达曾下达行政命令严禁其亲友干政。但实际上他也无法摆脱恩庇关系。例如总统府行政秘书劳尔·德·古斯曼（Raul de Guzman）、海外菲劳福利委员会主席威廉·加查连（William Gatchalian）及华人事务局主席胡里奥·迪威诺·谭（Julio Divino Tan）等一些重要职务的负责人，都与埃斯特拉达私交甚笃。通过恩庇关系输送政治利益，新兴政治精英将传统政治的影响从传统的血缘关系延伸至姻亲关系和利益共同体上。

尽管菲律宾呼吁终结政治家族王朝的声音从未停止过，但被政治家族控制的国会不可能主动变革。一些菲律宾国会议员近年来一直致力于通过《反政治王朝法》，前参议长富兰克林·德里隆（Franklin Drilon）在提交的“反政治家族王朝”议案中写道：“公务员的配偶、二代以内旁系姻亲或血亲都不得在同一地区参选或担任公职，也不得接任该公务员的位置，因为这就是政治王朝。”③ 但该法案在国会中没有通过，对“政治家族王朝”的定义至今也没有达成共识。

---

① 参见 https：//zhuanlan. zhihu. com/p/139665385。

② Mina Roces, *Kinship Politics in Postwar Philippines*: *The Lopez Family*, *1946 - 2000*, Manila: De La Salle University Press, 2001, pp. 241 - 242.

③ 参见 https：//www. flw. ph/thread - 136175 - 1 - 1. html。

二　天主教会和军方在政治中扮演着特殊角色

天主教会（以下简称“教会”）和菲律宾军方也是影响菲律宾政局的关键群体。教会既会扮演监督政府和稳定政局的角色，也会变成危害国家发展和破坏民主体制的力量。而菲律宾军人群体在马科斯时期逐渐丧失“坚守中立”和“服从文人政府”的传统，军事政变成为影响菲律宾政治生态的重要因素。

（一）天主教会的“两面”影响

在西班牙殖民时期，教会就利用殖民政府所赋予的特权在各地扩展势力和教产。政教合一的政治体制使教会与殖民政府联系紧密。独立后的菲律宾虽然奉行政教分离的原则，但教会仍利用其在民众中深厚的影响力间接影响政治。作为道德模范和精神领袖，菲律宾教会广泛参与社会发展、公正选举等政治议题，以“布道者”的身份影响菲律宾的政治转型，实现了天主教会的“再政治化”[①]。

教会参与政治具有两面性。历史上，教会曾一再扮演监督政府和稳定政局的角色。例如，在两次“人民力量革命”中，教会充当了捍卫民主的先锋。不过，一旦其权益遭到损害，或政府政策与其教义不符，教会往往就会利用自身的影响力向政府施压，从而左右菲律宾政局。比如，拉莫斯政府（1992—1998）为了缓解菲律宾沉重的人口压力，想推行“家庭计划”（the Family Planning Program），但教会认为任何形式的节育都是违反上帝旨意的行为，必须抗争到底。在协商破裂的情况下，教会愤而要求信众全力抵制这项政府计划。1994 年 8 月 16 日，教会在黎萨公园（Rizal Park）举行抗议政府的示威大会。[②] 由于教会抵制，该政策最终未能实施。菲律宾教会参与政治的一个重要方式是影响选举，尽管有时并不奏效，但对选举的独立性和公正性都会产生影响。以 2016 年的全国大选为例，在选举期间，教会经常抨击、嘲笑杜特尔特，嫌弃他粗鄙。

---

① 杨凯：《菲律宾天主教会的再政治化与战后菲律宾社会转型的互动机理研究》，《东南亚纵横》2013 年第 6 期。

② Robert L. Youngblood, “President Ramos, the Church, and Population Policy in the Philippines,” *Asian Affairs: An American Review*, Vol. 25, Iss. 1, Spring, 1998, pp. 11 – 15.

（二）军人干政影响了菲律宾政治

在马科斯独裁时期，为了拉拢军队，马科斯不仅立法授予军人政治权限，还鼓励他们参与各种政治、经济事务。[①] 在戒严期结束后，军人干政的势头没有得到根除，反而变本加厉。在马科斯下台后，阿基诺夫人在任期间遭遇过的军事政变多达七次。在军方干预下，埃斯特拉达在任期中被推翻。具有讽刺意味的是，通过“第二次人民力量革命”上台的阿罗约也遭受过数次军事政变阴谋。阿基诺三世执政期间曾当众宣称有一场针对他的兵变阴谋正在进行中，曾传闻有退役的军方将领密谋推翻阿基诺三世政府，策划军事政变并且拉拢现役军官。[②] 杜特尔特执政后采取了一系列行动加强与军队的联系，频频慰问部队，但偶尔还是会流出有关军队政变的传闻。除军人出身的拉莫斯总统外，其余总统均遭遇过军事政变的威胁，甚至因此而下台。

造成菲律宾军人干政的原因主要有以下几点：一是马科斯的刻意扶植使军人有机会晋升至统治阶层。后继的阿基诺夫人削减其既有利益——改编地方自卫队、削减国防预算、不涨军人薪资等[③]，使一部分军人倍感受挫折。“第一次人民力量革命”使军方领略到了军事政变的“甜头”，又找回了掌握政治权力的感觉。[④] 因此，虽然菲律宾重新恢复了“民主”制度，但一旦军人有不满或面临困局时，便会采取军事政变的手段来回应，这成为他们控制、影响政局的重要手段。二是对军人干政惩处力度不大。菲律宾法律规定，凡犯颠覆罪者将判处六个月至六年的有期徒刑，这一条文虽然不能说非常严苛，但对于意图叛乱的军人仍可以起到一定的吓阻作用。但在现实中，政府对于参与叛乱的军人往往仅处以简单的体罚，或要

---

① 关于立法授予军人权限，是指1973年宪法曾规定总统在紧急时期有权指导和授权军人承担各种责任。至于军人参与政经事务，是指军人曾在1978年国民议会选举和1980年地方大选中替马科斯阵营助选。此外，军人也曾担任各个国有企业的主管和国家外交官，或出席内阁会议及行政委员会。特别的是，军人甚至有批驳人民集会申请的权力和从事土地改革的工作。

② 参见 https：//mil. huanqiu. com/article/9CaKrnJvqC0。

③ 《1987年宪法》规定，某些人数众多、纪律不整的地方自卫队必须改组成民兵部队，并改由各军区的正规军管辖，结果那些自卫队领袖认为此举严重伤害他们的权益。同时，政府也逐年削减国防预算。例如，1986年的国防预算占比是9.2%，1987年是7.2%，1988年却只有5%，此举严重影响了军人的士气。此外，就是军人薪资并没有适时调升，因而使其生活陷入困顿。

④ Mark R. Thompson, *The Anti-Marcos Struggle*: *Personalistic Rule and Democratic Transition in the Philippines*, New Haven: Yale University Press, 1996, pp. 165 – 168.

求他们向宪法宣示效忠，之后就给予宽赦。此外，由于政府高层经常更改行政命令，不仅使军方感到无所适从，也让政府的统治权威荡然无存。[①]三是民主制度对军队的制衡不足。虽然宪法规定军队政治中立，不得组党或参加党派，军人不得竞选议员、进入议会，但实际上由于军方深度参与政权交替，扶持新政府上台，使新政府不得不依靠军方。比如一直给阿基诺夫人“护航”的拉莫斯将军在1992年当选总统，虽然他已卸任将军一职，但其背后的军方势力一直都在。[②] 缺乏有效制衡的“民主”制度没有成功将马科斯放出的“猛兽”关回笼子，尝过政治权力“甜头”的军方不会轻易罢手，反而成为军事政变的“惯犯”。

三 现代政党政治制度不够成熟

政党制度是欧美尤其是西方民主政治的特点之一，政党通过竞争的方式赢得选民支持，实现对国家政权的掌握或控制。菲律宾作为亚洲最早移植欧美政党政治制度的国家，政党的各项功能却并未得到充分发挥。

菲律宾政党制度不成熟的根源可以追溯到殖民时期，菲律宾根深蒂固的家族政治与恩庇关系，使政治参与局限于权贵和精英，民众只能依附政治家族和利益集团。由此导致的家族政治势力的膨胀和政党功能的弱化，是菲律宾政党政治发展的阻碍。独立后，菲律宾形成了国民党和自由党两党轮流执政的格局，但与西方较为成熟的政党制度相比，这一时期这两个政党基本上没有自己统一的章程、明确的政治纲领和意识形态，政党是以领袖的个性及政策的特点来维系的，因此组织极为松散，党内派系斗争激烈，分裂频繁，叛党转党被视为家常便饭，甚至党的领导人也是如此，这在世界范围内的政党政治中都是罕见的。如独立后前六位总统就有三人（即罗哈斯、拉蒙·麦格赛赛、费迪南德·马科斯）是在竞选前转党而取胜的。马科斯军事独裁中断、破坏了菲律宾本就脆弱的现代政党制度。各种政治力量和政党出于利己目的常常绕过民主和法律寻求军方支持，频发的军事政变对菲律宾政局的影响更进一步弱化了政党制度。推翻马科斯独

---

① Gary Hawes, “Aquino and Her Administration: A View from the Countryside,” *Pacific Affairs*, Vol. 62, No. 1, Spring, 1989, pp. 12 – 13.

② 参见 http://news.sohu.com/20120626/n346574241.shtml。

裁后，阿基诺夫人试图重构菲律宾的民主体制，建立了多党制，但后马科斯时代缩紧行政权力的方向也让政治豪门、少数政治精英和马尼拉商业集团共组的恩庇体制稳若泰山，进一步阻碍了以议题为导向的政党体制的正常发展。土地改革、反政治家族王朝等重要议题的相关议案在由传统政客主导的国会屡遭封杀。[①] 这样一来，在菲律宾政党政治的运作中，政党只是争夺权力和利益的工具，选举的成功主要取决于“3G”（即枪——Gun、暴徒——Gangster、金钱——Gold），暴力、暗杀、贿选充斥于竞选活动中。其结果是使菲律宾政治生态紊乱，政府效率低下，贪污腐化成风，公共政策没有连续性，民众的政治参与度逐年降低。

菲律宾政党政治运作不成熟的主要表现有：第一，家族政治与精英政治继续弱化政党组织机制。主要政党被政治家族和政治精英所控制，已经掌握政治权势的家族一方面通过贿选和金钱政治巩固家族成员的政治高位，另一方面通过恩庇关系分配执政权力，发展亲信，扩大利益共同体，以达到家族政治权力永久化的目的。政党制度成为精英操纵民主选举的工具，家族关系、恩庇关系弱化了民主选举的功能，不能选择优秀的人才服务于政府，也难以形成成熟的政党制度。[②] 第二，政党组织松散，党员忠诚度低。党员们往往忠于家族利益，而非政党利益，因此经常转换党派。不少政党组织松散，缺乏凝聚力，没有明确统一的纲领和意识形态。政治竞争不是看政党的纲领和意识形态，而是看深入基层的票桩体系。[③] 政治精英主要考虑如何在大选中获胜，并在获胜后如何为自己的利益团体牟利，在竞选中党内分裂，派系斗争屡见不鲜，各党之间摩擦增多，权贵相互倾轧，互爆丑闻，乱象丛生。第三，政党制衡力弱。反对党在执政党的打压下，力量不足以同执政党相抗衡。而决定党派力量的往往是该党的领袖能否当选总统，比如民主民力党就在杜特尔特当选总统后一跃成为国会第一大党。反对党对执政党的政策、措施的反对，并非单纯出于监督，也存在“为反而反”的现象。

四 难以根治的贪污腐败问题

菲律宾的贪腐问题十分严重，国际透明组织（Transparency Internation-

① 参见 https://medium.com/@jeremychiang。

② 翟小亚：《菲律宾独立以来的家族政治研究》，硕士学位论文，云南大学，2015 年。

③ 张帆：《菲律宾政治戏剧：精英与大众的交易》，《同舟共进》2017 年第 1 期。

al）公布的2019年国家清廉指数显示，菲律宾在所调查的180个国家中排第113位。[①] 腐败问题成为菲律宾难以根治的政治痼疾，主要有以下两方面原因：一是在政治文化层面，家族政治为了巩固自身权力与财富，往往利用“政治分赃”形成恩庇关系，发展亲信，同时政治家族的政客们为了胜选，平时通过金钱收买人心，选举时再收买选票，底层贫困的百姓出于眼前的现实利益往往会出卖选票，这使得腐败文化在菲律宾“深入人心”；二是在政治制度层面，在寡头家族政治模式和不成熟的政党体制交织的政治生态下，“反贪”往往流于形式。[②] 打击贪污容易成为报复政敌，削弱敌对政治家族的手段，甚至用以收买民心，并掩盖自身的贪腐行为。再加上总统任期限制的规定，使总统没有连任的压力和需求，反而更加肆无忌惮地为自己的利益集团“牟利”，总统在选举时的承诺往往成为空口白话，政策制定也往往注重短期利益而缺乏对菲律宾社会政治发展的长远打算，这也加剧了贫困和腐败。

贪腐给菲律宾造成了许多危害，尤其表现为吞噬了菲律宾的大量财富，削弱了经济、社会发展的活力，扭曲了现代化进程和市场竞争制度，政府债台高筑，不断压缩用于基础设施建设、福利和减贫的资金，导致贫富差距越拉越大。从马科斯政府开始，几乎每届政府都涉及贪污腐败丑闻。比如，阿罗约打着反对总统埃斯特拉达腐败的旗号上台，但很快就受到了腐败指控。下台时，她由于丑闻缠身而成为菲律宾有史以来声望十分差的总统之一。同样以反腐名义上台的阿基诺三世在任期间贪腐丑闻不断，如著名的2013年“猪肉桶骗局”，涉及国会议员不当使用“优先发展援助基金”，涉案金额高达上百亿比索，引发30万民众的游行抗议等。

有鉴于此，杜特尔特上台后将反腐作为其执政的一大重心。民众认识到贫富差距的拉大是因为精英集团自肥，因而对主流政治家不抱希望，这也是杜特尔特胜选的社会基础之一。2017年，他在国情咨文中承诺对贪腐零容忍。具体而言，其反贪腐政策包括肃清政府内部官员、

---

① 参见 https：//www. transparency. org/en/countries/philippines。

② 邓云斐：《杜特尔特上台以来菲律宾政治、经济政策的新变化》，《东南亚南亚研究》2016年第4期。

改善制度建设以及立法保障三方面。杜特尔特还致力于调整官僚机构，加强政府预算透明度并建立问责制度。采取的举措包括公开政府预算及公款使用情况，对公有制企业设置的职位和薪资进行审查，废除冗余岗位，严查不合理工资补贴，严禁公款旅游等。[①] 此外，政府还设立了公民投诉热线和电子信息自由平台，有 217 个政府机构参与该平台，这些举措便于公民举报腐败案件。据菲律宾官方统计，截至 2017 年 6 月 30 日共收到 31000 条投诉，其中 87% 的投诉已经处理或转到相关部门处理。不过对政府高官的腐败以及个别参议员参与贩毒的重大事件的查办却步履维艰。[②] 根据德国的非政府组织——国际透明组织的调查结果，2018 年菲律宾清廉度有所提高，排名上升，但随着政策边际效应的产生，2019 年排名有所下降。杜特尔特能否带领新政府改善菲律宾政治生态，通过改造菲律宾深层次的结构性矛盾来消除贪腐、减少贫困，仍有待实践检验。[③]

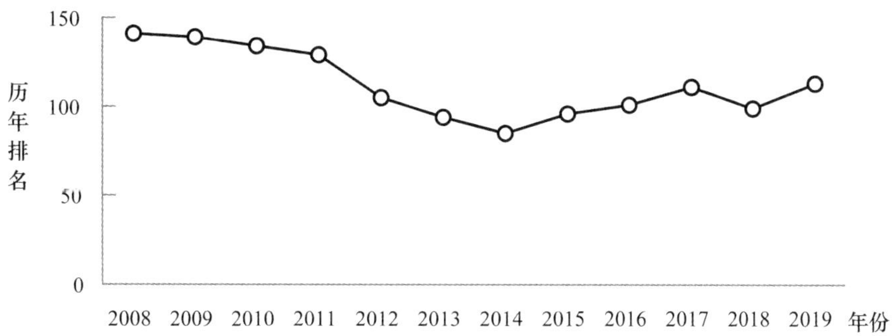

图Ⅰ-6-11　近年来菲律宾国际清廉度指数排名

资料来源：根据国际透明组织网站历年的腐败印象指数报告（Corruption Perceptions Index）中的现数据整理制作，官方网址：https：//www. transparency. org。

说明：国际清廉度指数是国际透明组织根据独立调查及世界银行的资讯等做出的评分，排名数字越大，清廉度越低。

---

① 张宇权主编：《2017—2018 年菲律宾发展报告》，社会科学文献出版社 2018 年版，第 31 页。

② 《总统府发表年终报告，展示杜特尔特一年政绩》，《菲律宾世界日报》2017 年 12 月 27 日，http：//worldnews. net. ph/post/75226。

③ 邓云斐：《杜特尔特上台以来菲律宾政治、经济政策的新变化》，《东南亚南亚研究》2016 年第 4 期。

第七章　民族与宗教

菲律宾是一个多民族国家，同时也是东南亚唯一一个天主教国家。该国的民族与宗教既与整个东南亚的历史发展存在着紧密的联系，又在很大程度上受到了欧美殖民文化的影响。复杂的历史因素与多元的文化交融使得菲律宾的民族、宗教具有独特的文化特质，但同时也存在由民族融合、宗教认同所产生的历史遗留问题。充分认识菲律宾民族与宗教的历史和现状，将有利于促进我国与菲律宾之间的交流，推动我国“一带一路”建设。

第一节　民族构成

菲律宾是东南亚的一个多民族群岛国家，主要由北部的吕宋、中部的米沙鄢和南部的棉兰老岛三大岛群构成，共有大小岛屿 7000 余个。其特殊的地理结构与复杂的历史进程，使菲律宾成为一个民族众多、文化多元的国家。

一　菲律宾的民族起源与发展沿革

关于菲律宾民族的起源，学界大多认为最早可追溯至旧石器时代之前。由于这些原始人出现在菲律宾民族发展的黎明时期，因此被一些学者称作“黎明人”。他们被认为大约在 25 万年前的冰川时代和中新生代来到菲律宾。由于当时菲律宾群岛仍与亚洲大陆相连，因此猜测他们是通过二者之间的“地桥”（或称“陆桥”）到达那里的。[①] 经考古发掘，人们发现位于巴拉望岛（Palawan）西南岸的里普恩角附近散布着 200 余个岩洞，其中

① ［菲］格雷戈里奥·F. 赛义德：《菲律宾共和国：历史、政府与文明》，吴世昌、温锡增译，商务印书馆 1979 年版，第 43 页。

29 处曾被人类用作住处或是葬址。在这些岩洞中，发现有旧石器时代、新石器时代、金属时代直至 12—14 世纪各个不同时期的文化遗址。1962 年 5 月，美国人类学家罗伯特・福克斯（Robert Bradford Fox）在这 29 个岩洞之一的塔崩洞穴里找到了 22000—24000 年前更新世晚期的人类头盖骨化石。[①] 这说明早在旧石器时代，就已经有人类居住在菲律宾。

旧石器时期在菲律宾居住的民族，是属于尼格罗—澳大利亚人种（Negrillo-Australian）的矮黑人族群，即尼格利陀人（Negrito），他们被认为是移居菲律宾群岛的早期移民。在目前菲律宾的民族中，与矮黑人族群存在种族联系的民族是菲律宾现有少数民族——阿埃塔人（Aeta）。[②]

有关菲律宾民族的形成，目前学界主流的观点之一为移民说，即认为菲律宾的民族是由多次进入该地的移民相互融合而形成的。该观点认为，从前 3 世纪到 16 世纪，菲律宾开始进入移民大迁徙时代。第一批进入菲律宾的移民为原始马来人（Proto-Malay）。这些原始马来人来到菲律宾后，与这里已经存在的尼格利陀人族群的居民开始融合。不过，当时并非所有的尼格利陀人都与原始马来人产生了深度融合。一批尼格利陀人选择避入深山，因此他们在文化人种上受影响相对较小。这一种群的后裔被认为是今天的阿埃塔人、阿格塔人（Agta）等。这些族群被视作矮黑人尼格利陀人的代表，因此在民族分类上有时会将其单独划出。其余的尼格利陀人则与原始马来人融合，接受了马来人带来的中石器时代轮耕文化，并暂时定居在平原地区。[③]

自前 2 世纪开始一直到 16 世纪，又有几波移民进入菲律宾。一般认为，这些移民主要包括孟—高棉人（Mon-Khmer）和新马来人。孟—高棉人的到来应早于新马来人。而新马来人则分成三批陆续进入菲律宾。[④] 新马来人迁入菲律宾后，带来了先进的农耕文化。逐渐地，此前生活在平原地区的原始马来人与尼格利陀人的融合群体的生存空间受到挤压，最终被迫转入森林地

① 金应熙主编：《菲律宾史》，河南大学出版社 1990 年版，第 4—5 页。

② 郑一省：《菲律宾民族发展特征的历史考察》，《华侨大学学报》（哲学社会科学版）2008 年第 2 期。

③ 彭慧：《菲律宾的山地民族及其“土著化”问题》，《世界民族》2013 年第 4 期。

④ 郑一省：《菲律宾民族发展特征的历史考察》，《华侨大学学报》（哲学社会科学版）2008 年第 2 期。

带。在那里，他们保留了刀耕火种、非定居的生活方式，成为今天山地民族的祖先。而那些占据平原地区、进行农耕定居的新马来人则发展成为今天的主体平原民族——他加禄人（Tagalog）、比萨扬人（Visaya）等。[①] 这些马来人移民在语言上属于南岛语系。这些南岛语系的先民在菲律宾各个群岛定居下来，在漫长的历史发展过程中，逐渐演变分化成诸多族群，包括他加禄人与比萨扬人在内的菲律宾主体民族皆属于南岛语民族。[②]

这一时期，除了通过不断进入的移民了解新知识之外，与其他国家日益频繁的交往，也使菲律宾人接触到了诸多外来的文化因素。这对菲律宾民族的形成与发展产生了非常深远的影响。由于菲律宾所处的地理位置偏离古代印度与中国的国际贸易航线，致使在 10 世纪以前，菲律宾与他国的交往较为有限。但在 10 世纪之后，伴随着造船技术和航海技能的提升，海洋贸易获得了长足发展。中菲之间开始建立直接的海上交通，这大大增进了菲律宾与其他亚洲国家在经济、文化上的联系。[③] 13—14 世纪，伴随着一部分穆斯林移民的到来，阿拉伯文化开始输入菲律宾。最终，菲律宾的苏禄（Sulu）、棉兰老（Mindanao）等地区接受了伊斯兰教信仰，并确立了伊斯兰政治制度——苏丹政权，实行政教合一。这对于“摩洛人”（Moro）这一特殊民族集团的形成产生了深远的影响。

自 15 世纪起，欧洲进入大航海时代。在海外殖民的热潮下，西班牙人于 16 世纪进入菲律宾。菲律宾由此进入漫长的殖民时代。在西班牙人统治菲律宾的 300 年中，其对菲律宾民族发展的影响主要体现在两个方面：其一，西班牙殖民者在菲律宾推行天主教，并实行政教合一，从而加深了不同宗教信仰民族之间的矛盾。在殖民政府的推动下，天主教迅速在菲律宾中部和北部地区发展，致使菲律宾的平原民族出现了基督教化和西班牙化现象。然而，西班牙人在入侵棉兰老岛和苏禄群岛时，却遭到了当地强大的伊斯兰教势力的抵抗。最终，菲律宾南方穆斯林群体的宗教信仰和生活习惯均未因为西班牙的统治而发生彻底改变。在抵抗西班牙殖民者的过程中，南方摩洛人民族的伊斯兰特点反而得到加强。其结果是，西班

---

① 彭慧：《菲律宾的山地民族及其“土著化”问题》，《世界民族》2013 年第 4 期。

② 许红艳：《菲律宾地区南岛语民族的形成》，《湘潮》2013 年第 4 期。

③ 许红艳：《菲律宾地区南岛语民族的形成》，《湘潮》2013 年第 4 期。

牙殖民者的政策加深了摩洛人与其他不同宗教信仰的民族，特别是基督教化民族的隔阂。[①] 其二，在语言上，西班牙殖民者用拉丁语和卡斯蒂语的音节重构了他加禄语的语音，此外还强调用方言传教。这些做法均被认为促进了菲律宾民族语言的发展。[②]

1898 年，西班牙在美西战争中战败，美国成为菲律宾新的殖民者。美国政府积极推广基督新教，其传教对象不仅包括菲律宾的平原民族，也扩展到了山地民族。美国殖民政府甚至还曾有计划地让菲律宾基督教徒迁徙到摩洛人居住的地区。但最终这一政策没能同化信奉伊斯兰教的摩洛人，反而在一定程度上使穆斯林与基督教徒之间的矛盾日益尖锐。[③] 在语言方面，在美国殖民时期，英语在菲律宾得到了广泛传播。原本菲律宾拥有 100 多种民族语言，但在美国统治期间，英语成为菲律宾统一的通用语。虽然这种“唯英语为重”的语言教育政策促进了各民族之间文化和经济的交流，在一定程度上促进了菲律宾社会的发展，但同时也使许多菲律宾爱国进步人士发出英语的普及“扼杀了民族语言，丢失了民族灵魂”的抗议。[④]

二战结束后，菲律宾开始争取脱离美国的统治，并于 1946 年建立菲律宾共和国，正式获得独立。虽然摆脱了殖民者的统治，但菲律宾的民族结构已经基本定型，由宗教信仰、生活方式等方面的差异所造成的民族矛盾业已成形。

二　菲律宾主要民族概况与分布

菲律宾总共拥有 90 多个本土民族。[⑤] 学界根据各民族在社会、经济、历史、文化上的不同特点，以及语言、宗教、生活地域和人类学上的种族

---

① 郑一省：《菲律宾民族发展特征的历史考察》，《华侨大学学报》（哲学社会科学版）2008 年第 2 期。

② 郭卫东、刘敏：《菲律宾不同时期语言政策及其造成的影响》，《新疆社会科学》2016 年第 6 期。

③ 郑一省：《菲律宾民族发展特征的历史考察》，《华侨大学学报》（哲学社会科学版）2008 年第 2 期。

④ 郭卫东、刘敏：《菲律宾不同时期语言政策及其造成的影响》，《新疆社会科学》2016 年第 6 期。

⑤ 有关菲律宾各民族的基本情况，参考了郑一省《菲律宾民族发展特征的历史考察》一文；中华人民共和国驻菲律宾共和国大使馆官网，http：//ph. china - embassy. org/chn/flbgk/jbqk/t67671. htm，以及菲律宾民族网，http：//www. ethnicgroupsphilippines. com/。

差异等因素，将菲律宾各民族基本上分成三个大类，即平原民族（又称主体民族）、山地民族和南方穆斯林民族（摩洛人）。

（一）平原民族

平原民族占菲律宾总人口约 80%，主要由比萨扬人、他加禄人和伊洛克人等构成，主要居住在吕宋岛、萨马岛和宿务岛等地。

1. 比萨扬人（又称米沙鄢人）。比萨扬人是菲律宾最大的民族。比萨扬人主要分布在比萨扬群岛（Visayan Islands），主要包括萨马岛（Samar）、保各岛（Bohol）、宿务岛（Cebu）、内格罗斯岛（Negros）和帕奈岛（Panay）。另外，比萨扬人还曾从这些原住岛向附近岛屿移民，移民较多的是棉兰老岛、巴拉望岛和苏禄群岛。

比萨扬人有许多方言，各方言之间差别极大，几乎可谓是不同种类的语言，其中使用人数较多的方言为宿务语（Cebuano）、比萨扬语、希利盖农语（Hiligaynon）和瓦雷语（Waray）。这些讲不同方言的居民，在民族学上也存在一些差别。在宗教信仰方面，比萨扬人大多信仰天主教，但仍保留部分万物有灵信仰的残余影响，会设家庭祭坛，供奉祖先。

在米沙鄢群岛上居住的人口约占菲律宾全国人口的 1/3。其中，宿务是比萨扬人分布区内最大的城市，是菲律宾的第二大城市，也是米沙鄢群岛的文化中心。比萨扬人所经营的主要农作物有水稻、玉米、椰子、烟草等。竹编、草编是比萨扬人传统的手工业。

2. 他加禄人。他加禄人为菲律宾第二大民族，被认为是菲律宾各民族中经济、文化最发达的民族。该民族的语言，即他加禄语，被菲律宾政府定为国语。大部分他加禄人居住在低地，通常位于河岸和三角洲，如马尼拉都会区和吕宋岛中南部等地。在宗教方面，他加禄人主要信奉天主教。

大部分他加禄人生活在农村，从事农耕活动，以种植水稻和玉米等农作物为主。另外，还广泛栽种香蕉、椰子树、杧果树、咖啡树以及各种蔬菜、马尼拉麻、甘蔗、烟草等。

3. 伊洛克人（Ilocano）。伊洛克人是菲律宾第三大民族，其最初居住在吕宋岛西北部地区，后逐渐移向卡加延河谷（Cagayan Valley），以及棉兰老岛等其他岛屿。

在农业生产方面，伊洛克人主要经营水稻和棉花。在宗教信仰上，伊洛克人广泛信仰天主教中菲律宾独有的教派——阿格拜教（Aglipayan）。1902

年，菲律宾天主教徒在争取独立的斗争中创立了这一教派。因该教派主张民族独立，所以又被称为“菲律宾独立教”（Philippine Independent Church）。

除上述三大主要民族外，在吕宋岛平原地区，还居住着一些较小民族，人数30万人到180万人不等。吕宋岛平原地区的小民族与邻近较大的民族在语言、文化方面接近，经济联系密切，主要从事农业。

（二）山地民族

菲律宾的山地民族主要居住在吕宋岛和棉兰老岛等岛屿的山地地区。

1. 吕宋岛地区民族。在吕宋岛地区居住着许多人口不多的小民族。虽然其各自处于不同的社会发展阶段，但是在文化习俗方面有许多共同点。在这些民族中经济最发达、为外界了解最多的是伊富高人（Ifugao），分布在北吕宋岛中部的科迪勒拉山脉（Cordillera Central）东坡。其次为坎卡奈人，分布在伊富高人的居住区以北。然后是卡林阿人（Kalinga），分布在卡林阿的阿巴尧省（Province of Apayao）；邦都人（Bontoc），分布在吕宋岛西北部山区；延吉安人（Itnegs），分布在吕宋岛的西北部；伊巴坦人（Ivatan/Itbayat），生活在吕宋岛与我国台湾省之间的巴坦群岛（Batan Islands）的巴布延群岛（Babuyan Islands）上。

吕宋岛地区民族使用最多的方言为比科尔语（Bikol/Bicolano）。

2. 棉兰老岛山区民族。居住在棉兰老岛山区的民族有苏巴农人（Zamboangueño）、马诺博人（Manobo）、比兰人（B'laan）、塔加考洛人（Tagalog）、曼达亚人（Mandaya）等。这些民族绝大多数从事原始的农业。主要农作物是旱稻。此外，还种植番薯、番匣、匣子等蔬菜。经济作物有烟草、棕榈树、蕉麻等。

（三）摩洛人

菲律宾的摩洛人是一个信奉伊斯兰教的民族集团，由13个伊斯兰化的马来人组成，主要包括苏禄—萨马尔人（Samal/Sama）、马京达瑙人（Maguindanaon）和雅甘人（Yakan）等。

“Moore”一词原是对伊比利亚穆斯林的称呼。当西班牙人来到棉兰老岛地区时发现这里的情况与伊比利亚半岛相似，故沿用了这一称呼，将当地的马来穆斯林称为“Moro”，意为信伊斯兰教的摩尔人。[①] 摩洛人主要

① 史阳：《全球视野中的菲律宾伊斯兰化历史进程》，《东南亚研究》2006年第2期。

分布在棉兰老岛西部和西南部。与棉兰老岛山区民族类似，摩洛人主要谋生手段是农业耕种，种植玉米和旱稻。

除上述三大主要民族群体之外，在菲律宾还生活着华人、阿拉伯人、印度人、西班牙人和美国人等的后裔。

三 菲律宾各民族发展趋势

菲律宾政府每十年进行一次全国性的人口与户籍普查（Census of Population and Housing）。在 2000 年与 2010 年进行的全国人口普查中，以菲律宾的主要民族语言为类别，对当时菲律宾的户籍人口数量做出了统计，具体见表Ⅰ－7－1 所示。

表Ⅰ－7－1 菲律宾户籍人口情况（按语言）

民族语言	2000 年户籍人数（人）	占比（%）	2010 年户籍人数（人）	占比（%）
（总人口）	76352452	100	92097978	100
他加禄语	21485927	28.14	22512089	24.44
宿务语	10030667	13.14	9125637	9.91
伊洛克语	6920760	9.06	8074536	8.77
比萨扬语	5778435	7.57	10539816	11.44
希利盖农语	5773153	7.56	7773655	8.44
比科尔语	4583034	6.00	6299283	6.84
瓦雷语	2567558	3.36	3660645	3.97
其他外国语或方言	19964	0.03	63017	0.07
其他本地语或方言	18546497	24.29	24042850	26.11
未报告者	646457	0.85	6450	0.01

资料来源：菲律宾统计局官网（http：//www.psa.gov.ph/）公开资料（Household Population by Ethnicity and Sex：Philippines，2000；Household Population by Ethnicity and Sex：Philippines，2010）。菲律宾还于 2015 年进行过全国范围的人口普查，但并未公布与民族相关的调查数据。

表Ⅰ－7－1 展示了菲律宾各民族在总人口中的大致占比。其中，宿务语、比萨扬语、希利盖农语和瓦雷语是比萨扬人所持方言，由此可推算出 2000 年与 2010 年比萨扬人在菲律宾总人口中的占比分别是 31.63% 和 33.76%。而他加禄语和伊洛克语使用的比重反映的则是其他两个主体民族的大致占比。据此可推算出，2000 年与 2010 年菲律宾主体民族的人口占比分别约为 68.83% 和 66.97%。另外，比科尔语是吕宋岛山地民族的主要方言，因此其使用比重反映的是这一部分民族的占比。其他本地语或方言则基本展现了棉兰老岛山地民族和摩洛人的数量。

可以发现，从 2000 年到 2010 年，一方面，使用他加禄语的人数明显减少。另一方面，使用比科尔语以及其他本土方言的人数却显著增加。鉴于他加禄语不仅是他加禄民族的方言，也是菲律宾的国语，因此这一数据变化应该在一定程度上反映了 21 世纪以来菲律宾政府保护与发展山地少数民族语言的政策效果。独立后的菲律宾政府将他加禄语定为菲律宾的国语，但考虑到英语在菲律宾的强势影响，菲政府将菲律宾定为菲律宾语和英语共用的“双语国家”，并曾长期实行“英菲语并重”的双语教育。在此期间，山地少数民族的语言在教学中被降格为辅助语言。从 20 世纪末起，为缓解由语言引发的民族矛盾及教育问题，菲律宾政府开始逐渐重视发展山地少数民族的语言文化、宗教信仰和传统习俗。1997 年，菲律宾政府正式出台“土著权利法案”，并由此成立了国家土著事务委员会（The National Commission on Indigenous Peoples），维护山地民族的各项合法权益。与此同时，一些非政府组织和山地民族自助组织也积极提出了“实行本地自治”“恢复族群语言和文化”等一系列有关山地民族权利与地位的政治诉求。[①] 2009 年开始实施“基于母语的多语言教学”，即幼儿园和小学的前三年使用少数民族的母语作为教学语言。[②] 由此也展现出菲律宾政府致力促进民族融合、推动多元文化共同发展的决心。从数据上可以说，这些致力于保护菲律宾山地民族特色和原生态文化的民族政策取得了初步的成效。

第二节　宗教信仰概况

菲律宾是东亚地区唯一的一个天主教国家，绝大多数菲律宾国民信仰

---

① 彭慧：《菲律宾的山地民族及其“土著化”问题》，《世界民族》2013 年第 4 期。

② 刘燕、周玉忠：《菲律宾民族关系的文化探析》，《贵州民族研究》2017 年第 1 期。

天主教，基督新教次之。除了传统的基督宗教之外，随着20世纪民族运动的兴起，菲律宾还形成了一批具有菲律宾民族特色的独立基督教派。此外，还有相当一部分民众信仰伊斯兰教以及各种原始宗教。

一　菲律宾的主要宗教信仰构成

（一）罗马天主教

罗马天主教是菲律宾最主要和最大的基督教派，信徒人数占全国人口的约80%。罗马天主教能扎根于菲律宾社会，与16—19世纪西班牙的殖民统治有着直接的关系。在此之前，除了南部的棉兰老岛和苏禄群岛的大部分地区建立了伊斯兰政权外，菲律宾中部和北部的许多地区仍处于较为原始的社会阶段，主要信奉以万物有灵为特征的原始宗教。西班牙在入侵菲律宾群岛后，在殖民政府的推动与传教士的努力下，菲律宾很快接受了这一全新的外来宗教，在短短半个世纪里就成为一个天主教国家。[①] 独立之后，菲律宾依然保留了天主教信仰。在菲律宾，天主教会作为一个重要的社会组织，在政治、社会、生活等方面均有着不可忽视的影响。

（二）基督新教

基督新教在菲律宾的兴起源于20世纪初美国对菲律宾的殖民统治。随着新教传教士的到来，新教在菲律宾发展迅速。截至2010年，菲律宾的新教徒已占全国总人口的10%以上，为菲律宾信徒人数第二多的宗教。

20世纪以来，菲律宾建立了大量新教教会组织，其中主要有五旬节派（Pentecostal）、浸信派（Baptist）和福音派（Evangelicalism）等。这些教派中规模较大的有基督复临安息日会（Seventh-day Adventist）、菲律宾福音派教会理事会（Philippine Council of Evangelical Churches）、耶和华见证会（Jehovah's Witnesses）等。[②]

（三）独立的基督教派

1. 菲律宾独立教会，又称阿格拜教，是以菲律宾国家教会形式出现

---

① 吴杰伟：《属灵的冲突来自属物的冲突——东南亚宗教冲突初探》，《东南亚研究》2003年第1期。

② 具体参见菲律宾统计局编 *2018 Philippine Statistical Yearbook*，TABLE 1.10 Household Population by Religious Affiliation and by Sex：2015.

的独立基督教派。该教派的成立是菲律宾民族宗教主义的标志之一。1899年，在菲律宾革命政府的支持下，以阿格拜神父为首的一批菲律宾传教士决定成立菲律宾民族教会，并于1902年正式从菲律宾天主教会中分裂出来，成立菲律宾独立教会。该教派具有极强的民族色彩，否认罗马教皇的权威与罗马教会的教阶制度，除保留常用天主教术语与一些天主教基本教义外，其仪式在很大程度上继承了菲律宾民间天主教的特点，并且将教会与菲律宾的历史文化紧密结合在一起，将民族主义升华为宗教。[①]

在成立之初，曾约有150万—200万信徒加入独立教会，约占当时菲律宾人口的1/4。截至2015年，菲律宾独立教会的信徒人数约有75万人，其中大部分来自吕宋岛北部地区，尤其是伊洛克地区。

2. 基督堂教会（Iglesia ni Cristo）：发起于1914年，为菲律宾的一个独立教会，属于复原主义（Restorationism）教会，它公开宣称自己为唯一的真正的教会，是对耶稣创建的初代教会的复原。在宗教教义上，该教派不接受“三位一体”的信条，包括耶稣的神性。根据2015年菲律宾统计局的统计数据，该教派的信徒人数已超过260万人。

（四）伊斯兰教

伊斯兰教在菲律宾具有悠久的历史传统，早在14世纪，来自西亚和马来群岛的穆斯林商人便将伊斯兰教传入了菲律宾。随后，在棉兰老岛的沿海地区、拉瑙湖地区、苏禄群岛地区纷纷建立起苏丹王国，实行以伊斯兰教为基础的政教一体的统治。15世纪至16世纪中叶，伊斯兰教已经一路向北传播至民都洛岛及吕宋岛。

16世纪，西班牙人进入菲律宾后，开始对当地民族进行殖民统治并推行天主教。由于马尼拉和菲律宾中部为菲律宾伊斯兰化的边缘地带，尚未形成稳固的宗教基础，因此西班牙远征军很快便征服了菲律宾中部各岛的穆斯林，之后又在马尼拉建立了殖民统治中心。此后，天主教传教士在吕宋和比萨扬地区广泛开展传教活动，在不到100年的时间里，天主教就在菲律宾的中北部得到普及。但在棉兰老地区，穆斯林保持了较为强大的力量。面对西班牙政府的远征军，菲律宾南部的穆斯林始终顽强抵抗，双方长期

① 施雪琴：《宗教民族主义与文化解殖——近代菲律宾反教会运动浅析》，《东南亚研究》2007年第1期。

处于胶着状态。直至1896年菲律宾民族独立革命爆发，西班牙依然未能控制南部地区，当地的穆斯林依旧保持着自己的信仰和社会生活。①

19世纪末，菲律宾从西班牙独立后，又陷入美国的殖民统治。其间，政府推行移民政策，鼓励中北部的贫苦农民去南部拓荒定居，由此形成的移民潮使得穆斯林在当地的占比明显降低，对南部的人口结构产生了重要的影响。

（五）原始宗教

在接触天主教之前，菲律宾中部和北部的大部分地区的民众主要信奉以自然崇拜和神灵崇拜为特征的原始宗教。自然崇拜是原始宗教发展的低级阶段，主要表现为对自然万物的崇拜。其特点是相信万物有灵。而神灵崇拜则是原始宗教的第二阶段，主要是指对超自然属性或超自然神秘力量的崇拜，其主要表现形式为鬼神崇拜。菲律宾的许多民族都有本民族的主神，且拥有多层级的众神信仰。除了鬼神之外，祖先崇拜，或称鬼魂崇拜，在菲律宾原始宗教中同样占有重要地位。这种原始宗教的实践主要通过巫术活动进行。其中，鸟卜是菲律宾人巫术信仰中最常用的仪式。巫术活动和其他祭祀活动，通常由部族里有声望的老年妇女主持，由其充当祭师和巫师。②

由于在西班牙殖民时期未曾遭到西班牙政府的有效统治，目前棉兰老岛与吕宋岛的山区民族在一定程度上保留了其民族的传统文化。在宗教信仰方面，这些民族在很大程度上仍信奉带有万物有灵色彩的原始宗教。至2015年，菲律宾全国依然有近25万民众信仰原始宗教，约占全国人口的0.24%。

（六）佛教

近代菲律宾的佛教主要是由华侨传入的，如首都马尼拉的中路观音堂、圆通寺，三宝颜市的福泉寺等，均为适应侨胞消灾祈福之需要而创立。由于菲律宾是天主教国家，又存在语言、文化上的多重障碍，因此，至今为止，菲律宾佛教的发展仍主要限于华侨圈内，难以打入菲律宾社会的各阶层之中。在菲律宾的各主要宗教之中，佛教徒的人数最少。③

---

① 史阳：《全球视野中的菲律宾伊斯兰化历史进程》，《东南亚研究》2006年第2期。

② 具体参见施雪琴《简论菲律宾民族的原始宗教信仰》，《南洋问题研究》2002年第3期。

③ 《佛光大辞典》，http：//buddhaspace. org/dict/fk/data/%25E8%258F%25B2%25E5%25BE%258B%25E8%25B3%2593%25E4%25BD%259B%25E6%2595%2599. html。

二 菲律宾各宗教发展趋势

菲律宾2000年与2010年的全国人口普查均对拥有宗教信仰的国民人数进行了统计。2015年，菲律宾统计局又再次按国民的宗教信仰对全国户籍进行了统计。将上述三份数据进行汇总对比，结果如表Ⅰ-7-2所示。

表Ⅰ-7-2 菲律宾户籍人口情况（按宗教）

宗教信仰	2000年户籍人数（人）	占比（%）	2010年户籍人数（人）	占比（%）	2015年户籍人数（人）	占比（%）
（总人口）	76332470	100	92097978	100	100979303	100
罗马天主教	61862898	81.04	74211896	80.58	80304061	79.50
菲律宾独立教会	1508662	1.98	916639	1.00	756225	0.75
菲律宾独立天主教会*	/	/	138364	0.15	66959	0.07
基督堂教会	1762845	2.31	2251941	2.45	2664498	2.64
基督新教**	3494127	4.58	8855702	9.62	8927288	8.84
伊斯兰教	3862409	5.06	5127084	5.57	6064744	6.01
佛教	64969	0.09	46558	0.05	26346	0.03
原始宗教	164080	0.21	177147	0.19	243704	0.24
其他宗教信仰	3538681	4.63	299399	0.33	1905525	1.89
无宗教信仰	73799	0.10	73248	0.08	19953	0.02

*菲律宾独立教会成立之初也被称为菲律宾独立天主教会。https：//easternvisayaspicc. wordpress. com/about/。但表中所指为与菲律宾独立教会不同的其他独立教派团体。https：//lawlibrary. chanrobles. com/index. php? option = com_ content&view = article&id = 88970：64636&catid = 1638&Itemid = 566。

**基督新教的新教徒人数为新教各主要派别人数相加之总和。

资料来源：菲律宾统计局编 *2010 Philippine Statistical Yearbook*，TABLE 1. 11 Housedhold Population by Religious Affiliation and by Sex：2000；Philippine Statistics Authority，2015 Census of Population，Report No. 2—Demographic and Socioeconomic Characteristics Philippines，June 2017.

由表Ⅰ-7-2可见，自2000年至2015年，菲律宾宗教信仰的基本结构发生了一定的变化。2000年以来罗马天主教的信徒人数略有减少，但仍占全国人口的80%左右，依然在菲律宾具有绝对的影响力。2000年至2010年，菲律宾的新教发展迅猛，一跃成为其第二大宗教，但2015年的新教教徒人数较2010年出现一定的减少。而居于第三位的伊斯兰教，则从20世纪以来一直处于稳步增长的状态。

另外值得注意的是，在菲律宾的几个具有代表性的独立教派中，菲律宾独立教会和菲律宾独立天主教会的新教徒人数均有减少，但基督堂教会的发展却比较迅速。近年来，这一教派的不断壮大应与其在政界日益凸显的影响力存在紧密的关系。2004年，基督堂教会曾公开支持总统格洛里亚·马卡帕加尔·阿罗约（Gloria Macapagal-Arroyo）参加总统选举。随后，阿罗约总统亲自宣布对该教派的认可，此后又于2009年6月12日签署了法令，宣布7月27日为“基督堂教会日”，并将其设为国定假日。[①] 2018年，总统杜特尔特又将基督堂教会的宗教领袖爱德华多·伍·马纳洛（Eduardo V. Manalo）任命为菲律宾海外事务特使。[②] 可以说，基督堂教会已经成为菲律宾颇为重要的宗教势力。

三　菲律宾的主要宗教名胜

（一）天主教

1. 马尼拉圣母无原罪圣殿主教座堂（Minor Basilica and Metropolitan Cathedral of the Immaculate Conception）：该教堂为天主教马尼拉总教区的主教座堂，又被称为马尼拉大教堂（Manila Cathedral）。它坐落于菲律宾马尼拉王城区。供奉菲律宾的主保无原罪圣母。该教堂的前身是马尼拉圣母无原罪教堂，最初建于1571年。当时马尼拉教区仍属于墨西哥大主教管区，直至1579年马尼拉才成为一个独立的教区，在此之前该教堂始终负责管理马尼拉的宗教事务。随着教区的升级，马尼拉教堂的等级也被提升为“圣母无原罪主教座堂”（Cathedral of Immaculate Conception of the Blessed Virgin Mary），教会对教堂建筑也进行了相应的扩建。此后，该教堂建筑曾多次被毁，总共经历了八次改建。目前的教堂建筑建造于1958

---

① https：//www. gmanetwork. com/news/news/nation/527214/facts - and - figures - the - politically - influential - iglesia - ni - cristo/story/。

② https：//news. mb. com. ph/2018/02/14/inc - top - leader - named - special - envoy - for - ofws/。

年。1981 年，教宗若望·保罗二世（Pope John Paul II）访问菲律宾。同年，马尼拉大教堂被再次升级为宗座圣殿（Basilica）。①

2. 圣费尔南多大都会大教堂（Metropolitan Cathedral of San Fernando）：位于菲律宾邦板牙省的圣费尔南多市，是一座新古典主义教堂。该教堂最初建造于 1755 年，后多次被大火焚毁并重建。1948 年，该教堂升格为主教座堂，成为圣费尔南多教区所在地。1975 年，教皇保罗六世（Pope Paul VI）又将该教区升格为圣费尔南多总教区。②

3. 圣维大理与守护天使都主教座堂（Metropolitan Cathedral and Parish of Saint Vitalis and of the Guardian Angels），又称宿务都会主教座堂（Cebu Metropolitan Cathedral），为天主教宿务总教区的主教座堂。宿务教区教堂最初修建于 1565 年，为菲律宾较早的一批教堂之一，带有典型的西班牙教堂风格。宿务教区成立于 1595 年，并于 1934 年升为总教区。

4. 圣婴圣殿（Minor Basilica of the Holy Child of Cebú）：建立于 16 世纪，是一座位于菲律宾宿务市中心的乙级宗座圣殿，为菲律宾最古老的罗马天主教教堂。教堂得名于其最著名的文物——“宿务的圣婴”（Santo Niño de Cebú），“宿务圣婴”为 1565 年西班牙探险家米格尔·洛佩斯·德莱加斯皮（Miguel López de Legazpi）所发现的一尊圣婴雕像。1965 年，教宗保罗六世将教堂提升至宗座圣殿。③

（二）独立基督教派

1. 基督堂教会中央圣殿（Iglesia ni Cristo Central Temple）：是菲律宾独立基督教派——基督堂教会的主要宗教场所，位于奎松市的英联邦大道旁。中央圣殿建于 1984 年 7 月 27 日。该教堂规模庞大，最多可容纳约 7000 人，仅大厅便可容纳 3000 名信徒，此外还设有两个小礼拜堂。④

2. 圣婴大教堂（Cathedral of the Holy Child）：菲律宾独立教会即阿格拜教的国家大教堂，是该教会首席牧师兼精神领袖奥比斯波·马克西莫

① 具体参见 http://manilacathedral.com.ph/history。

② 具体参见 http://kapampangan.ivanhenares.com/2005/04/san-fernando-city-rich-in-architectual.html。

③ http://www.gcatholic.org/churches/asia/0946.htm。

④ Robert Reed, “The Iglesia ni Cristo, 1914-2000. From Obscure Philippine Faith to Global Belief System,” *Royal Netherlands Institute of Southeast Asian and Caribbean Studies*, 2001, Vol. 157, No. 3, p. 580.

(Obispo Maximo）的住地，位于菲律宾马尼拉的埃尔米塔（Ermita)。该教堂建于1969年，主要供奉马尼拉汤都区的主保圣婴耶稣。圣婴大教堂拥有独立的主教管辖权，具有与教区相同的地位。①

（三）伊斯兰教

1. 金色清真寺（The Golden Mosque 或 Masjid Al-Dahab)，位于菲律宾马尼拉奎阿坡区（Quiapo）的主要穆斯林地区。该清真寺建于1976年，据称最多可容纳22000名信徒，被认为是马尼拉大都会区最大的清真寺。金色清真寺因其金色的圆顶而得名，其建筑风格融合了中东与本土的文化特色。其圆顶和曾经的尖塔仿照中东建筑的结构与样式，而其几何设计则主要借鉴了菲律宾当地马拉诺、马金达瑙和陶索人的艺术风格。

2. 谢克·马克杜姆清真寺（Sheik Karimol Makhdum Mosque 或 Sheik Karim al Makdum Mosque)：建于1380年，是菲律宾第一座也是最古老的清真寺。该建筑被菲律宾国家历史委员会宣布为国家历史地标，同时也被菲律宾博物馆列为国家文化宝藏（National Cultural Treasure)。该清真寺以将伊斯兰教传入菲律宾的阿拉伯传教士谢克·马克杜姆（Sheik Makdum）的名字命名。据称，谢克·马克杜姆曾亲自监督这座清真寺的修建工作，他去世后，其遗体也被埋在该清真寺的房屋内。目前，该清真寺中依然保留了四根17世纪重建时留下的柱子，被认为是整个菲律宾最古老的伊斯兰文物。②

第三节　菲律宾的主要民族与宗教问题

从殖民统治下走向独立、迈入现代的菲律宾，不可避免地面临着由历史与文化原因造成的各种民族与宗教问题，这些问题关乎菲律宾未来的社会发展、地区稳定与国际交往。下文试从民族融合、天主教的本土化以及华人的融合问题三个方面进行具体论述。

---

① https：//web. archive. org/web/20150408081329/http：//ifinc. org/history/。

② https：//zamboangajournal. wordpress. com/2006/11/28/sulu - north - borneo - sultan - hails - senate - bill - declaring - rps - oldest - mosque - as - national - shrine/。

一 菲律宾的民族融合问题

菲律宾是一个多民族的国家，大致可分为主体民族、山地民族和摩洛人。由于这些民族群体之间存在经济文化、宗教信仰、地理位置等方面的差异，加上受到西班牙与美国对菲律宾殖民时期所推行的民族政策的影响，导致三大民族群体之间关系复杂，以下两个问题尤其突出。

（一）山地民族边缘化问题

与经济、文化较为发达的主体民族不同，由于菲律宾的山地民族主要居住在吕宋岛和棉兰老岛的山地或森林地区，因此在生产与生活方式上均处于较为落后的状态。山地民族在生产方式上大多仍处于原始采集狩猎、刀耕火种的低级阶段，在社会形态上处于氏族社会解体到封建社会关系萌芽之间的不同发展阶段。在宗教信仰方面则普遍信奉带有万物有灵色彩的原始宗教。[①] 这些民族中甚至有一大部分没有文字，只有语言。由于生活方式简单，生产力低下，这些山地民族的收入还不及马尼拉地区居民的1/10。[②] 与受到外来的基督教文化与伊斯兰教文化深刻影响的菲律宾主体民族及摩洛人相比，山地民族被认为保留了浓重的菲律宾本土文化特色。

在殖民者到来之前，经历了几千年的自然人种融合、进化，菲律宾的三大民族群体找到了各自适宜的生存环境，并且形成了互相依赖的经济生活方式。这种共生关系使得民族界限较为模糊，彼此之间处于较为融合的状态。但16世纪西班牙人来到菲律宾后，打破了群体间的自然分类与融合模式。随着其殖民及宗教传播的深入，自17世纪起，政府开始按照政治上是否服膺及文化上是否天主教化对居民进行等级划分，人为地建构出“平原民族”与“山地民族”的分类，各族群间的政治经济地位也开始分化并凝固下来。[③] 19世纪末，美国成为菲律宾的宗主国后，又进一步强化了西班牙殖民时期所造成的民族隔阂。美国将山地民族赖以为生的“轮耕制度”定为非法行为，并通过“保留地法”在山地森林地区划定大量的保留地，规定无土地证者禁止进入，由此剥夺了山地民族对土地与森林资

---

① 哈正利、杜鹏：《菲律宾民族问题解析》，《民族学研究》2019年第4期。

② 刘燕、周玉忠：《菲律宾民族关系的文化探析》，《贵州民族研究》2017年第1期。

③ 彭慧：《菲律宾的山地民族及其“土著化”问题》，《世界民族》2013年第4期。

源的所有权。[①] 可以说，在殖民政府的统治下，山地民族的土地权与生存权受到了严重的剥夺，其在全国的地位日益边缘化。

在菲律宾独立初期，山地民族的状况仍未得到有效改善。由于长期受到西方民族国家理念的影响，菲律宾中央政府意图创造出同一的民族性与意识形态，希望以此加强菲律宾国民的民族自我意识。然而，其结果是主体民族的文化观念与习俗被作为全国通行的标准。政府制定的各种政策常常无法平等地对待少数民族文化，有时甚至还对少数民族文化采取抹杀的极端措施。[②] 例如，在经济上，政府继续限制、禁止山地民族传统的轮耕作业行为，迫使其转变生活方式，进行“文明化的定居”[③]。在文化政策上，菲律宾政府大力扶植西式教育，推广基督教文化。山地民族在宗教、文化上的特殊性不仅未能得到政府的尊重与重视，反而遭到了限制与抹杀。由于山地民族对于这些所谓民族整合政策的抵抗，加上其多散居在各偏远地区，致使除去少部分传教工作较有成效地区外，政府文化上的整合政策推行进程总体上缓慢。[④]

1986 年，随着菲律宾进入新的民主化阶段，山地民族的社会地位开始逐渐得到改善。菲律宾政府的民族政策由过去的“同化政策”转变为“团体多元主义政策”（Corporate Pluralism）。菲律宾政府不再将山地民族视为需要被同化的对象，而是将其视为具有自身独特性的民族整体，并在政策上予以照顾。在政府治理理念转变及非政府组织的活动下，菲律宾国内山地民族进入了“土著化”时期，山地民族的土著运动也开始兴起。[⑤] 此后，菲律宾政府开始推行一系列保护土著文化的政策，例如，菲律宾政府开始重视山地少数民族的语言文化、宗教信仰和传统习俗，并致力于提高少数民族的教育质量并促进多元文化的发展。[⑥] 山地民族的生存权益也逐渐得到重视与保护。

菲律宾的山地民族与主体民族之间的隔阂是在漫长的历史发展中逐步

---

① 哈正利、杜鹏：《菲律宾民族问题解析》，《民族学研究》2019 年第 4 期。

② 曾少聪：《东南亚国家的民族问题——以菲律宾、印度尼西亚、泰国和缅甸为例》，《世界民族》2008 年第 5 期。

③ 哈正利、杜鹏：《菲律宾民族问题解析》，《民族学研究》2019 年第 4 期。

④ 彭慧：《菲律宾的山地民族及其“土著化”问题》，《世界民族》2013 年第 4 期。

⑤ 彭慧：《菲律宾的山地民族及其“土著化”问题》，《世界民族》2013 年第 4 期。

⑥ 刘燕、周玉忠：《菲律宾民族关系的文化探析》，《贵州民族研究》2017 年第 1 期。

形成的，其中虽然存在由于地理环境、生活方式所形成的民族特性对于山地民族自身的限制，但在更大程度上源于西方殖民者与菲律宾政府早期民族同化政策所带来的影响。虽然业已成形的民族结构无法轻易被改变，民族差异也无法在短时间内被消除，但相信缓和民族矛盾、发展多元文化应是菲律宾政府未来民族政策发展的大方向。

（二）摩洛人的分离运动

摩洛人一般泛指菲律宾南部的穆斯林群体，主要聚居在南部的棉兰老、巴西兰岛地区，由 13 个部族组成。根据 2010 年菲律宾的人口普查结果，信仰伊斯兰教的摩洛人占全国总人口的约 5%，占棉兰老岛总人口的 22%。[①]

菲律宾主体民族与摩洛人之间的矛盾可谓是该国民族与宗教问题相互交织的体现。摩洛人早在十三四世纪便接受了伊斯兰信仰，甚至还建立了以伊斯兰教为依托的苏丹政权。16 世纪西班牙殖民者到来后，菲律宾的中部与北部地区的民众大量皈依天主教，但南部的穆斯林一直顽强抵抗，没有放弃自己的信仰。最终，宗教上的对立演变成了长达 300 年的民族矛盾。美国统治菲律宾时期，一方面对穆斯林采取安抚政策，通过与苏禄苏丹签署《贝茨条约》保持其自治及宗教自由权，另一方面又针对南部地广人稀的特点，鼓励中北部天主教贫农迁入南部，对南部地区的人口结构造成根本性影响，使穆斯林成为当地的少数民族。[②]

菲律宾独立后，早期政府推行民族整合与同化政策，再次采取将国内中北部的大量天主教徒移至南部棉兰老地区的策略，希望以此削弱摩洛人在此区域的势力，并且对其进行同化。然而，这一举措最终却激化了穆斯林与政府之间的矛盾，反而强化了摩洛人的地方主义，使其将菲律宾主体民族视为同西班牙和美国人一样的殖民入侵者。并且，摩洛人与主体民族在经济发展上的巨大差距，也进一步加剧了其对政府以及主体民族的不满。[③]

1968 年，一批穆斯林士兵在马尼拉湾雷吉多岛被天主教军官集体枪杀，致使摩洛人与政府间的矛盾变得白热化。以此为契机，菲律宾的穆斯林群体开始有组织、大规模地进行集体抗争，并最终发展为反政府武装甚

---

① 2010 Census of Population and Housing，Philippine Statistics Authority.

② 史阳：《全球视野中的菲律宾伊斯兰化历史进程》，《东南亚研究》2006 年第 2 期。

③ 郑一省：《菲律宾民族发展特征的历史考察》，《华侨大学学报》（哲学社会科学版）2008 年第 2 期。

至极端恐怖组织。[1] 南部穆斯林各反抗组织于1973年联合成立了“摩洛人解放阵线”（Moro National Liberation Front，简称“摩解”）。1978年，以哈希姆·萨拉马（Hashim Salamat）为首的强硬派从摩解脱离后又建立了摩洛伊斯兰解放阵线（Moro Islamic Liberation Front，简称“摩伊解”）。如今，该组织已经发展成为菲律宾最大的反政府武装组织。因信仰相同，菲律宾棉兰老、苏禄地区的穆斯林与马来西亚沙巴地区的穆斯林关系密切，菲律宾南部穆斯林分离主义运动还曾得到马来西亚穆斯林的支持。[2]

不过，近年来，摩洛人与政府间的对立出现了缓和的趋势。为了和平解决长达40余年的冲突，2014年，时任菲律宾总统贝尼尼奥·阿基诺三世（Benigno Aquino）曾代表菲律宾政府与“摩伊解”签署框架和平协议。根据该和平协议，菲律宾政府赋予南部穆斯林更多的权利，包括建立“邦萨摩洛棉兰老穆斯林自治区”（BARMM），以换取“摩伊解”不再要求独立建国、游击队集体复员等承诺。[3] 该协议自签署以来取得了阶段性的成果。据称，经过八年努力，“摩伊解”已分两阶段让2.3万人解除武装，而最终的第三阶段将完成3万人的复员工作。2018年，现任菲律宾总统杜特尔特颁布《邦萨摩洛基本法》，确认在棉兰老岛上数个人口以穆斯林为主的区域建立自治区，且自治区政府享有行政管理、立法司法、财政税收等广泛权力。[4] 这一系列举措或许难以在短时期内彻底解决菲律宾南部穆斯林族群长期以来的结构性矛盾，但展现了菲律宾政府希望实现南部地区和平稳定的努力与决心。

二 菲律宾天主教的本土化

16世纪，伴随着西班牙殖民者的到来，天主教被传入了菲律宾。很快，天主教便广为菲律宾中北部的民众所接受，并对西班牙对菲律宾的殖民统治起到了推动与巩固的作用。传教士在菲律宾的活动在促进西班牙的殖民扩张与维护殖民统治上所起到的效果，甚至被认为超越了殖民军队。

---

① 哈正利、杜鹏：《菲律宾民族问题解析》，《民族学研究》2019年第4期。

② 曾少聪：《东南亚国家的民族问题——以菲律宾、印度尼西亚、泰国和缅甸为例》，《世界民族》2008年第5期。

③ http：//news. sohu. com/20121016/n354940022. shtml。

④ http：//www. infzm. com/contents/181194。

在西班牙殖民统治时期，天主教会被认为是宗主国天主教会的延伸，不仅拥有神圣不可侵犯的神权，还广泛拥有政治、司法、教育、财政、经济等各种权利。[①] 从西班牙独立后，菲律宾广大的天主教徒并未抛弃其信仰，天主教信仰依然对于当代菲律宾的社会文化有着深远的影响。但是经过了几个世纪的发展，菲律宾的天主教不断与菲律宾的民族特性与本地文化相融合，出现了明显的本土化特征。

（一）菲律宾的民俗天主教文化

作为一个天主教国家，许多天主教节日，包括圣诞节、复活节、诸圣节等在菲律宾具有极为重要的文化意义，并成为菲律宾的国定假日。除了这些传统的天主教节日外，菲律宾还有着各种带有强烈地方特色的“民间天主教”（Folk Christianity）节日庆典。

由于早期天主教在菲律宾传播过程中，以耶稣会（society of Jesus）为代表的传教士并未采用强制的武力传教，而是积极采取“文化适应”（Adaptation）的传教策略，通过学习当地语言、融合本土文化，以菲律宾民众易于接受的方式开展传教活动，致使菲律宾的天主教信仰并未一味地全盘西化，部分菲律宾传统文化习俗得到了保存，并与天主教信仰相融合。菲律宾流行的各种民间天主教节日就是这种文化交融的重要表现。

菲律宾的民间天主教节日大致分成四类：纪念耶稣的受难与殉道、纪念圣婴（Santo. Niño）、纪念圣母与纪念保护神。在这些节日庆典中，常常伴有民族特色的歌舞、服装与仪式。这些庆典大多同时拥有天主教信仰的文化内涵与原始宗教祭祀活动的特点，展现了天主教信仰与菲律宾原始宗教以及民间传统文化的融合。这两种文化的融合被表现为一种“变革性的延续”（transformative continuity），也就是说，在新的天主教文化框架下沿用菲律宾原始宗教的信仰结构，或者是在已有的原始宗教信仰结构下直接使用新习得的天主教术语，即本土宗教中的多神信仰结构转变成民间天主教框架下的多神信仰。[②]

这些节日背后所展现的是带有浓重民俗色彩的菲律宾本土天主教文

① 施雪琴：《菲律宾天主教研究：天主教在菲律宾的殖民扩张与文化调适（1565—1898）》，厦门大学出版社 2007 年版，第 6 页。

② Charles J-H Macdonald, Folk Catholicism and Pre-Spanish Religions in the Philippines, *Philippine Studies*, Vol. 52, No. 1, p. 83.

化，其在表现形式上与正统的罗马天主教有着明显的差异。这些民间天主教文化没有系统的理论体系或严密的组织，相比成熟的宗教，更应被归入民间信仰的范畴。并且，其在宗教功能上也更加世俗化，更多关注现世的功利，追求趋福避难、农业丰收与子孙繁衍等。不仅如此，菲律宾的民间天主教甚至在基本教义上也存在本质上的不同。在这些混合了民俗文化的天主教信仰中不单包含天主教的上帝与圣灵，还有其传统宗教中的各种神灵，有时甚至将二者合二为一，这显然有悖于罗马天主教的单一神信仰及基本教义。不过，这些差异并没有阻碍其在菲律宾的发展，许多节日已有上百年的历史。这些节日的存在，在客观上增强了地方民众的凝聚力和认同感，使其成为菲律宾民族文化的重要组成部分。①

（二）菲律宾天主教会的本土化

天主教在菲律宾的本土化除了反映在其多种多样的民俗节日中外，还体现在菲律宾天主教会自身的变革上。19 世纪末以来，菲律宾的天主教基本实现了天主教会的菲律宾化，并将殖民主义的文化遗产转化为民族文化的重要内涵。在这一过程中，菲律宾天主教会逐渐褪去了其原有的作为西班牙殖民统治工具与支柱的政治色彩，转而成为菲律宾民族精神信仰与文化传统的重要构成。②

天主教早期在菲律宾的发展与西班牙的殖民有着密不可分的联系，因此，19 世纪末随着菲律宾摆脱西班牙的统治，该国的天主教会也曾受到一定的冲击。全国上下高涨的民族主义情绪以及当时兴起的包括共产主义在内的各种思潮，使得菲律宾的天主教会成为菲律宾民族主义攻击的对象。菲律宾独立教会，即阿格拜教会的诞生便是发生在这样的背景之下。该教派的成立被认为是菲律宾神职人员与该国天主教会的制度性歧视（institutional discrimination）及修道士霸权长期抗争的结果，双方之间的矛盾自 19 世纪下半叶起不断激化。③ 最终，菲律宾独立教会被视为菲律宾民

① 具体参见施雪琴《菲律宾天主教宗教节日的文化特征与功能嬗变》，《东南亚研究》2003 年第 6 期。

② 施雪琴：《试论当代菲律宾天主教社会行动之肇始》，《南洋问题研究》2012 年第 4 期。

③ Adrian Hermann, The Early Periodicals of the Iglesia Filipina Independiente (1903 – 1904) and the Emergence of a Transregional and Transcontinental Indigenous-Christian Public Sphere, *Philippine Studies: Historical & Ethnographic Viewpoints*, Vol. 62, No. 3/4, Special Double Issue: Filipino Catholicism (sept. -dec. 2014), p. 552.

族宗教的象征，与受罗马教会管辖的菲律宾天主教会分庭抗礼。另外，美国从西班牙手中接管菲律宾后，基督新教开始在菲律宾迅速发展。新教对信仰市场的争夺，同样对菲律宾的天主教会造成了不小的压力。而在政治制度方面，美国殖民政府推行的世俗主义制度，特别是政教分离原则，也大大削弱了天主教会在菲律宾的政治与社会影响。[①]

来自意识形态与社会政治环境等多方面的挑战，迫使菲律宾的天主教会不得不做出改变。面对国内政治经济与社会危机，教会开始积极参与社会治理，推动政治变革。例如，教会建立了社会问题研究所，并积极组建工人与农民组织，关注弱势群体的诉求并致力于改善他们的处境。同时，天主教会在组织结构上也发生了重大变化。虽然其在教制上还隶属于罗马教廷的管辖，但事实上菲律宾天主教会的领导层与教会神职人员构成已经实现了很大程度上的菲律宾化。1945 年“菲律宾天主教福利组织”成立，该组织之后发展成为“菲律宾天主教主教会议”，现为菲律宾教会的最高领导机构。[②]

此外，在梵二会议[③]精神的影响下，20 世纪末以来，包括天主教会在内的菲律宾基督教一直努力改善与其他宗教的关系，实现不同宗教间的合作与共融。菲律宾前总统拉莫斯于 1991 年底创立的基督教穆斯林民主力量党（LAKAS-CMD）目前已经成为菲律宾主要的政党之一。该党是一个包含伊斯兰教元素的基督教民主主义政党，由人民力量党、全国基督教民主联盟、菲律宾穆斯林民主联盟、团结党等整合而成。[④] 并且，在改善菲律宾南部地区稳定的问题上，棉兰老岛的天主教会主教和穆斯林教长们也积极联手，推动宗教对话与和平。菲律宾天主教会与伊斯兰教在政治、安全等问题上的合作同样是其为应对社会变革而进行本土化适应的重要表现。

三　华人的融合问题

在菲律宾非南岛语系民族中，人数最多的是华人，目前其数量已超过

---

① 施雪琴：《试论当代菲律宾天主教社会行动之肇始》，《南洋问题研究》2012 年第 4 期。

② 施雪琴：《试论当代菲律宾天主教社会行动之肇始》，《南洋问题研究》2012 年第 4 期。

③ 全称为梵蒂冈第二届大公会议，于 1962 年 10 月 11 日召开，是罗马天主教在现代召开的第一次大公会议。该会掀起了罗马天主教在当代世界的革新运动。

④ https://world.huanqiu.com/article/9CaKrnK5Htl。

200 万人。[①] 这些华人的祖先自 7 世纪开始移居菲律宾，主要来自中国的福建、广东两省。据称，早在 17 世纪前期马尼拉白银贸易繁盛时期，菲律宾曾是东南亚华人最多的地区，华人总数超过 3.5 万人，而马尼拉则是最早建立华侨社会的地区。[②] 目前，在菲律宾的华人之中，绝大部分是土生土长的华裔，主要分布在各个岛屿的商业中心，多数集中在马尼拉市。华商在菲律宾的经济领域拥有不容忽视的影响力，其在流通、地产、通信、银行、饮食、航空等领域占据着重要甚至主导地位，对菲律宾的经济至关重要。[③]

在菲律宾的华人群体中，相当一部分为华菲混血的后裔。虽然受到菲律宾历史与文化的诸多影响，但许多华人依然保留了本族语言、风俗习惯。[④] 在宗教信仰方面，菲律宾华人受当地政治、文化环境和菲华族群关系的影响很深。16 世纪，天主教传入菲律宾后，生活在当地的华人与华侨也成为传教的对象。一方面，以多明我会修道士高母羡（Juan Cobo）为代表的西班牙传教士曾专门在马尼拉附近的华侨区传教。为了使当地华侨更容易接受天主教信仰，高母羡不仅认真学习汉语，还翻译、撰写了一批汉语书籍，被誉为教会本土化的楷模。[⑤] 目前菲律宾全国或有一半以上的华人信仰天主教或基督新教。另一方面，源于福建等中国南部的传统宗教与民间信仰也在菲律宾的华人族群中得到了延续。两种文化的碰撞导致在华人族群的宗教信仰中，出现了华人传统信仰与天主教相互交融的趋势。其中最为突出的代表是妈祖信仰与圣母信仰的融合。凯萨赛圣母（Virgin of Caysasay）像是菲律宾最古老的圣母像，于 1603 年被一名渔民在河中发现。相传，凯萨赛圣母曾显示将海水变淡，拯救村民等神迹。吕宋岛南部描东岸省（Batangas）和明多罗岛一带华人迄今仍将凯萨赛圣母视为妈祖。在吕宋岛南部，包括达社（Taal）、罗沙里奥（Rosario）、黎巴

---

① http：//www. chinanews. com/hr/2012/09 - 11/4173378. shtml。

② 彭慧、孙莹：《菲律宾恩庇主义与华侨华人群体研究现状及思考》，《八桂侨刊》2016 年第 1 期。

③ https：//www. thepaper. cn/newsDetail_ forward_ 1337231。

④ 中华人民共和国驻菲律宾共和国大使馆官网，http：//ph. china - embassy. org/chn/flbgk/jbqk/t67671. htm。

⑤ 具体参见张西平主编《东亚与欧洲文化早期的相遇》（华东师范大学出版社 2012 年版）第一章。

(Lipa)、描东岸等地，几个华人群聚的“社”每年都会从达社教堂借出凯萨赛圣母像，搭建临时祭坛以天上圣母名义奉祀，到1975年又在描东岸市建立天后宫，供奉天主教圣女形象的“妈祖”[①]。在1954年于菲律宾举办的天主教祈祷大会上，教宗庇护十二世正式为凯萨赛圣母加冕。[②] 在一些华人看来，此举相当于将妈祖封为天主教的七圣母之一。[③]

目前，菲律宾的华人与其本地民族关系较为融洽。但在历史上，菲律宾的华人群体曾受到当地政府的歧视与排斥。在西班牙殖民时期，当时殖民地当局有过多次对华人的排挤甚至屠杀行为。[④] 菲律宾独立后，出于对华人的不信任，菲律宾政府曾于1945—1965年针对菲华问题实施“菲化”法律：一方面严格限制中国移民人数，另一方面政府对在菲华侨的入籍申请有意设置了种种严苛的限制。这种对华裔的排挤，与当时新中国成立后，两国在意识形态上的对立有着密切的关系。[⑤] 这一限制在1966年后逐渐放宽。1975年，马科斯总统分别以总统命令书和总统政令的形式，降低菲律宾华侨入籍的门槛并简化申请手续。此后，大量菲律宾华侨加入菲律宾国籍。至20世纪90年代中期，据称，菲律宾华侨华人已达约110万人。[⑥] 1986年，菲律宾政府颁布《菲律宾共和国宪法》承认华人的现有菲律宾国籍，允许未入籍者申请加入，为华人与土生菲人和睦相处提供了良好的政策环境。[⑦]

国籍问题的解决除了促进菲律宾华人与当地民族的融合外，也为华人群体提供了更多的政治空间。自20世纪80年代起，受世界各地华人参政浪潮的影响，菲律宾华人参政议政的热情和行动达到了高潮。在华人华侨的积极参与下，菲律宾政坛涌现出不少有华裔背景的政治人物。例如，前总统奥斯敏纳(Sergio Osmena)、马科斯、科拉松·阿基诺(Corazon

---

① 赵树冈：《菲律宾“描东岸”的妈祖》，《历史月刊》(台湾)第146期。

② The 1954 Marian Congress of the Philippines, https://www.sspxasia.com/Newsletters/2004/Jul-Dec/Marian_Congress.htm。

③ 汪鲸：《从宗教看东南亚华人与土著民族的族群关系——以菲律宾和马来西亚为例》，《暨南学报》(哲学社会科学版)2010年第3期。

④ 许梅：《菲律宾华人参政的历史演变与发展》，《八桂侨刊》2001年第4期。

⑤ 哈正利、杜鹏：《菲律宾民族问题解析》，《民族学研究》2019年第4期。

⑥ 汪鲸：《从宗教看东南亚华人与土著民族的族群关系——以菲律宾和马来西亚为例》，《暨南学报》(哲学社会科学版)2010年第3期。

⑦ http://ph.china-embassy.org/chn/flbgk/jbqk/t67671.htm。

Aquino）等都具有华人血统。1986 年的大选被普遍认为是菲华历史的转折点，华人参政不论是实质还是内容都有了很大程度的提高。[①] 2012 年，菲律宾的华人群体又成立了菲律宾华人公会（菲华公会），该团体是菲律宾第一家明确提出以参政为目的的华人团体，该团体将致力于吸引更多拥有华人血统的菲律宾人加入，以达到菲律宾政府关于组建政党最低人数的要求，从而更好地在政治舞台上为华人等菲律宾少数族裔争取权益。[②]

但与此同时，华人群体在政治领域发挥的作用也往往受到中菲两国关系、国内外情势、政治环境、思想观念等多方面的影响和局限，加上菲华群体在全国人口中占比有限，因此其在菲律宾的政治地位尚不稳固。只有寻找到更合适的定位，这一群体才能在菲律宾的政治舞台上拥有更大的提升空间。通过多方位的经济、文化交流合作，深化新一代菲律宾华人群体对中国的认识、加固二者之间的文化纽带，使菲华群体在更好地融入本土民族的同时，积极发挥中菲两国之间的桥梁作用，应是未来中菲关系发展过程中不容忽视的重要方面。

---

① 许梅：《菲律宾华人参政的历史演变与发展》，《八桂侨刊》2001 年第 4 期。

② http：//www. chinanews. com/hr/2012/09 - 11/4173378. shtml。

第八章　对外关系

菲律宾作为独立的现代民族国家登上国际外交舞台是第二次世界大战结束后的事。但早在前殖民时期，菲律宾人民就有着长久的对外交往的历史，并在这个过程中形成了自己的民族、文化以及政治、经济与社会生活。16 世纪后，菲律宾先后沦为西班牙与美国的殖民地，这段历史塑造了独立后菲律宾外交的诸多特征。独立后，菲美关系一直是菲律宾外交的重中之重，其中菲美同盟更是菲律宾的安全基石。冷战结束后，菲律宾努力在经济上摆脱对美国的过度依赖并追求更加独立自主的国际地位。为此，菲律宾不断谋求与其他大国如中国、日本、俄罗斯等建立更加密切的关系。与此同时，作为东盟的创始国与重要成员，菲律宾与东盟的各成员国在历史和现实的各种摩擦、矛盾中不断深化彼此间的联系。本章将在概述菲律宾外交的基础上，分析其与除中国之外的主要国家的关系。本书第三篇第一章将对中菲关系进行专门论述。

第一节　菲律宾外交概述

殖民时期的菲律宾先后遭受西班牙、美国、日本三国的统治。在西班牙殖民时期，菲律宾的对外交往服务于殖民官员的个人利益和西班牙帝国对资源的需求。美国的殖民在二战时期一度被日本入侵所打断，其总体特征是菲律宾在“自治”的外衣下被赋予了一定程度的内政与外交自主权。但是本质上菲律宾在经济和政治上高度依赖美国，并作为提供美国工农业所需资源的殖民地。独立后的菲律宾尽管仍受到殖民历史的影响，但逐渐显现出对外交往的独立性和自主性，并开始形成自己的特征。

一　独立之前菲律宾与外部的关系

独立之前的菲律宾先后历经前殖民时期、西班牙殖民时期和美国殖民时期。由于菲律宾在西班牙殖民后才成为一个相对统一的政治实体，长时间的非统一状态使菲律宾各地区之间的认同与凝聚力不足，这一时期发生的诸多种族、文化矛盾为后来菲律宾的国内问题及其对外交的影响埋下了伏笔。而西班牙和美国殖民期间对资源和财富的掠夺促使菲律宾人民为争取自身权利乃至实现独立而不断奋斗，这一目标最后在二战后全球范围的民族独立浪潮中得以实现。

（一）前殖民时期菲律宾与外部的交往

早在1世纪，菲律宾就存在与外部的交往。10世纪至16世纪初，菲律宾与亚洲邻近国家之间开始出现较为密切的经济、文化联系，这一时代被菲律宾史学界称为“贸易和联系的时代”。在此期间，菲律宾文化受到了亚洲几个古老文化传统的影响，在汲取其优点的基础上进一步形成了自己的特色。

从10世纪起，中菲贸易的发展使中国文化对菲律宾的影响日渐加深。造船业和航海技术的发展以及阿拉伯人的到来为中菲之间的航海贸易提供了可能。更重要的是，陶瓷业的发展为贸易提供了高价值的大宗商品。14—16世纪，菲律宾的对外贸易进一步发展，至明代初年中菲贸易达到高峰，而双方的友好交往也发展到了新的水平。从洪武到永乐年间，吕宋、苏禄等先后十余次派遣使节到明访问，明朝政府也曾四次遣使访问菲岛。经过长期的直接交往，从农业用具、瓷器食物到语言习惯、家庭伦理，中国文化的许多元素已经融入菲律宾文化中。此外，通过以其他东南亚国家为中介，菲律宾与印度也产生了文化上的往来，印度文化也是对菲律宾影响较大的亚洲古文化之一，其影响散见于菲律宾的语言和宗教偶像中。

相较于中国文化和印度文化，阿拉伯文化传入菲律宾的时间较晚，但其传播快、影响力强。13世纪末年，一些穆斯林移民开始在苏禄地区定居，伊斯兰教从此开始向棉兰老等地扩散。伊斯兰教给菲律宾送来了一神信仰、政教合一的封建政治制度和以《古兰经》为根本的法律。西班牙的入侵打断了伊斯兰教在菲律宾的传播进程，但后者在南部的扎根使得当地人民在面对殖民者时能够团结一致抵抗入侵，保持相对的独立和自主。

此外，阿拉伯世界的一些科学技术成果如火器、阿拉伯历法、铜器铸造技术等也传入了菲律宾，并对提高当地生产力起到了积极的作用。

除上述文明外，这一时期菲律宾与日本、安南、文莱等国也有着日益密切的贸易与人员往来。

（二）西班牙殖民时期菲律宾与外部的交往

大约在16世纪中叶，西班牙殖民者确立了对菲律宾的统治。随着西班牙殖民者的到来，来自美洲的农作物被带入菲律宾，充足的食物来源使菲律宾人口出现了爆发式增长。为了管理庞大的殖民地，西班牙人从墨西哥和秘鲁抽调拉美人入伍，到菲律宾代替西班牙殖民者实施管控，同时开放大量政府职位给西班牙人和当地人的混血后代。“菲律宾人”这一概念最初就是指在菲律宾出生的西班牙人，后来才扩展到全体菲律宾人。在这一过程中，菲律宾人的民族主义意识逐渐形成，并为后来菲律宾爆发的独立运动埋下了伏笔。

从16世纪后期（1565）到19世纪初期（1815），大帆船贸易（Galleon Trade）是西班牙殖民下菲律宾主要的对外贸易与交往渠道。为了掠夺殖民地的财富，西班牙在殖民统治伊始，就通过大帆船满载香料运往墨西哥出售，回程则装载西班牙的银圆、铜、可可等。菲律宾、中国和拉丁美洲之间的贸易使西班牙殖民者获得了巨大的利润，并以此维持其在菲律宾的统治。但是，通过大帆船贸易输入拉美的亚洲商品对西班牙的产品形成了冲击，因此受到西班牙本国商人的阻挠，大帆船贸易受到西班牙王室的限制，最终在新兴殖民国家的冲击下衰落消亡。

西班牙人的殖民活动使得菲律宾被迫卷入了国际殖民主义的斗争：一方面，西班牙殖民者以菲律宾为跳板，试图通过传教和武力入侵亚洲其他地区如中国和日本，在中日封建统治者的警惕下最终以失败收场；另一方面，西班牙殖民者的扩张行动也引发了西班牙与其他殖民国家间的冲突。围绕菲律宾群岛，西班牙殖民者在16世纪中叶到17世纪中叶与葡萄牙、荷兰殖民者进行了激烈的对抗。最终西班牙守住了菲律宾。随着18世纪英国殖民势力在亚洲的崛起，英、西争夺不可避免。作为欧洲“七年战争”的一部分，1762年英国殖民者进攻并占领了马尼拉。“七年战争”结束后，英军才撤离马尼拉。战争给菲律宾人民带来了巨大的灾难，也激起了广泛的反抗情绪。菲律宾内外矛盾相互交织、相互作用，成为这一时期菲律宾对外交往的重要特征。

（三）美国殖民时期菲律宾与外部的交往

1898年12月10日，在殖民争夺战中失败的西班牙与美国签订《巴黎和约》，无视菲律宾人民的独立意愿，西班牙同意将菲律宾让与美国。1899年1月4日，美国发表了对菲律宾领有主权的所谓《开明同化宣言》，并在残酷镇压菲律宾人民的反抗后占领了菲律宾全境。由此，美国开启了对菲律宾长达数十年的殖民统治。

起初，菲律宾的对外交往事务完全由美国掌控。在与西班牙签订合约之后，美国在菲律宾建立了以军事总督为领导的军政府，军事总督由美国总统授权，掌握菲律宾行政、立法与司法大权。1901年7月4日，美国总统任命威廉·霍华德·塔夫脱（W. H. Taft）为首任驻菲律宾总督，开始了美国对菲律宾的训政统治时期。其间，菲律宾当地政府领导人曾四次组织独立代表团到美国，要求美国准许菲律宾独立。1935年在菲律宾人民的不断斗争下，菲律宾获得自治领地位，而美国保留外交、关税、移民、国防等决策权。菲律宾自治政府拥有了一定的对外交往权力，但这一权力始终服从于美国外交的需要。

二战前，太平洋局势日渐紧张，如何应对日本的扩张成为菲律宾对外交往的重要事务。20世纪30年代，日本加紧在菲律宾进行扩张和渗透。三菱、三井等财团在菲律宾投资木材、采矿等行业，并利用经济联系在菲律宾各界扶植亲日势力。此外，日本人利用菲律宾人民对独立的渴望，煽动泛亚主义和种族主义，使一些人幻想依靠日本的帮助从美国获得独立。尽管有一些有识之士认识到日本在菲扩张的危险，但以曼努埃尔·路易斯·奎松（Manuel Quezon）总统为代表的菲律宾统治阶级一直对日本采取一种妥协甚至讨好的外交政策。他不仅多次公开表示日本对菲律宾并无威胁，甚至在政府中安插有日本背景的官员，谋求虚幻的“中立地位”。

在珍珠港事件后，太平洋战争爆发，日军向菲律宾发动进攻。美军在菲律宾地区的战备不足，军种间协调水平低，各部队装备水平参差不齐。开战后不久，自治政府总统奎松和美国远东陆军部队司令麦克阿瑟先后出逃，1942年6月9日，巴丹半岛和克雷多吉岛的失守则标志着有组织抵抗的结束，日本占领了菲律宾。为了在泛亚主义的“大东亚共荣圈”中进一步服务日本的侵略战争，日本在1943年扶持曾任自治政府高等法官的何塞·帕西亚诺·劳雷尔（José Paciano Laurel）担任总统，成立了所谓的“独立政府”。战争期间，日本从菲律宾攫取了大量的劳动力、棉花、矿石、燃料等资源，当地民众的生活在大肆掠夺下陷入水深火热中。随着反法西斯战争的节节胜利，1944 年 10 月 20 日，麦克阿瑟重新登上了菲律宾的土地，负责菲律宾防御作战的山下奉文大将于 1945 年 8 月 21 日奉命停战并投降。

二战后的菲律宾千疮百孔，面临着重建的难题。奥斯敏纳和罗哈斯自治政府在美国的操纵、扶持下先后成立，但他们所得到的“经济援助”对于缓和菲律宾战后的困境仅仅是杯水车薪。在这一背景下，民族独立运动更加风起云涌，美国也不得不按照 1934 年签订的《泰丁斯—马克杜菲法案》规定的时间给予菲律宾独立的地位。由于罗哈斯相比奥斯敏纳更忠于美国利益集团，因此在美国政府的大力支持下，1946 年，罗哈斯经过选举成为最后一任自治政府和独立后第一任政府的领导人。尽管事实上菲律宾独立后仍处于美国的影响下，但它开始以一个独立国家的身份出现在外交舞台上。

二　冷战时期菲律宾外交

在以美苏对抗为特征的冷战时期，菲律宾作为美国盟友基本上站在美国的一边。但是，由于双方在一些具体利益上的不同，因此，当时的菲律宾外交体现出一定的独立性。另外，作为东南亚的一员，菲律宾也在东南亚国家联盟的创建与发展过程中发挥了一定的作用。

（一）冷战前期外交政策（1946—1965）

独立后的菲律宾外交一方面离不开亚洲特别是东南亚的大背景，另一方面仍深处于美国的影响之下。虽然这一时期菲律宾高度依附于美国，但也初步显示出作为主权国家的部分独立性。

独立之初，国力孱弱的菲律宾选择了依附美国的道路。在菲律宾独立当天，两国签订的《美菲总关系条约》规定：在菲律宾尚未有外交机构的国家和组织里，或菲律宾的代表没有在场的情况下，美国将代表菲方的利益。同一天签署的《贝尔贸易法案》则使得菲律宾进一步沦为美国资本垄断下的原料供应地和商品倾销市场。美国最后一任高级专员在独立仪式后摇身一变成为首任驻菲大使。

在埃尔皮迪奥·季里诺（Elpidio Quirino）总统执政时期（1948—1953），尽管由于历史问题，菲律宾在对日态度上与美国有所分歧，但总体上延续了罗哈斯追随美国的反共政策，将其自身安全与外交政策完全置于美国的保护之下。当时的菲律宾外交部甚至禁止其外交官出席社会主义国家外交官在联合国和其他国家举办的外交活动。麦格赛赛总统（1953—1957 年在任）仍然在内政外交上唯美国是从。独立之初，菲律宾在缓慢推进土地改革的过程中财政入不敷出，外汇储备也由于进口机械设备而严重不足。面对严重的经济困难和汹涌的舆论，麦格赛赛不得不与美国就 1946 年贸易协定的内容进行重新谈判。美国在最终达成的“劳雷尔—兰利”协定中确实做出了一些妥协和让步，但该协议本质上却进一步确立了菲律宾在经济上对美国的从属地位。这一时期，从派兵参加朝鲜战争，到 1954 年在马尼拉主持召开东南亚条约组织（SEATO）成立大会，以及承认吴庭艳政权并派兵参加越战，菲律宾忠实地履行了作为美国盟友的义务。而美国则以菲律宾利益代言人的面目出现。

随着世界范围内民族独立运动风起云涌，加上独立后菲律宾与美国不时在经济上发生摩擦，菲律宾政府需要对外交政策加以调整以体现对民族利益和尊严的考量。具有民族主义倾向的新政府上台更加速了这一进程。卡洛斯·波莱迪克·加西亚（Carlos Polestico Garcia，1957—1961 年在任）在经济和政治上提出“菲律宾第一”的口号，强调通过利用本国的自然资源实现经济上的自给自足和财政稳定，并减少对美国经济的依赖。体现在外交政策上，加西亚支持并赞成“亚洲属于亚洲人民”这一口号，愿意与其他亚洲国家进行更多的合作，扩大经济和外交联系。在具体的行动上，菲律宾政府在 1961 年参加了包括马来亚、泰国在内的“东南亚联盟”组织。在菲美关系上，加西亚政府还与美国谈判了军事基地问题，但其中菲律宾政府在根本上依附于美国的软弱性暴露无遗。在 1959 年的谈判中，美国政府未就菲律宾关注的核心诉求（如基地司法权问题）做出妥协，仅仅将苏比克湾军事基地旁的奥朗加波镇（Olangapo）的施政权交还给菲律宾。①

---

① Teodoro Agoncillo and Milagros Guerrero, *History of the Filipino People*, Quezon City, Philippines: R. P. Garcia Publishing Co., 1977, pp. 591 – 592.

加西亚之后的迪奥斯达多·马卡帕加尔（Diosdado Macapagal）总统（1961—1965 年在任）采取了更为独立的政策。1962 年，他宣布将菲律宾的独立日由 7 月 4 日[①]改为 6 月 12 日。[②] 同年，因美国国会未通过《菲律宾多项战争赔偿要求法案》，他又取消了访美行程。1963 年，马卡帕加尔政府单方面宣布废除《美菲总关系条约》。尽管这些动作表明菲律宾的外交政策相比过去不再亦步亦趋地紧跟美国，但在面临重大问题时菲律宾政府仍然同美国保持一致。1961 年，菲律宾派出 400 名作战人员参与镇压老挝人民反抗，随后又在 1964 年 7 月和 1965 年 3 月派遣了经济技术小组和医疗救护小组 100 余人前往越南战场。随着越南战争的扩大，在美国政府的要求下，马卡帕加尔又决定派出工兵团赴越参战，但在参议院的反对下未能成行。

与一度变得相当紧张的菲美关系相比，马卡帕加尔政府更加重视与邻国的关系，积极参与建立东南亚地区组织。1963 年 8 月 5 日，菲律宾、马来亚、印尼三国领导人经过会谈在马尼拉发表了成立“马菲印尼联邦”的宣言，其宗旨是加强三个马来民族国家的团结。但由于酝酿中的马来西亚联邦与菲律宾关于沙巴的主权争议等原因，这一计划未能实现。

（二）马科斯时期的外交政策（1965—1986）

在马科斯执政时期，菲律宾的国内国际环境发生了一系列变化。

首先，尼克松上台后面对苏攻美守的战略态势，于 1969 年发表了关岛谈话并公布了美国对亚洲政策调整三原则，也就是以战略收缩为特征的所谓尼克松主义。在上述理论指导下，整个东南亚地区在美国外交战略中的地位有所下降，美国的军事力量开始从菲律宾、泰国等地收缩。美国战略的改变在全球与地区层面引发了一系列连锁变化。面对巨大的冲击，菲律宾政府开始调整其外交政策，减少对美国的依赖。与此同时，为了适应国际形势的变化并迎合国内民族主义诉求，菲律宾与美国就双边经济和基地协定问题再次展开谈判，美国最终同意将军事基地租期缩短为 25 年，从 1966 年开始算起。

菲美关系的相对疏远和冷却促使菲律宾进一步向东南亚地区邻国靠

---

① 即美国独立日，同一天美国同意菲律宾独立。

② 1898 年菲律宾民族主义者宣布独立的日子。

拢。时任菲律宾驻联合国大使卡洛斯·罗慕洛曾说："我们不想成为亚洲的弃民，没有一个有自尊的国家会愿意与一个弃民成为盟友。"① 1970 年，马科斯在国情咨文中系统阐述了菲律宾的新外交政策：（1）全面审查与美国保持现状的现有协定；（2）加强东盟地区间经济与社会方面的合作；（3）与所有亚洲国家一道在亚洲论坛上继续寻求缓和局势的程序；（4）缓和与社会主义国家的关系，与之发展商务关系与文化交流。上述政策明显突出了与东盟国家和亚洲国家加强关系的倾向。

为了适应美国实行战略收缩的新形势，马科斯执政后菲律宾摒弃了不与共产党国家打交道的自我孤立政策，试图在共产党国家中寻找新的贸易伙伴。1968 年，马科斯总统下令取消了不与共产党国家进行直接贸易的禁令，准许"进行有限度的贸易"。同年 11 月，菲律宾总统马科斯在一次外交政策演讲中提到"重要的是美国外交政策开始远离亚洲，我预测本区域的人民为了生存将被迫与中国建立外交关系，美军在本区域逐渐减退所留下来的真空，将会被共产主义的力量所闯入"②。在这一背景下，社会主义国家的大米、石油等物资开始进入菲律宾，马科斯和政府官员也开始在公开场合称呼新中国为中华人民共和国。尽管在与中国建交的问题上，菲律宾国内面临军方和教会等势力的反对，但 1972 年中美关系正常化进一步打消了菲律宾政府的顾虑，加速了中菲建交的进程。在 1974 年和 1975 年菲律宾总统及其夫人两次访华行程中，毛泽东和周恩来等中方领导人也多次表示基于和平共处五项原则中国无意干涉菲律宾的内政。最终中菲两国于 1975 年 6 月 9 日正式建交。菲律宾承认中华人民共和国为中国唯一合法政府，断绝与台湾的关系，并在一个月之内，从台湾地区撤走一切官方代表。

在整个 20 世纪 70 年代，马科斯统治下的菲律宾在外交上积极进取，独立性大大增强。1973 年，菲律宾提出在美、日、中、苏等国之间求生存，与世界各国建立友好关系的"多级平衡"外交政策。80 年代，菲律宾国内经济和政治矛盾愈加严重，菲律宾政府的主要精力聚焦于国内问

---

① Jurgen Haacke, *ASEAN's Diplomatic and Security Culture-Origins*, *Development and Prospects*, London and New York: Routledge, 2003, p. 36.

② 转引自沈红芳《菲律宾与中国的关系——战后历史回顾、现状及展望》，《南洋问题研究》1989 年第 3 期。

题，在对外关系上延续了70年代的做法。出于冷战的需要，美国依赖其在菲律宾的军事基地，因而仍然支持马科斯政权。但是，日益激烈的国内民主斗争最终对外交产生了影响。以1982年阿基诺被刺杀为转折点，美国逐渐转变了支持马科斯政府的做法，选择在马科斯政府和反对派之间观望，并最终推动了前者的倒台。

（三）阿基诺夫人时期的外交政策（1986—1992）

阿基诺夫人执政的20世纪80年代末90年代初，菲律宾面临着一系列新的内外形势：在内部，各种政变频仍，经济增长率下滑，如何巩固民主变革的成果成为重大挑战；在外部国际环境方面，两极格局逐步走向终结，美国在东南亚地区的防务压力减轻，菲美同盟的合作动力相对不足，菲律宾的外交基石美菲同盟被动摇。

此一时期，阿基诺夫人的外交主要体现在两方面：

一是处理好美国撤出军事基地的问题。

随着冷战临近结束、菲律宾所面临的安全压力减轻，其内部的对美民族主义情绪日益强烈。新的《1987年宪法》规定：在1991年9月16日美菲军事基地协定期满以后，任何外国军事基地、军队或设施都不允许在菲律宾存在，除非就此问题签订的条约得到菲律宾参议院2/3多数的批准。阿基诺夫人在竞选初期曾提出当选后将废除美国在菲律宾的军事基地，但在引起美国疑虑后又表示可以维持现状，待1991年基地协议期满后由全国人民投票决定。在期限到来之前，尽管菲律宾政府仍希望能与美国达成适当延长美在菲律宾军事基地使用期的协定，但不少参议员无保留地表示反对，谈判中美菲在使用基地的经济补偿和延长使用基地期限的问题上又存在严重分歧。① 1991年，就在距离美国驻菲律宾苏比克湾基地的军队必须撤走的截止日期不到几个月的关键时刻，由阿基诺夫人主导的菲律宾政府与美方达成了《友善、和平以及协作协定》，为续租提供了法律依据。但参议院公开表示反对，对此阿基诺夫人声称要进行公投，结果被判违宪。对美国来说，由于冷战已经结束，基地的意义大大降低，加上克拉克空军基地附近火山爆发使得基地受损，美国同意在期满后撤出。1992年，美军撤出基地，将苏比克湾交由菲政府管理，彻底终结了外国军队驻

① 时永明：《菲律宾军事基地问题与菲美关系》，《国际问题研究》1991年第6期。

扎菲律宾领土的历史。菲律宾政府通过《基地转型法案》，将苏比克湾改建为自由港和经济特区。美军撤出后，菲美同盟关系依旧存续，但其实际意义由于基地的消失而受到一定程度的削弱。

二是强化经济外交缓解发展困境。

在阿基诺夫人执政之前，菲律宾经济发展已出现颓势，1984 年、1985 年两年国民生产总值出现负增长，居民收入连续两年下降，出口形势严峻。与此同时，政府却债台高筑、财政形势严峻，阿基诺夫人不得不把寻求外部经济支持作为其主要外交任务。阿基诺夫人四处奔波，积极出访美国、西欧、日本等，争取贷款援助和延缓旧债偿还，最终获得外国商业债权人的同意，有条件地回购债务、减债以及提供新的贷款。但其任内的经济发展并不理想。在阿基诺夫人 1992 年卸任时，菲律宾的经济增长率仅为 0.34%。另外，阿基诺夫人还积极推动对海外菲劳的保护。在马科斯统治时期，菲律宾已开始系统地输出海外劳工，为菲律宾的发展赚取外汇，海外劳工对经济发展的贡献越来越大。为了维系这一支持经济发展的动力以及获取民众的支持，保护海外菲劳开始成为重要的外交政策之一。根据《1991 年菲律宾外交服务法》（Philippine Foreign Service Act of 1991, Republic Act No. 7157），当代菲律宾的外交政策主要有三大支柱：第一，维护和加强国家安全；第二，促进和实现经济安全；第三，保护菲律宾人的权利并促进其福祉与利益。① 直至当前，维护海外劳工利益仍是菲律宾政治家用以博取眼球与政绩的一个重要议题。

三 冷战结束以来的菲律宾外交

冷战结束以来，原来的美苏两极格局解体，中国崛起并开始与美国形成战略竞争关系，但是新的两极格局尚未形成。在国内层面，菲律宾政府一直面临着如何确保政治稳定、经济发展、能源安全、海外菲劳保护等难题。对冷战结束后的菲律宾历届政府来说，其外交政策正是在这两个因素层面进行平衡的结果。

（一）拉莫斯—埃斯特拉达时期的外交

菲德尔·瓦尔德斯·拉莫斯（Fidel Valdez Ramos）于 1992 年当选菲

① https://www.dfa.gov.ph/about/phl-foreign-policy。

律宾总统。拉莫斯是一位务实的领导人，当时菲律宾在东盟内的经济地位相对落后，他就一再强调菲律宾不能在外树敌，将内政重点放在经济发展上。基于这一认识，拉莫斯政府淡化了外交中的意识形态色彩，试图管控相关政治与安全议题，推动外交为菲律宾的经济发展服务。

例如，菲律宾十分重视与东盟国家之间的合作，为进一步促进与马来西亚的双边合作，拉莫斯政府主动缓和与马来西亚的沙巴领土争端，并支持成立旨在促进经济合作的菲、马、印尼"成长三角区"，吸引了马来西亚的大批投资。拉莫斯还相当重视与日本这一经济大国加强经济联系。在1993 年访问日本期间，他向日本争取到近 10 亿美元的贷款和援助项目。

在与大国关系方面，拉莫斯试图保持一个较为平衡的姿态。这一时期，由于菲美租借军事基地合约期满，美军撤离苏比克湾基地，菲美关系面临转淡的可能。但是，以美济礁事件为代表，20 世纪 90 年代中菲两国开始在南海问题上出现争端，菲律宾再次重视与美国的安全合作关系，并与美国达成《美菲访问部队协议》。与此同时，拉莫斯并不想走到中国的对立面。1996 年，中国国家主席江泽民对菲进行国事访问，其间两国领导人同意建立面向 21 世纪的睦邻互信合作关系，并就南海问题"搁置争议，共同开发"达成重要共识和谅解。

1998 年继任的约瑟夫·埃杰西多·埃斯特拉达（Joseph Ejercito Estrada）是拉莫斯时期的副总统，后于 2001 年因涉嫌贪污在第二次人民力量革命中被迫下台。相较于拉莫斯，埃斯特拉达任职时间较短，其主要时间与精力更多地聚焦于国内事务，外出访问较少，在外交政策上体现出较强的延续性。他继续留用外长西亚松（Domingo Siazon），执行前政府所制定的以经济发展和国家安全为目的的全方位外交政策。在对美关系上，尽管他本人体现出一定的反美色彩，但同时又寻求同美国在 21 世纪建立更加密切的经贸与安全合作的伙伴关系。在对日关系上，埃斯特拉达政府进一步密切同日本的经济关系，争取日本对菲更多的投资和贷款，保持其对菲最大援助国的地位并支持美日加强双边安全合作。在对东盟关系上，埃斯特拉达强调同邻国共同努力克服金融危机，支持东盟使用地区货币，并提出设立东盟经济监控机构和东盟基金等建议。在对华政策上，埃斯特拉达体现出两面性。一方面，他本人在担任总统前曾多次访台，与台湾地区的关系较深，曾多次表示与台湾地区继续甚至加强贸易交流的意愿。另一方面，他多次表态继续执行“一个中国”政策，并表示“愿与中国人共同寻求灵活、务实的方法解决南沙争端”[①]。2000 年，埃斯特拉达访华，并与中国签署《关于 21 世纪双边合作框架的联合声明》。

（二）阿罗约时期的外交

2001 年埃斯特拉达在第二次人民力量革命运动中下台后，副总统阿罗约继任总统。阿罗约总统上台后，对内巩固政局、发展经济，对外顺应全球化与多极化发展的趋势，提出了菲律宾外交政策的指导思想，主要有两个方面的内容：第一，认定中国、日本和美国之间的关系对东亚的安全形势及经济变革有决定性的影响；第二，菲律宾的对外决策越来越多地在东盟的框架下进行。[②] 美国是菲律宾的传统盟友；中、日是菲律宾希望获得投资、发展经验和市场潜力，帮助其实现经济发展的新渠道；东南亚邻国则是菲律宾开展地区经济合作、推进区域反恐、打击军火走私、在渔业等方面合作的重要伙伴。此外，为了实现菲律宾南部的稳定与发展，阿罗约也重视发展与伊斯兰世界的关系。菲律宾在中美之间的微妙位移是阿罗约时期外交的主要特征。阿罗约就任后不久就发生了“9・11”事件，美国对菲律宾国内恐怖组织的态度迅速转变，并重新审视菲律宾在全球反恐战争中的重要地位。例如对棉兰老问题，“9・11”之前美国视棉兰老问题为菲律宾国内事务，“9・11”之后美国对这一问题的政策变化非常明显，即积极推动和平谈判，鼓励民间反恐行为。[③] 借助这一契机，菲美安全合作迅速升温，政治关系也相应提升。2003 年 10 月，借小布什总统对菲律宾进行回访之际，美国将菲律宾上升为“主要的非北约盟友”，菲律宾由此成为第一个获得此地位的亚洲发展中国家。该定位为美国加大对菲军事援助提供了法律依据，标志着菲美安全关系上升到新的层次。[④] 但 2004 年发生的人质事件成为菲美关系的一个转折点。菲律宾政府为拯救菲律宾人质的生命，在恐怖分子的要求下撤回了其驻伊拉克的士兵和警察，成为第一个退出美国主导的驻伊联军的亚洲国家，引起美国的不满。

---

① 丁传英：《菲律宾新总统埃斯特拉达及其内外政策》，《国际资料信息》1998 年第 6 期。

② 卫和世、王会平：《菲律宾的外交政策及其与中国和东盟的关系》，《当代亚太》2002 年第 5 期。

③ 张锡镇：《2002 年东南亚反恐回顾与展望》，《东南亚纵横》2003 年第 4 期。

④ 代帆、张博：《阿罗约时期菲美安全合作及其影响》，《东南亚研究》2015 年第 4 期。

此后，尽管美国与菲律宾在反恐方面仍然相互需要，但政治与安全关系转冷。

为了对冲菲美关系转冷带来的影响，菲律宾在发展中菲关系方面投入了更大的热情。2004 年阿罗约连任总统后出访的第一个国家就是中国，并在访问中与中方签订渔业合作协议、旅游合作协议执行计划等双边合作文件，承认中国的市场经济地位。同年 11 月，中菲两国签署《国防合作谅解备忘录》，该备忘录提出双方将进行更为频繁的军事交流，建立年度防务安全磋商机制，加强在反恐和其他国内安全威胁方面的合作以及举行联合军事演习等。[①] 2005 年，时任中国国家主席胡锦涛回访菲律宾，双方发表联合声明，“一致认为中菲关系已经进入伙伴关系的黄金时期，两国决定建立致力于和平与发展的战略性合作关系”[②]。在政治关系的指导下，两国经贸关系不断发展。在南海问题上，双方致力于共同开发，与越南一起签署了三方联合勘探南沙油气资源协议。

（三）阿基诺三世时期的外交

2010 年，阿基诺三世（Benigno Simeon Cojuangco Aquino III）入主马拉坎南宫。相较于阿罗约时期，阿基诺三世政府所面对的国际、国内环境发生了重大变化。在国际层面，美国实施“重返亚太”战略，更多地介入中国周边事务。在国内层面，菲律宾军事实力亟须更新，油价飙升导致其能源安全问题突出。内外环境的变化使阿基诺三世重新在中美之间做出选择。经权衡，阿基诺三世彻底抛弃其前任阿罗约政府的“中美平衡”战略，转向“亲美制华”。

而美国“重返亚太”战略为菲美同盟的进一步合作提供了契机。阿基诺三世任命主张与美国拉近关系的阿尔韦特·德尔·罗萨里奥（Albert del Rosario）为外长。2011 年 1 月，菲美举行了第一次双边战略对话，负责东亚事务的助理国务卿坎贝尔宣布奥巴马政府将致力于强化菲律宾军队的能力，以巡逻其水域。而菲律宾外长、前驻美大使罗萨里奥则称美国是菲律宾“唯一”的战略伙伴。6 月，罗萨里奥访美，得到了美国将“提供适

① 代帆、张博：《阿罗约时期菲美安全合作及其影响》，《东南亚研究》2015 年第 4 期。

② 《中国与菲律宾发表联合声明》，中国外交部网站，https：//www. fmprc. gov. cn/web/gjhdq_676201/gj_ 676203/yz_ 676205/1206_ 676452/1207_ 676464/t193789. shtml。

当的物资和装备支持菲律宾国防工作”的承诺。11 月，罗萨里奥与美国国务卿希拉里签署《马尼拉宣言》以纪念菲美《共同防御协定》签署 60 周年。该宣言指出，美国将与盟友菲律宾进行合作，在海洋事务上对其提供支持。2012 年 1 月，罗萨里奥再赴华盛顿参加美菲第二届双边战略对话，双方就加强海上安全方面的合作达成一致。

黄岩岛事件是阿基诺外交政策的关键转折点。2012 年 4 月 10 日，菲律宾海军企图在南海黄岩岛附近抓扣中国渔民，被中国海监船制止，双方随后发生对峙，中菲关系滑到紧张边缘。最后，菲律宾船只撤走，中国实际控制了黄岩岛。此一事件后，菲律宾彻底倒向美国。同年 4 月，两国首次举行国防和外交（2 +2）部长级会议。会后双方发表联合声明，强调两国将在军事和经济领域加强合作，美菲军队也已准备好及时应对区域危机。6 月，阿基诺三世访问美国，明确表示希望美国在南海问题上为菲律宾提供支持。12 月，美菲第三次双边战略对话直指南海，双方讨论加强美军在菲律宾的存在问题，同意加强防务合作，提升菲军在南海对抗中国的能力。2014 年 4 月，美菲签署《加强防务合作协议》，准许美军使用菲律宾军事基地、在菲兴建军事设施并储存武器。阿基诺三世政府伸开双臂欢迎美国“回家”，强化美菲同盟，对付中国的目的十分明确。

此外，阿基诺三世还拉拢日本以及周边国家介入南海事务。阿基诺三世将日本视为美国之外最重要的“战略伙伴”，不仅在经贸上加强与日本的联系，获取日本更多的援助，而且在军事上与日本密切合作，意图从日本获得军事援助或购买武器装备。菲律宾寻求外部力量介入的需求也与日本扩大在南海地区影响力的目标相契合。2013 年 1 月，执政伊始的安倍首相决定将菲律宾作为出访的首站。日本支持菲律宾就南海争端把中国告上法庭，而阿基诺三世则支持日本解禁集体自卫权，放宽武器出口，并表示，“更加强大的日本将成为阻吓中国在‘西菲律宾海’（中国南海）的一支平衡力量”①。2015 年 5 月 12 日，菲律宾和日本在菲律宾科雷希多岛附近海域举行了二战结束以来的首次联合军演。阿基诺三世试图通过东盟机制联合越南等其他主权声索国，将南海问题进一步多边化、国际化，以

① 《菲日勾肩搭背 菲总统称日将能阻吓中国》，环球网，https：//world. huanqiu. com/article/9CaKrnJANP6。

达成向中国施压的目的。

（四）杜特尔特政府的外交

阿基诺三世的亲美外交并未为菲律宾带来实质上的好处。2016 年，杜特尔特当选总统，菲律宾外交政策又发生巨大的转变。这主要是由菲律宾的发展需要和杜特尔特的个人性格决定的。一方面，菲律宾的经济发展高度依赖出口和外资，与中国激化的南海争端阻碍了中菲经贸关系的进一步发展，显然不利于菲律宾。另一方面，杜特尔特本人的发展与外交理念截然不同于阿基诺三世。在内政上，他致力于发展基础设施、引进外资，在对外政策上，他致力于发展独立自主的外交政策。这些都使得他拉开与美国的距离，从务实的角度发展与包括中国在内的所有重要国际力量的关系。

为此，杜特尔特首先主动放低在南海问题上的调门，希望为经济发展和多边合作营造良好的气氛。2017 年 1 月，杜特尔特在菲律宾担任东盟轮值主席国启动仪式的讲话中没有提及南海争端，只是说菲律宾的要务在于“以人为本”（place our peoples at the core），促进地区和平与稳定，追求海上安全与合作等。① 在东盟领导人峰会等国际场合，杜特尔特也不再明确提及南海问题，相反，他指出东盟成员国必须根据“互相尊重和互惠”关系和平解决争端。在这一方针指导下，中菲关系迅速摆脱了阿基诺时期的对峙局面，中国成为菲律宾第一大贸易伙伴，双边关系重新进入“黄金时期”。

对于美国，杜特尔特在希望维持美菲同盟的同时不愿在安全议题上被美国绑架充当“马前卒”。例如，在 2020 年的国情咨文中，杜特尔特强调菲律宾将继续执行独立自主的外交政策。其中他提到美国希望重回苏比克湾建立军事基地，但这很可能会给菲律宾带来灭顶之灾。他认为，菲律宾承受不起战争所带来的损失，提倡互相尊重并通过外交途径解决分歧。② 另外，他对于美国以人权之名干预其国内反毒政策保持高度警惕，对于发展

---

① Alex Romero, "Rody Highlights Need for Unity, Rule of Law during ASEAN 2017 Launch," January 15, 2017, https://www.philstar.com/headlines/2017/01/15/1662553/rody-highlights-need-unity-rule-law-during-asean-2017-launch#.

② Rodrigo Roa Duterte, *Fifth State of the Nation Address*, July 27, 2020, https://www.officialgazette.gov.ph/2020/07/27/rodrigo-roa-duterte-fifth-state-of-the-nation-address-july-27-2020/.

与美国的政治关系并不热衷。

日本仍然被杜特尔特政府视为重要伙伴。相比于此前在南海问题上同日本合作不断密切的阿基诺三世，杜特尔特在争取加强同日本经济合作的同时，努力将双边关系与安全议题保持距离。杜特尔特数次访日，其主要精力都放在了争取援助和贷款，深化双边经济合作上。例如，2017 年 1 月，日本首相安倍晋三对菲律宾进行访问，杜特尔特给予热情接待，但当安倍晋三主动提出向菲律宾提供导弹时，却被杜特尔特回绝了。①

由于俄罗斯对于菲律宾并无地缘政治上的需要和要求，加之俄罗斯军火工业发达，武器价格相对优惠，杜特尔特相当重视与俄罗斯的关系。相比菲俄关系，菲欧关系在其上任后则陷入了停滞。对于欧洲国家对其强力扫毒提出的所谓“人权议题”的指责，杜特尔特威胁称，如果欧洲国家继续就菲律宾打击毒品犯罪而向菲律宾施压，菲律宾将切断与所有欧洲国家的关系。2018 年，杜特尔特在公开演讲中拒绝参加当年的亚欧峰会，并对那些批评他进行毒品战争和恢复死刑做法的欧盟官员做出激烈的回应。

第二节　与美国的关系

菲律宾是美国诸多条约盟友之一，但不同的是，它是其中唯一一个曾经被美国殖民的国家，这也导致了菲美同盟关系的特殊性。一方面，坚持与美国的特殊关系是历届菲律宾政府与多数政治精英的共识。另一方面，菲律宾社会中始终存在着一股坚定的反美的民族主义力量。要理解菲律宾对美国的关系，就必须了解两国之间那段爱恨交加的历史联系，以及当前国内需要与国际形势共同塑造的现实基础。

一　菲美关系的历史与现实基础

（一）历史联系及其影响

美国对菲律宾的殖民统治有着明显的两面性。一方面，美国极力维系

① 《菲总统称他拒绝了日本向菲提供导弹因不想看到世界大战》，环球网，https：//world.huanqiu.com/article/9CaKrnJZKEO。

其宗主国的特权，力图控制菲律宾的市场与原料，为其经济发展服务。另一方面，美国对菲律宾从政治到社会生活方式都进行了一系列改造，从而为其独立后成为亲美盟友打下了持久的基础。

这种改造主要包括：在政治上，美国在菲律宾30多年的统治，使菲律宾政治发生了巨大的变化。美国人第一次把三权分立政治模式引入他国，彻底终结了西班牙殖民者在菲律宾的封建专制、政教合一的统治方式。在建立殖民统治后不久，美国就于1916年通过《琼斯法案》，扩大本地人参与政治的机会。1935年，成立菲律宾自治政府，奎松当选为总统，美国则派出高级专员掌握主权并加以监督。在二战后的独立初期，菲律宾的政治制度设计与美国高度相似：总统在司法和国会牵制下掌握军政大权，实现三权分立；有两个主要的政党组织，即国民党和自由党。在经历了马科斯22年的专制独裁统治后，菲律宾的民主制度得到了重新设计，新宪法规定总统任期由可以连任两届改为单任期制，无权实施戒严法，无权解散国会，禁止军人干预国家政治等。

在教育与语言上，美国殖民统治期间大力推广美式学校与英语，在很大程度上改造了菲律宾的社会文化。菲律宾的高等教育是模仿美国建立起来的，成立于1908年的菲律宾大学的第一任校长是美国人默里·巴特利特（Murray Bartlett）博士。1935年后，美国人在逐步给予菲律宾人自治权的过程中，最后放弃的一个政府职位就是教育部长。美国30多年的统治使菲律宾人变为一个英语民族，英语成了菲律宾人最一般的社交语言，学校教育高度英语化。菲律宾独立后，尽管国语是菲律宾语，但英语仍是官方语言之一，并在报纸等媒体上广泛使用。英语广泛使用的背后是美国通过语言对菲律宾认同、民族文化与心理的再造。以语言为媒介，美国文明的渗透使菲律宾人的生活发生了巨大变化。年轻一代起了美国名字，在文化娱乐和饮食上深受美国影响。很多美国风俗习惯为菲律宾人所采用，如庆祝华盛顿诞辰、感恩节、圣诞节、吃火鸡等。

总的来看，尽管美国对菲律宾的殖民统治使得其经济结构严重依赖美国，工业发展水平落后，传统文化与习俗受到了殖民文化的挤压，但美国的“新殖民法”在菲律宾大获成功。直到今天，菲律宾对自身拥有美国这一世界上唯一的超级大国的某些特质和痕迹引以为傲，美国文化和生活方式仍然是菲律宾人追求的时尚，亲美氛围在菲律宾社会特别是其政治、文化精英中十分浓厚。在菲律宾民意调查机构“社会气象站”（Social Weather Station）所进行的对其他国家的信任度民意调查中，美国毫无例外地总是高居榜首。[①]

（二）双边关系的现实基础

尽管菲律宾独立已逾70年，它与美国之间仍然存在着千丝万缕的联系。在经济与社会层面，两国之间的经济、人文往来十分密切，强化了两国关系的民意基础。在外交方面，众多的共同利益则把两国的命运紧紧绑定在一起。

1. 经济与社会联系

在经济方面，美国一直是菲律宾的主要贸易伙伴和投资来源国。美国长期以来一直是菲律宾的第二大贸易伙伴，居于日本之后。当中国接连超过美国、日本，于2017年成为菲律宾最大的贸易伙伴之后，美国退居第三位。以2020年8月为例，尽管受到了新冠肺炎疫情的冲击，但菲美间贸易总额仍达到了12.335亿美元，是菲律宾第二大进口来源国和第三大出口国。[②] 菲律宾对美的出口主要包括半导体器件与计算机外围设备、汽车部件、电力机械、纺织品和服装等。另外，据美国贸易代表办公室的数据，美国是菲律宾农产品的最大出口市场，2018年达到了11亿美元。[③] 在人文交流方面，菲美之间人员往来活跃。根据2015年菲律宾大学教授赫尔曼·卡夫（Herman Joseph S. Kraft）在一次讲座中披露的数据，除了约35万美国人在菲律宾定居外，每年还有约60万的美国人访问菲律宾，居住在美国的有菲律宾血统的人则达到了400万人。2020年1—5月，在海外菲劳汇款总额中，来自美国的占比最高，达39.4%。[④] 这些密切的人文交流成为菲美之间保持相互理解甚至是亲密关系的重要纽带。

---

① 例如，2019年的调查结果显示，有78%的受访者认为，与美国的关系比对华关系更为重要（https://www.sws.org.ph/swsmain/artcldisppage/?artcsyscode=ART-20191207075510）；而2018年的调查显示，有61%的调查对象在不同程度上相信美国在菲律宾遭受入侵时协防的承诺（https://www.sws.org.ph/swsmain/artcldisppage/?artcsyscode=ART-20181212104148）。

② http://www.psa.gov.ph/statistics/foreign-trade/fts-release-id/163238。

③ 《菲律宾推动和美国更多的农产品贸易》，《世界热带农业信息》2019年第11期。

④ 驻菲律宾大使馆经济代办处：《新冠肺炎疫情重创海外菲劳就业，菲5月侨汇收入下降近两成》，http://ph.mofcom.gov.cn/article/jmxw/202008/20200802990084.shtml。

2. 外交方面的共同利益

利益是外交的指南。菲美两国尽管存在不少的分歧，菲律宾历届政府对美国的看法与认识也不尽相同。但总体来说，两国在如下方面享有共同、接近或互补的利益，这也是维系两国同盟关系的根本纽带。

第一个方面，安全与霸权。

菲律宾作为群岛国家，军事预算偏少、现代化程度低，即使在东盟国家中也较为落后。2012 年前，菲律宾海军护卫舰“拉贾·胡马邦”号（Rajah Humabon）是一艘建造于二战期间的老旧炮舰。即使是替代他的新旗舰“德尔皮拉尔”号（del Pilar）护卫舰也已在美国海岸警卫队服役 40 余年。而菲律宾的陆军长期以来的主要任务集中于反恐和应对国内叛乱分子，即使是处理这些任务仍然相当吃力。其空军力量更是薄弱，2005 年所有的固定翼战斗机退役，在很长一个时期内只有直升机和运输机等非作战力量。在这种情况下菲律宾急需美国的支持以推动其国防现代化。而美国为维护地区霸权，也需要利用菲律宾作为前沿基地。冷战时期，美国在菲律宾的军事基地对其支持越南战争起了重要作用。当前，面临中国崛起的新地缘政治形势，美国急需利用菲律宾的地缘位置及其与中国的南海争端，将其打造为牵制中国的前沿阵地。

第二个方面，反恐问题。

反恐一直是美国的重要安全议题。国际恐怖主义网络从中东一直延伸到菲律宾，菲律宾自然也成为美国的重点关注对象。对菲律宾来说，恐怖主义一直是重要挑战，但国内相关的政治、军事准备不足，也需要美国的支持。由于这一背景，反恐成为美菲同盟安全合作的重要内容。阿罗约时期是美菲反恐合作的典型时期。2001 年 6 月 19 日，阿罗约总统颁布第 21 号行政命令，创建国内安全协调和集成体系，并成立内阁国内安全监督委员会。该委员会起草了国内安全计划，认定当前菲律宾的主要威胁是国内叛乱和恐怖组织。在“9·11”事件发生后，阿罗约是第一个声明支持美国反恐行动的亚洲国家领导人，并表示将为以美国为首的国际反恐联盟提供克拉克空军基地和苏比克湾海军基地作为中转基地，甚至主动提出愿意派兵赴阿富汗。同时阿罗约政府宣布加入美国的全球反恐联盟，在有关恐怖主义的情报和安全问题上与美国密切合作。2001 年 11 月，阿罗约总统访问美国，两国领导人明确指出，为应对恐怖威胁，将加强安全合作和相互支持。在反恐合作框架下，美国一直向菲律宾提供专项援助。在 2017 年的马拉维反恐战中，美国也为菲律宾军队提供了“技术援助与情报支持”。

第三个方面，主权争端与所谓的“自由航行权”问题。

这本是两个不相关的问题，但在一些菲律宾政客“联美制华”的鼓噪以及美国试图以南海问题牵制中国崛起的背景下，这两个问题被扯到了一起。

一方面，菲律宾将美国视为在南海上“平衡”中国、支持其非法南海主张的重要力量。自 20 世纪 70 年代起，菲律宾非法侵占中国南沙群岛的马欢岛、费信岛、中业岛、南钥岛、北子岛、西月岛、双黄沙洲和司令礁等岛礁；非法将中国南沙群岛部分岛礁宣布为所谓“卡拉延岛群”，对上述岛礁及其周边大范围海域提出主权主张；并对中国中沙群岛的黄岩岛提出非法领土要求。[①] 菲律宾自知力量无法与中国对抗，美国就成为其借重的最主要对象。尤其是在阿基诺三世任期内，菲律宾与美国里应外合，通过所谓“南海仲裁案”给中国制造了很大的麻烦。

另一方面，美国通过所谓的“自由航行权”介入南海局势，在南海岛礁主权争端上拉偏架，给中国使绊子。美国既不是南海岛礁主权争端的声索方，也不是南海局势的相关方，为了挤入南海议题，就抛出了所谓“自由航行权”的问题。“自由航行权”问题源起于美国对《联合国海洋法公约》的不满[②]，自 1979 年卡特政府起就通过所谓的“航行自由计划”，以抑止美国所认定的超出国际法授权的“过度的海洋主张”。但是，南海并不存在所谓妨碍“航行自由”的问题，所谓“航行自由计划”完全是美国介入南海局势的借口。

二　关系形态与主要议题

美非同盟能够经历不同的时期而存续至今，既有共同利益维系，也与双方所建立的有效的合作制度有关。

（一）菲美同盟的建立与演变过程

美菲同盟关系的建立源于各自安全的需要。冷战之初，新中国的建立

---

① 《中国政府关于菲律宾共和国所提南海仲裁案管辖权问题的立场文件》，http：//www.gov.cn/xinwen/2014－12/07/content_ 2787663. htm。

② 美国迄今未加入该公约。

和越南共产主义革命的蓬勃发展使美国需要在东南亚有这样一个坚定的盟友以抵御所谓的“共产主义扩张”。对菲律宾来说，美国在菲律宾的驻军使得菲律宾可以长期把军事力量主要用于镇压国内叛乱，并获得美国给予的军事和经济援助。作为回报，菲律宾在安全问题上紧跟美国，先后参加了美国领导的朝鲜战争与越南战争，1954 年菲律宾还参加了由美国筹组的东南亚条约组织。

然而，对菲律宾的民族主义者来说，外国驻军与军事基地被视为现代殖民主义的象征，而美军治外法权的存在则引起更多民众的愤怒。经过多次谈判，双方于1966 年达成协议，将军事基地协定的有效期缩短到1991 年9 月16 日。自 1959 年至 1971 年，美国先后将 23 个军事基地中的 18 个交还给菲律宾。冷战结束后，菲美间安全合作的动力下降，加之民族主义的影响，以1992 年美军撤出菲律宾苏比克湾基地为象征，两国间的军事安全合作降到了一个低点，自 1981 年以来每年度举行的美菲同盟的标志之一“肩并肩”（Balikatan）联合军演行动也于 1995 年被暂停。但是，美济礁事件的出现开始让菲律宾重新审视美军撤退的后果，并开始重新强化与美国的军事关系。

1999 年 5 月生效的《美菲访问部队协议》重新激发了菲美同盟的活力。这项协议对终止美菲军事基地协定之后美国部队进入菲律宾进行演习时的程序、法律待遇做出了正式安排，为美菲恢复各项军事合作打通了道路。2001 年“9·11”恐怖袭击发生后，菲美安全合作迅速升温，借助反恐战争的契机，菲美两国在安全领域再次展开深入的合作，双方建立了一系列安全合作的新机制。2004 年因为人质事件菲律宾从伊拉克撤出部队，对菲美安全合作造成一定的负面影响。阿基诺三世时期，美菲军事合作迅速升温。2014 年，双方签署《增强防务合作协定》，规定美军可以轮换方式使用菲律宾基地。

杜特尔特就任菲律宾总统之后，美菲关系的政治基础出现了一定的动摇。杜特尔特宣称要奉行独立的外交政策，在中美间采取平衡的立场。另外，由于与美在人权议题上产生了激烈摩擦，杜特尔特政府也试图减少与美国的军事合作。2016 年 9 月，杜特尔特曾宣布要停止菲美联合军演，后在菲律宾国防部的建议下，只保留“肩并肩”联合军演，停办“两栖登陆演习”和“海上战备与训练合作”。但在特朗普当选美国总统后，两国领导人均释放出了改善双边关系的信号。2017 年 11 月，特朗普在马尼拉参加东盟峰会并访问菲律宾，美菲发表联合声明宣称“致力于扩展合作和重申对强化双边同盟的承诺”“重申对被《增强防务合作协定》所加强的1951年《美菲共同防御条约》的承诺”。2020年1月，由于美国又以“侵犯人权”为由拒绝给予菲律宾前警察总监发放签证，杜特尔特宣称终止《美菲访问部队协议》，但后来又宣布暂停“终止”。总的来看，尽管杜特尔特对美国有所不满，但不太可能从根本上废弃与美国的同盟关系框架。

（二）菲美同盟架构

时至今日，尽管对历史条约有所废立和改动，但美菲间已经形成了较为成熟的安全合作机制，相关情况见表Ⅰ-8-1和表Ⅰ-8-2所示。

表Ⅰ-8-1　　**菲美间重大防务协议**

签订时间	名称	内容	备注
1946年	《美菲军事协作条约》	接受美方的军事装备建议和军官培训，美军根据军事需要可以使用菲律宾武器装备	
1947年	《美菲军事基地协定》	美方用菲律宾23处陆海空基地，而且根据需要还可增加和开辟新的基地，在基地内美国享有广泛的治外法权	该协议于1992年终止
1951年	《美菲共同防御条约》	将双边间的安全关系以法律的形式固定下来，建立相对稳定的同盟关系	
1998年	《美菲访问部队协议》	美国军舰可以访问菲律宾港口并与菲律宾军队展开联合演习	该协议于2020年初失效
2002年	《后勤支援互助协定》	规定了和平与冲突时期菲美两国武装部队间的后勤、物资和服务支持	
2014年	《增强防务合作协定》	强化双方防卫合作，并允许美军以轮换的方式使用菲律宾的军事基地与设施	

表Ⅰ-8-2　　**菲美间现有防务机制**

建立时间	机制名称	备注
1958年	共同防务委员会	两国政府间有关军事事务的联络与咨询
2002年	防务政策委员会	确保两国文职官员对联盟任务的执行以及对共同安全利益的确认
2006年	安全应对委员会	
2011年	美菲双边战略对话	
2012年	2+2部长级会谈	

2014 年美菲签订的《增强防务合作协定》赋予美军使用菲律宾军事基地的权利。但一些菲律宾参议员认为该协议“违宪”，直到 2016 年 1 月，菲律宾最高法院确认该协议“合宪”。根据该协议，菲律宾目前开放了五个军事基地供美军“轮换”使用。

表Ⅰ-8-3　　2016 年菲律宾向美国开放的五个军事基地

基地位置	基地中文名
巴拉望岛	包蒂斯塔（Antonio Bautistia）空军基地
马尼拉以北	巴萨（Cesar Basa）空军基地
吕宋岛中部帕拉延	马格塞塞（Ramon Magsaysa）堡
棉兰老岛	伦维亚空军（Lumbia）基地
麦克坦岛	埃本（Benito Ebuen）空军基地

联合军演是美菲防务合作的重要安排。两国目前的常态化军演为“肩并肩”联合演习。2020 年，菲律宾受邀首次派出军舰参加了“环太平洋”军事演习。

（二）当前议题

2016 年当选菲律宾总统的杜特尔特并非一个亲美的领导人，但他的政府仍然基本维持了与美国的同盟关系框架。在此框架下，他领导的政府与美国既有合作，也有摩擦。双边关系中的主要议题如下：

第一，人权议题。杜特尔特的强硬反毒政策在美国引发了“侵犯人权”的批评，双方在此议题上龃龉不断，人权已成为当前影响美菲合作的最突出议题。2020 年 3 月，菲律宾总统杜特尔特签署《2020 年反恐怖主义法》，旨在打击菲律宾境内的极端主义活动。此前，菲律宾国会参众两院已分别通过这一新反恐法。然而，45 名美国国会议员却以“侵犯人权”为由，要求菲律宾政府废止该法案，甚至还联名致信菲律宾驻美国大使馆，企图对菲律宾政府施加压力。对此，在 2020 年 7 月 16 日菲律宾总统府举行的电视直播记者会上，总统府发言人洛克对美国干涉菲律宾内政做出强硬回应：“希望美国不要再以殖民统治者自居，对菲律宾事务指手画脚。我们是一个主权独立的国家。”[①]

第二，双边安全条约及其义务。杜特尔特对美国国会在南海争端中会保护菲律宾持怀疑态度，表示要重新审查条约，但态度一再发生变化。2018 年末和 2019 年上半年，菲律宾防长德尔芬·洛伦扎纳（Delfin Lorenzana）多次提出审查《美菲共同防御条约》。他认为，《美菲共同防御条约》内容含糊不清，并不能起到威慑作用，在危机时刻，反而会造成困惑及混乱。[②] 这引发美国、菲律宾及国际舆论的高度关注。为回应并安抚菲律宾，美国国务卿蓬佩奥于 2019 年 2 月访菲，向杜特尔特等政府高官承诺，如果菲律宾军队或舰船在南海被攻击，美国将采取行动，履行其对《美菲共同防御条约》的承诺。这是美国首次公开明确表示，该条约的防卫范围涵盖南海。然而，菲律宾防长洛伦扎纳仍表示，美中在南海的摩擦频繁，他担心的不是美国不履行承诺，而是担心由于要履行条约的义务，菲律宾将自动卷入美中在南海的冲突。[③]

第三，经济发展与援助。相比南海问题，菲律宾国内的发展问题无疑更加紧迫。杜特尔特上任后亟待解决国内基础设施老旧、贫困人口多、失业率高、毒品问题严重、恐怖犯罪猖獗等难题。但仅靠美国目前的支持是远远不够的。近年来，美国对菲律宾的投资与贸易额下降，位于中国和日本之后。2019 年上半年，菲律宾批准的外国投资达到 689 亿比索，而美国投资仅 24 亿比索，排在新加坡、荷兰、泰国和日本之后。[④] 杜特尔特希望能够获得更多的投资及援助以推动国内建设。但美国在南海地区的重心聚焦在安全层面，且特朗普总统上台后对外援助的相关预算均大幅缩减。与此同时，美国反过来对菲律宾施加压力，要求菲律宾不要使用中国华为的 5G 产品与技术，但遭到菲律宾政府的拒绝。

---

① 《菲律宾敦促美国停止干涉菲内政》，新华网，http：//www. xinhuanet. com/2020 - 07/16/c_ 1126247820. htm。

② 《不想卷入战争，菲防长再提重新审查美菲共同防御条约》，观察者网，https：//www. guancha. cn/internation/2019_ 03_ 06_ 492477. shtml。

③ Jason Gutierrez，“Philippine Official，Fearing War with China，Seeks Review of U. S. Treaty,” *The New York Times*，March 5，2019，https：//www. nytimes. com/2019/03/05/world/asia/philippines - defense - treaty - us. html. 转引自宋清润《杜特尔特执政后美菲同盟关系演变》，《和平与发展》2019 年第 4 期。

④ 驻菲律宾大使馆经济代办处：《2019 年上半年外国直接投资达到 3044 亿比索》，http：//cebu. mofcom. gov. cn/article/jmxw/201909/20190902899010. shtml。

三 未来发展趋势及影响因素

美菲同盟经受住了时间的挑战。但任何同盟都是各方利益以及外部环境变化的结果，美菲同盟也不例外，其未来走势与以下三方面因素直接相关：

第一，外部环境的变化。美菲同盟是冷战的产物，冷战结束后，美国视中国为挑战其霸权的主要对手，而菲律宾国内一些人也鼓噪所谓“中国威胁”，美菲同盟因此找到了生存空间。展望未来，如下外部因素将对美菲同盟的生存与发展构成重要影响：一是中美战略竞争走势。如果竞争趋于激烈，美国将试图紧紧拉住菲律宾这个盟友以共同对付中国。但与此同时，菲律宾可能也担心在中美间选边站会导致自身的重大风险与损失。二是地区安全态势，重点是南海问题。南海争端越激烈，菲律宾就会越依靠美国，反之其需求则会相应下降。

第二，菲律宾国内因素。菲律宾实行单任期总统制，一任六年，不得连任。由于总统个人及其政党政策往往不同，这就使得菲律宾的内外政策经常出现较大波动。例如，在阿罗约执政时期，中菲关系进入“黄金时期”。但阿基诺三世上台后，奉行紧紧依靠菲美同盟关系、对华对抗的政策。目前，杜特尔特政府急需中、日等国在经济上给予其支持，大力吸引外资、增加出口，开展基础设施建设，故调整前政府对美“一边倒”的外交政策、改善对华关系。此外，在保持与美国在安全和政治上紧密联系的同时，中国与菲律宾在以禁毒、反恐为代表的安全领域通过军事援助等方式展开合作，在一定程度上冲击了“安全上靠美国，经济上靠中国”的传统认知。

第三，美国国内因素。总的来看，重视同盟关系是美国的基本外交政策，而视中国为战略竞争对手则是跨党派共识，这些因素决定了美国对美菲同盟关系的重视具有持久性。但是，不同的总统对盟友的重视程度并不相同，对同盟的做法也不一致。如奥巴马时期更为重视盟友的作用，而特朗普则更倾向于单边主义。在美菲同盟中，领导人的个性也发挥了重要作用。例如，特朗普与杜特尔特一样，都具有行事不羁的风格，在他治下美国对菲律宾人权问题的批评有所减少，这无疑为双方的沟通创造了更好的氛围。

第三节　与东南亚国家的关系

作为东盟的创始成员国之一，菲律宾在不同时期均执行积极的东南亚政策，其出发点大致可以总结为四个方面：一是为了抵御外来大国的力量而进入东南亚地区，维护自身安全；二是通过组建东盟来获得其他东南亚国家的承认，改善它们对菲律宾的印象和态度，加强彼此之间的联系；三是借助东盟帮助解决其与马来西亚之间的沙巴领土争端；四是通过加强经济贸易交流合作，在经济上减少对美国的依赖。[①] 此后，东盟的作用以及菲律宾的需求均有所变化，但东盟始终是菲律宾的重要外交平台，其东南亚邻国则始终是菲律宾外交的重要方向。

一　与东盟关系的演变

“菲律宾是东南亚国家联盟的重要建构者，这不仅表现在菲律宾是东盟的创始成员国，积极推动了东盟的建立，而且表现在菲律宾在一些关键方面影响了东盟的发展方向。”[②] 早在 1959 年，时任菲律宾总统加西亚就主动向来访的马来亚总理拉赫曼提议：由马来亚、泰国和菲律宾发起建立一个地区性组织——东南亚联盟。经过几番波折，由印度尼西亚、马来西亚、菲律宾、新加坡和泰国共同创立的东南亚国家联盟于 1967 年 8 月 8 日正式成立。自那开始，东盟就在东南亚地区事务中发挥着重要作用，而菲律宾则在这一进程中扮演了关键角色。

马科斯总统对刚成立的东盟十分重视，在对外出访时甚至以东盟代表自居。[③] 对马科斯来说，东盟是展示菲律宾外交形象与政策的平台，特别是有利于向世界表明菲律宾并非完全跟在美国后面亦步亦趋，而是有着独立的一面。如东盟成员国于 1971 年 11 月 27 日在吉隆坡开会，签署了《和平、自由和中立区宣言》，对当时的两极格局表明了东盟的立场，显示出在美苏之间的独立姿态。在东盟的内部建设上，马科斯也贡献颇多。

---

① 郑蔚康：《菲律宾对东盟政策中的美国因素》，《东南亚研究》2009 年第 5 期。

② 王子昌：《菲律宾：东盟的重要建构与引领力量》，《学术前沿》2017 年第 1 期。

③ 罗德尼·塔斯克：《东盟各成员国对待东盟的态度 菲律宾》，蒋细定译，《南洋资料译丛》1978 年第 7 期。

例如，“马科斯提出了东盟集体自力更生、共同对外的经济政策原则。在马科斯倡议下，1976 年，东盟成立了东盟常设秘书处，负责处理东盟日常工作，促进了东盟内部的协调与交流。（这一时期）菲律宾总统和高级官员经常出访东盟其他成员国，共同协商，采取统一的对外步骤”[①]。

马科斯政权垮台后，菲律宾把主要精力放在巩固内部的政治稳定与谋求经济发展上，在东盟中的地位与作用有所下降，与东盟的关系也主要集中在如何借助东盟平台实现自身的安全与发展上。例如，“由于美军的撤离，菲律宾对东南亚地区的安全更为关注，因为一个稳定的东南亚地区安全环境对于维护菲律宾国家安全、发展其经济至关重要。因此，菲律宾一直致力于借助东盟的力量，成立一个包括所有东盟成员国的多边安全机制……在菲律宾和东盟其他国家的积极推动下，东盟开始积极筹备创办东盟地区论坛，菲律宾在其中起了重要的作用”[②]。

“9·11”事件后，反恐成为菲律宾与东盟合作的重点。无论是在东盟地区论坛上，还是在东盟地区外长会议上，菲律宾都积极倡导加强地区反恐合作，尤其是致力于加强与其地缘关系密切的马来西亚、印尼的合作。2001 年 11 月，在第七届东盟领导人会议上，菲律宾提出建立菲、马、印尼三国反恐联盟。三国最终就签署多边反恐合作协定的内容达成一致意见，2002 年 5 月，菲律宾、马来西亚及印尼三国外长在吉隆坡签署《情报交换及建立联系网络协定》。不仅如此，在所有东盟国家举行的反恐合作中，菲律宾都表现出了积极参与的态度，推动东南亚地区反恐合作的开展。2006—2007 年，菲律宾利用担任东盟轮值主席国之机，与东盟反恐委员会主席国印尼一起推动了《东盟反恐公约》的签署，从而推动东盟反恐走上了有法可依的轨道。

菲律宾还试图利用东盟平台促进其他利益。例如，菲律宾是主要的劳务输出国，2007 年 1 月在菲律宾宿务召开的东盟峰会上发表了《东盟保护与促进移民劳工权利宣言》。在阿基诺三世时期，菲律宾还多次试图将南海议题加入东盟议程，只是在一些成员国的反对下并未得逞。杜特尔特执政后，更注重东盟的团结合作与独立自主性，强调“东盟之外国家不该

① 郑蔚康：《菲律宾对东盟政策中的美国因素》，《东南亚研究》2009 年第 5 期。

② 郑蔚康：《菲律宾对东盟政策中的美国因素》，《东南亚研究》2009 年第 5 期。

利用东南亚地区进行对抗”，多次表明“愿意搁置南海争议”“不想把南海问题变成东盟国家间的争端”“担任东盟轮值主席国期间，将不会把南海仲裁案裁决作为东盟会议讨论议题”的立场。在杜特尔特的推动下，菲律宾将其东盟政策的主要精力转移到东盟自身建设上来，强调菲律宾将维护东盟的中心性、一致性与团结性，紧紧把握东盟共同体所追求的意识形态和价值观，坚持合作以实现共同愿景。[①]

二　与印尼的关系

对菲律宾来说，印尼在其东南亚邻国中的地位十分特殊。一方面，印尼是最大的邻国，又在东盟中居于领导地位，在地区事务中扮演着重要角色。另一方面，印尼是世界上最大的伊斯兰国家，在菲律宾南部穆斯林问题上可以发挥特殊的调节沟通作用。

菲律宾、印尼两国隔海相望，其关系发展也经历了一个过程。1950年1月，印尼和菲律宾建交。2001年，两国签署了渔业、旅游、投资和能源等合作协议，就开启海洋划界谈判、加强防务安全合作和联合打击跨国犯罪达成一致。2014年，两国根据“群岛原则”签署协议，解决了原来存在的划分领海与海域问题。

两国主要在如下领域开展合作：

一是反恐。21世纪以来，印尼和菲律宾都面临着东南亚恐怖网络的威胁。一个突出的例子是2002年，东南亚恐怖组织“伊斯兰团”制造了印尼巴厘岛爆炸事件。菲律宾军方承认这一被认为与“基地”组织有关的恐怖团体已经将组织从印尼渗入菲律宾南部棉兰老岛，并在那里建立训练基地。两国在2002年、2005年、2011年、2017年等多个年份都签署了加强反恐合作的有关协议，通过加强情报与信息共享防止极端分子将东南亚或任何国家作为其行动基地，努力根除本地区的恐怖活动。

二是促和，主要是指印度尼西亚也积极介入了菲律宾南部和平进程。如1993年10月和11月，印度尼西亚作为东道主先后两次协助举办了菲律宾政府和摩洛民族解放阵线之间的和平对话会议。

三是东增区合作。东盟东部增长区（Brunei Darussalam Indonesia Ma-

① 张跃、张琨：《杜特尔特政府东盟政策的变与不变》，《世界知识》2017年第5期。

laysia the Philippines-East ASEAN Growth Area，简称“东增区”）是东盟内三个次区域合作之一，包括菲律宾南部的棉兰老岛和巴拉望岛、印尼东部和马来西亚东部以及文莱全境。东增区的概念最早由当时菲律宾总统拉莫斯于 1992 年提出，得到了区内其他国家领导人的积极响应。1994 年 3 月，东增区在菲律宾达沃市（Dawao）正式成立。2003 年 10 月，第一届东盟东部增长区峰会在印尼巴厘岛举行，在会上，与会各国领导人提出了区域合作的战略思路。印尼与菲律宾分别牵头能源、中小企业发展工作组，为东增区合作做出了自己的贡献。

三　与马来西亚的关系

马来西亚是菲律宾的重要邻国，双方往来频繁，在卫生、旅游、电子工业和投资领域有着密切的合作。2019 年 3 月，在时任马来西亚总理马哈蒂尔访问菲律宾时，双方发表的联合公报强调“双方是共同推动进步与和平的伙伴”，杜特尔特总统更是指出：马来西亚是菲律宾进步发展的伙伴和维护和平的“兄弟”，双方将继续推动实现东盟地区更大的和平、进步、繁荣和稳定的愿景。①

作为穆斯林占主导地位的国家，马来西亚在菲律宾南部和平问题上扮演着重要角色。“马来西亚从 1970 年代就开始介入菲律宾国内的冲突事务。正是由于受到马来西亚的领导，1974 年在马来西亚吉隆坡举行的伊斯兰国家部长会议通过决议，呼吁菲律宾政府和摩洛民族解放阵线进行谈判。”② 自 2001 年起，马来西亚就在菲律宾政府与摩洛伊斯兰解放阵线的谈判中扮演着第三方协调员的角色。在马来西亚的支持下，菲律宾阿罗约政府和“摩伊解”于 2001 年 3 月在马来西亚的吉隆坡签署了关于和平进程的总体框架协定。2012 年，马来西亚总理纳吉布也亲自赴菲律宾参加了菲律宾政府与“摩伊解”和平协议的签署仪式。

同印度尼西亚一样，两国也面临着自然灾害、恐怖主义、跨国犯罪等威胁。由于殖民的历史原因，马来西亚建国伊始即存在的沙巴问题一

---

① 《杜特尔特会见马哈蒂尔 双方发表联合新闻公报》，中国新闻网，http：//www. chinanews. com/gj/2019/03 - 07/8774325. shtml。

② 王子昌：《菲律宾：东盟的重要建构与引领力量》，《学术前沿》2017 年第 1 期。

直横亘在两国之间，成为影响双边关系的“定时炸弹”。尽管历史上这一问题对菲马两国关系造成了严重影响，在阿基诺三世执政期间形势也一度比较紧张，但今天两国努力避免在政府层面激化这一矛盾，从而为深化合作创造良好的氛围。杜特尔特2016年上台后在首次访问马来西亚前就明确表明他不会提及沙巴问题。在2019年与马来西亚总理马哈蒂尔的会面中，杜特尔特更是将马来西亚称为菲律宾进步发展的伙伴和维护和平的“兄弟”①。

菲马关系面临的主要挑战是沙巴领土争端。沙巴地区又称北婆罗洲。1704年，苏禄苏丹从文莱苏丹获得沙巴地区主权。1878年，英国与苏禄签订《割让北婆罗洲条约》。条约原始版本以爪夷文书写，但其英文翻译却出现了两个不同的版本：英国版本（其立场后来由马来西亚所继承）将土地的转让状况翻译为“授权和割让”，而苏禄苏丹版本将其翻译为“租借”。由于19世纪末苏禄国并入菲律宾，1963年马来西亚联邦成立后，沙巴即从英国治下转入马来西亚手中，沙巴争端由此成为菲、马之间的问题。由于沙巴争端，菲律宾甚至一度拒绝承认马来西亚联邦，两国直到1969年才复交。此后，菲律宾历届政府在沙巴争端上的立场时有反复，但仍然“保留对沙巴的主权声索”。2020年7月，围绕沙巴主权争议，菲马两国外长甚至在社交媒体上公开争论。②

四　与越南关系

越南与菲律宾隔南海相望。在越南战争时期，菲律宾在美国的要求下派兵参加战争。在越南战争结束、越南实现南北统一后，两国于1976年建立外交关系。此后两国关系不断发展。2011年10月，越南国家主席张晋创访问菲律宾时，与菲律宾确定了“菲越2011—2016年行动计划”，主要集中于防务、安全、经济、能源、环境、渔业、农业等13个合作领域及国际地区事务。2015年11月，两国宣布建立战略伙伴关系，越南成为继美国、日本之后菲律宾的第三个具有战略伙伴关系的国家，表明了越

---

① 《杜特尔特会见马哈蒂尔 双方发表联合新闻公报》，中国新闻网，http://www.chinanews.com/gj/2019/03-07/8774325.shtml。

② 《沙巴州主权归属再起争端，菲律宾与马来西亚两国外长推特交锋》，环球网，https://baijiahao.baidu.com/s?id=1673711624387347530&wfr=spider&for=pc，2020年7月31日。

南在菲律宾外交中的特殊性。

菲越经贸关系比较密切。在投资方面，菲律宾在越南的直接投资项目主要分布在制造、加工业，农林、水海产，以及批发、零售和维修业。截至2015年6月，菲律宾在越南16个省市有70多个直接投资项目，总额达3亿美元。① 在贸易方面增速较快。2018年，两国双边贸易额逾47亿美元，与2017年相比增长了18%。在2019年头七个月，越菲两国双边贸易额逾32亿美元，同比增长26%。② 菲律宾是大米进口国，而越南则是大米出口国，菲律宾已成为越南较大的大米出口市场之一。

两国同为南海争端的当事国，在这一问题上既有分歧又有合作。一方面，两国主权声索相互重叠，也不时在执法、渔业问题上发生摩擦。例如，越南曾多次指责菲律宾针对其所谓“长沙群岛”③ 中的“诗思岛”④ 进行的命名、建设活动。⑤ 另一方面，两国均视中国为其非法主权声索的最大障碍，有意控制彼此间的分歧，在应对石油漏泄事件、海上救护救难、海洋环境可持续管理、渔业合作等领域开展合作。在一些情况下，两国甚至你呼我应，共同牵制中国。2005年，中菲越三国签署《三方联合海洋地震工作协议》，在实行中，菲越就经常进行双边的私下沟通。2014年5月21日，就在越南发生反华暴力事件后，阿基诺三世会见来访的越南总理，表示要进一步加强两国的防务交流与合作，透露出了菲越联合对抗中国的意图。菲律宾提起所谓“南海仲裁案”后，越南也暗地里予以呼应，为南海问题的政治协商解决制造了障碍。

---

① 《促进越南与菲律宾贸易活动》，越南之声，https：//vovworld. vn/zh - CN/% E6% 96% B0% E9% 97% BB/% E4% BF% 83% E8% BF% 9B% E8% B6% 8A% E5% 8D% 97% E4% B8% 8E% E8% 8F% B2% E5% BE% 8B% E5% AE% BE% E8% B4% B8% E6% 98% 93% E6% B4% BB% E5% 8A% A8 360901. vov，2015年8月19日。

② 《越南企业加强与菲律宾企业的贸易往来》，越通社，https：//zh. vietnamplus. vn/% E8% B6% 8A% E5% 8D% 97% E4% BC% 81% E4% B8% 9A% E5% 8A% A0% E5% BC% BA% E4% B8% 8E% E8% 8F% B2% E5% BE% 8B% E5% AE% BE% E4% BC% 81% E4% B8% 9A% E7% 9A% 84% E8% B4% B8% E6% 98% 93% E5% BE% 80% E6% 9D% A5/101837. vnp，2019年9月6日。

③ 即我南沙群岛。

④ 即我中业岛。

⑤ 《越南外交部发言人黎氏秋姮：在越南“长沙群岛”开展而未经越南准许的任何活动都是毫无价值的》，越通社中文网，https：//zh. vietnamplus. vn，2020年8月28日。

第四节　与其他国家的关系

菲律宾与其他地区的关系大致可以分为三类：一是与包括日本、韩国等在内的近邻国家的关系，它们与菲律宾有着较为紧密的历史、政治和经济联系；二是与俄罗斯、欧盟等世界上重要国家和地区的关系，它们与菲律宾在经济、安全等重要议题上有一定的交集；三是与中东地区和拉丁美洲地区有着特定的历史与利益国家的关系。

一　与日本的关系

长期以来，日本都是菲律宾的最大援助国和最大贸易伙伴（直到2016年，中国超过日本成为菲律宾第一大贸易伙伴）。对菲律宾来说，发展与世界上第三大经济体的关系不仅能够获得经济利益和各种援助，还能在南海问题上进一步平衡多方势力。而对日本来说，发展与菲律宾的关系既可以获得资源和市场，还可以扩大在南海地区的政治安全影响力。

日本很早就在菲律宾经营了。例如，在二战前的达沃地区，日本人控制了达沃省的全部木材生产，马尼拉麻（Musa Textilis Nee）生产的80%，椰干生产的50%。[①] 与此同时，日本还在达沃大量占有土地，开设自己的医院、日文学校和报刊。太平洋战争爆发后，日本占领菲律宾，并扶植傀儡政府进行压迫统治。第二次世界大战后，1951年9月菲律宾签署《旧金山和约》，1956年5月9日，菲日签署赔款协定，从而为两国建交在政治和经济上扫清了障碍。由于受当时冷战背景的影响，以及迫于菲律宾国内仍然存在的反日情绪，此后菲律宾与日本的关系呈现出政治上反复，经济上不断接近，安全上有限合作的局面。

日本重点发展与菲律宾的经济关系。在1956年与赔款协定同时签署的还有《经济合作协定》，根据该协定，日本私营银行与企业向菲律宾提供总额为2.5亿美元的商业贷款，其中大多是低息贷款，而形式是提供设备及其安装及服务。通过这种设备与服务出口，日本公司迅速渗入当地市

① Grank K. Goodman, "Davao: A Case Study in Japanese-Philippine Relations," The University of Kansas, 1967, p. 21.

场。日本还向菲律宾进行大量投资并提供官方发展援助，成为菲律宾的重要经济伙伴。但与此同时，由于日本的技术和设备充斥菲律宾市场，以及日本严控菲律宾商品向日本出口，双方间长期存在贸易结构不平衡的问题，菲律宾长期处于贸易逆差。冷战结束后，日本继续加大对菲律宾的投资与援助，双方经济合作关系十分密切。

当前，强化对日关系是菲律宾各党派的共识，日本已成为继美国之后菲律宾的第二个战略伙伴。阿基诺三世在执政期间，曾六次出访日本。杜特尔特当选总统后，也已经四次访日。从菲律宾的角度来说，利用日本的经济资源促进菲律宾的自身发展是一个重要考虑，但两国间的防务合作有意无意地以南海为对象，不能不引人关注。近年来，日本与菲律宾在防务方面的合作日益增强，东京以培训和设备捐赠的形式向菲律宾提供了多笔援助。2016 年 8 月，日本首次向菲律宾交付承诺援助的巡逻艇。2018 年，日本向菲律宾海军捐赠了五架“比奇”教练机。2019 年，日本为菲律宾空军的 UH-1H 直升机捐赠了价值 50 亿菲律宾比索的配件。2020 年 2 月，菲律宾交通运输部与日本三菱造船公司签署了建造 2 艘 94 米多功能船只的合同，其建造资金由日本政府资助。另外，日菲安全合作机制日渐完善、多元，除了“副防长会议”、海洋与海事事务安全对话、安全参谋级别的年度防务对话等双边制度框架外，日菲还利用东盟防长扩大会议及副防长会议、东京防务会议及安倍倡议成立的“日本—东盟防长圆桌会议”等多边机制进行双边交流。[①]

二 与韩国的关系

菲律宾和韩国同为美国盟友，两国于 1949 年建交。在美国的要求下，菲律宾曾派兵参加过朝鲜战争。两国的政商关系与发展模式也具有相似性，这一特点被美国学者康灿雄（David Kang）总结为“裙带资本主义”（Crony Capitalism）[②]。今天的菲律宾是韩国文在寅政府“新南方政策”（New Southern Policy）的核心伙伴，菲律宾也视韩国为重要的合作伙伴。

① 朱海燕：《日菲关系新发展及其动因》，《国际问题研究》2020 年第 3 期。

② ［美］康灿雄：《裙带资本主义：韩国和菲律宾的腐败与发展》，李巍、石岩、王寅译，上海人民出版社 2015 年版。

2018 年 6 月，在杜特尔特访韩期间，两国决定把传统友好关系提升为未来志向型合作关系。

自 20 世纪 90 年代以来，韩国对菲律宾等东南亚国家的贸易和投资迅速增长。韩国是菲律宾第五大贸易伙伴，而菲律宾也是韩国在东盟的第五大贸易伙伴国。根据菲律宾国家统计局（Philippine Statistics Authority）数据，2018 年菲韩双边贸易额达 156 亿美元。2019 年 6 月 3 日，两国宣布启动韩菲自贸协定（FTA）谈判并基本达成一致，并于 2020 年正式签署协定。此外，韩国还通过设立对外经济合作基金的形式向菲律宾提供援助，2018 年此合作基金扩大至 10 亿美元。菲韩人文交流活跃，因菲律宾的英语语言培训和大学课程价格远低于西方国家，很多韩国学生越来越愿意前往该国接受英语培训。而由于地理位置临近以及机票价格低廉，菲律宾还是韩国人心目中的理想旅游目的地之一。韩国是菲律宾第一大游客来源地，2017 年菲律宾共接待 160 万人次的韩国游客。[①] 在长滩岛等旅游景点，韩国商家和游客随处可见。

菲律宾与韩国在防务方面也开展了较为紧密的合作。菲律宾海军向韩国采购了两艘新型护卫舰，使得其海军首次具备导弹发射能力。其中一艘以菲律宾国父何塞·黎刹（Jose Rizal）命名，足见菲方的重视程度。菲律宾空军还向韩国订购了 12 架 FA—50 教练（攻击机），使其回归超音速飞行时代。另外，韩国海军退役的数艘“蔚山”级轻型护卫舰作为军援物资被提供给了菲律宾和越南。

三　与俄、欧的关系

俄罗斯与菲律宾相距遥远，彼此并非对方的优先交往对象。冷战前期，菲律宾在意识形态上跟随美国，对苏联等社会主义国家采取敌视政策。随着 20 世纪 70 年代内外环境的变化，1976 年 5 月，马科斯总统夫妇应邀访苏，两国正式建立外交关系。自此两国贸易迅速发展，苏联成为菲律宾椰产品和糖的重要买家。冷战结束后，俄罗斯继承苏联衣钵，但实力大减，双边关系在各自外交中的地位均出现一定程度的下降。直到 2016

---

① 《中国跃升为韩国第二大游客来源地》，新华网，http：//www. xinhuanet. com/travel/2018 -01/30/c_ 1122337199. htm，2018 年 1 月 30 日。

年杜特尔特当选菲律宾总统，情况才有所改变。杜特尔特奉行以大国平衡为特征的独立外交政策，为了与美国拉开距离，他不但注重发展与中国、日本的关系，还对俄罗斯予以特别的重视。加之杜特尔特对普京强人作风的认同，双方关系迅速发展。在杜特尔特任职期间，他已于2017年、2019年两次访俄。相比有限的经贸合作，军事合作成为菲俄关系的重要内容。2017年杜特尔特总统访俄期间，两国签署了历史上第一份国防合作协议。同年10月，俄国防部部长绍伊古首次访问菲律宾，与菲律宾国防部部长洛伦扎纳签署了俄菲政府间军事与技术合作协议。其间，两国签署了有史以来第一份军售合同。根据合同，俄罗斯将向菲律宾提供744件PRG-7V榴弹发射器及榴弹，价值763万美元。俄罗斯还向菲律宾免费捐赠5000支AK-103突击步枪、100万发弹药和20辆军用卡车。[①] 此外，俄罗斯军舰多次访问菲律宾，菲军舰也于2018年进行了回访。但是，两国军事合作主要是军售合作，俄罗斯并无意挑战美国在菲律宾政治与军事上的主导地位。2020年初，菲律宾宣布终止《菲美访问部队协议》时，俄罗斯紧急澄清说它并未插手这一事务。[②]

长期以来，欧盟是菲律宾的重要贸易伙伴和经济援助方。菲律宾在1964年与西欧经济共同体建立了外交关系。在马科斯时期，在美菲不平等条约“劳雷尔—兰利”协定失效和美菲特殊关系终结之后，菲律宾与欧洲的经济贸易关系有了进一步的加强。冷战结束后，欧盟成为菲律宾的重要贸易伙伴与援助来源国。但杜特尔特上台后，欧洲国家频频在人权、禁毒等议题上指责菲律宾政府，并意图将此与对菲援助挂钩以干涉其内政。对此，菲律宾政府予以坚决的回应，双方的政治、经济关系降至冰点。例如，冰岛于2019年7月向联合国人权理事会提交一份决议草案，要求调查菲律宾国内包括禁毒行动在内的日益增多的“暴力”行为。作为回应，菲律宾终止了与赞成该草案的英国进行的援助谈判，并宣称做好了与冰岛断交的准备。

① 薛锁锁：《俄罗斯与东盟国家的军事合作探析》，《国际研究参考》2019年第12期。

② 《俄罗斯紧急澄清：未插手美菲终止〈访问部队协议〉》，环球网，https://world.huanqiu.com/article/9CaKrnKpstm，2020年2月19日。

四　与中东国家的关系

对菲律宾来说，中东国家的重要性源于以下几方面：首先，菲律宾所需石油大部分依赖国外进口，中东地区的沙特、科威特等国是菲律宾重要的石油供应国；其次，中东国家也是菲律宾获得官方贷款的来源地之一；再次，与中东国家的良好关系有助于解决菲律宾南部的穆斯林问题；最后，中东国家还是菲律宾劳动力输出的最大市场。

从20世纪70年代开始，菲律宾就重视发展与中东的关系。1973年的石油危机对石油高度依赖中东进口的菲律宾造成了沉重的打击。菲律宾国内面临着严重的经济问题，主要表现为国民收入水平不断下降，失业率激增，贫困人口增多。为此马科斯政府就石油问题直接同产油国进行交涉。1973年10月，菲律宾投票支持联合国安理会关于以色列军队撤出阿拉伯地区的决议。1975年，总统夫人伊梅尔达作为特使出席沙特国王葬礼。通过密切的高层外交，菲律宾与中东国家的关系得到了发展。与此同时，菲律宾开始大规模输出劳工，而富裕起来的中东国家则需要大批廉价劳动力，故中东国家特别是沙特阿拉伯开始成为菲律宾海外劳工的主要目的地。也是在20世纪70年代，菲律宾南部冲突成为菲律宾与中东国家关系的议题。1973年3月召开的第四届伊斯兰教国家外长会议曾对菲律宾政府施压。其中，时任利比亚领导人卡扎菲宣布利比亚“将被迫担负起保护菲律宾400万穆斯林的责任”，并向“摩解”提供了大量的活动经费和武器装备，卡扎菲还支持“摩解”将领导机构迁到利比亚首都的黎波里。[①]在中东国家及其他伊斯兰国家的努力下，菲律宾政府与“摩洛民族解放阵线”组织达成谅解，在1976年12月23日签署的黎波里和平协议。

冷战结束后，菲律宾与中东关系继续发展。目前，在中东务工的菲律宾人保持在100万人左右，是菲律宾最大的海外菲劳市场。在菲律宾南部和平进程中，中东国家仍然扮演着重要角色，并向菲律宾穆斯林地区提供发展援助。中东国家还是菲律宾的重要外资来源。2017年4月，杜特尔特访问沙特阿拉伯、卡塔尔和巴林等中东国家，据菲律宾官员透露，共吸引9.25亿美元投资，其中与沙特阿拉伯签约七个项目，涉及制药、物业

---

① 谢为民：《论菲律宾的“穆斯林问题”》，《东南亚研究》1990年第2期。

发展、医疗旅游、港口、仓库、餐饮和清真食品加工区等，总投资金额预计为4.69亿美元。[①] 中东菲律宾劳工的工作条件与权利则是双方时有争议的问题。2018年2月，一名菲籍女佣的遗体在科威特雇主的住宅冷柜内被发现，尸检显示她曾惨遭毒打。对此，杜特尔特宣布驱逐科威特大使，召回在科威特的劳工并颁布了赴科威特的临时禁令。

---

① 《杜特尔特总统出访中东 预计获9.25亿美元投资》，环球网，https://world.huanqiu.com/article/9CaKrnK228m，2017年4月18日。

第二篇

重大专题研究

第一章 国家发展战略

国家发展战略，是指筹划指导发展国家的实力和潜力以实现国家发展目标的方略，是国家战略的重要组成部分。① 同阿基诺三世任职时期相比，杜特尔特的国家发展战略发生了一定的改变。在阿基诺三世政府时期，菲律宾国家发展战略的重点集中于领土防御安全，强调通过军事现代化和增加美国在菲律宾的军事存在以应对领土争端的"挑战"。在杜特尔特时期，他将发展经济作为其国家发展战略的核心，使其国家发展战略具有引导性、现实性、普遍性、平衡性、灵活性等特点。其国家发展战略重回注重人民的福利、福祉和生活方式，以政府及其机构、领土完整、主权、核心价值观得到加强和保护为重点的国内安全。在杜特尔特国家发展战略的指导下，菲律宾国家在经济等领域取得了一定的成就，同时也对菲律宾周边及国际局势产生了重要影响。

第一节 不同时期的菲律宾国家发展战略

在杜特尔特政府的国家发展战略之前，菲律宾的国家发展战略历经数次变化，这些国家发展战略大体可分为三类，即独立以后的菲律宾国家发展战略（1946—1965）、马科斯时期的国家发展战略（1965—1986）和阿基诺夫人以来的国家发展战略（1986—2016）。

一 独立以后的菲律宾国家发展战略（1946—1965）

第二次世界大战对菲律宾产生了极大的影响。一方面，第二次世界大

① 熊武一、周家法主编：《军事大辞海》（下），长城出版社2000年版，第1874页。

战结束后，民主自由浪潮席卷世界，菲律宾国内的民族主义亦因此抬头，造成1946年菲律宾的独立，这对菲律宾国内政治及菲美关系产生了影响。另一方面，第二次世界大战给本就不甚发达的菲律宾经济带来打击。面对民族主义思潮高涨、国内经济深受世界局势影响和美国殖民统治的后续影响等，独立后的菲律宾政府提出了基于现实的国家发展战略。

菲律宾这一时期的国家发展战略同其民族主义思潮紧密相连。菲律宾国内的民族主义思潮对其在政治、经济、社会及外交等领域的政策都产生了一定的影响。在政治上，民族主义促成了菲律宾对“自治”的渴求，促进国家“菲律宾化”成为脱离美国殖民统治后菲律宾的重要目标；在经济上，菲律宾经济民族化运动生成，其经济政策亦出现了“菲律宾化”的特点；在社会文化上，菲律宾推出了“教育菲化运动”，以提升本国民众对菲律宾的认同感；在外交上，民族主义亦使得菲美关系变得更为敏感。

这一时期，在菲律宾政府的国家发展战略中，“发展经济”被放在了首位。但由于这一目标深受先前美国殖民统治的影响，菲律宾政府将矛头对准在菲律宾经济中占据重要地位的外国人。在首任总统曼努埃尔·罗哈斯·阿库纳（Manuel Roxas y Acuna）执政后，菲律宾推出了多项菲化经济法案，试图使菲律宾人取代外国人在菲律宾的经济地位。[①] 在这一国家发展战略实施到后期时，菲律宾还在社会文化方面进行“菲律宾化”，其中在教育领域最为明显。菲律宾政府把教育作为重要的菲化政策。此外，在这一国家发展战略的指导下，菲美关系亦变得相对敏感。美国试图维持其在菲律宾的利益和影响，菲律宾这种一切菲律宾化的倾向则有损美国的利益。但由于美国对菲律宾的长期影响及菲律宾对美国的依赖，在这一时期的菲律宾国家发展战略中，美国仍是菲律宾重要的战略合作对象，菲律宾政府亦相继同美国签订了《美菲关系条约》《美菲军事基地协定》《美菲共同防御条约》等文件。总体而言，“菲律宾化”是这一时期菲律宾国家发展战略的最主要特点。自1946年菲律宾独立后，菲律宾实施了长达20年的经济菲律宾化政策，这类政策也有妨碍外国投资及干扰市场秩序等缺点，在马科斯就任总统后，菲律宾化政策才被逐渐放弃。[②]

---

① 姜兴山、李凌晨：《教育“菲化运动”对菲律宾华文教育的影响》，《南洋问题研究》2013年第1期。

② 姜帆：《1945年菲律宾经济民族化运动与美菲政局》，《东南亚研究》2012年第5期。

二　马科斯时期的国家发展战略（1965—1986）

费迪南德·马科斯是菲律宾独立以后的第六任总统，也是菲律宾历史上任期最长的总统。马科斯引领菲律宾经济向前发展，却又阻碍了菲律宾政治的民主化，而这同他的国家发展战略相关。这时期的国家发展战略受当时马科斯政府所面临的国内外形势和马科斯个人的政治思想影响较深。

马科斯上任之际面临的是先前历任政府为追求“菲律宾化”而遗留的问题，其中最主要的问题在于经济民族主义所带来的闭塞影响。在马科斯上任前，菲律宾历任政府都采取较为保守的经济政策，而且经济权力尚未集中到国家手中。在马科斯政府的国家发展战略中，发展经济是其国家发展战略的重点。马科斯政府在经济上的重要举措是：第一，改变菲律宾长期执行的进口替代政策，转为面向出口的政策，尤其是强调制成品的出口；第二，吸引外资，强调通过吸引外国投资向世界经济开放；第三，大举外贷发展经济，马科斯政府对跨国金融机构和国外银行的借贷日益增加。[①]

马科斯政府国家发展战略的另一个重点则是强调对内集权。马科斯的政治思想建立在其“民主革命”观的基础之上。马科斯认为，民主社会中的公众选择权和民主程序极有可能被一些谋取私利的人控制、操纵和腐蚀；一个民主社会更容易出现革命，一个有效的独裁政权不但能够对反对派进行成功的镇压，而且可以通过强力创造出相当好的经济形势，使革命得以避免，然而在民主社会中，反对派的观点和态度都得到容许和鼓励，因此也更可能引发革命。[②] 此外，在这一时期，马科斯政府还面临着菲共挑战、社会犯罪率上升及人民运动在中央吕宋大区持续蔓延等紧张局势。在这种政治思想和形势的引导下，马科斯执着于发展独裁政府，强调对内集权，因而马科斯政权的三个主要政治支柱是治国专家、军队和亲信。[③] 1972 年，马科斯还发布了第 1081 号公告，宣布实行军事统治，菲律宾的对内集权

---

① 蒋细定：《马科斯执政时期的经济对外依赖与对内集权》，《南洋问题研究》1987 年第 1 期。

② 张锡镇：《马科斯的政治思想初探》，《国际政治研究》1990 年第 3 期。

③ “The Philippines under President Marcos,” *Weekly Summer Special Report*, Directorate of Intelligence, written by State Department Review Completed in 1967, approved release in 2006/03/16，访问地址：https：//www. cia. gov/library/readingroom/docs/CIA - RDP79 - 00927A005700010003 - 8. pdf，访问日期：2020 - 7 - 21.

大大加强，国会、媒体以及公民自由都被叫停。①

维持同美国的良好关系亦是马科斯政府国家发展战略中的关键。在马科斯任职期间，世界被划分为三个阵营，菲律宾对美方阵营的支持实质上也是其在这一局势中自保的体现，因此其外交政策是倒向美国一边，延续了先前的对美依赖策略。在美国扶持马科斯上任9个月之后，马科斯偕其夫人出访美国，声称其将支持美国在越南问题上的立场，并以此获得了数百万美元“无单据资金”的现款和巨额货款。②

总体而言，马科斯时期的国家发展战略是以对外经济为主、重视对内集权以及继续依赖美国。在这一国家发展战略的指导下，菲律宾国内一度迎来了经济的振兴，但马科斯的独裁专制亦给菲律宾带来了一系列问题，在1972年菲律宾实行军管法后，其国内政治矛盾加剧、财政经济日益困难，人民的不满情绪不断累积，反政府活动亦时起时伏。

三　阿基诺夫人以来的国家发展战略（1986—2016）

马科斯政府给阿基诺夫人（Maria Corazon Sumulong Cojuanco）所留下的问题主要在经济和国家权力垄断方面。1985年，菲律宾经济增长率为-3.9%，欠下外债262.5亿美元，政府财政预算赤字达120亿比索，约15%的劳工失业，全国75%的人口生活在贫困线下。③ 在国家权力垄断方面，马科斯将权力转移到了其亲友手上，马科斯的亲友与阿基诺夫人多番斗争，阻挠新政府在政治、经济与外交方面的改变。鉴于此，阿基诺夫人的国家发展战略着重于解决马科斯政府的遗留问题。

在阿基诺夫人的国家发展战略中，稳定政局被放在了首位。阿基诺夫人认为，只有政局稳定后，才能更好地恢复经济和重整社会。为此，阿基诺夫人采取了一系列措施，如释放政治犯，废除各种专制法令以实现全国和解，恢复治安；改组旧政权，从中央到地方撤换了一批文职官员；颁布临时宪法，解散前执政党控制的国民议会；改组军警领导机构，清除马科

---

① Greg B. Macabenta，“The Post-Marcos，Post-Martial Law Generation，” Business World，访问地址：https：//www.bworldonline.com/post-marcos-post-martial-law-generation，访问日期：2020-7-21。

② Timeline：The Marcos Regime，Aljazeera，访问地址：https：//www.aljazeera.com/programmes/aljazeeracorrespondent/2011/09/201192082718752761.html，访问日期：2020-7-21。

③ 蒋细定：《马科斯执政时期的经济对外依赖与对内集权》，《南洋问题研究》1987年第1期。

斯及其亲信的势力和影响等。[1] 在稳定政局的同时，阿基诺夫人也将恢复和发展经济作为其战略的重点，其具体措施主要包括：没收并冻结马科斯及其亲信的财产；解除马科斯家族及亲信对椰业和糖业的垄断；加速土改进程，强调发展农业；鼓励自由竞争，实行国有企业私有化；进行税制改革；调整金融政策，改革金融机构；重新整顿外债，延长还债日期；修订投资法，积极吸引外资；制订中期经济发展计划，力争经济持续发展等。[2] 在马科斯政权垮台后，菲律宾国内的反美情绪加重，阿基诺夫人还将实施真正的独立外交政策纳入其国家发展战略中。阿基诺夫人强调要加强同亚洲发展中国家，尤其是邻国的友好关系，在这一外交政策中，菲律宾将优先发展与东盟的关系，进一步加强发展与中国的友好关系；同时，菲律宾也要在实施独立外交政策的基础上保持和发展同美国、日本的关系，保持同美国的军事联盟。

在阿基诺夫人之后，菲律宾历任政府的国家发展战略仍然是以稳定国内政治、发展经济及追求独立外交为主。在这一时期，菲律宾国内的政治动乱问题仍未彻底解决，菲律宾的经济发展亦未取得长足进展，菲律宾在谋求独立外交政策的同时仍然要与美国保持友好关系。因此历任政府的国家发展战略的宏观方向大同小异，微观方面的不同则与具体时期发生的具体事件以及领导人的特性相关，在拉莫斯总统任期，他成功地稳住马科斯政权倒台后崩溃的菲律宾经济，并较好地处理了 1998 年亚洲金融风暴对菲律宾经济的打击，不但经济有较大增长，而且保持了政治稳定。在阿罗约总统任期，她在经济上采取推动中小企业的发展，改善中低收入人群住房和加快土地的分配等一系列稳定社会、发展经济、增加就业、减少贫困的措施，同时采取强硬措施打击包括绑架在内的各种犯罪活动，使曾一度被称为“世界绑架之都”的菲律宾治安状况开始好转，加上其和平外交举措，菲律宾经济也步入健康发展的轨道。但在阿基诺三世政府时期，其国家发展战略中对经济的重视低于对国家领土安全的重视，其对美国的依赖程度也较先前政府要深。

总体而言，阿基诺夫人执政后，菲律宾国家所面临的国内形势并无十

---

① 郑一省：《菲律宾后马科斯时期的民主政治发展》，《东南亚南亚研究》2002 年第 3 期。
② 甄鸣：《科・阿基诺恢复和发展经济的政策》，《东南亚南亚研究》1988 年第 1 期。

分剧烈的变化，因此阿基诺夫人以来的国家发展战略仍然是以政治稳定为基础和以经济发展为中心。

第二节　杜特尔特上任时面临的政治经济形势

杜特尔特政府的国家发展战略是基于现实情况而谋划的，因此，在探讨杜特尔特政府的国家发展战略前，应当理清这一时期菲律宾所面临的国内外形势。杜特尔特的任期从21世纪前10年跨至20年代，这一时间段正值菲律宾国家发展的关键时期，亦是世界面临百年未有之大变局的关键时期。杜特尔特政府在这一时期面临着许多问题与挑战，如毒品问题、腐败问题、恐怖问题、民族分裂问题、世界局势动荡等。

一　国内国际政治形势与安全挑战

杜特尔特政府所面临的政治形势包括内政同外交两个方面。菲律宾的内政被笼罩于劣质民主的阴影之下，面临着长期的政局混乱、民族分裂主义兴盛、反政府武装叛乱、腐败等问题；而菲律宾的外交重点则集中于同中国、美国的国家间关系上。

（一）政党制度薄弱，政局较为混乱

随着杜特尔特就任总统，其所在的菲律宾民主人民力量党（PDP-Laban）从一个名不见经传的地方小党一跃成为菲律宾第一大党，[①] 其家族亦从一个地方家族成为一个在全国具有重要地位的政治家族。杜特尔特家族的跃升实际上是菲律宾家族政治及“王朝”仍然存在的体现。各个政治“王朝”在菲律宾群岛各地掌权，政党成为不同家族成员谋取利益的工具，“家族关系”成为政党的代名词，政党内人员服务的不是其代表的政党，而是其背后的家族。菲律宾政局混乱还体现在其政党制度存在已久，却尚未完全制度化上，其重要体现之一就是菲律宾选举波动较大，各党的命运并不能靠先前的选举结果进行预测。2016年大选之后，杜特尔

---

① “Duterte's PDP-Laban Emerges Largest in the House, While the Right Makes Major Gains,” Peoples Dispatch, 2019，访问地址：https://peoplesdispatch.org/2019/05/16/dutertes-pdp-laban-emerges-largest-in-the-house-while-the-right-makes-major-gains/，访问日期：2020-2-18。

特总统领导的执政党——民主人民力量党不断壮大，而曾经占主导地位的菲律宾自由党（LP）的成员数量大幅减少。[①] 除此之外，政党内部的管理也十分松散，大多数政党甚至没有自身的政纲，菲律宾的许多政党仿佛就像是家庭会议一般，以家庭利益为先。而一些尚未被政治家族操纵的政党亦十分软弱，每当选举时，这些政党极有可能根据自身利益需求来选择其所拥护的领袖，金钱政治亦从此产生。当利益发生冲突时，政党间会产生激烈的斗争，这些斗争大多为非法竞争，往往还会牵涉到血腥暴力，因而菲律宾政坛往往被认为是依靠 3G（Guns，Gold，Goons）而运作的。[②] 可见，在此背景下菲律宾的政党制度形同虚设，政党间的相互监督可以用金钱或斗争来解决，而无法插手政治的民众根本不能起到监督作用。被家族政治裹挟的弱政党政治成为菲律宾政治稳定发展的主要障碍之一。在无法维护政治稳定、解除家族斗争的情况下，杜特尔特政府所拟定的国家发展战略的实施将受到较大的阻碍，因而其国家发展战略的制定必然需要考虑菲律宾国内政治斗争所造成的影响。

（二）民族分裂主义兴盛

菲律宾民族分裂主义的实质是自决权同国家主权的相互竞争。[③] 菲南穆斯林的自治要求起起伏伏，早在 1921 年，苏禄穆斯林领袖就向美国总统请愿要独立于联邦进行自治。在请求被拒后的三四十年内，菲南穆斯林总体上争取融入国家，然而，雅必达大屠杀事件[④]又激起了菲律宾穆斯林对民族身份的认知问题，重新点燃了穆斯林对独立的要求。雅必达大屠杀后，菲南陆续兴起了数个穆斯林反叛组织，现在影响较大的穆斯林反叛组织为摩洛民族解放阵线（MNLF）和摩洛伊斯兰解放阵线（MILF）。在杜

---

① Porcalla，Delon，“It's Final：LP to Be Minority，” *The Philippine Star*，2016，访问地址：https：//www. philstar. com/ headlines/2016/07/20/1604752/its final lp be - minority，访问日期：2020 - 2 - 18。

② 许春华：《菲律宾：政治家族“导演”家族政治》，《廉政瞭望》2013 年第 7 期。

③ Rizal G. Buendia，*Bangsamoro Secessionism*，from Routledge Handbook of the Contemporary Philippines edited by Mark R. Thompson and Eric Vincent C. Batalla，New York：Routledge，2018，p. 428.

④ 雅必达大屠杀（Jabidah Massacre），指 1968 年 3 月，菲律宾武装部队（AFP）在科雷希多岛（Corregidor）对大约 28 名穆斯林军事学员（被称为“Jabidah 突击队”）的屠杀，参见 Marites Dañguilan Vitug and Glenda M. Gloria，*Jabidah and Merdeka*：*The Inside Story*，Rappler，访问地址：https：//www. rappler. com/newsbreak/24025 - jabidah - massacre - merdeka - sabah，访问日期：2020 - 2 - 19。

特尔特上任之前，菲律宾政府同摩洛穆斯林展开了长达十年的和平谈判，2014 年，双方签署了全面和平协议，并就未来制定一部“邦萨摩洛基本法”（Bangsamoro Basic Law）达成共识。[①] 然而，2015 年 1 月，44 名追捕恐怖分子的国家警察、18 名摩洛叛军和 5 名平民在菲律宾政府同摩洛武装组织的冲突中丧生[②]，引发了公众舆论的强烈质疑，还导致国会不愿在 2016 年全国大选前的 18 个月内签署和平协议。和平协议的脱轨加剧了棉兰老岛的安全局势，也加固了棉兰老穆斯林长期持有的信念，即占人口多数的基督教徒从来没有真正致力于和平，而是排斥南方的穆斯林。[③] 因此，杜特尔特政府还面临着菲南摩洛穆斯林同菲律宾国家难以融合、冲突频发的问题。

（三）反政府武装叛乱

菲律宾国内的反政府武装叛乱主要由菲律宾共产党引起。菲律宾共产党于 1969 年成立了新人民军（New People's Army），宣称要通过旷日持久的人民战争，以社会主义制度取代菲律宾的政治和经济秩序。为了实现这一目标，该组织利用了所有可利用的战术手段，包括军事行动、大规模动员和政治游说等。阿基诺三世政府通过双轨政策[④]削弱了菲律宾共产主义运动的大部分力量，但新人民军反叛力量仍然存在。2014 年，菲律宾政府军总参谋长格雷戈里奥·皮奥·卡塔潘（Gen. Gregorio Pio Catapang）说，菲律宾政府将在当地时间 2014 年 12 月 18 日零时至 2015 年 1 月 19 日零时的一个月内，单方面暂停针对反政府组织“新人民军”的武装行动[⑤]，双方开始走向和谈。但这一和谈直至杜特尔特上任时还未完成，因此如何

① 《菲政府与反政府武装签和平协议》，人民网—国际，2014 年，访问地址：http：//world. people. com. cn/n/2014/0328/c1002 - 24758666. html，访问日期：2020 - 2 - 19。

② David S. Cloud and Sunshine De Leon, *A Heavy Price Paid for Botched Terrorist Raid by Philippines and U. S.*, *Los Angeles Times*，访问地址：https：//www. latimes. com/world/asia/la - fg - botched - terror - raid - 20150910 - story. html，访问日期：2020 - 2 - 19。

③ Bruce E. Barnes, *Moro Insurgency and Third Party Mediation*, from Routledge Handbook of the Contemporary Philippines edited by Mark R. Thompson and Eric Vincent C. Batalla, New York: Routledge, 2018, p. 444.

④ 指阿基诺三世政府将解决菲律宾共产党问题及摩洛伊斯兰解放阵线问题列为两条重要轨线，详情请参见 Ava Patricia C. Avila, Battling Two Fronts with One Stroke, *Counter Terrorist Trends and Analyses*, Vol. 3, No. 3, 2011, p. 3.

⑤ 《菲律宾政府单方面暂停针对“新人民军”的武装行动》，国际在线，2014 年，访问地址：http：//news. cri. cn/gb/42071/2014/12/15/7551s4804823. html，访问日期：2020 - 2 - 21。

和平地结束国内反政府武装叛乱仍然是杜特尔特政府所面对的难题。

（四）腐败问题

菲律宾的腐败问题首先同其家族政治存在紧密联系。于政治家族而言，其政治职位、经济资源及社会地位都是可以传给近亲的资产，因此，不论在菲律宾总统大选还是地方选举中，政治家族使用金钱进行竞选宣传及贿赂选民的事实并不少见。同平民选举人相比，来自政治家族的选举人有着庞大的资金支持，在垄断地方势力上更为占优。此外，较有权势的政治家族还会对其协助者做出政治允诺，给予其政治回报（如升迁）。菲律宾的腐败问题除了在政治选举上有明显体现外，司法系统、警察、公共服务、土地管理、税务管理、海关管理、政府采购（公共采购）、自然资源业等多个领域、部门也都存在一定的腐败问题。[①] 在杜特尔特上任之前及之后，菲律宾在透明国际所发布的全球清廉指数中的得分在 34 分和 38 分间浮动。[②] 历届菲律宾政府并非没有意识到国家腐败问题之严重，但由于其处理意愿不强，每一届政府都根据自己的认识设立不同的反腐败机构，导致各个机构职能重叠、效用大减。罗尼·阿莫拉多（Ronnie Amorado）认为，菲律宾的反腐败斗争应该从总统开始。[③] 因而在杜特尔特上任后，摆在其面前的重要问题之一就是菲律宾国内的腐败问题。正如帕特诺（Beatriz Paterno）所认为的那样，杜特尔特取得选举胜利很大一部分原因在于其在竞选期间所展现出来的“对腐败零容忍”的态度。[④] 杜特尔特这一态度引发了许多菲律宾民众的共鸣，因而其所拟定的国家发展战略必须将国内的腐败形势纳入考虑中。

（五）恐怖活动问题

恐怖活动是菲律宾长期以来一直面临的问题。阿布沙耶夫组织（Abu Sayyaf Group）作为菲律宾南部反政府武装受到“基地”组织的大力协助，

---

① *The Philippines Corruption Report*，GAN，访问地址：https：//www. ganintegrity. com/portal/country - profiles/the - philippines，访问日期：2020 - 2 - 19。

② *Philippines Corruption Rank 1995 - 2019*，Transparency International，访问地址：https：//tradingeconomics. com/philippines/corruption - rank，访问日期：2020 - 2 - 19。

③ R. V. Amorado，*Kakistocracy*：*Rule of the Unprincipled*，*Unethical and Unqualified*，Research and Publication Office，Ateneo de Davao University，Davao City，2011，p. 121.

④ Beatriz Paterno，“What Does Rodrigo Duterte's Victory Say about the Philippines' Experience with Corruption?，” The Global Anticorruption Blog，2016，p. 2.

频繁制造爆炸袭击与大规模绑架事件，并具有对非穆斯林发动圣战的长期意图。此外，“伊斯兰国”（ISIS）在叙利亚失败后，伊斯兰激进分子开始寻找新的活动地区，菲律宾成为他们的目标据点之一，[①] 使得菲律宾国家的社会安全面临挑战。2014 年，菲律宾政府和摩洛伊斯兰解放阵线（MLNF）之间关于缔结和平协议的谈判破裂，武装分子对和平进程不再抱有幻想，转而与 ISIS 等激进组织联系得更为紧密，再次加剧了菲律宾的恐怖主义挑战。在多重因素的影响下，菲律宾南部恐怖主义活动仍然是杜特尔特政府面临的难题。

（六）毒品问题

在 2010 年之前，菲律宾的吸毒者只有几十万人，但此后，菲律宾成为东南亚较大的毒品制造、毒品走私和甲基苯丙胺（俗称“冰毒”）的消费国之一。[②] 据 2015 年菲律宾全国毒品滥用性质和程度调查显示，目前菲律宾 2.3% 的 10 岁至 69 岁人群（估计为 180 万人）均有吸食毒品，占总人口 1.098 亿人的 1.6%。[③] 贫困及腐败都是毒品问题的背后推力。除此之外，菲律宾对边界松散的管理亦为毒品的运输提供了便利。严峻的毒品问题威胁着菲律宾人的健康，严重损害了国民的身体素质，还对国家经济、公共安全等产生了负面影响。

（七）亲美疏中导致的外交失衡

阿基诺三世将国家安全的重点由内部安全转至外部，即强调国家的领土安全，其外交政策着重强化菲美联盟、联美制中，使得中菲关系降到冰点。南海问题在中菲关系中扮演了重要的角色。2011 年，阿基诺三世下令将中国的“南海”（South China Sea）更名为“西菲律宾海”（West Philippine Sea），[④] 意欲通过更换地名强调菲律宾对相关岛礁与海域的主权。阿基诺三世还在其任期内单方面就南海争议提出仲裁，通过海牙国际

---

① Natalia Vasilyeva, “Features of the Fight against Terrorism in the Philippines,” *Asia and Africa Today*, Vol. 9, 2019, p. 18.

② Dr. Peter Chalk, National Security in the Philippines under Duterte: Shooting from the Hip or Pragmatic Partnerships beyond the Noise?, “Special Report,” Australian Strategic Policy Institute, 2018, p. 8.

③ Jodesz Gavilan, “DDB: Philippines Has 1.8 Million Current Drug Users,” *Rappler*, 2016, 访问地址：https://www.rappler.com/nation/146654-drug-use-survey-results-dangerous-drugs-board-philippines-2015，访问日期：2020-2-21。

④ 《菲律宾将中国南海改为“西菲律宾海”》，《东方早报》，访问地址：http://www.dfdaily.com/html/21/2012/9/12/860768.shtml，访问日期：2020-2-20。

仲裁法庭裁定中国对南海海域没有“历史性所有权”[①]。菲律宾政府一系列侵害中国利益的措施引起了中方的反制，在此期间，中国暂停菲律宾香蕉等部分水果的进口，对菲律宾香蕉业打击沉重，造成菲律宾大量香蕉滞销。[②] 此外，中国宣布为保障中国游客人身安全，暂停中国人赴菲律宾旅游，提醒驻菲中资机构人员注意安全，使得中国对菲律宾的投资额及旅菲人数出现了数年的负增长。[③] 阿基诺三世强硬的对华政策给菲律宾国家发展造成了较大的负面影响，菲律宾的社会经济发展亦因此受阻。显然，其对华政策已走入僵局[④]，正确处理菲、中、美三国关系成为杜特尔特政府的当务之急。

二 国内外经济与社会形势的挑战

杜特尔特政府所面临的国内外经济与社会形势包括国内和国外两个方面的挑战。就国内的挑战来说，菲律宾的经济与社会形势存在经济发展动力不足、基础设施落后、贫困问题严重等问题；就国外的挑战来说，菲律宾的经济与社会形势主要面临全球经济不确定性增加的问题。

（一）经济发展动力不足

杜特尔特上任前 5 年，菲律宾国家 GDP 年增长率平均在 6% 以上，[⑤] 较以往取得了更好的成绩。然而，菲律宾经济的快速增长并非“健康型增长”，其经济发展动力存在较大的不稳定性。艾瑞克·巴塔拉（Eric Vincent C. Batalla）认为，菲律宾的经济增长主要为基于国内需求的增长而非

---

① 《仲裁结果出炉菲律宾称坚持和平解决南海争端》，新浪军事，访问地址：http://mil.news.sina.com.cn/china/2016-07-12/doc-ifxtwiht3631296.shtml?cre=milpagepc&mod=f&loc=2&r=9&doct=0&rfun，访问日期：2020-2-20。

② 《中国对菲律宾制裁 阿基诺付沉重代价》，西陆网，访问地址：http://junshi.xilu.com/2012/0514/news_44_252367_2.html，访问日期：2020-2-20。

③ Richard Javad Heydarian, “New Dawn for Philippine-China Relations?,” *Al Jazeera*，访问地址：https://www.aljazeera.com/indepth/opinion/2016/06/dawn-philippine-china-relations-duterte-160604101429033.html，访问日期：2020-2-20.

④ 张宇权、洪晓文：《杜特尔特政府对华政策调整及其影响》，《现代国际关系》2016 年第 12 期。

⑤ “Philippines GDP Annual Growth Rate,” *Trading Economics*，访问地址：https://tradingeconomics.com/philippines/gdp-growth-annual，访问日期：2020-2-19。

外贸的增长。[①] 菲律宾经济是以消费、服务为导向的经济，国内需求的增长往往是由海外汇款的大量流入推动的。2015 年菲律宾海外劳工向国内汇款 260 亿美元[②]，海外汇款支持了家庭消费支出的增长，其又通过增值税和其他形式的政府收入扩大了财政空间，使得菲律宾经济保持了长期的消费型经济模式。[③] 这种经济模式使一个经济体需要依赖海外汇款来拉动国内需求和服务业增长，这从根本上讲是不够健康的。要摆脱这种模式，就需要提振其他拉动国家经济发展的动力。

（二）基础设施落后

在杜特尔特上任前，菲律宾政府用于国家基础设施建设的平均支出仅占 GDP 的 3%[④]，与同地区其他国家相比，菲律宾政府对基础设施发展的投资长期处于低位。此外，菲律宾公路、铁路、港口、机场、供电等基础设施建设的质量还低于东盟国家基础设施质量的平均水准。[⑤] 除吸引外来资本之外，密集而又便利的交通基础设施还有利于促进产业聚集，推进区域经济整合，对各个区域的经济增长产生正面的影响，继而提升国家的竞争力。在政府缺乏提供安全、有效、可靠和可持续的基础设施能力的情况下，菲律宾经济的可持续发展将会受到阻碍。

（三）贫困问题严峻

经济持续增长的菲律宾仍然面临着贫困问题，2014 年至 2016 年，菲律宾人均 GDP 为 2500—2800 美元，[⑥] 落后于同地区的印度尼西亚、泰国、

---

① Eric Vincent C. Batalla, *Bypassing Industrial Development*, from Routledge Handbook of the Contemporary Philippines Edited by Mark R. Thompson and Eric Vincent C. Batalla, New York: Routledge, 2018, p. 216.

② 2015 *Survey on Overseas Filipinos*, PSA，访问地址：https://psa. gov. ph/content/2015 - survey - overseas - filipinos，访问日期：2020 - 2 - 19。

③ Eric Vincent C. Batalla, *Bypassing Industrial Development*, from Routledge Handbook of the Contemporary Philippines edited by Mark R. Thompson and Eric Vincent C. Batalla, New York: Routledge, 2018, p. 217.

④ Takuji Komatsuzaki, "Improving Public Infrastructure in the Philippines," IMF Working Paper, 2016, p. 5，访问地址：https://www. imf. org/external/pubs/ft/wp/2016/wp1639. pdf，访问日期：2020 - 2 - 19。

⑤ Takuji Komatsuzaki, "Improving Public Infrastructure in the Philippines," IMF Working Paper, 2016, p. 7，访问地址：https://www. imf. org/external/pubs/ft/wp/2016/wp1639. pdf，访问日期：2020 - 2 - 19。

⑥ *Philippines GDP Per Capita*, Trade Economics, World Bank，访问地址：https://tradingeconomics. com/philippines/gdp - per - capita，访问日期：2020 - 2 - 19。

马来西亚、新加坡等国家。菲律宾的贫困问题受其利己主义式精英民主、就业难现象以及大米政策的影响。大卫·廷伯曼（David G. Timberman）认为，菲律宾持续存在的贫穷和不平等——特别是在经济增长和日益富裕的情况下——不能再被视为一个“技术官僚”或“发展”问题。相反，它们应该被视为精英民主未能促进穷人利益的表现。更具体地说，它们是对该国相互勾结的政治和商业精英的控诉，他们以牺牲贫穷的菲律宾人的利益来维护和促进自己的利益。[①] 菲律宾的“就业难”现象包括失业与就业不充分问题。直到杜特尔特任职时，菲律宾国家的失业率仍维持在6%左右，[②]不充分就业率则约为28%。[③] 2015年，第三产业（服务业）占菲律宾国内生产总值的58.84%，第二产业及第一产业则分别占30.9%及10.26%，[④] 其中能提供较多就业机会的劳动密集型产业较少，加之菲律宾人口的迅速增长，菲律宾就业问题便显得更为严峻。在大部分底层人民收入不稳定或收入低的情况下，菲律宾的大米产量不足以满足国内需求，其所生产的大米也没有泰国和越南等国便宜，加之菲律宾的大米进口受到国家粮食管理局的管制及受到世界贸易组织批准的数量限制，大部分菲律宾底层人民便因此受到了负面影响，菲律宾的贫困问题亦更加严峻。

（四）全球经济不确定性的增加

自2008年全球金融危机以来，世界经济的发展并没有完全恢复，自杜特尔特就任总统时，全球经济衰退的可能性大大增加，美国、中国和欧盟等世界主要经济体经济增速的放缓将对包括菲律宾在内的多个国家产生影响。[⑤] 全球经济的衰退使海外对菲律宾产品的需求减少，打击菲律宾出

---

① David G. Timberman, “Persistent Poverty and Elite-dominated Policymaking,” from Routledge Handbook of the Contemporary Philippines Edited by Mark R. Thompson and Eric Vincent C. Batalla, New York: Routledge, 2018, p. 293.

② “Philippines Unemployment Rate,” Trade Economics, National Statistics Office of Philippines, 访问地址: https: //tradingeconomics. com/philippines/unemployment – rate, 访问日期: 2020 – 2 – 19。

③ “Philippines Underemployment Rate,” Philippine Statistics Authority, 访问地址: https: //www. ceicdata. com/en/philippines/labour – force – survey – underemployment – rate/underemployment – rate – caraga, 访问日期: 2020 – 2 – 19。

④ “Philippines: Share of Economic Sectors in the Gross Domestic Product (GDP) from 2008 to 2018,” Statista, 访问地址: https: //www. statista. com/statistics/578787/share – of – economic – sectors – in – the – gdp – in – philippines/, 访问日期: 2020 – 2 – 19。

⑤ *National Security Policy for Change and Well-being of the Filipino People (2017 – 2022)*, Malacañang Palace, p. 15, 访问地址: http: //www. nsc. gov. ph/attachments/article/NSP/NSP – 2017 – 2022. pdf on May 16th。

口贸易活动，带累菲律宾国家实体经济也进入衰退期。同时，在经济衰退期间，外来投资亦会相对减少，对部分产商及行业造成负面影响。另外，中东与北非地区冲突加剧，朝鲜半岛局势持续紧张，东北亚和东南亚领土争端悬而未决等地区安全问题对全球——包括菲律宾在内——形成了各方面的安全威胁，其中最直接的威胁是对菲律宾海外劳工的威胁。从菲律宾海外劳工的输入地来看，中东地区、亚洲地区是其主要输入地。[①] 相关地区的冲突可能会阻断菲律宾人赴海外务工，亦会对海外菲律宾劳工形成生命威胁。加之菲律宾海外劳工的汇款是拉动菲律宾国家内需的重要来源，全球安全问题或会对菲律宾国民经济造成重大损害。

第三节　杜特尔特政府的国家发展战略

同阿基诺三世任职时期相比，杜特尔特政府的国家发展战略发生了一定的改变，这一改变亦体现在战略目标、特点及保障手段上。

一　杜特尔特政府的国家发展战略目标

在阿基诺三世政府时期，菲律宾国家发展战略的重点集中于领土防御安全上，强调通过军事现代化和增加美国在菲律宾的军事存在以应对领土争端的挑战。在杜特尔特政府时期，其国家发展战略重回注重人民的福利、福祉和生活方式，以政府及其机构、领土完整、主权、核心价值观得到加强和保护为重点的国内安全。

杜特尔特政府的国家发展战略主要在政治、经济、国防、对外关系等领域进行部署。2016 年 10 月 11 日，菲律宾总统罗德里戈·杜特尔特签署了第 5 号行政命令，将“Ambisyon Natin（菲律宾雄心）2040”作为菲律宾发展的 25 年长期愿景，即到 2040 年，菲律宾将成为一个繁荣的、没有贫穷的、以中产阶级为主的社会；人民健康长寿、智慧创新、生活在一个充满信任的社会里。[②] 为实现“2040 愿景”，杜特尔特政府结合 2016 年

---

① *Distribution of Overseas Filipino Workers by Region*：*2016 - 2017*，Philippine Statistics Authority，访问地址：http：//www. poea. gov. ph/ofwstat/compendium/2016 - 2017% 20deployment% 20by% 20country. pdf，访问日期：2020 - 2 - 21。

② *About Ambisyon Natin* 2040，NEDA，访问地址：http：//2040. neda. gov. ph/about - ambisyon - natin - 2040，访问日期：2020 - 2 - 22。

7 月、2017 年 2 月、2017 年 4 月先后提出或发布的《国家和平发展议程（和平发展路线图）》《菲律宾发展计划 2017—2022》《国家安全政策（草案）》等政策，以及在 2016 年 7 月做出的国防部门政策要旨，制定了较为全面的国家发展战略。

（一）《菲律宾发展计划 2017—2022》

《菲律宾发展计划 2017—2022》的目标是在 2022 年之前为实现更具包容性的增长、高信任度的社会和具有全球竞争力的知识经济奠定坚实的基础。这一计划的具体目标是实现三个国家发展目标：增强社会结构、减少不平等、增加潜在增长。《菲律宾发展计划 2017—2022》还将实施“0 + 10 点”社会经济议程，包括确保和平与安全。[①]

（二）《国家和平发展议程（和平发展路线图）》

杜特尔特政府的和平与发展路线图以和平与发展为核心，最终目的是实现所有内部武装冲突的和平解决，其具体目标为：（1）有意义地执行《邦萨摩洛框架协定》和《邦萨摩洛全面协定》，促进邦萨摩洛的和平；（2）执行菲律宾政府同摩洛民族解放阵线间和平协定的其余承诺；（3）加速同共产主义叛乱分子签署与执行和平协定；（4）立即结束与山脉人民解放军和革命无产阶级军队——亚历克斯·邦卡约旅的和平进程；（5）促进受冲突影响地区的社会经济发展；（6）建立对和平与冲突敏感的文化。此外，还包括协调解决武装冲突所造成的问题、保护武装冲突中的儿童、加强国际人道主义援助、促进宗教间和文化间的对话等。[②]

（三）《国家安全政策（草案）》

2017—2022 年《国家安全政策（草案）》将保障和增进人民福祉、维护国家利益置于国家安全的核心。它要求创造有利于经济和人类发展的条件，重点是人类安全、卫生安全、粮食安全、法制和尊重人权。2017—2022 年国家的安全目标为：（1）促进公共安全和秩序；（2）维护领土和

---

① *AFP Development Support and Security Plan 2017 – 2022*, Department of National Defense, Philippines, p. 23, 访问地址：https://mronline.org/wp-content/uploads/2018/09/AFP-Development-Support-and-Security-Plan-Kapayapaan-2017-2022.pdf，访问日期：2020-9-16。

② *AFP Development Support and Security Plan 2017 – 2022*, Department of National Defense, Philippines, p. 24, 访问地址：https://mronline.org/wp-content/uploads/2018/09/AFP-Development-Support-and-Security-Plan-Kapayapaan-2017-2022.pdf，访问日期：2020-9-16。

主权完整；（3）增强经济实力；（4）保护和维护生态平衡；（5）加强文化凝聚力；（6）促进道德和精神上的共识；（7）促进全球和平与和谐。①

（四）国防部门政策要旨

国防部的任务是最大限度地提高其在防范对国家和平与安全的外部和内部威胁方面的效力，并为社会和经济发展提供支持。根据国防部部长的指示，2017—2022 年，菲律宾武装部队（AFP）将按照以下政策方向开展工作：（1）维护国家主权和领土完整。为应对复杂多变的安全环境所带来的挑战，还将努力建立一个强大的国防工业，形成自主防御态势（SRDP）。此外，菲律宾与东盟邻国和其他主要盟国还将继续加强防务合作。（2）促进和维持国内稳定。在内部安全方面，AFP 将对恐怖组织实施军事行动，并将根据需要重新分配资源来镇压它们。加强对反恐、打击非法毒品、打击犯罪等执法活动的支持，防止出现社会动荡。此外，AFP 必须继续致力于支持和平进程，特别是在执行新签署的和平协定方面。（3）使防御灾害的能力和准备达到最高标准。国防部旨在提高 AFP 的能力水平并使其对灾害的应对达到最高标准。（4）维持和改善支持全球和平与安全的行动。AFP 将继续寻求与东盟和其他主要盟国的防务合作，以维护地区的稳定和进步，维护基于规则的国际秩序。②

以上各个计划、项目具体描述了菲律宾国家发展战略的目标。总体而言，杜特尔特政府的国家发展战略目标就是将菲律宾建成一个安全繁荣的国家，使人民的福利、福祉、生活方式和核心价值观在菲律宾得以体现；使政府及其机构清正廉明；使领土完整和主权得到保护和加强；使菲律宾在国际社会中的地位稳中有升。

二 杜特尔特政府国家发展战略的特点

杜特尔特政府的国家发展战略以菲律宾国家利益为优先，其目标是从

---

① *AFP Development Support and Security Plan 2017 - 2022*, Department of National Defense, Philippines, p. 23, 访问地址：https://mronline.org/wp-content/uploads/2018/09/AFP-Development-Support-and-Security-Plan-Kapayapaan-2017-2022.pdf，访问日期：2020-9-16。

② *AFP Development Support and Security Plan 2017 - 2022*, Department of National Defense, Philippines, p. 24, 访问地址：https://mronline.org/wp-content/uploads/2018/09/AFP-Development-Support-and-Security-Plan-Kapayapaan-2017-2022.pdf，访问日期：2020-9-16。

多方面促进菲律宾的发展，因而这一国家发展战略有以下鲜明特点。

（一）引导性

杜特尔特政府的国家发展战略从宏观层面进行部署，通过对大方向的指引，使得国家的具体发展目标得以在各个具体权力部门中实现。其国家发展战略还为继任政府做出了引导，即杜特尔特政府所做出的战略系长远的、多方面的、详尽的，其试图通过各项计划保证现任和继任政府战略、政策、计划和项目的连续性和一致性。

（二）现实性

杜特尔特政府的国家发展战略具有现实性（特殊性），其战略、计划、项目等的提出均基于其所面临的国内外形势。在应对国内形势上，杜特尔特政府关注促进摩洛和平进程、减少腐败、加强基建、促进经济发展及维护社会安全；在应对国际形势上，杜特尔特一改阿基诺三世的"亲美制中"政策，提出独立外交政策，提高菲律宾国家在世界上的自主性和抗风险能力。

（三）普遍性

国家发展战略的普遍性体现在其具体计划中含有许多已被学界确认的一般性规律上（如通过大力发展基础设施建设来推动经济的发展）。在遵循本国国情之外，杜特尔特国家发展战略中的指引性方针（如为经济发展塑造和平环境、通过发展教育促进经济增长等）同时也在不同国家的发展战略中有所体现。

（四）平衡性

杜特尔特国家战略的平衡性体现在两个方面。一方面，平衡性是指其国家发展战略涵盖了政治、经济、文化、国防、外交等各个维度，是对国家的全面发展要求；另一方面则指其在谋求国家发展的同时在对外关系领域讲究国家间的平衡性，即其不再完全"倒向"某一国家或某一阵营，而是寻求同其他国家保持友好的平衡关系。[①]

（五）灵活性

杜特尔特政府国家发展战略还具有随着形势发展及利益变动而发生改

① 杜特尔特政府国家发展战略所寻求的"国家间平衡"亦被部分学者称为"大国平衡性"，详情请参见张宇权、洪晓文《杜特尔特政府对华政策调整及其影响》，《现代国际关系》2016 年第 12 期。

变的灵活性。灵活性并非指其宏观战略的随意变动，而是指在其战略指导下具体政策的适时而变。杜特尔特在当选总统后曾表示将在两年内提议用联邦政府取代单一国家，举行全民公投以解决摩洛叛乱问题，[①] 但在大多数民众反对修宪[②]及反对党对修宪和实行联邦制表现出强烈不满[③]的情况下，杜特尔特政府将联邦制议程搁置，试图通过《邦萨摩洛基本法》以解决摩洛问题。

三　杜特尔特政府国家发展战略的保障手段

杜特尔特政府为其国家发展战略的实现采取了四大保障手段：第一，维护菲律宾的国家统一、民主和社会制度；第二，确保国家安全，维护和保护其主权、领土完整；第三，保护财产、基础设施和人民的安全；[④] 第四，加强社会团结、减少不平等、激发增长潜力。[⑤]

（一）维护菲律宾的国家统一、民主和社会制度

维护菲律宾的国家统一最重要的基础是使所有公民都有一个共同的身份，不论他们的种族、宗教、文化和意识形态是否一致，他们都是菲律宾人。[⑥] 在此基础上，菲律宾国家的统一还有赖于建立公正和持久的和平。公正、持久的和平同国家内部的社会政治稳定紧密相关。于菲律宾国家而言，其关键是修复国家现存的许多裂痕，促进参与性治理措施和政策的实

---

① “Duterte：Polls on Federalism in 2 yrs，” *Philippine Daily*，Inquirer，访问地址：http：//newsinfo. inquirer. net/786631/duterte - polls - on - federalism - in - 2 - yrs，访问日期：2020 - 2 - 23。

② “2018 Nationwide Survey on Charter Change，” *Pulse Asia Research*，访问地址：http：//www. pulseasia. ph/june - 2018 - nationwide - survey - on - charter - change，访问日期：2020 - 2 - 23。

③ “Robredo Willing to Unite，Lead Opposition Coalition，” Philstar. com，访问地址：https：//www. philstar. com/headlines/2018/07/10/1832296/robredo - willing - unite - lead - opposition - coalition，访问日期：2020 - 2 - 23。

④ *National Security Policy for Change and Well-being of the Filipino People*（2017 - 2022），Malacañang Palace，p. 2，访问地址：http：//www. nsc. gov. ph/attachments/article/NSP/NSP - 2017 - 2022. pdf，访问日期：2020 - 9 - 16。

⑤ *Philippine Development Plan 2017 - 2022*，National Economic and Development Authority，p. 12，访问地址：http：//www. neda. gov. ph/wp - content/uploads/2017/12/Abridged - PDP - 2017 - 2022_Final. pdf，访问日期：2020 - 9 - 16。

⑥ *National Security Policy for Change and Well-being of the Filipino People*（2017 - 2022），Malacañang Palace，p. 2，访问地址：http：//www. nsc. gov. ph/attachments/article/NSP/NSP - 2017 - 2022. pdf，访问日期：2020 - 9 - 16。

现，促使政府三部门（行政、立法、司法）发挥协同作用以及政治权力和地方政府部门的权力下放。[①] 在这一支柱下，国内的和平将得到保障，国家机构的廉正将得到加强、民意也将得到尊重。

（二）确保国家安全，维护和保护其主权、领土完整

菲律宾政府应当与所有民族和人民建立亲切友好的关系并确保本国不受任何外国的控制和干涉，国家政府将着眼于维护独立的外交政策，加强与所有国家的合作与和谐关系。[②] 除此之外，菲律宾国家还将发展防御能力以保护菲律宾领土与主权，增进海上安全防卫与合作，实现国防自力更生，全面承担安全责任，保卫国家不受内忧外患的威胁。[③]

（三）保护财产、基础设施和人民的安全

保障人民的利益与福祉有助于国家发展战略的部署与实施，其具体手段包括确保公共安全与秩序，加快基础设施建设及确保生态完整与环境清洁健康。[④] 在保障人民安全方面，菲律宾政府将实施打击贩毒、犯罪、腐败、恐怖主义的整体方案；加强和实行对刑事司法系统五大支柱的改革；赋予公民组织权利，使其能够积极参与施政、执行公共政策、培养和平文化以及保障人民安全；制定加强和平与安全的法律，以便于安全部门的治理和政府建设和平的努力。[⑤]

（四）加强社会团结、减少不平等、激发增长潜力

在这一支柱下，公共机构和整个社会将获得更大的信任，政府要以人

---

① *National Security Policy for Change and Well-being of the Filipino People* (2017 - 2022), Malacañang Palace, p. 20, 访问地址：http://www.nsc.gov.ph/attachments/article/NSP/NSP-2017-2022.pdf，访问日期：2020-9-16。

② *National Security Policy for Change and Well-being of the Filipino People* (2017 - 2022), Malacañang Palace, p. 21, 访问地址：http://www.nsc.gov.ph/attachments/article/NSP/NSP-2017-2022.pdf，访问日期：2020-9-16。

③ *The 12-point National Security Agenda*, National Security Policy, Malacañang Palace, p. 24, 访问地址：http://www.nsc.gov.ph/attachments/article/NSP/NSP-2017-2022.pdf，访问日期：2020-9-16。

④ *Philippine Development Plan 2017-2022*, National Economic and Development Authority, p. 38, 访问地址：http://www.neda.gov.ph/wp-content/uploads/2017/12/Abridged-PDP-2017-2022_Final.pdf，访问日期：2020-9-16。

⑤ *National Security Policy for Change and Well-being of the Filipino People* (2017 - 2022), Malacañang Palace, p. 19, 访问地址：http://www.nsc.gov.ph/attachments/article/NSP/NSP-2017-2022.pdf，访问日期：2020-9-16。

民为中心及更加廉洁高效；司法将更为迅速和公正，人们将更加意识到并尊重国家文化的多样性，来自国内市场和世界其他地区的经济机会将更易获得，在生产方面将更加激励创新，对人力资本发展的投资亦将增加。①

第四节　杜特尔特政府国家发展战略的实践

面对国内外形势的变化，杜特尔特政府拟出了具有现实性的国家发展战略。因其国家发展战略的这一特点，战略的实践被落实至内政、经济、安全及外交等领域。此外，又因这一国家发展战略具有灵活性，其在实践过程中亦根据形势发展而调整具体计划。

一　在内政领域的实践与成效

（一）摩洛和平进程得到了推动

杜特尔特上台之初曾明确表示，解决摩洛问题的根本方法是通过修改菲律宾《1987 年宪法》、建立一个完整的联邦体系，以实现南部摩洛穆斯林人民的需求和愿望。② 为推动摩洛和平进程，杜特尔特还与摩洛伊斯兰解放阵线和民族解放阵线举行了两次特别会议，谋求建立合作关系。③ 然而，杜特尔特通过修宪建立联邦制的想法并未得到较多的支持，在修宪局势不明朗的情况下，杜特尔特将重点转移至推行《邦萨摩洛组织法》（Bangsamoro Organic Law）上。《邦萨摩洛组织法》建立在阿基诺三世政府期间签署的《邦萨摩洛全面协议》（Comprehensive Agreement on the Bangsamoro）的基础上，该法律将允许邦萨摩洛政府拥有自己的议会，保留地方收入的大部分并定期从中央政府收入中获得固定份额。此外，它还将伊斯兰法纳入该地区的司法体系。作为对自治的回报，这一法律要求叛军

① *Philippine Development Plan 2017 – 2022*, National Economic and Development Authority, p. 12，访问地址：http：//www. neda. gov. ph/wp – content/uploads/2017/12/Abridged – PDP – 2017 – 2022_Final. pdf，访问日期：2020 – 9 – 16。

② “Duterte's Pitch for Federalism：Centralized System Holds Back PH，” *Rappler*，访问地址：https：//www. rappler. com/nation/politics/elections/2016/124423 – duterte – federalism – central – system – holding – regions – back，访问日期：2020 – 9 – 16。

③ “Duterte Meets MILF，MNLF Leaders in Davao，” *Rappler*，访问地址：https：//www. rappler. com/nation/136808 – duterte – meets – milf – mnlf – leaders – davao，访问日期：2020 – 9 – 16。

摩洛伊斯兰解放阵线逐步解散其数千人的军队。尽管该法案只涵盖了2014年和平协议中最初提供给叛军的85%至90%的条件，但摩洛伊斯兰自由阵线的领导人已然表示对此感到满意。[①] 在总统杜特尔特推动以及大多数穆斯林的支持下，2019年1月21日，菲律宾南部穆斯林自治区及邻近城镇举行公投，选民投票表决通过了《邦萨摩洛组织法》。[②] 在该法律生效后，新的邦萨摩洛穆斯林自治区（Bangsamoro Autonomous Region in Muslim Mindanao）在3月29日正式取代了原有的棉兰老穆斯林自治区。2019年12月23日，杜特尔特向邦萨摩罗自治区（Bangsamoro Autonomous Region）领导发放土地所有权证书（CLOAs），并鼓励其他地区加入新的行政区域，以加快区域发展。[③] 至此，菲律宾的摩洛和平进程已取得较大进步，但邦萨摩洛自治区同菲律宾国家政府之间的矛盾仍然存在。《邦萨摩洛组织法》规定在邦萨摩洛地区设立一个警察区域办事处，由菲律宾国家警察（PNP）控制和监督。在与邦萨摩洛首席部长协商后，其负责人仍将由国家警察局局长任命，该法律还规定设立国家警察委员会的一个区域办事处，其负责人将由内政部部长任命。然而，邦萨摩洛过渡委员会（Bangsamoro Transition Commission）却要推动建立一支既听命于国家政府又听命于邦萨摩洛政府的警察部队，以及推动在武装部队之下建立一个不包括在已协商法律之内的邦萨摩洛军事指挥部，使邦萨摩洛有自己的警察和军队。这一行为不符合《邦萨摩洛组织法》的规定及杜特尔特的想法，使得摩洛和平进程再起争议。但在2019年12月下旬，杜特尔特却宣称如果邦萨摩洛自治区协同国家打击恐怖主义，他将同意其建立自己的警察和军队。[④] 由此可

① J. C. Gotinga, "Philippines: Duterte to Approve Autonomous 'Bangsamoro' Proposal," Al Jazeera，访问地址：https://www.aljazeera.com/news/2018/07/philippines-duterte-approve-autonomous-bangsamoro-proposal-180722053525020.html，访问日期：2020-9-16。

② ABS CBN News, "Cotabato City Votes 'Yes' to Bangsamoro Organic Law, 2019," https://news.abs-cbn.com/news/01/22/19/cotabato-city-votes-yes-to-bangsamoro-organic-law，检索日期：2020年5月10日。

③ "President Duterte Hands over CLOAs in New Bangsamoro Autonomous Region," Presidential Communications Operations Office，访问地址：https://pcoo.gov.ph/news_releases/president-duterte-hands-over-cloas-in-new-bangsamoro-autonomous-region，访问日期：2020-9-16。

④ Xave Gregorio, "Duterte OK with Bangsamoro Getting Own Police, Military if They Combat Terrorism," CNN Philippines，访问地址：https://www.cnnphilippines.com/news/2019/12/23/Rodrigo-Duterte-Bangsamoro-police-military-terrorism.html，访问日期：2020-9-16。

见，虽然杜特尔特政府同邦萨摩洛政府已初步形成和平局面，但双方之间还存在一定的矛盾，而国家政府同自治区政府之间的矛盾是否会扩大则要看未来双方的行动是否会触及彼此的底线。

（二）国内武装叛乱难以结束

菲律宾国内主要的反政府武装叛乱由菲律宾新人民军领导。杜特尔特上任后，宣布了菲律宾武装部队单方面停火，承诺释放相关政治犯，并表示愿意对部分菲律宾共产党干部进行大赦。杜特尔特政府还为结束武装叛乱举行了四轮会谈，重点讨论了从土地重新分配、社会经济变化、政治改革到组成联合监督委员会等一系列问题。① 但双方之间的和谈之路并不顺利，杜特尔特一直拒绝新人民军释放400名共产主义囚犯的要求，称他从一开始就不同意这么大的数字。② 作为回应，新人民军方面亦撤销停火决定。③ 2017年11月，杜特尔特签署第360号文告，正式终止与新人民军的一切和平对话。④ 2018年4月，杜特尔特指示其内阁恢复同新人民军的谈判，但在同年12月，杜特尔特又称不应再对新人民军如此仁慈。⑤ 2019年底，杜特尔特再次声明终止同新人民军的和平谈判，但在2020年1月，其态度似乎又略有改变，⑥ 4月27日，杜特尔特称将不再同新人民军进行和谈。⑦

---

① Dr. Peter Chalk, "National Security in the Philippines under Duterte: Shooting from the Hip or Pragmatic Partnerships beyond the Noise?," *Special Report*, Australian Strategic Policy Institute, 2018, p. 6.

② Nestor Corrales, "Duterte Won't Give in to NPA Demands to Free 400 Prisoners," The Inquirer，访问地址：https: //newsinfo. inquirer. net/867676/duterte – wont – give – in – to – npa – demands – to – free – 400 – prisoners，访问日期：2020 – 9 – 16。

③ Arianne Merez, "Timeline: Gov't, CPP-NPA Ceasefire Breakdown," ABS-CBN News，访问地址：https: //news. abs – cbn. com/focus/02/03/17/timeline – govt – cpp – npa – ceasefire – breakdown，访问日期：2020 – 9 – 16。

④ Nestor Corrales, "Duterte Signs Proclamation No. 360 Terminating Peace Talks with NPA," The Inquirer，访问地址：https: //newsinfo. inquirer. net/947228/duterte – signs – proclamation – no – 360 – terminating – peace – talks – with – npa – duterte – peace – talks – termination – npa，访问日期：2020 – 9 – 16。

⑤ "No Mercy to NPAS, Duterte Says," Philstar. com，访问地址：https: //www. philstar. com/headlines/2018/12/18/1878101/no – mercy – npas – duterte – says，访问日期：2020 – 9 – 16。

⑥ Michael Hart, "Duterte's Peace Overture to the NPA: Another False Dawn?," *Geopolitical Monitor*，访问地址：https: //www. geopoliticalmonitor. com/dutertes – peace – overture – to – the – npa – another – false – dawn，访问日期：2020 – 9 – 16。

⑦ Sofia Tomacruz, "Duterte Rejects Peace Talks with CPP-NPA: 'No More Talks to Talk about'," Rappler，访问地址：https: //www. rappler. com/nation/259208 – duterte – rejects – peace – talks – cpp – npa – april – 2020，访问日期：2020 – 9 – 16。

和谈之路起起伏伏，但能够确定的是恢复和谈的概率不大，菲律宾国家政府同新人民军间的矛盾将继续存在。

（三）“减少腐败”难见成效

在赢得总统大选后，杜特尔特曾在多个场合表明自己打击腐败的决心，并将“减少腐败”纳入其国家发展战略中。在打击腐败的过程中，杜特尔特采取了一系列措施。如提高了警察和军队的工资水平，辞退了部分贪污干部及官员，菲律宾国有博彩办公室的总经理亚历山大·巴鲁坦（Alexander Balutan）便因贪污而被辞退，[①] 2017 年 10 月 5 日，菲律宾总统府发表声明，宣布根据总统杜特尔特 10 月 4 日签署的行政命令，总统办公室下将成立反腐败委员会，以协助总统调查行政部门政务官员的贪腐案件。该委员会有权调查行政部门中总统任命官员所涉贪腐指控，还有权对行政部门外总统任命的军警官员和政府下属企业管理人员进行生活作风问题调查。[②] 2019 年 1 月，杜特尔特政府公布第 73 号行政令，规定总统本人有权对国内所有贪腐案件实施管辖权。[③] 然而，菲律宾并不缺乏反腐败国家机构，反腐机构之多使其功能重叠，机构间相互推诿，大大降低了反腐机构的效用。归根结底，菲律宾国内腐败问题积重难返，虽然杜特尔特本人决心很大，但杜特尔特政府减少腐败的实践在短期内似乎并无作用。2019 年“国际透明度”组织发布的调查数据显示，菲律宾在 2018 年的清廉指数排名从全球第 111 名上升至第 99 名，[④] 2019 年的清廉指数排名则降到第 113 名，这比 2018 年的排名低了 14 位，比杜特尔特当选总统前的 2015 年低了 18 位。[⑤] 由此可见，杜特尔特政府在减少腐败方面的战

① “Duterte Fires PCSO General Manager Alexander Balutan,” Anti-corruption Digest, https://anticorruptiondigest.com/2019/03/13/duterte - fires - pcso - general - manager - alexander - balutan - for - corruption，访问日期：2020 - 9 - 16。

② 《菲律宾总统杜特尔特成立新反腐机构》，新华网，访问地址：http://www.xinhuanet.com/world/2017 - 10/05/c_ 1121764875.html，访问日期：2020 - 2 - 24。

③ The President of the Philippines, Executive Order No. 73, 2019, https://www.officialgazette.gov.ph/downloads/2018/12dec/20181228 - EO - 73 - RRD.pdf，访问日期：2019 年 4 月 14 日。

④ Panos Mourdoukoutas, “Duterte's Philippines Is Getting Less Corrupt, The Wrong Way, 2019,” https://www.forbes.com/sites/panosmourdoukoutas/2019/02/02/dutertes - philippines - is - getting - less - corrupt - the - wrong - way/，访问日期：2019 年 4 月 15 日。

⑤ Panos Mourdoukoutas, “Duterte Is Turning Philippines into A More Corrupt and Less Democratic State,” *Forbes*，访问地址：https://www.forbes.com/sites/panosmourdoukoutas/2020/01/24/duterte - is - turning - philippines - into - a - more - corrupt - and - less - democratic - state，访问日期：2020 - 9 - 16。

略实践还需加强。

二　在经济领域的实践与成效

（一）国家经济得到持续增长

杜特尔特促进国家经济发展所采用的措施是打造有利的经济发展环境，大力推进科技创新及推动产业平衡发展。为打造有利的经济发展环境，在结束国内武装冲突、谋求和平环境的同时，杜特尔特政府还颁布了一系列鼓励科技创新的政策。2017 年，菲律宾科技部预算从 2010 年的 55 亿比索增加到 2017 年的 208 亿比索，其中，研发预算从 2009 年的 11 亿比索增加到 2017 年的 58 亿比索。同年，科技部还在技术转移和研发成果商品化上取得一定的成功，在一年之内创造了 1000 项新的知识产权。[①] 此外，杜特尔特还签署了旨在帮助中小微企业成为全球市场一部分的《菲律宾创新法案》（Philippine Innovation Act）和以“支持菲律宾初创企业和创业推动者的研究和发展”为目的的《创新创业法案》（Innovative Start up Act）。[②] 为促进三大产业平衡发展，杜特尔特政府亦采取一系列激励农业、工业发展的措施。早年，因农业经济遭到忽视，菲律宾劳动力多涌向服务业，造成农业部门的内部贫困；同样，菲律宾的工业部门作为第二产业却增长缓慢，失去了大部分创造就业机会的效能。鉴于此，菲律宾农业部试图改善粮食安全、农村收入和基础设施，并通过菲律宾农作物保险公司迅速扩大一项农作物保险计划以覆盖毁灭性天气现象导致的灾害费用，改善农业环境。同样，在工业部门，菲律宾政府正在努力通过改善基础设施和其他设备来吸引外国直接投资。现在菲律宾已开发许多经济区，吸引了许多外国公司进驻，甚至已有报道预测，一些公司将把它们的生产基地从中国转移到菲律宾及其东南亚邻国。[③] 菲律宾政府相信这些措施将有助

---

① Stephanie Tumampos，“Duterte Reassures Support to Science，R&D，” *Business Mirror*，访问地址：https：//businessmirror. com. ph/2017/07/16/duterte – reassures – support – to – science – rd，访问日期：2020 – 02 – 25。

② Nestor Corrales，“Duterte Signs Innovative Startup Act，” *Today's Paper*，访问地址：https：//newsinfo. inquirer. net/1143081/duterte – signs – innovative – startup – act，访问日期：2020 – 02 – 25。

③ Prableen Bajpa，“Emerging Markets：Analyzing the Philippines' GDP，” Investopedia，访问地址：https：//www. investopedia. com/articles/investing/091815/emerging – markets – analyzing – philippines – gdp. asp，访问日期：2020 – 02 – 25。

于在今后几年内促成菲律宾经济的可持续发展。

（二）基础设施建设得到加强

2017 年 4 月 18 日，菲律宾政府正式推出“大建特建”（Build! Build! Build!）基础设施投资计划，称将在 6 年内投资 8.4 万亿比索（约合 1.16 万亿人民币），在全国进行基础设施建设。[①] 根据该计划，2028 年以前，菲律宾将建设六个机场、九条铁路，制定了三项总线高速交通计划、32 项道路和桥梁计划和四个港口计划、四个能源设施建设计划、10 个水资源项目和灌溉系统项目等，这些基础设施的建成将有助于降低生产成本、提高农民收入、促进农村投资、使货物和人的流通更有效率并创造更多的就业机会。[②] 为筹集资金支持国家大规模的基础设施建设计划，杜特尔特签署了第一部税收改革法，试图通过创收措施为政府的基础设施项目提供资金。此外，他还转向了官方发展援助（ODA），以中国和日本的援助资金作为基础设施建设资金的主要来源。截至 2019 年 11 月，“大建特建”项目已完成 9845 公里（6117 英里）道路、2709 座桥梁、4536 个防洪工程、82 个疏散中心和 7183 间教室的建设。[③] 杜特尔特政府加强基础设施建设的实践已略有成效，但这一项目仍然受到一定的挑战，如部分学者对政府机构的能力表示怀疑，认为它们不能胜任和按时执行项目；菲律宾国内存在大规模腐败和竞标异常可能会影响到外国（尤其是中国）主导的项目；缺乏建筑工人和熟练工人。此外，由于需要进口中间产品和技术以促进基础设施建设，菲律宾比索和国际储备也面临着越来越大的压力。[④]

---

① 《菲律宾推出“大建特建”基础设施投资计划》，第一财经网，访问地址：https://www.yicai.com/news/5269193.html，访问日期：2020－2－25。

② Richard Javad Heydarian，“Duterte's Ambitious ‘Build，Build，Build’ Project To Transform the Philippines Could Become His Legacy，” *Forbes*，访问地址：https://www.forbes.com/sites/outofasia/2018/02/28/dutertes－ambitious－build－build－build－project－to－transform－the－philippines－could－become－his－legacy，访问日期：2020－9－16。

③ Lamentillo，Anna Mae Yu，“What Has ‘Build，Build，Build’ Achieved so far? 9845 km of Roads，2，709 Bridges，64 airport Projects，243 Seaport Projects，” Manila Bulletin News，访问地址：https://news.mb.com.ph/2019/11/17/what－has－build－build－build－achieved－so－far－9845－km－of－roads－2709－bridges－64－airport－projects－243－seaport－projects，访问日期：2020－9－16。

④ Richard Javad Heydarian，“Duterte's Ambitious ‘Build，Build，Build’ Project to Transform the Philippines Could Become His Legacy，” *Forbes*，访问地址：https://www.forbes.com/sites/outofasia/2018/02/28/dutertes－ambitious－build－build－build－project－to－transform－the－philippines－could－become－his－legacy，访问日期：2020－9－16。

（三）贫困人口有所减少

促进国内经济增长、加快基础设施建设等政策亦有利于减少菲律宾国内的贫困人口。国内经济增长可以带动人民可支配收入的增长，提高其生活水平；加快基础设施建设则能推动马尼拉及其他边远地区的工业建设，并且提供大量就业机会。此外，杜特尔特政府为降低贫困还做了其他工作，如发布了加快扶贫服务的行政命令并开通了 8888 号公民投诉热线；又如因为在菲律宾穷人中意外怀孕率尤其高，[①] 所以要求政府部门优先向大约600 万名妇女免费提供避孕用品，以降低意外怀孕率和贫困率。同时，菲律宾政府还颁布《加速和包容税改法案》（TRAIN），试图通过税收改革减少其国内的贫困人口。在杜特尔特政府的努力下，菲律宾贫困率有所下降。2018 年，菲律宾贫困率从 2015 年的 23.3% 下降到 16.6%。[②] 现在杜特尔特政府任期已过半，其减贫成效在数据上亦有所体现，似乎实现菲律宾发展计划中将贫困率从 2015 年的 21.6% 减少到 2022 年的 14.0% 的目标已指日可待。然而，杜特尔特政府的减贫政策还存在部分问题，如查特·玛纳桑博士（Chat Manasan）指出，TRAIN 提出的最高边际税率并不一定会提高税收制度的累进性，即他认为，只有超级富有的菲律宾人才会受税制改革的影响，贫穷的菲律宾人仍然背负着个人所得税的担子，[③] 实际减贫效果并非十分理想。

由上可见，杜特尔特政府在经济领域的一系列动作尚未达到预期效果。2019 年，菲律宾国家经济增长率为 5.9%，这一数字低于杜特尔特上任时的 7.1%，也低于政府所设定的 6%—7% 的目标。[④] 诚然，菲律宾国家经济仍然保持着增长。但在其经济增长的同时，国内就业机会并无太大

① 《为降低贫困率杜特尔特下令为 600 万妇女免费发放避孕套》，环球网，访问地址：https：//baijiahao. baidu. com/s? id = 1556292393902152&wfr = spider&for = pc，访问日期：2020 - 2 - 25。

② “Proportion of Poor Filipinos Was Estimated at 16.6 Percent in 2018，” PSA，访问地址：https：//psa. gov. ph/poverty - press - releases/nid/144752，访问日期：2020 - 9 - 16。

③ R. G. Manasan，“Assessment of the 2017 Tax Reform for Acceleration and Inclusion Law，” PidsWeb，2017，访问地址：https：//pidswebs. pids. gov. ph/CDN/PUBLICATIONS/pidsdps1727. pdf，访问日期：2020 - 9 - 16。

④ “GDP Posts 6.4 Percent Growth in the Fourth Quarter of 2019；5.9 Percent for Full-year 2019，” Philippine Statistics Authority，访问地址：https：//psa. gov. ph/nap - press - release/node/145079，访问日期：2020 - 9 - 16。

增加。2018 年，菲律宾通货膨胀率最高达 6.7%，通货膨胀减少了菲律宾人可以用他们的收入购买的商品和服务的数量，又使他们再度陷入了贫困。虽然 2019 年 10 月，菲律宾通胀率已下降至 0.8%，[①] 但菲律宾经济的未来仍然很难看清。

三　在安全领域的实践与成效

（一）禁毒战争卓有成效

在竞选总统期间，杜特尔特做出其将消灭 10 万名毒贩、瘾君子的承诺。在上任后，他迅速展开了菲律宾禁毒战争，旨在全国范围内消灭非法毒品使用者。[②] 官方数据显示，截至 2019 年 1 月，菲律宾已有 5104 名毒贩被杀。[③] 但据相关组织统计，死亡人数已超过 1.2 万人，其中还包括部分儿童。[④] 而据菲律宾国家警察和菲律宾缉毒执行处的数据，从 2016 年 6 月至 2019 年 7 月，菲律宾官方机构共开展了 134583 次缉毒行动，逮捕了 193086 人，俘获了 421724 人，查获了 347.5 亿美元的毒品，还使 421275 名公民参与了康复项目，建立了 201296 个社区支持中心和 499 所宗教改革中心。[⑤] 杜特尔特的强势禁毒战卓有成效，从数据上看，大批的毒贩与瘾君子都被纳入这场战争当中，但这场禁毒战同时也面临着一些问题。部分分析人士认为，杜特尔特政府打击毒品犯罪问题的效用不强，因为大多数死亡案件所涉及的都是三流用户和经销商，而非法交易背后的真正主谋却仍然逍遥法外。与此同时，街头的毒品价格已经下降，而纯度水平基本

---

① Esguerra, Darryl John, "Palace: With 'Sound, Working' Duterte Economic Policies, PH Has Lowest Inflation in 3 years," Philippine Daily Inquirer，访问地址：https://business.inquirer.net/282600/palace - with - sound - working - duterte - economic - policies - ph - has - slowest - inflation - in - 3 - years，访问日期：2020 - 2 - 25。

② Tubeza, Philip C., "Bato: 'Neutralization' Means Arrest," Philippine Daily Inquirer，访问地址：https://newsinfo.inquirer.net/876096/bato - neutralization - means - arrest，访问日期：2020 - 9 - 16。

③ "SWS: Most Filipinos Believe Number of Drug Addicts Decreased in 2018," CNN Philippines，访问地址：https://cnnphilippines.com/news/2019/02/16/SWS - Filipinos - drug - addicts - decrease - 2018.html，访问日期：2020 - 9 - 16。

④ "The Guardian View on the Philippines: A Murderous War on Drugs," The Guardian，访问地址：https://www.theguardian.com/commentisfree/2018/sep/28/the - guardian - view - on - the - philippines - a - murderous - war - on - drugs，访问日期：2020 - 9 - 16。

⑤ "Realnumbersph," Facebook，访问地址：https://www.facebook.com/realnumbersph/，访问日期：2020 - 9 - 16。

上保持一致，这表明供应并没有减少。[①] 此外，杜特尔特在禁毒战争上的冷酷亦引起了人权争议。2019 年 2 月，国际刑事法庭就“毒品战争杀人”事件展开初步调查，而杜特尔特却于 3 月宣布立即退出《罗马规约》。[②] 然而，杜特尔特的退出并不能阻挡国际刑事法庭的调查，其禁毒战争仍然面临着较大的人权压力。纵然面临着巨大的争议，杜特尔特仍誓言，他要在 2022 年任期结束前继续他的禁毒运动，[③] 而现今其禁毒战争的重点任务则是提高其动作的效用以撼动贩毒巨头，而非仅靠暴力消灭三流用户和经销商。

（二）打击恐怖主义取得进展

杜特尔特政府对打击恐怖主义采取了强硬的态度。在杜特尔特初任菲律宾总统时，阿布沙耶夫组织及其盟友对达沃市的公共市场进行了轰炸，[④] 对菲律宾国家的社会安全形成了巨大威胁。2017 年，菲律宾政府同受“伊斯兰国”煽动的恐怖分子于马拉维城展开了 5 个月的战斗并取得了胜利，但这场战斗并不意味着反恐行动的彻底胜利。杜特尔特称，“伊斯兰国”对棉兰老岛的影响仍是一个未知数，他们的头上仍有乌云，[⑤] 菲律宾政府对恐怖主义的战争还在继续。为聚集力量对菲南恐怖分子进行打击，菲律宾政府还同美国、俄罗斯、东盟等其他国际行为体展开合作。2018 年，美国表示将在未来两年内向菲律宾提供 2650 万美元，用于加强警方的反恐行动，另外，美国还交付了六架价值 1300 万美元的“扫描鹰”

① Dr. Peter Chalk, “National Security in the Philippines under Duterte: Shooting from the Hip or Pragmatic Partnerships beyond the Noise?,” *Special Report*, Australian Strategic Policy Institute, 2018, p. 8.

② Raul Dancel, “Philippines Leaves International Criminal Court as It Probes Duterte's Drug Crackdown,” *Straits Times*, 访问地址：https://www.straitstimes.com/asia/se-asia/philippines-leaves-international-criminal-court-as-it-probes-dutertes-drugs-crackdown，访问日期：2020-9-16。

③ Philip C. Tubeza, and Tonette Orejas, “Duterte: War on Drugs to Continue until 2022,” Inquirer, 访问地址：https://newsinfo.inquirer.net/950878/rodrigo-duterte-war-on-drugs-drug-killings-extrajudicial-killlings，访问日期：2020-9-16。

④ Julliane Love de Jesus, “Davao Blast Suspect Identified, Bato Says,” Philippine Daily Inquirer, 访问地址：https://newsinfo.inquirer.net/813881/davao-blast-suspect-identified-bato-says，访问日期：2020-9-16。

⑤ Argyll Cyrus Geducos, “Duterte on Fight vs Terror: I See Dark Clouds ahead,” *Mania Bulletin*, 访问地址：https://news.mb.com.ph/2018/07/11/duterte-on-fight-vs-terror-i-see-dark-clouds-ahead，访问日期：2020-9-16。

（Scan Eagle）无人侦察机，以增强菲律宾反恐能力。① 2019 年，俄罗斯总统普京亦在双边会议上表明他准备支持总统杜特尔特打击恐怖主义，“我们准备继续发展我们的伙伴关系，分享我们在反恐领域的经验和成就”②。马拉维战争的胜利、摩洛和平进程的推动及国际行为体的援助使菲律宾的反恐战争取得了一些成就：多名恐怖分子在反恐战争中被杀死，恐怖组织的力量受到打击；参议院第 1083 号法案（Senate Bill No. 1083）得以通过，给予执法人员打击恐怖主义更强大的法律支持。③

（三）重视保护环境安全

实行自然灾害防控是杜特尔特政府保护环境安全的重要手段。2017 年，杜特尔特在视察奥尔莫克市（Ormoc City）震后救援工作时指出，菲律宾已遭受了太多自然灾害与人为灾害。④ 2018 年，杜特尔特重申自然灾害是贫困的创造者，菲律宾必须增强其抗灾能力。⑤ 因而杜特尔特打算将国家减灾与管理委员会（NDRRMC）转变为一个负责整体抗灾和快速反应的常规部门，并将 NDRRMC 执行主任里卡多·贾拉德（Ricardo Jalad）任命为该部门的负责人。在设立自然灾害防控部门后，杜特尔特还对人造的环境问题展开处理。2018 年 2 月，杜特尔特指示环境部门在 6 个月内改善长滩岛的卫生状况。由环境部、观光部及内政部组成的跨部门小组经过讨论决定自当年 4 月 26 日起封岛，开始整顿环境。在长达半年的治理之后，长滩岛于同年 10 月开放。解决了环境污染问题的长滩岛，继续为

---

① Seth Robson, “US to Give Philippine Police ＄26.5 Million to Fight Terrorism,” *Stripes*，访问地址：https：//www.stripes.com/news/us－to－give－philippine－police－26－5－million－to－fight－terrorism－1.538379，访问日期：2020－9－16。

② Aileen Cerrudo, “Putin Ready to Support Duterte in Fight against Terrorism,” UNTV，访问地址：https：//www.untvweb.com/news/putin－ready－to－support－duterte－in－fight－against－terrorism，访问日期：2020－9－16。

③ Aika Rey, “Senate Approves Anti-terrorism Bill on Final Reading,” Rappler，访问地址：https：//www.rappler.com/nation/252791－senate－final－reading－anti－terrorism－bill，访问日期：2020－9－16。

④ Dharel Placido, “Duterte's Lament：PH ‘Has Suffered Enough’ from Calamities,” ABS-CBN News，访问地址：https：//news.abs－cbn.com/news/07/13/17/dutertes－lament－ph－has－suffered－enough－from－calamities on Feb 27th 2020.

⑤ Darryl John Esguerra, “Duterte：Speed up Creation of Department of Disaster Resilience,” Inquirer，访问地址：https：//newsinfo.inquirer.net/1144972/duterte－speed－up－creation－of－department－of－disaster－resilience on Feb 27th 2020.

菲律宾旅游业增加收益。①

四　在外交领域的实践与成效

（一）中菲关系不断改善

在杜特尔特上任之前，中菲关系跌至冰点，两国间经贸合作较少，且菲律宾企业难以进入中国市场。为促进本国经济的长足发展，中国市场成为杜特尔特的目标，且菲律宾迫切需要改造的基础设施将在很大程度上受益于中国针对这些项目的低息贷款。因此，作为实用主义者，杜特尔特上台后一改阿基诺三世的“亲美制中”政策以谋求改善中菲关系。2016 年 10 月，杜特尔特前往中国进行国事访问，对华发出了友好信号。② 在中菲关系转向期间，杜特尔特还积极响应中国的“一带一路”倡议。2016 年 12 月，菲律宾加入了亚洲基础设施投资银行；2017 年 5 月，杜特尔特参加了在北京举行的“一带一路”国际合作高峰论坛。2017 年 7 月 24 日，杜特尔特在国会发表第二次国情咨文，感谢中国在基建方面提供的帮助并重申搁置中菲南海争端的决定。在演讲结束后召开的记者会上，杜特尔特透露，中菲两国将通过合资企业在南海联合勘探油气资源。③ 2018 年 11 月，习近平主席对菲律宾进行国事访问，中菲关系成为全面战略合作关系。2019 年是中菲全面战略合作关系的开局之年，4 月，杜特尔特总统应邀来华出席第二届“一带一路”国际合作高峰论坛，8 月底杜特尔特总统再次访华，受邀观看 2019 年国际篮联篮球世界杯比赛。习近平主席会见杜特尔特总统，双方共同商讨了南海领土问题、投资项目合作、安全合作等议题。此外，两国外长在双边和多边外交中多次会晤，全国政协副主席万钢、郑建邦，国务院副总理胡春华先后访菲，3 月 28 日至 31 日，“中菲高峰论坛”在马尼拉举行，中菲双方的合作领域涵盖了海

---

① 《菲律宾长滩岛环境整顿有效 10 月 26 日将重新开放》，中新网，访问地址：http：//www. chinanews. com/gj/2018/07 - 11/8563864. shtml，访问日期：2020 - 2 - 27。

② “Philippine President Rodrigo Duterte Makes First China Visit,” *Time*，访问地址：https：//time. com/4534554/philippines - rodrigo - duterte - xi - jinping - beijing - south - china - sea on Feb 28th 2020。

③ “Full Text of Duterte's State of the Nation Address 2017,” Philstar，访问地址：http：//www. philstar. com/headlines/2017/07/25/1721355/full - text - dutertes - state - nation - address - 2017，访问日期：2020 - 9 - 16。

洋合作、南海问题、经贸合作甚至还扩展到了人文交流领域。中菲双方均认为，两国国家间关系正在稳步前进，在领土安全问题被暂且搁置后，两国间关系的持续改善将给菲律宾经济带来更大的积极影响。

（二）调整菲美关系

杜特尔特在任期间经历了美国奥巴马政府及特朗普政府的替换，菲美关系也因两届领导人的不同而略有变化。在奥巴马任期末尾，菲美两国领导人关系欠佳，在禁毒、人权问题方面持有异议。2016 年 9 月 5 日，从菲律宾启程飞往老挝首都万象参加东亚峰会前，杜特尔特在被问及如何向奥巴马解释“反毒风暴”所引发的争议时警告奥巴马“放尊重点”，不要在菲律宾所谓人权问题上指指点点，他甚至对奥巴马动了粗口，直接导致白宫次日宣布取消两人的首次会晤。[①] 此外，两国在安全与防务领域的传统合作也出现了波折。2016 年 12 月 15 日，美国负责对外援助的机构“世纪挑战集团”基于“对菲律宾法治和公民自由的担忧”，决定将暂缓对菲后续援助。[②] 对此，杜特尔特在 12 月 16 日做出回击，威胁称准备废除 1998 年签署的《美菲访问部队协定》，甚至扬言要重新审查两国于 2014 年签署的《加强防务合作协议》。[③] 在特朗普上台后，菲美关系在一定程度上出现好转。虽然杜特尔特宣称其要践行独立的外交政策，再三表示菲律宾不会依赖长期安全盟友美国，但实则菲美之间的联系仍然十分深厚。2017 年 5 月，杜特尔特一度扬言要停止菲美两国的军事合作，但该年度的美菲“肩并肩”联合军演仍如期举行。同年 8 月 8 日，杜特尔特在马尼拉与赴菲出席东盟区域安全会议的美国国务卿蒂勒森会面时，也一改他此前的反美形象，他表示：“我们是朋友，也是盟友。”[④] 2020 年 2 月，

---

① “Philippine President Duterte Curses Obama over Human Rights,” BBC，访问地址：https：//www. bbc. com/news/world – asia – 37274594，访问日期：2020 – 9 – 16。

② 《不满人权？美国暂缓一项对菲律宾援助项目》，新华社，访问地址：http：//www. xinhuanet. com/world/2016 – 12/17/c_ 129407766. html，访问日期：2020 – 2 – 28。

③ Paolo Taruc，“Duterte to U. S.：‘Prepare for Eventual Repeal or Abrogation of Visiting Forces Agreement’，” CNN，访问地址：https：//cnnphilippines. com/news/2016/12/17/Duterte – to – U. S. – Prepare – for – eventual – repeal – or – abrogation – of – Visiting – Forces – Agreement. html，访问日期：2020 – 9 – 16。

④ “Philippines：Duterte Calls Himself US’‘Humble Friend’ in Southeast Asia，” Asia Correspondent，访问地址：https：//asiancorrespondent. com/2017/08/philippines – duterte – calls – united – states – humble – friend – southeast – asia，访问日期：2020 – 9 – 16。

菲律宾政府又通知美国，称其打算终止《美菲访问部队协定》，但后来又宣布暂停“终止”。两国关系在一定区间内起起伏伏，菲律宾疏离美国的态度体现了其对独立的外交政策的施行，但两国间深厚的历史联系及政治联系使得其疏离只能在一定范围内进行，加之杜特尔特政府国家发展战略所谋求的“平衡性”亦要求同美国保持一定的友好关系，因而菲美关系的转变只是部分调整。

（三）开展合作型外交

除了与中、美两大国关系发生转向之外，杜特尔特的独立外交政策还使菲律宾基于这一外交政策同俄罗斯、日本等多国展开合作型外交。俄罗斯驻菲律宾大使伊戈尔·霍瓦耶夫（Igor Khovaev）表示，自杜特尔特总统就职以来，菲俄关系取得了巨大进展。霍瓦耶夫说，目前菲律宾和俄罗斯之间的关系“非常积极”，两国之间的良好环境进一步改善了外交和经济关系。俄罗斯和菲律宾都面临着恐怖主义、跨国犯罪、毒品走私和海盗等共同问题，两国正寻求在国防、网络安全、贸易、农业、旅游和能源等广泛领域开展正式合作。[①] 2019 年 5 月，杜特尔特同日本首相安倍晋三（Shinzo Abe）在东京峰会上同意进一步加强双边合作，包括贸易、投资、国防和海上安全等领域。在这次访问期间，双方签署了大约 50 亿美元的商业协议，预计此次合作将创造超过 8 万个就业机会。[②] 合作型外交使菲律宾收益不菲，这一成果符合杜特尔特的实用主义思想，是其国家发展战略中的重要一环。在外交领域的战略得到实施后，菲律宾国家经济、安全的发展亦得到了一定的推动。

第五节 杜特尔特政府国家发展战略的影响与展望

杜特尔特政府国家发展战略的部署及实施对其国家发展、国际形势都有一定的影响。于菲律宾而言，杜特尔特政府国家发展战略在政治、经

---

① “Big Progress in Russia-PH Ties under PRRD,” *Philippines News Agency*，访问地址：https：//www. pna. gov. ph/articles/1066015，访问日期：2020 - 2 - 28.

② “PH, Japan Forge Stronger Cooperation on Defense, Maritime Security,” Rappler，访问地址：https：//www. rappler. com/nation/231972 - philippines - japan - agree - stronger - cooperation - defense - maritime - security，访问日期：2020 - 9 - 16。

济、安全领域均取得一定的成就；而在国际形势方面，杜特尔特政府在外交上的转向亦影响了国家间关系及地区局势。在这一国家发展战略的指导下，菲律宾政府应对重要事件的能力有所提高。

二 对国内外的影响

虽然杜特尔特任期仅过半，其国家发展战略的部署亦未全部实施，但现今已能窥见这一战略对菲律宾国家的影响。

第一，菲律宾国家政治稳定得到提升，其社会安全问题得到部分解决。在杜特尔特政府国家发展战略的指导下，摩洛和平进程得到了推动，国内武装冲突受到了部分控制，菲律宾政府同邦萨摩洛自治区的和谈有利于菲打击恐怖主义。在《邦萨摩洛组织法》签订后，菲南地区的安全威胁大幅减少。摩洛民族同菲律宾政府的和平合作可以避免其倾向于恐怖势力，同时杜特尔特还要求邦萨摩洛自治区以协助打击恐怖主义换取部分自主权利。若此二者顺利地组合在一起，菲律宾应对恐怖分子的行动将较为从容，对恐怖势力的打击亦会更加有力。

第二，菲律宾基础设施、重点产业得到优先发展，菲律宾国家经济得到持续增长。菲律宾与中国关系的改善为菲律宾带来了较大的经济收益，自 2016 年开始至 2018 年，中国超过日本，跃居菲律宾第一大贸易伙伴。其间，贸易额增长幅度不断攀升，尤其是 2016 年相较于 2015 年，中菲贸易总额增长约 24.3%，并且中菲贸易额与日菲、美菲的差距连年扩大，至 2018 年，中菲贸易额比日菲高约 100 亿美元，比美菲贸易额高约 120 亿美元。[①] 此外，中菲签署的各类投资合作协议也大多集中于菲律宾政府大力支持和鼓励的领域，如铁道线路、灌溉设施、各类大坝桥梁等的建设。

第三，菲律宾国家社会安全、环境安全得到一定程度的保障。杜特尔特政府的禁毒战争有效地消灭了菲律宾国内部分毒贩，使部分瘾君子进入康复中心，通过禁毒这一手段维护了人民生命安全，提升了国内社会安全程度。但同时，杜特尔特政府禁毒手段之残酷亦引起了国际上的人权争

---

① 《菲律宾主要外国投资来源》，菲律宾统计局，访问地址：https：//psa. gov. ph/content/foreign－investments，访问日期：2020－2－29。

议，致使部分外来投资因人权考虑而选择退出菲律宾市场。另外，杜特尔特政府对自然灾害防控的重视亦为菲律宾国内环境安全加了一层防护，提升了对自然灾害的应对能力。

因杜特尔特政府的国家发展战略奉行独立的外交政策，菲律宾一改以往"亲美制中"的外交倾向，降低对美国的依赖程度及同中国发展友好外交关系，而与世界上两个主要大国关系的改变则对周边及国际局势产生了一定的影响。

一方面，杜特尔特政府在南海问题上的态度软化可能对东盟其他国家产生影响，从而有利于中国更好地应对南海问题。在菲律宾决定暂时搁置南海争议后，东盟地区国家对南海问题的相关讨论亦较为低调。菲律宾就任 2017 年东盟轮值主席国后，东盟在南海问题上对中国的语气缓和实际上反映了菲律宾的态度。2017 年 8 月，第 50 届东盟外长会议及相关会议在菲律宾马尼拉开幕，此次东盟外长会议联合声明草案在提到南海问题时非常克制，仅对中国在南海的行为表示"注意到一部分国家外长表示关切"①。除东盟国家将南海问题低调化处理之外，域外国家对南海问题的参与度亦有所降低。在"黄岩岛冲突"及"南海仲裁案"白热化时，南海问题给予美国、日本等国干预的机会，而在菲律宾选择将南海问题搁置后，南海域外国家则较少参与南海问题。因此在牵制减少、事件热度降低的情况下，中国处理南海问题将更为有利。

另一方面，杜特尔特政府的外交转向还对中美两国在南海地区的力量对比格局产生了影响。毫无疑问，作为崛起强国的中国与守成强国的美国之间必然存在部分利益碰撞。在阿基诺三世时期，菲美亲密的同盟关系为奥巴马政府实施其"亚太再平衡"战略提供了契机。"亚太再平衡"战略的重要一环是美国在东南亚地区的军事部署。为应对中国的崛起，美国在亚太地区（尤其是在东南亚地区）谋局造势，使中国与美国支持下的东南亚国家在南海问题上形成对峙状态。在美国的支持下，菲律宾等东南亚国家在国际舆论方面造势，否认中国九段线主张。虽然中国国内强烈反对所谓"南海仲裁案"之结果，但在国际舆论方面中国并不占优。彼时中美双方在

---

① 《东盟外长会低调谈"南海"全因杜特尔特?》，搜狐新闻，访问地址：https://www.sohu.com/a/162018899_402008，访问日期：2020-2-29。

东南亚的力量对比大致为“中守美攻”的状态。而在杜特尔特政府对华政策趋于友善、特朗普表明结束“亚太再平衡”战略之后，美国在东南亚地区的攻势不再那么明显，中美双方的力量对比均处于防守状态。

二 未来展望

杜特尔特政府的国家发展战略施行以来，菲律宾遵从以经济发展为核心对国内多领域的问题进行处理，谋求国家全面发展。这一战略得到了菲律宾人民的支持，其支持率长期以来保持在80%以上。① 因此，杜特尔特的国家发展战略有较高的民意基础。但是，自2020年初新冠肺炎疫情在世界各国相继暴发以来，菲律宾亦未幸免于难，新冠肺炎疫情成为菲律宾国家发展战略的新挑战。

2020年1月下旬，一名女性由于出现不适而前往医院就诊，被确诊为菲律宾境内首例新冠肺炎病例。② 2月2日，菲律宾卫生部宣布境内发生第一起新型冠状病毒肺炎死亡案例。③ 随后，新冠肺炎在菲律宾出现本地传播，步入流行期与暴发期。为控制新冠肺炎疫情，菲律宾决定对多个城市实施封城和宵禁，并发布公告宣布全国进入灾难状态。杜特尔特政府还在公告中要求全国执法力量和军事力量在必要时出动，以维持社会安定与秩序。为应对疫情保障生产，菲律宾政府经济团队还于2020年3月16日发表声明称，将紧急拨款271亿比索（约合5.23亿美元），用于相关部门抗疫以及对受疫情影响较重的领域进行支持，并视情况追加拨款。④ 尽管杜特尔特政府基本上动用了国家可以动用的一切力量防止疫情的进一步蔓延，甚至是变卖国家资产为民众购买口罩，但在菲律宾这样一个医疗卫生水平不是很好的国家，疫情无可避免地暴发了。截至2020年10月15

① 腾讯网，访问地址：https：//new. qq. com/rain/a/20201013A0BCRX00，访问日期：2020-10-15。

② “Philippines Confirms First Case of New Coronavirus,” ABS-CBN News，访问地址：https：//news. abs-cbn. com/news/01/30/20/philippines-confirms-first-case-of-new-coronavirus，访问日期：2020-5-4。

③ 《菲律宾出现首例新冠病毒肺炎死亡病例，系中国外首例》，凤凰网，访问地址：http：//news. ifeng. com/c/7tjValJw6OO，访问日期：2020-5-4。

④ 《菲律宾因新冠病毒肺炎疫情宣布进入灾难状态》，新华网，访问地址：http：//news. sina. com. cn/o/2020-03-17/doc-iimxyqwa1251805. shtml，访问日期：2020-5-4。

日，菲律宾新冠肺炎累计确诊人数已达348698人，其中死亡6497人。[①]

新冠肺炎疫情的暴发严重影响了菲律宾国家民众的生命安全以及社会运行，同时还导致其国家发展战略的实施受挫。笔者认为，杜特尔特政府国家发展战略未来大致有三个走向。第一，菲律宾国家发展战略的大方向保持不变，仍然以国家的全面发展为重点，但在新冠肺炎疫情的影响下会把核心放在维护民众生命安全而不是经济发展上面。在菲律宾卫生部发布红色警报后，菲律宾政府投入大量人力、物力以谋求控制疫情，除组建了100个新冠肺炎防控工作组之外，菲众议院还采取颁布拨发专款、积极筹集经费、援助贫困家庭等一系列“暂舍经济、力保民众”的措施。[②] 第二，生物安全或被纳入杜特尔特的安全观中，并反映在其国家发展战略中。杜特尔特政府的国家发展战略原对生物安全重视程度不高，但在新冠肺炎疫情暴发后，这一新型安全挑战将被提到台面上，获得较大的关注。第三，受新冠肺炎疫情的影响，杜特尔特政府国家发展战略各项计划的实施都会受到不同程度的阻碍。此次新冠肺炎疫情是世界级大事件，在高度全球化的今天，一国对疫情的暂时控制并不意味着世界疫情防控的胜利。专家认为，新冠肺炎疫情对世界的影响或许会拖1—2年，[③] 而杜特尔特政府国家发展战略的实践又有很大一部分依赖于同其他国家的合作来往，因此其原定于2022年之前达成的各个目标也许需要延期完成。

---

① “Covid-19 in the Philippines,” WHO，访问地址：https：//www. who. int/philippines/emergencies/covid－19－in－the－philippines，访问日期：2020－5－4。

② 《应对新冠病毒肺炎疫情的“菲律宾模式”》，华夏经纬网，访问地址：http：//www. huaxia. com/zt/sh/20－001/6363494. html，访问日期：2020－5－4。

③ 《张文宏：疫情可持续1—2年，后疫情时代如何防疫》，搜狐网，访问地址：https：//www. sohu. com/a/382359181_ 539814，访问日期：2020－5－4。

第二章　营商环境评价

营商环境是指市场主体在准入、生产经营、退出等过程中涉及的政务环境、市场环境、法治环境、人文环境等有关外部因素和条件的总和。菲律宾政局较为稳定、经济发展迅速、人力资源优势明显，大环境良好，近年来又通过大力推行基建项目、进行税改、减少外资限制、简化政府流程等措施，积极推动营商环境改善。本章主要基于世界银行的《营商环境报告》（Doing Business，DB），对菲律宾的营商环境现状、存在问题及改进进行分析。

第一节　营商环境总体概况

世界银行《营商环境报告》是评估全球各经济体营商环境的一份权威报告。首次发布于2003年，当时纳入了五项指标、涵盖133个经济体，菲律宾也在其中。2020年报告于2019年10月发布，对全球190个经济体以及所选地方城市的营商法规及其执行情况进行了客观评估。《营商环境报告》大多数指标涉及各经济体中最大的商业城市的一个案例情景（但对人口超过1亿的经济体将数据采集范围扩大到第二大商业城市），这些指标涵盖影响企业生存的11个领域：开办企业、办理施工许可证、获得电力、登记财产、获得信贷、保护少数投资者、纳税、跨境贸易、执行合同、办理破产、雇佣。[①] 后文对菲律宾营商环境的分析将基于以上指标，但不局限于世行给出的定义，而是以世行指标为基础，根据实际情况进行适当的整合或是延伸。

---

① 2020年的营商便利程度排名不包括“雇佣”指标集，各指标具体含义见附录。

一 2020 年世行评价

根据世界银行的《营商环境报告》，2020 年菲律宾营商环境便利度总体较前一年有较大的进步，从第 124 名上升到了第 95 名。2018 年之后，菲律宾推行了一系列税改计划，通过了《营商便利法》（Ease of Doing Business Law，EODB），改革了《公司法》（Corporation Code），这些措施通过减税给企业减负，通过简化政府流程、标准化手续办理时间、设立一站式服务以及引入网络平台实现自动化业务办理等方式有效提高了办事效率。菲律宾近年来的各项改革措施表现了政府对改善营商环境的重视。表Ⅱ－2－1 为菲律宾在 2019 年、2020 年《营商环境报告》中的排名及分数。

表Ⅱ－2－1 世行 2019 年、2020 年《营商环境报告》菲律宾各项指标排名/分数

	2020 年排名（名）	2020 年营商环境便利度分数（分）	2019 年营商环境便利度分数（分）	营商环境便利度分数变化（分）
总体	95	62.8	60.9	+1.9
开办企业	171	71.3	69.3	+2
办理施工许可证	85	70.0	68.6	+1.4
获得电力	32	87.4	87.5	-0.1
登记财产	120	57.6	57.6	—
获得信贷	132	40.0	40.0	—
保护少数投资者	72	60.0	44.0	+16
纳税	95	72.6	72.2	+0.4
跨境贸易	113	68.4	68.4	—
执行合同	152	46.0	46.0	—
办理破产	65	55.1	55.2	-0.1

资料来源：世界银行，https://www.doingbusiness.org/en/data/exploreeconomies/philippines。

虽然菲律宾营商环境较前一年有较大的改善，但与其周边的经济体相比，菲律宾的营商环境仍存在很大的改善空间。2020 年，同区域的新加坡在 190 个经济体中排名第二，中国香港、马来西亚、泰国、中国内地、

越南、印度尼西亚的总体排名均优于菲律宾。表Ⅱ－2－2为2020年菲律宾及其周边重要经济体各指标的排名对比。其中第一列为总分全球排名，之后几列为其在东亚和太平洋地区的区域排名，本表只选取了该区域中体量较大的经济体。

表Ⅱ－2－2　**2020年菲律宾周边经济体营商环境排名**　（名）

经济体	世界排名	开办企业	办理施工许可证	获得电力	登记财产	获得信贷	保护少数投资者	纳税	跨境贸易	执行合同	办理破产
新加坡	2	1	3	6	2	5	2	2	2	1	3
中国香港	3	2	1	1	7	5	4	1	1	4	6
马来西亚	12	15	2	2	4	5	1	9	3	5	5
泰国	21	7	8	3	10	9	2	6	6	6	2
中国内地	31	5	7	5	3	13	7	17	4	2	7
越南	70	14	5	7	9	2	11	18	12	8	13
印尼	73	18	17	10	14	9	8	10	15	17	4
菲律宾	95	22	13	9	15	21	9	13	14	18	9
柬埔寨	144	25	25	21	18	2	13	24	16	22	10
老挝	154	24	15	20	13	13	22	25	9	20	23
缅甸	165	10	9	22	16	25	21	22	25	24	20

资料来源：世界银行，https：//www. doingbusiness. org/en/rankings? region = east – asia – and – pacific。

通过表Ⅱ－2－1不难看出，2020年菲律宾"保护少数投资者"这一指标有较大的进步，该指标衡量的是小股东的权益、对小股东保护措施的力度（如防止公司董事为了个人利益而随意利用公司资产）、治理保障及公司透明度等。这意味着相较于2019年，在菲律宾投资的小股东得到了更好的保护。

除此之外，菲律宾在开办企业、办理施工许可证、纳税等几个方面也有了一定的进步，这在很大程度上得益于菲律宾在2018年以来在减税、简化办事流程等方面推行的几项措施，如推进全面税收改革计划（Comprehensive Tax Reform Program，CTRP），通过《经商便利和高效政府服务交付法》（即《营商便利法》）等。

在2019年的报告中，在菲律宾开办企业需要完成13个手续，平均耗时31天，成本占人均收入的20.3%；在2020年的报告中，需要的手续数没有发生变化，但平均耗时33天，成本占人均收入的23.3%，即在耗时和成本上均略有增加。而菲律宾之所以在开办企业指标的总分上略有上升，是因为其最低实缴资本（人均收入百分比）从2.8%下降到了0。在该区域排名第一的新加坡，开办企业平均耗时1.5天，仅需要两道手续，最低实缴资本为0。东亚太平洋地区平均需要手续数为6.5道，平均耗时25.6天[①]，平均最低实缴资本为3.5%。经合组织（OECD）高收入经济体平均手续数量为4.9道，平均耗时9.2天，平均最低实缴资本为7.6%。

在2019年报告中，菲律宾办理施工许可证平均需要完成23道手续，耗时122天，在2020年报告中，平均需要完成22道手续，耗时120天。而在该指数全球排名第一的中国香港地区，需完成的手续数量为8道，平均耗时69天。东亚太平洋地区平均需要完成14.8道手续，平均耗时132.3天。经合组织高收入经济体平均需要完成手续数量为12.7道，平均耗时152.3天。虽然在菲律宾办理施工许可证需要的手续较多，但平均耗时少于区域平均耗时，也少于经合组织高收入经济体的平均耗时。

在纳税方面，在2019年报告中菲律宾每年需要缴税14次，企业平均每年需要在纳税流程上花费181个小时，总税率和社会缴纳费率占利润的42.9%，而在2020年报告中，每年的缴税次数为13次，平均一年花费171个小时，总税率和社会缴纳费率占利润的43.1%。即缴纳的税款略有上升，但纳税流程变得更为便捷。在该指标区域排名第一的中国香港地区，每年需缴纳税款3次，一年用于缴纳税款所消耗的平均时间为35个小时，总税率和社会缴纳费率占利润的21.9%。而东亚太平洋地区，缴纳税款的平均次数为20.6次，平均耗时173个小时，总税率和社会缴纳费率占利润的33.6%。经合组织高收入经济体平均每年缴税次数为10.3次，消耗时间为158.8个小时，总税率和社会缴纳费率占利润的39.9%。

① 经营者为女性时，需要的平均手续数为6.6道，平均耗时25.7天。

在获得电力、办理破产两个指标上，菲律宾的表现较上一年有所退步。

在获得电力方面，菲律宾电价较之前一年有所上升，从每度 16.4 美分上升到了每度 18.1 美分，从而增加了用电成本。在菲律宾，获得电力需要办理 4 道手续，耗时 37 天。而在区域排名第一的中国香港地区，电价为每度 16.1 美分，需要办理 4 道手续，耗时 24 天。而东亚太平洋地区平均需要办理手续数量为 4.2 道，平均耗时 63.2 天，经合组织高收入经济体则平均需要 4.4 道手续，平均耗时 74.8 天。

菲律宾在办理破产方面的表现有所下滑，主要是由于回收率（recovery rate）的下降，从 2019 年报告中的 21.3% 下降到了 2020 年报告中的 21.1%。在该区域排名靠前的新加坡，回收率为 88.7%，东亚太平洋地区平均回收率为 35.5%，经合组织高收入经济体平均为 70.2%。

二 近十年营商环境的发展

近十年菲律宾经历过两任总统，即贝尼格诺·阿基诺三世（Benigno Simeon Cojuangco Aquino III）和罗德里戈·杜特尔特（Rodrigo Duterte）。在阿基诺三世执政的六年中，菲律宾的宏观经济好转势头明显，经济增长一直维持在 6%—8% 的高位，通过东盟和年度东盟系列会议，积极拓展经济外交并加强了与域内其他东盟国家的互动。[①] 在杜特尔特执政期间，菲律宾反腐政策初见成效，中央政府加强了对地方政府的规范与协调，治安状况也得以改善。[②] 经济环境、政务环境、治安环境的改善保证了菲律宾营商大环境的进步方向。

菲律宾陈旧的基础建设一直以来都被商人和经济学家认为是该国走向繁荣的最大障碍，因其增加了运输和电力成本，令投资者却步。[③] 两任总统的基建政策较为连贯，2010 年 7 月，阿基诺三世发表首个国情咨文，表示将鼓励以公私合作（Public-Private Partnership，PPP）的方式加大对本国基础设施建设的投资力度，而杜特尔特政府则于 2017 年 4 月正式宣布推出名为“大建特建”（Build，Build，Build，BBB）的大规模基础设施投

---

① 云南社会科学院编：《东南亚报告 2013—2014》，云南大学出版社 2014 年版，第 190—203 页。

② http://news.southcn.com/nfplus/nfh/content/2020-12/01/content_191783625.htm。

③ 杨超：《阿基诺三世治下的菲律宾经济社会情况》，《东南亚纵横》2015 年第 9 期。

资计划。虽然基建项目的进展存在一定的滞后现象，但十年来已经建成的基建设施给整体的营商环境带来了积极影响。

根据世行报告，菲律宾历年营商环境总体表现存在较明显的波动，这种变动也与世行测量方法上的变化有关①，但从图Ⅱ－2－1及表Ⅱ－2－3中可以看出，菲律宾营商环境较十年前有较大的进步。

表Ⅱ－2－3 近年来菲律宾总体营商环境变化

年份	排名（名）	营商环境便利度分数总体（DB17-19 方法论）（分）	营商环境便利度分数总体（DB15 方法论）（分）	营商环境便利度分数总体（DB10-14 方法论）（分）
2020	95	62.8		
2019	124	60.9		
2018	113	59.3		
2017	99	59.3		
2016	103	58.2		
2015	95		60.5	
2014	108（86）		60.4	62.2
2013	138			60.3
2012	136			57.5
2011	148			55.7
2010	144			55.2

资料来源：世界银行，https：//www. doingbusiness. org/en/custom－query。

菲律宾近年来营商环境各指标变化见表Ⅱ－2－4和表Ⅱ－2－5，本章第二节将对与指标相关的各营商环节进行具体分析。

① 近年来世行对其《营商环境报告》的所有指标集进行了改进。在2015年《营商环境报告》中，“获得信贷”和“保护少数投资者”扩充了已有测量指标。在2016年《营商环境报告》中，“办理施工许可证”“获得电力”“登记财产”和“执行合同”引入了新的质量衡量标准，“跨境贸易”引入了新的案例情景以提高其经济意义。在2017年《营商环境报告》中，“纳税”引入了报税后流程指数。在每次改变测量方法之后都重新计算了前一年的数据，以便于比较。报告涵盖的经济体数量、指标数量和测量方法的逐年变化影响了之前数据的可比性。

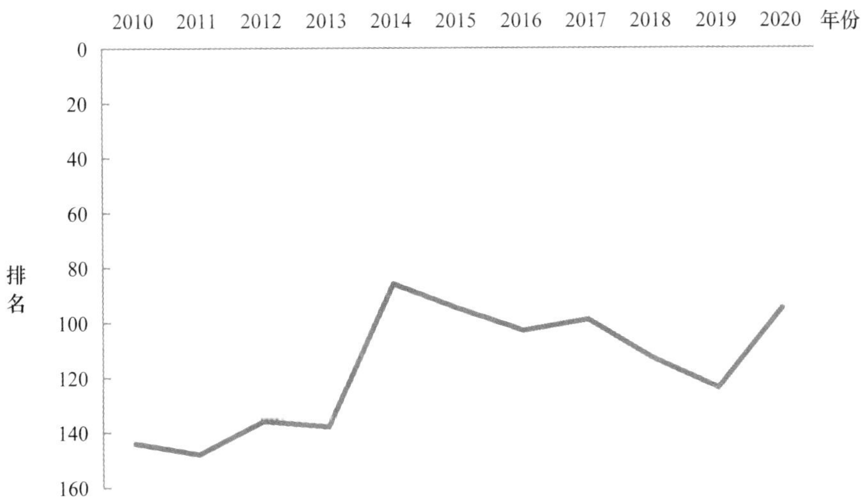

图Ⅱ－2－1　近年来菲律宾总体营商环境排名变化（名）

表Ⅱ－2－4　近年来菲律宾营商环境各指标变化　（分）

年份	开办企业	办理施工许可证	办理施工许可证（DB06-15方法论）	获得电力	获得电力（DB10-15方法论）	登记财产	登记财产（DB05-15方法论）	获得信贷	获得信贷（DB05-14方法论）
2020	71.3	70		87.4		57.6		40	
2019	69.3	68.6		87.5		57.6		40	
2018	64.2	66.7		84.3		56.7		40	
2017	67.6	66.5		83.8		56.7		40	
2016	67.6	64.8		83.8		56.7		35	
2015	67.2	64.5	61.6	83.8	90.8		62.8	35	
2014	66.2		60.1		90.8		62.7	35	50
2013	66.1		55.1		90.9		62.7		50
2012	66		52.8		90.9		62.7		25
2011	63.8		51.6		87.4		62.7		25
2010	62.6		52.4		87.6		62.7		25
2009	63.9		51.5				62.7		25

续表

年份	开办企业	办理施工许可证	办理施工许可证（DB06-15方法论）	获得电力	获得电力（DB10-15方法论）	登记财产	登记财产（DB05-15方法论）	获得信贷	获得信贷（DB05-14方法论）
2008	63. 3		50. 3				62. 9		25
2007	63. 8		49. 8				62. 9		25
2006	63. 5		54. 7				62. 9		25
2005	62. 9						62. 9		25
2004	62. 3								

表Ⅱ -2 -5　　近年来菲律宾营商环境各指标变化　　（分）

年份	保护少数投资者	保护少数投资者（DB06-14方法论）	纳税	纳税（DB06-16方法论）	跨境贸易	跨境贸易（DB06-15方法论）	执行合同	办理破产
2020	60		72. 6		68. 4		46	55. 1
2019	44		72. 2		68. 4		46	55. 2
2018	40		69. 7		70. 6		46	55. 2
2017	40		66. 2		70. 6		46	55. 2
2016	40		62. 7	66. 9	70. 6		46	55. 3
2015	40			66. 5	70. 6	77. 2		55. 2
2014	40	43. 3		66. 5		78. 8		55. 2
2013		43. 3		59. 3		78. 7		46. 4
2012		43. 3		59. 3		78. 1		46. 3
2011		43. 3		59. 6		77. 9		35. 2
2010		43. 3		57. 9		74. 7		35. 2
2009		43. 3		57. 9		74. 3		35. 2
2008		43. 3		56. 9		73. 3		35. 1
2007		43. 3		57. 2		73		35
2006		43. 3		57. 3		72. 6		35
2005								34. 9
2004								35. 1

资料来源：世界银行（https：//www. doingbusiness. org/en/custom－query）。

上述排名的变化反映了菲律宾在影响营商环节的相关政策上的变动。

2011 年，菲律宾通过在市级实行一站式办公而简化了开办企业的流程；通过改善其电子海关系统，增加了电子支付和在线提交申报单等功能，减少了交易时间和成本。但与此同时，菲律宾更新了电力连接流程，使获得施工许可证变得更为不便。

2012 年，菲律宾通过了新的破产法律，该法律为陷入财务困境的公司的清算和重组提供了法律框架。

2014 年，菲律宾取消了获得健康证明的要求，使得建筑许可证的获取变得更加容易；在获得信贷方面，菲律宾开始公布正面和负面信息，并颁布了一项数据隐私法，以保障借款人访问其数据的权利，从而改善了信用信息的透明度。

2015 年，菲律宾颁布了新的城市法令，限制了马尼拉的卡车运输，为跨境贸易带来了负面影响。

2016 年，菲律宾简化了证券交易委员会与社会保障系统之间的通信，加快了雇主登记号码的发行过程，从而使开办企业变得更加便捷。

2017 年，菲律宾通过提高建筑法规的透明度，简化了建筑许可证的获取；通过引入用于提交和缴纳健康保险费的在线系统，以及允许线下完成公司所得税及增值税的纳税申报单，使缴纳税款更加容易。

2018 年，菲律宾通过实施新的资产管理系统并创建了新的调度和计划办公室，缩短了获得电力连接的时间；通过引入新的电子系统来支付和收取住房开发基金的供款，使缴税变得更加便捷。

2019 年，菲律宾通过简化税务注册和商业许可流程，使开办企业变得更加便捷，但同时增加了税务登记费用；建筑业改善了其风险管理做法，潜在缺陷责任保险已被业内人士普遍购买；通过引入国家数据库来检查产权负担，使财产转让更加容易；通过增加股东在主要公司决策中的权利和作用以及阐明所有权和控制结构，加大了对中小投资者的保护。然而，通过增加进口检查次数，平均合规时间增加，跨境贸易便利度降低。

2020 年，菲律宾废除了国内公司的最低资本要求，使创业更加容易；通过简化获取居住证流程，使获得建筑许可证变得更加便捷；通过要求企业对与利益相关方的交易进行更多披露、增加与利益相关方交易董事的责任，加强了对中小投资者的保护。①

第二节　营商环境的重要环节

本节以世行所采用的11个营商指标为出发点，对菲律宾的营商环境进行介绍，根据实际情况对世行指标进行了整合或延伸，比如“获得信贷”这一指标被拓展为“融资”，“跨境贸易”被拓展成“贸易”。虽然世行在进行2020年的营商便利程度排名时并未将“雇佣”纳入其中，但由于它是营商的重要环节，因此本节也对之进行了重点讨论。对“获得电力”这一指标作了延伸，将其他机构报告中提及的“物流”“电信”等因素结合进来，并在下一节“营商环境主要问题与改进”部分进行详细分析，本节不再赘述。世行在评价开办企业、办理施工许可证、登记财产这三个指标时主要考量的是流程数量、耗费时间、耗费资金等，这几方面在很大程度上受到政府办事效率的影响，政府办事效率方面的现状、问题及改进将在下一节进行详细分析，本节也不再赘述。

一　雇佣

菲律宾是亚洲主要的劳动力市场之一，人口年轻，劳动人口基数大，受教育程度较高，劳动参与率较高。2018年，菲律宾年龄在15岁及以上的人口共7090万人，其中劳动人口约4410万人，年龄在15—24岁的占17%，25—34岁的占27%，35—44岁的占22%，45—54岁的占19%，55—64岁的占11%，65岁及以上的占4%。菲律宾的劳动参与率约为66.2%。这得益于菲律宾高达96.6%的识字率，与欧美某些发达国家的识字率相当。菲律宾全国范围内的英语普及也为外商的投资和用人提供了方便。

世行指标中的“雇佣”主要研究的是雇佣法规的灵活性和裁员成本。下面就菲律宾《劳动法》及《劳动法》中的重要规定进行简单介绍。

菲律宾《劳动法》是管理菲律宾雇佣实践和劳资关系的法律，该法

① World Bank, *Doing Business 2020 Economy Profile Philippines*, https://www.doingbusiness.org/content/dam/doingBusiness/country/p/philippines/PHL.pdf.

案于1974年劳动节由总统费迪南德·马科斯（Ferdinand Marcos）使用当时的总统立法权颁布。它规定了雇佣和解雇私人雇员的规则、工作条件、雇员福利以及工会组织和成员资格以及集体谈判中的准则。菲律宾的判例长期以来一直适用一条规则，即对法律特别是《劳动法》的解释如有任何疑问，将以有利于劳工的方式解决。

（一）工作时长与薪资

菲律宾劳动年龄人口众多，随着熟练劳动力的增加，菲律宾的劳动力市场为投资者提供了诱人的前景。但是，相比亚洲其他国家，菲律宾的最低工资更高，劳动法规也更为严格，这些因素都会增加投资者的成本。

2018年，菲律宾的每日最低工资水平从三宝颜半岛大区的每天340比索（合6.38美元）到国家首都区的每天512比索（合9.61美元）不等。菲律宾每个地区的工资标准各不相同，由各地区的三方工资委员会确定。相比之下，越南的最低工资标准为每天110666.67越南盾（合4.86美元）至125000越南盾（合5.49美元）；马来西亚则介于每天30.67令吉（合7.64美元）至33.33令吉（合8.30美元）。[①]

菲律宾《劳动法》规定，雇员的工作时间为每天不超过8小时或每周工作不超过48小时，这段工作时间应支付雇员正常工资。雇员在连续工作6天后应享受连续24小时的休息。该要求不适用于政府雇员、管理人员、野外作业人员、提供私人服务者及根据工作成果领取工资者。

加班补贴是对超过规定工作时间的补贴，加班费率如表Ⅱ-2-6所示。

表Ⅱ-2-6 **加班补贴**

类别	计算
正常工作日加班	日工资×1.25
休息日或特别假日加班	
前8小时	日工资×1.30

① Vasundhara Rastogi, "Labor Market Trends in the Philippines," July 13, 2018, https://www.aseanbriefing.com/news/labor-market-trends-philippines/.

续表

类别	计算
超过 8 小时	日工资 ×1.69
特别假日与休息日重合	
前 8 小时	日工资 ×1.50
超过 8 小时	日工资 ×1.95
大众假日	
前 8 小时	日工资 ×2.00
超过 8 小时	日工资 ×2.60
大众假日与休息日重合	
前 8 小时	日工资 ×2.60
超过 8 小时	日工资 ×3.38

资料来源：菲律宾劳动和就业部，https：//www. dole. gov. ph/php_ assets/uploads/2017/11/LaborCodeofthePhilippines20171. pdf。转引自中国驻菲律宾大使馆经商参处《对外投资合作国别（地区）指南——菲律宾（2019 年版）》，http：//www. mofcom. gov. cn/dl/gbdqzn/upload/feilvbin. pdf。

（二）雇员保险与福利

菲律宾私人雇员适用社会保险系统（Social Security System，SSS），政府雇员适用政府服务保险系统（Government Service Insurance System，GSIS），该计划是强制性的，适用于所有拥有一个或多个雇员的雇主、国家政府及其具有政府职能的分支机构，包括政府拥有和控制的公司。他们每月须向国家健康保险计划（National Health Insurance Program，NHIP）支付贡献金，相当于其雇员工资的 1%。如果女性雇员参与了社会保险系统，并在 12 个月的期限内已缴满 3 个月的贡献金，即可享受 60 天的带薪产假，或 78 天的剖腹产假。已婚男性雇员，如其合法妻子生产前 4 个孩子，则有权在每次生产时享受 7 天的带薪假期。①

（三）终止雇佣

菲律宾政府保证工人在职的安全性，保护工人不被任意剥夺工作。因此，

① 中国驻菲律宾大使馆经商参处：《对外投资合作国别（地区）指南——菲律宾（2019 年版）》，http：//www. mofcom. gov. cn/dl/gbdqzn/upload/feilvbin. pdf。

除非有特殊原因或得到《劳动法》的授权，所有的雇主不得终止雇员的服务。这些特殊原因包括犯了一系列的错误或故意不听从命令，明显的和经常性的忽视工作，欺骗、犯罪或冒犯雇主，或类似的行为。如果开除是基于上述一种原因，雇主必须给雇员两次书面通知和一次听取申诉的机会。

另外，在以下情况下雇主也可中止对雇员的雇佣：雇主安装了节约劳动力的设备，存在很多冗员，为了节省费用以避免损失，关闭或终止经营。在这种情况下，法律规定雇主必须提前1个月向雇员和劳动部出示书面通知。①

二 融资

世行"获得信贷"这一指标主要讨论的是信用报告系统的优势以及抵押法和破产法在促进贷款方面的有效性。菲律宾自2017年以来，"获得信贷"分数一直维持在40分，没有变动。本节结合菲律宾的实际情况介绍菲律宾的金融概况、主要金融机构及该国为中小企业及微型企业提供的主要融资计划。

（一）菲律宾金融宏观概况

菲律宾的金融体系保持着稳定和弹性，银行资本充足，2019年3月的总资本充足率为15.3%，比2018年3月的14.7%有所提高，远高于最低监管规定的10%。菲律宾不良贷款的占比在2018年6月至2019年6月保持在较低水平，平均为2.0%，尽管之后略有上涨，到2019年6月达到了2.1%。相比其他收费业务，贷款仍然是银行的核心业务。②

菲律宾金融系统资产占GDP的121%，而银行业占金融系统资产的82%。截至2018年12月31日，菲律宾银行业总资产为3210亿美元。核心贷款（58.5%）和证券投资（20.3%）是银行资产的主要组成部分。从一级市场的财务深度和整个资产类别的可用投资机会来看，菲律宾资本市场仍不够成熟，这也限制了基础设施投资的融资。

---

① 中国驻菲律宾大使馆经济商务参处：《对外投资合作国别（地区）指南——菲律宾（2019年版）》，http：//www. mofcom. gov. cn/dl/gbdqzn/upload/feilvbin. pdf。

② World Bank，*Philippines Economic Update*：*October* 2019 *Edition*，Oct. 1，2019，https：//documents. worldbank. org/en/publication/documents – reports/documentdetail/224501570715185892/philippines – economic – update – resuming – public – investment – fast – tracking – implementation.

与严重依赖内部资金的该区域其他国家相比，菲律宾对私营部门的国内信贷水平较低。菲律宾对私营部门的信贷占 GDP 的 50%，与其收入水平相应，但大大低于该地区 119% 的平均水平。由银行提供运营资金的公司少于 7%，远低于该区域其他国家 18% 的平均水平。即便是菲律宾的大公司，也只有 11.6% 的投资资金来自银行。①

（二）菲律宾的主要金融机构

菲律宾中央银行是国家货币管理部门，负责制定和实施国家外汇管理政策。菲律宾的银行系统分为四类：商业银行、储蓄银行、农村银行、政府特别银行。商业银行是菲律宾银行体系的核心，总资产约占银行业总资产的 90%。主要商业银行有首都银行、菲律宾金融银行（BDO）、菲岛银行（BPI）、菲律宾国家银行（PNB）等。根据最新统计资料，菲律宾有 36 家商业银行、70 家储蓄银行以及 582 家农村和合作银行，各级营业网点超过 9400 家，ATM 机超过 12000 台。从数量上看，外资银行参与菲律宾市场的程度居亚洲新兴市场国家前列，外资银行已成为菲律宾银行体系的重要组成部分。菲律宾当地主要外资银行有渣打银行、汇丰银行、花旗银行、美洲银行。中国银行、中国工商银行在马尼拉设有分行。

在菲律宾注册的外商投资企业进行本地融资没有法律障碍，融资的可能性主要取决于公司资质、项目效益、风险评估等要素。

菲律宾证券交易所（PSE）是菲律宾唯一的证券交易市场，经营股票、期货、债券。菲律宾股票交易所综合指数近年来持续走高，2019 年 3 月底达到 7920.93 点，股票市值达到 17.24 万亿比索（约合 3292.78 亿美元），较 2018 年同期上涨 6.7%。PSE 目前拥有 267 家上市公司、131 家证券交易商。②

（三）菲律宾针对中小企业和微型企业的融资计划

传统银行融资在菲律宾的贷款中占最大份额，而随着菲律宾积极参与

---

① World Bank, *Systematic Country Diagnostic of the Philippines: Realizing the Filipino Dream for 2040*, Jan. 28, 2020, https://www.worldbank.org/en/country/philippines/brief/philippines - systematic - country - diagnostic.

② 中国驻菲律宾大使馆经济商务参处：《对外投资合作国别（地区）指南——菲律宾（2019 年版）》，http://www.mofcom.gov.cn/dl/gbdqzn/upload/feilvbin.pdf。

联系越发紧密的东盟资本市场，诸如共同基金之类的替代信贷提供者的参与也在增加。对于大型和资本密集型项目，项目融资仍是首选方案。[①]

菲律宾中小企业和微型企业占比较大，政府充分认识到了它们在经济发展中的重要作用，大力扶持中小企业及微型企业的发展，相关机构以减贫、发展、可持续等为目标推行了一系列融资计划。表Ⅱ-2-7为菲律宾扶持中小企业和微型企业相关的融资计划。

表Ⅱ-2-7　　菲律宾中小企业及微型企业融资计划

机构	融资计划
菲律宾开发银行（DBP）	小额信贷计划
	小微企业零售贷款计划
	一镇一品（OTOP）信贷服务
	信贷保证基金（CSF）信贷服务
	小微企业贷款计划
	农业综合企业发展计划
	中型企业及其他企业贷款计划
菲律宾土地银行（LBP）	小额融资计划
	合作社信贷计划
	小型企业良好贷款机会（ASENSO）
小型企业担保和金融公司（SB Corporation）	Micro-LEAD 贷款计划
	Micro-LOCAL 贷款计划
	Micro-LEAP 贷款计划
	小微企业批发贷款计划
主动联盟金融公司	中小企业贷款计划
	农业机械设备和商用车融资计划
	特许经营融资计划
菲律宾金融银行	小型企业贷款计划

① https：//www.legal500.com/guides/chapter/philippines-lending-secured-finance/.

续表

机构	融资计划
可持续发展社会有限公司（FSSI）的基金会	社会企业发展计划
菲律宾社会进步事业（PBSP）	中小型企业信贷计划
菲律宾进出口信贷局（PHILEXIM）	短期直接贷款计划
	中长期直接贷款计划
	国家增长中小企业统一贷款计划（SULONG）
	批发直接贷款计划
	中小企业批发担保计划
	中小企业担保计划
	出口信用保险计划
菲律宾国家银行（PNB）	Kabuhayan 专营权贷款
	小型企业贷款计划
种植者发展银行（PDB）	中小企业信贷额度计划
	定期贷款计划
	小企业贷款计划
菲律宾中华银行（RCBC）	中小企业贷款计划
小型企业公司（SB Corporation）	营运资金融资计划
	固定资产融资计划
	初创企业融资计划
	信用担保计划
	中小企业批发贷款计划
社会保障系统	商业发展贷款服务
	社会发展贷款服务

资料来源：菲律宾贸易与工业部中小企业发展局，https：//dtiwebfiles. s3 – ap – southeast – 1. amazonaws. com/e – library/Growing + a + Business/2015 + Financing + Programs + for + SMEs. pdf。

三　纳税

菲律宾税种繁杂，纳税负担较重，但近年来每年的纳税次数大大减少，纳税流程逐渐变得更为便捷。

（一）菲律宾的主要税种和税率

菲律宾税法的基本依据是经修订的 1997 年《国家国内税收法》（National Internal Revenue Code，NIRC）。与税收优惠相关的法律通常包含在《综合投资法》（Omnibus Investments Code，OIC）或制约相关投资优惠的法规中。公司所在城市也有权根据 1991 年《地方政府法》（Local Government Code of 1991）征收某些税款。菲律宾主要税种有公司所得税、个人所得税、增值税、消费税以及关税。①

表Ⅱ-2-8 菲律宾各税种及简介

税种	介绍
所得税	国内公司以菲律宾国内外所有净收入为基础纳税；常驻外国公司（180 天以上）就菲律宾境内取得的净收入纳税；非常驻外国公司则就菲律宾境内的总收入纳税 （1）现行的公司所得税税率为应纳税金额的 30% （2）如果公司应纳税收入为零或负数，或最低公司所得税超过其普通公司应纳所得税，则自该公司第四个年度起可按 2% 的最低公司所得税征收。专营教育机构和非营利性医院按应纳税收入净额的 10% 征收 （3）居民、非常住居民、常住外国人、非常住外国人在菲律宾从事商业和贸易按 5%—32% 的超额累进税率征收个人所得税。在菲律宾不从事商业和贸易的外国人，一律按 25% 的税率对其收益进行征收（如利息、投资收益）
增值税	根据 9337 号修正案，增值税率从 2006 年 2 月 1 日起提高到 12%。部分交易免征增值税。免征增值税的交易品种主要包括农产品、水产品、种质、种苗、鱼苗、饲料、经认证的私人教育机构提供的教育服务、由个人提供的服务、在合作发展署登记的农业合作社对其会员的销售、直接用于农业投入的进口机械和设备包括零部件等、销售、进口或出租船舱、货舱和飞机，包括发动机、设备和零部件等
消费税	消费税主要征收对象为在菲律宾生产、制造的用于国内销售或消费以及其他目的的特定商品（如烟、酒、机动车等）。消费税也适用于部分应缴纳增值税和关税的进口商品。2013 年 1 月 1 日起菲律宾政府开始加征烟草"罪恶税"（Sin tax），这是菲律宾 15 年来首次对烟草消费税进行调整，菲律宾烟草价格上涨近一倍
比例税	比例税的主要征税对象为免征增值税的个人和实体，如从事国内或国际客运交通或娱乐业的，将按总收入征收比例税（营业税）
印花税	印花税征税范围包括档案、契约、证券、贷款协议，还有接收、签署、销售转移责任、权利或资产等的证明。征收对象为制作者、签字人、接收者或转移者
关税	进口到菲律宾的商品一般都要缴纳关税。根据关税和海关代码中商品的分类确定申请的税率。特殊商品进口可以免税，如进入海关免税仓库的商品。进口商及其代理商应从商品进口之日起，保留进口商品记录 3 年。其间，海关署有权对进口商/代理商的记录进行事后审核，以确认是否符合海关条例及评估是否少付关税
房产税	按房产价值的 2% 计征

① 中国驻菲律宾大使馆经济商务参处：《对外投资合作国别（地区）指南——菲律宾（2019 年版）》，http：//www. mofcom. gov. cn/dl/gbdqzn/upload/feilvbin. pdf。

续表

税种	介绍
利息税	按利息收入的20%计征
环境税	一次性缴纳，1万比索
地方税	地方政府法规定，地方政府有权在其管辖范围内对某些特殊行为或商业行为征税，法律规定免税的除外。地方政府也有权每年对不动产征税，如土地、建筑物、机械和其他改造，还有对不动产的销售、捐赠、易货或其他任何形式的转移进行征税。然而，地方政府无权征收所得税、关税、印花税、财产税、礼品税

资料来源：中国驻菲律宾大使馆经济商务参处：《对外投资合作国别（地区）指南——菲律宾（2019年版）》，http：//www. mofcom. gov. cn/dl/gbdqzn/upload/feilvbin. pdf。

表Ⅱ-2-9　　各商业类别的比例税率

商业类别	比例税率
在菲律宾营业的人寿保险公司	所收保费总额的5%
煤气和公共供水公司	总收入的2%
无线电或广播电视公司的特许权经营，该无线电或广播电视公司在上一年的年度总销售收入不超过100万比索	总收入的3%
本地普通递送	总收入的3%
经营运送和车库	根据经营场所和使用的运输工具的不同，所征收的税率不同
从菲律宾用电话、电报和其他通信设备进行的海外调度、信息或会议传输	总收入的10%
银行和非银行金融机构	借贷产生的利息、佣金、贴现和融资租赁的收入，根据此类工具的到期期间来确定税率，到期期间不满5年的，税率为5%，到期期间超过5年的，税率为1% 子公司的分红、股权分配和净收入，税率为0 特许权使用费、财产租赁、来源于交易的不动产或动产收益，税率为7% 交易外币、债券、衍生品和其他类似金融工具的净收益，税率为7%
在证券交易所名单中并在证券交易所交易的股票的销售	股票总售价或总价值的0.6%
其他非增值税登记的业务	总销售或总收入的3%

资料来源：中国驻菲律宾大使馆经济商务参赞处：《对外投资合作国别（地区）指南——菲律宾（2019年版）》，http：//www. mofcom. gov. cn/dl/gbdqzn/upload/feilvbin. pdf。

（二）菲律宾对外国投资的税收优惠政策

对于外国投资，菲律宾有以下财政优惠政策。①

1. 免所得税。新注册的优先项目企业将免除 6 年的所得税，传统企业免缴 4 年的所得税。扩建和升级改造项目免税期为 3 年，如项目位于欠发达地区，免税期为 6 年。新注册企业如满足下列一个条件，还将多享受 1 年的免税奖励：本地生产的原材料至少占总原材料的 50%；进口和本地生产的固定设备价值与工人的比例不超过每人 1 万美元；营业前 3 年，年外汇存款或收入达到 50 万美元以上。

2. 可征税收入中减去人工费用。

3. 减免用于制造、加工或生产出口商品的原材料的赋税。

4. 可征税收入中减去必要和主要的基建费用。

5. 进口设备的相关材料和零部件减免关税。

6. 减免码头费用以及出口关税。

7. 自投资署注册起免除 4—6 年的地方营业税。

（三）世行对菲律宾纳税便捷程度的评分

世行“纳税”这一指标主要考量的是企业的每年缴税次数、每年耗费时间、总税收和缴费率以及报税后流程。表Ⅱ－2－10 显示了自 2006 年以来菲律宾历年纳税得分及二级指标的变化，结合图Ⅱ－2－2 可以很直观地看到，自 2016 年以来菲律宾纳税总体分数一直呈稳定上升趋势。从表Ⅱ－2－10 中可以看出，近年来菲律宾每年的纳税次数显著减少，从 2006 年的每年缴税 48 次，减少到了 2020 年的每年缴税 13 次。

---

① 转引自中国驻菲律宾大使馆经济商务参赞处《对外投资合作国别（地区）指南——菲律宾（2019 年版）》，http：//www. mofcom. gov. cn/dl/gbdqzn/upload/feilvbin. pdf，部分表述参考中国国家税务总局国际税务司国别投资税收指南课题组《中国居民赴菲律宾共和国投资税收指南》，http：//www. chinatax. gov. cn/n810219/n810744/n1671176/n1671206/c2352695/5116160/files/61f6690e0005404e82f3db426e3b8e8d. pdf。

表Ⅱ-2-10　　菲律宾纳税二级指标变化情况

年份	分数（分）	分数（DB06-16方法论）（分）	缴税次数（每年）（次）	时间（小时数/年）	总税率和社会缴纳费率（占利润百分比）	利润税（占利润百分比）	劳动税及缴付（占利润百分比）劳务税及派款（占利润百分比）	其他税（占利润百分比）	报税后流程指标（0—100）
2020	72.6		13	171	43.1	20.2	8.9	14	50
2019	72.2		13	181	42.9	20.3	8.7	14	50
2018	69.7		19	182	42.9	20.3	8.7	14	50
2017	66.2		27	186	42.9	20.3	8.7	14	50
2016	62.7	66.9	35	191	42.9	20.3	8.7	14	50
2015		66.5	36	193	42.5	20.5	8	14	
2014		66.5	36	193	42.5	20.5	8	14	
2013		59.3	47	193	44.5	19.6	10.8	14.2	
2012		59.3	47	195	44.5	19.5	10.8	14.2	
2011		59.6	47	195	43.8	19.8	9.8	14.2	
2010		57.9	47	195	47.1	23.1	9.8	14.2	
2009		57.9	47	195	47.1	23.1	9.8	14.2	
2008		56.9	47	195	49.1	22	9.5	17.6	
2007		57.2	48	195	47.6	20.5	9.5	17.6	
2006		57.3	48	195	47.2	20.1	9.5	17.6	

资料来源：世界银行，https：//www. doingbusiness. org/en/custom - query。

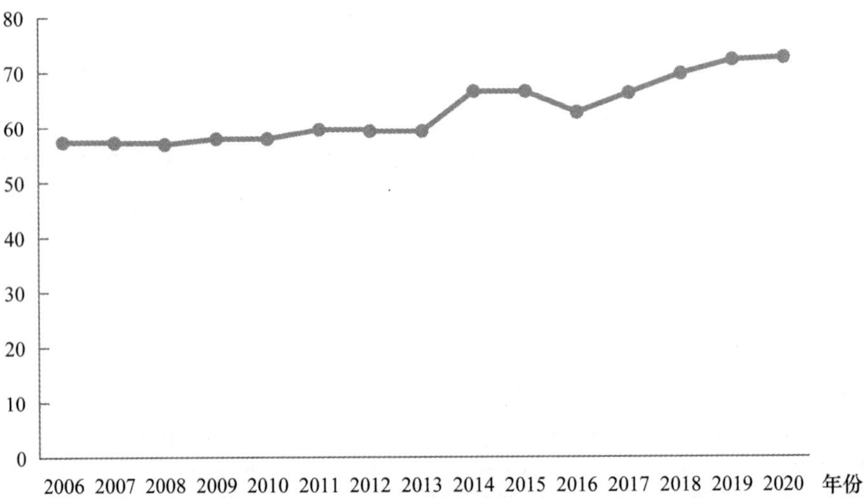

图Ⅱ-2-2　菲律宾纳税得分变化（分）

四 贸易

世行的“跨境贸易”指标主要衡量的是企业进行进出口流程时所需的时间和成本。菲律宾在2015—2018年，跨境贸易分数维持在70.6分不变，在2019年稍有退步，分数为68.4分，2020年分数与2019年持平。这一变化是由于2019年菲律宾增加了进口检查次数，从而使平均合规时间增加，进而增加了进口流程的耗时。

（一）贸易便利化

根据联合国历年发布的《全球数字化及可持续贸易便利化调查》①（UN Global Survey on Digital and Sustainable Trade Facilitation），菲律宾的贸易便利化程度实现稳定提高，从表Ⅱ-2-11中可以看出，2019年，菲律宾在跨境无纸贸易、无纸贸易、手续便捷程度、贸易透明度这几个方面都有很明显的进步。从表Ⅱ-2-12中可以看出，菲律宾在跨境无纸贸易、无纸贸易、手续和透明度四个方面均优于区域平均水平，但制度安排与合作低于区域平均水平。

表Ⅱ-2-11 菲律宾《全球数字化及可持续贸易便利化调查》得分

年份	贸易便利化得分	跨境无纸贸易	无纸贸易	制度安排与合作	手续	透明度
2019	80.65	55.56	77.78	55.56	100	100
2017	69.89	33.33	70.37	55.56	87.50	93.33
2015	65.59	33.33	70.37	55.56	83.33	73.33

资料来源：联合国，https：//untfsurvey.org/economy? id = PHL。

表Ⅱ-2-12 菲律宾2019年贸易便利化水平与同区域平均水平对比

	菲律宾	东南亚	亚太
跨境无纸贸易	55.56	43.94	31.88
无纸贸易	77.78	69.3	57.89

① 2015年、2017年报告称为《全球贸易便利化和无纸贸易实施情况调查报告》（UN Global Survey on Trade Facilitation and Paperless Trade），该调查具体指标见章后附表。

续表

	菲律宾	东南亚	亚太
制度安排与合作	55.56	67.68	62.08
手续	100	81.44	70.65
透明度	100	87.27	77.25

资料来源：联合国，https：//untfsurvey.org/economy? id = PHL。

（二）贸易成本

菲律宾的贸易成本为东盟国家最高，投资者出口或进口运输集装箱的费用是泰国的两倍。此外，在世行的物流绩效指数（Logistics Performance Index，LPI）中，菲律宾在同类国家中排名最低。除关税外，进出口公司还需要遵守非关税措施（Nontariff Measures，NTMs），其中包括技术法规、产品标准和海关程序。非关税措施已成为菲律宾贸易中越来越严重的障碍。国际贸易委员会（ITC）在 2015 年进行的一项调查显示，菲律宾出口商中有 60.7%、进口商中有 69.6% 表示菲律宾非关税措施对贸易造成了阻碍，高于区域平均水平。①

菲律宾已实施 2017 年版的《东盟协调税则归类制度》（ASEAN Harmonized Tariff Nomenclature，AHTN）。2018 年菲律宾最惠国（Most Favored Nation，MFN）待遇关税税率简单平均值为 6.2%，农产品为 9.8%，非农产品为 5.6%。根据东盟自由贸易区（ASEAN Free Trade Area，AFTA）协议，菲律宾对 99% 的来自东盟贸易伙伴的商品取消了关税。②

菲律宾除享受东盟国家间贸易优惠安排外，还享受其他国家（地区）与东盟签订的有关贸易协定的优惠，例如《中国—东盟自由贸易协定》（最新升级版已于 2019 年起开始实施）等，享受大部分商品进出口的免关税待遇。目前，欧盟给予菲律宾进口产品普惠制 +（GSP +）待遇，超过 6000 种菲律宾进口商品可享受零关税待遇。此外，美国于 2018 年 3 月

① World Bank, *Systematic Country Diagnostic of the Philippines: Realizing the Filipino Dream for 2040*, Jan. 28, 2020, https://www.worldbank.org/en/country/philippines/brief/philippines - systematic - country - diagnostic.

② International Trade Administration, July 22, 2020, https://www.trade.gov/knowledge - product/philippines - import - tariff.

对菲普惠制（GSP）关税优惠政策延长至2020年12月31日，涵盖5057种商品。[①]

五　商业契约

世行“执行合同”指标主要考察司法程序的质量、时间和成本，菲律宾该项得分自2016年以来一直保持在46分，没有出现变动。

“保护少数投资者”指标主要考察企业的披露程度、董事责任程度、股东诉讼便利程度、股东权利、所有权和管理控制、公司透明度等。菲律宾在2006年至2014年该项得分均为43.3分，2014年世行对该指数的衡量方法作了调整，调整之后直到2018年菲律宾的得分一直维持在40分。2019年，菲律宾增加了股东在主要公司决策中的权利和作用，阐明了所有权及控制结构，当年“保护少数投资者”项得分为44分，相较之前十几年的表现，有了一定的进步。2020年，菲律宾要求企业对与利益相关方之间的交易进行更多的披露，并增加了与利益相关方交易董事的责任，这使得菲律宾2020年“保护少数投资者”项得分提高到60分，进步显著。

“办理破产”指标主要衡量的是处理商业破产的时间、成本、结果和回收率及破产相关法律框架的力度。菲律宾该指标得分自2014年以来一直以0.1左右的幅度波动，变化不大。这种变化主要来自于每年回收率的些许变动。回收率即清偿率，是指担保债权人通过重整、清算或债权追回程序收回的美分在1美元中的占比。回收率指标考察的是破产法律实施的效果，受到破产时间、成本和企业财产价值大小等因素的影响，但是深层次的影响因素则涉及一国经济运行、行政、司法、非政府等部门对危困企业的挽救制度、政策和措施。[②]

（一）菲律宾的法律环境

菲律宾司法体系以西班牙和英美法系为基础[③]，各项法律法规十分健

① 中国驻菲律宾大使馆经济商务参赞处：《对外投资合作国别（地区）指南——菲律宾（2019年版）》，http：//www. mofcom. gov. cn/dl/gbdqzn/upload/feilvbin. pdf。

② 王玲芳：《解读办理破产“回收率”指标》，http：//bj1zy. chinacourt. gov. cn/article/detail/2020/03/id/4859999. shtml，2020年3月20日。

③ 中国驻菲律宾大使馆经济商务参赞处：《菲律宾商业环境简况》，http：//ph. mofcom. gov. cn/article/law/200507/20050700184337. shtml，2005年7月21日。

全，但在执行过程中有很大的随意性，执法不严、有法不依的情况十分常见。菲律宾法院办案程序冗杂、耗时极长，且司法的公正性有待提高。

菲律宾司法效率低下阻碍了经济增长和监管的有效性。司法机构负担沉重，各级法院都有大量积压案件。世行 2020 年的《营商环境报告》通过衡量法庭解决商业纠纷的时间和成本，对各国合同执行的表现进行了评分，菲律宾在 190 个经济体中排第 152 名。法院制度被视为有利于有钱人和有权势者。司法机构运作不善使得现有寡头地位进一步巩固。①

（二）菲律宾商业纠纷的解决方式

仲裁是解决涉及跨国公司和跨境交易的商业纠纷的一种主要方式。根据菲律宾法律，若合同中具有仲裁条款，则合同当事人必须遵守该条款规定的调解程序，若调解失败，则当事方进入仲裁程序。

菲律宾主要的仲裁机构包括建筑业仲裁委员会（Construction Industry Arbitration Commission，CIAC）、菲律宾争端解决中心（Philippine Dispute Resolution Center，PDRCI）、菲律宾冲突解决中心（Philippine Center for Conflict Resolution，PICCR）等。建筑业仲裁委员会主要处理建筑纠纷；菲律宾冲突解决中心由菲律宾综合律师协会于 2019 年成立，主要处理国际和国内仲裁以及涉及外国和地方当事方的其他纠纷。②

在没有仲裁协议的情况下，商业纠纷通过诉讼解决。

菲律宾法院系统分为四个级别，包括市级法院、地区法院、上诉法院和最高法院。某些商业案件，如知识产权案件、企业内部纠纷、破产、清算等由指定为特别商事法院的地区法院处理。

若商业纠纷仅涉及金钱索赔，索赔或个人财产价值不超过 30 万比索（约合 5945 美元）（国家首都区以外）或 40 万比索（约合 7925 美元）（国家首都区以内）时，应向市级法院提出索赔。若商业纠纷涉及不动产，财产的评估价值不超过 20000 比索（约合 396 美元）（国家首都区以外）或 50000 比索（约合 990 美元）（国家首都区以内）时，应向市级法院提出索赔。

---

① World Bank, *Systematic Country Diagnostic of the Philippines: Realizing the Filipino Dream for 2040*, Jan. 28, 2020, https://www.worldbank.org/en/country/philippines/brief/philippines-systematic-country-diagnostic.

② https://www.legal500.com/guides/chapter/philippines-international-arbitration/.

如果商业索赔超过上述阈值，则应将案件提交地区法院。

以上两种情况都能继续向上诉法院及最高法院上诉。[①]

（三）破产

菲律宾的破产法是第10142号共和国法（Republic Act No. 10142），即2010年的《金融复兴与破产法》（Financial Rehabilitation and Insolvency Act，FRIA）。《金融复兴与破产法》规定了以下债务减免程序：自愿或非自愿清算、自愿或非自愿的恢复、谈判前的恢复和个别债务人的破产。虽然各流程在诸如诉讼方、要求的救济、接管人或清算人以及每个流程的效果等方面各有不同，但基本上都遵循以下流程。

首先，向地区法院提交经核实的请愿书，该地区法院应对债务人公司的主要办公室或单个债务人的住所所在城市具有管辖权。然后，债权人应召，向指定清算人或破产接管人提出索赔、审阅清算或恢复计划，并由法院确认。经确认后，该计划应由清算人或接管人（视情况而定）执行。在清算中，法院将在确定清算已经完成后发布命令，命令将公司债务人从法人登记中移除。法院收到证券交易委员已将债务人从法人登记中移除的证据后，应发布命令终止诉讼程序。根据法院的命令，宣布恢复计划成功执行或恢复失败，法院终止恢复程序。[②]

第三节 营商环境主要问题与改进

政府效率较低、对外资限制严格、企业运营成本较高是菲律宾营商环境中的三大问题。近年来，菲律宾推行了一系列简化办事流程、放宽外资限制、减税等的相关立法，试图改善营商环境。大型基建计划“大建特建”也仍在推进之中，并取得了一定的成果。立法和基建项目若能稳步推进，将会为企业简化流程、降低成本，从而提高营商便利度。

一 政府效率

政府效率一方面影响在正常途径下进行财产登记、执行合同、办理破

① https：//www. legal500. com/guides/chapter/philippines－litigation/.

② https：//www. legal500. com/guides/chapter/philippines－lending－secured－finance/.

产、办理施工许可证等环节的流程、花费的时间以及投入的资金等。另一方面，腐败问题也会影响企业在进行上述流程时是否能享有公正待遇。

菲律宾在话语权、问责制和监管质量方面高于同区域平均水平，但在政府效力、腐败控制和法治方面却比较落后。政府效力有限会导致政策和计划执行上的不足。《1987 年宪法》和随后的立法与法规所产生的体制结构存在职责重叠和机构重复的问题，各机构在看法和方法上的差异导致改革议程的制定和实施出现延误，推行各政策的相关部门也会因为政策变化的不确定性而表现得过于审慎，从而降低执行效率。

在世行 2015 年的企业调查中，有 35% 的菲律宾公司将腐败视为主要制约因素，是东亚和太平洋国家平均水平的两倍以上。报告显示，认为需要送礼以推进各项流程的公司比例很高，不过大多数情况下仍低于区域平均水平。可能需要送礼的环节是“办事”（59%）、“获得施工许可”（40%）、“获得政府合同”（21%）。司法效率低下、法治薄弱一方面阻碍着政策的实施，另一方面在法律执行时也会偏向有背景的大企业，从而损害小企业的利益。①

为了提高政府效率，菲律宾推行了一系列的立法及改革。2016 年 7 月 18 日，菲律宾财政部（DOF）部长卡洛斯·多明戈斯（Carlos Dominguez III）宣布设立反繁文缛节工作组，主要目的是“让公众以最低成本、更快速度完成相关审批程序”，该机构不仅将审查财政部内部的繁文缛节，还将对包括海关总署（BOC）和税务局（BIR）在内的下属机构以及财政部下属企业进行审查。此外，它还承担着监督政务公开、预防腐败等职能。②

2018 年，菲律宾 R. A. 11032 号法案，又称 2018 年《经商便利和高效政府服务交付法》，也即《营商便利法》，被正式签署为法律，该法案希望通过提高政府效率及透明度以进一步解决官僚主义的各级政府烦琐程

---

① World Bank, *Systematic Country Diagnostic of the Philippines: Realizing the Filipino Dream for 2040*, Jan. 28, 2020, https://www.worldbank.org/en/country/philippines/brief/philippines - systematic - country - diagnostic.

② 中国驻菲律宾大使馆经济商务参赞处：《菲财政部成立“反繁文缛节”机构》，http://ph.mofcom.gov.cn/article/jmxw/201607/20160701364522.shtml，2016 年 7 月 22 日。

序。该法律是 2007 年《反繁文法》的修正案。[①]

《营商便利法》通过消除官僚制度中的繁文缛节来加快政府流程，从而提高菲律宾营商效率，使经商更为便利。根据该法案，政府将简化流程，缩短包括国有公司在内的所有政府机构的处理时间。政府机构应遵守规定的处理时间：简单交易为 3 个工作日，复杂交易为 7 个工作日，高新技术交易为 20 个工作日。

《营商便利法》要求所有地方政府部门通过实施统一的商业申请表，简化颁发营业许可、清关和其他类型授权的程序。地方政府部门被授权设立商业一站式服务厅以促进商业许可申请。该法案规定，须在城市或直辖市签发政府许可（Barangay Clearance）和经商许可，以加快交易速度。除了精简流程之外，该法案还规定建立一个中央商业门户网站，以接收和获取与业务相关的交易的应用数据，而菲律宾商业数据库应向地方政府和国家政府机构提供信息以验证商业的有效性和存在情况，企业将不需要再像以前那样提交此类文件。

《营商便利法》由总统办公室下设的反繁文缛节管理局实施，该机构监督各部门对该法案的落实情况，并监督有关营商便利化的国家政策的实施。[②]

2019 年 2 月，菲律宾修订了《公司法》，旨在创造一个对商业更友好的环境，并提高经商便利性。修订后的《公司法》引入了“一人公司”（One Person Corporation），取消了五人制的要求，同时取消了成立公司时的最低资本要求。除此之外，政府营业许可证的获取流程也得到了简化，这使得创立企业比过去要便捷许多。除此之外，修订后的《公司法》还加强了公司治理标准并为中小投资者提供保护。

二　外资规制

菲律宾政府不定期发布“外国投资负面清单”（Foreign Investment Negative List，FINL），对外资参与包括公用事业及常规公共服务在内的主

---

① Elmer Daguasi，Wilhelm Benny Tan，Bernice Jillian Hu，“Doing Business in the Philippines，” April 2019.

② http：//ph. mofcom. gov. cn/article/jmxw/201806/20180602751244. shtml。

要经济领域设置了广泛的限制，在外资股权占比、投资产业类型和土地交易方面都有比较严格的规定。菲律宾《外国投资法》（Foreign Investment Act，FIA）对通常向外国直接投资开放的多个行业设立了外国投资限制，其中包括公用事业、零售、饭店和酒店。这些都限制影响了菲律宾关键部门，尤其是大型基础设施项目吸引必要资金的能力，并导致国有企业参与到许多此类部门中，使其发展取决于政府的资源。由于菲律宾宪法的限制，外国人无法合法取得及完全拥有菲律宾土地，这也限制了基建方面的外来投资。外国直接投资的壁垒限制了竞争，并可能提高菲律宾公司的投入成本。[①] 与该地区其他国家相比，菲律宾各方面限制更为严格，导致外国直接投资相对较低。

除此之外，菲律宾对外国人也设立了职业限制，非菲律宾国民不得从事会计师、建筑师、工程师和律师这四类职业。[②] 还有一些宪法规定导致外国供应商在公开投标中被区别对待。通常来说，放任本国企业同外国企业根据其优点进行公平竞争对于公共支出有着积极意义，比如降低成本，提高质量。但是，菲律宾的公共采购法规定，只有菲律宾资本占60%以上的企业才能参与公用事业招标。此外，在允许外国公司参与的市场中，本国企业仍占优势，即便竞标价格比最低的外国竞标价格高出15%，仍然可以在竞标中胜出。[③]

近年来，菲律宾对外资的限制有所松动，这将有助于菲律宾营商环境的改善。2018年末，菲律宾总统府发布了第11版外国投资负面清单，进一步放宽了外资能够参与的部门，允许部分领域企业可拥有100%的外资所有权。这些领域包括：互联网企业、高等教育水平教学（非专业科目）、非正规教育系统的短期高级技能培训中心、调整公司、贷款公司、

---

① World Bank, *Systematic Country Diagnostic of the Philippines: Realizing the Filipino Dream for 2040*, Jan. 28, 2020, https://www.worldbank.org/en/country/philippines/brief/philippines-systematic-country-diagnostic.

② World Bank, *Philippines Economic Update: October* 2019 *Edition*, Oct. 1, 2019, https://documents.worldbank.org/en/publication/documents-reports/documentdetail/224501570715185892/philippines-economic-update-resuming-public-investment-fast-tracking-implementation.

③ World Bank, *Philippines Economic Update: October* 2019 *Edition*, Oct. 1, 2019, https://documents.worldbank.org/en/publication/documents-reports/documentdetail/224501570715185892/philippines-economic-update-resuming-public-investment-fast-tracking-implementation.

融资公司、投资公司、健康中心。新的负面清单表明了菲律宾政府希望外国投资者的先进技术与创新带动菲律宾的发展。[①]

2019年9月，菲律宾通过了众议院第300号法案（House Bill 300），该法案修改了1991年《外国投资法》的两项规定，以吸引更多外国投资进入该国。此次修订从外国投资负面清单中删除了“职业实践”，即解除了对外国人在该国从事职业的限制，并将强制外国投资者直接雇用本地员工的人数从50人减少到15人。

菲律宾政府希望通过从负面清单中删除对专业人员的限制，吸引更多熟练的外国专业人员，以便菲律宾人获取新知识并扩展现有技能，从而增强其在国内外劳动力市场上的竞争力。修订后的《外国投资法》规定，外国投资者可以在菲律宾成立中小企业，并拥有100%的所有权。为了符合条件，外国投资者必须采用先进技术（具体标准由菲律宾科学技术部决定）或最少雇用15名当地雇员，此前，企业必须雇用至少50名当地员工以达到条件。这些变化预期能减轻外资中小企业的负担，有效减少外国直接投资的障碍。

此外，2019年1月，菲律宾对《公共服务法》（Public Service Act）进行了83年以来的首次修订，向外国投资者开放了包括电信、交通在内的公共事业部门。2019年9月，菲律宾对2000年《零售贸易自由化法》（Retail Trade Liberalization Act）进行了修订，将希望在该国零售业投资的外资企业的最低实收资本定为20万美元。该法案还取消了外国投资者购买本地零售商股票的要求，并提议将外国零售商携带的本地制造产品的比例从其库存总成本的30%降至10%。[②]

三 企业负担

（一）基础设施相对落后带来的企业负担

基建设施及相关运营机制的相对落后造成了菲律宾用电、物流、电信

---

① Deloitte, *Doing Business in the Philippines*, April 2019, https://www2.deloitte.com/ph/en/pages/financial-advisory/articles/doing-business-in-philippines-2019.html.

② Katrina Baguisi, “The Philippines' Foreign Investment Act: Amendments May Attract FDI from SMEs,” Nov. 1, 2019, https://www.aseanbriefing.com/news/philippines-foreign-investment-act-amendments-may-attract-fdi-smes/.

等成本较高的局面，增加了企业的运营负担。

菲律宾缺电现象严重，电力成本高昂，居民用电和工业用电价格居世界前列。菲律宾电费采取分段计费制，2019 年 4 月，住宅用电价约为 10.56 比索/度，工业用电价约为 6.3 比索/度。[①] 能源成本过高成为菲律宾吸引制造业投资的一大阻碍。

除了电价高昂外，菲律宾物流成本高，耗时长。菲律宾各地的交通基础设施建设较为落后，道路交通拥挤问题长期存在，城市交通拥堵，农村公路网不足，港口效率低下，机场拥挤。菲律宾的宿务港由宿务港管理局（CPA）管辖，其他菲律宾公共港口均由菲律宾港口管理局（PPA）管辖，CPA 和 PPA 在各自辖区既是港口运营方，又是监管方。因为能从港口运营中获得收入，它们可能更倾向于批准有利于码头经营者但损害物流服务提供商和托运人利益的法规政策。[②] 2017 年，马尼拉港口集装箱货物的停留时间为 5—8 天，而印度尼西亚为 3.6 天。

菲律宾的电信业以收费高和速度低为特征。两家电信公司拥有并控制着大多数现有的电信和网络基础架构。因此，这些公司决定了电信服务的接入方式和质量。菲律宾只有 2 万座蜂窝塔服务于全部人口，而国家规模相当的越南则拥有 7 万座。菲律宾在移动宽带普及率、可负担性和服务质量方面落后于该地区平均水平。菲律宾固定和移动宽带的下载速度低于马来西亚、泰国和越南。该国很多地区，包括棉兰老岛的大部分地区，宽带普及率极低。[③]

为了改善基础设施相对落后的局面，近年来，菲律宾对基建的投入不断加大。前总统阿基诺执政期间，提倡通过公私伙伴关系项目，吸引私人投资，改善基础设施。政府利用日本、美国、欧盟、世界银行、亚洲开发银行及国际货币基金组织的融贷款，吸引许多国内外企业参与公共工程投资、兴建及运营，但由于种种原因，很多成熟的 PPP 项目未能在阿基诺政

---

① 中国驻菲律宾大使馆经济商务参赞处：《对外投资合作国别（地区）指南——菲律宾（2019 年版）》，http：//www. mofcom. gov. cn/dl/gbdqzn/upload/feilvbin. pdf。

② Jose L. Tongzon，"Regulatory Challenges in the Philippine Logistics Industry，" March 2018，https：//pidswebs. pids. gov. ph/CDN/PUBLICATIONS/pidspn1801. pdf.

③ World Bank，*Systematic Country Diagnostic of the Philippines*：*Realizing the Filipino Dream for 2040*，Jan. 28，2020，https：//www. worldbank. org/en/country/philippines/brief/philippines - systematic - country - diagnostic.

府时期开工建设。杜特尔特上任后，将基础设施建设作为重点发展领域，提出了“大建特建”的基础设施规划，拟定基础设施支出占 GDP 的比重达到7.4%的目标，计划至2022年在基础设施领域投入8万—9万亿比索。[①] 这项雄心勃勃的计划包括修建铁路、公路和高速公路、机场以及该国有史以来的首条地铁，以及能源设施、水资源项目、灌溉系统和防洪设施。截至2018年11月30日，75个旗舰项目已有44个开始进行预算、采购、设计和建设。到2022年杜特尔特总统任期结束，有31个项目有望完成。[②]

除了硬件项目建设的持续推进外，菲律宾于2019年对《公共服务法》的修订，使外国投资者可以参与包括电信、交通在内的公共事业部门，也将引入竞争，为相关的企业提供更低价高质的服务，从而降低企业运营成本。

（二）赋税繁重带来的企业负担

菲律宾税种繁杂、税率较高、税务审计周期较长。目前，菲律宾的企业所得税税率为东盟最高，这阻碍着企业的扩张，也是菲律宾与其邻国竞争的一大不利因素。菲律宾解决破产问题的费用是经合组织平均水平的三倍以上，恢复率是世界上最低的。资不抵债的公司预期，美元仅能收回4.9美分，而OECD的平均值为70.6美分。这些都为企业在菲律宾运营增加了负担。

菲律宾近年来也积极推行税改措施以期给企业减负、吸引投资。全面税收改革计划的第一套方案——《加速和包容税收改革法》（Tax Reform for Acceleration and Inclusion，TRAIN），于2018年1月1日生效，主要降低了个人所得税，简化了转让税，扩大了增值税税基，并调整了各种形式的消费税。

第二套方案旨在降低企业所得税率，促进投资及税收优惠合理化。菲律宾第17届众议院提出的《税收改革及吸引更高质量投资机会法案》（Tax Reform for Attracting Better and High-Quality Opportunities，TRABAHO）

---

① 中国驻菲律宾大使馆经济商务参赞处：《对外投资合作国别（地区）指南——菲律宾（2019年版）》，http：//www.mofcom.gov.cn/dl/gbdqzn/upload/feilvbin.pdf。

② Deloitte，“Doing Business in the Philippines，” April 2019，https：//www2.deloitte.com/ph/en/pages/financial-advisory/articles/doing-business-in-philippines-2019.html.

未能如期在参议院通过，第 18 届众议院于 2019 年 9 月通过了《企业所得税及优惠合理化法案》（Corporate Income Tax and Incentives Rationalization Act，CITIRA），之后该法案被再次调整为《企业恢复和企业税收激励法》（Corporate Recovery and Tax Incentives for Enterprises Act，CREATE）。总统杜特尔特大力支持该法案，于 2020 年 3 月 9 日发函通知参议院将该法案列为必要且需尽速通过的法案。目前，该法案仍在接受质询。

CREATE 法案提议，从 2020 年 7 月到 2022 年立即将企业所得税从 30% 降到 25%，最后将每年降低 1%，直到 2027 年将企业所得税税率降至 20%。菲律宾政府表示，菲企业可以节省大约 420 亿比索（合 8.42 亿美元）的税款，并在未来五年内节省超过 6250 亿比索（合 125 亿美元）的税款。企业可以将节省的这些资金用于再投资，以振兴其业务并提高成本竞争力。除此之外，政府还将更加灵活地提供财政和非财政激励措施，以吸引高价值的外国投资。财政激励审查委员会将有权向总统推荐这些激励措施，包括免税期、物流支持以及使海关及证书的获取更为便捷。如果总统认为某项投资对国家收入和创造就业有积极影响，则有权给予更长的适用期限（最长 40 年）。①

虽然菲律宾正在通过立法或是基建项目试图解决营商环境中的主要问题，但这些立法的实施和项目的推进效果仍有待观望。比如目前“大建特建”虽取得了一定的成绩，但旗舰项目建设的进展存在滞后现象。② 而第二套税改方案经历了被驳回与进一步修订，目前仍未正式成为立法，其不确定性仍然存在。与此同时，菲律宾在吸引外国直接投资方面必须面对来自其东盟国家日益激烈的竞争。越南、泰国、马来西亚和印度尼西亚都发布了各种激励措施和减税措施，以吸引因贸易战而寻求多样化供应链的投资者。③

---

① Ayman Falak Medina，“The Philippines Prepares New Stimulus Program：CREATE Act，” June 4，2020，https：//www. aseanbriefing. com/news/philippines – prepares – new – stimulus – program – create – act/.

② 马宇晨、吴杰伟：《菲律宾：2019 年回顾与 2020 年展望》，《东南亚纵横》2020 年第 1 期。

③ Katrina Baguisi，“The Philippines' Foreign Investment Act：Amendments May Attract FDI from SMEs，” Nov. 1，2019，https：//www. aseanbriefing. com/news/philippines – foreign – investment – act – amendments – may – attract – fdi – smes/.

附表一 世界银行《营商环境报告》各指标定义

指标	含义
开办企业	成立有限责任公司的程序、时间、成本和实缴最低资本
办理施工许可证	完成建造仓库所有手续的程序、时间和成本以及施工许可体系中的质量控制和安全机制
获得电力	连接到电网的程序、时间和成本，以及供电的可靠性及收费的透明度
登记财产	资产转让的程序、时间和成本以及土地管理系统的质量
获得信贷	可动产抵押法和信用信息系统
保护少数投资者	少数股东在关联交易和公司治理中的权利
纳税	公司遵守所有税收法规的缴纳程序、耗时、总税金和缴纳率及后备流程
跨境贸易	出口具有比较优势的产品、进口汽车零部件的时间和成本
执行合同	解决商业纠纷的时间和成本以及司法程序的质量
办理破产	商业破产的时间、成本、结果和恢复率以及破产相关法律框架的力度
雇佣	雇佣法规的灵活性和裁员成本

附表二 世界银行2020年《营商环境报告》菲律宾各项指标排名/分数

指标	排名/分数
开办企业（排名）	171.0
开办企业分数（0—100）	71.3
手续（数量）	13.0
时间（天数）	33.0
成本（人均收入百分比）	23.3
最低实缴资本（人均收入百分比）	0
办理施工许可证（排名）	85.0
办理施工许可证分数（0—100）	70.0
手续（数量）	22.0
时间（天数）	120.0
成本（仓库价值百分比）	2.3
建筑质量控制指数（0—15）	13.0
获得电力（排名）	32.0

续表

指标	排名/分数
获得电力分数（0—100）	87.4
手续（数量）	4.0
时间（天数）	37.0
成本（人均收入百分比）	24.3
供电可靠性和电费透明度指数（0—8）	6.0
登记财产（排名）	120.0
登记财产分数（0—100）	57.6
手续（数量）	9.0
时间（天数）	35.0
成本（财产价值百分比）	4.3
土地管理质量指数（0—30）	12.5
获得信贷（排名）	132.0
获得信贷分数（0—100）	40.0
合法权利力度指数（0—12）	1.0
信贷信息深度指数（0—8）	7.0
信用局覆盖率（成年人百分比）	0
信贷登记机构覆盖率（成年人百分比）	13.5
保护少数投资者（排名）	72.0
保护少数投资者分数（0—100）	60.0
披露程度指数（0—10）	9.0
董事责任程度指数（0—10）	4.0
股东诉讼便利度指数（0—10）	7.0
股东权利指数（0—6）	1.0
所有权和管理控制指数（0—7）	5.0
企业透明度指数（0—7）	4.0
纳税（排名）	95.0
纳税分数（0—100）	72.6
缴税次数（每年）	13.0
时间（小时数/每年）	171.0

续表

指标	排名/分数
总税率和社会缴纳费率（占利润百分比）	43.1
报税后流程指数（0—100）	50.0
跨境贸易（排名）	113.0
跨境贸易分数（0—100）	68.4
出口时间	
单证合规（小时）	36.0
边界合规（小时）	42.0
出口成本	
单证合规（美元）	53.0
边界合规（美元）	456.0
进口时间	
单证合规（小时）	96.0
边界合规（小时）	120.0
进口成本	
单证合规（美元）	68.0
边界合规（美元）	690.0
执行合同（排名）	152.0
执行合同分数（0—100）	46.0
时间（天数）	962.0
成本（索赔额百分比）	31.0
司法程序质量指数（0—18）	7.5
办理破产（排名）	65.0
解决破产分数（0—100）	55.1
回收率（百分比）	21.1
时间（年数）	2.7
成本（资产价值百分比）	32.0
结果（0为零碎销售，1为持续经营）	0
破产框架力度指数（0—16）	14.0

附表三　**联合国《全球数字化及可持续贸易便利化调查》中的菲律宾表现**

#	项目	2015 年	2017 年	2019 年	变化
1	国家贸易便利化委员会或类似机构*	完全实现	完全实现	完全实现	
2	在互联网上发布现有进出口法规	部分实现	完全实现	完全实现	
3	利益相关者对新法规草案的咨询（最终定稿之前）	部分实现	部分实现	完全实现	↑
4	在与贸易有关的新法规实施之前提前发布/通知*	部分实现	完全实现	完全实现	
5	预先裁定关税分类和进口货物原产地*	完全实现	完全实现	完全实现	
6	风险管理	完全实现	完全实现	完全实现	
7	到达前处理	完全实现	完全实现	完全实现	
8	清关后审核*	部分实现	部分实现	完全实现	↑
9	独立申诉机制	部分实现	完全实现	完全实现	
10	放行与最终确定的关税、税款、收费分开	完全实现	完全实现	完全实现	
11	建立并公布平均放行时间	部分实现	部分实现	完全实现	↑
12	授权经营者的贸易便利化措施	部分实现	部分实现	完全实现	↑
13	加急发货	部分实现	完全实现	完全实现	
14	进出口手续接受原始证明文件的复印件*	完全实现	完全实现	完全实现	
15	自动化海关系统*	完全实现	完全实现	完全实现	
16	海关和其他贸易管制机构可以使用互联网*	完全实现	完全实现	完全实现	
17	电子单窗系统	部分实现	部分实现	部分实现	
18	电子提交海关申报单	完全实现	完全实现	完全实现	
19	电子申请和签发进出口许可证*	部分实现	部分实现	部分实现	
20	电子提交海运货物舱单	部分实现	部分实现	部分实现	
21	电子提交航空货运舱单	部分实现	部分实现	部分实现	
22	电子申请并颁发优惠原产地证书	策划阶段	策划阶段	策划阶段	
23	电子支付关税和费用	完全实现	完全实现	完全实现	
24	电子申请海关退税	未实现	未实现	部分实现	↑

续表

#	项目	2015 年	2017 年	2019 年	变化
25	电子交易的法律法规	部分实现	部分实现	部分实现	
26	公认的认证机构	部分实现	部分实现	部分实现	
27	电子交换报关单*	策划阶段	策划阶段	策划阶段	
28	电子交换原产地证书	未实现	未实现	策划阶段	↑
29	电子交换卫生和植物卫生证书	策划阶段	策划阶段	部分实现	↑
30	跟单信用证的无纸托收*	未实现	未实现	部分实现	↑
31	边境机构合作的国家立法框架和/或制度安排*	部分实现	部分实现	部分实现	
32	政府机构将控制权下放给海关	未实现	未实现	未实现	
33	与过境点的邻国协调工作日和时间	无法获取	无法获取	无法获取	
34	在过境点与邻国协调手续和程序	无法获取	无法获取	无法获取	
35	过境便利协议*	无法获取	无法获取	无法获取	
36	海关当局限制过境货物的实物检查和使用风险评估	无法获取	无法获取	无法获取	
37	支持到达前处理，以简化过境手续	无法获取	无法获取	无法获取	
38	所涉及的过境国的机构之间相互合作	无法获取	无法获取	无法获取	
39	中小企业贸易相关信息措施*	不适用	策划阶段	部分实现	↑
40	中小企业参与 AEO 体系*	不适用	未实现	未实现	
41	中小企业访问单一窗口*	不适用	未实现	未实现	
42	中小企业参与全国贸易促进委员会*	不适用	未实现	未实现	
43	针对中小企业的其他特殊措施*	不适用	不适用	部分实现	
44	提供测试和实验室设施，以满足主要贸易伙伴的 SPS*	不适用	策划阶段	部分实现	↑
45	设立国家标准和认可机构，以促进遵守 SPS*	不适用	策划阶段	完全实现	↑
46	电子申请和签发 SPS 证书*	不适用	策划阶段	部分实现	↑
47	易腐货物的特殊待遇*	不适用	不适用	完全实现	
48	贸易便利化政策/战略特别考虑了女商人*	不适用	未实现	未实现	
49	针对女商人的贸易便利化措施*	不适用	未实现	策划阶段	↑

续表

#	项目	2015 年	2017 年	2019 年	变化
50	国家贸易促进委员会中的女性成员*	不适用	不适用	未知	
51	单一窗口方便交易者获得融资*	不适用	不适用	未知	
52	银行允许贸易伙伴之间进行电子数据交换*	不适用	不适用	未知	
53	提供多种贸易融资服务*	不适用	不适用	部分实现	

说明：*先前的调查未包含此项或使用了不同措辞。

第三章　能源问题

菲律宾属于东南亚地区发展较快的国家，对能源的需求与日俱增，能源消费与相对不足的能源产出之间的矛盾自然日渐突出。本章力争通过对菲律宾能源问题中几个关键因素进行阐述，概述其能源分布的特质、能源需求与进出口问题，以及当下能源趋紧的问题所在，试图勾勒出菲律宾能源发展的历史进程、能源政策的演变，力图把握菲律宾能源问题发展的整体脉络与走向。

第一节　能源问题概况：历史、现状与发展

由于处于经济发展持续发力的阶段，能源问题对于菲律宾具有突出的重要性。自然资源的相对贫乏、经济发展的阶段性加上政治发展的曲折性，导致国内的能源产业不完整、不发达、不系统，不得不依赖能源进口。

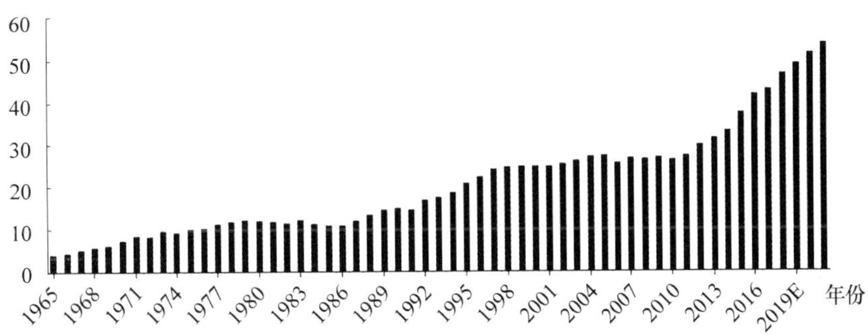

图Ⅱ－3－1　1965—2019 年菲律宾一次能源消费（百万吨油当量）

资料来源：前瞻数据库，https：//d. qianzhan. com/xdata/details/0f5bf7ad5c9fe0a1. html。

从图Ⅱ－3－1可以明显看出，从1965年到2019年，菲律宾的一次能源消费（能源消费指的是生产与生活所消费的所有能源。一次能源指的是天然能源，如风能、石油、天然气、煤炭等不需要人工转换的能源；而电力等能源就属于二次能源）的总量是不断提升的。此间也有平台时期，甚至有少量的需求减弱时期。从图Ⅱ－3－2中可以明显看出，菲律宾全国一次能源消费的增速（而非总量）紧随全球经济发展的起伏而呈现出同步性变化的波动规律。其中几个明显的节点是1973年开始的世界石油危机时期，1984年开始的国内政局转型时期，2008年全球金融危机及其余波，以及当前全球疫情时期。而1997—1999年东亚金融危机期间，菲律宾的能源需求提升比较平缓，并未出现明显减退现象。

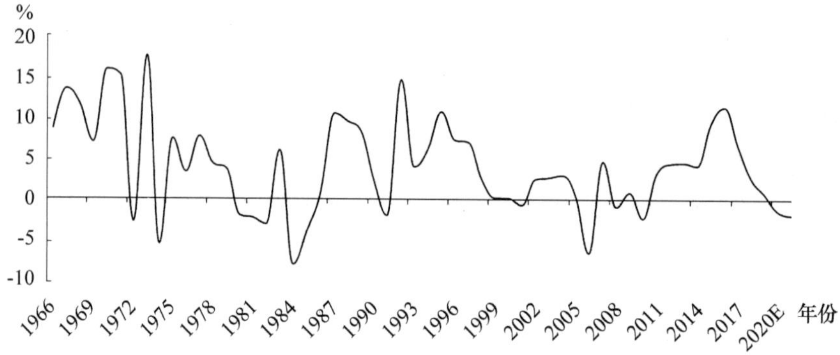

图Ⅱ－3－2　1966—2020年菲律宾一次能源消费同比曲线

资料来源：前瞻数据，https：//d. qianzhan. com/xdata/details/a369a699094e337e. html。

从客观上讲，菲律宾国内各类能源的蕴藏与分布既不齐全，又不充分，更不平衡。世界能源危机的频繁发生，能源价格不断提高，导致其国际收支压力陡增、外债高企。图Ⅱ－3－3显示了菲律宾进口燃料所占额度的比例。

为了应对能源依赖所带来的压力，菲律宾政府一直重视能源问题，寻求积极的对策。二战结束后到现在，菲律宾的能源政策围绕其经济发展，先后经历了几个阶段：从奎松总统到麦格赛赛总统时期为菲律宾经济模式的探索阶段，之后到马科斯总统时期为经济起飞阶段，阿基诺夫人时期为经济转型阶段，拉莫斯总统到埃斯特拉达总统时期为稳中求进阶段，阿罗

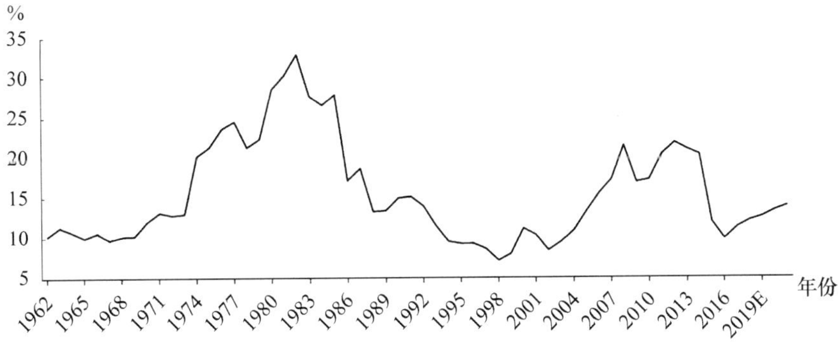

图Ⅱ-3-3　1962—2019 年菲律宾历年来燃料进口占商品进口额的比例

资料来源：前瞻数据库，https://d.qianzhan.com/xdata/details/7bdc8c909a6b0b82.html。

约夫人时期到阿基诺三世、杜特尔特总统时期为经济复兴与发展阶段。与其经济发展相同步，菲律宾的能源开发与利用也经历了大致相同的几个阶段。

一　历史概况

（一）菲律宾的资源分布与历史开发情况

由于地理环境与地质构造的原因，菲律宾的地热资源特别丰富，而煤炭资源相对突出但分布不均衡。这是菲律宾能源资源的两大特点。另外，菲律宾境内的水电资源也比较丰富。历史上，经济发展的阶段性加上政治发展的曲折性，导致国内的能源产业不完整、不发达、不系统。从奎松到麦格赛赛几任总统期间，能源问题并不是他们考虑的首要问题，因为菲律宾政府的重点还放在彻底摆脱殖民主义、争取民族完全独立与国际承认，以及获得全体国民的认同与民族凝聚等问题上。直到菲律宾国民经济发展步入现代化发展轨道之后，能源的充分供给与可持续发展问题才逐渐成为政府考虑的重要内容。

二战之后，菲律宾的一次能源消费以石油为主。客观情况是，菲律宾国内缺乏稳定的石油资源，而且由于资本与技术所限，根本无法进行自主开发与生产，因此基本上靠进口（主要来源于中东等地区）。20 世纪 70 年代，菲律宾的石油消费占到全国一次能源总消费的 94%，而同期的水电与煤炭消费占比仅仅为6%。[①] 众所周知，20 世纪 70 年代之前世界石油价格低迷，菲律宾依赖进口的状况并未影响国民经济的良性发展。例如，1973 年以前，菲律宾进口石油所耗费用不超过其年进口总额的 12%。[②] 20 世纪 70 年代之后，世界石油危机频繁发生，原油价格不断提高，对菲律宾国民经济的可持续发展造成了直接的冲击，导致其国际收支压力陡增、外债高企、通货膨胀、失业率居高不下。[③] 为了应对能源依赖所带来的压力，菲律宾政府开始重视能源问题，积极寻求对策。20 世纪 80 年代开始，煤炭开发与利用成为菲律宾能源产业的一个重要部门。与此同时，由于美菲特殊关系，在美国的资金与技术支持之下，菲律宾在非传统能源（如风能、太阳能、生物燃料以及海洋能源等）上的研发与应用走在了东南亚各国的前列。在核电问题上，菲律宾甚至成为东南亚地区最早试验并尝试小范围推广核电的国家。

（二）从马科斯到埃斯特拉达的能源政策

马科斯总统时期（1965—1986 年），是菲律宾经济快速定型与高度发展的时期，而由于经济加速发展所导致的能源需求陡增等问题日益紧迫。从 20 世纪 70 年代后期开始，为了应对能源危机，降低能源依赖，缓和世界能源价格高企对菲律宾经济所带来的强大冲击，菲律宾政府认识到开发国内能源资源对于解决能源问题的重要性。1977 年菲律宾颁布了第一个“能源开发十年计划（1978—1987 年）”。之后，根据世界经济发展形势与国民经济的需要，菲律宾政府每年将计划修订一次。1985 年菲律宾政府又将能源计划的周期缩短为五年。马科斯政府还雄心勃勃地设立了能源战略目标：提升菲律宾的能源自主性，减少对国际能源的依赖。为了实现这一目标，菲律宾政府着手实施一系列措施：首先，设立能源机构部门、协调管理能源事务；其次，增加能源开发项目投资；最后，积极推动能源多元化，在发展石油、水电、煤炭的同时开发地热等非传统能源。但是，由于开发中存在着大量腐败问题，马科斯总统领导下的雄心勃勃的能源独立

① 蒋细定：《菲律宾的能源开发战略初探》，《南洋问题研究》1983 年第 2 期。

② 蒋细定：《菲律宾的能源开发战略初探》，《南洋问题研究》1983 年第 2 期；郭渊：《东南亚国家对南海石油资源的开发及其影响》，《近现代国际关系史研究》2013 年第 4 辑。

③ 郭渊：《冷战时期菲律宾南海石油开采及行为特征分析》，《浙江海洋学院学报》（人文社科版）2013 年第 1 期。

战略大打折扣，最终由于1986年马科斯本人的仓皇下台而最终折戟沉沙。

1986年，科拉松·阿基诺夫人就任新总统之后，将主要精力运用于修改菲律宾宪法、促使菲律宾政治民主化转型的斗争上。由于任期内遭遇多次军事政变与持续的政治斗争，再加上自然灾害与地质灾害频发，导致阿基诺政府无暇顾及菲律宾的经济发展以及能源问题。1992年，拉莫斯继任总统之后，菲律宾经济再一次腾飞，国民收入成倍增加，人均收入跨上新台阶。拉莫斯政府抓住机会，推动菲律宾能源工业、电力部门私有化，取得了一定的成效。但是，1997年东亚金融危机重创了菲律宾，导致其经济加速衰退，能源自主的目标再度遭受挫折。1998年埃斯特拉达继任总统之后，菲律宾的经济发展没有能够再次出现往日的奇迹，反而被周边国家超越，能源问题的解决也被搁置下来。

二　能源问题的发展

（一）从阿罗约到杜特尔特的能源政策

阿罗约担任总统之时，恰逢全球化迈入新阶段，菲律宾政府的能源政策也呈现出新的气象。2004年，阿罗约总统颁布了菲律宾新的能源政策，内容包括：增加本国的石油和天然气生产，加快国家能源部门市场化，重新启用被废弃的能源设施，并在本国寻找多种能源和增加国家能源储备等各项措施。这一新能源政策的目标在于，确保未来几年内菲律宾能源自给率达到60%，减少对进口能源的依赖，减少能源浪费，以期稳定能源价格，实现能源供应安全。经过反复磋商与调整，阿罗约总统于2006年正式签署了《菲律宾再生能源法案》。该法案鼓励对诸如地热、水电、太阳能、生物燃料、风力和海洋等能源和其他可再生能源的加速开发，实质性地减少对进口石油的依赖。

为了提高能源效率，阿罗约政府还推动菲律宾能源产业私有化：力图在几年内将国家能源公司等国有能源领域中高达70%的资产私有化；增加菲律宾国家石油公司的石化工厂投入，允许与私营企业联合经营。在核电应用方面，阿罗约政府一度打算重启马科斯政府后期被迫中断的核电设施，并已经着手向国际原子能机构申请。但是，由于国际能源生产的调整与菲律宾国内政治生态的多重影响，阿罗约政府的新能源政策并没有完全达到预期效果。菲律宾能源部制定的《2003—2012年能源发展规划》曾经计划在2013年将可再生能源的电力装机容量由2002年的4449兆瓦倍增至9147兆瓦，发电量比重提高到40%，成为居世界第一的地热能发电国和东南亚最大的风力发电国。但是，到2008年底，菲律宾可再生能源的装机容量仅为5300兆瓦。

之后，菲律宾能源部又制定了《2009—2030年能源规划》，提出在2030年将可再生能源电力装机容量在2008年的基础上翻一番。①

阿基诺三世就任总统之后，非常重视菲律宾能源自给率的提升与出路问题。与此同时，阿基诺三世又对《巴黎气候协定》的落实给予了充分的重视，积极参与联合国谈判，并且组织国内专家研讨向联合国提交国家自主贡献承诺（INDC）的可行性方案。阿基诺三世还顺应全球清洁绿色能源的发展潮流，再次决定将开发可再生能源作为实现能源自给的一个重要方向。2011年菲律宾政府又计划在2030年将可再生能源的发电能力从2010年的5400兆瓦提升到15400兆瓦。② 阿基诺三世的能源政策强调绿色发展，但是过于理想化：对于菲律宾而言，运用较为丰富的煤炭发电是短期内提升能源供给而又不过度增加经济成本的较好选择。但是相对于其他能源而言，煤电是众多能源选择中排放温室气体最为严重的一种。如何取舍，考验着菲律宾政府与国民的智慧。

杜特尔特在竞选期间曾一度表示，《巴黎气候协定》中存在诸如“执行机制与援助资金”等款项的模糊性问题，对于菲律宾的能源发展存在不利的因素。但在2016年就任总统不久之后，杜特尔特依然签署了“《巴黎气候协定》加入书”，承诺在一定的条件下，菲律宾政府会履行相应的责任与义务。为了继续保持经济的高增长率，杜特尔特一方面延续前任的经济社会发展政策，另一方面提出了一些新的发展方向以加速菲律宾的经济转型，同时推行了“低调务实”的能源政策，相应地减少了阿基诺三世能源政策“过高、过快、过猛”的理想主义色彩。与此同时，杜特尔特政府积极寻求外国资本投资能源电力行业以解决本国电力短缺问题。菲律宾政府认识到清洁能源和建设更多的电力调峰厂的重要性，建议外资企

① 中国驻菲律宾大使馆经济商务参赞处：《菲律宾可再生能源的潜力与政策》，2010年7月，http：//ph. mofcom. gov. cn/article/law/201007/20100707006682. shtml。

② 转引自《菲律宾计划在2030年将可再生能源在能源中的比例增加3倍》，《能源与环境》2012年第1期。

业以清洁可再生能源和调峰电厂为投资方向。例如，自 2016 年起，菲律宾政府就积极寻求中国和日本的公司参与投资菲律宾电力建设。2019 年 4 月，杜特尔特总统在访问中国期间，菲律宾能源部再次向中资企业发出了投资邀请。美国能源经济与金融分析研究所（IEEFA）指出："过度依赖进口煤炭是菲律宾成为东南亚国家联盟（ASEAN）地区电价最高的主要原因。"[①] 煤炭市场的不可预测性将推动电价上涨，并将威胁菲律宾的产业战略。菲律宾能源部公布的数据显示，2015 年煤炭发电占总发电量的 44.5%，2018 年该国煤炭发电量约占全国发电总量的 35%，约 8000 兆瓦。[②] 随着经济的扩张，菲律宾电力需求继续增加。当务之急是如何转变过度依赖进口煤炭用于发电的现状。

（二）菲律宾能源政策的实施难度与现实困境

综观几十年来菲律宾政府的能源政策，它有以下特点：理念新颖、措施不断，道路曲折、绩效一般。

首先，菲律宾各届政府的能源政策出台具有一定的前瞻性，但普遍缺乏可持续性。早在马科斯总统时期，菲律宾就提出了在传统能源之外，积极开发、利用非传统能源，而且开始尝试小型核电。上述理念无疑是当时非常先进的，在东南亚地区处于引领地位。但是从实施的效果来看，基本上没有后续政策的支持，这与菲律宾政治局势不够稳定，高层领导更替频繁有着密切关系。

其次，能源政策的目标明确，但是出台的配套措施没有跟进。经受了 20 世纪 70 年代世界能源危机的冲击之后，菲律宾政府的能源目标非常明确：提升能源自主率，鼓励能源多元化，摆脱能源对外依赖。问题是，菲律宾总统以及政府出台的各项措施往往无法给能源目标以有力的支撑。背后的原因，除了政府的能源目标过于激进之外，菲律宾社会各个阶层与各个族群之间缺乏凝聚力与共识也是一个突出因素。

再次，能源政策会受到国际局势以及国际能源供需与供给波动的影响。菲律宾国民经济国际化程度比较高，对其他国家有所依赖，与美国关

① *IEEFA Report*, *The Philippine Energy Transition*: *Efforts Needed to Attract Investment and Reduce Electricity Prices*, https://ieefa.org/ieefa-report-the-philippine-energy-transition/.

② 参见菲律宾能源部官网，https://www.doe.gov.ph/energy-statistics?q=coal-overview。

系特殊，以上因素深刻地影响着它自身的能源政策。国际能源需求与供给不断发生变化，时刻影响着菲律宾政府能源政策的持续性，也影响着其能源产业的投资规模与资金流动问题。

最后，国民经济的阶段性导致对能源问题以及能源效率的重视程度不够。菲律宾早在 20 世纪 80 年代就开始提出提高能源效率、提倡开发非传统能源，这与菲律宾当年经济发展的良好态势紧密相关。[①] 之后，由于菲律宾的经济发展遇到了曲折与瓶颈，环境问题就不会成为侧重点，能源问题也无暇顾及。随着全球经济的发展，菲律宾的经济发展又开始逐步启动、持续推进，能源效率与能源多元化问题就又成为关注的焦点之一。

第二节　传统能源产业之一：煤炭行业

菲律宾的一次能源消费构成包括两大部分：传统能源与非传统能源。传统能源包括煤炭、石油、天然气等，非传统能源包括地热资源等。传统能源需求旺盛，非传统能源消费比例逐步提升。在全球气候变化与温室气体减排的背景下，菲律宾的传统能源产业正处于经济发展与能源转型的双重压力之下：一方面，国民经济高速发展对电力能源的需求猛增，自然需要传统能源产业持续发力；另一方面，环境库兹涅茨曲线表明，经济发展到一定水平之后开始追求环境保护，菲律宾积极参与大气污染治理，就必须提升能源效率，促进能源多元化。从目前的态势来看，菲律宾的煤炭产业所面临的转型压力最大，天然气部门的发展方兴未艾，石油产业受到能源多元化的直接冲击。本节主要介绍菲律宾传统能源产业中的煤炭产业。

一　菲律宾煤炭产业发展的历史

菲律宾是东南亚地区主要的煤炭生产国与消费大户，煤炭产业起步较早，但是历史上并未受到应有的重视，结果导致煤炭工业发展一度缓慢。近年来，菲律宾煤炭产量逐步增加，而净出口数量非常低，由于国内煤炭

---

① 一个国家的能源效率提升与经济发展之间的关系，在环境经济学方面已有不少研究，详细研究可参见张学刚《环境库兹涅茨曲线理论批评综述》，《中国地质大学学报》（社会科学版）2009 年第 5 期。

消费需求旺盛，导致菲律宾从国外进口的额度日益提升。从图Ⅱ－3－4与图Ⅱ－3－5可以看出，20世纪70年代石油危机之后，菲律宾国内煤炭消费从数量到速度一直呈现出增长的态势。根据菲律宾能源部数据，2019年菲律宾煤炭消费总量为3312万吨，其中能源生产（主要为发电）消费煤炭2865万吨，占煤炭总消费量的86.5%；水泥生产占煤炭消费的8.3%，总量为275万吨；其他部门占煤炭消费的5.2%，总量约为171万吨。①

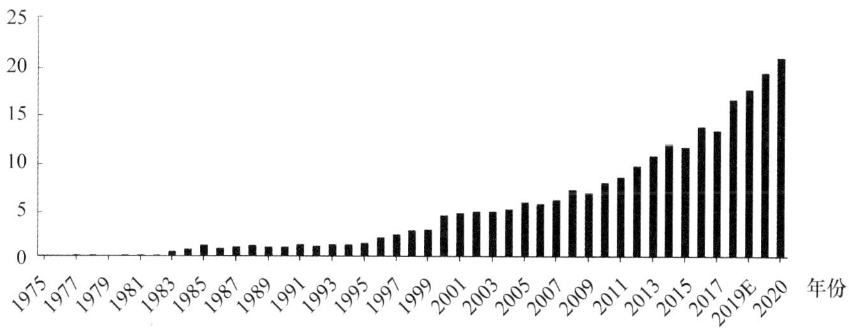

图Ⅱ－3－4 1975—2020年菲律宾的煤炭消费量（百万吨油当量）

资料来源：前瞻数据库，https：//d. qianzhan. com/xdata/details/73436d94ccd9de75. html。

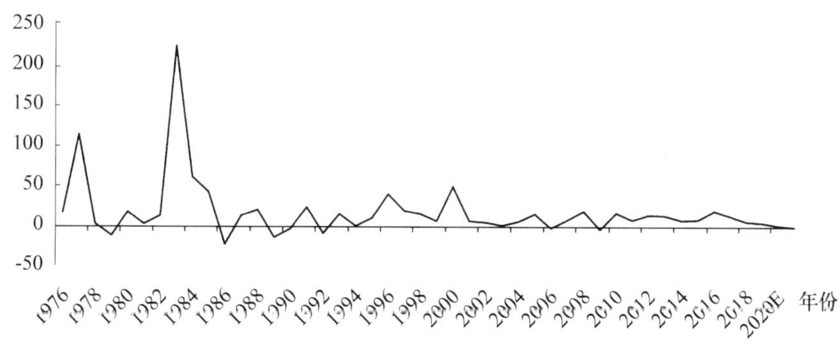

图Ⅱ－3－5 1976—2020年菲律宾煤炭消费同比增速（%）

资料来源：前瞻数据库，https：//d. qianzhan. com/xdata/details/6f99c849a19b2903. html。

从全国分布来看，菲律宾大致有15个煤炭资源区域，有大小煤田80

① 参见菲律宾能源部，https：//www. doe. gov. ph/energy－statistics? q＝energy－resources/coal－statistics。

多个，包括褐煤、亚烟煤、烟煤等各煤种。20 世纪 80 年代，菲律宾政府勘探、推定全国煤炭储量约为 17 亿吨（由于地质勘探与研究的手段与技术不断提升，后来发现许多煤田的实际储量大大超过原有勘测结论）。但在 1973 年世界石油危机之前，全国并没有成规模的煤炭开发，煤炭年产量不超过 30000 吨，在一次能源消费结构中的比例不超过 1%。[①] 20 世纪 70 年代的石油危机给菲律宾国民经济造成了巨大的成本开支，给菲律宾政府敲响了警钟。之后，菲律宾政府开始提倡煤炭开发，以降低对外石油依赖。具体而言采取了以下几个方面的措施：第一，菲律宾政府制定了长期的规划，要求全国煤炭年产量由 1978 年的 26 万吨，以每年平均增长 40% 的速度增至 1987 年的 540 万吨，扩大 20 倍左右（但是，这一目标后来没有能够实现。如 1992 年菲律宾年产量仅为 170 万吨）[②]。第二，扩大煤炭消费市场。菲律宾政府在全国范围内确定 14 座新建或原有的水泥厂以煤炭为其主要燃料；并鼓励、引导其他可以改烧煤炭的用油企业以煤为燃料，政府为此提供低息设备贷款。第三，建立健全煤业机构。把原隶属于菲律宾矿务局（PBM）的煤矿区和煤矿企业划归能源开发局（BED）管理，并于 1980 年另成立一个国家煤炭管理局（NCA），专门管理煤炭产销与进出口，其地位大致与 BED 等同。第四，强化矿权管理。菲律宾政府建立完善了勘探权、探矿权与采矿权的申报、审批法规。由申请人提出探矿或采矿计划，经 BED 审核后签订开采合约，最后由总统核准后成立。第五，吸引内外投资。菲律宾政府制定一项经由总统批准的特别法案，规定了一系列奖励措施、优惠方案，以鼓励国内外投资开发煤矿。

二　菲律宾煤炭行业的发展前景

20 世纪 80 年代之后，在菲律宾政府的鼓励之下，大规模的煤炭开发迅速着手进行。澳大利亚、中国、英国、美国等国际投资接踵而来，为其国内煤炭开发提供了有力的支撑。根据 1982 年的总统政令成立了国家煤炭机构，以促进煤炭资源的利用，并通过适当的监督、购买规划、销售、

---

① 对菲律宾煤炭产业发展历程的详细研究可以参见缪奋《菲律宾的煤炭资源》，《煤田地质与勘探》1986 年第 3 期。

② 呼义民、陈金山：《菲律宾电力市场开发》，《东北水利水电》1997 年第 4 期；阮前途、杨华：《菲律宾电力市场的发展及评价》，《电网技术》2012 年第 1 期。

运输和分配以及进口煤炭，以确保足够稳定的煤炭供应。尽管政府希望看到一个健康发展的国内煤炭工业，能够缓和对进口燃料的过分依赖，同时对菲律宾的经济发展做出贡献，但菲律宾煤炭资源毕竟有限，无法维持现有的和计划兴建的燃煤电站对煤炭的需求。

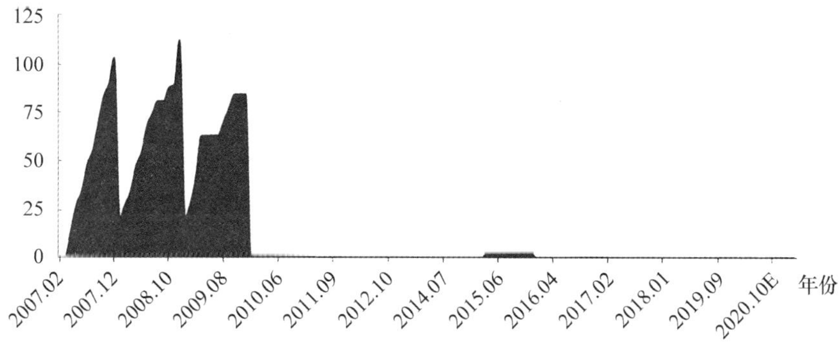

图Ⅱ-3-6　2007—2020 年菲律宾煤炭出口数量（万吨）

资料来源：前瞻数据库，https：//d. qianzhan. com/xdata/details/a15b74cfec907a15. html。

菲律宾国内的煤炭产业存在不少问题，其中最为主要的是地理位置与运输问题。菲律宾的煤矿普遍规模不大，而且散落分布在各个岛屿之上，运输成本较高。煤炭产量有限、煤质差，煤炭价格通常受到开采、洗选和运输价格的影响。各矿煤质不同，即使同一矿的煤，煤质也不尽相同。

与煤炭产业密切相关的，主要是电力部门。[①] 目前，菲律宾国家电力公司（NCP）是菲律宾最大的煤炭用户，占煤炭总消费量的一半以上。国家电力公司对煤炭需求的大部分由国内煤矿（塞米拉拉煤矿占主要地位）提供，其他煤炭供应则从印尼、澳大利亚、中国、加拿大、俄罗斯等国家进口。尽管国家电力公司的发电量仍居首位，但随着 1989 年 BOT 法的颁布，私营公司发电所占份额增加了。从那以后，政府开始在发电项日中利用私营公司的资金和技术。1994 年，大约 2946 兆瓦装机容量，占总容量的 3%，由私营公司以各种方式进行运营和维护。私营电力开发商，对电力业的参与将越来越多，所占比例从 1994 年的 33%

① 菲律宾煤炭的主要用途为火力发电，进口的煤炭主要为动力煤。

增加到 2005 年的 61%。[1] 2000 年以后菲律宾政府大大提高了燃煤发电能力。这些电厂的大部分将由私营电力业者控制，目前，私营电力业者正做出努力，主要负责寻找货源。很明显，国内煤炭产量不能满足这些私营电站的燃料需求。为最大限度地扩大国内煤炭在一次能源构成中的份额，菲律宾政府采取了比较积极的措施：减少使用劣质煤炭，改进洁净煤技术，降低煤炭利用对环境的影响，使燃料煤炭的能源项目为公众所接受，同时通过鼓励煤炭开采，加强煤炭勘探活动，等等。

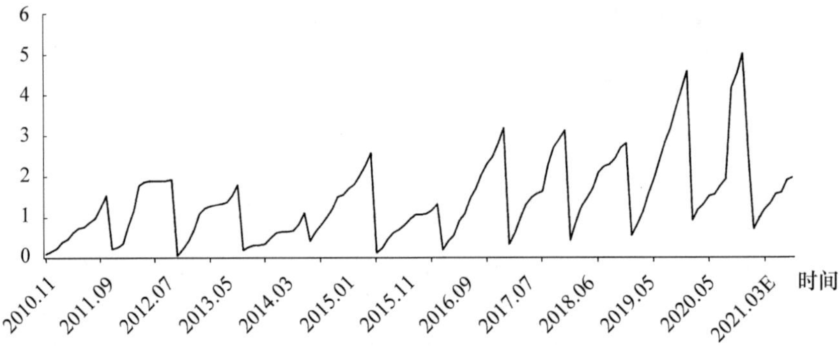

图Ⅱ－3－7　2010—2021 年菲律宾煤炭（褐煤）进口金额累计值（百万美元）

资料来源：前瞻数据库，https：//d. qianzhan. com/xdata/details/35cc7b055bf91806. html。

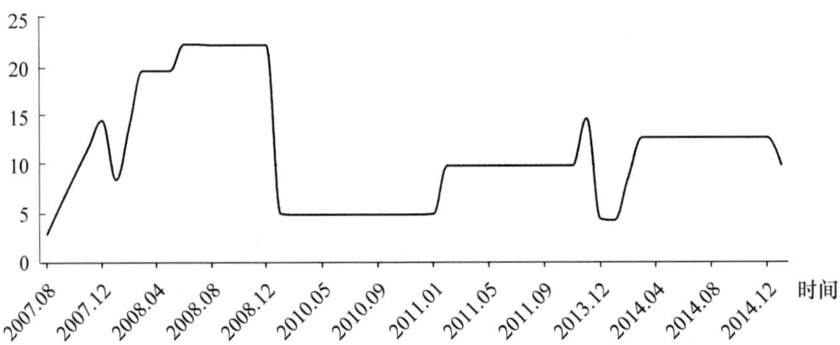

图Ⅱ－3－8　2007—2014 年菲律宾煤炭（动力煤）进口量（万吨）

资料来源：前瞻数据库，https：//d. qianzhan. com/xdata/details/22344e8a48c7d56a. html。

---

① ［菲］盖佐：《煤炭仍然支持菲律宾电力发展计划》，《中国煤炭》1995 年第 9—10 期。

第三节　传统能源产业之二：石油行业与天然气行业[①]

在菲律宾传统能源构成中，石油和天然气所占的比重很大，自给率非常低，因此进口额度较高。本节从菲律宾的油气消费历史出发，对其油气资源需求进行预测，并在分析供应现状的基础上，判断未来的供需缺口以及对全球油气资源供需格局和油气贸易的影响。

一　菲律宾石油行业的发展问题

（一）石油资源的勘探与开采

尽管早在19世纪末期，菲律宾就在美资公司的支持下进行了石油勘探与开发，拥有了自己的油田。但直到现在，菲律宾国内的石油产量表现平平，石油消费主要依赖进口。图Ⅱ-3-9为1994—2015年菲律宾国内的石油产量。

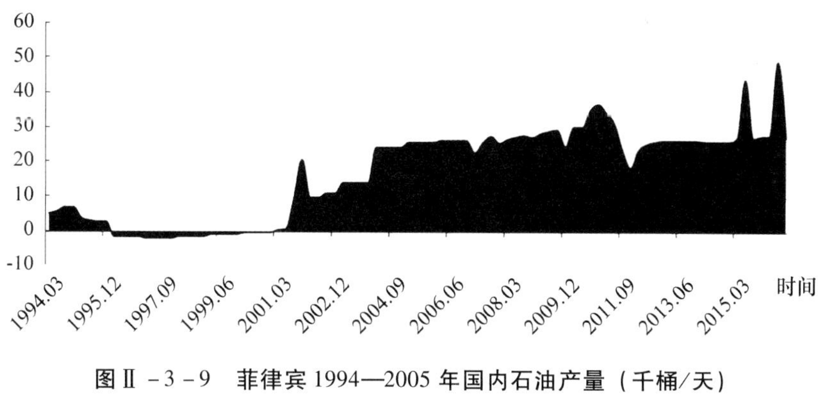

图Ⅱ-3-9　菲律宾1994—2005年国内石油产量（千桶/天）

资料来源：前瞻数据库，https：//d. qianzhan. com/xdata/details/3c0a47cefc5822aa. html。

20世纪70年代开始的几次石油危机促使菲律宾不得不高度重视自身

① 石油与天然气行业的产业链条中有所谓"上游（Upstream）""中游（Midstream）""下游（Downstream）"的说法。上游指的是勘探与开发生产，中游指的是运输与交易，下游指的是提炼与营销。

石油能源的勘探与开发。此后，“降低进口石油的依赖、立足能源自给”成为菲律宾能源计划的一贯目标。1972 年菲律宾总统马科斯颁布第 87 号总统令，修订了石油政策，以“服务合同制”取代“租让制”。1983 年通过发布第 1857 号总统令又做了进一步修订，增补了对深海石油勘探的附加性奖励政策。修订后的石油政策允许甚至鼓励政府与具备资格的当地或国外公司实行油气勘探、开发和生产的服务合同制。之后，由于菲律宾国家石油政策比较稳定，而且鼓励公私合作，同时政府又实行多条腿走路，推动地热、煤炭等资源的开发利用，1985 年菲律宾对石油的依赖程度已由 1973 年的 92% 下降到 50%。但好景不长，1992 年又重新回升到 70%。①

（二）石油的消费与进口

菲律宾的石油主要用于交通部门。未来交通部门能源利用效率将不断提高，煤炭和天然气在电力和工业领域对石油具有一定的替代性，而且在电力领域将大力发展新能源产业。但是，总体来看，主要依赖交通和工业部门的拉动，菲律宾的石油消费仍将继续增长。

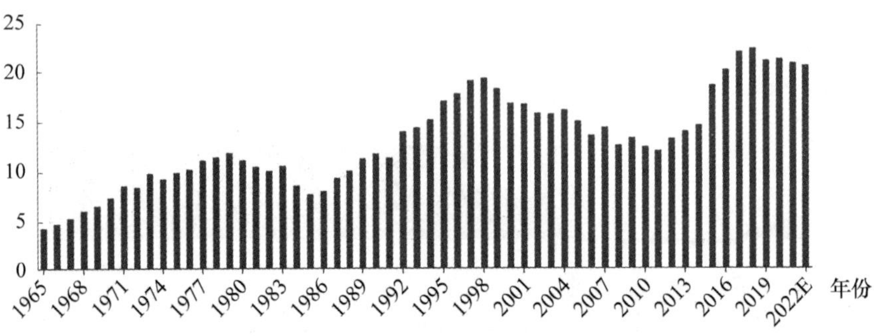

图Ⅱ-3-10　1965—2020 年菲律宾的石油消费量（百万吨油当量）

资料来源：前瞻数据库，https：//d. qianzhan. com/xdata/details/1250d10674913a7e. html。

为满足国内消费需求，在国内石油资源紧缺的情况下，菲律宾不得不严重依赖国外进口。根据菲律宾能源部 2018 年颁布的数据，2016 年，菲律宾原油进口量达 7877. 2 万桶，进口金额为 74. 51 亿美元，在一次能源

① 胜情：《菲律宾的石油政策与法规综述》，《国际石油经济》1994 年第 3 期。

消费中占到32.7%。在所有进口原油当中，87%的原油来自中东地区，6.7%从俄罗斯进口，6.3%来自于东盟国家，而菲律宾国内原油产量仅为13.5万桶，自给率仅为1.3%。2017年，进口石油占一次能源消费的比重为32.8%，从中东进口石油的比重增加到90%，而从东盟国家进口的比重减少到2.2%，自给率仅为1.1%。

二　菲律宾天然气行业发展的问题

东南亚地区大多数国家的油气资源特别是天然气储量比较丰富，而菲律宾是个例外，其储量与开发较为有限，对进口依赖严重。

（一）天然气资源的勘探与开采

在“降低进口石油的依赖、立足能源自给”的能源政策驱动之下，菲律宾与其他国家通力合作，勘探并开发本国近海油气田。1989年位于菲律宾南部巴拉望岛海域的马拉帕亚（Malampaya）油气田被发现，菲律宾政府与荷兰皇家壳牌石油公司以及美国雪佛龙石油公司联合开发，2001年9月首次开采出天然气，2002年正式投入商业运作，成为菲律宾最大的工业项目。该天然气田从海平面之下深达3000多米的地域开采天然气，然后经由500多公里长的管线输送到吕宋岛西南岸的港口城市八打雁，提供给三家大型天然气发电厂（其中包括荷兰皇家壳牌公司的子公司）用作火力发电的燃料。这三家发电厂总装机容量高达2700兆瓦，可满足本国经济最为发达的吕宋岛地区40%—45%的电力供应需求。[①] 不过，专家预计，在2022年后，马拉帕亚天然气田的产量将逐渐减少，十年后会基本枯竭。届时，菲律宾的经济发展计划将再一次受到严重影响。鉴于此，菲律宾正在积极寻求解决方案。杜特尔特政府希望尽快与中国达成联合勘探石油和天然气的框架，并称任何协议都会让菲律宾人受益。[②] 2018年11月中国国家主席习近平访问菲律宾之后，中菲签署了《联合开发南海油气资源谅解备忘录》。2019年，根据《中菲油气开发合作的谅解备忘录》和《关于建立政府间联合指导委员会和企业间工作的职责范围》，中

---

① 参见菲律宾能源部官网，https：//www. doe. gov. ph/energy - information - resources? q = philippine - power - statistics。

② 《菲海上油气开采面临枯竭，急需中国帮助》，转引自中国石油新闻中心网站，2018年7月18日，http：//news. cnpc. com. cn/system/2018/07/18/001698304. shtml。

菲双方宣布成立“油气合作政府间联合指导委员会和企业间工作组”，双方将通过共商、共建、共享、相互尊重领土完整与主权，并且在拓展互利合作时体现出完全透明度，实现可持续发展和共同繁荣。[①]

（二）天然气的消费、进口依赖与发展困境

在东南亚地区，工业部门是天然气最主要的消费部门，未来需求增长主要受工业发展和电力生产的拉动。菲律宾正在经历快速工业化的时期，钢铁、水泥等冶炼加工产业的发展将促进天然气需求快速增加，导致天然气在一次能源消费结构中的占比呈现出不断上升的趋势。另外，化工领域的发展也对天然气需求与消耗起到较大的促进作用。[②] 有研究表明，预计到2030年，东南亚地区一次能源需求将达到12亿吨油当量（TOE）左右，其中菲律宾的需求尤为突出。菲律宾国内的天然气资源不足，严重依赖国外进口，所以导致天然气价格居高不下。图Ⅱ-3-11与Ⅱ-3-12显示，进入21世纪，菲律宾国内的天然气消费一直持续在高位。

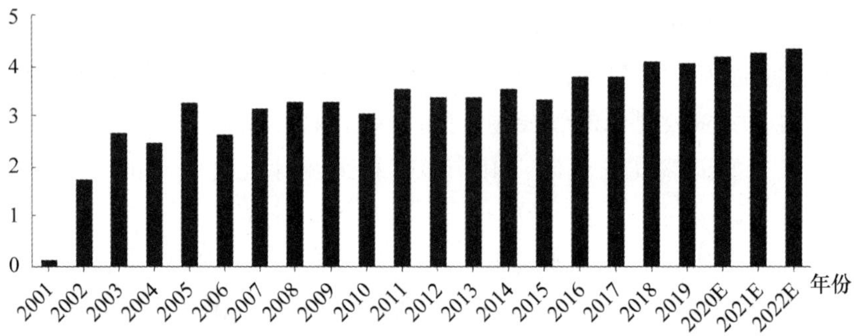

图Ⅱ-3-11　21世纪以来菲律宾国内天然气消费量（10亿立方米）

资料来源：前瞻数据库，https：//d. qianzhan. com/。

菲律宾天然气本土储量不高，产量极其有限：2007—2013年，天然气探明储量基本保持在984.84亿立方米，而天然气产量与消费量始终维持在28.3亿立方米。[③]

---

① 参见新华网，http：//www. xinhuanet. com/politics/leaders/2019-08/29/c_ 1124938959. htm。

② 胜情：《菲律宾的石油政策和法规综述》，《国际石油经济》1994年第2期。

③ 李妙华：《东南亚八国天然气市场供需与管制现状》，《中外能源》2013年第18卷。

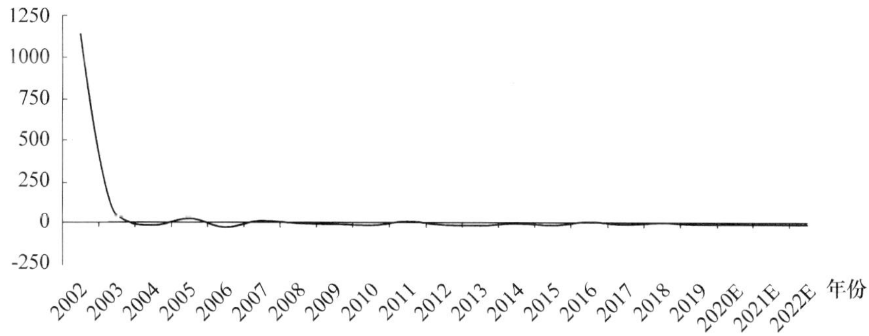

图Ⅱ-3-12　21世纪以来菲律宾国内天然气消费量同比增速（%）

资料来源：前瞻数据库，https：//d. qianzhan. com/xdata/details/746d549fbea4b32e. html。

表Ⅱ-3-1　　2014—2019年菲律宾天然气生产与消费量　　（百万立方米）

年份	生产	消费
2014	3693	3558
2015	3471	3341
2016	3980	3828
2017	3944	3810
2018	4272	4115
2019	4403	4221

资料来源：菲律宾能源部官网，https：//www. doe. gov. ph/natgas - statistics？page = 1。

从表Ⅱ-3-1可以看出，菲律宾天然气年产量不高，消费量基本与年产量持平。其原因在于，菲律宾的天然气在2004年之前完全用于发电，根本不提供给其他工业与交通部门以及生活使用。上述状况一直没有发生改变，2017年、2018年、2019年用于发电的天然气占总生产量的比例分别是95%、94.6%、94.1%。[①] 菲律宾天然气生产能力不足，进口数量因受到国家财政能力的影响而受到限制，直接影响到国民经济众多部门的发展，加重了对煤炭能源的深层次依赖。当前，中菲关系发展良好，双边关系处于新的发展机遇期。双方都表示要认真落实两国元首的重要共识，根据《中菲油气开发合作的谅解备忘录》精神，积极推动中菲油气开发合

① 菲律宾能源部官网，https：//www. doe. gov. ph/natgas - statistics？page = 1。

作取得实质性进展。

第四节　非传统能源产业

长期以来，能源短缺与不平衡一直是制约菲律宾经济发展的重要因素。菲律宾历届政府为此出台了各种能源政策，试图提升能源自给率，促进经济和社会可持续发展，但最终效果一般。当前，在全球气候治理的大背景之下，世界各国提倡发展清洁绿色能源。菲律宾政府顺应国际潮流，也认识到自身的可再生能源储量丰富的国情。因此，在未来一个时期内，开发可再生能源是菲律宾提升能源自给率的一个重要方向。菲律宾的可再生能源产业前景广阔。

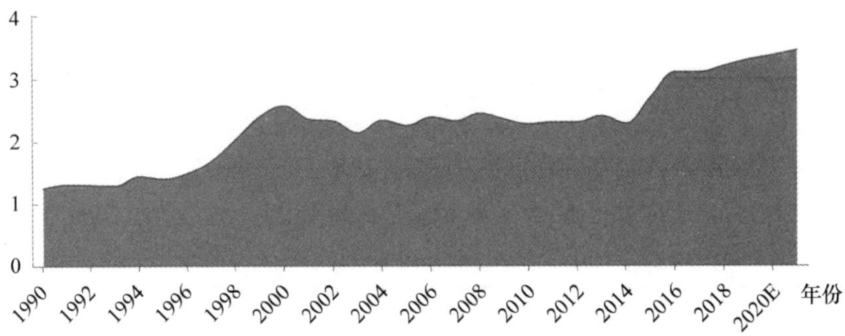

图Ⅱ－3－13　20世纪90年代以来菲律宾可再生能源消费量（百万吨油当量）

资料来源：前瞻数据库，https：//d. qianzhan. com/xdata/details/7faa180b13c0e9be. html。

一　菲律宾非传统能源产业：构成与发展

菲律宾传统能源储备匮乏，但可再生能源的开发潜力巨大。早在2009年，菲律宾“可再生能源联盟”呈交给参议院的一份调查报告表明，菲律宾全国所拥有的可再生能源超过20万兆瓦。其中，地热能4531兆瓦，水电13097兆瓦，风电76600兆瓦，海洋能17万兆瓦，每年可利用的生物质潜能大约与277百万桶燃料油的能量相当。[①] 相对于传统能源的

① 中国驻菲律宾经商参赞处：《菲律宾可再生能源潜力与政策》，http：//ph. mofcom. gov. cn/article/law/201007/20100707006682. shtml，2010年7月6日。

开发利用，菲律宾非传统能源的开发起步较早，但同样进展有限。菲律宾的非传统能源包括地热能源、风电、太阳能以及核能。其中，由于地质结构的因素，地热资源的利用处于领先地位，风电与太阳能开发程度一般。核电起步较早，但是由于缺乏可持续性，目前处于搁置状态，近期有可能重新启动相关程序。菲律宾能源部的数据显示，从 2008 年《可再生能源法案》通过到 2018 年，可再生能源为菲律宾节省能源开支 40.4 亿比索，减少碳排放 280 万吨。[①]

有专家认为，煤炭发电厂不具有灵活性，容易导致系统性锁定，而且由于近年来菲律宾大量进口煤炭，增加了贸易逆差。[②] 而可再生能源发电具有高度的灵活性、系统的可靠性、成本的竞争性，还可以带来新的就业机会，最终推动产业升级。2020 年 6 月 5 日，菲律宾国会气候变化委员会通过了众议院第 761 号决议，明确指出今后不允许新建任何煤电发电厂。这一决议与菲律宾能源部的立场完全吻合，透露出菲律宾决心放弃对煤炭发电的依赖。与此同时，菲律宾较大的煤电企业集团如 Ayala、Aboitiz 和 San Miguel 等公司也公开表示向可再生能源转型的目标。

（一）地热能源

菲律宾是全球地热资源储量大国（据估计，其开发远景为 20 万兆瓦），也是地热资源开发大国。基于已经安装并成功运行的地热发电能力的相关数据，截至 2019 年，全球地热发电容量为 14900 兆瓦，超过 1000 兆瓦的国家有五个。[③] 按照装机容量排名前三位的分别为：美国，3653 兆瓦；印度尼西亚，1948 兆瓦；菲律宾，1868 兆瓦。[④] 当前，菲律宾全国地热电厂有 32 家，装机容量占全国总装机容量的 8.3%，电力生产占全国总量的 10.5%。其中，吕宋地区装机容量占 5.4%，发电能力占 5.3%；维萨业斯地区装机容量占 28.3%，发电能力占 40.2%；棉兰老岛

---

① 参见菲律宾能源部官网，https：//www.doe.gov.ph/renewable - energy？q = renewable - energy/empowered - renewable - energy - decade - report - 2008 - 2018。

② 菲律宾 2019 年煤炭进口为 2011 年的三倍，达到 2940 万吨，耗资 23 亿美元，占该年度贸易逆差的 7%（参见北极星电力网新闻中心《煤电四大风险——菲律宾可能停止新建煤电厂》，http：//news.bjx.com.cn/html/20200623/1083253.shtml）。

③ Think GeoEnergy，https：//www.thinkgeoenergy.com/geothermal/.

④ 菲律宾能源界，http：//www.nengyuanjie.net/article/28942.html。

装机容量占 2.9%，发电能力占 6.5%。[①]

（二）水力资源

菲律宾自然环境决定其水力资源比较丰富，但是地理环境决定了开发成本较高。随着经济生产与生活水平的不断提高，水力发电的需求日益高涨。从图Ⅱ－3－14 中可以看出，菲律宾 1965 年以来水电消费总量不断攀升。菲律宾能源部数据显示，截至 2018 年，菲律宾全国有水电站 103 座，筹备建设 11 座。2018 年水电生产总量为 9384 吉瓦，在全国总发电量中占 9.4%，相当于节约当年石油进口量的 3.9%。菲律宾未开发的水力资源潜力约为 13100 兆瓦，其中 85% 可建设装机容量在 10 兆瓦以上的电站，其余为微型水电站（即发电仅供当地社区使用）。[②] 菲律宾政府鼓励私人投资水电项目，例如，吕宋岛上的一些水电站项目已经完全放开。

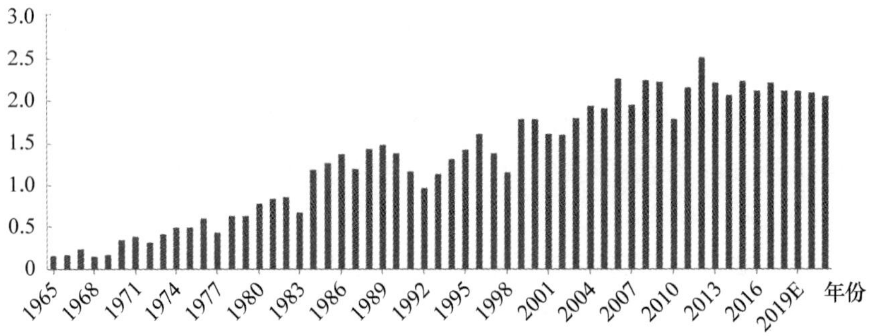

图Ⅱ－3－14　1965—2019 年菲律宾水电消费量（百万吨油当量）

资料来源：前瞻数据库，https：//d.qianzhan.com/xdata/details/decc45abb84ab73f.html。

（三）风电与太阳能

菲律宾的风电与太阳能利用起步早，但发展过程比较缓慢，近年来有明显提升。菲律宾位于亚太季风带边缘，具有良好的风能潜力。根据菲律宾气象局研究得出的数据，其风能发电潜力为每平方米 31 瓦特。美国可再生能源实验室 1999 年做的一项研究表明，菲律宾有超过 1 万平方公里的地域具有优质或良好的风能开发潜力，是东南亚风电潜力最大的国家。假设每平方公里发电 7 兆瓦，则总体的风电潜力可达 7 万兆瓦，数量相当可观。另外，菲律宾

① 菲律宾能源部官网，https：//www.doe.gov.ph/pep/renewable－energy－roadmap－2017。

② 菲律宾能源部官网，https：//www.doe.gov.ph/pep/biofuels－roadmap－2017－2040。

地处赤道略北，全年光照强烈，每平方米可吸收太阳能128—203瓦特，但是太阳能主要分布地区有待进一步确定，目前在北棉兰老岛地区有太阳能发电装机10兆瓦，2013年又兴建了12兆瓦的太阳能发电厂。[①] 还有一个最为重要的问题是风电与太阳能发电属于分布式发电，如何低成本并网是一个世界性难题，菲律宾也面临这一挑战。据《马尼拉时报》报道，菲律宾能源部已经批准了三个发电容量分到为1.2吉瓦的光伏项目。此外还有几个规模较小（从5兆瓦到61兆瓦）的太阳能项目也获得了许可证。总之，到2020年6月底，总共有13.2吉瓦的太阳能项目被列入能源部的清单。计划到2030年，菲律宾政府的清洁能源将达到15吉瓦。[②]

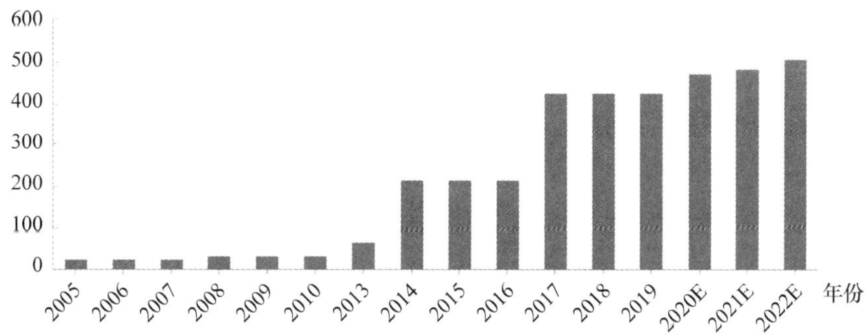

图Ⅱ-3-15 21世纪以来菲律宾国内风电装机容量（兆瓦）

资料来源：前瞻数据库，https：//d. qianzhan. com/xdata/details/a3d36cac5ac1f98b. html。

（四）生物质能源

生物质能源主要包括传统的柴薪物质（主要运用于日常生活燃料）与生物能源（包括生物柴油与生物乙醇）。就传统的柴薪物质而言，菲律宾的农业生产比较发达，国民基本上有生物质再利用的传统，可用于发电或供热的生物质包括甘蔗渣、椰子壳、稻壳与秸秆等。当下，菲律宾的生物质能源发展的主要途径与目标并非传统的柴薪燃料，而是生物能源。其中，生物柴油指植物油（如菜籽油、大豆油、花生油、玉米油、棉籽油等）、动物油（如鱼油、猪油、牛油、羊油等）、废弃油脂或微生物油脂

① 国际能源网，https：//newenergy. in-en. com/html/newenergy-1856463. shtml。

② 北极星太阳能光伏网，http：//guangfu. bjx. com. cn/news/20200904/1102161. shtml。

与甲醇或乙醇经酯转化而形成的脂肪酸甲酯或乙酯。生物乙醇是指通过微生物的发酵（比如甘蔗渣发酵等）将各种生物质转化为燃料酒精。它可以单独或与汽油混合配制成乙醇汽油作为汽车燃料。生物能源是典型的绿色能源，具有环保性能好、原料来源广泛、可再生等特性。菲律宾热带作物如甘蔗、椰子产出丰富，可以用来生产生物乙醇与生物柴油。20 世纪 80 年代，菲律宾甘蔗生产过剩，马科斯总统鼓励用其生产生物乙醇。[①] 阿罗约政府 2004 年积极鼓励椰子生物油的生产，菲律宾国家石油总公司曾经成功地建立了一家实验性的椰子生物油厂，每月生产 640 升生物柴油。随后在菲南部推广建立一家大型生物柴油厂。[②]

根据菲律宾能源部、农业部和环境与自然资源部的数据，进入 21 世纪，菲律宾的生物质能源发展迅速：2003 年，菲律宾可利用生物质能源潜能大约与 271..7 百万桶燃料油的能量相当，并以每年 1.9% 的速度增长，到 2012 年该数字已经达到 323.1 百万桶。截至 2018 年，菲律宾全国建成生物质能源电厂或者工厂 26 家，还有 21 家正在筹备建设当中。2018 年全国生物质电能生产占到全国发电总量的 1.1%，达到 1105 吉瓦，相当于节约 14.4% 的石油进口量。[③]

（五）核能的开发利用

在核能核电方面，菲律宾属于典型的“起个大早、赶个晚集”的国家。20 世纪 70 年代，世界能源危机严重冲击了菲律宾。马科斯总统开始寻求核电开发利用。1984 年，菲律宾在北部建成巴丹核电站并尝试运行。但是好景不长，1986 年切尔诺贝利核事件给菲律宾核电发展蒙上了阴影，加上马科斯政府突然倒台，核电产业就被中断、搁置了。之后虽然间或有总统提议再度重启，但由于种种原因而未果。从阿罗约政府开始，菲律宾积极研究核能开发利用问题，而且已经把具体方案提交给国际原子能机构接受审议。国际原子能机构对菲律宾发展核电所需基础设施的评议报告已经发回给菲律宾政府有关部门，双方正在讨论如何合作。杜特尔特总统也一直考虑将核电作为能源多元化的一个备选方案。从 2018 年开始，菲律宾政府与

① 刘贺青：《菲律宾生物燃料发展状况及存在的问题》，《亚太经济》2010 年第 2 期。

② 曾小红：《菲律宾国家石油公司将新建生物柴油厂》，《世界热带农业信息》2007 年第 8 期。

③ 菲律宾能源部官网，https：//www. doe. gov. ph/pep/biofuels – roadmap – 2017 – 2040。

俄罗斯国家原子能公司多次就建设核电站的初步可行性进行磋商，并签署了备忘录。菲律宾有关部门已起草一项支持能源部发展核能的行政令送交杜特尔特签署，但杜特尔特总统因考虑到核电设施的安全问题而迟疑不决。在“是否要发展核电”问题上，菲律宾从官方到民间都有支持者与反对者。支持者认为，核电是最便宜和最清洁的能源；运用现代科技发展核电能够有效降低风险，还可以显著地降低电价。反对者则认为，核电的安全隐患一直存在，而且菲律宾国内的资源贫乏，需要依赖进口铀，核废物处置成本高，加上国内的恐怖主义问题，会潜存一系列隐患。

（六）可再生能源领域的立法与政策

为加强可再生能源的开发利用，提高能源自给率，菲律宾历届政府都进行了立法，如 1978 年的《地热法》、1991 年的《小型水电法》、1997 年的《海洋能、太阳能与风能法》、2001 年的《电力部门改革法》、2003 年的《可再生能源政策框架》和 2006 年的《生物柴油法》等。其中最重要的是 2008 年颁布的《可再生能源法》。该法是东南亚国家中首部综合性的可再生能源立法，借鉴了发达国家发展可再生能源的先进经验，为可再生能源的开发利用提供了优厚的财税激励措施，搭建了较好的制度框架。联合国有关机构甚至称赞该法律为东南亚其他国家进行相关立法提供了一个很好的范例。

菲律宾能源部门对于发展可再生能源抱有很大信心和期望。2002 年通过的《2003—2012 年能源发展规划》，提出到 2013 年菲律宾全国可再生能源的电力装机容量由 2002 年的 444.9 万千瓦倍增至 914.7 万千瓦，发电量比重提高到 40%，成为世界第一的地热发电国家和东南亚最大的风力发电国。但从目前的数据来看，菲律宾的可再生能源计划显然没有实现。其根本原因是缺乏长期、有效、稳定的巨额投资。菲律宾政府深知其中利害，积极制定政策以吸引投资：自 2008 年底颁布《可再生能源法》以来，菲律宾能源部已经先后与众多企业签订可再生能源服务合同，吸引了不少国内外的投资。之后，菲律宾能源部又制定了《2009—2030 年能源规划愿景》，提出在 2030 年将可再生能源电力装机容量在 2008 年的基础上翻一番。为了推进这些政策的实施，该规划愿景还专门规定设立了国家可再生能源委员会（NREB）和可再生能源信托基金（RETF）。

当前，菲律宾开发可再生能源仍然面临以下问题：第一，外资进入的法律限制。菲律宾宪法规定，外资参与能源勘探、开发与利用项目，只能占最多40%的股份，这一限制是导致外资较少进入该行业的一个主要原因。目前，菲律宾地热能、水力等资源开发主要被 PNOC-EDC、Aboitiz 等本国公司所占据，外资要进入菲律宾必须与本国企业合作。第二，社会文化方面的阻力。菲律宾《国家综合保护区体系法》《土著居民人权法》等相关法律对在当地开发地热能等资源构成了一些障碍，且当地社区和居民可能对能源开发抱有偏见甚至敌视态度。第三，前期勘探风险。菲律宾科学技术较为落后，政府财力匮乏，对于可再生能源分布的具体信息缺乏调查研究，目前所得资料较为原始粗糙，意味着一旦进行商业开发，就需要做大量前期工作并会面临一定的风险。

20 世纪 90 年代以来，可再生能源对菲律宾总装机容量和总发电量的贡献率较为稳定，甚至偏向缩小。2010 年可再生能源在菲律宾总装机容量中的占比为 33. 25%，2015 年的占比为 33. 73%，2010 年可再生能源在总发电量中的占比为 26. 31%，2015 年的占比为 25. 44%，政府计划 2030 年达到 35%。[①] 图Ⅱ -3 -16 显示，在全球日益重视可再生能源的背景下，菲律宾可再生能源的全球占比呈明显下降趋势。除非菲律宾政府能够出台更加切实可行的政策，能源企业采取更为积极主动的措施，菲律宾可再生能源才能实现进一步发展，为推动菲律宾能源转型，紧跟世界能源发展大势做出贡献。

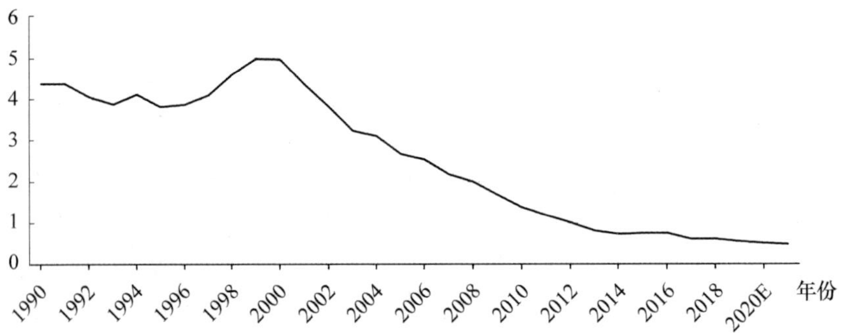

图Ⅱ -3 -16　20 世纪 90 年代以来菲律宾可再生能源消费全球占比（%）

资料来源：前瞻数据，https：//d. qianzhan. com/xdata/details/0e4303024180b5ef. html。

① 菲律宾能源部官网，https：//www. doe. gov. ph/？ ckattempt =1。

第五节 菲律宾的电力问题

进入21世纪，菲律宾的电力消耗以年均4.5%的速度增长，而全国发电装机容量年均却仅仅增长了2.5%。据估算，由于经济发展与生活提升的需要，未来几年的能源需求会以更快的速度增长。2040年，菲律宾全国以电力消费为主的能源需求峰值将从2015年的12213兆瓦提升到49287兆瓦。①

表Ⅱ-3-2 2017年菲律宾全国装机发电容量（总量22.7吉瓦）

一次能源类型	所占比重（%）	发电容量（吉瓦）
煤炭	35.2	8
石油	18.5	4.2
水力	15.9	3.6
天然气	15.0	3.4
地热	6.6	1.9
太阳能	4.0	0.9
风能	1.8	0.4
生物质	0.9	0.2

资料来源：荣玉《公共部门在调动并网太阳能项目商业融资中的作用——菲律宾案例研究》，北极星太阳能网，http://guangfu.bjx.com.cn/news/20200628/1084020.shtml。

一 菲律宾电力发展的历史

早在19世纪末期，首都马尼拉就开始使用电力了。1902年，美资公司成为当时菲律宾最大的供电公司，其业务范围逐步覆盖了吕宋岛，后被菲律宾本地商人回购。1936年，菲律宾国家电力公司（National Power Corporation，NPC）成立，业务主要聚焦于发电和输电。此后一直到1987年，NPC垄断了全国的发电和输电资产。1960年，菲律宾国会批准成立

① 荣玉：《公共部门在调动并网太阳能项目商业融资中的作用——菲律宾案例研究》，北极星太阳能网，http://guangfu.bjx.com.cn/news/20200628/1084020.shtml。

电气化委员会（Electrification Administration，EA），以促进电气化率的提升。1969 年又成立了国家电气化率委员会（National Electrification Administration，NEA,）取代了之前的 EA。NEA 将电力合作社作为全国电力的基本供电单位，为各个电力合作社提供融资、技术、特许经营权授予等政策支持和服务。1973 年，菲律宾发布第 269 号总统令，将 NEA 由政府机构转制为国有企业，独家管理全国的电力合作社，具有撤销、更换和修改各家合作社特许经营权的权力。

1987 年之前，NPC 一直垄断经营发电和输电业务，为菲律宾提供了稳定的电源供应。然而，NPC 由于垄断而效率低下，负债率逐年升高，最终严重影响其融资能力及其麾下电厂的正常经营，更无力投资新建电厂。随着经济发展与生活水平的提高，电力需求远远超过了供给能力，1992 年菲律宾经受了严重的全国性电荒。此次电力危机促使菲律宾政府又颁布了 BOT 法案修正令（第 7718 号公共法案）；1993 年，政府再次出台电力危机法案，直接授权菲律宾总统重组 NPC。经过不懈的努力，到 1998 年菲律宾总共吸引了大约 60 亿美元外资，建成了 4800 兆瓦的发电厂，解决了当时菲律宾电力供应不足的问题。

令人意想不到的是，1997 年东南亚经济危机导致菲律宾实际电力需求远低于原本预估的需求，菲律宾一下子又进入了电力供应过剩的状态。NPC 债务负担持续攀升。为了避免再次上演电力危机，菲律宾政府于 2001 年出台了对电力行业影响深远的《电力改革法案》（Electric Power Industry Reform Act，EPIRA）。这部法案的核心有以下几点：第一，撤销对发电行业的国家管制，完全放开发电领域；第二，将输电资产从 NPC 剥离，成立一家全新的国有企业即国家电网公司（NGCP），拥有国家输电资产，并逐步实现电网运营权的私有化；第三，将 NPC 旗下的发电厂和签署的“电力购买协议”（Power Purchase Agreement，PPA）逐步私有化；第四，成立完全独立的行业监管委员会和联合国会电力委员会来监督实施；第五，建立电力批发现货市场，实施售电竞争和（配）电网开放。

二　菲律宾电力开发现状

菲律宾的电力成本高昂，居民用电和工业用电价格居世界前列，缺电现象仍然较为严重。2018 年，菲律宾全国总装机容量为 23815 兆瓦，其中煤电装机容量为 8844 兆瓦，占总量的 37.14%，地热、风电等清洁能源发电装机容量为 7227 兆瓦，占总量的 30.35%。菲律宾政府通过对菲律宾国家电力公司进行私有化改革、发展可再生能源等措施，努力提高发电量。[①] 截至 2019 年底，菲律宾主要的发电厂坐落在吕宋岛、米沙鄢、棉兰老岛等几个地区。其中，吕宋岛地区的米格尔能源公司（SMEC）属于发电行业的龙头老大，其发电装机总量为 2545 兆瓦，占菲律宾全国装机容量的 20%，占吕宋地区的 27%。其子公司是吕宋地区最大的发电企业：发电装机容量为 1345 兆瓦，包括 1000 兆瓦的燃煤装机容量与 345 兆瓦的水电装机容量。吕宋地区发电装机容量排名第二的当属全国排名第三的先创集团（First Gen），其子公司发电装机容量为 1740 兆瓦，包括燃煤发电、水电以及地热发电三家分公司。吕宋地区电网装机容量排名第三的是 Aboitiz 公司，装机总容量为 1704 兆瓦，也包括地热发电、水力发电以及燃煤发电等几家分公司。

在米沙鄢电网中，菲律宾国家电网资产负债管理公司（NPC/PSALM）是最大的发电企业，控制着装机容量为 700 兆瓦的莱特地热发电公司。排在第二位的是全球商业能源公司（GBPC），该公司在维萨亚斯地区拥有几个发电厂，装机容量达到 627 兆瓦。先创公司在维萨亚斯地区的装机容量排名第三（253 兆瓦），之后是 Aboitiz 公司的分公司（115 兆瓦）。

棉兰老岛地区跟米沙鄢的情况相同，NPC 发电装机容量占到了 90%。Aboitiz 公司依然是最大的私营公司，装机容量为 249 兆瓦。最近几年来，随着几家发电厂的陆续建立，Alcantara Group 的装机容量日益凸显出来。[②]

据《马尼拉标准报》（*Manila Standard*）2019 年 1 月 10 日报道，由菲律宾 SMC 全球电力公司和马尼拉电力公司（Meralco Power Gen）组成的合资企业发电公司，投资 990 亿菲律宾比索（约合 19 亿美元），在菲律宾建设一家 1.2 吉瓦的燃煤电厂，预计在 2022 年完工。该电厂将建于马尼拉的经济特区内。根据该项目的环境影响声明，电厂将分两期建设、运营，每一期为 600 兆瓦。电厂将使用来自印度尼西亚以及本地煤矿的煤炭。[③]

---

① 商务部国际贸易经济合作研究院：《对外投资合作国别（地区）指南（菲律宾）》（2019 年版），http：//fec. mofcom. gov. cn/article/gbdqzn/index. shtml#。

② 参见菲律宾能源部官网，https：//www. doe. gov. ph/list－existing－power－plants。

③ 北极星电力网新闻中心：http：//news. bjx. com. cn/html/20190115/956781. shtml。

三　菲律宾电力发展与改革

菲律宾的经济落后于其东盟地区的邻国，其中很大一部分原因是它未能以必要的速度建设电力基础设施。电气化水平是一国经济增长的主要决定因素，没有电力，政府的大部分宏伟计划都将面临风险。目前菲律宾发电用煤严重依赖进口，使消费者与当地企业面临着价格波动和高电价的压力。菲律宾政府开始转向地热能、风能和太阳能，减少煤炭使用，并且通过了税收改革加速和包容（TRAIN）法案，包括增加从印度尼西亚和澳大利亚进口煤炭的消费税和增值税。

菲律宾借鉴英国、澳大利亚和新西兰等国家的电力改革模式，在发电部门采用独立发电商方式（IPP），并积极促进民间企业参与电力部门的业务。政府进行电力改革的目的是降低电价。2001 年《电力改革法》制定后，对电力工业进行了更进一步的整改，虽然进程较慢，但自阿罗约总统以来，正逐步实施改革方案。[①] 从总体上看，《电力改革法》通过后近 20 年来，菲律宾政府按该法案的总体要求，逐步推进行业结构重组和电力市场化改革，成为继新加坡之后电力市场化改革步伐迈得最快的东南亚国家。但是，当前依然存在以下问题：[②] 第一，市场结构失衡，竞争不充分。大部分配电和发电份额被个别集团控制着，市场集中度过高。第二，市场价格信号扭曲或合同信息不透明并存，未能有效吸引电力投资。第三，市场交易结算机制不够完善。总之，就电力改革的广度和深度而言，菲律宾都是亚洲发展中国家的引领者，但依然存在有待发展和完善的地方。[③]

第六节　气候变化与能源问题

地理位置与自然环境决定菲律宾属于全球最容易遭受气候变化影响的国家。所有气候变化的结果（包括海平面上升、极端天气事件发生频率增

① 卢文艳：《菲律宾电力工业近况》，《国际电力》2005 年第 1 期。

② 阮前途、杨华：《菲律宾电力市场的发展及其评价》，《电网技术》2012 年第 1 期。

③ 翁维华：《菲律宾电力市场浅析及对中国的启示》，《电力系统自动化》2017 年第 24 期。

加、气温上升和极端降雨天气）都会给这个国家带来灾难与付出巨大的成本，并直接影响菲律宾能源供应的可持续性。例如，气候变化所造成的水资源供应减少就直接影响到占该国能源供应20%的水电生产。如2010年，菲律宾遭受了持续干旱，水电产能比上一年下降了20%。[①] 关键性的能源基础设施也容易因气候变化而遭受破坏，如菲律宾的海上气田马兰帕亚（Malampaya）就经常有强烈、频繁的热带风暴的光顾。如何在气候变化与能源发展之间实现平衡，是菲律宾政府面临的重大挑战。

一　能源问题的两难：气候治理与能源发展

发展经济的需要不断刺激着菲律宾的能源需求。近年来，菲律宾的煤炭消费不断上升，甚至跻身于全球十大煤炭进口国之列。据菲律宾海关局（The Bureau of Customs，BOC）发布的统计数据，2016年菲律宾进口煤炭2100万吨，同比增长47.8%；2017年进口煤炭2400万吨，同比增长14.3%；2018年菲律宾进口煤炭2522万吨，同比增长5.1%。[②] 而2019年则进口煤炭3000万吨，同比增长19%。[③] 2020年仅仅1—2月菲律宾进口煤炭累计达484.8万吨，同比增加90.1万吨，增长22.8%。其中，2月进口煤炭208.2万吨，同比增加10.9万吨，增长5.5%。[④]

自2010年以来，菲律宾基本上停止了煤炭出口。与此同时，菲律宾对于气候治理的需求也日益迫切。根据推算，从1951年到2010年，菲律宾所在地区的温度平均升高0.65℃；预计到2050年，温度还会增加1.8℃—2.2℃。此外，极端天气、热带气旋明显增加。1940年到2010年，菲律宾所在区域海平面上升了0.15米，预计到2100年还会上升0.48—0.56米。[⑤]

---

① 翁维华：《菲律宾电力市场浅析及对中国的启示》，《电力系统自动化》2017年第24期。

② 《2019年全球主要煤炭生产、进出口国变化情况》，煤炭网，https：//www.mycoal.cn/news/166798.html，2020年2月11日。

③ 中国商务部驻昆明特派员办事处：《2019年1—11月菲律宾煤炭进口同比增长15.8%》，2020年1月20日，http：//kmtb.mofcom.gov.cn/article/f/202001/20200102931799.shtml。

④ 《2020年1—2月菲律宾煤炭进口同比增长22.8%》，2020年3月13日，新浪财经，http：//finance.sina.com.cn/money/future/nyzx/2020-03-13/doc-iimxyqwa0138601.shtml。

⑤ Climate Change Risk Profile Philippines：Country Fact Sheet，ASAID，February 2017.

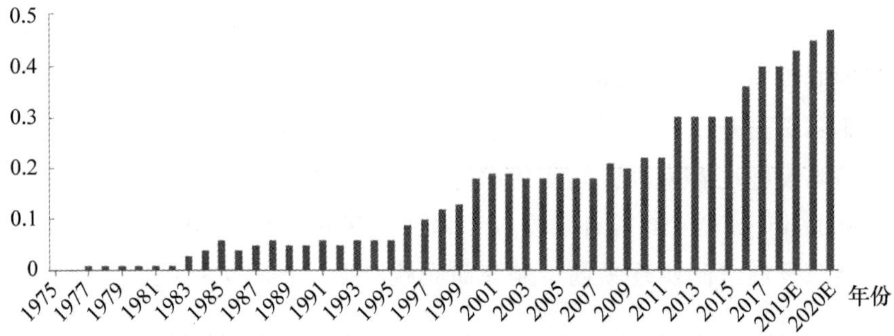

图Ⅱ-3-17　1975—2020 年菲律宾煤炭消费量全球占比（%）

资料来源：前瞻数据库，https：//d. qianzhan. com/xdata/details/be451606967176a5. html。

二　菲律宾政府的气候变化政策演变

为了平衡能源发展与气候治理，从拉莫斯总统到杜特尔特总统，菲律宾政府出台了不少政策。

在国际层面，菲律宾政府坚持发展中国家的气候立场，并倾向于通过全球合作，达成全球治理目标。1992 年联合国环境与发展大会通过了《联合国气候变化框架公约》。之后，缔约方围绕具体的实施办法展开了一系列谈判，最终于 1997 年在日本京都气候会议上达成《京都议定书》。菲律宾政府的谈判代表始终积极认真地参加联合国气候会议以及各次谈判，并且从发展中国家的立场出发，批评发达国家，认为其应担负起“历史责任”，支持工业化国家对发展中国家提供温室气体减排所必需的技术与资金。2015 年，《巴黎气候协定》达成之后，菲律宾政府表示积极支持。菲律宾政府认识到它有责任在全球气候行动中，特别是在努力实现《联合国气候变化框架公约》的最终目标，即避免对气候系统进行人为干扰方面，做出公平的贡献。

在国内层面，1999 年菲律宾政府就积极倡导围绕“气候变化”展开全国性对话交流，呼吁全社会动员起来对待气候治理问题。21 世纪以来，历届政府逐步将气候变化的考量纳入政府政策和规划，通过了 2009 年《气候变化法案》。该法案要求各地方政府起草地方气候变化行动计划。《气候变化法案》的实施得到了 2010 年《国家气候变化框架战略》（NF-SCC）和 2011 年《国家气候变化行动计划》（NCCAP）的背书。NCCAP

概述了2011年至2028年适应和缓解气候变化的路线图，并侧重于七个战略重点（粮食安全、水资源充足、生态和环境稳定、人类安全、气候友好产业和服务、可持续能源、知识和能力发展）。NCCAP规定了建立监测和评估系统的重要性和必要性，并为每个战略重点确定了具体的影响链和指标。

三 气候变化政策与能源问题的愿景

在推动全球气候问题治理的背景之下，菲律宾政府的国内思路是：能源多元化与节约能源、提高能效多措并举。在这个总的思路与框架之下，菲律宾政府着手打造面向未来的能源愿景：首先，提倡能源多元化，增加非传统能源的比重；其次，提升能源效率以减少能耗，最后，逐渐淘汰落后能源。

（一）总体愿景

为了减轻国内对传统能源发电及燃料进口的依赖，菲律宾早在2008年就颁布《可再生能源法案》，对风电、太阳能、水电、生物质发电和地热发电等再生能源项目的发展进行整体布局。2011年6月，菲律宾政府颁布2011—2030年国家再生能源计划，预计到2030年，菲律宾将实现再生能源装机容量15304兆瓦，约为2010年容量5438兆瓦的3倍，并将努力实现到2030年再生能源发电占总发电35%份额的目标。如今，站在2020年的始点上，时间已过半，菲律宾再生能源电力计划并未达到初衷。菲律宾再生能源项目既存在机遇又面临挑战。①

（二）举措与实施

根据菲律宾2008年《再生能源法案》，能源部和能源监管委员会负责实施推进再生能源电力计划。具体而言，到2030年，菲律宾计划将水电容量增加160%，风电容量增至2345兆瓦，光伏容量增至1528兆瓦。2016年，在国家再生能源计划的基础上，能源部进一步制定了2017—2040年菲律宾能源计划，到2040年，菲律宾将实现再生能源装机容量达20000兆瓦，相比2030年的装机容量目标提高约30%。根据菲律宾能源

---

① 《菲律宾再生能源电力市场，时间过半，未来可期》，2020年2月21日，能源网，http://www.nengyuancn.com/solar/20200221/solar_21141.html。

部公布的数据，2018 年菲律宾已实现再生能源装机容量 7227 兆瓦，占 2030 年计划装机容量的 47.2%，尚存 8077.3 兆瓦的缺口。[①] 从数据上看，时间过半，似乎计划也完成过半，但由于 2011 年制订计划时菲律宾再生能源项目本身有 5438 兆瓦的余量，从某种程度上看，过去 10 年里再生能源项目增速较慢，未来 10 年仍需加大投入才能按期完成计划余量。

为鼓励投资者开发建设再生能源电力项目，除 2012 年以来推行 FIT 电价（Feed-in-Tariff）外，近年来，菲律宾按照 2008 年《再生能源法案》的要求出台再生能源配额标准（Renewable Portfolio Standards），建立再生能源证书交易市场，修改再生能源项目授予和登记程序等。再生能源配额标准经 2018 年和 2019 年的过渡，于 2020 年正式施行，对配电企业、发电企业等电力市场参与者提出必须购买一定份额的再生能源电量的要求，且该购电份额应当每年至少增加 1%。2019 年 12 月，菲律宾政府出台规定，建立再生能源证书交易市场平台，所有电力市场参与者均可通过该平台买卖再生能源证书，以满足再生能源配额标准的法定要求。

① 菲律宾能源部官网，https：//www.doe.gov.ph/pep。

第四章　重要城市及其区域影响力：马尼拉与达沃

本章首先从城市化率和城市化速度两方面内容概述菲律宾的城市化发展历史与趋势；接着从城市体系发展、大城市和中等城市数以及重点城市人口规模三部分描述菲律宾的城市体系与重点城市规模的变化和趋势；最后从城市概况、经济总量发展、经济结构发展、企业发展与重点企业以及发展战略与区域影响五个方面来展示菲律宾重点城市达沃和马尼拉的经济发展与区域影响。

第一节　城市化发展历史与趋势

城市化是乡村人口向城市人口转化，以及人类的生产生活方式由乡村型向城市型转化的一个复杂的历史过程。它伴随着 18 世纪英国工业革命开始而开始，逐渐波及各个国家和地区。东南亚作为二战后经济迅速发展的地区，其城市化水平近几十年来有了显著的提高。从 20 世纪六七十年代起，东南亚国家的经济开始起飞。随着工业化的发展，东南亚地区逐渐掀起城市化发展的浪潮。经过几十年的发展，东南亚各国的城市化水平都有了显著的提高。二战后，伴随着菲律宾的工业化进程，其城市化水平也大幅提升，城市人口迅猛增长。

一　城市化率

城市化率（也叫城镇化率）是一个国家或区域城市化水平的常用测度指标，一般采用人口统计学指标，即城镇人口占区域总人口（包括农业与非农业）的比重。菲律宾的城市化水平整体不断提高，发展速度较快。

（一）城市化水平整体不断提高

1950 年，菲律宾的城市人口占全国总人口的比例不足 30%。1950—1970 年，菲律宾的城市化初步发展，20 年间城市化率增长了 5.8%，1960 年菲律宾的城市化率开始突破 30%，1970 年增长至 33.0%；1970—1990 年，菲律宾的城市化蓬勃发展，城市化率显著提高，此 20 年间城市化率增长了 14.0%，并在 1990 年达到目前城市化率的最高值 47.0%。在 1950—1990 年这 40 年间，菲律宾的城市人口数量稳健上升，而且乡村人口数量逐步下降，从而使得城市化率逐年稳定上升。在 1990—2010 年这 20 年间，菲律宾的城市化进程放慢了脚步，城市化率降低了 1.7%，乡村人口比例却有所增长；2010 年后，菲律宾的城市化率又开始逐步升高，乡村人口比重也逐步降低，到 2018 年，城市化率达到 46.9%。根据联合国人口司预测，2025—2030 年，菲律宾的城市人口和乡村人口将会达到持平状态。此后，城市人口比例将不断增加，不断超过乡村人口比例，直至 2050 年，城市化率将大于 60%。总的来说，近年来菲律宾的城市化水平有较大提高，城市化发展速度整体较快。

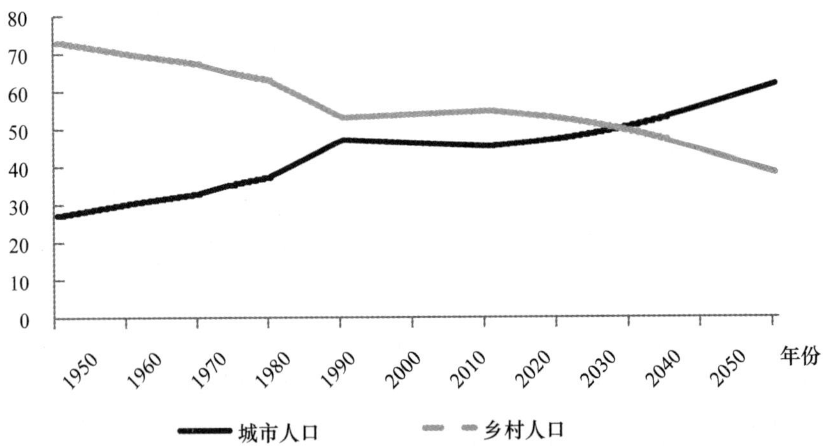

图Ⅱ-4-1 菲律宾城市与乡村人口发展占比（%）

资料来源：联合国经济和社会事务部人口司（2018 年），https：//population. un. org/wup/Country - Profiles/。

总体来看，菲律宾的城市化进程主要可以分成三个阶段。

第一阶段，20 世纪 50 年代到 60 年代，是城市化的初始发展阶段。这个时期，菲律宾制订了以工业化为核心的经济发展计划，开始推行工业化发展计划。工业化的蓬勃发展带动了城市化进程。第二、三产业的迅速发展使得大量农村人口进入城市，开始出现城市人口快速膨胀的势头。

第二阶段，20 世纪 70 年代到 90 年代初，是城市化的蓬勃发展阶段。这正是东南亚地区经济飞速发展的阶段。由于政府政策倾向于大力发展工业，工业在很多东南亚国家的 GDP 中占有很大比重，且大量的工业投资集中在城市，这一时期，各国的城市人口迅速增加，同时大量的农村人口进入城市，城市化发展迅速。

第三阶段，20 世纪 90 年代至今，是城市化的稳步发展阶段。国家调整经济政策，不再一味追求经济的高速发展，转而寻求经济的可持续发展。随着经济政策的调整，菲律宾城市化速度逐渐放缓。

（二）菲律宾城镇人口比例与本地区主要国家比较：先高后低

1950 年，菲律宾的城市化水平为 28.1%，亚洲和东南亚地区其他国家都不足 20%，此时菲律宾的城市化水平在亚洲和东南亚地区保持领先，这样的趋势一直保持到 2010 年。但是 1990—2010 年，菲律宾的城市化率开始逐步下降，而亚洲和东南亚地区其他国家的城市化率却逐步上升，菲律宾与之的差距越来越小。大概在 2011 年，菲律宾和亚洲、东南亚地区其他国家的城市化率基本持平，此后，亚洲、东南亚地区其他国家的城市化率仍然逐步快速升高，超越了菲律宾。而菲律宾的城镇人口比例在 2010 年后虽然有所回升，但增速较慢，低于亚洲和东南亚地区其他国家。总的来说，菲律宾的城市化水平在 2010 年前高于亚洲和东南亚地区其他国家，2010 年后略低于亚洲和东南亚地区其他国家。

亚洲国家呈现出快速城市化的主要原因是人口死亡率下降后所带来的人口自然增长以及农村向城市移民的增加。进入 20 世纪，特别是在 20 世纪 50 年代后，医疗和卫生条件的改善使得许多亚洲国家的人口死亡率下降了一半以上，亚洲发展中国家的城市纷纷从过去的“高—高—低”人口增长再生产类型转变为“高—低—高”人口增长类型，因此人口自然增长成为城市人口增长的一个重要因素。农村向城市的移民也是亚洲快速城市化的重要原因之一。近 400 年的殖民统治使得菲律宾大量的土地集中在少数大地主的手中，绝大多数的农民没有或只有少量土地；政府对农业扶持不力，银行对农业的贷款利息高；由于菲律宾过度开放其农产品市场，大量便宜的外国农产品冲击了本国农产品，使得务农几乎无利可图，这些因素导致菲律宾的农民处于没有土地、没有资金、没有市场的破产边缘，大多选择去大城市寻找机会，导致菲律宾城市化率极速提高，使其早期城市化率高于亚洲与东南亚地区整体水平。

二战之后，经济起飞和日益融入全球经济加速了亚洲地区的城市化进程。二战以后，出于国际政治考虑和军事意图，发达的西方国家曾有意识地培植日本、韩国 、新加坡等地的经济。这一地区先后出现了“日本奇迹”和“四小龙”的腾飞。高速的经济增长带动了城市化在这些地区的发展。之后，亚洲各国和地区间的经济合作日益密切，出现了所谓的“雁型模式”。日本作为“头雁”，将进入成熟期的产业转移到亚洲“四小龙”，而亚洲“四小龙”在产业结构升级之后，又将落后的行业转移到东南亚和中国。在“雁型模式”的带动下，一批亚洲国家和地区陆续实现了经济起飞 。西方国家用了 200 年才走完的城市化道路，在一些亚洲国家和地区仅仅用了 50 多年的时间就走完了 。

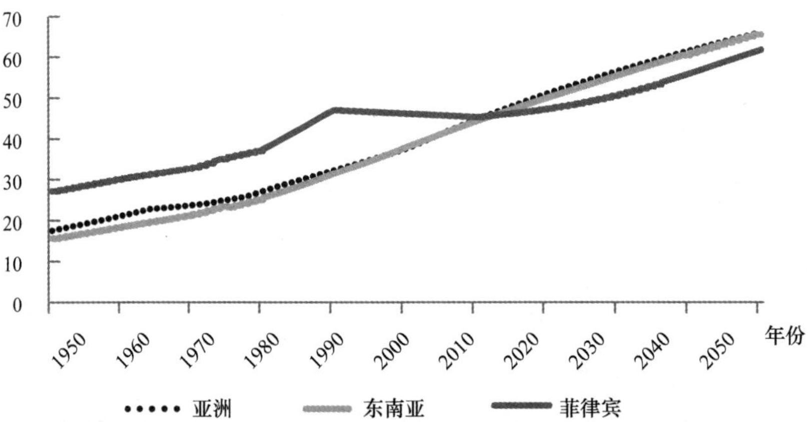

图Ⅱ -4 -2　菲律宾城市化率的发展与比较（%）

资料来源：联合国经济和社会事务部人口司（2018 年），https：//population. un. org/wup/Country - Profiles/。

二　城市化发展速度

这里以城市人口和城市化率的增速变化来分析菲律宾的城市化发展速度，并将菲律宾与东南亚乃至亚洲地区其他国家城市人口与城市化率的增速进行对比，展现菲律宾城市化发展在更为宏观背景下的状况。

（一）城市人口增速变化

根据联合国经济和社会事务部人口司的数据，在1950—1980年这30年间，菲律宾的城市人口数量呈现出小幅波动，年均增长率基本维持不变。接着在1980—1985年城市化发展的速度达到顶峰，较上个阶段人口增加了1.63个百分点。1980—1985年以后，东南亚和亚洲地区其他国家的城市人口增长率一直在降低，在2020—2025年这一时间段里，三者的增速可能会趋同，约为2%。据联合国预测，在2045—2050年这一时间段里，亚洲和东南亚地区的城市人口增长率虽然为正值，但却开始低于1%。1980—1985年以后，菲律宾的城市人口增长率开始较为迅

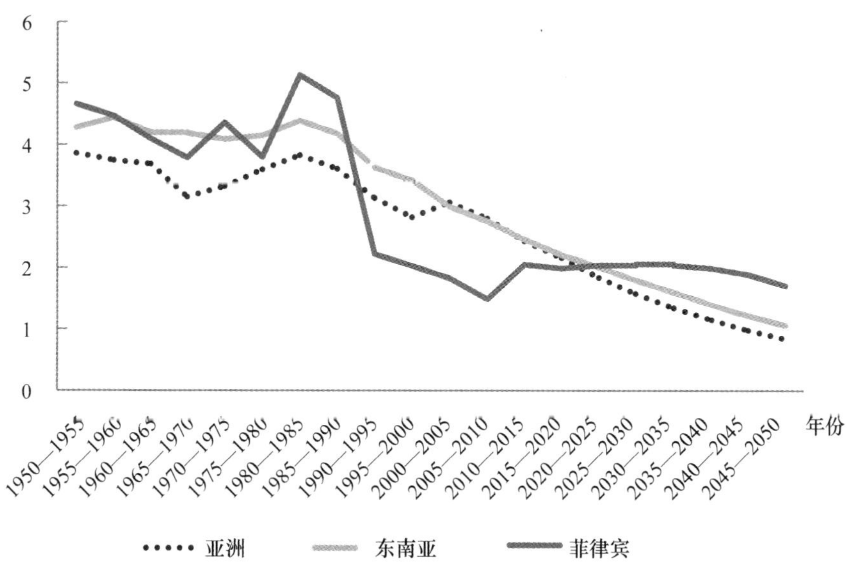

图Ⅱ-4-3　菲律宾城市人口增速年平均变化（%）

资料来源：联合国经济和社会事务部人口司（2018年），https://population.un.org/wup/Download/。

速的下降，但在2005—2010后的5年间有较小幅度的回升。整体来看，亚洲与东南亚地区其他国家的城市人口增长率曲线自1950年来的变化与菲律宾的情况整体趋同，虽然城市人口一直在增长，但整体的增长幅度逐渐减小，尤其是1990年后增幅的放缓更为显著，城市化处于稳步发展阶段。这是因为东南亚乃至亚洲各国都在纷纷调整经济政策，从追求城市化速度到追求城市化质量。随着政策的调整，菲律宾城市化速度也逐渐放缓。

（二）城市化率增速变化

据联合国人口司1950—2018年人口数据及其2018—2050年预测数据，1950—2050年，亚洲和东南亚地区的城市化率都为正值，但整体呈现出缓慢递减趋势，增长速度大致由于1950年的接近2%下降到2025—2030年的约1%。并在2030—2035年这一时间段与菲律宾的城市化率发展速度持平。而菲律宾的城市化率发展速度的变化情况较为复杂，1950—

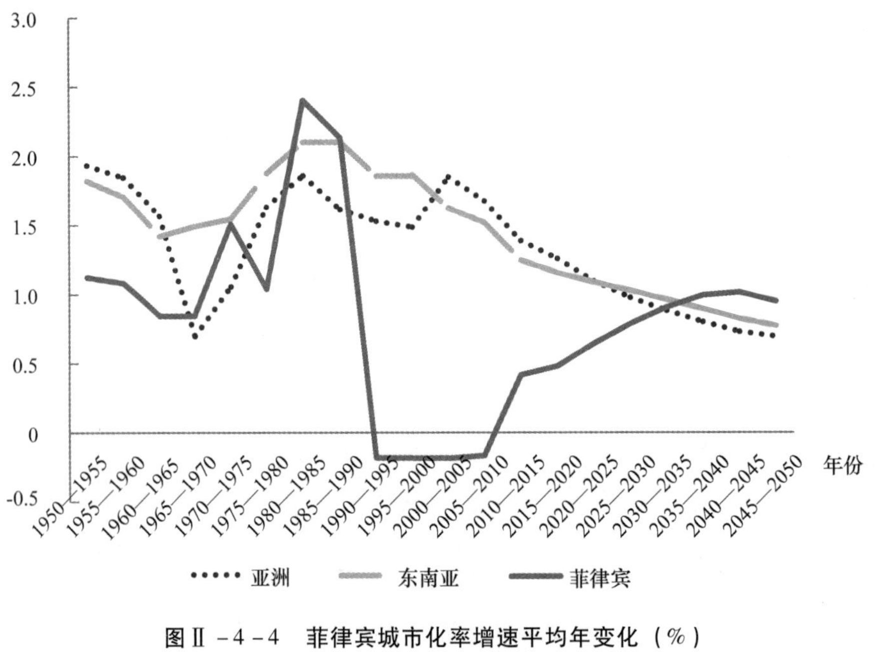

图Ⅱ-4-4　菲律宾城市化率增速平均年变化（%）

资料来源：联合国经济和社会事务部人口司（2018年），https：//population. un. org/wup/Download/。

1970年，其增速缓慢下降，在1960年开始低于1%。1970—1975年又开始逐步回升，接下来五年又开始降低，1980年又恢复至1%。1980—1985年增速达到最大，为2.4%。接着开始放慢，然后又迅速下降，至1990年，其城市化率增速已为负数，此后增速为负的情况持续了20年，从2010年开始，菲律宾的城市化率开始逐步上升，到2030年可能会恢复至1%，与亚洲、东南亚地区其他国家的增速持平，而后一直到2050年，其增速基本保持不变。

第二节　城市体系与重点城市规模的变化与趋势

本节以各大区及城市人口数据为基础，展现菲律宾城市体系与重点城市规模的动态变化过程。同时着重分析菲律宾1990年与2018年的城市等级规模状况，并结合联合国人口司对于菲律宾2030年人口数据的预测，分析未来的城市体系与规模发展趋势。

一　城市体系发展

菲律宾行政区划分为吕宋、米沙鄢和棉兰老三大岛组，设有17个大区、81个省。17个大区及首府名称如下：国家首都区——马尼拉、科迪勒拉大区——碧瑶、伊罗戈斯大区——圣费尔南多、卡加延河谷大区——土格加劳、中央吕宋大区——圣费尔南多、甲拉巴松大区——卡兰巴、西南他加禄大区——卡拉藩、比科尔大区——黎牙实比、西米沙鄢大区——伊洛伊洛、中米沙鄢大区——宿务、东米沙鄢大区——塔克洛班、三宝颜半岛大区——三宝颜、北棉兰老大区——卡加延德奥罗、达沃大区——达沃、南哥苏库萨将大区——科罗纳达尔、棉兰老穆斯林自治区——苏丹库达拉、卡拉加大区——武端。

综观菲律宾各大区人口规模，除了首都马尼拉所在的国家首都区人口密度最大（高达20343.2人/km²）之外，其他各大区占地面积、人口数量和人口密度相对均衡。总体而言，2010年以来，菲律宾各大区主要城市的人口规模基本稳定。国家首都区的面积最小，人口众多。2010—2015年，菲律宾17个大区中的10个大区的人口均在增长，未出现负增长情况。

表Ⅱ-4-1　　**菲律宾各大区人口规模***　　（万人）

编号	大区名		面积（km^2）	人口普查（万人）2010.5.1	人口登记（万人）2015.8.1	首府
	吕宋					
13	国家首都区	NCR-National Capital Region（Metro Manila）	633	1185.5975	1287.7253	马尼拉
14	科迪勒拉大区	CAR-Cordillera Administrative Region	19422	161.6867	172.2006	碧瑶
1	伊罗戈斯大区	Ilocos Region	13012	474.8372	502.6128	圣费尔南多**
2	卡加延河谷大区	Cagayan Valley	28228	322.9163	345.1410	土格加劳
3	中央吕宋大区	Central Luzon	22014	1013.7737	1121.8177	圣费尔南多**
4	甲拉巴松大区	Calabarzon	16873	1260.9803	1441.4774	卡兰巴
17	西南他加禄大区	Southwestern Tagalog	29620	274.4671	296.3360	卡拉藩
5	比科尔大区	Bicol	18155	542.0411	579.6989	黎牙实比
	米沙鄢					
6	西米沙鄢大区	Western Visayas	20223	710.2438	753.6383	伊洛伊洛
7	中米沙鄢大区	Central Visayas	14951	680.0180	739.6898	宿务
8	东米沙鄢大区	Eastern Visayas	23251	410.1322	444.0150	塔克洛班
	棉兰老					
9	三宝颜半岛大区	Zamboanga Peninsula	17046	340.7353	362.9783	三宝颜
10	北棉兰老大区	Northern Mindanao	20496	429.7323	468.9302	卡加延德奥罗
11	达沃大区	Davao Region	20357	446.8563	489.3318	达沃
12	南哥苏库萨将大区	Soccsksargen	22513	410.9571	454.5276	科罗纳达尔
15	棉兰老穆斯林自治区	ARMM-Autonomous Region of Muslim Mindanao	33972	325.6140	378.1387	苏丹库达拉
16	卡拉加大区	Caraga	21478	242.9224	259.6709	武端
	菲律宾	Philippines	330849	9233.7852	10098.1437	马尼拉

* 由于菲律宾棉兰老地区的大区和省有较大变动，表中数据可能会有出入；表中编号由菲律宾内政与地方事务部规定。

** 这里的两个圣费尔南多并不是一个城市，伊罗戈斯大区的圣费尔南多位于吕宋岛西北南中国海滨，中央吕宋大区的圣费尔南多则位于马尼拉西北不远处。

资料来源：菲律宾国家统计局，https://psa.gov.ph/statistics/census/projected-population。

（一）占地面积

可以将菲律宾17个大区分为三个等级：第一等级，占地面积 > 20000km² 的大区：从大到小分别是棉兰老穆斯林自治区（33972km²）、西南他加禄大区（29620km²）、卡加延河谷大区（28228km²）、东米沙鄢大区（23251km²）、南哥苏库萨将大区（22513km²）、中央吕宋大区（22014 km²）、卡拉加大区（21478km²）、北棉兰老大区（20496km²）、达沃大区（20357km²）、西米沙鄢大区（20223km²）；第二等级，10000km² < 占地面积 < 20000km² 的大区：从大到小分别是科迪勒拉大区（19422km²）、比科尔大区（18155km²）、三宝颜半岛大区（17046km²）、甲拉巴松大区（16873km²）、中米沙鄢大区（14951km²）、伊罗戈斯大区（13012km²）；第三等级，占地面积 < 10000km² 的大区，国家首都区（633km²）。前两个等级的大区之间相差不到一倍。占地面积最大的棉兰老穆斯林自治区，其占地面积是占地面积最小的国家首都区的53倍。

（二）人口数量

甲拉巴松大区人口数量最多，高达1441.4774万人；其次是国家首都区，拥有1287.7253万人。其余各大区人口数量相差较大，中央吕宋大区人数大于1000万人，其他各区均小于1000万人。各大区之间相差最大者达到近8.5倍。

菲律宾地域较为辽阔，城市众多且分散，城市规模各异，最大城市奎松市（276万人）和第二大城市首都马尼拉（160万人），二者合计约436万人，占全国总人口数量（约10098万人）的4.3%。

（三）人口密度

从人口密度来看，国家首都区的人口密度最高，达到20343人/km²，其次是甲拉巴松大区和中央吕宋大区，人口密度分别为854人/km²和510人/km²，其余14个大区的人口密度介于100—500人/km²，有1个大区人口密度低于100人/km²。各大区人口密度存在较大差异。

二　大城市和中等城市数

1950年，菲律宾仅拥有唯一一个大城市（100万—500万人口等级），占全国人口总量的31%，其他人口均分布在30万人以下的城市；1950—

1980 年，最大城市吸纳人口数不断增加，占全国人口总量的比重逐年增加，并于 1980 年突破 500 万人，城市总人口占比达到峰值即 34%；1980 年至今，最大城市人口数虽在不断增加，于 2005 年超过 1000 万人，但是占全国人口总量的比重呈现出下降趋势，最大城市人口数在 1990 年占比为 27%，此后基本稳定在这一值附近。菲律宾第二大城市人口也不断集聚，并于 1995 年突破 100 万人，此时菲律宾的第一、第二大城市人口数共占全国人口总量的 32%。据联合国人口司数据，第二大城市人口数目前保持在 100 万—500 万人，且据联合国预测，在 2030 年其人口数不会超过 500 万人。

1990 年，菲律宾城市化率处于历史最高值，拥有 1 个大城市（城市人口 >50 万人），2 个中等城市（城市人口在 50 万—100 万人）；据联合国最近年份统计数据，2018 年，菲律宾拥有 2 个大城市和 10 个中等城市，其中包括一个人口超过千万的特大城市，中等城市的体量较 1990 年增长极为显著；且联合国对 2030 年的城市规模进行了预测，认为到 2030 年，菲律宾将拥有 5 个大城市和 14 个中等城市。

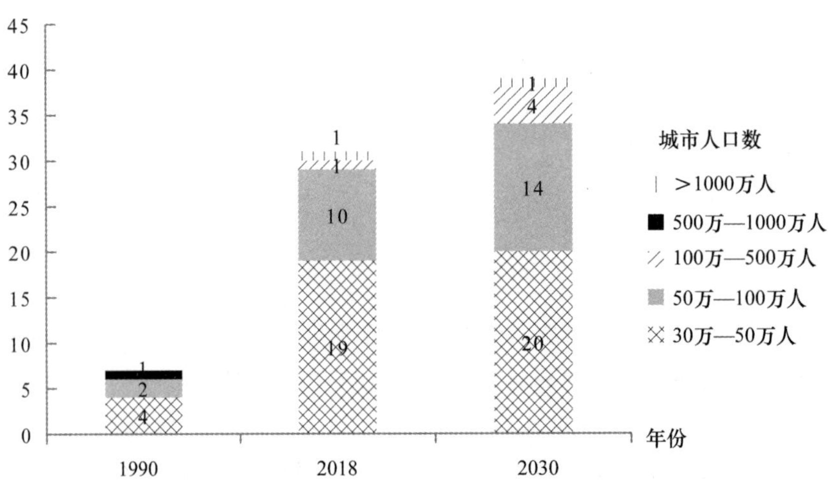

图Ⅱ－4－5　菲律宾城市规模

资料来源：联合国经济和社会事务部人口司（2018 年），https：//population. un. org/wup/Download/。

三 重点城市人口规模

大马尼拉市（Metro Manila）、宿务市（Cebu）以及达沃市（Davao）是菲律宾的前三大城市，分别位于菲律宾的北部、中部和南部地区。大马尼拉市是菲律宾最大的城市，为菲律宾首都及政府所在地，是菲律宾的文化、经济、教育和政治中心，它的经济实力使该地区成为菲律宾首要的金融和商业中心。达沃市是菲律宾的第三大城市，接近南部穆斯林区，是菲律宾棉兰老岛最重要的城市，也是菲律宾南部重要的区域经济中心。当前执政的杜特尔特总统是菲律宾独立以来首位来自南部棉兰老岛的总统，特殊的从政背景使他在施政中更关注家乡达沃的经济和社会发展状况，致力于缩小区域间的发展差距。故这里分别选取菲律宾北部与南部的大马尼拉与达沃市作为重点城市加以研究。

（一）主要城市概况

菲律宾主要城市的排序与其人口数量基本呈正相关，排序越靠前的城市其人口数量越多；同时，主要城市的人口数量占其所属大区的总人口数的百分比相对较高。但主要城市的位置在地理上并无明显聚集性，而是散乱地分布于全国各地，主要包括天使城（Angeles）、碧瑶（Baguio）、八打雁（Batangas）、比尼扬（Binan）、比南奥南（Binangonan）、武端（Butuan）、卡蒂斯市（Cadiz）、甲描育（Calbayog）、宿务（Cebu）、哥打巴托（Cotabato）、达古潘（Dagupan）、达沃（Davao）、桑托斯将军城（General Santos）、欣奥奥格（Gingoog）、黎牙实比（Legaspi）、马尼拉（Manila）、那牙（Naga）、奥尔莫克（Ormoc）、罗哈斯（Roxas）、圣卡洛斯（San Carlos）、塔克洛班（Tacloban）、打拉（Tarlac）、三宝颜（Zamboanga）。

（二）重点城市规模变化

1. 大马尼拉市（Metro Manila）

大马尼拉（国家首都区）包括马尼拉、马卡蒂、卡洛甘、奎松和帕萨伊等 17 个市、镇。1995 年 3 月 1 日，根据总统法令，建立大马尼拉发展署，发展署主席为最高行政首脑，由总统亲自任命，领导由 17 个市、镇的市长、镇长等人员组成的大马尼拉理事会。大马尼拉位于马尼拉湾东岸，吕宋岛的西边缘，属于热带季风气候。城市总面积为 $636km^2$，也是

表Ⅱ-4-2 菲律宾城市体系与变化

等级	类型	1950	1955	1960	1965	1970	1975	1980	1985	1990	1995	2000	2005	2010	2015	2020	2025	2030
大于1000万人	数量（个）	0	0	0	0	0	0	0	0	0	0	0	1	1	1	1	1	1
	人口占比（%）	0	0	0	0	0	0	0	0	0	0	0	27	28	27	27	26	26
	城市人口（千人）	0	0	0	0	0	0	0	0	0	0	0	10751	11887	12860	13923	15231	16841
500万—1000万人	数量（个）	0	0	0	0	0	0	1	1	1	1	1	0	0	0	0	0	0
	人口占比（%）	0	0	0	0	0	0	34	30	27	29	28	0	0	0	0	0	0
	城市人口（千人）	0	0	0	0	0	0	5955	6888	7973	9401	9958	0	0	0	0	0	0
100万—500万人	数量（个）	1	1	1	1	1	1	0	0	0	1	1	1	1	1	1	2	4
	人口占比（%）	31	29	29	29	30	34	0	0	0	3	3	3	3	3	4	5	9
	城市人口（千人）	1544	1872	2274	2829	3534	4999	0	0	0	1001	1152	1294	1455	1630	1825	3096	5626
50万—100万人	数量（个）	0	0	0	0	0	0	1	2	2	2	2	4	8	9	13	15	14
	人口占比（%）	0	0	0	0	0	0	3	6	5	4	4	7	12	13	17	18	16
	城市人口（千人）	0	0	0	0	0	0	614	1273	1466	1169	1326	2590	5116	6217	8934	10478	9976
30万—50万人	数量（个）	0	0	0	1	2	2	2	2	4	5	9	9	13	19	17	19	20
	人口占比（%）	0	0	0	3	6	6	5	3	5	6	10	9	11	15	12	13	13
	城市人口（千人）	0	0	0	302	744	904	837	702	1462	1824	3491	3609	4568	6904	6458	7239	8137
小于30万人	数量（个）	/	/	/	/	/	/	/	/	/	/	/	/	/	/	/	/	/
	人口占比（%）	69	71	71	68	64	60	58	61	63	59	56	54	46	41	40	37	36
	城市人口（千人）	3498	4494	5686	6639	7530	8781	10347	14080	18205	19119	20055	21192	19463	19467	20867	21562	23263

资料来源：联合国经济和社会事务部人口司（2018年），https：//population. un. org/wup/Download/。

重要的商业中心之一。

大马尼拉人口众多，是世界上人口十分稠密的城市之一。其人口自1950年来一直稳步增加，城市人口日益增多，规模日益扩大。据菲律宾国家统计局人口普查数据，2000年马尼拉大都会区的人口为993万人，2010年为1185万人，2015年增长至1287万人。就增长速度来看，2000—2015年大马尼拉人口增长速度为1.72%。2000—2010年人口年均增长速度为1.78%，2010—2015年的增长速度为1.58%。整体来看，大马尼拉市人口增长速度变化较大，2000—2010年增长速度更为明显。且据联合国人口司预测，2020年大马尼拉市的人口将会达到1392万人。

2. 达沃市（Davao City）

达沃市是菲律宾棉兰老岛最重要的城市，也是菲律宾棉兰老岛的经济和行政中心。其地处棉兰老岛东南部，南临苏拉威西海，东临达沃湾。达沃市是菲律宾棉兰老岛的经济和行政中心。行政区总面积2433.61平方公里（其中城区293.78平方公里），常住人口1632991人（2015年人口数），加上流动人口超过200万人。30多年前，它是菲律宾的第六大城市，现在已经发展成为仅次于马尼拉和宿务的菲律宾第三大城市。

同马尼拉的城市人口一样，达沃市的城市人口也在不断增长，于1995年突破100万人，至今仍持续增长。据菲律宾国家统计局人口普查数据，2000年达沃市人口为115万人，2010年为145万人，2015年达沃大区的总人口为489万人，达沃市的人口达到163万人。2000—2015年达沃市人口增长速度为2.36%。2000—2010年人口增长速度为2.36%，2010—2015的增长速度为2.30%。从整体来看，达沃市人口增长迅速，且增长速度变化不大。据联合国人口司预测，2020年达沃市的人口会达到183万人。

第三节 大马尼拉的经济发展与区域影响

大马尼拉市（Metro Manila），即国家首都大区，位于吕宋岛西南部，濒临天然良港马尼拉湾，马尼拉大都会分为四个地理区域，被称为“地

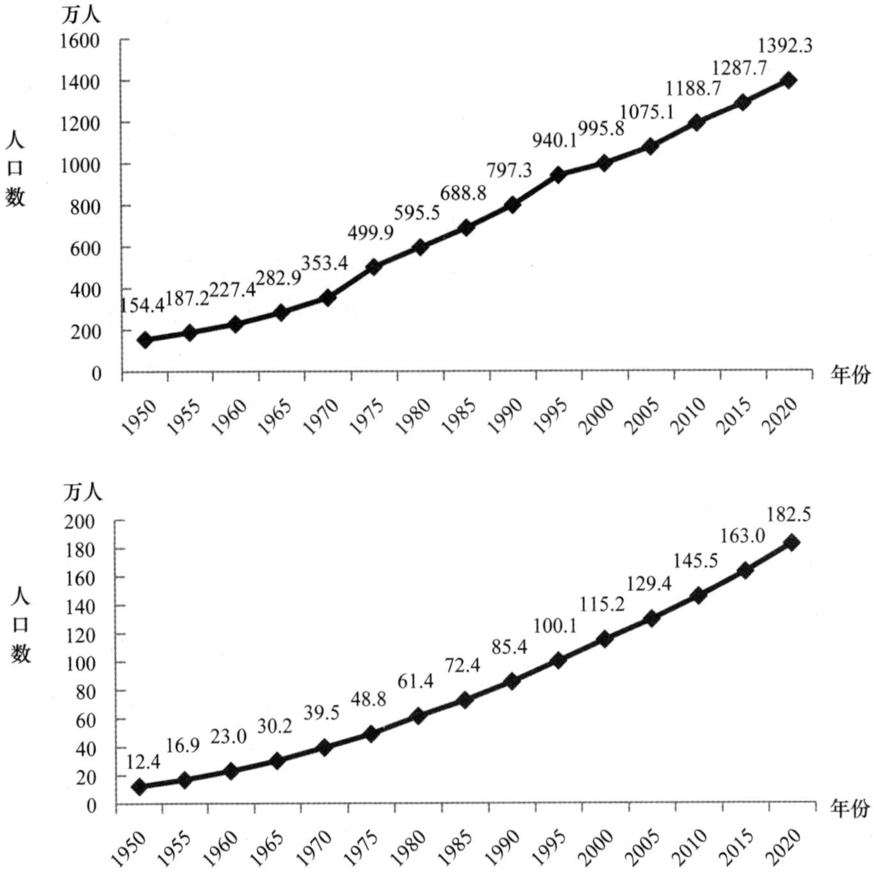

图Ⅱ－4－6　菲律宾重点城市人口变化情况（上：大马尼拉；下：达沃）

资料来源：https：//worldpopulationreview. com/world － cities/manila － population，https：//worldpopulationreview. com/world－cities/davao－city－population。

区”，地域包括马尼拉、马卡蒂、卡洛甘、奎松和帕赛等 17 个市、镇。面积 636 平方公里，国家首都大区总人口 12877253 人（2015 年 8 月 1 日菲律宾人口普查数据），是东南亚较大城市之一。大马尼拉是菲律宾的经济、文化、教育和工业中心，它集中了全国半数以上的工业企业，主要有纺织、榨油、碾米、制糖、烟草、麻绳、冶金企业等，产值约占全国的 60%。

表Ⅱ－4－3　　大马尼拉市行政区划

区	城市/市镇	人口（2015）	面积（km^2）
首都区（第一区）	马尼拉	1780148	42.88
马尼拉东部区（第二区）	曼达鲁永、马里基纳、帕西格、奎松市、圣胡安	4650613	236.36
马尼拉北部区（第三区）	卡卢坎、马拉邦、纳沃塔斯、瓦伦苏埃拉	2819388	126.42
马尼拉南部区（第四区）	拉斯皮纳斯、马卡蒂、蒙廷卢帕、帕拉纳克、帕赛、佩特罗斯、塔吉格	3627104	208.28
大马尼拉市		12877253	636

一　经济总量发展

（一）地区生产总值

菲律宾统计局发布了地区一级国民经济核算结果，得到关于2016—2018年的国内生产总值以及相应的修订数据。图Ⅱ－4－7显示了按2000年不变价格计算的2018年各地区生产总值占GDP的百分比。国家首都大区，即大马尼拉市，以36%的贡献位居榜首，甲拉巴松大区和中央吕宋大区紧随其后，分别占有17%和9.8%的份额。

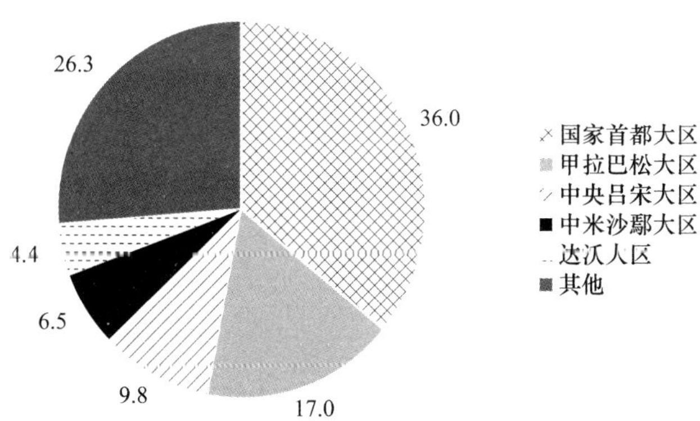

图Ⅱ－4－7　2018年菲律宾主要大区生产总值占比（%）

由表Ⅱ－4－4可知，2016—2018年，菲律宾各地区生产总值占比基本趋于稳定，变化幅度非常微小，由此可知，菲律宾国内的经济形势趋于稳定。国家首都大区的生产总值占比三年来一直遥遥领先，远远高于其他16个大区，说明大马尼拉市对菲律宾国家经济发展的贡献最大。

从菲律各地区国内生产总值的变化来看（见表Ⅱ-4-4），2016—2018年，菲律宾国内的经济形势趋于稳定，各地区生产总值变化趋势基本趋同，即各大区的国内生产总值都在逐年增加，直至2018年达到峰值。尤其是大马尼拉市，即国家首都大区，以贸易、公共行政和国防、金融中介以及房地产、租赁和商业活动等驱动经济发展，GDP总量一直遥遥领先，居高不下，对国家经济的发展贡献最大。但其2019年的生产总值增长速度却低于国家整体增长速度，尤其是2017—2018年的增速，低于国家整体增速1.4%。

表Ⅱ-4-4 菲律宾各地区国内生产总值及其增速

地区			生产总值（千比索）			增长速度(%)	
			2016	2017	2018	2016—2017	2017—2018
Philippines		菲律宾	8123375304	8665818041	9206888993	6.7	6.2
NCR	National Capital Region	国家首都区	2976234624	3159842816	3312006887	6.2	4.8
CAR	Cordilllera Administrative Region	科迪勒拉大区	136873913	153611966	164891934	12.2	7.3
I	Ilocos	伊罗戈斯大区	257277270	272127691	289866090	5.8	6.5
II	Cagayan Valley	卡加延河谷大区	139548688	149475093	154446076	7.1	3.3
III	Central Luzon	中央吕宋大区	773108325	844038175	904021524	9.2	7.1
IV(A)	Calabarzon	甲拉巴松大区	1364736594	1456341332	1562497002	6.7	7.3
IV(B)	Mimaropa Region	民马罗巴区	125597582	132096336	143411171	5.2	8.6
V	Bicol	比科尔大区	164065917	172249247	187599848	5	8.9
VI	Western Visayas	西米沙鄢大区	323562341	351386178	372867944	8.6	6.1
VII	Central Visayas	中米沙鄢大区	524645371	551684028	593850122	5.2	7.6
VIII	Eastern Visayas	东米沙鄢大区	171610264	174651332	184941774	1.8	5.9
IX	Zamboanga Peninsula	三宝颜半岛大区	164866496	168806467	179376571	2.4	6.3
X	Northern Mnidanao	北棉兰老大区	304952799	322565118	345275060	5.8	7

续表

地区			生产总值（千比索）			增长速度(%)	
			2016	2017	2018	2016—2017	2017—2018
XI	Davao Region	达沃大区	333405134	369070854	400825766	10.7	8.6
XII	Soccsksargen	南哥苏库萨将大区	213182370	230775902	246690292	8.3	6.9
XIII	Caraga	卡加延河谷大区	98905278	102494583	105771077	3.6	3.2
ARMM	Autonomous Regionin Muslim Mindanao	棉兰老穆斯林自治区	50802338	54600922	58549855	7.5	7.2

资料来源：菲律宾国家统计局，https：//psa. gov. ph/。

（二）人均地区生产总值

根据菲律宾各个地区人均国内生产总值来看，菲律宾在 2016 年至 2018 年人均 GDP 整体呈增长态势，经济发展势头良好。

其中，国家首都大区的人均 GDP 水平最高，2016—2018 年均超过 9000 美元，远高于菲律宾国内整体的人均 GDP，且约为国家人均 GDP 的三倍，说明大马尼拉市，即国家首都大区，在菲律宾整个国家内的经济发展水平极高，拥有绝对的经济实力与发展潜力。

表Ⅱ－4－5　**菲律宾及其各大区人均国内生产总值**　（美元）

行政区＼年份	2016	2017	2018
菲律宾	2953	2989	3104
国家首都大区	9099	9242	9513
科迪勒拉大区	2817	2929	3074
伊罗戈斯大区	1824	1838	1952
卡加延河谷大区	1492	1548	1579
中央吕宋大区	2438	2532	2655
甲拉巴松大区	3135	3135	3272
民马罗巴区	1406	1459	1588
比科尔大区	1050	1050	1113

续表

行政区＼年份	2016	2017	2018
西米沙鄢大区	1607	1651	1748
中米沙鄢大区	2685	2666	2812
东米沙鄢大区	1421	1353	1405
三宝颜半岛大区	1622	1593	1640
北棉兰老大区	2540	2555	2663
达沃大区	2669	2801	2956
南哥苏库萨将大区	1735	1740	1843
棉兰老穆斯林自治区	1273	1266	1277
卡拉加大区	583	607	612

二　经济结构发展

（一）产业结构变化

表Ⅱ-4-6列出了2016—2018年按行业划分的大马尼拉市的生产总值及其占比。从中可以发现大马尼拉市第一、二、三产业的产值均在增加，但产业占比却发生了一定的变化。2016—2018年，大马尼拉市第一产业占比稳定不变，第二产业占比逐步减少，2018年较2016年，占比减少了1.4%，第三产业占比逐年稳步增加，增加了1.4%。总体来说，2016—2018年，大马尼拉市第三产业占比数值始终巨大，高于80%，第一产业占比极少，仅为0.2%。三年间，三产比重有所提高，产业结构仍处于不断优化升级中。

表Ⅱ-4-6　2016—2018年大马尼拉市各行业和地区的生产总值及其占比

产业＼年份	产值（千比索）			占比（%）		
	2016	2017	2018	2016	2017	2018
第一产业	5283808	5320503	5340709	0.2	0.2	0.2
第二产业	548264718	559372526	561945691	18.4	17.7	17.0
第三产业	2422686098	2595149787	2744720488	81.4	82.1	82.8

资料来源：菲律宾国家统计局，https：//psa.gov.ph/。

（二）第一产业发展

根据菲律宾国家统计局数据，大马尼拉市的农业产业包括农林业和渔业两部分，与工业和第三产业相比，整体产值较低。2016—2018 年，第一产业整体与其细分的农林业产值均呈稳定增长。渔业产值在 2016—2017 年略有下降，但 2018 年又有所增长，且产值超越了 2016 年。

表Ⅱ-4-7　2016—2018 年大马尼拉市第一产业生产总值　（千比索）

产业 \ 年份	2016	2017	2018
第一产业（农猎林渔）	5283808	5320503	5340709
采掘业	5225085	5261967	5281599
渔业	58723	58536	59109

资料来源：菲律宾国家统计局，https：//psa. gov. ph/。

（三）第二产业发展

根据菲律宾国家统计局数据，大马尼拉市工业包括制造业、建筑业、电气水供应业三大部分，其中制造业和电气水供应业的生产总值 2016—2018 年整体保持平稳增长，建筑业和制造业在 2017 年的产值有所下降，但 2018 年又有所回升。2016—2018 年，制造业、建筑业、电气水供应业产值占整个大马尼拉市的比重均有所下降。

表Ⅱ-4-8　2016—2018 年大马尼拉市第二产业生产总值　（千比索）

产业 \ 年份	2016	2017	2018
第二产业	548264718	559372526	561945691
制造业	369695103	393037342	379836743
建筑业	88199004	73872198	86385203
电气水供应	90370611	92462987	95723745

资料来源：菲律宾国家统计局，https：//psa. gov. ph/。

（四）第三产业发展

大马尼拉市的第三产业可以细分为六类：（1）运输、储存和通信。

（2）汽车、摩托车、个人和家庭用品的贸易和修理。（3）金融中介。（4）房地产、租赁和商业活动。（5）公共行政与国防；强制性社会保障。（6）其他服务。总的来说，2016—2018 年，第三产业整体细分的六类行业的生产总值均在增长。但是“运输、储存和通信”及“其他服务”两类产业占地区生产总值的比重却在下降。

表Ⅱ-4-9　　2016—2018 年大马尼拉市第三产业生产总值　　（千比索）

产业＼年份	2016	2017	2018
第三产业	2422686098	2595149787	2744720488
运输、储存和通信	176019678	179904470	188360471
汽车、摩托车、个人和家庭用品的贸易和修理	860729639	931376891	984105639
金融中介	315112742	338401396	358968215
房地产、租赁和商业活动	519993862	561705362	584368886
公共行政与国防；强制性社会保障	162817295	178354989	207048200
其他服务	388012883	405406678	421869075

表Ⅱ-4-10　　2014—2019 年大马尼拉市游客数量　　（人）

年份	国外游客	海外菲律宾游客	国内游客	游客总数
2014	1114737	8123	748379	1871239
2015	848152	168	568755	141707
2016	245138	—	249545	494683
2017	321040	3706	392061	716807
2018	286858	789	338521	626168
2019	1709157	877	1327066	3037100

资料来源：菲律宾旅游局，http：//www. tourism. gov. ph/tourism_ dem_ sup_ pub. aspx。

大马尼拉是一座富有浓厚热带情调的城市，也是东南亚地区著名的旅游胜地，城内可供游览的名胜有很多，包括黎刹尔公园、椰子宫、儿童城、海滨大道、国际商业中心和塔尔湖等。就第三产业中的旅游业来看，2014—2019 年，大马尼拉市游客总数波动变化较大，2014 年游客数量为 187 万人，2015 年略有下降，2016—2018 年数量急剧下降，2019 年却猛然增加，远高于此前2014年的最高值。但整体来看，游客总数呈上升趋势，2014—2019年的年均增长率为10.2%。

三　企业发展与重点企业

大马尼拉市共有36444家上市公司。市内的各种制造商生产与工业相关的产品，例如化学品、纺织品、服装、电子产品、食品、饮料以及烟草产品等，加工出口主要商品包括绳索、胶合板、精制糖、椰干和椰子油。食品加工业是马尼拉市十分稳定的主要制造业之一。

四　大马尼拉市的区域影响

大马尼拉市是菲律宾的政治、经济和文化中心，是新旧交错、传统与现代融为一体的大都会，也是世界Alpha-（弱一线）等级城市，在菲律宾乃至全球都有一定的区域影响力。

（一）大马尼拉的城市排名状况

全球化与世界级城市研究小组与网络（Globalization and World Cities Study Group and Network，GaWC）是全球著名的城市评级机构之一，它通过对世界城市在金融、广告、法律、会计、管理咨询五大行业的全球联通性进行量化，将城市划分成Alpha、Beta、Gamma、Sufficiency四大类（即全球一、二、三、四线），下设特强（++）、强（+）、中（/）、弱（-），以衡量城市在全球高端生产服务网络中的地位及其融入度。GaWC以其独特视角对城市进行划分，以表明城市在全球化经济中的位置及融入度。因其排名客观，不受其他因素干扰，GaWC世界城市体系排名被誉为最权威的世界城市排名。在GaWC研究编制的全球城市分级排名《世界城市名册2019》中，菲律宾的大马尼拉、中国深圳、中国广州以及美国旧金山等城市，同处第一档城市Alpha-，即第一档城市中的第四等级。2019年12月，大马尼拉位列2019年全球城市500强榜单第68名。

根据最新公布的《2019年Tholons服务业全球指数（TSGI）报告》，菲律宾首都马尼拉大都会连续两年处于“超级城市100强”第二排名。这是大马尼拉市连续两年霸占该榜单亚军。TSGI是基于人才技能和质量、商业成熟度、成本、基础设施、风险和生活质量及数字化与创新，评估全球工业和服务的表现与加速数字化转型的领先国际标准。该指数为企业、国家、政府、机构、投资者和分析师提供了关于数字创新和转型定位战略的基准。该指数还反映了国家和城市在数字生态系统方面的竞争力。

表Ⅱ－4－11 马尼拉知名企业名单

序号	公司名称	英文名	产业类别	部门	成立时间（年）	补充信息
1	2GO	2GO	工业领域	海上运输	2012	航运，2GO 集团的一部分
2	2GO（货运航空公司）	2GO（cargo airline）	工业领域	送货服务	1988	货运航空公司，隶属于 2GO 集团
3	2GO 集团	2GO Group	工业领域	送货服务	1949	运输控股公司
4	Advanced Contact Solutions	Advanced Contact Solutions	工业领域	业务支持服务	1996	业务流程外包
5	联合银行	Allied Bank	金融	银行业务	1977	银行（已不复存在）
6	亚洲医院和医疗中心	Asian Hospital and Medical Center	卫生保健	医疗保健机构	2002	医院
7	阿亚拉公司	Ayala Corporation	企业集团	—	1834	金融、公用事业、电信、工业
8	菲律宾群岛银行	Bank of the Philippine Islands	金融	银行业务	1851	万能银行
9	Cebuana Lhuillier	Cebuana Lhuillier	金融	专业金融	1988	典当和放债人
10	樱桃手机	Cherry Mobile	技术	电信设备	2008	手机
11	三角洲汽车公司	Delta Motors Corporation	消费品	汽车类	1962	1984 年停产的汽车（已不复存在）
12	菲律宾开发银行	Development Bank of the Philippines	金融	银行业务	1947	政府银行（国有）
13	东西银行	EastWest Bank	金融	银行业务	1994	万能银行
14	菲律宾儿童	Enfant Philippines	消费品	服装零售商	1995	婴儿用品和服装
15	Ever Gotesco 购物中心	Ever Gotesco Malls	消费服务	宽线零售商	1972	购物广场
16	去坚果甜甜圈	Go Nuts Donuts	消费服务	餐厅和酒吧	2003	连锁店
17	伊势丹百货	Isetann Department Store	消费服务	宽线零售商	1979	零售店
18	菲律宾土地银行	Land Bank of the Philippines	金融	银行业务	1963	主要政府银行（国有）

续表

序号	公司名称	英文名	产业类别	部门	成立时间（年）	补充信息
19	马来亚	Malaya	消费服务	出版	1981	报纸
20	马尼拉公报	Manila Bulletin	消费服务	出版	1900	报纸
21	马尼拉酒店	Manila Hotel	消费服务	饭店	1912	旅馆
22	马尼拉时报	Manila Times	消费服务	出版	1898	报纸
23	威力公司	Mighty Corporation	消费品	烟草	1945	烟草
24	内格罗斯导航	Negros Navigation	工业领域	海上运输	1932	已于2012年被淘汰
25	梅尼拉医院	Ospital ng Maynila Medical Center	卫生保健	医疗保健机构	1969	医院（国有）
26	卢尔德圣母医院	Our Lady of Lourdes Hospital	卫生保健	医疗保健机构	1958	医院
27	菲律宾娱乐游戏公司	Philippine Amusement and Gaming Corporation	消费服务	赌博	1977	赌博（国有）
28	菲律宾总医院	Philippine General Hospital	卫生保健	医疗保健机构	1907	医院（国有）
29	菲律宾国家银行	Philippine National Bank	金融	银行业务	1916	万能银行
30	菲律宾国家建筑公司	Philippine National Construction Corporation	工业领域	重型建筑	1966	国有建筑（国有）
31	信托银行	Philtrust Bank	金融	银行业务	1916	万能银行
32	菲律宾广播公司	Radio Corporation of the Philippines	消费服务	广播与娱乐	1924	广播电视
33	SkyJet 航空公司	SkyJet Airlines	消费服务	航空公司	2005	航空公司
34	超级渡轮	SuperFerry	工业领域	海上运输	1990	隶属于 Aboitiz Shipping Company 的渡轮公司（于2012年停业）

续表

序号	公司名称	英文名	产业类别	部门	成立时间（年）	补充信息
35	每日论坛报	The Daily Tribune	消费服务	出版	1999	报纸
36	菲律宾星报	The Philippine Star	消费服务	出版	1986	报纸
37	SM 商店	The SM Store	消费服务	宽线零售商	1958	部分 SM 投资公司
38	圣托马斯大学医院	University of Santo Tomas Hospital	卫生保健	医疗保健机构	1946	医院

资料来源：https：//en. wikipedia. org/wiki/List_ of_ companies_ of_ the_ Philippines。

此外，菲律宾国家竞争力委员会每年发布“城市和城市竞争力指数”（CMCI），根据其经济活力、政府效率和基础设施对菲律宾的城市、直辖市和省进行排名。据2019年的菲律宾城市竞争力排名，在极具竞争力的前10个城市中，大马尼拉地区城市占6个，奎松市排第一位、马尼拉排第二位、帕赛排第四位、马卡蒂排第五位、巴石排第六位、蒙廷卢帕排第八位，体现了大马尼拉极强的城市竞争力。

（二）大马尼拉市的区域影响力

1. 经济影响力

城市首位度，是用于测量城市的区域主导性指标，反映区域城镇规模序列中的领头优势性，也表明区域中各种资源的集中程度及反映该国或地区的城市规模结构和人口集中程度。一般用一个地区最大城市与第二大城市经济规模之比来表示这个最大城市的首位度。一般认为，城市首位度小于2，表明结构正常、集中适当；大于2，则表明存在结构失衡、过度集中的趋势。大马尼拉市为菲律宾第一大城市，其经济规模为第二大城市宿务的9.2倍，说明大马尼拉市城市首位度极高，各种资源的集中程度强，经济优势明显。

此外，菲律宾审计委员会发布的《2018年度审计报告》指出，马尼拉市的总收入达141亿比索。它是税收最高和内部税收分配最高的城市。马尼拉的年度税收收入达73亿比索。马尼拉市来自国库的内部总收入分配（IRA）为29.4亿比索。同时，其总资产在2018年达到407亿比索。

2. 交通影响力

马尼拉市近年来港口经济突起，实力不输发达国家城市。马尼拉作为菲律宾重要的交通枢纽和贸易港口，全国出口货物的1/3和进口货物的4/5都通过这里。据世界古老报刊之一《劳埃德船舶日报》的统计，在2019年全球排名前100的港口名单中，马尼拉港以508.5万标准箱的年吞吐量排在第30名。虽然和排名第一的上海有些差距，但依然领先于法国的马赛港和加拿大的温哥华港，而这两个港口的发展程度远比马尼拉要高，甚至就连曾经为战后日本经济恢复做出突出贡献的国际一流港口东京港，也落后于马尼拉港。事实上，早在17世纪，马尼拉港就已经成为东西方经济活动的交汇点，是海上丝绸之路一颗耀眼的明珠，而今在中菲两国合力推动下，随着“一带一路”倡议的深入发展，马尼拉港将再次在全球经济发展中扮演重要角色。

3. 文化影响力

大马尼拉有着长期的被殖民历史，同时也是全世界重要的多元化城市之一，是一座新旧交错、东西文化交融的城市，被人们称为“亚洲的纽约”。城市文化的多样性，使得它呈现出一种别样的风情。西方化的城市景观掩映着独特、仍深深植根于古老价值体系的亚洲文化。马尼拉深厚的包容性让它成了一座极具多元化的城市，因此，这里也备受外企和外籍人士的青睐。在马尼拉，作为东南亚知名的金融中心的马卡蒂（Makati），从20世纪70年代开始就获得了“亚洲曼哈顿”的称呼。

作为菲律宾的文化中心，马尼拉拥有诸多著名的博物馆。马尼拉也是知名的国际会议城市，居亚洲五大国际会议中心之首。且大马尼拉是菲律宾的主要出版中心。菲律宾最大的大版报纸《马尼拉公报》的总部就位于此。菲律宾其他主要出版公司，例如《马尼拉时报》《菲律宾星报》和《马尼拉标准今日报》等的总部也位于此。

第四节 达沃的经济发展与区域影响

达沃市是菲律宾棉兰老岛最重要的城市，是菲律宾棉兰老岛的经济和行政中心。达沃市总面积2433.61平方公里（其中城区293.78平方公里），常住人口163万人（2015年），流动人口超过200万人。30多年前，它是菲律宾的第六大城市，现在已经发展成为仅次于大马尼拉和宿务的菲律宾第三大城市。达沃市的人口在20世纪增加是由于来自美国和其他地区的大规模移民浪潮，这一趋势一直持续到今天。

一 经济总量发展

达沃市的战略位置优越，使其不仅是棉兰老岛南部以及整个棉兰老岛的贸易中心，同时也是东盟东部增长区的贸易中心，还是菲律宾南部最大的地方经济体。

（一）进出口总额

十多年来，达沃市在棉兰老岛经济发展中发挥了至关重要的作用。在棉兰老岛，达沃地区以 24.36 亿美元位居第二大进口城市。2012—2017 年，出口额从 15.1 亿美元增至 23.1 亿美元。其中，2012—2014 年，达沃的出口总额从 15.1 亿美元增长至 20.7 亿美元，经历了快速发展的阶段。由于国际贸易环境的变化所导致的区域需求不振，以及厄尔尼诺现象带来的农产品产出下降，2015 年以来，达沃的出口总额呈现出短暂下降的趋势。2015 年，出口总额为 20.03 亿美元，2016—2017 年，其出口额恢复增长，从 21.59 亿美元增长至 23.07 亿美元。在进口额方面，2014 年进口额高达 16.18 亿美元，2015 年增至 17.04 亿美元。但 2016 年，进口额减少至 16.01 亿美元，2017 年又增加至 21.39 亿美元。在贸易差额方面，2013 年，贸易逆差为 4.63 亿美元。2014 年，由于进出口增加，贸易差额达到 6.43 亿美元。2015 年、2016 年、2017 年的贸易差额分别为 2.99 亿美元、5.58 亿美元和 1.68 亿美元。[①]

（二）地区生产总值

就地区生产总值增长速度来看，2011—2018 年，达沃地区的地区生产总值整体保持较快增长，经济发展势头良好。2011—2012 年，地区生产总值增长了 7.0%，此后，除 2012—2013 年地区生产总值增速为 6.7%，略低于 2011—2012 年外，其余年份皆高于 7.0%。其中，2016—2017 年，达沃地区生产总值的增长速度达到最高值，增速超过 10%，达到 10.7%。同年菲律宾整个国家的地区生产总值增速为 6.7%，可见达沃地区的 GDP 增速远高于国家整体，其经济发展迅速。此后的 2017—2018 年，达沃地区的 GDP 增速又略有下降，为 8.6%，但同年菲律宾整个国家 GDP 增速也放缓了，增速降至 6.2%，对比来看，达沃地区 2017—2018 年的 GDP 增速虽有下降，但仍高于国家整体水平。

就 2015 年以来达沃地区生产总值的数值来看，2015—2018 年，达沃地区的生产总值不断增加，由 2015 年的 3044 亿比索增长至 2018 年的 4008 亿比索。

其中，2018 年达沃地区生产总值较去年增长 8.6%，在菲律宾所有地区中排第二位，但比上一年的 10.7% 的增速要低。其中，服务业在 2018 年增长了 8.1%，快于 2017 年的 6.9%。为服务增长做出最大贡献的是汽

---

① 菲律宾国家统计局，http：//rsso11. psa. gov. ph/grdp。

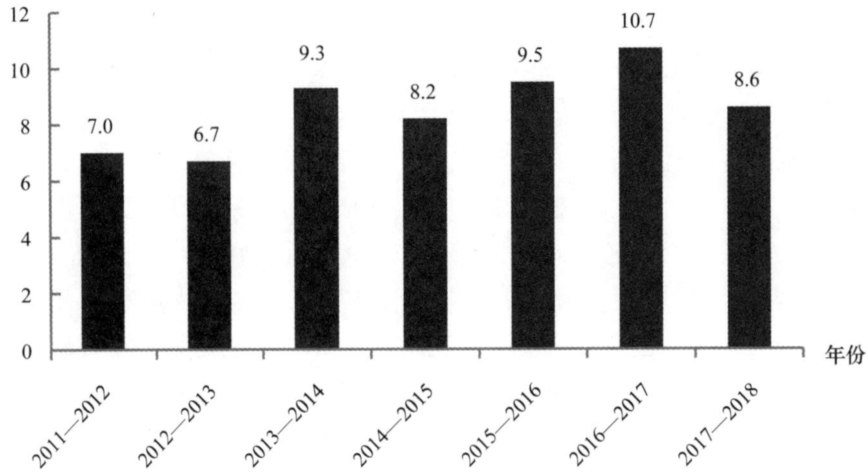

图Ⅱ-4-8　2012—2018 年达沃 GDP 增长速度（%）

资料来源：菲律宾国家统计局，http：//rsso11. psa. gov. ph/grdp。

车、摩托车、个人和家庭用品的贸易和维修，增长了 7.4%；工业整体获得 10.9% 的增长，但与 2017 年的 19.0% 相比有所降低。电力、天然气和水供应从 2017 年的 3.8% 加速增长至 18.1%，其他工业部门的增长速度则有所放缓。建筑业是工业增长的最大贡献者，增长了 18.1%。采矿和采石业的增长为 8.3%，低于上一年的 18.2%；农业、狩猎、林业和渔业（AHFF）增长了 2.9%，高于 2017 年的 1.7%。其中，农业和林业带动了第一产业的增长。

二　经济结构现状

（一）第一产业

农业是达沃市政府指定的十大优先支柱产业之一。达沃是菲律宾主要的农产品和原材料产地，被称为菲律宾的“菜篮子”。同时，在过去 7 年间大力发展农产品出口，主要出口目的地包括日本、中国、韩国、美国、荷兰等。在达沃出口产品结构中，既有香蕉、榴梿、杧果、菠萝、葡萄柚等传统优势农作物，也有可可、椰子、咖啡、橡胶等经济作物。

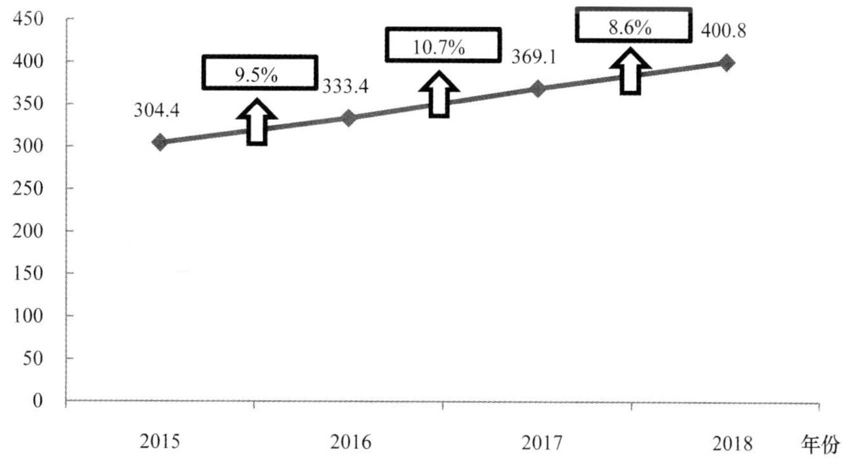

图Ⅱ-4-9 2015—2018 年达沃地区国内生产总值（10 亿比索）

资料来源：菲律宾国家统计局，http：//rsso11. psa. gov. ph/grdp。

表Ⅱ-4-12 达沃市各主要农业产品概况

香蕉	达沃市重要的出口产品之一，除了生鲜香蕉以外，还生产出口包括香蕉片、香蕉干在内的制成品，主要销往日本、中国、韩国、马来西亚
可可	达沃地区可可产量占菲律宾总产量的 72%，达沃市建成菲律宾唯一的“巧克力博物馆”，立志打造菲律宾的“巧克力与可可之都”
椰子	达沃地区椰子产量位居菲律宾第一，出产 13 类主要品种中的 11 种。达沃市椰子产业还包括多种椰子加工产品——椰子糖、椰子油、椰子酱油、椰子醋、椰子咖啡、椰子片等。国家椰子研究中心也坐落在这里
咖啡	达沃出产 4 种咖啡——阿拉比卡、罗布斯塔、利比利卡和埃克赛尔沙
榴梿	榴梿是达沃市的标志性产品，菲律宾约 90% 的榴梿种植在棉兰老南部，其中以达沃地区为主
杧果	杧果是达沃重要的出口创汇产品之一，主要销往中国、德国、日本、韩国、瑞典
蔬菜	达沃市的 Bankerohan 市场是菲律宾重要的蔬菜集散地，每天约有 180 公吨蔬菜从这里销往全国各地。NGO 组织“南棉兰老蔬菜产业协会”为蔬菜种植散户提供一定的培训和服务。地方政府建立了“达沃食品终端综合体”，为农户种植蔬菜提供展销平台
谷物	达沃地区出产谷物包括水稻、旱稻、雨养低洼稻、白玉米、黄玉米等
家畜家禽	达沃出产多种肉禽类：猪肉、牛肉、山羊、水牛、鸭肉、其他禽类。主要设施包括 12 座冷藏库、5 家屠宰场、5 家养鸡场、7 家选包工场

（二）第二产业

2018 年达沃工业产值占比高于第一产业占比（10.6%），低于第三产业占比（49.3%），占达沃经济总量的40.1%。其中，制造业（MFG）占该地区工业总产值的57.1%，建筑业（CONS）占36.2%，电力、燃气和供水（EGWS）占4.1%，采矿和采石业（MAQ）占2.6%。

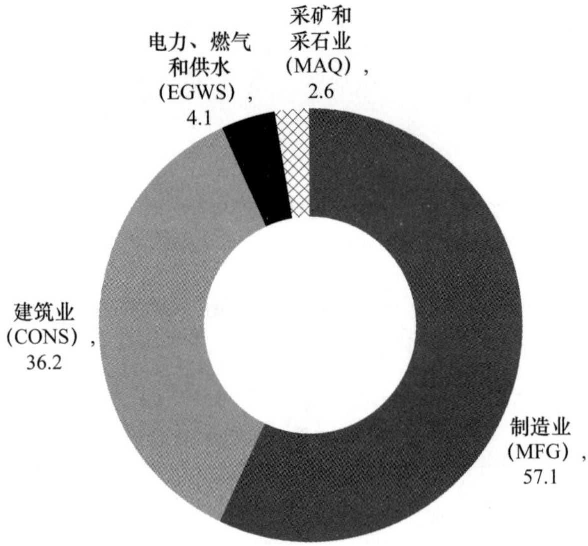

图Ⅱ-4-10　2018 年达沃工业部门产值结构（%）

资料来源：菲律宾国家统计局，http：//rsso11. psa. gov. ph/grdp。

从增长率来看，2018 年，工业为达沃的经济增长贡献了最大份额，为4.3 个百分点，高于服务业的4.0 个百分点，以及农业的0.3 个百分点。达沃工业增长率为10.9%，较2017 年的增长（19.0%）有所减缓。除了电力、燃气和供水部门加速增长处，其他部门增长均放缓。建筑业是工业增长的主要贡献者，增速与2017 年的37.9%相比增长了18.1%；采矿和采石业增长了8.3%，低于之前的18.2%；制造业同样从2017 年的11.4%降至2018 年的6.4%。

（三）第三产业

1. 旅游业

达沃市被称为“南部王城”“棉兰老皇冠上的明珠”“生态冒险之都”，旅游业一直是其经济增长的重要驱动之一。2013—2017 年，达沃市年均接待游客 171.3 万人，旅游收入在 2017 年达到 309 亿比索，并且仍在继续增长。2018 年达沃游客增长率达到 8%，总游客数超过 220 万人。近年来，其旅游业快速发展得益于政府与私人部门之间建成了劳务的 PPP 关系，极大地改善了达沃市的旅游配套措施。达沃市不仅有丰富的动植物生态系统，多样性的文化，而且海岛与山地风光融为一体。菲律宾鹰隼中心、阿波（Apo）山、鳄鱼公园、伊甸自然公园、人民公园等都是著名的旅游景点。

表Ⅱ-4-13　　2013—2018 年达沃市旅游业发展规模指标

	游客人数（人）	增长率（%）	旅游收入（10 亿比索）
2013	1429011	32.93	17.02
2014	1529907	7.06	17.13
2015	1730009	13.07	26.23
2016	1864343	7.76	29.56
2017	2012625	7.95	30.94
2018	2200000	7	—

2. 信息与通信技术产业（ICT）

达沃市是棉兰老岛发展最快的 ICT-BPO（商务流程外包）中心，其就业贡献率自 2013 年起持续增长。全市目前拥有 94 家 BPO 及 ICT 相关企业，在未来 3 年里总就业人数预期将达到 7 万人。达沃市建立了较为完善的 ICT 职业技术教育培训体系（TVET），包括 1 家客服呼叫中心培训机构、6 家动画类培训机构、9 家视觉设计培训机构。2002 年，达沃 ICT 理事会在达沃工商联合会的支持下成立，2006 年更名为达沃 ICT 集团，主要负责协调 ICT 与政府间的合作、对话关系，帮助企业获取、解读、遵守政府的法律规章。

2010 年达沃被评选为菲律宾颇具潜力的 ICT 城市之一，其优势在于充足的劳动力禀赋——4 家 IT 教育发展中心，超过 15000 名研究生，全国排名前五的优质人力资源；优质的 ICT 基础设施——较多的宽带网络和较高的光纤覆盖率，大量的 IT-BPO 企业；优越的区域条件——东盟东部增长区（Brunei Darussalam-Indonesia-Malaysia-Philippines East ASEAN Growth Area；BIMP-EAGA）的门户；亚洲宜居城市；亚洲管理学院评选出的亚洲具竞争力城市之一，等等。

3. 交通运输

20 世纪 90 年代以来，达沃市内交通状况得到了改善，路、桥等的建设都比较完备。作为菲律宾南部的门户城市，达沃市与菲律宾主要城市之间陆运、海运、空运非常便利。达沃市与位于棉兰老岛中心的卡加延德奥罗之间有高速公路相连。此外，达沃市拥有 2 个公有港口以及 9 个私有港口。

（1）空、海港

在空港方面，达沃市有商务机场——达沃国际机场，在 1998 年进行了扩张，能容纳波音 747 等大型客机起飞降落。达沃机场的国际航线与新加坡、中国晋江等有直航航线相连。国内航线与菲律宾各大城市有每日航班，但航班数量并不丰富。从达沃市飞往菲律宾首都马尼拉需 1 小时 40 分钟，飞往宿务市仅需 30 分钟。

在海港方面，达沃市拥有由多个港口组成的港口群组，在棉兰老岛属于一级物流节点，包括两个政府管控的公有港口，9 个私营港口，以及一个出入境客运及国内外货物运输符合标准的渔港综合体。达沃市政府管控的莎莎（SASA）港是该地的重要港口，50% 的进出口货物经莎莎港口运输，港口水深 10 米。当前，莎莎港已设立面向中长期的港口能力提升计划。

（2）公路与桥梁

达沃市具备一定的道路基础设施支持能力。区域内拥有一级公路（连接 10 万人以上城镇的公路）453. 021 公里、二级公路（连接小于 10 万人的城镇的公路）869. 556 公里和三级公路（其他所有公路）366. 114 公里。但是，达沃市道路已较难支撑城市的快速发展，道路较为狭窄，易产生交通拥堵问题，特别是通往港口的道路。因此，达沃市设定了中长期的道路基础设施升级计划，但该计划的实施面临资金、用地获取、周边配套设施等一系列问题。这导致棉兰老岛的四个增长极（达沃、卡加延、桑托斯、三宝颜）并没有很好地联系在一起，没有发挥出区域联通协同的作用，岛内贸易甚至不如这些城市与马尼拉和宿务的贸易。目前中国正帮助菲律宾积极加快达沃市的道路建设。规划中由中国修建的达沃高速公路全长23.3公里，总造价约245亿比索（约合4.8亿美元）。该高速公路项目建成后将缓解达沃市内交通拥堵问题，并提供通向港口和郊区的更便捷快速的通道，缓解交通瓶颈。预计该项目将分三期建成，三期长度分别为8.45公里、8.35公里和6.5公里。

在桥梁方面也获得了由中国投资修建的项目。2018年10月，萨拉市长（Sara Duterte）宣布，中国将资助建设达沃市耗资15亿比索（超过2亿人民币）的达沃河Bucana大桥项目，该项目一旦完成，将有五座桥梁穿过达沃河。这些公路和桥梁未来将成为达沃高标准公路网的一部分。

三　企业发展与重点企业

（一）企业发展情况

菲律宾贸易和工业部数据表明，2014—2018年，达沃市的微型、中小型企业数量不断增长。中小企业的数量每年翻一番。2014年，中小企业总数为1853家。在随后的几年中，中小型企业从2015年的2223家增加到2016年的2333家，又从2017年的2360家增加至2018年的4165家。在整个达沃地区，大多数中小型企业都是本地企业。且2019年达沃市的投资组合创历史新高，比上一年增长18%，显示出企业家对当地经济政策、营商环境的信心。新增以及更新注册企业数明显增加，注册资本总额高达50亿比索，新增投资主要来自日本、中国和马来西亚。

表Ⅱ-4-14　**按资产规模与行业分类的企业总数**　（家）

分类	微小企业（资产0—300万比索）	小型企业（资产300万—1500万比索）	中型企业（资产1500万—1亿比索）	大型企业（资产>1亿比索）	总计
住宿	188	38	15	1	242
管理和支持事务活动	638	64	17	4	723
农业	76	23	4	5	108
艺术、娱乐和休闲	60	6	1	—	67

续表

分类	微小企业（资产0—300万比索）	小型企业（资产300万—1500万比索）	中型企业（资产1500万—1亿比索）	大型企业（资产>1亿比索）	总计
建筑	54	20	3	—	77
教育	72	16	9	—	97
电力、给排水	2	—	—	—	2
金融和保险	602	129	36	22	789
食品和饮料	1073	65	16	4	1158
健康和社会工作	214	9	—	—	223
信息和通信	82	6	—	—	88
制造	171	46	13	6	236
采矿	43	11	1	—	55
其他个人服务	97	—	—	—	97
其他服务	4	1	—	—	5
专业、科学和技术活动	28	1	—	—	29
不动产	989	421	132	19	1561
运输和仓储	1640	542	94	16	2292
批发零售、机动车维修	6205	561	57	8	6831
总计	15018	2294	486	100	17898

资料来源：达沃市财政办公室和商务局，City Treasurer's Office and Business Bureau。

（二）重点企业

表Ⅱ-4-15 **达沃市知名企业名单**

序号	公司名称	英文名	产业类别	部门	成立时间（年）	备注
1	达沃医生医院	Davao Doctors Hospital	卫生保健	医疗保健机构	1969	医院
2	达沃轻电公司	Davao Light and Power Company	实用工具	常规电力	1929	电力调配

续表

序号	公司名称	英文名	产业类别	部门	成立时间（年）	备注
3	一网络银行	One Network Bank	金融	银行业务	2004	银行，奥罗银行的一部分
4	菲尼克斯石油	Phoenix Petroleum	石油天然气	勘探与生产	2002	石油天然气
5	Sonshine 媒体网络国际	Sonshine Media Network International	消费服务	广播与娱乐	1989	宗教广播公司
6	菲律宾南部医疗中心	Southern Philippines Medical Center	卫生保健	医疗保健机构	1917	医院（国有）

资料来源：https：//en. wikipedia. org/wiki/List_ of_ companies_ of_ the_ Philippines。

四　发展战略与区域影响

综上可以发现，菲律宾基本上是一个单中心的国家，人口、经济、金融、交通等资源基本上倾斜式地位于首都马尼拉及其周围的大都市圈，达沃作为全国第三大城市，其人口密度与首都马尼拉相差一个数量级，经济总量与首都马尼拉也相差高达一个数量级。放眼菲律宾，其重心在马尼拉一处，但是，达沃市（Davao）濒临达沃湾，为达沃区首府，是东盟东部增长区的一部分。作为菲律宾迅速发展的新兴城市，其经济发展已形成一定特色。

在全球化外部环境发生新变化的背景下，达沃市需要在经济开放、产业发展、基础设施、营商环境、区域协调方面找到新的发展路径，以实现城市的高质量可持续发展。达沃市的城市经济发展定位既要基于达沃市自身优势资源和产业基础，也要跳出达沃市；既要考虑菲律宾国家战略对达沃市的要求和棉兰老岛区域发展的诉求，又要抢抓国际背景所带来的新机遇。达沃市的优势主要体现在以下几个方面：

第一，达沃市是菲律宾棉兰老岛的经济和行政中心，其发展有利于推动菲律宾南北区域平衡发展。达沃市是菲律宾南部重要的区域经济中心。在菲律宾内部存在着明显的区域不平衡。全国人口主要集中在北部和中部的马尼拉大都会区和宿务大都会区，而南部巴拉望和棉兰老岛等区域人口稀少。可见，菲律宾势必要推进区域均衡发展，加快棉兰老岛北部区域发展。棉兰老岛是菲律宾面积最大的岛，资源丰富，菲律宾 60% 的矿产在棉兰老岛，有金、铜、锌等。达沃市是棉兰老岛的经济中心，达沃市要加强与棉兰老岛其他区域的联动发展，提升集聚辐射功能，带动菲律宾南部地区发展，为菲律宾区域均衡发展发挥重要作用。

第二，达沃市战略地位不断提升，是菲律宾南部对接东盟东部增长区的先行之地。达沃市区位优越，处于东盟东部增长区的枢纽区域，是菲律宾与东盟东部增长区进行经济互动的战略性城市节点。2018 年 11 月，中国与东盟东部增长区合作机制进一步升级，签订了《中国—东盟东部增长区升级合作文件》。中国与东盟东部增长区“4 + 1”机制不断强化，进一步提升了达沃市在该区域的战略地位。达沃市战略地位不断提升，中国对达沃市的关注度也在提高。王毅国务委员指出“达沃果断地打开了通向中国的大门”，并将该市定位为“一带一路重要枢纽”“中菲合作的示范基地”“中国参与东增区的先行之地”。

第三，达沃市是“一带一路”倡议重要节点城市，是中菲合作的重要战略支点。菲律宾是中国“一带一路”倡议的重要合作伙伴，并开展了众多实质性合作。2019 年 4 月中菲两国领导人会晤时就“一带一路”倡议和“大建特建”计划进行了进一步对接，达成一系列新的重要共识，签署更多合作文件，为两国扩大互利共赢、共享发展繁荣展示了更为广阔的前景。其中南部达沃市成为中菲两大重点合作带之一。为此，达沃市要紧抓菲律宾“大建特建”的战略机遇期，积极与中国合作，在基础设施、产业园区建设等领域加快合作，进一步扩大开放，为达沃城市发展带来新的活力。

第五章　恐怖主义问题

菲律宾的恐怖主义活动由来已久。从20世纪70年代起，由于世界伊斯兰复兴运动的兴起和菲律宾国内持续的政治叛乱，菲律宾南部已逐渐成为伊斯兰极端主义滋生的温床。1997年亚洲金融危机导致菲律宾社会矛盾激化，扩大了国内贫富差距，尤其是许多穆斯林陷入生活的赤贫化，南部恐怖主义势力蠢蠢欲动，与国际恐怖主义、地区恐怖主义及民族分裂主义等各种势力相互渗透、交织，不断制造一系列的暴力恐怖事件，对菲律宾的国家统一、经济发展和地区稳定构成严重威胁。在“9.11”事件前，菲律宾就已成为国际恐怖主义分子策划暴力袭击的重要落脚点以及过境、资金转移的通道。“9.11”事件后，美国为首的西方国家加强各种反恐、防恐措施，恐怖主义分子的活动受到了很大的限制，迫使一些国际恐怖主义分子向反恐、防恐难度较大的菲律宾、印尼等一些国家转移、扩散，导致菲律宾境内的恐怖主义事件发生频率逐渐攀升。2017年，中东的“伊斯兰国”（Islamic State，IS）被打散，随着恐怖分子向其他地区渗透与回流，菲律宾成为东南亚地区恐怖主义危害十分严重和反恐形势十分严峻的国家之一。近年来，尽管菲律宾政府在加强反恐力度与反恐国际合作方面取得了显著的成绩，但彻底铲除菲岛境内的恐怖主义势力仍是菲律宾面临的长期而艰巨的任务。

第一节　菲律宾主要恐怖组织及其最新动态

20世纪90年代，随着阿布沙耶夫组织、伊斯兰祈祷团等的产生和渗透，菲南反叛运动逐渐由分离型的地方武装叛乱对抗走向极端的恐怖主义对抗，并成为东南亚地区恐怖主义的核心力量。随着IS的兴起，菲律宾当地恐怖主义再度受到恐怖主义国际化浪潮的刺激，呈现出区域恐怖主义复兴的态势，且进一步国际化。[①]

一　主要恐怖组织

菲律宾是多个恐怖组织的策源地，包括伊斯兰祈祷团（Jemaah Islamiyah）、阿布沙耶夫伊斯兰武装（Abu Sayyaf）团伙及伊斯兰基地训练营（Islamic Base Training Camp）等，这些组织跟伊斯兰激进主义、分离主义、宗教极端主义密切相关。阿布沙耶夫组织等获得基地组织领导或代理人的资金支持、技术及舆论的煽动，在东南亚地区实施恐怖袭击。[②] 据 MIPT 数据库资料显示，在菲律宾异常活跃的恐怖主义组织至少有 16 个以上，超过印尼；从 1968 年以来菲律宾共发生了 412 起恐怖事件，印尼则发生了 231 起。[③]

（一）阿布沙耶夫组织（ASG）

菲律宾国内最主要的恐怖主义势力是阿布沙耶夫组织，该组织奉行的思想源泉之一是伊斯兰激进主义，主张恪守纯粹的伊斯兰主义，号召穆斯林通过恐怖活动、暴力袭击等方式打击和削弱敌对政权，实现夺取政权的目标，具有伊斯兰极端主义倾向。阿布沙耶夫组织于 1991 年由菲律宾伊斯兰传教士阿布杜拉加克·阿布巴卡尔·简加拉尼（Abdullajak Abubakar Jagiani）与拉登的妹夫一起创建成立，最初，该组织保持了浓厚的极端伊斯兰主义色彩，提出通过暴力手段建立独立的伊斯兰国家。[④] 阿布沙耶夫组织及其成员主要活跃在菲律宾南部地区，集中在棉兰老岛领域的岛屿如三宝颜半岛、巴西兰岛、苏禄岛及苏禄群岛，人数最多时达到了 4000 多人。

20 世纪 90 年代后，在菲律宾政府军的打击下，菲律宾南部的分离主

---

① 李捷、靳晓哲：《转型与升级：近年菲律宾南部恐怖主义发展研究》，《国际安全研究》2018 年第 5 期。

② A. Collins, *Security and Southeast Asia*: *Domestic*, *Regional and Global Issues*, Singapore: Institute of Southeast Asian Studies, 2003, p. 87.

③ http: //www. tkb. org/Incident Region Module. jsp? regionid = 5&pagemode = national&start Date = 01/01/1968 & end Date = 06/30/2007&domInt = 0&suiInt = 0&filter = 0&detail = 0&setFilter = 1&info1 = 5.

④ 孟晓旭主编：《国际安全治理的困境与出路》，时事出版社 2017 年版，第 153 页。

义运动沉寂下来。支持伊斯兰分离运动的群众基础弱化，年轻一代的好战分子对老一代领导人的政策产生不满，在缺乏内外部支持下的阿布沙耶夫组织境况艰难。为了解决资金困境，该组织蜕变成以制造爆炸袭击、绑架、勒索赎金为主的松散的犯罪团伙和恐怖组织，还通过走私、大麻销售，以及贩卖武器获得资金，原有的政治上的意识形态色彩弱化。[①] 1993年，阿布沙耶夫袭击一座天主教堂，当场炸死 7 人；1995 年，阿布沙耶夫的近百名游击队员突然出现在伊皮尔镇街头，见人就开枪，不仅杀死了 35 名政府军士兵和平民，逃窜前还放火烧毁了教堂；1999 年制造苏禄岛爆炸案，导致 11 人死亡，70 人受伤。尤其是在 1998 年简加拉尼死后，该组织把解决资金来源问题作为重要任务，组织的领导层也出现从事绑架活动的成员，基督教徒与外国人成为其主要的攻击对象，通过绑架，既可获得价值不菲的赎金，又能在政治上对菲律宾政府施压，同时也能在国际社会营造恐怖氛围以造声势。在 1991 年至 2000 年期间，阿布沙耶夫组织声称对 378 起恐怖袭击负责，造成 288 人死亡，同时，实施 640 起绑架案，涉及 2076 名受害者。[②]

"9·11" 后，阿布沙耶夫组织实施恐怖主义活动的方式和手段更加猖獗，逐渐成为东南亚地区恐怖主义的重要力量之一。2001 年 5 月，阿布沙耶夫组织在南部巴拉望岛度假地策划绑架了 3 名美国公民和 17 名菲律宾人，其中有 15 人逃出或被赎出，一名美国人被杀害，是年底，两名美国人和一名菲律宾人仍被扣为人质。2002 年 4 月，阿布沙耶夫组织在南部的桑托斯将军城相继发动了两起炸弹爆炸事件，其中一起发生在一个购物中心，另一起发生在一条公路上，这两起爆炸事件共炸死 14 人，炸伤 60 人。[③] 事后，一个自称是阿布沙耶夫组织之下的行动团体声称对这两起爆炸事件负责。10 月 17 日，菲律宾南部三宝颜市购物中心又相继发生多起爆炸事件，造成 5 人死亡，144 人受伤。2003 年制造了达沃爆炸事件，在 3 月 4 日至 4 月 3 日的一个月内达沃国际机场、港口和清真寺就接连发生三次严

---

① Dipak K. Gupta, *Understanding Terrorism and Political Violence: The Life Cycle of Birth, Growth, Transformation and Demise*, Routlege, 2008, p. 157.

② Rommerl C. Banlaoi, *Roots and Evolution of Terrorist Movement in the Philippines: The Abu Sayyaf Experience*, Strategies and Integrated Studies Center, p. 26.

③ 王士录：《2002—2003 年东南亚报告》，云南大学出版社 2003 年版，第 218 页。

重炸弹袭击事件，造成至少死36人、伤100人的血腥惨案。[①]

（二）伊斯兰祈祷团——菲律宾分部

伊斯兰祈祷团是东南亚影响力巨大的激进武装组织之一，据称在印尼、马来西亚、新加坡、菲律宾、泰国均有分支，并在印尼巴厘岛及雅加达先后多次发动炸弹袭击，造成严重的人员死伤，令国际社会震惊。长期以来，伊斯兰祈祷团将其组织成员送到阿富汗受训后，再遣返回东南亚国家发动恐怖袭击，目的是建立一个包括印尼、马来西亚、菲律宾南部、新加坡及文莱在内的“大伊斯兰国家”。伊斯兰祈祷团（JI）领导人Sunkar于1994年在菲律宾南部设立军事训练营，加强伊斯兰祈祷团和摩洛伊斯兰解放阵线（MILF）的关系。为了达到军事袭击的目的，伊斯兰祈祷团为圣战分子在菲律宾建立训练中心和军事学院，为发动圣战培养骨干分子。随着东南亚地区伊斯兰武装恐怖分子网络的形成，伊斯兰祈祷团加强与摩洛伊斯兰民族解放阵线的合作，提供恐怖袭击和意识形态方面的援助，报复过去异教徒对伊斯兰的打击。[②] 伊斯兰祈祷团广泛征召印尼、马来西亚、泰国等国的宗教极端分子在菲律宾受训，并在当地发动恐怖袭击活动。据该组织称，它就像跨国公司一样在东南亚地区建立网络，从事爆炸、绑架和武器走私等非法活动。美国情报机关认为，伊斯兰祈祷团是同“基地”组织联系密切的又一恐怖组织，是在亚洲范围内对美国最有威胁的恐怖组织。伊斯兰祈祷团菲律宾分部与摩洛伊斯兰解放阵线、阿布沙耶夫组织、其他的恐怖组织及恐怖主义活动有着千丝万缕的联系。

（三）从摩伊分裂出来的恐怖组织

1968年菲律宾棉兰老岛爆发伊斯兰民族独立运动，摩洛民族解放阵线（MNLF，简称摩解）在南部建立了根据地，以自治或独立为目标长期与政府抗衡。[③] 摩洛民族解放阵线是菲律宾最大的穆斯林反政府武装组织。1978年摩洛伊斯兰民族解放阵线（简称摩伊）从摩洛民族解放阵线中分裂出来，建立起更为激进的伊斯兰极端组织，在初期其力量极其弱小，20世纪90年代后得以逐步壮大。1996年9月摩洛民族解放阵线与菲

---

① 余建华：《“9·11”后东南亚恐怖主义与反恐问题探析》，《世界经济研究》2004年第11期。

② Damian Michael Greenwood, A History of Terrorism in Southeast Asia since 1975, the University of Hongkong, 2007, pp. 55 – 56.

③ 喻常森、黄科：《试析东南亚地区恐怖主义的成因》，《东南亚纵横》2006年第4期。

律宾政府签署和平协议，部分不愿接受政府整编的人员陆续加入摩洛伊斯兰民族解放阵线，其力量大增，成员有15400人，各式武器11300余件，还获得马来西亚、巴基斯坦、中东等国家和地区激进伊斯兰教团体的资助，发展成为菲律宾最大的民族分离组织和宗教极端组织。

摩伊长期坚持分离主义武装斗争，在棉兰老岛建立一个独立、严格的伊斯兰国家。在拉莫斯总统任期内，摩伊先后与政府进行了六轮低级别的谈判，但因双方立场分歧而无实质性的进展。埃斯特拉达就任后，双方于1998年8月签署《关于推动棉兰老和平进程协议》。9月，又签署将各自前沿阵地部队后撤5公里并实行停火的协议。但和平协议并未得到执行，武装冲突时有发生。1999年，政府军警部队与摩伊游击队持续发生冲突并交火，和谈因菲律宾参议院批准《美菲访问部队协议》等因素而一再延迟，至10月才开始。12月，双方和谈小组就谈判规则与程序达成一致，决定于2000年1月开始正式谈判。谈判没有获得成功，摩伊组织内部又分裂出更小规模的新的宗教极端主义组织。如摩洛伊斯兰自由斗士（Moro Islamic Freedom Fighters）、邦萨摩洛伊斯兰自由战士（Bangsamoro Islamic Freedom Fighters）、“穆特组织”（Maute Group）等极端组织。[①] 除阿布沙耶夫和邦萨摩洛伊斯兰自由战士以外，“穆特组织、安萨尔·希拉法·菲律宾（Ansar al-Khilafah Philippines）等“达伊什启示团”（Daesh-inspired Entities）共同组成了菲南部的暴力极端主义网络，并建立了包括来自区域国家和部分中东国家的多国性质的圣战部队。[②]

1. 邦萨摩洛伊斯兰自由战士（Bangsamoro Islamic Freedom Fighters）

2009年，一个新的激进组织——邦萨摩洛伊斯兰自由战士从摩洛伊斯兰民族解放阵线分裂出来，拒绝与政府和谈，希望通过暴力的方式，在菲律宾南部建立独立的“伊斯兰国家”。该组织有数百名成员，通过绑架勒索、敲诈积累原始资本，同时接受政客、商人、社区成员的捐赠以获取活动资金，主要在菲南棉兰老岛地区的哥打巴托省和马京达瑙省活动，经常袭击警察、政府军及军事设施，通过攻击、爆炸等方式袭击平民，企图破坏摩伊与菲律宾政府之间的和谈。2014年8月15日，邦萨摩洛伊斯兰自由

① 刘中民、任华：《菲律宾恐怖袭击事件透视》，《当代世界》2017年第7期。

② 张宇权主编：《菲律宾发展报告（2019—2020）》，社会科学文献出版社2020年版，第180页。

战士宣布效忠在叙利亚和伊拉克活动的极端恐怖主义武装伊拉克和黎凡特伊斯兰国。2014 年摩洛伊斯兰自由战士（BIFF）头号恐怖分子巴西特·乌斯曼（Basit Usman）脱离出去，组建新的组织，即邦萨摩洛正义运动组织（BJM）。这些极端组织打着伊斯兰的旗号，发起更为灵活机动的恐怖袭击事件，试图建立所谓独立的伊斯兰国家，并与境内外极端势力相勾结。乌斯曼信奉“伊拉克和叙利亚伊斯兰国（ISIS）”的教义，宣誓效忠“伊斯兰国”。[①] 2019 年 7 月巴西兰省拉米坦市，8 月和 9 月苏丹库达拉省和桑托斯将军市接连发生爆炸事件，据称与邦萨摩洛伊斯兰自由战士组织有关。[②]

2. 马巫德集团（Maute）恐怖主义组织

马巫德集团（Maute）因其创立该恐怖组织首脑阿卜杜拉·马巫德（Abdulah Maute）而得名，该集团是菲律宾南部最为危险的恐怖主义组织，俗称“毛特”。与阿布沙耶夫组织相似，马巫德集团不仅观点极端、激进，而且其成员更为年轻化，多次在菲律宾南部及附近海域制造恐怖袭击或绑架事件，还涉嫌专门袭击杜特尔特总统的车队。马巫德还与国际恐怖组织有着特殊的联系，其武器装置由外国恐怖组织提供。据悉，马巫德武装分子在菲律宾南拉瑙省的布迪格（Butig）地区建立军事训练基地，并与伊斯兰祈祷团往来密切，宣誓效忠“伊斯兰国”[③]。还打出了“伊斯兰国”棉兰老省的旗号，实施和参与马拉维恐怖袭击活动，2016 年 8 月 27 日，美国驻菲使馆附近发现疑似爆炸装置，警方怀疑此次预谋行为的幕后主使是该组织，同年 11 月 29 日，还制造了杜特尔特总统府卫队车队的炸弹袭击案，导致 9 人受伤，其中包括 7 名保安和 2 名士兵。[④]

2015 年 10 月 1 日，菲律宾摩洛民族解放阵线的分裂组织阿尔科尔巴（Al Khobar）与专门袭击公共巴士和公交枢纽的组织（Pentagon Kidnap Group）在菲律宾棉兰老岛南部波洛莫洛克市成功袭击一辆公交车，造成至少 18 人在爆炸中受伤。

---

① “Top Terrorist Splits from BIFF，Forms Own Jihadist Group，” *Manila Times*，Oct 7th 2014.

② 薛亮、郑先武：《菲律宾南部安全局势总体回顾与展望》，张宇权主编：《菲律宾蓝皮书（2019—2020 年）》，社会科学文献出版社 2020 年版，第 181 页。

③ 《菲政府军捣毁极端武装组织训练营》，2016 年 6 月 5 日，联合早报网，http：www.zaobao.com/special/report/political/attack/story20160605 - 625268。

④ 袁胜育、王淑华编：《恐怖主义资料研究》，中国政法出版社 2018 年版，第 144 页。

二　菲律宾恐怖主义的新发展

随着IS势力的扩大，菲律宾南部成为政治叛乱与宗教极端恐怖主义活动的高发地区。2013年，菲律宾有438座城市遭受了恐怖袭击，其中仅遭受一次攻击的有104座城市，恐怖主义蔓延到菲律宾全国各地。[①] 据悉尼经济与和平研究所发布的全球恐怖主义指数排名，菲律宾在全球162个国家中位列第九，被列为2013年受恐怖主义影响前十名的国家之一。[②] 这与东南亚地区日趋严峻的安全局势紧密相关。2014年菲律宾发生约378起恐怖主义活动，造成240人死亡，367人受伤，529个处所因遭恐怖主义暴行而被毁。[③] 高发的恐怖主义暴力袭击事件造成菲律宾国内安全形势的紧张。根据2015年《全球恐怖主义报告》（Global Terrorism Index 2015）对恐怖主义影响的分析，菲律宾在162个国家中排第11位。

2015年1月25日，菲律宾国家警察部队进入"摩伊阵线"盘踞的南部小城马马萨帕诺，与摩伊武装分子发生交火，菲律宾政府军击毙了美国联邦调查局列出的头号通缉恐怖分子马尔万，造成44名菲律宾警察身亡，4名平民被打死，18名武装分子被击毙。马马萨帕诺事件中断了进入最后关键阶段的摩洛和平谈判，棉兰老岛的安全局势恶化。2016年1月"伊斯兰国"宣布在菲律宾南部的棉兰老岛建立哈里发政权，伊斯兰恐怖主义极端势力气焰高涨，恐怖主义爆炸袭击和绑架事件高发。据美国国务院报告，菲律宾是2016年全球遭遇恐怖袭击较多的五个国家之一，2016年菲律宾发生了二十余起恐怖袭击事件，首都马尼拉地区及菲律宾各地发动爆炸袭击，外国公民被绑架，其中包括2名加拿大人被斩首，恐怖分子劫狱及达沃夜市爆炸案等重大事件。[④] 2016年5月初，阿布沙耶夫绑架的10

---

① 《澳发布全球恐怖主义指数》，2014年11月20日，中国经济网，http：//intl. ce. cn/qqss/201411/20/t20141120_ 3949403. shtml。

② 《澳大利亚发布全球恐怖主义指数，菲律宾遭袭击风险列第九》，2014年11月20日，《中国日报》中文网，http：//world. chinadaily. com. cn/2014 - 11/20/content_ 18949644. htm。

③ 《菲律宾在全球恐怖主义报告中排名第11位》，2015年11月19日，菲律宾星报网，http：//www. philstar. com/headlines/2015/11/19/1523561/philippines - ranks - 11th - global - terrorism - index。

④ 《美国务院：菲律宾是2016年全球恐袭较多国家之一》，2017年7月21日，中国新闻网，http：//www. chinanews. com/gj/2017/07 - 21/8284120. shtml。

名印尼人质获释，获得印尼政府交付的100万美元的赎金。[①]

2017年5月23日，宣称是“伊斯兰国”士兵的恐怖分子占领马拉维市，放火“焚烧医院、学校和市内街道等多处建筑”，马拉维市顿时陷入混乱中，大批难民逃离，制造了震惊国际社会的马拉维事件。阿布沙耶夫组织头目哈皮龙（Isnilon Hapilon）发动南拉瑙省的马巫德（Maute）武装分子、马京达瑙省的摩洛伊斯兰自由战士、萨兰加尼省的安赛尔哈里发组织（AKP）及马来西亚、印尼和阿拉伯国家的穆斯林组成国际恐怖主义战士（FTFS）共500多人发动规模较大的恐怖袭击事件，这些恐怖分子占据了市政府、市立监狱、医院、多座建筑物和两座大桥，焚烧了天主教教堂和学校，并挟持人质，升起“伊斯兰国”国旗。“伊斯兰国”对外发布消息称，在菲律宾南部建立了所谓的“东亚分支”。菲律宾军警与恐怖分子发生持续交火，双方僵持达数月之久，直到2017年10月17日，菲律宾政府军攻占马拉维。马拉维战事共造成869人死亡，包括673名武装分子、149名军警及47名平民，40多万平民逃离家园。[②] 因IS领导下的国际恐怖主义战士（FTFS）参与，马拉维事件的爆发引起了全球舆论的哗然与世界各国的关注，是近几年来东南亚规模最大、影响最为恶劣的恐怖主义事件。

马拉维事件平息后，菲律宾的“伊斯兰国”被消灭，但菲律宾境内的恐怖分子并没有被彻底铲除，“伊斯兰国”的追随者仍然十分活跃，菲律宾国家仍遭受当地恐怖主义的各种暴力袭击。南部各省地方武装恐怖分子宣称是东亚伊斯兰国家的一个省，以在菲律宾建立“东亚伊斯兰国”为政治目标，其成员以民都洛为基地，在巴西兰省、南拉瑙省、马京达瑙省、萨兰加尼省和苏禄省建立分支机构，重新汇聚力量，并与印尼、马来西亚等周边国家的恐怖分子相勾连，招募新成员，伺机在菲律宾任何一个地方策划新一轮的恐怖袭击和政治叛乱。2018年6月30日，在菲律宾南部的巴西兰省发生了炸弹自杀袭击事件，造成11人死亡。同时，阿布沙耶夫组织仍蠢蠢欲动，哈皮龙死后因达曼（Indama）和贾安图尔（Jannatul）被

---

① 中国现代国际关系研究院反恐研究中心编：《2016年国际恐怖主义与反恐怖斗争年鉴》，时事出版社2017年版，第427页。

② 《菲律宾军方说马拉维战事即将结束》，2017年9月19日，新华网，http://news.xinhuanet.com/mil/2017-09/19/c_129707303.htm。

提升为该组织头领，在巴西兰坚持伊斯兰圣战。[①]

第二节 恐怖主义滋生、蔓延与发展的原因

菲律宾恐怖主义的滋生与发展有着深刻的历史、政治、宗教文化及社会经济等诸多方面的原因。在菲律宾现代化国家建构中，南部穆斯林越来越处于菲律宾政治、经济与文化边缘化的困境中，加之受外部极端伊斯兰主义输入的影响，一部分穆斯林从开展民族独立运动走向宗教极端主义，甚至蜕化成从事恐怖活动人员，菲律宾南部则成为伊斯兰极端主义势力进行恐怖活动的策源地和主要爆发地。

一 历史原因

菲律宾恐怖主义的根源掺杂着许多历史性的复杂因素与难以调和的宗教矛盾。从9世纪末到16世纪，伊斯兰教逐步传入菲律宾南部岛屿并形成规模。伊斯兰教的传入为菲南原住民带来了更高的宗教文化意识、法律制度、较为完善的政治体制和新的文字历史记忆。最重要的是，伊斯兰教的传入使原住民的政治制度、生活方式与价值观实现了伊斯兰化。尽管，菲律宾不同穆斯林群体对伊斯兰教的信仰程度不一样，但“逐渐具备了一系列共同的文化特征，他们将自己与菲律宾其他民族区分开来，视自己为一个整体”[②]。不管是在殖民时期，还是在菲律宾独立后，绝大多数菲律宾穆斯林都不认同中央政府，而菲律宾的激进穆斯林和族群民族主义者倾向于摩洛群体的身份认同，而非菲律宾人的认同。[③] 数百年的认同对立以及随之而来的政治甚至军事对抗，成为当前南部穆斯林不满中央政府甚至采取极端主义行动的历史根源。

16世纪西班牙殖民者占领吕宋岛后，由北向南逐渐推行天主教。天主教在菲律宾北部岛屿迅速传播，不过数十年，菲律宾北部的多数岛屿迅

---

① Rommel, C. Banlaoi, *Terror Threats after Marawi Liberation*, *Philippines-China Relations: Geopolitics, Economics and Counter Terrorism*, Philippine Association for Chinese Studies, pp. 185 – 186.

② 江炳伦：《南菲律宾摩洛反抗运动研究》，中国文化大学法学院1999年版，第120页。

③ Rommel C. Banlaoi, *Philippines-China Relations: Geopolitics, Economics and Counter Terrorism*, Philippine Association for Chinese Studies, p. 101.

速“天主教化”。天主教的强势扩张不仅遏制了伊斯兰教向北的发展，而且极力向南部穆斯林地区渗透，企图把西班牙的殖民统治和天主教文化推广到菲律宾南部群岛。1578 年和 1596 年，西班牙殖民者在天主教势力的推动下先后发动了对穆斯林两次大规模的远征，揭开了西班牙殖民者与棉兰老地区穆斯林之间冲突的序幕。直至殖民统治结束，西班牙也没有实现真正意义上对菲律宾南部穆斯林地区的征服与统治，殖民战争引发了菲律宾天主教徒与穆斯林之间的偏见和仇恨，造成两大宗教群体的分离，北部天主教徒不断向西方基督教文明靠拢，而南方穆斯林则逐步成为世界伊斯兰的一部分。

1898 年菲律宾沦为美国殖民地，美国人采取了与西班牙专制统治截然不同的殖民政策，实行文化同化政策，开办公立学校，推广美式教育，特别灌输美国式“民主”“自由”“平等”观念，强迫南部棉兰老地区的穆斯林服从天主教政府。然而，菲律宾南部地区摩洛民族的价值观是以伊斯兰教为基础，伊斯兰教教义原则已经成为规范、引导及影响摩洛人思维及行为方式的标准，伊斯兰教强调政教合一的政治体制在菲律宾南部已深入人心。美国殖民者推行“政教分离”的价值观和世俗教育政策引发了摩洛人的强烈反感，进一步加剧了菲律宾的民族宗教矛盾，并为以后菲律宾恐怖主义的形成与壮大埋下了种子。

此外，在整个殖民统治时期，西方殖民者将资本主义的生产方式带到了吕宋地区，发展大种植农场和庄园制经济，社会经济得到一定程度的发展，而南部的穆斯林地区长期处在封建统治之下的经济自给自足的落后状态，各地的经济交往甚少，社会发展缓慢，以穆斯林为主的棉兰老岛则是菲律宾最为落后的地区。南北岛屿发展不平衡加剧了穆斯林与天主教徒之间的矛盾，而土地问题又引发南北人口迁徙与土地资源的争夺。土地兼并一直是菲律宾农村严重的社会经济问题，是引发农村骚乱与社会危机的重要根源。与北部相比，菲律宾南部地区土地肥沃，人口稀少，殖民政府积极鼓励人口向南部迁移，并给予相应的优惠政策。1903—1939 年从北部移入棉兰老岛的移民有近 70 万人，1948—1960 年，迁移到棉兰老岛的移民人数达到 125 万人。[①] 移民的大量涌入使棉兰老岛地区人口急剧增加，

① 施学琴：《战后菲律宾穆斯林分离主义运动兴起的原因》，《东南亚》2002 年第 1 期。

1948—1960年，棉兰老地区的人口增长率达到87%，是菲律宾全国人口增长率的两倍多。大量天主教移民的流入打破了穆斯林原有的社会经济秩序，各种土地纠纷层出不穷。在土地兼并的浪潮中，相对贫穷的穆斯林群体变得更加弱势，经济实力与政治地位的不对等加剧了菲律宾南部异教文化群体的仇恨与对立。

长期的殖民统治和天主教文明的灌输使菲律宾北部民族的文化与价值观完全西化，信仰天主教的菲律宾人认为自己代表的是先进、现代化与进步，而穆斯林代表的则是落后、愚昧与野蛮，并且这种思想到菲律宾独立以后根深蒂固，成为影响现代菲律宾民族融合的主要障碍。西班牙殖民当局竭力宣扬天主教文化，自诩是文明的化身，极力贬低伊斯兰文化，丑化南部穆斯林的形象，最终目的是要把穆斯林西班牙化和天主教化。这无形中煽动了两大不同民族宗教群体之间的隔阂，刺激了南部穆斯林建立以本民族文化为主流文化、聚居区为领地的单一民族国家的政治设想。后续的美国殖民者宣扬两种文明的差别与优劣，两个信仰不同的民族很难形成统一的国家认同。特别是长达300多年的“摩洛战争”对菲律宾社会产生了深远的影响，南部穆斯林在斗争中更加团结，强化了伊斯兰文化的认同。

二　政治原因

菲律宾恐怖主义产生的政治原因包括南部地方权力的争夺、菲律宾民族宗教政策的失误、严重的政治贪污腐败及国家治理能力的不足。首先，地方政府的领导权成为两个族群争夺的焦点。在一些穆斯林居住地区，长期拥有的领导职位被剥夺，尤其是上层穆斯林精英的权利遭到严重损害，他们便揭竿而起，成为民族分裂运动的领袖，并利用宗教教义与民族主义煽动民众的情绪，用恐怖与暴力手段达到其最终的政治目标。

其次，在民族和宗教政策上，菲律宾政府全面推行民族同化政策，少数民族及伊斯兰文化与习俗、政治机构、社会经济建设等各方面被要求整合到以天主教文化为中心的菲律宾社会文化中，在南部穆斯林地区大量兴办公立学校，推广英语教学，宣扬天主教文化。这严重伤害了南部穆斯林的宗教情感，穆斯林以各种方式强烈反对政府的同化政策，认为政府的政策是要从根本上消灭穆斯林民族，在宗教情感上两大不同宗教民族之间的矛盾与冲突被激化。这说明，在菲律宾现代化国家建构与民族整合过程中，菲律宾政府并没有合理地维护穆斯林的利益，特别是在处理土地和权利分配上袒护天主教徒，从而使两大民族与宗教之间的冲突恶化。

再次，菲律宾政府独裁专制、贪污腐败等问题严重，加剧了穆斯林群体的不满。在菲律宾军队中存在严重的贪污腐败现象，政府军经常与反政府武装勾结，把武器装备售卖给反政府武装，导致政府军士兵在作战时伤亡惨重。另外，一些军官为了得到不义之财，还曾与阿布沙耶夫组织进行幕后交易，放跑被抓获的反政府武装人员。与此同时，菲律宾官员奢侈腐化与下层群众的贫困生活形成了鲜明的对比，两极分化愈发严重，加剧了民众对社会的不满，为恐怖主义的滋生提供了土壤。因长期饱受战乱和歧视，一些穆斯林加入了恐怖主义组织，通过实施暴力恐怖手段进行宣泄或作为斗争武器，既争取政治地位和经济利益，又能引起国际社会的普遍关注。

最后，菲律宾政府国家边境与海域管控的失效为南部恐怖主义活动提供了便利。菲律宾南部由一千多个岛屿组成，海岸线长，岛屿众多，地形又极其复杂，菲律宾政府对南部海疆的治理能力建设不足，尚未建立起有效的监管预防机制，多个极端主义组织和跨国犯罪分子长期盘踞于此。[①]因菲军作战能力低下，菲律宾政府无力管控菲律宾南部岛屿地区，不能有效管理海疆以及进行海上巡逻防范。另外，南部岛屿的出入境管理相当松散，呈现出长期的弱势与权力管制真空地带，致使菲律宾恐怖主义分子在南部发展势力有恃无恐。如阿布沙耶夫恐怖分子多次在苏禄海地区与南海地区实施海盗绑架行为，勒索过往船只和旅客，菲律宾政府和相关国家多次被勒索赎金。[②]

三　社会经济因素

菲律宾群岛南北岛屿区域经济不平衡，南部地区经济发展滞后，失业人口众多，文化及其教育落后，民众的文化水平普遍不高，大量穆斯林人

---

① Rommel C. Banlaoi, *Philippines-China Relations*: *Geopolitics*, *Economics and Counter Terrorism*, Philippine Association for Chinese Studies, p. 103.

② 任华：《后"伊斯兰国"背景下东南亚反恐态势及反恐合作》，《印度洋经济体研究》2018 年第 1 期。

因生活贫困而愤愤不平，这些心理容易被极端恐怖主义势力加以利用和操控，煽动暴力反抗政府的负面情绪。北部的菲律宾人逐渐占有南部的社会经济资源，这使得南部寻求独立的声音和反抗的力量始终存在，各种恐怖主义势力和分离主义势力屡禁不止。

经济落后、社会失业及社会贫富分化严重是菲律宾恐怖主义蔓延的根本原因。失业与极端贫困问题一直困扰着菲律宾社会经济发展。根据菲律宾统计局的统计，2013 年菲律宾人的贫困发生率为 26.3%，2015 年为 21.6%，2018 年为 21.0%，2019 年，生活在贫困线以下的菲律宾人估计占总人口的 21%，而 2015 年同期为 27.6%。[①] 从整体上看，贫困率呈现下降趋势，但贫困人口占总人口的比重仍然较大。为了改变贫困的现状，一些人铤而走险，选择了制毒和贩毒以获取基本的生活资源。加上菲律宾国家经济困难，财政收入有限，社会福利保障系统不健全，许多失业人口处于孤立无援的状态，社会阶层关系不断恶化，政府的公权力遭到削弱，国家缺乏凝聚力。谋生的艰难及极端贫困促使越来越多的南部年轻人铤而走险，加入阿布沙耶夫武装组织，通过一些极端方式，如绑架、勒索等获得大量的钱财，给南部地区身处困顿的青年带来了一夜暴富的机会，认为摆脱贫困的唯一出路就是绑架。年轻的恐怖分子为阿布沙耶夫组织临时营地从事保卫工作可以获得报酬，其父母每个月可以得到大米的供给及每月 100—500 美元的收入；[②] 阿布沙耶夫组织获得受其蛊惑的当地人的支持，当阿布沙耶夫受到军事围剿时，当地人提前为其做警示和设置路障等，甚至当地一些穆斯林将他们视为英雄，受到他们的保护和支持，令政府军很难在南部展开彻底的围剿行动。因此，阿布沙耶夫武装组织曾多次被政府军打散打乱，但从未被完全彻底消灭。

四　宗教文化认同的差异性

在很多情况下，宗教是民族利益的一种重要表现形式，也往往是民族分离恐怖主义的重要动力和刺激因素。菲律宾是亚洲唯一的天主教国家，

---

① 菲律宾统计局官网，http：//www. psa. gov. ph/poverty – presee – releases。

② Rommel C. Banlaoi, *Threats of Narcoterrorism*：*The Marawi Siege*, *Essays on the Abusayyaf Group Terrorism in the Philippines from Al-Qaeda to ISIS*, Philippine Institute for Peace, Violence and Terrrorism Research, 2019, p. 91.

信奉天主教的人口占总人口的80%以上，穆斯林占总人口的4%—5%，大约有400万人，主要居住在南部棉兰老岛和苏禄群岛地区。[①] 宗教成为菲律宾天主教与穆斯林族群划分的标准，不同宗教信仰的民族很难形成统一的国家认同，南部地区穆斯林则在抗争中形成社会凝聚力，加强了对当地伊斯兰文化的认同感，要求恢复伊斯兰教在政治、经济和文化等方面的统治地位，建立神权高于一切的神权政治体系并依据宗教信条来重塑个人、社会和公共行为。[②] 重建穆斯林文化认同的社会运动刺激了摩洛普通民众关于本群体宗教文化特殊性的意识，摩洛精英就是要通过制造摩洛认同，把这种混乱的冲突激活为族群性的政治、军事行为。[③]

菲律宾政府没有妥善处理历史上遗留下来的诸多问题，穆斯林少数民族宗教文化长期得不到应有的尊重和平等对待，伊斯兰教义在菲律宾被视为异端，所推行的宗教文化整合与民族融合政策的失败催生了天主教文化与伊斯兰文化的正面对抗和冲突。菲律宾南部民族矛盾宗教化问题凸显，特别是苏禄省、塔威塔威省、马京达瑙省和北拉瑙省等地区。宗教与族群矛盾为菲律宾岛内的极端主义和国际恐怖主义的渗透提供了肥沃的土壤。摩洛伊斯兰解放阵线及阿布沙耶夫组织便以保护和谋求本民族文化的主导地位，建立少数民族聚居区和单一的民族国家为目的。菲律宾南部穆斯林所面临的经济萎靡，经济地位的弱势及政治权力缺失和文化边缘化的困境，迫使部分穆斯林寻找解决生存的出路，而宗教极端者便走上了恐怖主义道路。

五　国际恐怖主义的渗透

菲律宾的恐怖主义不是一个孤立的现象，而是深受全球恐怖主义势力的影响。特别是在世界伊斯兰教复兴运动的发展、南亚与中东地区恐怖主义的煽动与渗透及美国利己性的国际反恐战略下，菲律宾国内的恐怖主义形势变得更加复杂。

---

① The World Bank, *Social Assessment of Conflict—Affected Areas in Mindanao*, Manila: The World Bank Philipines Post Conflict Series, No. 1, pp. 9 – 10.

② ［美］塞缪尔·亨廷顿：《文明的冲突和世界秩序的重建》，周琪等译，新华出版社1998年版，第94页。

③ 彭慧：《菲律宾穆斯林的“摩洛形象”研究》，华中师范大学出版社2015年版，第116页。

（一）世界伊斯兰复兴运动的影响

随着中东伊斯兰石油国家综合实力的增强，传统穆斯林社会出现了抵制西方政治和文化全球化影响，用伊斯兰秩序和伦理改变人类社会的强烈愿望，学者称其为“一种逆全球化—再全球化运动”[①]。该运动席卷整个伊斯兰世界，堪称一场全球范围内的宗教复兴运动。在此运动的影响下，伊斯兰宗教活动大量增加、宗教设施和宗教学校增多，参与宗教活动的人数迅速增长，许多被废黜的宗教礼仪和习俗得到了迅速恢复，穆斯林人口迅速增长，如在1999年左右，中亚五国的穆斯林人口比例基本都超过了本国总人口的50%。[②] 与此同时，伊斯兰国家通过新闻广播、互联网等现代媒体大规模推行泛伊斯兰主义，积极参加与穆斯林利益有关的各类国际事务，加强对世界伊斯兰地区的政治影响及与全球穆斯林的联系，尤其是“9·11”事件凝聚了全球穆斯林的伊斯兰认同，刺激了穆斯林极端分子寻求自由、独立与自治的政治野心。[③] 2014年“伊斯兰国”在中东发迹后，便在东南亚、南亚、北非进行招募，召集了大批的极端分子。据报道，东南亚地区共有1000多人前往IS的中东战场，其中最多的来自印尼，其次是马来西亚和菲律宾南部地区。[④] 为了建立囊括全球所有穆斯林的哈里发大帝国，伊斯兰极端势力向东扩充实力。2016年6月，极端势力宣布在以菲律宾为中心的东南亚地区建省，吸引了包括阿布沙耶夫组织、穆特组织在内的大量极端势力的支持与效忠。菲律宾恐怖主义组织早已超越了国界，与国际恐怖主义组织相互勾连。

借助世界伊斯兰复兴运动的号召力，菲律宾南部穆斯林与世界伊斯兰信徒联系更为紧密，菲南部的极端势力在宗教极端思想宣传、资金援助、恐怖袭击的军事训练及实施暴恐行为等方面得到外部的支持。在菲律宾南部，每年都有众多虔诚的穆斯林前往伊斯兰教圣地沙特朝拜，而这些地区

---

① 钱雪梅：《民主化与复兴伊斯兰——三十年西亚阿拉伯国家的政治发展》，《国际政治研究》2004年第1期。

② 刘振宁：《后冷战时期中亚伊斯兰教复兴的表现、原因及影响（1989—2000）》，硕士学位论文，武汉大学，2017年。

③ Rommel C. Banlaoi, *Philippines-China Relations: Geopolitics, Economics and Counter Terrorism*, Philippine Association for Chinese Studies, p. 98.

④ 《伊斯兰国转战东南亚》，2017年5月31日，环球网，http://world.huanqiu.com/exclusive/2017-05/10771387.html。

或国家也会派遣大量穆斯林教徒到菲律宾南部传教和考察。除了阿布沙耶夫组织成员外，菲律宾南部穆斯林宗教意识的增强以及各种反抗运动的兴起，借伊斯兰复兴运动的推动，在菲南部培养了一批深受传统伊斯兰文化熏陶的青年穆斯林，包括密苏阿里、萨拉马特以及让加拉尼等人。[①] 在接受教育的过程中，这些年轻的青年穆斯林深感世界穆斯林的处境堪忧，以更加激进的行为表达政治诉求。阿布沙耶夫组织在成立之初就提出的实现本民族发展、进步的宗教精神和政治主张，无不深受世界伊斯兰复兴运动的影响。伊斯兰的复兴也在一定程度上鼓舞了菲律宾南部的伊斯兰极端势力，他们对基地组织既同情又崇拜，打着伊斯兰教的幌子，制造激进的恐怖主义暴力事件。

（二）美国反恐战略及其对菲律宾政府反恐支持的推动

"9·11"事件后，出于全球战略利益以及本国利益的考量，美国发动了阿富汗反恐战争，"基地"组织极端势力虽受到沉重的打击，但并没有被彻底打垮，"基地"组织成员被迫通过各种方式和途径从阿富汗向菲律宾、中东等国或地区转移、渗透，同时以更为激进的行为施展报复，渲染紧张的恐怖氛围，而对恐怖行为防范力量弱的菲律宾成为恐怖主义活动的重点区域；再者，美国政府认为，长期以来活动在菲南的阿布沙耶夫组织与本·拉登"基地"组织往来密切，菲律宾南部逐步成为收纳国际恐怖分子的容身所，实施针对美国的暴力袭击的恐怖主义新基地。美国联邦政府调查显示，一些恶劣的恐怖阴谋都是在菲律宾策划的，"基地"组织针对美国的每一次重大恐怖阴谋都与菲律宾有关。[②] 因此，美国以协助菲律宾政府清剿阿布沙耶夫组织为由，向菲律宾派遣了军队，肆无忌惮地进行大规模的反恐军事行动，打击菲律宾南部的武装叛乱者。2002 年 1 月，菲律宾与美国军队在菲律宾南部进行了为期 6 个月以打击阿布沙耶夫组织为目标的"2002 肩并肩"联合军事演习，这是美国继打击阿富汗塔利班政权之后在东南亚地区进行的首次大规模反恐军事演习。菲美联合反恐军事力量的步步进逼，引起菲律宾恐怖主义组织的反弹行为。2002 年 10

---

① 白宁丽：《菲律宾南部的穆斯林问题研究（1946—1999）》，硕士学位论文，贵州师范大学，2015 年。

② Damian Michael Greenwood, *A History of Terrorism in Southeast Asia since* 1975, the University of Hongkong, 2007, p. 79.

月，菲律宾恐怖主义组织展开了更加疯狂的暴力恐怖袭击事件，对菲律宾政府和美国进行报复。10 月 2 日，1 名美国士兵和 3 名菲律宾人在一起炸弹爆炸事件中丧生。10 月 10 日，在菲律宾南部又发生了一起类似的爆炸事件，共造成 6 人死亡，20 人受伤，10 月 17 日，菲律宾南部城市三宝颜接连发生两次爆炸事件，造成至少 6 人死亡，143 人受伤。[①] 这一系列恐怖袭击事件表明美国武装暴力大规模地卷入菲律宾的反恐行动，进一步激化了当地穆斯林的反美情绪，引发当地恐怖主义组织的反弹与报复。

（三）南亚及中东地区的国际恐怖主义势力渗透与拉拢

地理位置优越的菲律宾是国际恐怖主义渗透和拉拢的重点对象，成为基地组织渗透东南亚地区的第一个国家。“伊斯兰国”利用网络媒体传播极端主义思想及打着保护被压迫的穆斯林的口号吸引支持者，通过提供资金援助、军事武器、招募人员、建立分支机构，阴谋在菲律宾发动暴力恐怖袭击，扩大“伊斯兰国”在当地的影响。1991 年，本·拉登的妹夫穆罕默德·贾马尔·哈利法被派到菲律宾为阿富汗战争招募战士，招募工作非常成功，超过 1000 名菲律宾穆斯林前往阿富汗。[②] 阿富汗战争结束后，这些圣战者回到国内成为当地伊斯兰极端组织的骨干，带回了阿富汗训练营的技能和意识形态，还在菲律宾建立了永久的“基地”组织网络。从中东地区返回东南亚或未能如愿进入中东的在地“伊斯兰国”战士，在菲律宾南部获得“庇护所”或便利的中转站，且有机会重新集结、相互联系、组建网络、训练与规划恐怖行动。1996—2002 年，有 400—600 名伊斯兰极端分子，从世界各地来棉兰老丛林接受训练，这些人员主要来自巴基斯坦、印尼和阿拉伯国家。[③] 中东的“伊斯兰国”通过在棉兰老岛等地区建立恐怖训练基地、资助当地的极端组织、传播极端意识形态等手段，进一步促进了菲律宾民族分裂组织宗教极端化过程，并使得当地极端组织“合流”[④]。菲律宾也被视为“基地”组织在全球范围

---

① 张锡镇：《2002 年东南亚反恐回顾与展望》，《东南亚纵横》2003 年第 4 期。

② M. Ressa, *Seeds of Terror: An Eyewitness Account of Al-Qaeda's Newest Center of Operations in Southeast Asia*, New York: Free Press, 2003, p. 12.

③ 张静：《后冷战时期菲律宾穆斯林分离运动研究》，硕士学位论文，厦门大学，2007 年。

④ 任华：《后“伊斯兰国”背景下东南亚反恐态势及反恐合作》，《印度洋经济体研究》2018 年第 1 期。

实施恐怖主义活动的重要基地，与之相关的是，1998 年 8 月，肯尼亚首都内毕罗和坦桑尼亚首都达累斯萨拉姆的美国大使馆爆炸袭击案造成超过 200 人死亡和 4000 多人受伤。[①] 2016 年 6 月，互联网上出现一段“伊斯兰国”接受阿布沙耶夫组织成员宣誓效忠的视频，这是“伊斯兰国”第一次正式将一个东南亚武装组织纳入麾下，菲律宾武装分子阿达拉（Abdallah Al-Filipini）据称已被“伊斯兰国”委任为亚洲首领。[②] 阿布沙耶夫组织领袖哈皮龙（Isnilon Hapilon）则成为印尼、马来西亚与菲律宾三地极端人士所公认的“领袖”。

第三节　菲律宾恐怖主义的特点及其影响

菲律宾恐怖主义与民族分离主义、宗教极端主义相融合，打着复兴伊斯兰教的旗帜，反对天主教政府；菲律宾的恐怖组织不仅与东南亚地区恐怖组织联系紧密，而且与国际恐怖组织关系密切；爆炸、袭击和绑架人质等传统手段是实施恐怖主义活动的主要方式，普通民众和外国公民成为袭击的主要目标，以获取大量赎金。菲律宾恐怖主义势力的暴力行径对菲律宾国家安全及社会稳定构成了严重的危害。

一　恐怖主义的特点

在全球恐怖主义思潮泛滥的国际形势下，菲律宾恐怖主义与恐怖组织具有国际恐怖主义的普遍特征，也有自身的一些特殊性。

第一，菲律宾恐怖主义组织源自宗教极端主义和民族分离主义，两大因素相互交织。首先，菲律宾恐怖主义组织有很强的宗教意识，打着宗教的旗帜，利用穆斯林的宗教感情及对政府的不满情绪来蛊惑群众、获取支持。其次，这些组织最终都是以世俗政治、社会经济利益为出发点，鼓吹民族分裂或民族独立。如阿布沙耶夫反政府武装既是菲律宾南部民族分离主义势力，又是宗教极端主义的恐怖组织。这种具有宗教色彩的民族主义

---

① Damian Michael Greenwood, *A History of Terrorism in Southeast Asia since 1975*, the University of Hongkong, 2007, p. 80.

② 中国现代国际关系研究院反恐研究中心编：《2016 年国际恐怖主义与反恐怖斗争年鉴》，时事出版社 2017 年版，第 127 页。

恐怖组织往往更有号召力、更富煽动性，其袭击手段也更加残忍、更具破坏力。在菲律宾，这些极端民族分裂组织拥有自己的武装和基地，具有明显的军事化暴力倾向。从 1991 年开始，其势力迅速壮大，由开始的几十人发展到几百人，其成员多为年轻人，并且都受过严格的军事训练，能够使用相当复杂的爆炸品，拥有的武器也日益精良。2017 年的马拉维恐怖袭击事件具有民族分离主义与恐怖极端主义合流的典型特征，具有地方民族宗教武装叛乱的性质。菲律宾地方政治动乱与恐怖主义思潮的耦合不仅与菲律宾国内长期存在的摩洛民族宗教问题密切相关，也是“伊斯兰国”从中东向东南亚国家渗透与扩散的产物。①

第二，菲律宾国内恐怖主义组织同本地区及国际恐怖主义组织的关系日益密切且相互呼应。阿布沙耶夫组织的情报、资金和武器来源以及活动范围等都已超越了本国边界，它不仅反对菲律宾政府，而且反对所有世俗穆斯林领导人。菲律宾国内恐怖主义组织同本地区许多恐怖主义组织之间通过各种现代化通信工具和技术紧密协作，共同策划和实施爆炸训练、武器走私以及其他一些恐怖活动。② 20 世纪 90 年代“基地”组织向菲律宾控制较弱的南部地区渗透，1991 年起就在菲律宾南部地区设立多个“国际伊斯兰救助组织”，打着“慈善救济”的旗帜，暗中资助阿布沙耶夫等恐怖主义组织。在这期间，拉登结识了摩洛伊斯兰解放阵线和阿布沙耶夫组织的成员，他还派其内弟穆罕默德·贾迈勒·哈利法（Muhammad Gamal Khalifa）前往菲律宾召集“基地”组织在该地区的势力。“基地”组织不仅接收阿布沙耶夫组织和摩洛伊斯兰解放阵线的人员到阿富汗的训练营受训，还在菲律宾开设培训课程，建立军事据点。据苏格兰圣安德鲁大学恐怖主义与政治暴力研究中心估计，1996—2002 年，有 400—600 名伊斯兰极端分子从世界各地来到棉兰老丛林的“摩伊”训练营接受训练，他们大多来自巴基斯坦、印尼及阿拉伯国家。③ 从 20 世纪 90 年代后期，菲律宾开始向周边国家及伊斯兰世界输出恐怖主义分子。

第三，从恐怖主义活动方式来看，以爆炸、袭击和绑架人质等传统手

---

① 刘中民、任华：《菲律宾恐怖袭击事件透视》，《当代世界》2017 年第 7 期。

② 张静：《后冷战时期菲律宾穆斯林分离运动研究》，硕士学位论文，厦门大学，2007 年。

③ 翟昆：《恐怖分子引来美国兵》，《世界知识》2002 年第 10 期。

段为实施恐怖主义活动的主要方式。爆炸、袭击具有杀伤力大、简便易行等特点，劫持人质虽然难度较大、成功率低，但却能够对社会心理产生巨大影响，可以直接威胁到政权的社会基础，因此为恐怖分子所青睐。如2000年4月23日晚，6名阿布沙耶夫恐怖分子闯进马来西亚沙巴东海岸度假胜地的一个酒店，劫持了21名游客，其中有8名马来西亚人，3名德国人、2名法国人、2名南非人、2名芬兰人、2名菲律宾人以及1名黎巴嫩人。绑架事件背后有一个明显的政治意图就是使人质问题国际化，从而引起国际社会的关注。虽然在支付赎金后及在政府的围剿下，大部分人质被释放或救出，但事件本身对民众造成的心理影响及给整个社会带来的恐怖气氛和多方面的冲击在相当长时期内是难以消除的。从上述几年菲律宾发生的恐怖事件中可以看出，恐怖主义实施者采用的基本上是爆炸、袭击和绑架人质这几种方式。同时，其作案方式不断翻新，让人防不胜防。如弃用较难取得的枪支弹药转而改用不易追查的刀械、自制土式炸药，成立更小更难发现的组织，招募女性成为自杀式炸弹手，甚至密谋使用火箭炮，等等。①

第四，从恐怖主义活动攻击的对象来看，普通民众和外国公民成为袭击的主要目标。特别是“9·11”事件后，阿布沙耶夫组织攻击的范围和目标不断扩大，恐怖主义袭击活动愈加频繁，手段也变得更加残忍。人口稠密的购物中心、公共交通、基督教堂、娱乐场所及无辜人群成为新的袭击目标，阿布沙耶夫组织还把西方，尤其是美国在菲律宾的人员和设施作为袭击对象来向政府施加压力，或打击政府威信，破坏其国际形象，以此达到政治恐吓的目的。阿布沙耶夫组织每年都要在棉兰老岛制造一系列爆炸、绑架或者暗杀事件，以致菲律宾武装部队司令恩里尔在第一次全国反恐斗争会议上指出，阿布沙耶夫组织的威胁比摩洛民族解放阵线还要大，它已成为菲律宾国内和平最大的威胁。② 2019年1月，苏禄省霍洛市的一座天主教堂发生连环爆炸，造成超过20人死亡，上百人受伤，菲律宾军方认定爆炸是阿布沙耶夫武装所为。6月，阿布沙耶夫武装集团绑架袭击

---

① 中国现代国际关系研究院反恐研究中心编：《2016年国际恐怖主义与反恐怖斗争年鉴》，时事出版社2017年版，第131页。

② 李伟、欧阳立平：《国际重大恐怖案例分析》，时事出版社2000年版，第128页。

一艘渔船，共绑架了 10 名船员。[①]

二　对菲律宾国内政治与社会经济的影响

恐怖主义袭击对菲律宾国内政治与公共安全、社会稳定与经济发展带来了严重的负面影响，甚至是对菲律宾政府的国家治理和国家制度建设构成了挑战。

（一）恐怖主义对菲律宾国内政治与公共安全的影响

菲律宾南部宗教极端恐怖分子成为菲律宾政府长期不治的毒瘤，菲律宾历届政府虽进行军事打击但并未有效解决恐怖活动问题，恐怖分子与分裂主义纠结在一起，严重威胁着菲律宾的国家安全与社会秩序，菲律宾面临着领土完整与主权统一的严峻挑战。一方面，自 20 世纪 70 年代以来，菲律宾国内恐怖主义活动泛滥，有组织的暗杀、绑架、爆炸等暴力活动持续不断，受害者不计其数，严重破坏了国家正常的社会秩序与政治稳定，恶化了菲律宾社会治安，加剧了国内政治、宗教和民族矛盾。另一方面，“9·11”事件以来，菲律宾政府借国际反恐之机，加大国内反恐力度，扩大了打击范围，激起了南部极端穆斯林势力的反弹。同时，政府多次发动大规模武装进攻，造成大量穆斯林流离失所，激起了广大穆斯林对菲律宾政府的不满和仇恨，恐怖主义分子趁机利用民众的不满情绪，怂恿年轻的穆斯林加入其组织，不断制造爆炸、袭击政府军、勒索普通民众和绑架外国游客等恐怖事件。

另外，恐怖主义的发展还加剧了菲律宾国内毒品、走私、洗钱等非传统安全问题。阿布沙耶夫武装成员和摩洛伊斯兰自由战士（BIFF）既参与贩毒又进行走私活动，其他恐怖主义武装力量，如安赛尔哈里发组织（Ansar Khilafa Philippines，AKP）、马巫德组织（Maute Group）和阿尔科巴组织（Al Khobar Group AKG）同样参与毒品走私和毒品交易。因恐怖主义组织的“加持”，菲律宾毒品安全形势严峻，在菲律宾国内形成庞大的毒品生产、销售及贩运网络，马尼拉及各大城市毒品泛滥，尤其是棉兰老岛深受毒品的困扰。因此，禁毒是菲律宾政府与摩洛伊斯兰解放阵线和平谈判的重要

---

① 《9 名被阿布沙耶夫武装绑架的人质获释》，2019 年 6 月 22 日，东方资讯，http：//mini. eastday. com/a/190622211701853. html。

提议之一，涉毒的棉兰老岛武装分子则是一个重要的负面因素，和平谈判的利益相关者密切关注毒品经济及达成和平协议处理毒品问题，与毒品相关的腐败与暴力对未来摩洛政治体制建设会产生负面影响。①

（二）恐怖主义对菲律宾社会经济的影响

恐怖主义活动不仅造成了大量无辜平民的伤亡和巨大财产损失，还直接影响菲律宾的外商投资和作为支柱产业的旅游业。因菲律宾国内安全状况欠佳，首都马尼拉成为闻名于世的“绑架之都”，而菲律宾南部被贴上了“包藏犯罪与暴乱之地”的标签。2003 年 4 月，达沃国际机场发生连环爆炸事件后，一些西方国家相继发布告诫公民不能前往菲律宾旅游的禁令。外国游客和国外投资者望而却步，给原本就一蹶不振的菲律宾经济造成极为不利的冲击。例如，受南部恐怖主义分子在巴拉望制造绑架 20 名游客和“9・11”事件的影响，2001 年游客人数减少了 9.8%，而旅游外汇收入的降幅更是高达 20%，使当年的旅游外汇收入降到 1996 年以来的最低水平，仅有 17.23 亿美元。② 相关的酒店、餐饮、销售、运输等行业受其影响，社会就业问题雪上加霜，对菲律宾的城市形象、支柱产业造成严重的不利影响，同时也削弱了外商投资的信心。

此外，恐怖主义活动除造成了大量平民伤亡和巨大财产损失外，菲律宾政府还要花费大量资金，将财政预算的大部分使用在打击恐怖主义活动上，包括购买先进的武器装备和建设反恐设施、培训反恐专业人员和加强反恐军队的建设，军事设施的高额投入，加重了政府的财政负担，贫穷与失业问题日趋严重，又为新的恐怖主义的产生提供了“肥沃的土壤”，形成了社会经济发展的恶性循环。购买先进的武器装备和反恐军事能力建设势必会加重菲律宾政府的财政压力和经济投入。2002 年，菲律宾将国防预算提高到 698 亿比索，比 2001 年通过的国防预算高出了 31%，其中 100 亿比索用来改进军事装备。③ 虽然 2016 年杜特尔特上台执政以来，菲律宾投资状况有所好转，对外经贸合作有所提升，但依然受到恐怖主义活

① Rommel C. Banlaoi, *Threats of Narcoterrorism: The Marawi Siege*, *Essays on the Abusayyaf Group Terrorism in the Philippines from Al-Qaeda to ISIS*, Philippine Institute for Peace, Violence and Terrrorism Research, 2019, p. 160.

② 陈明华：《当代菲律宾经济》，云南大学出版社 1999 年版，第 104—105 页。

③ 张学林：《2002 年东南亚地区军事形势分析》，《东南亚纵横》2002 年第 3 期。

动的干扰，恐怖主义活动仍桎梏着菲律宾经济的发展与社会的稳定。

第四节　菲律宾的反恐措施与反恐国际合作

在国际与国内恐怖主义势力高涨的形势下，菲律宾政府加强了反恐立法工作，加大力量打击极端恐怖主义势力，同时加强与中美等大国合作及与周边国家的区域合作，共同打击恐怖主义活动。

一　菲律宾国内反恐立法与武力打击恐怖主义势力

面对日益猖獗的恐怖主义威胁，菲律宾政府一直坚持不懈地进行反恐斗争，采取武力镇压与和平谈判并举、加强反恐立法与反恐演习并重的措施打击宗教恐怖主义势力。

（一）菲律宾政府制定反恐法、自治法以孤立宗教极端恐怖主义势力

2003 年 10 月，菲律宾政府批准了联合国 12 个反恐怖主义公约中的六个，包括至关重要的《制止向恐怖主义提供资助的国际公约》。[①] 2007 年 3 月，菲律宾第一部反恐法——《人类安全法案》通过，为打击国内的恐怖活动提供法律依据。为了分化瓦解极端恐怖主义势力，2009 年 12 月，菲律宾政府与“摩伊”在马来西亚首都吉隆坡正式启动新一轮和平谈判。2013 年 8 月，菲律宾政府与“摩伊”签署了《财富分享协议》，但与阿布沙耶夫组织的和平谈判没有取得任何进展。杜特尔特总统上任伊始就宣称要与南部极端组织展开谈判，力图实现菲律宾南部的和平与发展。2018 年 7 月 27 日，菲律宾国会批准了修订后的《邦萨摩洛组织法》。2019 年 1 月和 2 月，经两次公投批准了《邦萨摩洛组织法》，3 月 29 日，菲律宾总统杜特尔特宣布，当天在菲南部正式成立“邦萨摩洛”穆斯林自治区，取代原有的棉兰老穆斯林自治区，新成立的自治区政府在行政管理、立法司法、财政税收等方面享有更大的自治权。[②]《邦萨摩洛组织法》的推行及“邦萨摩洛”穆斯林自治区的成立对稳定菲律宾南部穆斯林的民心起

① 陈佩修：《东南亚的恐怖主义演进与安全形势变迁》，《东南亚学刊》（台湾）2010 年第 2 期。

② 薛亮、郑先武：《菲律宾南部安全局势总体回顾与展望》，张宇权主编：《菲律宾蓝皮书（2019—2020 年）》，社会科学文献出版社 2020 年版，第 179 页。

到了积极的作用。从长远来看，违背伊斯兰教义，实施极端血腥暴力的绑架及袭击行为很难获得广大穆斯林的认同，菲律宾恐怖组织的发展受到限制。

（二）加强反恐武装军事力量建设，加大武力反恐的力度

面对日益严峻的安全形势，菲律宾政府加大反恐力度，对向“伊斯兰国”效忠的马巫德恐怖组织进行清剿，公开宣布拒绝与阿布沙耶夫武装分子进行谈判，在马拉维冲突发生后，菲律宾政府军对南部的棉兰老岛实施军管。菲律宾政府组建了一支反恐怖主义特遣部队，由国家安全事务顾问担任主席，成员包含来自菲律宾政府分别负责安全、经济和社会事务部门的34位官员，这些部门是反恐必不可少的机构。菲律宾对菲南地区的恐怖组织发起围剿，2015年12月，菲军方派出300多名海、陆、空三军士兵及特种部队对阿布沙耶夫组织展开军事打击行动，攻下了该组织在巴西兰岛的基地，歼灭了26名武装分子，并炸毁其一间生产简易爆炸装置的工厂。[①] 2016年5月底和6月初，菲政府军在南拉瑙省布提镇围剿数百名占据旧镇公所大楼的马巫德集团恐怖分子，还捣毁了马巫德训练营，共击毙了54名武装分子，同年7月，菲律宾政府军针对阿布沙耶夫极端组织开展军事行动，共击毙40名恐怖分子。[②] 2017年1月26日，菲政府军在南拉瑙省对阿布沙耶夫武装分子实施空袭，至少击毙15名武装分子，7名武装分子以及阿布沙耶夫高级头目哈皮隆身负重伤，8月菲军在苏禄省集结6500—7000人再次进行围剿，这是近年来菲军方反恐战动员人数最多的一次，攻下了阿布沙耶夫在巴西兰岛的三座营地。[③]

二　重视反恐国际合作的重要性，尤其是加强与东盟国家的区域合作

（一）在东盟组织反恐合作框架之下开展与周边东盟国家的区域合作

由于“伊斯兰国”对东南亚的渗透给地区的安全形势带来了不利的影

---

① 《菲律宾政府攻占阿布沙耶夫基地》，2015年12月21日，联合早报网，http://www.zaobao.com/special/report/politic/attack/story20151221－561986。

② 中国现代国际关系研究院反恐研究中心编：《2016年国际恐怖主义与反恐怖斗争年鉴》，时事出版社2017年版，第463页。

③ 曾东、肖石忠主编：《外国陆军建设年度报告（2016年至2017年）》，2019年，第234页；江焕辉：《菲律宾恐怖组织发展态势评估报告》，严励、岳平主编：《犯罪学论坛》2018年第4卷，第231页。

响，菲律宾政府认为，宗教恐怖主义不仅仅是其国内的内政问题，也是对国际社会安全与稳定的重大威胁，对东盟的和平、发展及繁荣构成了直接的挑战。2015 年召开的第 27 届东盟峰会将反恐问题作为会议的核心议题，各东盟成员国承诺在消灭恐怖主义问题上加强合作与协调。东盟十国领导人一致同意互换军事情报，防止国际极端组织在东盟国家发展壮大，还建立东盟警察局长会议数据库系统，使东盟成员国相互交换有关恐怖分子的情报。[①] 目前，反恐已经成为东盟组织机构框架范围内的新合作领域，东盟提供了预防、打击恐怖主义的平台，建立区域性国际反恐合作机制，为包括菲律宾在内的相关各方均带来了很多便利。例如，根据新加坡政府提供的情报，菲律宾执法机构逮捕了高兹（Goerz），此人是摩伊阵线的一名教官和炸弹制作者。[②]

为了阻止菲律宾恐怖主义势力与东南亚各国伊斯兰极端组织合流，菲律宾政府在与反恐相关的科技、情报、禁毒等跨国犯罪领域加强与东盟国家的合作，共同打击区域恐怖主义势力。2015 年 11 月，马来西亚政府表示要与菲律宾加强反恐合作，铲除与“伊斯兰国”联系紧密的阿布沙耶夫组织。针对菲律宾马拉维市的恐怖袭击，东南亚国家合力对一些重点人群加强了监控和情报共享，菲律宾同意马来西亚和印尼海军进入菲律宾南部海域以打击海上绑架行为，遏制绑匪对该水域的威胁。[③] 另外，菲律宾与印尼、马来西亚等东盟国家联合训练反恐部队、制定反极端主义方案。2017 年 6 月 19 日，菲律宾、马来西亚和印度尼西亚在印尼打拉根市的一艘海军舰艇上正式启动“三边海上巡逻”，联合打击苏禄海域的恐怖主义和跨国犯罪，新加坡和文莱受邀以观察员身份参加仪式。6 月 22 日，菲、马、印尼三国外长和高官再度召开会议研究联合反恐战略，在安全和情报方面加强合作，并一致认为只有通过共同的反恐战略，才能合理解决该地区存在的跨国恐怖主义问题。7 月 12 日，印尼武装部队宣布计划进入菲

---

① 张金荣、张欣月、杨尧：《“伊斯兰国”向东南亚渗透剖析》，《当代世界》2016 年第 6 期。

② 辉明、田启波：《打击国际恐怖主义：新加坡的国家反恐战略》，《新加坡研究》2016 年，第 170 页。

③ “Crew of Vietman Ship Abducted off Philippines,” *Manila Times*, November 11, 2016, http://www.manilatimes.net/crew-vietnam-ship-abducted-off-philippines-govt/295979/.

律宾执行反恐任务，以解救被阿布沙耶夫武装分子扣押的10名印尼人质；8月10日，印尼军方与菲律宾、马来西亚军方合作，通过陆上联合军事行动共同打击阿布沙耶夫组织。[①]

（二）菲律宾与美、中等大国开展反恐国际合作、打击宗教恐怖主义

反恐国际合作作为菲律宾政府对外政策的一部分，加强同美国及中国、俄罗斯等大国合力反恐是一个重要方向。美国政府从"9·11"事件之后就开始将阿布沙耶夫组织看作大范围的伊斯兰主义运动的一部分，并开始向菲律宾派出增援部队及为其提供反恐训练。菲律宾海军特种部队在明达瑙附近海岸的一个晚间行动中消灭了阿布沙耶夫组织的领导人之一阿布·萨巴亚（Abu Sabaya）。2002年，美菲军事演习增加了反恐行动，菲美双方以打击阿布沙耶夫组织为目标开展了为期6个月的"肩并肩"联合军事演习，以达到增强美菲军队在反恐方面协作的目的，提高菲律宾武装力量在菲律宾南部的作战能力及提升反恐情报处理的效率与质量。[②] 2003年，菲美联军对阿布沙耶夫组织的据点进行了大规模进攻。2005—2006年，菲律宾政府军在美军支持下多次开展清剿行动，压缩阿布沙耶夫组织的活动空间。在马拉维战争期间，美国除了提供大量的援助、反恐情报、战术建议、无人机侦察等外，还派出特种部队协助反恐作战，并且帮助菲律宾打击和限制极端分子在网上发布消息。[③]

在与中国的反恐合作方面，"9·11"事件以后中菲反恐合作得以增进。2001年菲律宾出席了在中国举办的APEC峰会，国际反恐合作是此次会议的重要议题。通过会晤，中菲两国提升反恐安全防御与军事合作，签署了《中菲引渡条例》《合作打击非法贩运和滥用毒品、精神性药物与化学品的谅解备忘录》《共同合作打击跨国犯罪备忘录》三个反恐合作协议。2002年，菲律宾国防部部长安格尔·惹耶斯（Angelo Reyes）访华，与中国建立了包括国际反恐在内的双边安全防御对话与情报交流及反恐军

---

① 《印尼军方：将协助菲律宾打击阿布沙耶夫反政府武装组织》，2016年8月11日，新华网，http://www.xinhuanet.com//world/2016-08/11/c_129222961.htm。

② Rommel C. Banlaoi, "The Role of Philippine-American Relations in the Global Campaign against Terrorism: Implications for Regional Security," *Contemporary Southeast Asia*, No. 2, 2002, p. 294.

③ 王斌：《美特种部队参加菲反恐战》，《中国国防报》2017年6月16日第4版。

事演习等机制。[①] 2005 年，中菲两国共同召开了第一届防御与安全对话会议，双边就反恐等地区安全问题交流了意见。直到 2017 年，中菲两国一共成功举办了五届国防部防务安全磋商会议。在杜特尔特总统执政下，菲律宾政府就中菲两国反恐的开展交流了意见和进行合作，在马拉维反恐危机期间，中国向菲律宾政府军提供了大约 3000 把步枪和 600 万发子弹等援助。2017 年 6 月 28 日，在菲律宾克拉克空军基地举行的交接仪式上，杜特尔特总统亲自接受了中国向菲律宾捐赠的武器装备。6 月 29 日，中国外长王毅与菲律宾外长卡亚塔诺会晤时就中菲反恐合作表示，根据菲方需要继续提供 1.5 亿元人民币的支持和帮助，用于战争摧毁地区的安置与重建工作，提供价值 300 万元人民币物资，如卡车、水泥设备等用于马拉维战后推进中菲重大合作项目，帮助菲律宾发展经济、改善民生，铲除滋生恐怖主义的土壤。[②] 同年 10 月，中国又向菲律宾援助步枪 3000 把、子弹 300 万发，以及狙击瞄准镜 90 副用以打击恐怖主义。2018 年 7 月，第三批此类援助也运至菲律宾，包括狙击枪、巡逻艇、枪榴弹、弹药以及水上快艇等交通装备，这有助于菲律宾国内的反恐斗争，消除国内的安全威胁。[③]

---

① Rommel C. Banlaoi, *Terror Threats after Marawi Liberation*, *Philippines-China Relations: Geopolitics, Economics and Counter Terrorism*, Philippine Association for Chinese Studies, p. 114.

② 《中方愿向菲律宾反恐斗争伸出援手》，2017 年 6 月 29 日，东方网，http://news.eastday.com/eastday/13news/auto/news/china/20170629/u7ai6892436.html。

③ 张启正、戚凯：《总体国家安全观视角下的中菲安全合作路径》，《理论建设》2018 年第 4 期。

第六章　腐败问题

长期以来，在国际组织有关腐败问题的调查中，菲律宾总是处于腐败程度较高的国家之列。20世纪80年代后期，费迪南德·马科斯治下的菲律宾曾因严重的腐败问题而登上世界吉尼斯纪录。在2004年的“透明国际”世界10个腐败领导人排行中，菲律宾前总统约瑟夫·埃斯特拉达（Joseph Estrada）榜上有名。在“透明国际”每年发布的各国腐败问题调查排名中，从2000年开始，菲律宾在大约190个被调查国家中一直排在100名以后，2010年排名甚至下降到第146名。香港政治经济风险顾问公司（PERC）每年评估亚太地区国家的商业环境和商业风险，作为跨国企业的投资参考，并发布各国商业环境评比年报，该报告实行10分制，0分意味着最清廉，而10分意味着最腐败。该公司于2007年发布的评估报告显示，菲律宾被认为是东南亚地区腐败最严重的国家；2008年，菲律宾的得分为9.0分，腐败程度高于越南的7.75分、印度的7.25分。[①] 总体来看，腐败问题已成为菲律宾国家政治、经济、社会生活中的顽疾，使菲律宾国内政治、经济和社会生态环境产生恶性循环，影响并制约着菲律宾的全面发展。

第一节　腐败问题主要体现

腐败问题在菲律宾较为泛滥，渗透于菲律宾国家管理的各环节、各层级和各领域，已成为菲律宾社会的一种负面风气。在菲律宾官职升迁和任

① 《腐败威胁竞争力》，2008年3月12日，路透社，https：//www. reuters. com/article/idCNChina－782520080312https：//www. perc. net/map/hong－kong/。

命中，腐败成为政治家族裙带关系分配权力、发财致富的大好机会。

一　政治选举腐败

菲律宾民主选举制度虽已形成，但受多种因素的影响，选举成为菲律宾权力阶层把持政坛、获取实利的重要渠道，政治选举腐败从而滋生。从高层选举到地方选举，常常伴随着黑金交易或家族操控。有人因此认为，在菲律宾选举中，政党或政府候选人竞选成功与否取决于 3 “G”，即 Guns、Gold 和 Goon（武装、金钱和刺客），其中金钱发挥的作用最大，主要用于购买选票、计票作弊、媒体宣传等环节。[①]

（一）政府高层选举腐败

政府高层候选人及其政党在选举中获胜的概率同其花钱数量基本成正比，谁在选举中购买选票多，谁获胜的概率就大，金钱政治和腐败暴露无遗。据不完全统计，每位总统候选人平均花费 40 亿比索竞选费用，副总统平均花费 10 亿比索竞选费用，这些钱都是私人钱财，而非公共基金。[②]候选人在竞选过程中会想方设法筹集大量竞选经费，当选后再想方设法通过贪腐弥补亏空。阿罗约是选举腐败的典型代表，关于其选举腐败的指控和丑闻较多。2004 年，反对派以大选舞弊电话录音丑闻、在竞选中滥用政府资金为罪名对阿罗约提出指控。[③] 2007 年，阿罗约被指控命令南棉兰老岛官员操控当地议会的选举结果，结成有利于她的政治联盟。[④] 阿罗约卸任后，被指控涉嫌与安帕图安家族共谋操纵马京达省参议员选举，使 12 名阿罗约亲信全部当选。2011 年 8 月 9 日，菲律宾政府以涉嫌在 2004 年竞选总统期间挪用 7.28 亿比索政府资金充当竞选经费为由，将阿罗约列入移民观察名单并禁止其出境。埃斯特拉达利用“明星效应”，凭借在菲律宾民众中的知名度当选，选举期间大量筹集资金，利用各种场合在百姓心中留下印象，请电影明星为他捧场，当选后也因在竞选中投入大量金

---

① “Guns. Goons and Gold,” https：//en. wikipedia. org/wiki/Guns，_ goons，_ and_ gold.

② Business Mirror，“Philippine Election Spending：A Disgrace，” June 10，2016，https：//businessmirror. com. ph/2016/06/10/philippine – election – spending – a – dis.

③ 《菲律宾版事件困扰女总统人气指数降至新低》，2005 年 6 月 22 日，国际在线，http：//news. cri. cn/gb/3821/2005/06/22/1062@592694. htm。

④ 《阿罗约前盟友指控其与电信回扣丑闻有关》，2008 年 11 月 24 日，路透社，https：//www. reuters. com/article/idCNChina – 2950220081124。

钱而设法在施政过程中捞回成本。

（二）地方各级政府官员选举腐败

其他各级政府官员的选举与高层选举腐败类似，广泛存在买票、舞弊等行为。在2019年5月菲律宾中期选举中，竞选地方席位的候选人用金钱购买选票，选举暴力、购买选票、选举作弊更是司空见惯的现象。时任选举委员会专员刘易·加西亚（Luie Guia）曾告诉记者："购买选票随处可见，候选人用各种各样的形式争取选票，不只给钱，还可能赠送塑料盆或食品杂货，这些小礼物对于处在生活贫困水平的菲律宾民众也非常实用，是候选人赢得选票的有效方式。"① 典型的是政客比赛发红包，一些政客在投票前一天，分秒必争地挨家挨户分发红包以拉选票。当甲方候选人的支持者在前面给每家分发150比索（折合3美元）时，竞争对手的支持者往往就在后面分发300比索，试图在最后一刻收买选民。有些人在马尼拉向选民发红包时，被警方逮个正着，经媒体报道后，候选人不仅颜面全失，而且会失去选票。② 2016年2月，菲律宾总统大选前，菲律宾"亚洲脉搏"民调机构的调查结果显示，有39%的受访者相信当年选举中会发生舞弊事件，其中65%的人认为最可能发生的舞弊形式是"买票"贿选，其他舞弊形式还包括"在计票机器上动手脚""篡改计票结果""威胁选民或选举官员"等。③ 一位从海外务工返乡的菲律宾民众表示，他获得了候选人的拉票资金。

二　政府部门腐败

政府部门腐败在菲律宾基本呈公开化、机制化的特点，主要涉及国家管理的各政府部门，大小环节都可以通过腐败手段打通，从政府高官到普通职员都存在腐败行为。相比内阁和高级行政机构，低级别政府机构中的腐败现象更为严重。菲律宾政府部门的腐败主要体现在直接贪污受贿、滥

---

① "Philippines Election: Campaign Financing Sources a Mystery with All Candidates Cashing in," May 8, 2016, ABC News, https://www.abc.net.au/news/2016-05-08/philippines-election-campaign-financing-sources-a-mystery/7394446.

② 《金钱·舞弊·暴力菲律宾选举风波》，2001年5月22日，新华网，http://news.sohu.com/81/83/news145278381.shtml。

③ 《近四层菲律宾选民相信大选会发生舞弊事件》，2016年2月23日，中国新闻网，http://news.sohu.com/20160223/n438178031.shtml。

用国家资金、收取办事回扣、利用职权从事走私活动或帮助亲友获取资金和贷款等上。菲律宾政府部门的腐败事件和丑闻在菲律宾社会广泛流传。各种各样的官方许可，都可以通过行贿的方法得到：视力很差的人可以办到驾驶执照；建筑公司可以贿赂质量验收部门，使"豆腐渣"工程通过验收；官司败诉者可以通过行贿来改变法院的正确裁决；外国商船要准备成千上万美元的酒和香烟，以便散发给海港领航员、海关人员、码头搬运公司，否则报关单就会找不到，或者在检疫时受到刁难；各报纸每年刊登一个纳税最多者名单，但这个名单并不反映实际收入情况，因为逃税漏税的现象太普遍，纳税最多者只是老实人而不是收入最高者；商人在办理缴税、营业许可证时，政府官员常常出现索贿行为；公共工程和公路部高官腐败行为盛行。2009 年 1 月，因菲律宾公司在世界银行资助的公路投资项目中涉及腐败，世界银行永久性地禁止菲律宾 E. C. de Luna 建筑公司及其母公司 Eduardode Luna 参与世行资助的投标活动，成为自 2004 年以来世行做出的最严厉制裁，也是第一个永久性惩罚，菲律宾 Cavite Ideal 国际建筑和开发公司及 CM Pancho 建筑公司被禁止 4 年内参与投标。世行东亚区时任副总裁詹姆斯·亚当斯说："滥用公共资金是一个普遍问题。这起案件表明，我们应该尽早发现腐败的可能性。"[①] 阿罗约政府时期时任公共工程部副部长萨尔瓦多·普莱托因巨额财产来源不明，涉嫌行为不端及不诚实而被解职。曾有三名国家税务局高官和一名海关署官员被指控涉嫌贪污，收入与支出不符，月薪平均只有 2.2 万比索，拥有财产却高达数千万比索，被判剥夺政治权利终身并被判处 6 年徒刑。据 2013 年的监察员办公室调查，参与处理与民用和财产注册以及建筑许可证相关的文件的菲律宾官员更容易受到贿赂。2016 年，菲律宾"社会气象站"民调机构调查结果显示，有 3/5 的企业表示"办事"或获取经营许可证要提供礼物。公共服务部门时不时会出现不正常的付款和贿赂行为。公务员岗位通常也不是以竞争方式招聘的，而是充满着腐败。[②] 2019 年，菲律宾政府博彩机构涉嫌大规模腐败，菲律宾慈善抽奖办公室涉嫌腐败。2019 年 1 月，

---

① 《四家企业涉嫌菲律宾腐败案遭世行封杀》，2009 年 1 月 16 日，搜狐新闻，http://news.sohu.com/20090116/n261777169.shtml。

② 《菲律宾腐败报告》，2020 年 2 月，https://www.ganintegrity.com/portal/country-profiles/the-philippines/。

时任劳工部部长西尔维斯特·贝劳（Silvestre Bello III）、前海关关长、技术教育和技能发展局局长伊西德罗·拉佩纳（Isidro Lapena）以及国家原住民委员会主席列奥诺·昆塔约（Leonor T. Oralde-Quintayo）三名官员因腐败和滥用职权而被调查。①

司法系统也存在腐败。虽然司法系统在形式上是独立的，但整个系统的腐败现象也较为常见。为了获得有利的司法裁决，有钱有势的人经常贿赂司法官员，向他们提供资源或不定期付款，从而影响民事和刑事案件的诉讼程序。裙带关系、偏袒和有罪不罚现象严重损害了司法程序的公平性和透明度。很多企业和公司对司法机构的独立性没有足够的信心，他们认为法规往往彼此冲突、解决争端的法律框架效率很差。②

三　军警领域腐败

军警在菲律宾政府决策和执政中扮演着重要甚至是关键角色。菲律宾军警腐败问题主要以敲诈勒索、以权谋私、接受贿赂、与利益集团勾连获利等为主。

（一）日常执行公务时的敲诈行为

根据亚洲发展银行 2008 年公布的备忘录，60% 的菲律宾警察生活在菲律宾确定的贫困线以下，面对少得可怜的薪金，在警局谋得一个职位的警员往往通过敲诈维持生计或谋取利益。菲律宾警方将“抓捕归案率”而非破案率作为衡量工作的标准，警察因此可在处理日常治安事件中获利，如随便叫住摩托车驾驶者榨取钱财。2010 年 8 月，一段视频在社交媒体上疯传，视频显示，一名裸体男子在马尼拉市中心警察局痛苦地尖叫着，警察局局长在鞭打他。③ 更有甚者，2016 年，3 名警察以搜查非法毒品为借口将一名韩国商人绑架，并在同一天将其杀害，后声称

① 《菲律宾政府对三名涉嫌违规政府高官展开调查》，2019 年 1 月 7 日，中国新闻网，http：//news. sina. com. cn/w/2019 – 01 – 07/doc – ihqhqcis3988670. shtml grace/。

② 《菲律宾腐败报告》，2020 年 2 月，https：//www. ganintegrity. com/portal/country – profiles/the – philippines/。

③ “A Long History of Corruption in Philippine Police Force,” January 18，2017，South China Morning Post，https：//www. scmp. com/news/asia/southeast – asia/article/2063245/long – history – corruption – philippine – police – force.

其仍然活着，向其妻子勒索钱财。[①] 2016 年 10 月，两名骑摩托车的枪手在棉兰老岛中部杀死了一名反犯罪女活动人士，随后在与警方的枪战中受伤并被捕。袭击者向警察出示了证件，其中一人是邻近城镇的警察局局长。[②] 同月，警方指控一名澳大利亚男子犯有非法毒品贸易案件，声称这名男子在马尼拉街头使用摇头丸，但法庭收到的监控录像显示此男子是被警方拖出酒店房间的，法官在裁定警察伪造证据和他们的证词没有"完整性"之后驳回此案。[③]

（二）高级官员以权谋私行为

菲律宾军警高官贪腐主要表现在越权用车、收取回扣、私卖武器、盗窃军用物资上。采购军用物资容易引发腐败，如军需供给部门无法计算弹药的使用量，给腐败分子可乘之机。2003 年，时任菲律宾武装部队总参谋长的阿巴亚（Abaya）在接受采访时表示，在军队各个层面都存在渎职和腐败问题，从越权用车到高级军官收取回扣。在军队中，中下层士兵因对高级军官腐败不满而发生兵变现象时有发生，菲律宾兵变士兵在指责军队腐败时，最主要的指控就是军队高官将武器和弹药卖给叛军，如菲律宾最大的穆斯林反政府民族武装组织摩洛伊斯兰解放阵线。摩洛伊斯兰解放阵线发言人卡巴鲁（Cabarrou）也曾承认，该组织的确曾购买菲律宾军队的武器和弹药。而某军火供应商曾透露，菲律宾军队在军事采购中高价采购质量低劣的军火弹药。

（三）警察队伍与不法分子勾结中的贪腐行为

警察队伍素质总体较低，许多警察有时对贩毒、抢劫等犯罪行为视而不见，甚至当起罪犯的保护伞，与地区恐怖组织勾结。曾专门负责监督远海海盗行为的国际海事局局长埃伦（Allen）称，在菲律宾某些地区，腐

---

① "A Long History of Corruption in Philippine Police Force," January 18, 2017, South China Morning Post, https: //www. scmp. com/news/asia/southeast – asia/article/2063245/long – history – corruption – philippine – police – force.

② "A Long History of Corruption in Philippine Police Force," January 18, 2017, South China Morning Post, https: //www. scmp. com/news/asia/southeast – asia/article/2063245/long – history – corruption – philippine – police – force.

③ "A Long History of Corruption in Philippine Police Force," January 18, 2017, South China Morning Post, https: //www. scmp. com/news/asia/southeast – asia/article/2063245/long – history – corruption – philippine – police – force.

败的警察与黑手党、海盗的利益交织在一起。① 菲律宾政府一旦开始整治犯罪行为，变质警察就会向犯罪团伙出卖消息。2002 年，东南亚地区恐怖组织“伊斯兰团”要犯阿古兹和两名菲律宾绑架团伙成员，曾在马尼拉警察总部拘留中心越狱。对此，菲律宾盟友美国和澳大利亚均批评菲律宾政府机构存在严重的腐败现象，菲律宾国内各大媒体也纷纷指责政府腐败。菲律宾国内毒品泛滥，制毒贩毒活动猖獗，其原因就是毒贩受到高级警员的包庇，有的警员甚至将缴获的毒品再次上市流通。2015 年 5 月，一名警察因涉嫌参与伊斯兰激进分子在菲律宾南部绑架澳大利亚男子沃伦·罗德维尔而被起诉，罗德维尔被关押了 15 个月，在支付赎金后获释。② 在菲律宾打响“反毒战”和“反腐战”的现任总统杜特尔特对此怒骂菲律宾腐败警察，称不会考虑他们的人权，并表示如果腐败警察死不悔改，他“真的会杀掉这些王八蛋”③。

第二节 腐败问题对菲律宾国家发展的影响

腐败顽疾成为菲律宾全面发展的主要障碍。2015 年 3 月 21 日，万人签名集会敦促立法根除腐败。但是，由于强大的利益集团的抵制，菲律宾政府反腐只能停留在表面。根深蒂固的腐败问题给国家发展带来诸多负面影响。

一 民主政治的有效性和权威性受到损害

（一）民主制度效果不彰

民主制度在整治腐败方面效果不彰，使民主制度本身的公信力降低，菲律宾民主制度下的政策性腐败已日趋“合法化”。菲律宾反腐是新政府上台后对前任执政团队进行清算，这是维护执政根基的常用手段，重在通过反腐培养新执政团队力量。在西方民主框架下，政党之间相互制约，对

---

① 李欣：《基于菲律宾案例的民主与反腐败的关系研究》，硕士学位论文，湖南大学，2011 年。

② “A Long History of Corruption in Philippine Police Force,” January 18, 2017, South China Morning Post, https://www.scmp.com/news/asia/southeast－asia/article/2063245/long－history－corruption－philippine－police－force.

③ 《菲律宾腐败警察被杜特尔特怒骂死不悔改就会宰了你们》，2018 年 9 月 9 日，一点资讯，http://www.yidianzixun.com/article/0K0TygbF? appid = yidian&s = 1。

腐败蔓延具有一定的遏制作用。然而，在菲律宾实施的民主政治或三权分立基本丧失了民主政治应有的功能，民主政治成为菲律宾政治家族单纯的选举工具。腐败在政治上的表现是挑战法治，法治是政府制定的一系列法律规章制度以促进社会的健康发展，要真正使这些法律规章制度有效运转，形成制度并执行的长效机制。但腐败腐蚀了菲律宾法治的根基，要形成有效的民主、法治，这对当前的菲律宾来讲仍是一个漫长的过程。

（二）民众对民主运作方式产生不满

受腐败问题的影响，不少菲律宾民众对民主政治丧失了信心。他们认为，参与政治是最便捷的发财致富门路，是获取权力的金钥匙；国家公职人员是各种利益的获得者，是生活的主宰，他们的行为多是为了自身的发展和提升，为了个人金钱的积累。菲律宾大学前校长阿布埃瓦（Dr. Jose V. Abueva）曾与人编写了一本有关宪法改革的集子。他在书中提到，菲律宾大学进行过一项调查，发现菲律宾人对民主运作方式的净满意率为 -8%，也就是说，不满意率超过了满意率 8%。而且，生活在城市里的人、处于社会上层的人的不满意率更高，生活在农村、社会底层的人的满意率要相对高些。值得注意的是另一些数字，即有高达 72% 的人同意“无论在什么情况下民主都是最好的政治体制”，仅仅有 13% 的人认为“在一定情况下，独裁可能是好事”[①]。从上面的调研中可以看出，菲律宾民众并不是不满意民主，而是不满意菲律宾民主的运作方式。民主是现代社会的基础价值，西方宣称自己是民主社会，社会主义国家同样也强调自己有民主属性。所以，大家目标归一，但方式各不相同，而菲律宾人不满意的恰恰是其民主实施方式，而非民主价值本身。

二 国家资源严重流失

菲律宾的制度建设和反腐败努力未能取得明显效果，致使腐败吞噬了菲律宾大量财富。马科斯家族带头搞腐败造成严重的后果，其密友、家族纷纷利用合法的或非法的手段把钱向国外转移。根据世界银行的调查，在其治下菲律宾全国平均每年有 40% 左右的国民财富被各级官员吞掉，给国

① 李开盛：《菲律宾民主为何风光不再：很少有国家的政治家族如此普遍》，2015 年 7 月 16 日，澎湃新闻，https：//m. thepaper. cn/newsDetail_ forward_ 1342243。

家造成的经济损失达1000亿美元，使70%的人生活在贫困线以下。在科拉松·阿基诺时期，国家每年大约有1/3的国家预算被腐败和无效所吞掉。[①]埃斯特拉达执政时期，菲律宾贪腐行为每年至少吞掉1/5的国家预算。阿罗约时期，因腐败问题对菲律宾共造成至少73亿比索的经济损失。因为菲律宾腐败问题严重，导致菲律宾政府的执政效率极其低下，有时甚至陷入瘫痪状态。政治家族和主要财团中的亲外势力，利用手中权力在国内垄断大量资本后，纷纷转移到国外，使国家资源不断流失。比较典型的是1986年时任总统马科斯外逃时，专机上竟然有300多箱财务和数百万现钞与大量证券以及在国外的财产证明文件。

三　社会矛盾激化

菲律宾权贵阶层和大小贪官污吏借特权贪腐，使社会变革推进缓慢，社会风气颓废，治安环境恶化，根深蒂固的“朋党政治”，严重制约着社会经济的发展，激化了社会矛盾。

（一）经济秩序混乱

一是引发危机。二战后菲律宾曾是东南亚最富有的国家，但几十年过去了，菲律宾经济发展速度远远滞后于新加坡、马来西亚和印度尼西亚等其他东南亚国家。腐败使菲律宾早在1981年就发生金融危机，比1997年从泰国引发的东南亚金融危机早16年。二是削弱了经济发展活力。菲律宾腐败导致经济发展缓慢，政府债台高筑，每年不得不采取举新债还旧债的政策，并不断压缩用于基础设施建设、福利和减贫的资金。各项改革的推进步履维艰，腐败吞噬了社会发展活力，扭曲了现代化进程和市场竞争制度。三是导致经济秩序混乱。菲律宾政府官员腐败现象十分严重，国内商人苦不堪言。在马尼拉、位于菲律宾中部的宿务以及菲南部达沃市，在接受调查的700名商人中，有2/3的人表示，愿意把净利润的3%拿出来，设立反腐基金。腐败使菲律宾的投资环境恶劣，投资者信心不足，经济秩序混乱。

---

① “In Post-Marcos Philippines, Corruption Still a Way of Life,” *The New York Times*, October 17, 1988, https://www.nytimes.com/1988/10/17/world/in-post-marcos-philippines-corruption-still-a-way-of-life.html.

（二）社会问题较为突出

贫富差距越拉越大，包括政治家族和大财团在内的富有阶层只占全国人口的10%，却控制了国家80%以上的社会财富，其中十分富有的前20%的人掌握的财富相当于5000多万普通菲律宾民众年收入的总和，特别是底层民众收入更为低下，福利待遇更差，社会化保障不足，日常生活较为辛苦。2015年，菲律宾经济增长率虽保持在6%—7%的水平，但菲律宾人均国民生产总值只有2000多美元，被很多亚洲国家反超。普通民众痛恨腐败，甚至通过极端手段表达不满，如上街裸奔、对社会采取打击报复行为、上街游行示威等，引发社会问题。2019年12月，菲律宾大学男生集体蒙面裸奔，呼吁关注反腐，引发菲律宾民众大规模的围观。菲律宾劫持事件频发，表现出菲律宾国内民众对暴力的迷恋，部分原因是腐败使民众不相信司法能给他们带来公正实惠，认为只有暴力才能解决问题。因腐败，政府和民众之间形成不可跨越的“鸿沟”，产生了大量的隔膜、不信任和抵制行为，发动反动的集会示威等造成社会动荡。

四　影响菲律宾对外合作交流进程

腐败使菲律宾面临着较大的投资风险，较高的腐败水平限制了菲律宾商业运作的效率，密集的政府公共腐败、微弱且复杂的法律程序，使外国公司经常受到政府官员的敲诈和勒索，菲律宾商业环境因腐败问题而产生了很大的不确定性，加大了外国投资者在菲投资的风险，甚至损害他们的利益。现有的打击腐败的立法框架过于零散，在强制执行过程中显得软弱无力，毫无成效。一方面其他国家的企业到菲律宾投资需要审慎考虑投资成本，担心菲律宾腐败问题会导致投资有去无回。另一方面，即便其他国家为规避风险，愿意与菲律宾在某领域展开合作，但因菲律宾国内因腐败问题而导致的政府效率低下、项目推进困难，也使相关合作不了了之。还有外国投资者指出，司法系统的低效率和不确定性不利于投资，投资者通常会因人事腐败以及诉讼程序复杂、缓慢而拒绝提起争议，而合同执行所需的时间比本地区平均所需的时间要长得多。[①]

---

① 《菲律宾腐败报告》，2020年2月，https://www.ganintegrity.com/portal/country-profiles/the-philippines/。

第三节　菲律宾政府的反腐机制与行动

菲律宾多任政府都意识到腐败对菲律宾全面发展所造成的负面影响，也设立了相关机制，采取一些举措遏制政府腐败。

一　主要反腐机构

（一）总统反腐败委员会

1994 年 3 月，拉莫斯成立总统反腐败委员会（the Presidential Commission against Graft and Corruption，PCAGC），直接隶属于总统，是以反贪污受贿为指向的调查性机构，纳入该委员会调查范围的主要有三种类型：涉嫌贪污数额在 1000 万比索以上者；严重危害国家利益者；被总统指定调查者。2000 年 7 月 18 日，埃斯特拉达废除拉莫斯成立的总统反腐败委员会，创建“国家反腐败委员会”（National Anti-Corruption Commission，NACC）。2001 年，阿罗约上台废除“国家反腐败委员会”，创立“总统反贪委员会”（the Presidential Anti-Graft Commission，PAGC），对由总统任命或者非总统任命的政府官员或非政府官员均有调查权。该机构于 2010 年被阿基诺三世废除。

2017 年 10 月 4 日，菲律宾总统杜特尔特签署行政命令，在总统办公室下成立反腐败委员会，以协助总统调查行政部门政务官员的贪腐案件。总统杜特尔特委派一名主席和四名委员领导反腐败委员会，该委员会将根据实际需要再成立下设部门。该委员会有权调查行政部门中总统任命官员所涉的贪腐指控，还能对行政部门外总统任命的军警官员和政府下属企业管理人员进行生活作风问题调查。

（二）审计委员会（Commission on Audit）

菲律宾政府自诞生之初就设置了审计机构。1935 年宪法明确规定设立审计总署（the General Auditing Office），由一名菲律宾审计长领导。在马科斯时期，1973 年宪法将审计总署重新改组为审计委员会（the Commission on Audit），并赋予其更多的独立行使权力。目前，审计委员会是菲律宾最高审计机构，政府的分支机构、机关，政府所有公司的账户均在其审计范围内。审计委员会实行三人合议制共同领导，由主席一人和委员二人组成，由总统经任命委员会同意后任命，任期七年，不得连任。其核心职能是确保公共资源得到负责任的使用，提高透明度，帮助改善政府运作，与利益相关者合作，以造福菲律宾人民。具体包括四个方面：一是对政府及下属部门、代理机关、机构进行审计、清查；二是对有关机构或单位的财务活动进行审核；三是规定审计与检查的范围、方法或办法，公布会计、审计规则与条例，负责登记政府的各种账册，在法律规定的期限内保存有关政府总账务的一切凭证；四是按照法律规定向总统与国会提交政府及下属部门、代理机关或机构的财务与业务情况的年度报告等。

（三）反贪污法院

1978 年 6 月 11 日，由时任总统马科斯根据 1973 年宪法第 1486 号总统令设立，后根据宪法第 1606 号总统令和 1987 年宪法第 7975 号和第 8249 号共和国法令对其进行改革。反贪污法院属特殊法庭，专门审理国家机关公职人员贪污腐败的案件。其职级与上诉法院相同，由 14 名陪审法官和 1 名主审法官组成，对涉及贪污、腐败行为以及公职人员和雇员所犯的其他罪行的刑事和民事案件有管辖权，政府所有或政府控制企业的雇员犯罪也在其管辖范围内。在审理案件时，通常由三名法官组成合议庭，只有三名法官意见一致时才能据以作出判决。如果合议庭的三名法官意见不一致，则需将案件报送院长。这时院长将从其他法院请来两名法官加入案件审理。重新组成的合议庭便有五名法官，法院判决将根据五人中多数人的意见做出。如果被告人对判决不服，可以向最高法院提出上诉。

（四）监察专员署

该机构在菲律宾具有较为悠久的历史，其前身可追溯到 1898 年 6 月 23 日革命政府设立的由副总统主持领导的常设委员会。该委员会主要负责对省议会上诉的所有针对地方和中央官员的刑事案件做出裁决。尔后，该机构又整合了菲律宾数位总统设置的专门办公室的职能，功能日益完善。根据 1973 年宪法，菲律宾设置了反贪法院以及监察专员署。此时的监察专员署主要根据总统的意愿行事，并非完全独立。阿基诺夫人执政时期通过的 1987 年宪法设立了新的监察专员署，而此前的监察专员署则成为新监察专员署隶属的特别检察官办公室。监察专员及其下属由菲律宾总统从司法和律师委员会推荐的六名候选人中挑选任命，一般由资深的、有很高威望的大法官担任，任期七年，不得连任，只有通过弹劾才能被免职。监察专员署的核心职能是负责调查和起诉涉嫌犯罪的菲律宾政府官员，特别是贪污和腐败犯罪。监察专员和他的副手在收到民众任何形式的关于任何政府部门、机构或政府所属公司的官员和政府雇员的举报后应当立即展开行动，特别是应优先处理针对高级政府官员和/或担任监管职务官员的投诉举报、涉及严重罪行的投诉举报以及涉及大量金钱和/或财产的投诉举报。

二　反腐法规体系

针对反腐败问题，菲律宾先后颁布一系列法律法规，为菲律宾反腐提供了一定的法理依据。

（一）宪法有关法令

宪法明确规定公职人员问责制，其第十一条第一节明确“公职是一种公众信任。公职人员在任何时候都要对人民负责，全心全意、廉洁、忠诚、高效地为人民服务；怀着爱国心和正义开展行动，过谦逊的生活”。这一基本原则要求公职人员和雇员接受全面问责并绝对诚实。正副总统、最高法院成员、宪法委员会成员以及反贪调查员如出现违反宪法、叛国、受贿、贪污和腐败，其他重罪以及背弃公众信任，应该被弹劾。其他公职人员犯下这些罪行应被调查并通过法律规定的正规司法程序进行起诉。

（二）《第1379号共和国法案》（关于没收非法获得的财产）

1955年6月18日设立该法案，宣布没收任何公职人员或雇员非法获得的财产，并规定没收程序。该法案规定，任何时间任何公职人员或雇员在其任职期间获得的收入与他的工资收入与其他合法收入明显不成比例时，该财产应推定为其非法取得财物的初步证据。总检察官在收到纳税人针对市、省一级官员的举报时，应当先进行与刑事案件初审类似的预调查，以证明有合理的理由相信有违反本法之行为发生，尔后以菲律宾共和国的名义宣布被诉人可能有罪。任何公职人员或雇员转让或转移任何非法取得的财产的，将处五年以下有期徒刑，或不超过1万比索的罚款，或监禁和罚款两者兼而有之。对明知是非法取得的财产而接受这种转让或转移的任何人，也应实行同样的处罚。

（三）《第3019号共和国法案》（反贪污和腐败行为法）

1960年8月17日通过。该法案对公职人员的腐败行为进行了明确界定，如包括劝说、诱导、影响其他公职人员执行违反主管机关颁布的规章或与其公务有关的违法行为的，或允许自己被说服、诱导或影响去犯这样的错误或犯罪；在公职人员按照其官方身份以及法律要求需要介入的政府与任何其他机构之间的任何合同或交易中，直接或间接为自己或为任何其他人索取或接受任何礼物、赠礼、股份、分成或收益；在有待处理公务期间或公务处理结束后一年内，受该私营企业雇佣或让其任何家庭在该私营企业工作，等等。法案还规定，对这些腐败行为处以相应的惩罚，根据情节轻重，分别判 1 个月、6 年和 15 年的监禁或者永远不得从事公职，并没收不能解释来源的财产。

（四）《第 6770 号共和国法令》（反贪调查员法令）

1989 年 11 月 17 日获批，该法令是为完善监察员办公室的职能和结构组织以及其他目的而制定的法令。根据该法令，监察员办公室应包括总代表办公室、吕宋代表办公室、米沙鄢代表办公室、棉兰老代表办公室、武装部队代表办公室和特别检察官办公室。总统可根据监察专员的建议，根据需要任命其他代表。该法令对监察专员办公室的权力、职能和职责进行了详细的规定，其职责与职权包括：自行或根据任何人的投诉举报，调查或检控公职人员或雇员、办事处或机构的任何非法、不公正、不当或无效率的作为，直接要求政府或其任何分支机构，以及政府控制的公司的任何官员或雇员，加快履行法律要求的任何行为或义务，或制止、防止和纠正其对民众的任何滥用或不当行为等。该机构对于反贪法庭受理的案件具有首先管辖权，有权在任何阶段从政府的任何调查机构接管这类案件的调查工作。

（五）其他规定

如《反贪污腐败法》将主动和被动贿赂、贪污、勒索、滥用职权和公共部门的利益冲突定为犯罪；禁止办公室负责人接受任何礼物或物质利益，以换取任何政府许可或许可证。根据《刑法》，礼物被列为间接贿赂。根据当地习俗，作为友谊象征的微不足道的礼物例外。

三　采取系列反腐败措施

为了制止腐败，回应国内外的关切，菲律宾历任政府均采取了一些反腐措施。

科拉松·阿基诺在执政时期，规定自己出访不乘专机，要求官员也不要答应亲属任何特权要求。她还规定，内阁成员、国会议员以及军界要员公开私人财产，设立检查贪污受贿案件的办公机构和专设廉政检察官，建立廉政法庭，她因此被报纸称为“清廉的化身”，为控制腐化蔓延做出了一定的努力。

拉莫斯政府将廉政建设作为行政发展的一项重要任务，把解决政府中严重存在的贪污腐败作为一个重要问题来抓，采取了系列措施：一是出台关于禁止奢侈浪费、不得收受礼物以及有关财产申报的规定。1992 年 8 月 28 日，颁布第 265 号行政令，限制官员出国旅游，除了地方医院救护车、警局巡逻车和正式公用汽车外，禁止政府机关购买汽车。颁布总统第 46 号行政令，包括总统在内的所有政府官员，不得随意接受任何公民赠送的礼品。二是查处腐败的政府高级官员。据不完全统计，拉莫斯执政期间，包括前外交部部长、前税务局局长、前国警总监、移民局副局长、自来水署署长，巴拉望省省长等十余名部级官员被指控查处。三是针对重点部门展开清查运动。警察局、海关、税务局、移民局等是政府部门中贪污腐败的重灾区。拉莫斯上台后，声称要对这些部门进行比较彻底的清除。1992 年 9 月 4 日，拉莫斯以总统身份破例视察移民局。1995 年 3 月，在《对纳税人服务运动》仪式的演讲中，发誓要清除税务局内部的贪官污吏。在系列政府部门清查运动中，警察中有 1218 人被免职，有 337 人被除名，1169 人被革职，消防局有 75 名消防员被免职，38 人被勒令停职。

阿罗约执政时期，决心清除贪官，发表声明表示菲律宾政府要加大反腐力度，不放过任何人，包括各级政府官员，甚至她本人的亲属，呼吁民众在反腐败运动中发挥监督作用。她还主张与商业团体合作，建立统一的反腐战线，希望商界人士不要行贿，并搜集和调查官员贪污腐败证据，进行起诉。2002 年，阿罗约政府成立调查组，协助反贪委员会调查政府官员生活是否过于奢侈，收入与支出是否不符等情况。2003 年 1 月，阿罗约又下令采取反腐举措，对政府官员展开“生活方式大检查”，严禁官僚榨取钱财。阿罗约总统还将手机短信作为民众举报腐败嫌疑的媒介，以期充分发挥反腐败的公众参与。

阿基诺三世上台之前，就誓言要切实履行选举承诺，与腐败抗争到底。在其正式执政后，履行竞选承诺，开始起诉腐败官员，将清正廉明之风带到参议院和司法体系中。阿基诺三世还注重利用互联网打击腐败行为，号召网民登录阿基诺在热门社交网络平台上开设的主页，举报腐败行为，就提高政府透明度提出建议，受到民众的积极回应。

杜特尔特在执政后，对腐败行为采取严厉的态度。例如，他注重整肃警察队伍执法形象，向腐败警察们发出严厉警告，开始清除政府内部的腐败分子，严惩腐败警察，将他们撤职或发配到充满生命危险、反政府武装组织十分猖獗的巴西兰省。杜特尔特还呼吁民众举报，菲律宾发言人罗克对此表示，“打击腐败需要大家合作，政府无法独立完成。民众必须保持警惕并举报腐败。”[①] 对于涉及贪污案件的亲信，杜特尔特也毫不留情。杜特尔特亲信被指涉海军采购猫腻，总统府表示“欢迎调查”[②]。2017年，菲律宾时任内政部部长伊斯梅尔·苏埃尼奥（Ismael Zuenio）因涉嫌滥用职权和腐败被指控，其孙子也涉嫌参与非法赌博。虽然其曾推动并帮助杜特尔特参加总统选举，但2017年4月，杜特尔特还是因其涉嫌腐败而将其撤职。杜特尔特政府注重学习中国的反腐经验，2019年4月，菲律宾总统反腐败委员会时任主席丹地（Tanchi）一行，对江苏等地进行考察访问，深入了解中国反腐工作，认真学习中国有关反腐的好的经验做法，进一步加强双方在反腐败领域的交流合作，促进反腐败事业共同进步。2020年11月10日，杜特尔特表示将悬赏5万至10万比索，以获得贪污官员信息，并且对举报人员的信息进行严格保密并确保其安全。

第四节　腐败问题难以根治的原因分析

尽管菲律宾历届政府都采取了整治腐败问题的举措，但总体上看成效甚微。探究其原因，主要有以下几个方面。

一　家族政治阻碍反腐进程

菲律宾国内政治家族长期掌握国家政权。菲律宾历届总统基本上都是

---

① 《杜特尔特亲信被指涉海军采购猫腻，总统府表示“欢迎调查”》，2018年1月20日，新浪新闻，http：//mil. news. sina. com. cn/2018－01－20/doc－ifyqtycx0673533. shtml。

② 《杜特尔特哀叹：亲密盟友身陷腐败只能忍痛割爱》，2017年5月11日，菲律宾世界日报，http：//hz－api. sjrb. ph/Share/article？ articleid＝wYBbMvziCqDZfxDwW2uXtC8kLW。

从国内非常有影响力的政治家族中产生的，如阿罗约是菲律宾前总统马卡帕加尔的女儿；阿基诺三世是前总统科拉松·阿基诺之子；现任总统杜特尔特的父亲和祖父都是当地政界非常有影响力的人物。在地方层面，各地方政府基本上被当地家族势力所垄断。在中央层面，政府官员也往往来自于马尼拉传统精英家族或地方政治家族，阿基诺、加西亚、马科斯、拉莫斯、洛佩兹等名字反复出现在国会名单上。尽管有任期制的限制，但到期的议员或地方省、市长往往安排自己的亲属或政治盟友参加竞选，继续占据席位，维持政治家族对政府或国会的影响。即使是民选总统，除了自身往往出自政治家族以外，还离不开其他政治家族势力的支持，结果，总统竞选往往演变成政治家族的竞争。精英家族在选举中不仅提供竞选资金，还提供大量选民资源。新政府的组建是政治家族的重新组合，新总统或新政府因其背后强大的政治家族的支持而上位，在成功上位后也必然代表其背后的政治家族的利益。

正因如此，菲律宾历任政府的反腐举措往往虎头蛇尾。新政府上台时往往都会励精图治，大喊口号，进行强力反腐，但成功反腐的例子很少，因为他本身就来自于这个阶层，打击腐败就意味着打击自己的裙带关系和背后的支持力量或群体，当打击腐败推进到一定程度的时候，他面临的压力和挑战不仅来自于贪腐官员和反对派，而且有来自于自己家族内部的反对声音。对投票者投桃报李，对家族势力、亲朋好友的非法渔利行为视而不见，这才是政治家族主导菲律宾政治下的常态，因此导致腐败问题丛生，也决定了历任总统的反腐进程都会停滞不前。

二 民主政治缺乏制度化运作

菲律宾是东南亚地区群岛国家，先后经历了西班牙和美国长达400多年的殖民统治，1946年7月4日宣布独立。独立后的菲律宾以美国为参照建立了一套三权分立的政治制度。二战后，菲律宾一度被美国政治学家誉为“美国民主在亚洲的橱窗”，菲律宾国内政治生活体现出美式民主的特点。1987年，菲律宾新宪法通过，举行公民投票，这是菲律宾第一次在没有政府压力、没有暴力、没有恐怖活动、没有伪造选票和其他舞弊现象下进行的，充分符合民主程序，反映出菲律宾人的意愿，多党政治得以恢复。菲律宾两次人民力量革命（即1986年阿基诺夫人和2001年阿罗约分别发动人民的力量，通过街头运动，以和平的方式把贪污、独裁的领导赶下台，推翻马科斯和埃斯特拉达的统治），推翻腐败总统的事件，也显示出最基本的民主规则已在菲律宾扎根。然而，菲律宾民主却被视为西方民主政治在菲律宾实施的一个“畸胎”。菲律宾国家政治体制盲目照搬美国民主制度，缺乏民主赖以生存的制度化运作，未能结合本国实际。在菲律宾选举中，只是选举制度和选举模式照搬美式政治制度，在具体操作过程中获胜与否还是与家族影响力、候选人的经济实力密切相关。因此，美式民主“移植”菲律宾并未使菲律宾社会呈现出民主政治进步、经济繁荣昌盛的可喜局面，反而使菲律宾政治家族在民主政治“外衣”的保护下，不断加深菲律宾的腐败程度，让腐败问题成为菲律宾社会的顽疾。

三　国家管理体制尚不健全

（一）法律漏洞较大

目前，菲律宾监督体系不完备，法律规定变相助长腐败。菲律宾《宪法》规定，众议员及省长、市长等地方官员每三年选举一次，连任不能超过三届，但三年后仍可再竞选参议员和省长、市长。这一规定事实上等于变相允许政治家族对权力的合法垄断。对于有劣迹的政治家，当前的法律与选举制度也为他们东山再起提供了空间，前总统即使背负贪腐恶名，仍通过选举出任市长或地方议员的例子较为常见，如菲律宾前总统埃斯特拉达尽管因腐败而被赶下台，但仍曾在年届 76 岁时通过选举出任马尼拉市市长。前总统阿罗约虽然一度因为被指控贪腐而入狱，但仍能于 2019 年担任众议长。菲律宾法律也没有任何保护举报腐败行为的举报人的规定。

（二）惩治力度不够

菲律宾目前反腐进程步履缓慢的一个重要原因就是惩治力度不够。具体体现为：菲律宾的法律反腐败框架复杂且执行不力；执法机构间缺乏合作，官员很少因腐败犯罪而受到起诉和定罪，许多腐败分子至今仍然逍遥法外，不法官员侥幸心理较重，官员贪腐的成本很低。如备受瞩目的前总统马科斯和埃斯特拉达腐败案件，拖沓多年至今仍无定论，马科斯家族和埃斯特拉达家族成员仍在菲律宾国内担任要职，马科斯之女艾米在 2019 年菲律宾中期选举中当选参议员。还有一些政府官员和议员，背负腐败嫌疑，依然担任公职或者参与政事。生活方式检查作为菲律宾防腐和反腐的重要方式尚未带来相应的良好效果，也是因为没有与强有力的执法程序相挂钩有关。许多官员被查出拥有不明来源的巨额财富，还未等到立案审理，就携家带口逃至国外。因惩罚措施较轻，军队内部的贪腐案件多数都是从轻发落。

（三）法治环境欠缺

目前菲律宾有一系列反贪腐法律、规定和措施，可为惩治贪腐者提供足够的法理依据，但总体而言执法部门人力不足、目的不纯。一是制定新法的目的不纯。菲律宾各界政府都专注于制定新法，但制定新法不是为了真正的反腐，而是为了平息民愤。二是法规无法真正得到贯彻落实。菲律宾虽是民主国家，但法治和社会保障监管无法真正落地。司法机关和检察机关本身与政治权贵家族的关系复杂，且纸面上的廉政法律和反腐机构设置无法消除根深蒂固的庇护传统和家族政治观念，廉政法律和政策大多无法真正得到贯彻执行，并发挥应有的作用。宣称对腐败问题进行治理的政治家族本身也是利益集团代理人，所以反腐举措绵软无力，无法落到实处，反腐反而成为各大家族争夺权力、清除异己、夺取政权的政治手段。三是执法部门腐败丛生。菲律宾德拉萨大学治理研究所教授小安东尼奥·佩德罗表示："尽管国会多次出台反腐败条令，每隔几年就设置或调整一些肃贪机构，但成效迟缓，原因就在于这些机构和国会内部也腐败丛生。"① 另外，现有的打击腐败的立法框架过于零散，在强制执行过程中显得软弱无力，毫无成效。②

（四）舆论监督软弱无力

一是媒体的私营性。菲律宾宪法虽然保障菲律宾国内舆论自由，但因菲律宾媒体多以私营为主且多由政治家族或大财团控制，媒体大多为其背后的控制集团的利益服务，而这些控制集团往往是滋生腐败的主体，政府对媒体有效监管的影响和力度有限，国内舆论对腐败问题的监督很难做到及时有效，对腐败问题的及时准确报道面有限。二是媒体报道的非真实性。有的菲律宾媒体确实经常报道高层腐败案件，但高官权势或大财团却经常使用贿赂、激励或其他暴力手段怂恿记者做不实的片面报道，又因菲

① 《菲律宾劫持惨剧的背后真相》，2010 年 8 月 24 日，博客中国，http：//xinlijian. blogchina. com/2147592. html。

② 李欣：《基于菲律宾案例的民主与反腐败的关系研究》，硕士学位论文，湖南大学，2011 年。

律宾国内种族冲突频发，社会秩序欠佳，行政体系贪污腐败，官商勾结严重，罪犯横行，揭发官商政客腐败丑闻的菲律宾新闻从业人员往往受到威逼利诱，最后丧失自我，使菲律宾国内对腐败问题的舆论监控变得软弱无力。此外，新闻工作者薪酬很低，根据菲律宾新闻协会的调查，七成受访者月薪介于60美元至120美元之间，一些记者为了生活而接受贿赂或向贪污政客勒索，这些不检行为使他们付出了惨重代价。①

四 历史文化的影响难以消除

菲律宾种族众多、文化多元，经过西班牙和美国殖民后，有着较为西化的思想和先进的思维方式，为菲律宾社会发展注入了新鲜血液。但菲律宾传统政治历史文化中的等级观念、个人主义、拜金主义及享乐主义等腐朽思想和历史惯性，为腐败问题滋生和蔓延提供了社会文化土壤，使腐败成为菲律宾社会的一种不良风气和生活方式。

（一）民族享乐主义

菲律宾民众总体慵懒，性格温和，遇事不温不火，生活节奏较慢，多数倡导享乐，主要体现在超前消费，注重休整，凡事安于现状，缺乏吃苦耐劳精神，缺少荣誉感和尊严上，这为社会贪腐提供了“思想温床”。政府到处向别国寻求援助，海外劳工创收成为国家和诸多家庭主要的经济来源。很多菲律宾人工作3个月，就要休息3个月和家人团聚。菲律宾人最善于休闲，节假日之多举世无双，国家有独立日，每个城市都有成立日，平时庆祝的大小节日也是各种各样，如“万圣周”、圣诞节、复活节、伊斯兰教斋月的第一天和最后一天、英雄节、“埃斯特拉达人权日”、情人节，最让人感到一头雾水的是，八打雁是最后一个沦陷到日本手中的省份，菲律宾人还专门设立了沦陷日，甚至还有“死人节”。

（二）宗族观念和利己主义盛行

菲律宾各种社会团体和组织多没有克服和超越血缘、地缘等传统连接和纽带的局限，宗族观念和利己主义盛行，普通民众头脑中没有树立和形成对国家忠诚的社会义务和原则，缺乏奉献精神，造成利己主义盛行，成为菲律宾在廉政文化建设方面的严重缺陷，并被认为是一种常态，民众基

① 丁文蕾：《民主巩固阵痛中的菲律宾媒体研究》，硕士学位论文，中央民族大学，2009年。

本对菲律宾腐败问题麻木不仁。[①] 宗族观念和利己主义主要体现在父权制文化，重男轻女，女性受教育水平总体较低，爱国主义和民族意识淡漠等方面。这种宗族观念和利己主义造成菲律宾民众对腐败问题缺少足够的认知及改变调整的动力，照顾本家族的利益也随之变得理所当然，执政当局很难对政治家族的腐败问题进行实质性制裁。

（三）道德判断与约束缺乏

一是在菲律宾，其领袖人物和政府高官精神追求有限，有时不能客观地判断自己的行为，也不能较好地进行道德约束，许多人贪婪、腐化和堕落，腐败行为十分严重。二是普通民众因很多未能受过良好教育，对合格政治家的认知尚未形成成熟正确的概念。腐败问题被菲律宾社会公认为病态现象，不管是精英阶层还是普通大众都从心理上接受这种现象，缺乏一种对腐败的监督意识，无原则地容忍腐败这一不正之风，甚至愿意利用腐败改变自身现状，导致腐败恶性循环。[②]

（四）腐败文化的滋生

在菲律宾已经滋生了一种腐败文化，即公正廉洁的人在社会中不受欢迎，甚至难以立足。腐败文化的基本特征是民众对政府的不信任造成整个社会道德水准的下降，以致社会上多数成员都认可腐败的合理性；人们痛恨腐败往往不是出于社会正义而是出于嫉妒。菲律宾的政治选举在许多情况下都变成闹剧和儿戏，深刻地反映出民众在屡屡遭受欺骗、善良美好的愿望不断化作泡影后所出现的深刻幻灭感和玩世不恭的心态。菲律宾的情况可以说是“处处有贪污”。无论是政府高官还是普通职员，从不放过任何勒索和受贿机会，国家管理的大小环节，都可以用腐败手段打通，在多数情况下也只有腐败的手段才能够打通，菲律宾各界和普通民众已经适应这种腐败生态。

五 经济发展落后

近年来，菲律宾经济发展一直缓慢，人民生活水平很低，贫富两极分

---

① 李欣：《基于菲律宾案例的民主与反腐败的关系研究》，硕士学位论文，湖南大学，2011 年。

② “In Post-Marcos Philippines, Corruption still a Way of Life,” October 17, 1988, https://www.nytimes.com/1988/10/17/world/in-post-marcos-philippines-corruption-still-a-way-of-life.html.

化十分严重，有 1/4 的人口生活在贫困之中，巨大的贫富悬殊给菲律宾政局动荡埋下了经济隐患，也导致了腐败的恶性循环。一是公共产品的供给不足，政府官员有机可乘。由于菲律宾政府对公共产品的供给不足，导致供需不平衡，使得政府官员有机可乘，他们可以利用手中的权力为自己谋取利益。二是各部门福利待遇低下。在 2010 年马尼拉香港地区人质被枪杀事件中，犯事的菲律宾前警察门多萨劫持乃至最后枪杀人质，其诉求一是要求复职，二是要求返还被解职后的薪资。这一事件的背景是“菲律宾警察待遇较差，工资不太高。干上几十年，大概每月可以领 2 万菲币左右，相当于 2000—3000 元人民币。”① 虽然杜特尔特上台执政以来，军警的工资水平大幅提升，但仍无法满足其需求。三是军队高层干政滋生腐败。自从马科斯下台后，其继任者对军队更加重视，军队由此尝到了甜头，只要对政府稍有不满就发动兵变，并且成为一种惯例。为避免军队兵变，菲律宾国家领导人总是尽可能地满足军方高层的要求，从而导致军队领导层腐败进一步加深。

① 《菲律宾警察待遇差口碑差》，2010 年 8 月 27 日，新浪网，http://news.sina.com.cn/c/2010-08-27/022418027935s.shtml。

第七章　毒品问题与禁毒运动

国内毒品泛滥是菲律宾的社会毒瘤，毒品又衍生出其他各种犯罪，使得菲律宾成为全球犯罪率高、社会治安混乱的国家之一。杜特尔特在达沃担任市长时厉行禁毒，所取得的成效和声望帮助其赢得了总统大选。随着杜特尔特上台执政，菲律宾政府的治毒从地方推广到全国，开展了一场备受国内外关注的扫毒运动。在国内，杜特尔特政府开展毒品调查，分阶段推进扫毒计划，打掉国内制毒、贩毒集团。在国际上，杜特尔特开展“反毒品合作外交”，寻求与中国、印尼、马来西亚等周边国家的支持，减缓国内外人权组织及美国、欧盟及联合国等方面的压力和指责。杜特尔特政府仅依靠铁血手腕、暴力恐吓方式治毒，在短期内能遏制毒品的公开交易，但禁毒运动因菲律宾的政治体制存在弊端，禁毒政策的持续性缺乏司法保障，公共卫生治理能力不足，加之菲律宾国家积贫积弱，政府缺乏雄厚的财力，相配套的公共卫生、医疗及康复设施等投入不足，长远来看难以从根本上消除菲律宾毒品所带来的社会隐患。

第一节　菲律宾国内严重的毒品安全问题

长期以来，菲律宾政府禁毒的失效造成犯罪率高、毒品泛滥以及社会治安败坏的乱象。毒品交易猖獗，已经从城市渗透到广大农村，成为菲律宾难以消除的社会痼疾。菲律宾不仅是国际毒源产地，也是新生代毒品的消费市场。2016 年菲律宾官方发布的数据显示，菲律宾总人口约为 1.1 亿人，吸毒者人数已达到 370 万人。[①] 菲律宾全国有 42000 多个乡镇，有

---

① 《300 万吸毒者：菲律宾的毒品问题到底有多严重》，2019 年 7 月 23 日，澎湃新闻，https：//www. thepaper. cn/newsDetail_ forward_ 3973016。

1/4 的乡镇受毒品犯罪的困扰。菲律宾社会经济发展落后，多数人社会收入低，其中一些人尤其是生活在社会底层的贫困妇女、儿童为生活所迫，铤而走险，受雇于毒贩，参与贩毒。其中青少年吸毒现象尤为严重，人数从 1994 年的 78 万人增至 2002 年的 166 万人。在贫民窟，60%—70% 的孩子接触毒品，接触毒品的时间也越来越早，从 1999 年的 15—17 岁发展为 2000 年的 12—15 岁。[①] 菲缉毒署的统计显示，2014 年约有 60 万青少年涉毒，在被捕的未成年人中有 40% 是与毒品有关的。另外，首都马尼拉是毒品泛滥最为严重的地区。据菲政府官方调查，在马尼拉，有 93% 的描龙涯（Barangay）存在毒品犯罪问题，一个街区 30%—35% 的人有毒瘾。毒贩有恃无恐地在街道上公开出售毒品，接纳吸毒者解毒瘾的毒窟在街道，尤其是在马尼拉的贫民窟随处可见。涉毒者还参与走私、绑架、勒索、贩卖人口、抢劫、赌博等犯罪活动，菲律宾的马尼拉成为国际知名的“绑架之都”“暴力之都”。菲律宾主要盛行七类毒品，分别是冰毒、大麻、可卡因、鸦片、氯胺铜、苯二氮和派对毒品。菲律宾是在东亚地区使用冰毒率最高的国家，也是全球最大的生产大麻的国家。全球约有七成大麻产自菲岛，种植大麻主要集中在吕宋岛、苏禄省等山区省份，每年毒品生产额高达 95 亿美元，毒品交易额高达 2500 亿至 3000 亿比索，相当于政府财政的 1/3。[②]

除了毒品泛滥外，菲律宾的毒品安全问题也十分严重，主要体现在如下方面。

一　毒品生产与输入渠道的多样化

菲律宾逐渐成为美洲毒枭、亚洲金三角毒品交易的中转地，是东南亚地区毒品交易最活跃的场所。菲律宾毒品来源渠道非常多：一是自中国、荷兰、日本、韩国、墨西哥等境外流入。“金三角”地区过境中国的冰毒以及在中国制造的冰毒主要流向菲律宾、马来西亚、日本、韩国。[③] 毒品

---

① 《菲律宾禁毒从孩子做起——写在国际青年日》，2004 年 8 月 12 日，网易新闻网，http：//news. 163. com/40812/1/0TK7DUDQ0001121S. html。

② 梁晋云：《东南亚概况——东南亚各国的警察制度及禁毒工》，云南民族出版社 2005 年版，第 165 页。

③ 骆寒青：《东南亚毒品问题对国家安全的影响》，《湖南警察学院学报》2015 年第 6 期。

由海、空两个通道非法走私进入菲岛。在海路运毒方面，菲律宾岛屿众多，海岸线复杂，海洋巡逻及缉毒治安盲点众多，毒品及毒品原料通过港口走私，由飞机或船只抛入公海，本地毒贩捞起这些毒品，用大船运入公海，再卸载到小船上，然后运载到码头或沿海社区，经加工，包装分销到菲律宾全国各地。① 在空中运毒方面，毒品伪装为正常货物，以夹带的方式通过机场安检；因菲律宾海关管理松懈，许多制毒原料未列入菲律宾海关的禁品名录，毒贩贿赂海关、安检人员通关。二是国内外毒枭出资在菲律宾境内生产各类毒品，组建了庞大的制毒、贩毒网络，菲律宾成为东南亚地区毒品暴力犯罪的天堂。菲律宾国警反毒特别行动队及菲律宾缉毒署证实，墨西哥锡那罗亚贩毒集团（Sinaloa Cartel）操控资本在菲律宾制毒。菲律宾又是国际毒品走私的重要来源地，冰毒从菲律宾走私到韩国、马来西亚、文莱、中国台湾、日本、澳大利亚及北美等地。②

二　当地黑社会涉毒加剧菲律宾的毒品安全问题

受毒品利益的诱导，当地黑社会势力广泛涉毒，尤其是有黑社会背景的华人成为毒品原材料走私、加工制作、分售等利益链条中的重要一环。据菲律宾官方公布，九个华人贩毒集团控制了菲律宾大部分毒品买卖。2016 年 7 月，在杜特尔特总统公布的毒贩名单中，华人毒枭一一在列，其中竹联邦、14K 三合会（香港三合会）和新义安是菲律宾有涉外背景的三大贩毒集团。③ 这些贩毒集团获得了菲律宾军队高层、警察、国会议员及地方政府官员的庇护，在菲律宾形成了一张庞大的制毒、贩毒网络。

---

① Philstar, Grugs and Smuggling, July 26th, 2016, https://www.philstar.com/opinion/2016/07/23/1605735/editorial-drugs-and-smuggling.

② 阮惠风：《新型合成毒品滥用实证调查与治理对策》，上海社会科学院出版社 2016 年版，第 61 页。

③ 竹联邦、14K 三合会（香港三合会）和新义安三个贩毒集团以方言为群体，扎根方言社群，成立贸易公会，参与政治活动，经营全球范围内贩毒活动。菲律宾政府调查显示，竹联邦有台湾背景，在 1950 年成立，在台湾以从事违法活动而臭名昭著，从事卖淫、赌博、敲诈勒索、军火走私，进行全球规模的贩运人口和毒品走私等犯罪活动。该帮派成员在美国、加拿大、英国、法国及澳大利亚，以及菲律宾等亚洲国家相当活跃。14K 三合会（香港三合会）于 1945 年在中国广东成立，本是一个反共团队。1949 年随着国民党败退大陆，该组织前往香港，它在全世界从事大规模的走私活动。新义安于 1919 年在香港成立，全球拥有 55000 名成员，被认为是最有组织性和最富有的三合会组织。三合会和新义安为墨西哥锡那罗毒品集团供应制造毒品所需的原材料。

据美国国务院国际毒品报告，组织走私冰毒的资金大部分来自当地华人黑社会势力，即三合会集团，得到了菲律宾国警高官卡尔博（Carbo Marcelo）的庇护。华人或华裔大毒枭把控的涉毒集团，利用熟悉的公海、机场、码头走私毒品，甚至在公海和菲律宾境内制毒，掌控地下毒品交易。

华人黑社会势力涉足菲律宾毒品交易的规模令人咋舌，有些人借机污蔑"有华人的地方就有毒品"。在禁毒运动期间，菲律宾警察突击毒品实验室，这些毒品实验室大都是华人经营，化学师和毒品加工者大部分是华人。[①] 2016 年 9 月，菲律宾警察在邦板牙省捣毁了菲律宾最大的冰毒工厂，每天能制造 400 公斤的冰毒。此外，涉毒华人自建隐蔽的家庭作坊生产海洛因、冰毒等毒品，在当地公开出售。华人贩毒集团与境外毒枭相互勾结，走私制毒器材及原料，运至菲岛境内，进行毒品加工生产，合成新型毒品，控制菲律宾毒品地下交易的渠道。2014 年菲律宾反毒品特别行动队查获了 2 名华人携带价值 1.18 亿比索的沙雾。2016 年 7 月，一个华人贩毒集团在公海自制价值 9 亿比索的 180 公斤毒品，并运输、藏匿于加牙渊省海岸地区，在等待当地毒贩接头时被菲律宾警方截获。

菲律宾华人黑势力涉毒有着深层次的社会与历史原因。首先，制毒、贩毒是黑社会生财的主要快捷渠道。菲律宾华人毒贩利用熟悉中菲两地环境的优势，夹带毒品入菲，从中谋取高额利润。其次，菲律宾华人与政客之间存在的庇护关系使华人涉毒有了很大的运作空间。再次，菲律宾华人黑社会涉毒由来已久，通过贩毒积累原始资本。虽然绝大多数华人遵守法律和道德底线，勤劳致富，但是少数华人游走于菲律宾红、白、黑道之间。[②] 特别是缺乏谋生的基本技能者铤而走险地涉足毒品交易，在赚得第一桶金后，有些会转向合法经营，漂白毒资。有些则长期进行毒品交易，在涉毒道路上走到底。华人非法涉毒不仅危及菲律宾当地社会，也影响整个华人族群在菲律宾的公众形象及长远的生存。

---

① Marlen V. Ronquillo, "Land Waiter Let, Drugs Go through Customs, but Make It Difficult for Filipino Workers in Overseas to Balibayan Boxes," *Manila Times*, August 7th, 2017.

② "红道"，即在政治上和经济上靠近中国以获取资源；"白道"，指努力与当地政府打交道，积攒当地社会资源，但是这两种途径的门槛都很高。"黑道"是指华人组成黑帮，进行杀人、绑架、制毒、贩毒等犯罪活动，制毒、贩毒成为菲律宾华人黑社会势力最常见的生存之道。

三　国家警务与司法系统的无为与低效

作为世界上腐败猖獗的国家之一，菲律宾政治腐败，贪污受贿成风，警务系统与毒贩相互勾连，形成一个庞大的利益集团。2011 年国际贩毒管控策略报告指出，菲律宾一直被洗钱犯罪组织利用洗钱，需在毒品制造、毒品走私和国内毒品消耗方面严加防范。[①] 菲律宾的警察、军队与贩毒组织有染，国家的警务系统失控与低效是造成菲律宾毒品泛滥的重要原因。毒贩有了军队、警察人员与司法体系的庇护，有恃无恐地制毒、运毒、贩毒，毒品已由城市渗入广大农村地区。菲律宾禁毒署公布的资料显示，2014 年菲律宾国内 70% 的犯罪行为都与毒品相关。[②] 毒枭非法持有大量的武器，公开暴力对抗执法，制造袭警事件，扰乱社会秩序。据统计，杜特尔特总统在禁毒的 3 个月里，即在 2016 年 6 月 30 日至 9 月 30 日期间有 200 多名执法人员伤亡。

四　不法的菲律宾政府官员与贩毒集团相互勾结，参与贩毒或为贩毒提供“保护伞”

在阿基诺三世时期，菲律宾毒品犯罪问题并没有得到实质性改善，反而更为严重，贩毒、吸毒活动尤为猖獗。毒品、毒枭通过受贿渗透到菲律宾地方行政、司法与安全部门，涉毒警察、政客、议员等与贩毒组织在毒品原材料供应、生产、销售、消费等环节上结成了一张庞大的利益网。据菲律宾政府对外公布的资料，300 多万名毒贩有军队将领、国会议员及地方政府官员的庇护。涉毒官员除了利用特权为毒贩提供保护外，有的甚者还直接参与吸毒或毒品买卖。[③] 在菲律宾地方省份，甚至有省级高官的家族直接从事毒品贸易，2017 年缉毒署指控怡朗市市长马米乐、奥萨米斯市市长巴洛吉为当地毒枭的“保护伞”。此外，毒枭幕后操控地方政治大选，为候选人提供竞选资金，确保候选人当选行政和立法职务，为毒品生产、销售提供便利。

---

① 吕余生、王士威主编：《中国—东盟年鉴（2012 年）》，线装书局 2012 年版，第 122 页。

② 王思成：《菲律宾政府铁腕向毒品开战》，《光明日报》2019 年 2 月 23 日第 8 版。

③ 《雇佣女杀手禁毒是社会结构暴力下的人性扭曲》，2016 年 9 月 1 日，菲龙网，http：//www. flw. ph/thread－143825－1－3. html。

第二节 菲律宾的禁毒运动

菲律宾政府通过增加机构设置，扩大禁毒执法人员，但是因制度建设、资金投入不足等诸多问题而使得菲律宾国内的禁毒行动成效甚微。直到杜特尔特总统上台执政后，将禁毒作为其政府内政事务的重中之重加以强力推行，在菲律宾国内掀起了声势浩大的禁毒运动及与毒品相关的反腐运动，初步改变了菲律宾国内的毒品安全形势。

一 阿基诺三世政府的禁毒运动

菲律宾有关禁毒的机构众多，包括菲律宾国家禁毒署、菲律宾国家警察缉毒司令部、危险药品委员会、菲律宾禁毒委员会、菲律宾毒品管制机构、技术工作部等相关的禁毒组织部门。值得一提的是，在菲律宾的禁毒组织中也出现了一些民间机构，这些机构既有社会志愿者自发组成的，也有一些是私人成立的，如被菲律宾当地人称为“菲华三宝”之一的菲华商联总会，在当地具有良好的口碑，还有一些宗教组织机构从事禁毒的宣传与救助工作。[①] 基于菲律宾国内严峻的毒品泛滥形势，菲律宾政府采取一系列措施来应对毒品犯罪，投入了巨大的人力、物力和财力。据“菲律宾 ABS-CBN”新闻报道，阿基诺三世执政 6 年总计查获毒品 3045 千克，逮捕 77810 人。[②]

菲律宾政府与联合国合作，推行替代发展的政策，旨在提供合法的、经济上可行的和可持续的收入手段，以及在已知的大麻种植区致力于人民生活的改善，制定了国家替代发展的战略文件《国家毒品管制战略（4 年计划）》，参与替代发展战略的机构主要有：危险品委员会（DDB），司法、卫生部门、国家国防、金融、劳动就业、内政、社会福利与发展、外交、教育等中央部门和地方政府，国家青年委员会，菲律宾毒品执法机构和纤维工业发展局（FIDA）等。在这些机构中以危险品管理委员会为领

① 李延庆：《首席慈善家——华人在菲律宾的公益事业》，《中国西部》2010 年第 3 期。

② 《菲前总统阿基诺批杜特尔特禁毒运动没有成效》，2017 年 8 月 4 日，环球网，http://news.cri.cn/20170804/e7abe10b-d600-c089-8301-d5c1d767b7de.html。

导机构，先后启动了五个项目：改善社会的生活条件、减少大麻的供应、减少滥用大麻、改善和平与秩序的现状、促进和谐关系，且将其嵌入农村发展中，以提高目标人群的整体素质，不仅解决收入问题，而且提高教育、安全、基础设施和社会服务的水平。替代发展策略还辐射到执法、预防教育、药物治疗和康复、公民意识、区域和国际合作等相关领域。但因菲律宾是一个岛屿国家，各个岛屿的情况不尽相同，国家层面的政策不一定适合不同的地区。此外，国际拨款的减少以及国内禁毒方面的花费，使得替代计划的执行遭遇资金断裂的问题。因此替代发展战略很难打开局面，毒品安全问题一直困扰着菲律宾社会的稳定与经济的发展。

二 杜特尔特政府的禁毒运动

杜特尔特早在任达沃市市长时就认识到毒品带来的社会危害，他以打击毒犯、铁腕治毒而著称，维系了地方社会治安的稳定，在当地社会赢得了较高的声望。杜特尔特在达沃市掌权的 22 年期间，推行雷厉风行的禁毒措施，组建直接领导的行刑队，赋予行刑队超越司法的特权，把犯罪率极高的达沃市变成菲律宾十分安全的地方之一。在 2016 年的总统大选中，杜特尔特提出“治毒、反腐与实现社会善治”的竞选口号，承诺在 3—6 个月内解决国内的毒品问题，多次公开表示，如果不做一些激烈的行动，毒品将吞噬这个国家。[①] 以“禁毒为执政要务”的口号成为杜特尔特赢得 2016 年大选的关键因素之一，其当选反映了长期以来菲律宾民众对政府治毒无效、管理无能与政治无为所表现出来的普遍的失望心理，要求权威主义暴力——意味着赋予那些原本未能提供安全保证的、有着腐败、缺陷的机制更多的权力。[②] 司法制度的疲软和官僚体系的腐败使菲律宾民众认可杜特尔特政府以铁血手段打击涉毒的政治运动。民调显示，绝大多数菲律宾人支持政府的禁毒运动，在 1200 名受访者中，有 88% 的受访者表示

---

① 《菲律宾扫毒 1 天击毙 32 人创纪录，杜特尔特赞：杀得好》，2017 年 8 月 17 日，腾讯新闻网，http://mp.weixin.qq.com/s? biz = MjM5MjE3NDkyMw% 3D% 3D&idx = 4&mid = 2649946743&sn = 3a4d3da8efed50d128ea9c23f94f32b6。

② Amanda Taub, “How Countries Like the Philippines Fall into Vigilante Violence,” *The New York Times*, 11 September, 2016.

支持政府的反毒品战争。[①]

杜特尔特在上任后，多次公开提到毒品对菲律宾民族与国家造成的危害及禁毒的紧迫性。杜特尔特执政后最先推行扫毒运动，把禁毒作为菲律宾治国要务来抓，菲律宾禁毒形势发生了变化，地方性的治毒上升为全国范围内的禁毒运动，开始了一场规模浩大的扫毒行动，打击毒贩，惩戒严重的贪污腐败。总统的铁腕手段促使菲律宾政府军警部门加大打击贩毒的力度，杜特尔特政府下达了两道命令，对涉毒者“杀无赦”：一是警方在抓捕毒贩时如遭遇反抗可直接将其就地处决；二是普通百姓发现毒贩，可以将其就地处死。[②] 杜特尔特总统亲自前往马尼拉贫民窟，告诫当地居民如遇到毒贩可杀死他们。在 2017 年第二次国情咨文中，杜特尔特认为，毒品是菲律宾社会邪恶与痛苦的根源，表示打击毒品的行动将会持续下去。[③]

杜特尔特政府分阶段地推进禁毒政策，第一阶段（2016 年 6 月 30 日至 8 月 30 日）的措施是重点清除街头、社区的毒品和毒贩。首先，杜特尔特总统发出最后通牒，要求贩毒和吸毒者在政府规定的时间里自首；其次，要求地方基层干部及扫毒机构提供涉毒名单；再次，搜查制毒工厂，要求军警、政府公职人员和各省市议会议员接受毒品检测，肃清国家机关里的毒嫌，包括总统的儿子保罗·杜特尔特和达沃市议员都要接受毒品测试。菲律宾政府最先公布的嫌疑人名单涉及 180 多万人，包括司法官员、警察和地方政府部门官员，以违反第 9165 号共和国法令即《2002 年毒品综合法规》对其予以革职，并接受调查和审判。为了表示禁毒的决心，杜特尔特总统于 2016 年 7 月 25 日首次国情咨文中特别强调了进行反毒战争的决心，称政府将不会停止打击非法禁毒活动，直到所有毒枭及其幕后金主被关进监狱，将不停地打击非法毒品、犯罪和贪污腐败，下令将军营作为非法毒品使用者的改造中心。[④] 轰轰烈烈的扫毒运动显示出效果，从

---

① 蔡添成：《民调：大部分民众支持毒战，相信法外处决存在》，联合早报网，2017 年 10 月 16 日，http://www.zaobao.com/realtime/world/story20171016－803367。

② 《菲律宾新总统最头痛的事情：毒品》，2016 年 8 月 23 日，新华网，http://www.xinhuanet.com/world/2016－08/23/c_129249478.htm。

③ Danilo Suarez, “Customs Trapped in Narcotics Disputes,” *Manila Standard Today*, Aug 4th, 2017.

④ “Over 17000 Arrested in Anti-drug Operations,” 8 June, 2016, http://www.manilatimes.net/over－17000－arrested－in－anti－drug－operations/268577/.

2016 年 6 月 30 日至 8 月 25 日的约两个月时间里，菲律宾缉拿署和菲律宾国警没收了总价值 54.4 亿比索的毒品，包括沙雾、大麻和摇头丸，上千名涉毒嫌犯被击毙，不少毒贩低价抛售毒品并逃离菲律宾，更有多达六七十万名涉毒人员向警方自首，使得菲律宾戒毒场所人满为患。[①]

2016 年 9 月进入禁毒的第二阶段，开展代号为“双枪管”的扫毒行动，打击重点涉毒对象，实行禁毒奖励制度，重金奖励缉毒执法人员。一方面，政府派官员上门劝说涉毒者自首，并加入康复运动，重金奖励打击毒贩的执法人员。菲律宾国警对 968694 个涉毒户进行上门探访，政府给予逮捕或击毙一名毒枭奖励 300 万比索（约合 42 万元人民币）的奖励，合法执行警行动人员枪杀 1 名毒贩奖励 5 万比索，枪杀 1 名吸毒者奖励 2 万比索，逮捕 1 名毒贩奖励 3 万比索，逮捕 1 名吸毒者奖励 1.5 万比索。[②]另一方面，严打大毒枭及涉毒官员，在贫民窟进行扫毒，打击外国毒贩在菲律宾的代理人、小毒贩及吸毒者。同时在政府、警察、司法等体系内开展内部自查，查找内部涉毒及与毒相关的贪污腐败分子。与贩毒相关的地方官员及政界要人均与其他毒品犯罪分子进行相同处理。杜特尔特公开宣称，大约有 9000 名警察与毒品活动有关，100 名警员中有 4 名使用或贩卖毒品。[③]

第三个阶段（2016 年 10 月至 2017 年 3 月），延长扫毒运动的期限，深度打击涉毒者。杜特尔特总统在 2016 年 9 月 18 日提出将扫毒期限再延长 6 个月，称“我没有料到国家面临的毒品问题如此严重，再给我 6 个月时间，涉及贩毒的人实在太多了，更糟糕的是，警方高层在操纵毒品交易。一直进行扫毒直到菲律宾的街道没有毒贩，直到任期的最后一天”[④]。9 月 22 日，菲律宾又向外公布了第三批缉毒名单，名单上共有 1000 名人员，指控 5 名警察总长和地方官员为贩毒提供保护，还有全国各地 40 名司法官员。[⑤] 为了在 6 个月里完成杜特尔特总统根除毒品犯罪的目标，国

① 邓云斐：《杜特尔特上台以来菲律宾政治、经济政策的新变化》，《东南亚南亚研究》2016 年第 4 期。

② “Cagayan Coastal Town Adopts Anti-Drug Reward System,” 1 Sept., 2016, http://www.manilatimes.net/cagayan-coastal-town-adopts-anti-drug-reward-system/283437/.

③ 《杜特尔特称有 9000 名警察涉毒》，《商报》2017 年 10 月 1 日第 5 版。

④ 《杜特尔特：扫毒战延长半年》，《环球日报》2016 年 9 月 20 日第 2 版。

⑤ 《菲总统公布贩毒新名单，有中国人在列》，《环球日报》2016 年 9 月 23 日第 4 版。

警总监黎拉罗莎增加四倍的警力扫毒，下令各省长、市长和地方官员必须在6个月内遏制非法毒品交易。2017年3月1日，菲律宾国警发布通知继续开展政府的禁毒运动，菲律宾武装部队与禁毒署签订工作备忘录，进一步明确禁毒任务。菲律宾武装部队扩大机构，成立一个特设机构——联合反情报工作队，执行指导与毒品有关的反侦查行动，主要任务是协助执法机构开展认定、调查和取缔使用、出售、制造和分销毒品的犯罪分子，菲律宾武装部队联合行动小组成立，主要协助直接行动、情报、法律援助和社区相关的区域办事处的禁毒工作。①

第四个阶段（2017年4月至今），实行禁毒问责制，规范禁毒执法人员，合法打击毒品犯罪。2017年10月10日，杜特尔特总统下令菲律宾缉毒署为“唯一”有权展开反毒品运动及行动的机构，菲国警、国调局、菲武装部队、海关局、菲邮政公司及其他机构或特设的反毒品专案组将掌握的信息移交给菲缉毒署，以确保反毒品行动和运动有明确的问责制，要求禁毒人员合理执法，还着手调查禁毒中出现的滥用职权、滥杀无辜事件。政府批准中学生接受毒品检测计划，预防青少年滥用毒品。菲缉毒署加强了从海洋港口、机场等地的截毒力量，与菲海军及海岸警卫队开展合作，防止毒品流入菲律宾海洋及陆地。从2019年10月14日至2020年8月1日，菲律宾国警开展了4.1万次扫毒行动，逮捕6.2万多名毒贩，有3000多人投案，累计缴获价值153.79亿比索的冰毒。2020年6月，菲律宾国警在布拉干省马瑞佬镇缴获价值50亿比索的毒品，这是自2016年禁毒运动以来，缴获毒品数量和价值最多的一次缉毒行动。②

杜特尔特的铁腕禁毒措施得到了菲律宾左翼势力和社会民众的支持。菲律宾武装新人民军表示支持杜特尔特向毒品犯罪全面宣战，社会民众认识到毒品给菲律宾社会所造成的危害，广泛支持政府的禁毒运动。菲律宾一个民调机构在2016年9月24—27日在菲全境进行了民意调查，直接采访了全国1200人，大马尼拉区、吕宋其他地区、米沙鄢及棉兰老岛各300人，有84%的受访者表示很满意反毒运动，仅有8%的受访者表示不

---

① “PNP Creates New Anti-drug Group,” 1 March, 2017, http://www.manilatimes.net/pnp-creates-new-anti-drug-group/314733/.

② 《在甘布亚治下菲国警缴获累计150亿比索冰毒》，《世界日报》2020年8月7日。

满意，另有8%的受访者表示不清楚。[①] 因禁毒成效显著，在2019年菲律宾中期选举中，杜特尔特的支持力量大增，菲律宾参议院和众议院支持杜特尔特的阵营力量增多，有关加强对毒品交易打击力量的法案，如恢复死刑法及降低刑事责任年龄的法案等在国会投票中获得通过。

第三节 国内外政治势力对禁毒运动的反应

在杜特尔特强力发动的禁毒运动过程中出现的流血冲突及暴力事件被菲律宾国内及国际媒体揭露出来，招致国内反对党势力及西方国家的谴责，杜特尔特的禁毒运动面临内部的困境与外部的压力。为了扩大禁毒成果与减少政治阻力，杜特尔特政府开展禁毒外交，展开国际禁毒合作，寻求国际社会对其禁毒政策的支持与合作。

一 西方欧美国家对菲律宾禁毒的非议

首先，杜特尔特暴力禁毒引来美欧等西方民主国家的众多关注，尤其是西方人权主义者的非议与责难。禁毒运动出现的暴力执法遭到欧盟国家及美国等西方国家的谴责，招致国内人权组织、反对党的非议。西方社会普遍认为菲律宾在法制缺失状态下的铁腕禁毒严重侵害人权。欧盟国家驻菲使馆官员公开反对菲律宾的扫毒运动，指责菲律宾政府的“过激”行为违反了联合国宣扬保护人权的主旨原则，呼吁菲律宾政府停止“法外杀人”，甚至威胁要把菲律宾逐出联合国。[②] 美国对杜特尔特采取的惩处毒贩的做法横加干涉，挥舞人权大棒，以禁毒造成人员伤亡为理由对其禁毒运动加以大肆攻击。2016年，奥巴马政府指责杜特尔特上任后发起的扫毒运动滥杀无辜，威胁要撤回对菲律宾的经济援助。[③] 2019年，在美国特朗普政府的推波助澜下，冰岛等30多个国家向联合国提交草案，要求调查杜特尔特处死毒贩、侵犯人权等相关情况。国际刑事法院以“反人类罪”对此案进行了为期3个月的调查。

---

① 《民调：84%菲人满意反毒战》，《菲律宾商报》2016年10月8日。

② 《抵制欧盟干预主权》，《世界日报》2017年10月27日。

③ 《杜特尔特称期待特朗普来访，将谈及菲律宾禁毒战争》，2017年10月30日，澎湃新闻网，https://www.thepaper.cn/newsDetail_forward_1842803。

其次，欧盟、联合国及国际人权组织等国际组织的谴责及干涉。国际人权组织称对菲律宾的禁毒措施“深感忧虑”，呼吁菲律宾政府停止反毒的“杀戮”，并以停止援助为要挟，将杜特尔特政府扫毒造成人数不断上升的死亡视为“人权灾难”。联合国毒品和犯罪办事处负责人费多托夫（Fcdotoff）谴责菲律宾政府倡导“法外处决”嫌犯的做法，“这种举措‘违法’且‘违背最基本的人权和自由’”[①]。人权检查组织亚洲副主任凯恩斯说，向菲律宾安全部队，尤其是菲国警提供技术与财政援助的美国及欧盟，必须向杜特尔特政府发出强烈的信息说明——除非反毒战的杀戮停止，否则立刻停止援助。他还补充道，如果杜特尔特继续袭击国家最贫困和最脆弱的公民，美国、欧盟与菲律宾的长期密切关系将处于危险之中。[②] 杜特尔特政府“强硬”地抵制西方国家，反对以人权干涉菲律宾的主权，表示不再接受欧盟国家的经济援助。

最后，西方社会对菲律宾禁毒运动持有的立场恶化了菲律宾与西方大国的传统友好关系。美国、欧盟等西方世界干涉菲律宾的禁毒，影响了菲律宾对美国的外交政策及美菲关系。美国将人权大棒挥向杜特尔特政府，杜特尔特以粗暴的语言回击美国对菲律宾内政事务的干涉，由此惹怒了华府。2016 年，奥巴马取消了原定在老挝亚细安峰会期间举行的美菲首脑会谈。菲律宾内阁部长伊瓦斯戈对此回应说：“美国或欧盟或联合国没有权利告诉我们什么是对我们好的。如果总统抵抗我们的所谓朋友美国的霸凌，这意味着我们已经与中国或俄罗斯处于同一阵线。”[③] 菲律宾外长亚塞（Yasay）在出席 2016 年度联合国大会时表示：“杜特尔特政府决心严厉打击违禁药品的制造、贩卖及使用，各方应给予我们能放手处理国内挑战的空间，让菲国在免于不当干预的情况下完成国内的目标。”[④] 菲律宾内政部长秘书伊瓦科斯表示，杜特尔特总统丝毫不受外国的干扰，表示不会理会人权组织的抨击，扫毒既已经开始，就会彻底做完。

---

① 《美媒：菲律宾反毒战已失控，大范围法外处决引争议》，2016 年 8 月 5 日，环球网，http://world.huanqiu.com/hot/2016-08/9269971.html。

② 《联合国官员警告杜特尔特小心说话》，《菲律宾商报》2016 年 10 月 2 日。

③ 《内阁部长伊瓦斯戈透露特利连尼斯和自由党党员策划军变》，2017 年 5 月 15 日，菲龙网，https://www.zhijiandoukou.com/mp/pmgxbff.html。

④ 《菲律宾总统铁腕缉毒初现成效》，《环球时报》2016 年 7 月 6 日。

二　菲律宾国内反对势力对禁毒运动的阻挠与发难

杜特尔特与国内反对党、人权组织在禁毒方式上存在着严重的政治分歧与矛盾。反对党和人权组织主张在法律框架内推行禁毒，对杜特尔特激进的禁毒方式极为不满。菲律宾人权委员会发布调查报告指出，杜特尔特的行刑队在2005年至2009年至少杀掉了206名毒贩。[①] 曾经担任菲律宾参议院司法及人权委员会主席的德利马极力劝说参议院彻查杜特尔特在当达沃市市长时开展禁毒运动所造成的大量毒嫌事件。免费法律援助小组（Flag）向菲律宾最高法院提交请愿书，要求法院停止执行“双枪管”行动，称“双枪管”行动违反生命权、正当的法律程序、无罪推定原则以及审判原则。[②] 菲律宾人民律师联盟秘书长奥拉利亚表示，毒品犯罪确实不能姑息，但大开杀戒的状况必须终止，对街头吸毒的人或贩毒团伙小头目过于轻率的处决行为也必须停止。以副总统莱妮·罗布雷多（Leni Robredo）为首的反对派公开游说美国、欧盟及国际人权组织，纷纷促请其对杜特尔特的扫毒行为展开调查与清算。莱妮公开指责杜特尔特的禁毒战场“失败且有损国家形象”，被政府指认涉毒的菲律宾前司法部部长、参议员黎利马已就毒嫌杀戮情况在参议院进行了两次听证会，希望听证会能够推动国会通过把“法外处决”列为一种特别犯罪并处以严刑的立法议案，还呼吁国会支持人权委员会，使它有更多的能力调查这种违法行为。[③] 社会媒体及部分军人、商业精英、反对党议员和人权社团乘机煽动社会情绪，策划反毒游行示威，企图颠覆杜特尔特政府。

另外，禁毒运动还触碰了与毒枭有染的菲律宾军队、政府及司法系统等集团的利益，它们形成了反对杜特尔特政府的政治势力，公开表示对杜特尔特政府的不满。有军方、政府背景的机构领导人在背后煽动反政府的社会人士举行大规模的游行示威，谴责政府毒品相关的“杀戮”“虐待”行为。西方媒体借机大肆渲染杜特尔特强权禁毒产生的血腥与暴力，指责

---

① 吴俊刚：《菲律宾与美国的人权之争》，《联合早报》2016年9月25日。

② Satur C. Ocampo, “Wittily Step Backward in Anti-Drug Movement,” *Philippines Star*, Oct. 15th, 2017.

③ 沈红芳：《菲律宾杜特尔特新政府面对的难题与挑战》，王勤主编：《东南亚蓝皮书》，社会科学文献出版社2016年版，第201页。

禁毒公职人员滥用职权的行为，国内外反对党相互勾连，刻意渲染民众的反政府情绪，以达到削弱杜特尔特政府公信力的目的，迫使禁毒的国警妥协，调整禁毒运动中所存在的不当行为。

反对禁毒的国内军政势力与国外势力相互勾连在一起，杜特尔特的禁毒运动面临内外双重压力。美国、欧盟及国际人权组织等西方国家或组织纷纷指责杜特尔特的暴力禁毒。国际特赦组织公开指责道："菲政府未尽尊重及保障生命的义务，菲国法治陷入崩溃的风险中，政府串谋或执行非法及蓄意杀戮，即法外处决，这在国际法之下是一种罪行，要求菲律宾独立投诉委员会调查警方违反人权的指控及所有法外杀人事件，并获授权保护所有投诉人、受害人及证人。"[①] 2016 年 9 月，欧盟议会谴责菲律宾国内数量不断攀升的、与毒品有关的死亡案件，呼吁菲律宾政府对此展开调查，采取尊重人权的政策和措施。美国总统奥巴马和欧盟公开抨击杜特尔特的禁毒行动，招致了菲律宾国内民族主义者的强烈反感，杜特尔特更是认为美国干预菲律宾内政，开始从外交上改变其前任阿基诺三世的亲美态度。从 2016 年大选前的言论来看，杜特尔特远美的态度尚不明显，他与美国的"决裂"是从白宫抨击菲律宾的扫毒行动开始的。[②] 杜特尔特对美国及欧盟的谴责以粗话加以回击，责骂欧盟的伪善与主权干预。

为了减少阻力和寻求外部的支持，杜特尔特政府着力开展禁毒外交，加强与周边东盟国家的禁毒合作。杜特尔特与印尼总统佐科商讨共同加强双边反毒、反恐及反海盗及促进海上禁毒合作；菲律宾还加强与马来西亚的海域合作，遏制海上毒品走私的非法行动。

杜特尔特修复与中国的关系，加强中菲两国跨境禁毒合作，打击毒品成为菲律宾修好与中国关系的因素之一。然而，在禁毒外交上，杜特尔特对华政策有两面诉求：一方面，要求中国政府管控好境内的毒源，阻止中国毒贩与菲律宾当地毒贩合流走私中国毒品入境菲律宾；另一方面，寻求中国政府给予在禁毒方面的财力、物资援助，开展打击跨国毒贩信息的共享与合作。与西方国际社会不同，中国政府奉行不干涉内政的原则，理解

① 《菲律宾铁腕扫毒已有 1900 人被杀，70 万人自首》，2016 年 8 月 25 日，环球网，http：//world. huanqiu. com/exclusive/2016 – 08/9355914. html。

② 《杜特尔特："亲中远美"是为国家利益，不会出卖菲律宾》，参考消息网，2016 年 12 月 22 日，http：//www. cankaoxiaoxi. com/world/20161222/1541990. shtml。

杜特尔特政府打击毒品犯罪的优先政策。2016 年 8 月 10—11 日，杜特尔特派出特使——前总统拉慕斯与中国外事委员会主任傅莹会晤，探讨两国禁毒与反走私合作。8 月 26 日，中国驻菲大使公开表示，中国愿意通过分享情报，提供必要的设备，加强执法机构的打击能力。中国公安部邀请菲律宾警察代表团访华，双方共同进行打击毒品的详细部署。中菲签订跨国犯罪备忘录，拟定与菲律宾执法机构联合行动。中国外交部发言人耿爽在 9 月 29 日例行记者会上表示，中方理解和支持菲律宾新政府在杜特尔特总统领导下优先打击毒品犯罪的政策，愿同菲方积极开展禁毒合作，并为此制订共同行动计划。[①] 10 月 18—21 日杜特尔特访华，反毒及安全合作问题是中菲首脑会晤的一个重要议题，菲律宾缉毒署与中国公安部签署了为期 5 年的《中菲禁毒合作协议》，决定进行打击毒品犯罪合作，共享涉毒嫌疑人名单，合作调查毒品犯罪，提供毒贩遣返援助，以及交换并训练缉毒官员等，中国还提供了价值 1400 万美元的军事武器和设备及 5 亿美元的贷款，资助菲律宾戒毒计划及反恐。[②] 两国禁毒执法部门通力合作，联合举办双边禁毒合作会议，成立中菲联合专案组，开展情报交流、联合缉毒侦控、研究行动方案、毒品检验、戒毒康复等。自 2016 年 10 月以来，中国已为菲律宾国家警察局、国家调查局和肃毒局等执法机构举办了 20 多期培训班，菲方参训学员超过 200 人。[③]

在中国的帮助下，菲律宾警方破获了贩毒集团，捣毁了菲律宾境内的制毒工厂、藏毒窝点及缴获毒品及制毒原料和配剂。如由厦门市海关向菲律宾提供毒品线报，2017 年 5 月，菲律宾禁毒署查获了 604 公斤、价值 64 亿比索的毒品大案，成为菲律宾有史以来破获的最大宗的毒品案件，牵出菲律宾海关众多官员受贿，包括海关前局长法埃敦为“纳卯集团”走私毒品提供绿色通道，因此被菲律宾司法部门调查或开除公职，该案成为中菲禁毒合作的典范。2018 年 7 月，杜特尔特总统发表年度国情咨文称：“中菲在联合打击毒品犯罪方面的合作水平已达到前所未有的高

---

① 《中国理解支持菲新政府优先打击毒品犯罪政策》，联合早报网，2016 年 9 月 39 日，http：//www. zaobao. com/wencui/politic/story20160930 - 672456。

② “China Offers Guns for Anti-Drug War,” *Manila Times*, Dec. 21, 2016.

③ 王思成：《菲律宾政府铁腕向毒品开战》，《光明日报》2019 年 2 月 23 日。

度。”[①] 中国政府及菲律宾华社各界捐款，向菲律宾提供了价值 5600 万元的禁毒装备援助，援建菲律宾多个戒毒中心等基础设施，为菲律宾自首的涉毒者提供公共卫生服务。[②] 2020 年 4 月，中国援建的菲律宾阿古桑戒毒中心项目完工，正式移交给棉兰老岛南阿古桑省，这是中国援助建成的第一个成套项目，也是南阿古桑省首个解毒中心。中国以务实行动和国际合作支持菲律宾政府打击毒品犯罪，推动菲律宾社会的发展进步。

第四节　菲律宾禁毒运动的成效与不足

毒品是一种有毒害的、精神依赖性物质，禁毒必须从源头上遏制毒品生产、种植、制造及毒品流通、运输、交易环节，或减少、消除对毒品的社会需求。杜特尔特政府的暴力禁毒顶住国内与国际的双重压力，在国内与国际毒品供给与需求两个方面双管齐下，抑制毒品的公开流通、打击黑社会、惩治贪污受贿，通过禁毒强化个人的政治权威，缴获毒资，缓解政府的财政压力。同时，加强与周边国家政府机构的合作，并且取得一定的成效。但由于菲律宾司法体系软弱，禁毒的方式和效果难以为继，只能一时缓解毒品肆意横流的严峻形势，无法从制度、司法和社会监督层面管制毒品。

一　菲律宾禁毒运动的成效

首先，雷厉风行的禁毒行动起到了社会威慑作用，取缔了毒贩的公开交易，遏制了吸毒成风的社会恶习的蔓延，吸毒人数大大减少。赫尔伯特·许朗戈、弗兰茨·沙巴洛尼斯、许彼得等大毒枭相继落网或被枪杀，制毒窝点、吸毒场所被摧毁。毒贩被击毙多的地方分别是甲米地、内湖、八打雁、黎萨、奎松、中吕宋等省市。在杜特尔特执政的一年里，逮捕 86984 名涉毒嫌疑人，捣毁 9 座大型冰毒实验室和 152 个涉毒窝点，超过 130 万名吸毒者和毒贩自首，在全国 42036 个村庄中，毒品渗入 21126 个

① 《菲律宾总统杜特尔特赞中菲禁毒合作》，澎湃新闻网，2018 年 7 月 30 日，https://www.thepaper.cn/newsDetail_forward_2305618。

② 张启正、戚凯：《总体国家安全观视角下的中菲安全合作路径》，《理论建设》2018 年第 4 期。

村庄，其中有3677个村的毒品被清除。查获超过84亿比索的2446公斤冰毒，有302名涉毒官员被调查。① 截至2019年12月，禁毒战争已经实施超过了15万次行动，击杀5552人，逮捕了22万余人，促使全国约48万名吸毒者自首，缴获价值超过400亿比索的毒品，实现16706个村庄的"无毒化"②。而在阿基诺政府执政的同一时期，只有18766名嫌犯被捕；仅97名涉毒官员被调查，查获820公斤冰毒。③

其次，与涉毒相关的社会犯罪行为减少及菲律宾社会治安得到了很大的改善。2017年菲律宾毒品相关的犯罪率下降了9.8%，比阿基诺政府同期减少了10%，社会犯罪数量降低到了1989年以来的最低纪录。④ 据菲律宾国警发言人表示，2016年1月至10月的犯罪事件总数为493912起，而2017年1月至10月，该数字下降到452204起，犯罪事件在过去10个月下降了8.44%。⑤ 据菲律宾2019年1月22日公布的统计数据，与2017年相比，2018年的犯罪率有所下降，全国犯罪率下降了9.04%，共有473573起，而2017年记录的犯罪事件则有520641起。犯罪率的下降在一定程度上反映杜特尔特禁毒运动取得了成效。⑥

最后，菲律宾国内大小毒枭集团势力覆灭，贩毒集团背后的保护势力得到清洗。据统计，从2016年7月1日至2019年11月30日，菲律宾国警及菲律宾缉毒署进行了151601次禁毒行动，共在42025个小区进行了扫毒行动，共有220728人被捕，包括8185名重大嫌犯及2290名总统名单上的人，因禁毒而死亡的人数为5582人，在菲律宾全国范围内共查获

---

① 《菲律宾要求在禁毒的第一年能取得成功》，文莱邮报，2017年7月1日，http://www.theborneopost.com/2017/07/01/philippines－calls－first－year－of－anti－drug－war－success/amp/。

② 马宇晨、吴杰伟：《从拉普勒新闻网主编被捕事件看杜特尔特与主流媒体的冲突》，张宇权主编：《菲律宾发展报告（2019—2020）》，社会科学文献出版社2020年版，第195页。

③ 《菲律宾要求在禁毒的第一年能取得成功》，文莱邮报，2017年7月1日，http://www.theborneopost.com/2017/07/01/philippines－calls－first－year－of－anti－drug－war－success/amp/。

④ Jarius Bondoc, "No Wonder Drug Are still Overflowing," Philippine Star, Aug. 10th, 2017.

⑤ 《2017年过去十个月，菲国犯罪事件显下降8.44%》，搜狐网，2017年11月9日，http://www.sohu.com/a/203277539_206880。

⑥ 范新婧：《杜特尔特执政后的菲律宾毒品现状研究》，中国—东盟区域发展协同创新中心官网，http: cabd.gxu.edu.cn。

186 个贩毒集团，涵盖了从国会议员到小区首领，超过 1.2 万人的重要目标嫌疑人，清除了 433 个制毒窝点和实验室，查获的非法毒品及毒品材料价值高达 403.9 亿比索，其中价值 312.5 亿比索的毒品是沙雾。[①]

二　菲律宾禁毒运动的不足

第一，杜特尔特的禁毒运动急功近利，一些西方国家的政府与舆论指责其有“法外处决”的现象，缺乏法律约束的禁毒行为是引发社会暴力及增加社会不稳定的因素。执法者为了个人政绩或奖励，无视法纪、滥用权力，出现了错杀无辜者的事件。不法分子乘机打着禁毒的幌子报私仇、泄私愤，滥杀无辜。血腥与暴力的强制性禁毒衍生出了新的犯罪和社会安全问题，增加了民众的恐惧及社会的不安定，促使普通民众纷纷购买枪支以备防身，对枪支的需求催生了黑枪制造业的繁荣及枪支的泛滥。菲律宾总统发言人阿贝拉对外称：“这场战争有可能会导致一定的‘副作用’：比如对该国体制不抱希望的‘义务警察’有可能彻底摒弃现行司法体系；或者敌对派势力之间有可能借助政府的‘火力援助’趁机拔除异己、从中渔利。”[②] 在菲律宾有影响力的天主教会认为，有 5000 多名毒贩没有受到指控或审判就被处死，呼吁当局停止“滥杀人命”[③]。

第二，在高压态势下的禁毒迫使毒贩制毒、贩毒以更为隐蔽的方式存在，禁而不绝。虽然新政府严控毒源，力图搜索、摧毁国内制毒窝点，封锁毒品入境，切断菲律宾毒品的外来供应链。但是菲律宾国内毒资启动、运作快，制毒工厂及瘾君子吸毒以更为隐蔽的方式继续存在。制毒者迁往郊外、更偏远的地方或私人小区等隐蔽的地方，搭建简易的小作坊继续制毒。即便菲律宾缉毒警察逮捕了贩毒集团的首要分子，但会有其他成员或组织乘虚而入，继续涉毒组织的经营。[④] 公开吸食毒品者转入地下秘密吸毒，接纳吸毒者吸食毒品的毒窟秘密经营，以获取更高额的非法利润。

---

① 《3 年扫毒逾 20 万人被捕》，菲律宾《世界日报》2019 年 12 月 13 日。

② 《美媒：菲律宾反毒战已失控，大范围法外处决引争议》，环球网，2016 年 8 月 5 日，http：//world. huanqiu. com/hot/2016 - 08/9269971. html。

③ 《菲律宾副总统推迟发表禁毒工作报告》，菲律宾《世界日报》2019 年 12 月 17 日。

④ 阮惠风：《新型合成毒品滥用实证调查与治理对策》，上海社会科学院出版社 2016 年版，第 65 页。

第三，杜特尔特政府的禁毒政策以暴制暴、治标不治本，暴露了菲律宾国内公共卫生资源短缺、投入少等问题。毒品问题的产生有着社会、文化及经济等深层次的根源，杜特尔特政府的禁毒运动打击毒品走私、捣毁贩毒集团、减少毒品非法流入，但对毒品生产、贩卖及吸食等行为的原生力缺乏有效的关注，对毒品的综合治理不足。杜特尔特仅依靠权力机关制造血腥暴力，对公众产生威慑与恐吓，以达到禁毒的目的，缺乏对后期戒毒工作的投入，相关的医疗卫生设施不足，在社会就业、戒毒思想改造、戒毒所容量等方面所采取的措施滞后，无法从根源上消除毒品隐患。禁毒运动致使菲律宾戒毒系统承担着超负荷的压力，戒毒药品、戒毒所、戒毒心理医生严重不足，无法有效地对涉毒者进行生理、心理的康复训练和治疗，以及帮助其脱毒以后实现就业与摆脱生活的贫困。菲律宾长期以来对公共卫生设施投入少，强制戒毒机构少，全国仅有 50 家戒毒所，出现了监狱、戒毒所等人满为患的窘境。据菲律宾惩戒局 2015 年的数据，比南市监狱的合理容量是 22 名囚犯，但监狱的总人数却达到了 369 人，拥挤率为 1577%，在 2017 年的报告中，情况进一步恶化，监狱人数增加到 595 人，拥挤率为 2605%。[①] 随着禁毒运动的深入开展，菲律宾禁毒所需的公共设施与公共医疗卫生资源不足的问题越发凸显。

第四，粗暴地严惩涉毒者，广大民众缺乏接受禁毒教育和禁毒、防毒的意识。由于毒品的特殊性，禁毒具有艰巨性、复杂性和反复性，预防才是禁毒的治本之策，涉及政治、经济、社会的综合治理，应该禁种、禁制、禁贩、禁吸并举。禁毒运动在菲律宾开展后，关于政府的禁毒政策、组织机构、毒品知识、法律法规与服务等禁毒宣传不到位。自首的吸毒者在监狱仍继续吸食毒品，毒贩通过贿赂拉拢、腐蚀禁毒官员，削弱禁毒机构的执行力和控制力，惩戒所、戒毒所等强制隔离场所甚至成为秘密贩毒的新场所。2017 年 11 月，缉毒署在曼达卢永市（Mandaluyong）女子惩戒所查获了毒贩带进的超过 1500 万比索的沙雾。缉毒署总监阿隆·阿基诺（Aaron Aquino）不得不承认，到 2022 年杜特尔特总统卸任之时，也几乎不可能完全解除毒品威胁。只有约 1100 名缉毒警员表示会继续扩大所取

① 《70 人监狱挤 400 人？已死亡 74 名囚犯》，搜狐网，2017 年 9 月 13 日，http://www.sohu.com/a/191619200_206880。

得的成就，并要求总统将缉毒预算增加到35亿比索。[①]

第五，菲律宾政府在司法惩戒、强化行政管理、深入反腐等方面缺乏强有力的制度建设和措施，禁绝毒品不能形成长效机制。禁毒需要一个高效廉洁的政府的长期治理，由于菲律宾司法与行政系统缺乏严惩机制，军队、行政执法人员、司法官员与毒品有染，利用职权贪污受贿成风。尽管政府严厉禁毒，然而，被打死的毒贩几乎是清一色的贫民，多是在街头巷尾售卖冰毒的小毒贩或吸毒者，涉毒者经营的毒窟仍继续运转，照旧接纳吸毒者，买卖毒品，贩毒儿童被送到社会福利部，往往在几个星期后就再度出现在街头，重操旧业。

菲律宾禁毒的困境在于国家经济基础薄弱，投入缉毒、戒毒的人力、物力及财政等方面的公共资源非常有限，从根本上制约了禁毒运动的实际效果与预期目标的实现。加之，杜特尔特禁毒措施依靠政治强人的个人意志推进，缺乏科学规划及法律制度的保障与规范，禁毒运动的成果难以长期维持和巩固，贩毒集团的非法活动仍然存在。菲律宾禁毒需要从发展本国经济，扩大社会就业，缓解贫困问题，维护社会公平与正义等方面入手，同时加强政府执行力建设，强化反腐力量，构建公共社会治理和公平执法平台，健全禁毒的法律，完善禁毒与毒品预防政策，加大对戒毒公共设施与卫生的投入，从根本上消除存在毒品的安全隐患。

① 《菲缉毒署承认毒品威胁几乎不可能在杜特尔特任期内解决》，菲龙网，2017年11月10日，http：//www.flw.ph/forum.php？mod = viewthread&tid = 283675&from = portal。

第八章　棉兰老岛发展问题

棉兰老岛是菲律宾国内发展最落后的地区，其发展问题是历届菲律宾政府始终关注的议题。这座构成了菲律宾三大岛屿群之一的特大型群岛，占地面积达102043平方公里，占菲律宾国土面积的30%。尽管岛上拥有肥沃的土地和丰富的植物、热带作物、海洋渔业、光热等资源，但赤贫、暴力犯罪、分离分裂主义、恐怖主义、宗教冲突、残缺的治理体系等问题始终困扰着这个人口剧增但就业数量和质量均不充分的地区。特别是自20世纪70年代民族矛盾激化并叠加宗教冲突和分离分裂势力后，赤贫、治理不足和武装冲突三大矛盾加剧发展，棉兰老发展问题成为涉及国内地区发展间不平衡和实现国内民族和谐与宗教和睦，尤其是国土完整的重大战略问题。令人欣慰的是，经过多方努力，棉兰老岛和平与发展的曙光在菲律宾政府与摩洛伊斯兰武装之间时断时续的谈判中已然出现。2018年《邦萨摩洛基本法》的签订和开始实施，有望为棉兰老岛地区实现和平与发展带来更大的希望。

第一节　棉兰老地区发展现状与挑战

棉兰老岛诸多问题的根源，在于经济社会发展的不充分和发展根基的薄弱，人口占比较高，贫困状况十分突出，持续的武装冲突对政府治理、基础设施建设、农业优势的发挥均带来严重的负面影响。

一　1/4人口处于贫困线下：棉兰老岛贫困问题的严峻性

棉兰老地区由棉兰老岛、苏禄群岛两大部分组成。全棉兰老地区被划分为6个行政区、26个省和33个行政市及423个市政单位。棉兰老岛人口在 2017 年突破 2500 万人，占菲律宾国内人口的 22.1%。其中，达沃市、三宝颜市、卡加延德奥罗、桑托斯将军城和伊利甘五个城市为棉兰老地区人口较多的城市。棉兰老岛原始居民为本岛各土著民族，伴随着西班牙殖民者和美国统治的延伸，信奉基督教尤其是天主教的菲律宾吕宋岛、米沙鄢群岛等地的人口大量迁徙到棉兰老地区居住生活，岛内居民的宗教结构、民族结构发生较大变化。目前，棉兰老地区居民中以宿务人（占比 25.8%）、比赛亚人（Bisaya，占比 18.4%）、希利盖农人（Hiligaynon，占比 8.2%）和马京达瑙人（Maguindanao，占比 5.5%）、马拉瑙人（Maranao，占比 5.4%）为主，其中马京达瑙人和马拉瑙人是以信奉伊斯兰教为主的群体。

棉兰老地区作为菲律宾极不发达区域的表现之一，是当地居高不下的贫困发生率与基数庞大的赤贫人口规模。菲律宾政府及世界银行等国际组织的统计均显示，棉兰老地区贫困率远高于吕宋、米沙鄢等菲律宾国内其他群岛地区。更为严重的是，棉兰老地区近 1/4 的人口生活在贫困线以下。2015 年家庭收支调查（FIES）数据显示，棉兰老地区 36% 的人口生活水平处于贫困线之下，① 这一数值较菲律宾国内其他区域如吕宋岛、米沙鄢群岛明显偏高，显示出棉兰老地区贫困状况十分严重。

由于产业结构单一，棉兰老地区贫困群体主要是农民和沿海渔民。据世界银行统计，在 2012 年左右，棉兰老地区有 120 万农民和渔民受到粮食匮乏的威胁，有 110 万人挣扎于粮食匮乏和贫困线之间，还有 140 万人生活在绝对贫困线附近并面临随时返贫的危险。② 这就使得整个棉兰老地区有高达 370 万人生活于贫困或接近贫困的状态中，更加剧了当地本已动荡不安的社会局势和城乡鸿沟。

棉兰老地区的贫困问题主要体现在以下几个方面：

首先是城乡差距的鸿沟无法填平。由于在城市中能够获得更多的就业

① *Philippines Mindanao Jobs Report: A Strategy of Mindanao Regional Development*, p. 7, http://documents1.worldbank.org/curated/en/395661498616337079/117354 - REVISED - PUBLIC - Philippines - Jobs - Report - FINAL.pdf.

② *Philippines Mindanao Jobs Report: A Strategy of Mindanao Regional Development*, p. 7, http://documents1.worldbank.org/curated/en/395661498616337079/117354 - REVISED - PUBLIC - Philippines - Jobs - Report - FINAL.pdf.

机会和福利救助，棉兰老地区人口大量向城市集中，尽管城市贫民激增，但城市贫困发生率仍然低于农村地区。统计显示，棉兰老地区的较大型城市，如达沃市、卡加延德奥罗市等地，贫困发生率尽管高于棉兰老岛外的其他城市，但相对于地区内其他部分，贫困发生率已经大大降低，农村区域的贫困发生率则高企不下。

其次是受到武装冲突影响的区域贫困率远高于远离武装冲突影响的本岛其他区域。这点在棉兰老穆斯林自治区表现突出。棉兰老穆斯林自治区是棉兰老地区武装冲突高发地域，这里的贫困发生率也是棉兰老区域最高的，贫困发生率高达 59%，比棉兰老岛整体高出 18 个百分点。[①] 武装冲突带来的多年战事，完全破坏了穆斯林自治区内的基础设施和经济结构，造成贫困人口激增的畸形社会和人口结构，反过来又加剧了贫困发生的可能性。

最后，棉兰老区域内工人的贫困发生率也相对较高。受工业基础薄弱、生产资料和资源获取能力匮乏、再教育和技能培训机会稀缺等因素的影响，棉兰老区域的成熟技能工人贫困发生率居高不下，并显著高于菲律宾国内其他地区。如在吕宋岛区域，拥有技能的工人的贫困发生率为 12%，但在棉兰老区域则为 34%。[②] 这反映出棉兰老区域内就业机会的不充分和企业有效投资的稀缺。棉兰老地区内工人就业无法得到保证，贫困发生率居高不下。

二 和平的漫漫长路：棉兰老地区的战争、宗教、族群与冲突

棉兰老地区的武装冲突交织着民族、宗教、领土等多重矛盾，已经延续半个世纪。1968 年，因反对菲律宾中央政府在棉兰老南部地区推行试图以同化方式解决南部摩洛人认同的《国家整合计划》，菲南部摩洛人发起摩洛独立运动，标志着菲南分离主义的正式出现。以摩洛民族解放阵线

---

① *Philippines Mindanao Jobs Report*: *A Strategy of Mindanao Regional Development*, p. 8, http://documents1. worldbank. org/curated/en/395661498616337079/117354 – REVISED – PUBLIC – Philippines – Jobs – Report – FINAL. pdf.

② *Philippines Mindanao Jobs Report*: *A Strategy of Mindanao Regional Development*, p. 8, http://documents1. worldbank. org/curated/en/395661498616337079/117354 – REVISED – PUBLIC – Philippines – Jobs – Report – FINAL. pdf.

（Moro National Liberation Front，MNLF，简称摩解）为代表的分离武装与菲政府长期展开军事对抗。摩解在军事对抗中，一度取得对菲政府的优势，但长时间的军事对抗，也造成菲南部地区经济社会和人口大量破坏及逃亡。1976 年，菲政府与摩解经过艰苦谈判，签订了旨在缓和关系实施停火的《的黎波里协定》，探讨菲南地区穆斯林群体的自治范围和自治权利。但由于双方在相关问题上的分歧难以解决，不久之后，这份和平协议便宣告破产。1982 年，摩洛伊斯兰解放阵线（Moro Islamic Liberation Front，MILF，简称摩伊解）从摩解中分化出来，成为菲南分离主义新的代表组织之一，并在意识形态领域更加向“宗教”色彩偏移，菲南民族分离主义开始与宗教矛盾牵扯在一起。这次分化是菲南分离势力的第一次分化，[①] 代表着菲南摩洛问题愈加复杂。20 世纪 90 年代，菲南分离势力再次形成新的发展态势，一些主张更加激进、手段更加暴力、诉求更加多样的分离势力逐渐成形，其代表性组织是阿布沙耶夫。该组织本为摩洛伊斯兰解放阵线内部的一个小组织，因其鼓动“伊斯兰圣战”而迅速在菲南地区发展壮大，并多次实施爆炸、暗杀、袭击等恐怖行为。美国及联合国相继在 20 世纪 90 年代末期和 21 世纪初期将阿布沙耶夫组织列为恐怖主义组织。

棉兰老地区的分离主义和菲中央政府的反分离主义斗争呈现出独特的态势：每当政府军与某个分离主义组织经过长时间军事冲突后展开谈判，试图和解，就会出现新的分离主义组织；新出现的分离主义组织，也会在长时间的军事对抗后，走上与菲政府和谈的道路。1996 年，摩解延续了 1976 年与菲政府达成的《的黎波里协定》框架，双方最终达成一份旨在实施上述协定的《最终协议》，大量摩解武装人员放下武器回归社会，正式结束了与菲政府的军事对抗。两年后，在菲政府的努力和伊斯兰会议组织的斡旋下，摩伊解改变与菲政府的不接触政策，开始和谈，经过艰苦和长期的谈判进程，最终于 2014 年有了结果。2014 年，菲政府和摩伊解达成全面和平协议，摩伊解放弃在棉兰老南部地区建立独立国家的主张，同意在南部棉兰老地区建设一个联邦制实体。

尽管菲政府与摩洛人两大政治组织分别实现了和解，并很快起草制定

---

① 靳晓哲：《菲律宾南部摩洛问题的演进、症结与前景》，《南亚东南亚研究》2019 年第 2 期。

了《邦萨摩洛基本法》，但在磕磕绊绊的和解谈判进程中，菲政府军和摩伊解以及棉兰老南部地区其他分离主义势力的军事冲突从未间断，给当地带来了巨大的负面影响。如 2000 年，摩伊解与菲政府进行初期接触时，就发生了奥萨米斯市爆炸事件，造成 39 人丧生。菲政府随即中断了谈判进程并开始清缴摩伊解武装人员。2008 年，双方的谈判也曾因菲律宾最高法院宣判双方签署的《祖传领地协议备忘录》违宪而中断，甚至爆发新一轮武装冲突。

但值得庆幸的是，在杜特尔特当选菲律宾总统后，棉兰老南部地区和平进程得到有效推进。首先是菲政府大力支持棉兰老南部地区和平进程。作为棉兰老地区出身的首位菲律宾总统，杜特尔特本人将大量精力和资源投入棉兰老地区发展之上，菲南的和平也是他的关注焦点。2017 年，在菲南马拉维危机中，杜特尔特强力清扫了“伊斯兰国（ISIS）”在菲南地区的实力和武装人员，开始加快与摩洛人和平建设的进程。2018 年 5 月，菲律宾国会参众两院以极高的效率通过了《邦萨摩洛基本法》，并于 7 月正式由总统签署为法令。2019 年 3 月，杜特尔特宣布在菲南部正式成立“邦萨摩洛”穆斯林自治区，取代原有的棉兰老穆斯林自治区，新成立的“邦萨摩洛”穆斯林自治区覆盖菲南部原有的五省一市，面积约 1.27 万平方公里，人口超过 400 万人。自治区政府主要官员由当地两大武装组织“摩洛伊斯兰解放阵线”（“摩伊解”）和“摩洛民族解放阵线”（“摩解”）及菲政府共同提名，自治区政府首席部长由“摩伊解”主席担任。自治区政府在行政管理、立法司法、财政税收等方面享有比一般地方政府更大的自治权，但不能拥有自己的军队和警察。新自治区的成立，标志着菲南和平进程取得重大进展，也给棉兰老地区的快速发展增加了和平安定的保证。

让人不安的是，棉兰老南部地区的军事冲突毕竟持续了数十年，造成十余万人丧生，上百万人流离失所。在民族、宗教、文化等冲突的掩盖下，近年来不断发生的激进恐怖主义思潮也侵蚀着菲南地区的和平根基。在马拉维反恐战之后，棉兰老南部地区并未很快恢复平静，菲政府实施的军事管制措施依然在部分地区延续着，反映出当地和平的脆弱性。2020 年 8 月，棉兰老地区苏禄省霍洛市发生连环爆炸，造成至少 15 人死亡、75 人受伤。菲军方初步断定，菲律宾极端组织阿布沙耶夫武装制造了此次爆炸事件。此前，该组织已经在 2019 年 1 月制造了苏禄省霍洛市天主教堂连环爆炸事件和 2019 年 6 月苏禄省因达南市军事指挥所爆炸事件。棉兰老岛和平进程，仍道阻且艰。

三　基建发展的曙光：多元投资主体对棉兰老地区的基础设施建设

相比于东盟内部一些发展较快的国家，菲律宾国内基础设施建设比较落后。这点在经历长时间战乱的棉兰老地区更甚。如公路设施，截至 2019 年，菲律宾国内公路通行里程约为 20 万公里，其中混凝土公路占 58.72%，其余为沥青路、砂石土路和土路。这其中路况较好的道路仅占 35.16%，路况一般的占 32.12%，路况不佳或较差的占 23.56%。[①] 世界银行的数据显示，在巴兰加地区，有 26% 的农村区域没有国道连接，在棉兰老穆斯林自治区，这一比例高达 45%，两地国道未连接的比例远远高于菲律宾国内的其他地区，如吕宋岛和米沙鄢群岛。[②] 在铁路方面，全国的铁路线路主要集中于吕宋岛，棉兰老地区的铁路线路基本是空白。

造成这一后果的原因是菲律宾中央政府在规划棉兰老地区道路设施时，偏重于建设棉兰老对外连接的道路和港口设施，忽略了棉兰老内部的道路网络建设。20 世纪 90 年代初，菲律宾政府在棉兰老地六大区域规划建设道路网络，将岛上主要种植园与港口之间的道路实现有效联通，以满足岛内物品出口供应的需要。但因忽视岛内道路网络建设，棉兰老地区内部的往来和贸易联系严重受阻。菲律宾政府在实现与摩洛分离主义和解之后，意识到解决棉兰老内部道路建设的重要性，近年来也在改善国家道路网络建设中对棉兰老地区内部给予倾斜。2016 年，菲律宾国内对棉兰老地区公共工程和公路建设的投入增长了 30 个百分点，是 1998 年至 2010 年整体投入的两倍多，现在棉兰老岛地区内部 79% 的道路为国道，[③] 大大

---

① 《对外投资合作国别（地区）指南——菲律宾（2019 年版）》，“走出去”公共服务平台，http://www.mofcom.gov.cn/dl/gbdqzn/upload/feilvbin.pdf.

② *Philippines Mindanao Jobs Report: A Strategy o Mindanao Regional Developmen*, p. 27, http://documents1.worldbank.org/curated/en/395661498616337079/117354 - REVISED - PUBLIC - Philippines - Jobs - Report - FINAL.pdf.

③ *Philippines Mindanao Jobs Report: A Strategy of Mindanao Regional Development*, p. 30, http://documents1.worldbank.org/curated/en/395661498616337079/117354 - REVISED - PUBLIC - Philippines - Jobs - Report - FINAL.pdf.

减少了棉兰老地区内部之间物流和交往成本，有助于贸易和旅游的发展。

为改进棉兰老地区内部的道路基础建设，菲律宾政府自杜特尔特执政后实施“大建特建”计划，在棉兰老地区实施了“邦萨摩洛发展计划 2”(Bangsamoro Development Plan 2)，棉兰老地区在 2030 年前将需要超过 877.5 亿比索的资金用于基础设施建设，以解决该地区的贫困和不平等问题。该计划包括涉及农业、环境、交通和其他领域的 72 个项目，其中投资最大的为耗资 136.8 亿比索的“农场直通市场道路”修缮和保养项目，将与地方政府和摩洛伊斯兰解放阵线等合作在棉兰老穆斯林自治区的五个省内实施，建设邦萨摩洛道路网并提供部分就业机会。

对于电力设施建设，棉兰老地区则更为吃紧。菲律宾本来是电力紧缺国家，在棉兰老地区，缺电更成为常态。棉兰老区域水力资源丰富，形成了区域内依赖水力发电的制度惯性。但由于多年战乱和电力设施维护更新不到位，停电频繁，为企业在棉兰老地区的发展设置了巨大障碍。同时，因战乱和破坏，棉兰老地区电力设施尤其是电塔和输电线路，经常成为武装分子实施破坏的主要对象。这一方面加剧了电力短缺，另一方面导致的是电力企业不愿投入更多的资源对设施进行维护和改造。世界银行报告显示，不可靠的电力供应是诸多企业不愿意前往棉兰老地区投资的三大主要原因之一。① 在棉兰老主要城市中，由于电力不足导致计划停电的时间每天长达 3 小时，由于不定期的维修电力设备和电厂检修导致的停电时间长达 4 小时，如果遇到暴力破坏电力设施如变电箱、供电线路等，停电的时间甚至长达数周。因此，停电以及停电所导致的生产设备的损坏等成本增加加剧了棉兰老地区发展的滞后性，造成政府沉重的公共负担。

缓解电力紧张成为棉兰老地区的迫切任务。但受到水电设施国有及不鼓励私有部门参与发电的利益固化和水电企业改善供电可靠性意愿不够强烈的影响，棉兰老区域供电可靠性的提升仍是一个艰难的过程。现在，一些私人企业为保证获得持续可靠的供电，已经在兴建摆脱水力发电的煤电设施，一方面避免频繁停电对企业的影响，另一方面试图降低使用燃油发

---

① *Philippines Mindanao Jobs Report: A Strategy of Mindanao Regional Development*, p. 39, http://documents1.worldbank.org/curated/en/395661498616337079/117354-REVISED-PUBLIC-Philippines-Jobs-Report-FINAL.pdf.

电机发电所带来的高电价，从而提升企业和区域的竞争力。

四　从失效走向正规：棉兰老地方政府治理能力的恢复

受到数十年武装冲突的影响，棉兰老地区尤其是棉兰老南部地区，地方治理一度无从谈起。紧张的武装冲突、危险的恐怖袭击和军管状态下治理组织的缺乏，都使得地方治理在棉兰老地区非常薄弱。治理体系的缺失与治理能力的不足，直接导致地方政府汲取能力的失效。世界银行报告显示，棉兰老地区财政收入失衡是整个地区的通病，许多受冲突影响地区99%的收入来自于菲律宾中央政府的补贴。此外，财政支出在棉兰老地区也较为异常，在受冲突影响的地区，只有4%的市级和市级财务主管通过了全国财务主管考试（全国平均水平为16%），这表明这些重要职位正在被政治化以谋取个人利益。[①]

对地方治理造成挑战的另一方面，是棉兰老地区强大的政治家族势力和由其控制的“影子经济”。数十年的军事冲突，造成棉兰老地区政治强人家族不断崛起、分化。这些政治家族，特别是在菲南部武装冲突严重区域，垄断了当地的自然、社会、意识形态、舆论等资源，地方政务官员大多出自当地政治家族或依附于政治家族。许多政治家族发展正规经济的动力薄弱，反而热衷于进行非正式、非法、地下渠道的土地交易、资源交易、采矿伐木活动甚至贩卖枪支和毒品等，严重干扰和破坏了地方治理。

治理不善在教育和医疗领域尤为突出。在棉兰老地区，尤其是穆斯林自治区，只有23%左右的学生完成了小学学业，10岁及以上人群的识字率估计为86%，远低于菲全国97%的平均水平。[②] 在医疗方面，菲南部地区营养不良现象非常普遍，只有不到一半的穆斯林家庭能够获得医疗保障，但保障水平低下。世界银行的调查显示，在棉兰老南部穆斯林自治区中，有37%的家庭能够用到卫生安全的饮水，23%的家庭有可冲洗马桶，

---

① *Philippines Mindanao Jobs Report: A Strategy of Mindanao Regional Development*, p. 72, http://documents1.worldbank.org/curated/en/395661498616337079/117354 - REVISED - PUBLIC - Philippines - Jobs - Report - FINAL.pdf.

② *Philippines Mindanao Jobs Report: A Strategy of Mindanao Regional Development*, p. 73, http://documents1.worldbank.org/curated/en/395661498616337079/117354 - REVISED - PUBLIC - Philippines - Jobs - Report - FINAL.pdf.

但这一结果远低于菲全国 80% 和 87% 的平均水平。因此，营养不良，恶劣的家庭环境以及无法获得预防保健服务，诸如肺结核和其他呼吸道感染等传染病仍然是棉兰老地区一大卫生问题。①

因此，探求善治成为棉兰老地区发展过程中的必要选项，也是菲律宾中央政府与摩洛各势力和解后的重要工作。《邦萨摩洛基本法》的颁布，为棉兰老地区尤其是棉兰老南部区域的善治提供了可能性。《邦萨摩洛基本法》规定，新建立的邦萨摩洛自治区拥有菲律宾宪法赋予的 55 项权力，中央政府与自治区政府之间是一种政府间关系，中央政府有权对自治区政府忠实执行菲律宾宪法的情况进行全面监督，总统也对自治区领导人的任职拥有制衡权力。②《邦萨摩洛基本法》还对棉兰老南部地区其他治理内容进行了规定。在公民基本权利方面，该基本法规定了言论、宗教、身份选择等公民自由权利，还对自治区内的公共秩序、公共安全、司法体系等给予界定。③

实现了和平稳定的棉兰老地区，正在不断改善地方治理水平。在提升政府绩效能力方面，穆斯林自治区的各地方政府已经开始通过互联网分享和开放相关政府服务的数据，以便私营部门与社会组织参与政府治理，提升政府运营的透明度。一些国际组织如世界银行也在棉兰老地区改善教育和医疗方面给予帮助，世界银行帮助棉兰老地区的教育部门建立了新的人力资源信息系统和薪资系统，通过激励措施改善当地教师沉闷的教学面貌，提高教师出勤率，进而提升教学质量等。

五　农业天堂与挣扎的农民：棉兰老农业生产率现状

在菲律宾这个常年遭受台风袭扰的国家，棉兰老岛因纬度位置较低而幸运地躲开了台风对当地农业的毁灭性影响，成为菲律宾国内的农业中心。棉兰老岛热能资源丰富、水资源充足，这里适宜种植咖啡、椰子、可可、菠萝、香蕉等高价值农产品。棉兰老地区农民在日常劳作中，也对这

---

① *Philippines Mindanao Jobs Report: A Strategy of Mindanao Regional Development*, p. 74, http://documents1.worldbank.org/curated/en/395661498616337079/117354 - REVISED - PUBLIC - Philippines - Jobs - Report - FINAL.pdf.

② 靳晓哲：《〈邦萨摩洛组织法〉与菲南和平进程》，《国际研究参考》2018 年第 9 期。

③ 靳晓哲：《〈邦萨摩洛组织法〉与菲南和平进程》，《国际研究参考》2018 年第 9 期。

些农作物的生产属性了然于心，这都促使当地的椰子、香蕉、菠萝等成为菲律宾农业外贸的主要出口产品。2014 年，棉兰老地区农业作物产量就已高达菲律宾全国的 40%，远高于吕宋地区和米沙鄢群岛地区的 32% 与 28%。[①]

相对于农业的高适宜性生产条件，棉兰老地区的农民却处于挣扎着生存的地步。这一方面来源于棉兰老地区仍有大量无地的农民。棉兰老地区农业以小农经济生产为主，岛上约 60% 的农场为土地面积少于 2 公顷的小农场，33% 的农场面积在 2—5 公顷，据世界银行估算，全棉兰老地区仍有超过 100 万农民没有土地，在他人的农场中从事农业工作，这相当于棉兰老地区农业从业人口的 1/3。[②] 另一方面来自于菲律宾中央政府扭曲的经济政策。菲律宾中央政府自二战后实施的去工业化、以进口替代支持当地制造业等政策和对农业的过度保护以及低税率，削弱了菲律宾农业的竞争力。农民过度重视经济作物的种植，忽视了粮食作物的种植，致使菲律宾至今仍需大量进口稻米等粮食作物，这极大地增加了棉兰老地区农民的生活成本。同时，海上以及陆地物流成本的高企与低效率，也抑制了菲律宾国内农民参与贸易的积极性，棉兰老地区农业作物的生产率没有得到大幅提高，尽管生产率提高所增加的农产品能够销往海外，但上述因素的存在，降低了农民增加生产的积极性。

此外，农民再教育机会和科技扶持政策的匮乏，以及农业的低工资，都倒逼着更多的农民和农业工人流向城市，进入低端服务业谋求生活的安定。这也加剧了农民在棉兰老地区的挣扎状况。

六　经济增长是否会失速？经济增长的长久动力仍在探索中

经济的持续增长是棉兰老地区发展和稳定的根基。棉兰老地区是菲律宾国内最落后区域，也曾是其经济增长最缓慢区域。与地理位置相近、气

① *Philippines Mindanao Jobs Report: A Strategy of Mindanao Regional Development*, p. 15, http://documents1.worldbank.org/curated/en/395661498616337079/117354 - REVISED - PUBLIC - Philippines - Jobs - Report - FINAL.pdf.

② *Philippines Mindanao Jobs Report: A Strategy of Mindanao Regional Development*, p. 16, http://documents1.worldbank.org/curated/en/395661498616337079/117354 - REVISED - PUBLIC - Philippines - Jobs - Report - FINAL.pdf.

候资源条件相似的菲律宾国内其他区域和周边国家相比，棉兰老地区经济增长和人均 GDP 都十分落后。世界银行统计显示，棉兰老地区 2014 年的人均 GDP 仅为吕宋岛的 50% 左右，与东南亚邻国相比，也只相当于泰国的 30% 和越南的 87%。[①] 这一数据在棉兰老地区和平曙光逐渐出现时，发生了较大的改变。

数据显示，自 2010 年菲中央政府与棉兰老摩洛人主要政治组织陆续达成和解协议后，棉兰老地区经济增长率和经济表现已经得到显著改善。菲律宾棉兰老岛发展局数据显示，2019 年棉兰老地区经济增长率为 7.2%，高于此前菲律宾中央政府对其 6%—6.5% 的增长率估算。[②] 而世界银行的数据显示，2010—2014 年，棉兰老地区年均增长率达到 6.1%，与吕宋岛和米沙鄢群岛相当。这反映出政府、地方、投资者和本地居民对棉兰老地区局势持续改善以及营商环境提升与资源开发的信心。但经济的持续增长，仍面临着多方面的干扰。营商环境改善缓慢是其中一个重要方面。与东南亚发展较快的国家相比，包含棉兰老地区在内的菲律宾在商业登记、财产登记、电力的可获取等方面的手续，显得更加烦琐和耗时。政府与企业、私营组织之间的互动并不频繁，且由于互联网信息设施建设在棉兰老地区处于起步阶段，这些都加大了项目审批的难度和成本上限，受战争影响而带来的复杂税率和其他款项，也让中小企业在经营上面临压力。

人口的变迁是棉兰老地区可持续的经济改善与治理提升的另一个矛盾。诸多因素导致棉兰老地区人口迅速增长和拥有知识、财产、技能的精英人士外流两种现象同时存在。赤贫始终是悬在这个地区头上的一把利剑，威胁着当地经济的改善和社会的发展，同时加剧了具有一技之长的人才外流。此外，落后的基础教育、失效的农民培训、政府对教育的投入不足和个别地区重视宗教教育忽略文化教育的情况，导致了学生入学率低、教师队伍流失率高、基础教育完成率低和受教育群体向棉兰老地区安定的

---

① *Philippines Mindanao Jobs Report: A Strategy of Mindanao Regional Development*, p. 4, http://documents1.worldbank.org/curated/en/395661498616337079/117354-REVISED-PUBLIC-Philippines-Jobs-Report-FINAL.pdf.

② "Mindanao's 2019 Growth Seen at 7.2%," Mindanews, January 15, 2020, https://www.mindanews.com/top-stories/2020/01/mindanaos-2019-growth-seen-at-7-2/.

大城市如达沃、宿务及菲律宾国内其他地区甚至海外迁移，农业产业的庞大规模和低水平的生产效率，又让庞大的农民群体找不到合适工作，只能涌向大城市从事低端的服务业或零售业，也加剧了棉兰老地区技能人才的短缺。

世界银行数据显示，2014 年约有 240 万棉兰老人处于失业或未充分就业状况中，而不断增加的人口意味着到 2022 年棉兰老地区将有 520 万人进入就业市场谋求生计。① 这是一个巨大的潜在的人力资源群体，但也对当地的治理和经济增长提出了更高的要求。尽管 2018 年棉兰老岛的人口贫困发生率降至 31.6%，但这一数据仍高于菲律宾当年全国的平均水平 16.7%，是菲律宾三大群岛中最高的地区。②

第二节　棉兰老地区的发展机遇

无论如何，在历经半个世纪、交织了民族、宗教、意识形态等因素的武装冲突之后，实现棉兰老地区的和平是实现当地发展的基础，这一认识已经被菲律宾中央政府和棉兰老地区各主要政治力量所接受。棉兰老地区的发展，面临着潜力巨大的机遇。

和平曙光的出现为发展提供了可能

联合国开发计划署曾估算，战争和动乱给棉兰老地区和菲律宾带来巨大的损失，在 1969 年至 2004 年的 35 年间，菲律宾中央政府仅军费就支出了 240 亿美元，因武装冲突而丧生的人员在 14 万至 22 万人。③ 为实现和平，菲律宾政府付出了艰苦的谈判努力。冷战后的拉莫斯、埃斯特拉达、阿罗约、阿基诺三世等菲律宾总统，通过改革社会议程，设立国家反贫困委员会，发布棉兰老地区和解行政命令等，通过社会经济政治改革、

---

① *Philippines Mindanao Jobs Report: A Strategy of Mindanao Regional Development*, p. 5, http://documents1.worldbank.org/curated/en/395661498616337079/117354 - REVISED - PUBLIC - Philippines - Jobs - Report - FINAL.pdf.

② Philippines Statistics Authority, "Updated Poverty Incidence among Families and Population in Luzon, Visayas and Mindanao_ 2015 and 2018," https://psa.gov.ph/poverty - press - releases/data.

③ *Mindanao* 2020 *Peace and Development Framework Plan* (*2011 - 2030*), p. 93, https://minda.gov.ph/planning/mindanao - 2020 - peace - and - development - framework.

凝聚和平共识、设立武装叛乱组织临时营地、促进战斗人员放下武器并重新融入社会、减少暴力并预防潜在武装冲突及培育和平氛围等方式，改善棉兰老地区的不良治理状况，发展、复兴经济，从而实现和平的持续稳定与和解的长久有效。特别是《邦萨摩洛基本法》的最终落实，划定了新的穆斯林自治区范围和增加对棉兰老南部地区公共建设的投入，为实现菲南地区的民族宗教冲突与缓和派系矛盾，创造了更多和平的机会。和平机会的到来，为更多投资主体和国际组织加强对棉兰老地区的援助提供了可能性和机遇，进而改善当地的生存与发展环境。世界银行是棉兰老地区主要资金和项目援助方之一。通过提供包括资金、项目、技术、治理规则等援助方式在内的支持，世界银行一方面通过“过渡能力咨询支持项目（FASTRAC）”帮助摩伊解组织和成员去武装化，实现社会化和有序政治参与的回归；另一方面帮助菲律宾中央政府提高棉兰老地区尤其是棉兰老南部地区恢复与提升的治理能力，例如在治理、少数族群公正对待、经济发展政策等方面，世界银行为菲律宾中央政府提供了培训、政策建议和国际交流的渠道，实现菲律宾中央政府在棉兰老冲突地带的治理能力恢复。[①] 在多元支持主题的帮助下，棉兰老地区的发展迎来了更大范围的和平曙光。

二 人口增长扩大了劳动力市场

和平的曙光为棉兰老人口增长和人力资源的扩大提供了机会。尽管过去50年的暴力冲突使棉兰老地区尤其是穆斯林自治区的贫困人口居高不下，但受到社会传统因素的影响，南部棉兰老地区人口仍然是较为密集的，穆斯林自治区人口出生率也一直很高。因此，大量的新出生人口在一定程度上弥补了因战乱迁徙而导致的人口缺失。伴随着基础设施的恢复建设与菲律宾农业出口的攀升，成熟技术工人和农业工人的工作岗位大幅增加。此外，作为菲律宾传统优势行业的海外劳务输出，在棉兰老地区也陆续开展着。菲政府为棉兰老地区海外劳工输出提供了护理、酒店管理、海事等专业方面的课程培训，接受过专业培训的棉兰老居民涌向菲律宾国内大城市

① *World Bank's Partnerships in Mindanao*, April 6, 2018, https://www.worldbank.org/en/country/philippines/brief/world-bank-partnerships-in-mindanao.

和海外地区，源源不断的海外汇款也改善着本地居民的生活水平。2015 年，菲律宾全国总人口超过 1 亿人，棉兰老地区人口占比达 23.9%[①]，尽管仍存在较高的文盲率和辍学率，但伴随着和平曙光的到来，以及诸多国际组织在当地开展的教育培训计划，棉兰老地区儿童和成人受教育机会大幅提高，中小学辍学率出现下降的趋势，受教育率和教育水平的提高，有利于棉兰老地区尤其是穆斯林自治区的劳动力提升自身技能，参与更高水平的产业行业竞争，为摆脱区域内农业和渔业领域的长期低水平开发提供了机遇。

三　杜特尔特执政使得棉兰老的发展受到更多的重视与支持

2016 年，首个来自菲律宾南部棉兰老地区的政治家族代表杜特尔特入主菲律宾总统大位，成为菲律宾国内政治领域破天荒的大事。杜特尔特家族崛起于棉兰老地区，发迹于宿务、达沃等棉兰老中心城市，作为选民群体的基本所在地，棉兰老地区尤其是以达沃为核心的地区对杜特尔特政治家族的延续和发展至关重要。杜特尔特执政后，也对棉兰老岛的发展给予了前所未有的重视。一方面，他铁腕反恐，迅速清缴盘踞于马拉维的恐怖分子，恢复菲南总体稳定局势，果断推进和摩洛人两大政治组织的和谈进程，让《邦萨摩洛基本法》落地生效，为棉兰老岛的发展提供了基础条件。另一方面，他推进“大建特建”计划在棉兰老地区的落地，让基础设施建设带动棉兰老面貌改善。特别是，杜特尔特政府构建以达沃为核心区的棉兰老整体发展战略，并保证持续的资金项目投入和当地民众生活的改善以及治理的提升，道路、机场等市政基础设施因此日渐完善，从而带来更多的游客，刺激了服务业的发展。2019 年，达沃市旅游人数达到 257 万人，比 2018 年增长了 7.55%。[②]

四　基建和社会建设正在获得更大的机会

棉兰老地区在基础设施建设方面需要弥补的差距巨大且多样。在农

---

① “Philippine Population Surpassed the 100 Million Mark,” http://www.psa.gov.ph/population-and-housing/node/120080.

② “Davao Tourism Suffers ‘Huge Drop’ in Revenues Due to COVID-19,” Mindanews, May 3, 2020, https://www.mindanews.com/business/2020/05/davao-tourism-suffers-huge-drop-in-revenues-due-to-covid-19/.

村，基础道路、灌溉设施、教育场所、卫生设施甚至居民点都是匮乏且破旧的。在达沃市、伊利甘岛、桑托斯将军城等地的港口，道路的质量在逐渐繁忙的港口运输的影响下，越来越难以得到有效的维护，变得破败不堪。因此，菲律宾政府大力引进国外投资者和国际组织，对棉兰老地区基建和社会建设进行投入。如亚洲开发银行在 2017 年 12 月批准了 3.8 亿美元的贷款，用于改善该地区 280 公里的全国道路和桥梁网络。该项目是亚行 16 年来首次向棉兰老岛提供贷款，表明棉兰老地区安全环境的改善和经济发展的前景增强了亚行对该地区农村和社区驱动发展的信心。此外，亚洲开发银行在 2017 年加强了对马拉维城市重建的投资。亚洲开发银行提供 4 亿美元的紧急救济计划，用于马拉维地区的水务和卫生基础设施重建，并向马拉维所在的南拉瑙省提供可有效改善状况的社会服务，以协助菲律宾南部马拉维市的重建和复兴。其他由菲律宾政府与国际组织合作的针对扩大基础设施的私人参与计划、包容性金融发展计划、教育培训农民等项目，也得到逐步落实。

在基础设施建设上最值得一提的是，棉兰老地区道路基础设施投资需求巨大。棉兰老岛内主要城市之间的高等级公里、主要农作物产区与城市港口之间的运输道路、棉兰老岛主要货物港口的翻新与扩建等，都需要大量的资金和资源投入。世界银行预计，将棉兰老地区破碎的土石道路改建为双向通行的混凝土或沥青道路，需要在 6 年内投资 5650 亿比索。[①] 另一项基础设施建设的机遇是全岛的电力发展。战乱、干旱和有效投入的不足以及发电权的垄断都加剧了棉兰老岛上电力紧张的状况。这迫使棉兰老地区的居民和企业或者忍受停电带来的影响，承担电力缺失所带来的损失，或者耗费巨额资金自建或自购发电设备，加剧生活及经营成本。世界银行的调查显示，棉兰老地区电气化水平是菲律宾全国最低的，在穆斯林自治区，更是低至 49%（2015 年）。[②] 同时，棉兰老地区不稳定的降水和干旱

---

① *Philippines Mindanao Jobs Report*: *A Strategy of Mindanao Regional Development*, p. 31, http: //documents1. worldbank. org/curated/en/395661498616337079/117354 – REVISED – PUBLIC – Philippines – Jobs – Report – FINAL. pdf.

② *Philippines Mindanao Jobs Report*: *A Strategy of Mindanao Regional Development*, p. 41, http: //documents1. worldbank. org/curated/en/395661498616337079/117354 – REVISED – PUBLIC – Philippines – Jobs – Report – FINAL. pdf.

气候，导致岛内水电系统运营不正常，更加急需高效率的燃煤发电设施建设。

第三节　东盟东增区建设下棉兰老地区的发展未来

通过次区域合作促进本国发展，是东南亚国家之间以合作实现共同发展、弥补国家间发展鸿沟的有效方式。在东盟框架下，次区域合作框架叠床架屋。当前，将棉兰老地区纳入菲律宾参与地区次区域合作的契机之一，就是东盟东部增长区（BIMP-EAGA）的有效发展。棉兰老地区因与文莱、马来西亚、印度尼西亚临近，而被整体纳入菲律宾东增区范围之内。在东增区合作机制下，棉兰老地区迎来了新的发展机遇。

一　抱团取暖？东部增长区的发展历程

东盟东部增长区合作机制建立于 1994 年，由文莱、菲律宾、马来西亚、印度尼西亚四国组成，[①] 旨在解决四国国内欠发达、边缘化、偏远且又相邻的地区内经济、社会、文化发展问题，缩小增长区与所在国、与东盟其他区域及增长区国家间的发展差距，共享东盟发展成果。

自 1994 年成立以来，东增区自身经历了合作机制逐渐强化的发展过程，并逐步确立了“通过人员、货物和服务贸易的自由往来、共同基础设施与自然资源的充分使用”三大方式提升区域内贸易、旅游和投资，增强经济互补性。[②] 2008 年，东增区四国对 2005 年启动的东增区发展路线图（BIMP-EAGA Road Map to Development 2006 - 2010）实施中期检查，此后正式确立了东增区发展战略四大支柱：互联互通、菜篮子、旅游、环境，并在 2015 年举办的第 11 届东增区领导人峰会上，将社会文化和教育确立为第五大发展战略支柱，以促进区域内教育、社会、体育和文化交流。

---

① 东部增长区地理面积约 154 万平方公里，涵盖了文莱全部地区，印度尼西亚的加里曼丹省、苏拉威西岛、马鲁古群岛和巴布亚省，马来西亚的沙巴州、沙捞越州和纳闽联邦直辖区，菲律宾的棉兰老岛和巴拉望岛。四国上述地域相邻。

② “Brunei Darussalam-Indonesia-Malaysia-Philippines East ASEAN Growth Area（BIMP-EAGA），” Asian Development Bank，https：//www. adb. org/countries/subregional - programs/bimp - eaga.

2017 年，为打造更加具有发展活力、包容力、可持续与竞争力的次区域合作机制，东增区四国通过了“东增区 2025 愿景”，明确了运输、贸易投资便利化、电力和能源、信息与通信技术、农业综合开发、旅游、环境、社会文化与教育八大重点发展领域，旨在实现打造绿色有竞争力的制造业、发展可持续且竞争力与气候适应性强的农渔业，以及发挥东增区作为发达和互联的旅游目的地的发展目标。①

经过 25 年的发展，东增区 GDP 规模在 2017 年达到 2873 亿美元，国内生产总值增长率为 5.7%，商品贸易总额达到 1027 亿美元，区域境内外投资达到 200 多亿美元；作为东增区重要发展支柱的旅游业，在 2017 年实现游客总量突破 8820 万人次、平均增长率达 6.6% 的良好发展。②

二 棉兰老发展是东增区核心议题之一

作为东部增长区的核心区域，棉兰老岛在东增区内的地位非常重要。

一方面，只有棉兰老地区实现和平与安定，东增区的发展才会有一个和平安定的区域环境。在马拉维反恐战之后，很多人士担忧地指出，包括棉兰老在内的与马来西亚、菲律宾、印尼接壤的众多海岛、雨林区域，由于赤贫状态而孕育出了恐怖主义，更多的中东、西亚地区的恐怖主义组织和人员向这里回流。③ 解决贫困问题、创造可持续的发展机遇，是抵挡极端恐怖主义在东增区四国不发达地区蔓延的最根本途径。

另一方面，棉兰老地区是东增区内最不发达区域，棉兰老地区的发展决定了东增区的前景。解决棉兰老地区的发展问题，不仅对菲律宾整体的进步具有指标性意义，而且对东增区次区域发展和东盟整体建设有促进作用。因此，棉兰老发展问题就成为东增区的核心议题之一。棉兰老地区的优势条件，如相对更近的地理位置、丰富的农渔水产和庞大的年轻人力资源、旖旎的自然风光等，均契合东增区发展“互联互通、食品、旅游、环

---

① *BIMP-EAGA Vision* 2025，http：//mfa. gov. bn/PublishingImages/Pages/Brunei – Darussalam – Indonesia – Malaysia – The – Philippines – East – ASEAN – Growth – Area – （BIMP – EAGA）/BEV2025%20（Final）. pdf.

② *Joint Statement Thirteenth Brunei Darussalam-Indonesia-Malaysia-Philippines East Asean Growth Area Summit*（*13th BIMP-EAGA Summit*），23 June 2019，Bangkok，Thailand，http：//mfa. gov. bn/Lists/Press%20Room/news. aspx？id = 766&source = http：//mfa. gov. bn/site/home. aspx.

③ 何欢：《从棉兰老战事探析菲律宾的恐怖组织》，《世界知识》2017 年第 13 期。

境、贸易投资便利化和社会文化教育”这六大支柱目标。为此，在东增区领导人峰会上，加强对棉兰老地区的项目投入和开放棉兰老地区国外投资，基本年年都成为峰会联合声明的重要内容。

三　东增区发展方向与棉兰老发展路径的契合

2017年，东增区第12届领导人峰会通过了《东盟东部增长区2025年愿景》（BIMP-EAGA Vision 2025，以下简称“2025愿景”），对未来5年东增区发展目标和行动计划进行界定，涵盖了运输、贸易投资便利化、电力和能源基础设施、信息与通信技术、农业综合开发、旅游、环境、社会文化与教育八项愿景项目共27个发展战略重点。在“2025愿景”中，棉兰老地区关键城市的道路通达性得到更多关注，达沃、桑托斯将军城的公路和港口扩建与改善被作为确保区域内货物和人员贸易与运输发展的重要基础性工程。此外，扩大棉兰老地区的电网互联计划、发展电子商务、拓展菲律宾清真产业、区域内部共享旅游业资源等内容，都被涵盖在“2025愿景”之中，作为具有弹性、包容性、可持续和经济竞争力的东增区战略来缩小区域内与东盟其他地区的发展差距。[①]

四　东增区机制已确定在棉兰老地区优先发展项目

优渥的自然条件为东增区国家设定在棉兰老地区优先发展项目提供了机遇。首先在基础设施建设上，东增区四国元首历届峰会逐步确定了31个由菲律宾牵头在棉兰老地区发展的项目，涵盖公路改造、机场扩建、港口翻新、生态保护区建设、经济特区与自由港规划、区域间互联互通等多个项目。[②] 在服务业领域，东增区机制有效带动了包括棉兰老地区在内的四国不发达区域的发展。2019年亚洲银行的数据显示，该次区域实现了显著的经济增长，国内生产总值达到2870亿美元，商品贸易增长21.5%，游客人数每年增长6.6%，棉兰老地区也有希望成为东增区内贸

---

① 《东盟东部增长区2017—2025年发展规划概要》，http：//kotakinabalu. mofcom. gov. cn/article/dzqdy/201711/20171102663557. shtml。

② “Priority Infrastructure Projects with the Philippines as Lead Country,” 14 November 2019，https：//bimp－eaga. asia/countries/philippines.

易和商业的重要门户。[①] 棉兰老地方官员认为，当地在东增区机制下有扩展互补性贸易的巨大优势，尤其是在农业领域，棉兰老岛创造的60%的就业机会都与农业价值链有关。[②]

第四节　“一带一路”倡议下中菲在棉兰老地区的合作空间

棉兰老地区是菲律宾现任政府“大建特建”计划的重点区域，在中国践行“人类命运共同体”理念和落实“21 世纪海上丝绸之路”倡议中，棉兰老岛所在的东增区，其基础设施、旅游、农业、人文交流等方面均符合中国与东增区国家深化经贸合作、促进政治互信的利益诉求。

一　棉兰老地区在“一带一路”建设中的地位

如上所述，棉兰老岛是菲律宾乃至整个东增区内极具发展潜力的地区。在 21 世纪海上丝绸之路建设，海丝沿线国家互联互通发展中，棉兰老地区也有着重要价值。在政治方面，棉兰老地区的和平稳定关系着整个东南亚地区的和平稳定。掺杂了宗教、族群、恐怖主义、极端主义、分离主义、赤贫等因素在内的棉兰老地区的治理环境，对东盟东增区国家“2025 愿景”能否实现起着重要影响作用。中国作为东盟国家最大的贸易伙伴，成熟与稳定的政治局势，是中国与东盟、中国与菲律宾交往合作的基础。因此，棉兰老地区的政治局势稳定有利于中国扩大与东增区国家的政治往来。在安全领域，棉兰老地区恐怖主义、分离主义、宗教极端主义是 21 世纪海上丝绸之路建设的潜在威胁，其通过诸多绑架、爆炸、渗透等实际案例成为显性威胁。菲律宾中央政府与棉兰老主要政治派别的和解与和平，对消除上述三大威胁提供了可能，为减轻三大威胁造成“一带一路”倡议与东增区“2025 愿景”对接的不确定性提供了正面效应。在人文交流方面，“一带一路”倡议正在成为各国人文往来和文明互鉴的平台

---

① “BIMP-EAGA: Turning Remote, Isolated Areas into Economic Engines,” 24 June 2019, https://www.adb.org/news/features/bimp-eaga-turning-remote-isolated-areas-economic-engines.

② “BIMP-EAGA Key to Boost Mindanao Trade — PIDS,” November 4, 2019, https://mb.com.ph/2019/11/04/bimp-eaga-key-to-boost-mindanao-trade-pids/.

与桥梁。棉兰老地区是人类学、文化学、宗教学、民族学等世界性学科集中关注的地区，这里保留了诸多人类原始劳作、交往、互动的风貌。在近现代，棉兰老地区也是中国传统“下南洋”族群常经之地或长居之地，在中菲人文往来历史和友谊交流发展中地位显著。当前，中菲人文交流热络，来自棉兰老地区的青年学生、学者、企业与华交往频繁，达沃等棉兰老地区重要城市与中国多地结成友好城市关系，未来也将成为中菲之间人文交往，尤其是地方政府之间交往的典范地区。在经济方面，棉兰老地区属于菲律宾国内发展滞后区域，在基建、能源、信息化等方面后发优势明显，也是中国国内企业“走出去”投资关注的地区。中国企业在道路、港口、电信、能源、园区运营、减贫项目实施等方面所具有的成熟经验，符合菲律宾中央政府及棉兰老地区发展的需求，双方合作潜力巨大，且已经开展多领域的合作。

二　菲律宾对中方参与棉兰老地区发展的需求

在杜特尔特当选总统后，菲律宾与中国关系迅速转圜，两国因南海争端和“仲裁争议”而引起的龃龉很快被两国开展的元首外交成果和全方位合作所取代。2016 年 10 月，当选总统不久的杜特尔特首次访华，中菲双方发表联合声明，除在经贸、防务、人文交流等领域开展系列合作外，两国联合声明还特别提到要鼓励双方航空公司在中国城市和菲律宾达沃及维萨亚、棉兰老地区城市间开设新航线，助力实现旅游合作增长目标。2017 年 11 月，中国总理李克强访问菲律宾，两国政府联合声明显示，中方要在棉兰老地区援建两处戒毒中心，并将参与马拉维城市重建工程。一年后，中国国家主席习近平再次访菲，两国就达沃地区的高速公路、桥梁等基础设施建设和涵盖棉兰老地区的椰子、冷冻水果等菲律宾农产品输华达成系列协议。可见，在棉兰老地区发展问题上，菲律宾与中国有着较为强烈的合作意愿。

三　中国在基建、农业、减贫、劳动力转移等方面的经验有益于棉兰老地区的发展

棉兰老地区的基建、农业发展、减贫和劳动力转移，是当地治理亟须解决的问题。在上述方面，中国有着巨大的成就和丰富的经验，比如在减

贫方面，棉兰老地区是菲律宾国内贫困人口，尤其是赤贫人口和挣扎在贫困线附近人口最多的地区。而中国已经成为世界上减贫人口最多的国家，成为消除贫困的典范、全球减贫的主要贡献者。在山区、沿海、农业地区和少数民族聚居区域，中国都有丰富且具针对性的减贫措施和完善的脱贫机制。对这些因地理位置、人文风貌、资源禀赋等方面的差异所导致的不同贫困状况，中国都有效制定并实施了可行的方案。这些方案完全可以为棉兰老岛各类经济形态、民族差异、宗教区别、地理环境不同的地区和省份所借鉴。

四　中菲在东增区框架下开展棉兰老地区合作有着较好的政治基础

这一方面表现在中菲领导人之间的政治信任较为充分上。中菲两国领导人在中菲关系转圜后，互访不断、联系不断，杜特尔特总统已五次访华，并在诸多国际场合与中国领导人会晤。2020 年，在新冠肺炎疫情期间，中菲两国领导人在通话中也表示了对彼此抗疫工作和未来战略合作的支持。一方面，在中国与东增区合作中，东增区四国都明确表示欢迎中国参与到东增区发展建设中来，以此为东盟和中国合作注入新动力，这就为中国大范围参与棉兰老地区的发展建设提供了良好的区域间政治保障。此外，棉兰老地区是菲律宾新兴政治家族崛起之地，杜特尔特家族在此经营多年，其女莎拉·杜特尔特在达沃市市长任内，治理能力得到选民的认可，成为 2022 年菲律宾总统大选的有力竞争者。也正是看到这一点，包括中国在内的诸多国家在达沃地区投入了较大的外交和经济资源，如开设总领馆，输入资本产业等。鉴于莎拉·杜特尔特及杜氏家族一贯秉持的务实、实用主义外交理念，未来中国在包括达沃在内的棉兰老地区，仍具有较强的参与发展机遇。

中国参与棉兰老地区发展，应紧密促进 21 世纪海上丝绸之路倡议与菲律宾国内尤其是棉兰老地区发展倡议的对接。当前，菲律宾国内对棉兰老地区发展有过多种形式的倡议，如《棉兰老 2020 和平与发展框架发展计划（2011—2030）》等，棉兰老地区发展也被纳入东增区“2025 愿景”之中，上述发展计划涵盖了棉兰老地区发展急需的空中海上互联互通、贸易投资便利、电力能源建设、信息通信技术、农业综合开发和生态旅游等方面，并设置了不少优先级别发展的具体项目。中国商务部的统计数据显示，2018 年中国企业在菲律宾新签承包工程合同 121 项，新签合同额 30. 89 亿美元，完成营业额 19. 72 亿美元；累计派出各类劳务人员 1674 人，年末在菲律宾的劳务人员有 4051 人。新签大型工程承包项目包括中交第一公路工程局有限公司承包菲律宾马尼拉滨海新城项目（一期 A 岛）；华为技术有限公司承包菲律宾电信项目；西安西电国际工程有限责任公司承包菲律宾棉兰老岛—维萨亚斯直流互联线路项目等。[①] 包括中国中铁、中国铁建、中国港湾、中国路桥等建筑类企业，华为、阿里巴巴等电信设备供应商、中国南方航空、中国远洋、东航、厦门航空等航空运输、航运运输企业和国家电网等发电企业在内的中资企业均进驻了棉兰老地区。

未来，中国应明确在中菲、中国与东盟东增区两大合作框架下对棉兰老地区发展项目与上述愿景对接，参与、帮助菲律宾完成已经立项和实施的棉兰老地区优先基础设施项目，鼓励中资企业参与契合《中国—东盟战略伙伴关系 2030 年愿景》的先导项目。

① 《对外投资合作国别（地区）指南——菲律宾（2019 年版）》，“走出去”公共服务平台，http：//www. mofcom. gov. cn/dl/gbdqzn/upload/feilvbin. pdf。

第九章　海外菲律宾人

海外菲律宾人是世界上重要的移民群体，在亚洲其规模仅次于印度海外移民和中国海外华人。海外菲律宾人数量众多，分布广泛，与祖籍国关系密切，海外菲律宾劳工在全球也享有良好声誉，海外菲劳每年汇往菲律宾的侨汇更是菲律宾经济的重要支柱。菲律宾人移民海外历史悠久，但菲律宾真正成为劳务输出大国是在20世纪70年代，受当时的国内政治经济背景和世界局势发展的影响，菲律宾推出了一系列鼓励海外劳务输出政策。经过几十年的发展，菲律宾已经建立了一整套完整且系统的移民管理政策和机构，为海外移民和劳务输出提供了有效的指引和保护，由此可见，透过海外菲律宾人这个群体，有助于我们了解菲律宾的政治、经济、文化的发展情况。

第一节　海外菲律宾人概况

世界上重要的移民输出国之一菲律宾的海外移民众多，特别是菲律宾海外劳工闻名世界，海外菲律宾人已成为重要的国际移民群体之一。本节主要介绍海外菲律宾人的历史由来以及发展现状，并就海外菲劳侨汇对菲律宾经济发展的作用和推动菲律宾人出国务工的动因进行简要的分析。

一　海外菲律宾人的历史

菲律宾人移民海外的历史悠久，早在19世纪以前，即有菲律宾人到墨西哥等地打工。不过，大规模的菲律宾人移民海外乃发生在1898年美国占领菲律宾之后。在20世纪，菲律宾的国际移民其实就是向美国移民。1906年，第一批菲律宾劳工抵达夏威夷的甘蔗和菠萝种植园。随后，大量菲律宾劳工——主要是单身男性，接踵而至。另外一些人则离开夏威夷，到加利福尼亚、华盛顿、俄勒冈从事农业生产，或者在阿拉斯加的鲑鱼罐头厂工作。在美洲大陆，城市低收入工作如侍者、司机或者其他家政工作为菲律宾人在农忙时节或者工作不好找的时候提供了另外一种选择。大约有4000名菲律宾人在商船上工作，　直到1937年美国出台新的法律，要求挂美国国旗的船只，其雇员至少90%应为美国公民。

据估计，1906—1934年，至少有12000名菲律宾劳工在夏威夷岛工作。而于1907年到1930年期间抵达美国的菲律宾人据估计有15万人之多，其中大部分人在夏威夷岛。作为美国的殖民地，菲律宾人向美国的移民被认为是内部移民，但是1934年《泰丁斯—麦杜菲法案》（Tydings-Mcduffie Act，该法允许菲律宾在10年之后独立）通过后，菲律宾对美移民急剧下降，美国政府只给菲律宾每年50个移民配额。

二战之后，从1946年到60年代中期，以劳工、军事人员和战争新娘身份来到夏威夷的菲律宾人，约在1万人到1.2万人。1965年，美国通过《移民和国籍法》（Immigration and Nationality Act），废除对移民的国籍限制，自此来自菲律宾的移民再次增长，并且进一步多元化。在20世纪六七十年代，澳大利亚放弃“白澳政策”，加拿大政府废除“白色移民政策”，新西兰放弃了“白新政策”，这为菲律宾人移民加拿大、澳大利亚和新西兰扫清了障碍，菲律宾因此成为全球十大移民输出国之一。

20世纪70年代爆发的危机进一步推动菲律宾成为一个劳务输出大国。一方面，受石油危机的影响，菲律宾经济发展受挫，急需为每年大量增长的人口提供就业机会以及合适的工资收入，并且平衡收支。与此同时，石油丰富的海湾国家需要劳工去建设其基础设施，在内外两种力量的推动之下，菲律宾开始大量输出劳工。

也正是在这一背景下，菲律宾的劳工政策和侨务政策开始出现转变。1974年，马科斯政府通过《劳工法》（The Labor Code of the Philippines），以组织劳工到海外务工。这一临时性的政策，目的在于舒缓菲律宾经济危机，但随着菲律宾经济的一蹶不振，以及菲律宾对海外劳工的依赖，而逐渐上升为菲律宾的“基本国策”，菲律宾由此成为全球劳务输出大国。在这之后，菲律宾政府相继出台了一系列涉侨法律法规，建立一系列机构，以更好地对这一群体进行管理，从此开启了菲律宾人移民海外以及政府侨务政策的新篇章。

此外，除了大量漂洋过海的劳工外，作为英语国家的菲律宾，每年还有大量人口到海外留学定居，或者作为亲属移民到国外。时至今日，海外菲律宾人口差不多已占菲律宾全国人口的10%，菲律宾因此成为名副其实的侨民大国。

二　海外菲律宾人的现状与全球分布

（一）海外菲律宾人身份界定

在研究海外移民时，对移民的入籍和侨居身份的区别是一个重点。但是菲律宾政府、学术界、媒体乃至整个社会都倾向于对海外菲律宾人不作入籍和侨民的区别，而是将海外所有具有菲律宾血统的人都视为海外菲律宾人（Filipino Overseas），直接隶属于菲律宾总统办公室专司侨务工作的机构——海外菲律宾人委员会（The Commission on Filipinos Overseas, CFO）。该机构对海外菲律宾人的界定是："定居海外的菲律宾人以及他们的后代，既包含已经成为海外公民的菲律宾移民，也包含仍为菲律宾公民但等待入籍归化他国的菲律宾人"。据此CFO将海外菲律宾人分为三部分：永久性移民、临时性移民即通常所言的海外菲律宾劳工，还有非正规渠道移民。也有人将海外菲律宾人划分为两大类：永久性移民和临时性移民，将非正规渠道移民列入临时性移民范畴。① 根据CFO的定义，海外菲律宾人的类别结构如图Ⅱ-9-1所示。

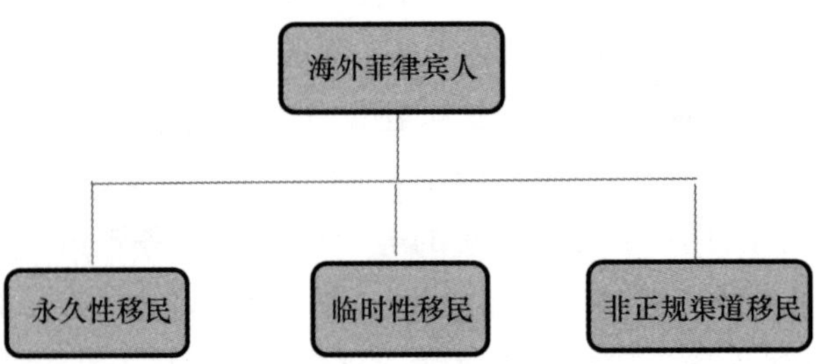

图Ⅱ-9-1　海外菲律宾人类别结构

① 李涛：《海外菲律宾人与菲律宾的社会经济发展》，社会科学文献出版社2012年版，第45页。

根据 CFO 的界定，永久移民包括移民（immigrant）、双重国籍持有者或合法的永久居民，他们在海外的居留与工作合同无关；临时移民指那些在国外工作并且在合同结束后会返回国内的菲律宾人，大部分临时移民都是海外菲律宾劳工（OFW），海外菲律宾劳工主要包括海外合同工人，也包括部分学生、实习生、企业家、商人以及他们在国外居住半年以上的配偶；非法移民指没有合法证件，没有合法居住权或工作准证，或者在国外滞留的菲律宾人。根据海外菲律宾人委员会官方数据统计，海外菲律宾类别结构如图Ⅱ－9－2 所示。

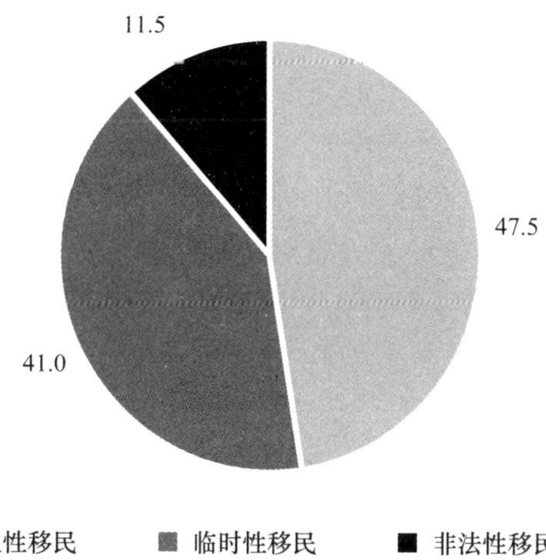

图Ⅱ－9－2　2013 年海外菲律宾人类别比例示意（%）

资料来源：海外菲律宾人委员会，https：//cfo. gov. ph/yearly－stock－estimation－of－overseas－filipinos/。

OFW 中的菲律宾海外合同工人（Filipino Overseas Contract Workers—OCW）是指持有国外一定时间期限的工作合同，目前在国外临时工作的菲律宾人，或者目前人在国内度假但依然在国外有合同工作的菲律宾人，包括陆地和海上两大类。

OFW 除了包括海外合同工人外，还有持工作签证的工人和持其他非移民签证但已就业的人员。包括飞行器工作人员如飞行员和乘务员，比如在美国、台湾地区和塞班岛工作的且拥有工作签证的菲律宾人，也包括那些持有非移民签证，如游客、学生、医疗签证的海外菲律宾人，但是目前被雇佣且从事全职工作的菲律宾人也包括在内。

（二）海外菲律宾人的分布与构成

海外菲律宾人的人口总量高居亚洲移民群体第三位，仅次于海外印度人和海外华人华侨。海外菲律宾人数量庞大，且分布广泛，全世界目前有1000多万海外菲律宾人，占菲律宾总人口的10%，考虑到非法滞留的移动人口，实际数字可能更高。据保守估计，有1100万左右的菲律宾人生活在海外地区。①

海外菲律宾人遍布全球200多个国家或地区，五大洲基本上都有海外菲律宾人分布，但是每个大洲的海外菲律宾人数量却各不相同，主要集中于东亚、南亚、中东和北美地区。②

海外菲律宾人迁徙的国别分布也是各不相同的。由于美菲两国之间长期以来的政治、经济、教育联系，美国是海外菲律宾人最多的国家。根据联合国人口司2019年统计数据，光是2018年美国的海外菲律宾人就已经达到200万人左右，成为美国的第三大移民群体，仅次于印度人和华人，其他主要目的地国依次为沙特阿拉伯、加拿大、阿拉伯联合酋长国、日本等地。

表Ⅱ-9-1　　2019年海外菲律宾人主要移民国家

排名	国家
1	美国
2	沙特阿拉伯
3	加拿大
4	阿拉伯联合酋长国
5	日本

资料来源：联合国人口司，转引自MPI，"Filipion Immigrants in the Unite States," https：//www.migrationpolicy.org/article/filipino－immigrants－united－states。

① Almendral Aurora, "*Why 10 Million Filipions Endure Hardship aboard as Overseas Workers*?" https：//www.nationalgeographic.com/magazine/2018/12/filipino－workers－return－from－overseas－philippines－celebrates/.

② 路阳：《印度和菲律宾海外移民政策比较及启示》，《东南亚纵横》2016年第1期。

在这1000多万的海外菲律宾人中，有为数众多的大商人、企业家、科学家、医生、学生、工程师、艺术家等。而作为海外劳务输出大国，海外菲劳一直被菲律宾政府视为菲律宾移民的重要组成部分，作为海外菲律宾临时性移民的主体部分，根据菲律宾统计局资料，截止到2020年，其海外菲劳的人数已达到220万人。[①]

然而，受这次新冠肺炎疫情的影响，海外菲劳的就业受到了一定程度的冲击。据菲律宾《世界日报》报道，2020年6月20日，菲劳工部部长西尔维斯特·贝劳（Silvestre Bello）表示，受疫情影响，约343000名海外菲劳失业，其中多半劳工不想回国，仍然期待在海外能够寻找到工作。[②]

从海外菲劳来源地来看，虽然近年来菲律宾劳工的来源地比较分散，日趋多元化，但由于历史传统、地理环境、人口结构、移民网络以及资讯获得等因素，菲律宾劳工的移民来源地基本以卡拉巴松、吕宋岛、马尼拉和西米沙鄢、民马罗巴等地为主。

表Ⅱ-9-2　2019年海外菲劳前七位来源区域　（千人）

排名	区域	人数
1	第四区甲拉巴松	20.7
2	第三区中央吕宋	13.3
3	国家首都地区	9.7
4	第六区西米沙鄢	9.7
5	第一区伊罗戈斯	8.8
6	第二区卡加延河谷	6.2
7	第十一区哥苏库萨将	5.7

资料来源：菲律宾统计局，https：//psa.gov.ph/statistics/survey/labor-and-employment/survey-overseas-filipinos。

海外菲劳的类别可以被分为海外合同工人和非合同工人。根据2019

① 菲律宾统计局网站，https：//psa.gov.ph/sites/default/files/attachments/hsd/pressrelease/Press%20Release%202019%20SOF%20signed.pdf。

② 《菲劳工部长：疫情致30多万海外菲劳失业》，菲律宾《世界日报》（微信公众号），2020年6月20日，https：//mp.weixin.qq.com/s/syG13Wt2pXXV_H1QoYZ9cA。

年海外菲律宾人调查的结果，在海外工作的菲律宾工人（OFW）人数估计为220万人，其中海外合同工（OCW）或已签工作合同的工人占总OFW的96.8%。其余没有合同的海外工作人员占3.2%。

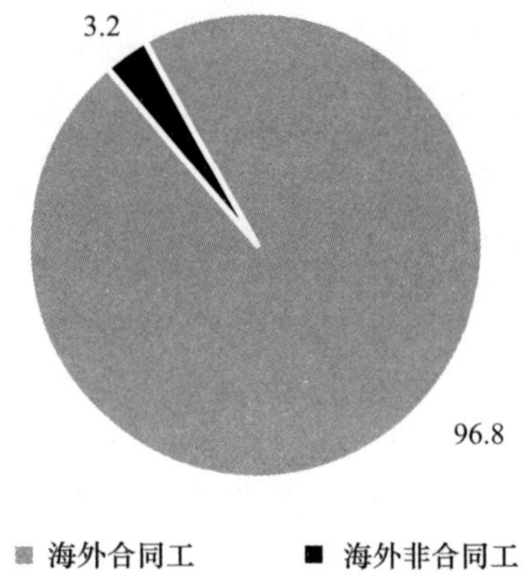

图Ⅱ-9-3　2019年海外菲律宾合同工、非合同工占比结构（%）

资料来源：菲律宾统计局，https://psa.gov.ph/content/total-number-ofws-estimated-22-million。

从海外劳工的流向而言，菲律宾海外劳工大多流向富裕国家，因为当地的工资要比菲律宾国内高得多。根据菲律宾统计局2019年官方数据，沙特阿拉伯仍然是OFW（陆地）的首选目的地，有1/5（22.4%）的外国妇女在该国工作。其他受欢迎的目的地是阿拉伯联合酋长国（13.2%），中国香港（7.5%）和中国台湾（6.7%）。①

表Ⅱ-9-3　2016—2017年海外菲劳（陆地）分布情况　（人）

	2016年	2017年	变化率（%）
中东地区	1058514	998706	-5.65
亚洲	488615	521029	6.63
欧洲	24419	24931	2.10

① 菲律宾统计局，https://psa.gov.ph/statistics/survey/labor-and-employment/survey-overseas-filipinos。

续表

	2016 年	2017 年	变化率（%）
美国	16315	13494	-17.29
非洲	15759	13252	-15.91
托管领土	5748	5193	-9.66
大洋洲	18488	18667	0.97
其他地区	41653	142	-99.66
总计	1669511	1595414	-4.44

资料来源：菲律宾海外就业管理局，http：//www.poea.gov.ph/ofwstat/compendium/2016－2017%20deployment%20by%20country.pdf。

海上的菲律宾劳工主要从事装箱货船、散货船邮轮、油轮、普通货船的海员工作，2018 年，在全球将近 120 万海员中，有 37.8 万海员来自菲律宾，到目前为止，菲律宾海员是国际海员市场上的重要提供者，每天大约有 25 万海员在海上工作，其工作目的地涵盖世界主要湾区和港口，包括日本、新加坡、美国、荷兰等地。①

根据菲律宾统计署发布的 2018 年数据，在海外工作人员中，从事基础职业者（58.7%）所占比例最大，其次是服务和销售人员（18.6%）、机械工作人员（2.7%）和手工艺人员（1.4%）。

从海外菲劳的年龄分布来看，根据菲律宾统计局数据，2019 年海外菲律宾劳工中男女性别比例分别为 44% 和 56%，女性人数要多于男性。在年龄方面，海外菲劳最大比例年龄组是 30—34 岁，占所有海外菲劳的 22.6%，其次是 25—29 岁年龄组，占所有海外菲劳的 20.7%。

根据菲律宾统计局 2019 年的数据，海外菲律宾劳工在男女年龄方面也存在些许差异，女性海外菲律宾工人比男性海外菲律宾工人年轻。大约 7% 的女性海外菲律宾工人在 15—24 岁年龄组，46.9% 的在 25—34 岁年龄组，而男性海外菲律宾工人在上述年龄组的百分比分别为 5.4% 和 38.6%。在 40 岁及以上年龄组中，男性海外菲律宾工人（38.1%）多于

① 《你只知道菲佣？你知道去年菲律宾海员带回国多少钱吗?》，菲律宾资讯（微信公众号），2019 年 3 月 5 日，https：//mp.weixin.qq.com/s/TjOrlytz9Y98voYBWDkv8A。

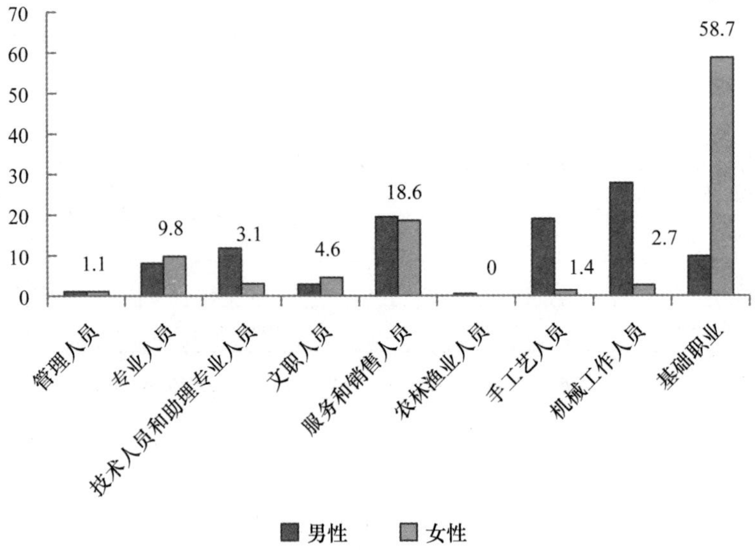

图Ⅱ－9－4　2018 年海外菲劳职业分布（%）

资料来源：菲律宾统计局，https：//psa. gov. ph/statistics/survey/labor – and – employment/survey – overseas – filipinos。

注：基础职业指家庭佣工、护士、清洁工等。

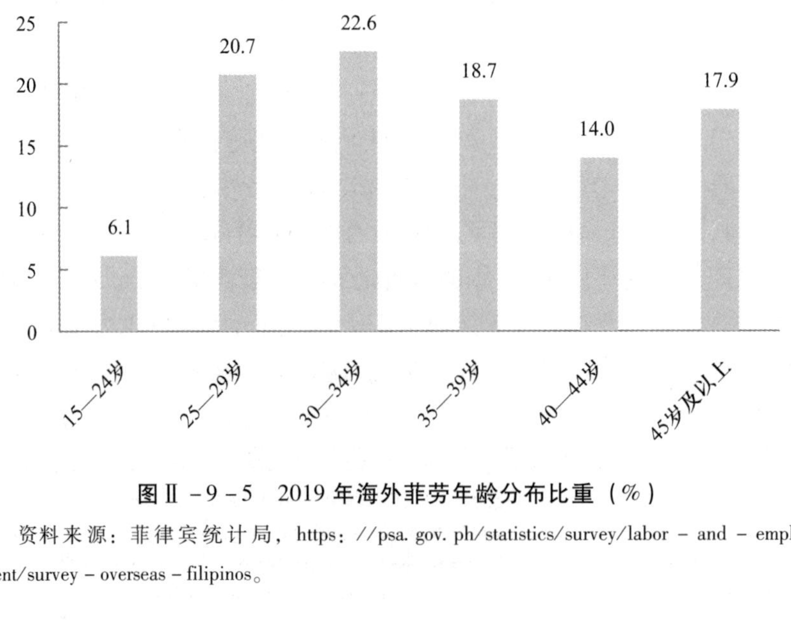

图Ⅱ－9－5　2019 年海外菲劳年龄分布比重（%）

资料来源：菲律宾统计局，https：//psa. gov. ph/statistics/survey/labor – and – employment/survey – overseas – filipinos。

女性海外菲律宾工人（27.0%）。

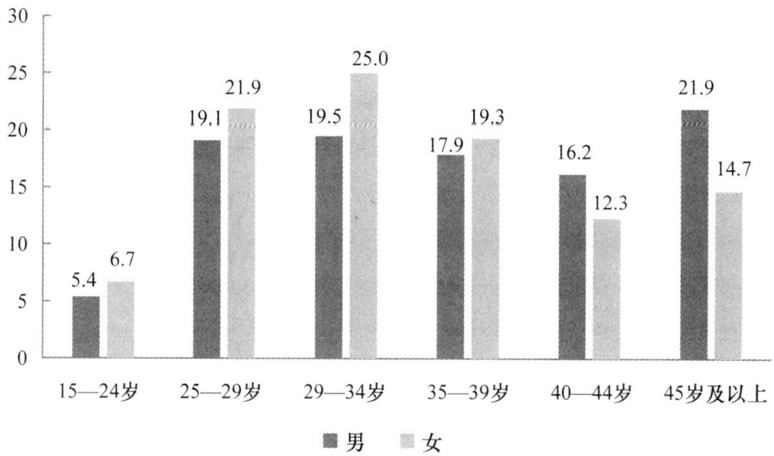

图Ⅱ-9-6　2019年海外菲劳男女年龄差异（%）

资料来源：菲律宾统计局，https://psa.gov.ph/statistics/survey/labor-and-employment/survey-overseas-filipinos。

（三）海外菲律宾人与侨汇

菲律宾境外就业人员的汇款是菲律宾经济的主要驱动力。据菲律宾中央银行统计，2018年菲律宾侨汇达到322亿美元，创有史以来的新高，占2018年菲律宾国内总产值的9.7%和国民总收入的8.1%，成为支撑菲律宾经济发展的重要支柱①，而到了2019年更是达到了330亿美元。②

菲律宾侨汇收入高居世界前列，海湾地区国家长期以来一直是菲律宾最重要的侨汇来源。根据2020年中华人民共和国驻菲律宾大使馆经济商务处的报道，在众多侨汇来源地中，美国占菲律宾侨汇总额的比重最多，为39.4%，其次是新加坡、沙特阿拉伯、日本、英国、阿联酋、加拿大、

① 《2018年菲律宾侨汇收入创新高》，越通社，2019年2月18日，https://zh.vietnamplus.vn/%E8%8F%B2%E5%BE%8B%E5%AE%BE2018%E5%B9%B4%E4%BE%A8%E6%B1%87%E6%94%B6%E5%85%A5%E5%88%9B%E6%96%B0%E9%AB%98/92132.vnp。

② 菲律宾中央银行，http://www.bsp.gov.ph/statistics/keystat/ofw.htm。

表Ⅱ－9－4　　　2014—2020 年海外菲律宾人汇款情况

年份	金额（百万美元）		同比增长率（%）	
	个人汇款	现金汇款	个人汇款	现金汇款
2014	27273	24628	7.5	7.2
2015	28308	25607	3.8	4.0
2016	29706	26900	4.9	5.0
2017	31288	28060	5.3	4.3
2018	32213	28943	3.0	3.1
2019	33467	30133	3.9	4.1
2020（1 月）	2944	2648	7.3	6.6

资料来源：菲律宾中央银行，http://www.bsp.gov.ph/statistics/keystat/ofw.htm。

中国香港、卡塔尔和中国台湾。上述国家与地区的汇款总额占现金汇款总额的 78.8%。

表Ⅱ－9－5　　　2020 年菲律宾侨汇主要来源国家（地区）

排名	国家（地区）
1	美国
2	新加坡
3	沙特阿拉伯
4	日本
5	英国
6	阿联酋
7	加拿大
8	中国香港
9	卡塔尔
10	中国台湾

资料来源：《新冠肺炎疫情重创海外菲劳就业，菲 5 月侨汇收入下降近两成》，中华人民共和国驻菲律宾大使馆经济商务处，2020 年 8 月 6 日，http://ph.mofcom.gov.cn/article/jmxw/202008/20200802990084.shtml。

根据世界银行数据，菲律宾是全球侨汇第四大收入国，其侨汇的使用主要流向食品、教育、卫生等必要服务项目。[①] 菲律宾移民家庭过多地将海外汇款用于消费，大部分用在基本消费品、房子、土地、还债等方面，而在投资方面则重视不够。[②] 移民家庭的侨汇使用和投资去向在一定程度上反映了菲律宾总体的投资环境，政府应该提供必要的支持机制，如必要的信贷和创业培训，帮助他们在投资领域有所建树。

汇款的数量确实为国家的发展提供了巨大的机会。然而，汇款不应被视为万能药，使政府有理由不进行确保长期经济进步的政策改革。政府目前所做的努力，如旨在为海外工人和菲律宾移民在该国投资提供奖励和特权的立法，必须与旨在改善总体投资环境的长期政策改革相结合。促进良好投资环境的改革需要善政、健全的物质和社会基础设施、和平与稳定。[③]

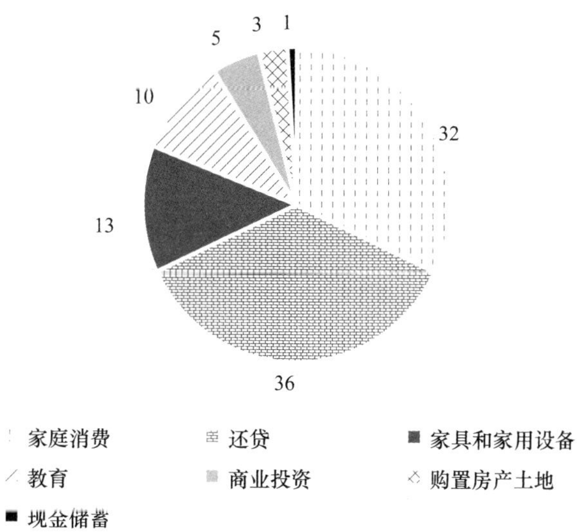

图Ⅱ-9-7　菲律宾移民家庭侨汇使用比例（%）

资料来源：海外菲律宾人经济资源中心，http：//www. ercof. com/papers。

① 《大量失业撤侨今年菲律宾侨汇收入降5%》，菲华网，2020年6月14日，https：//bbs. phhua. com/thread-151856-1-1. html。

② 李涛：《菲律宾侨汇的特点、作用及其发展前景》，《经济问题探索》2012年第9期。

③ Aubery Tubuga，"How Do Filipino Families Use the OFW Remittances?，" *Philippine Institute for Development Studies*，January 2007.

由于2020年2月初新冠肺炎疫情的影响，全球经济放缓，大量的海外菲劳面临失业甚至被遣返的境地，菲律宾首次出现了侨汇增加放缓的情况。根据菲律宾中央银行统计，2020年在国外的菲律宾劳动者通过各家银行汇回国的侨汇额仅为286亿美元，比2019年的侨汇额下降约5%[①]，这对菲律宾移民家庭收入和菲律宾经济状况造成了一定的负面影响。如何摆脱对侨汇的依赖，是菲律宾经济面临的一个重要挑战。

三 海外菲律宾劳工的推动因素

海外菲律宾劳工的不断发展壮大与当时国家的经济政策支持和时代背景相关，同时也与菲律宾自身的国情和民族特性相关。

（一）人口因素

菲律宾是一个人口大国。根据美国CIA的数据，截至2018年7月，菲律宾人口为105893381人，人口增长率为1.55%，为世界第13大人口大国。首都马尼拉地区人口为1369.9万人。在人口结构方面，0—14岁人口占33.07%，15—24岁人口占19.17%，25—54岁人口占37.11%。[②]一方面，菲律宾人口基数大，且增长速度快，尤其是适龄劳动人口增长快，年轻人在进入劳动力市场时面临着强大的就业压力，且该国的失业率也居高不下，劳动力只能将目光瞄向就业机会更多、薪资待遇更好的国外市场。另一方面，菲律宾受天主教文化的影响，禁止堕胎，使得家庭人口基数较大，大家庭模式所带来的家庭压力需要更多的家庭劳动力工作以供养家庭，此时家庭中的适龄劳动力便会考虑出国务工以改善家境。

（二）经济因素

20世纪五六十年代，菲律宾的人均收入在亚洲发展中国家里处于遥遥领先地位。1960年菲律宾的人均GDP为254美元，比同年韩国的156美元、泰国的97美元高出了许多，仅落后于日本。然而，进入80年代，昔日的邻国逐渐赶超，将菲律宾甩在了后面。尽管后来的拉莫斯（Fidel Valdez Ramos）总统上台推出了一系列刺激经济的政策，然而1997年的亚

① 《2020年菲律宾侨汇收入下降5%》，越通社，2020年6月12日，https：//www.panasialife.com/detail/1d12c9aeeb5792c33253924a1ddfa4af。

② 美国中央情报局官网，https：//www.cia.gov/library/publications/the - world - factbook/geos/rp.html。

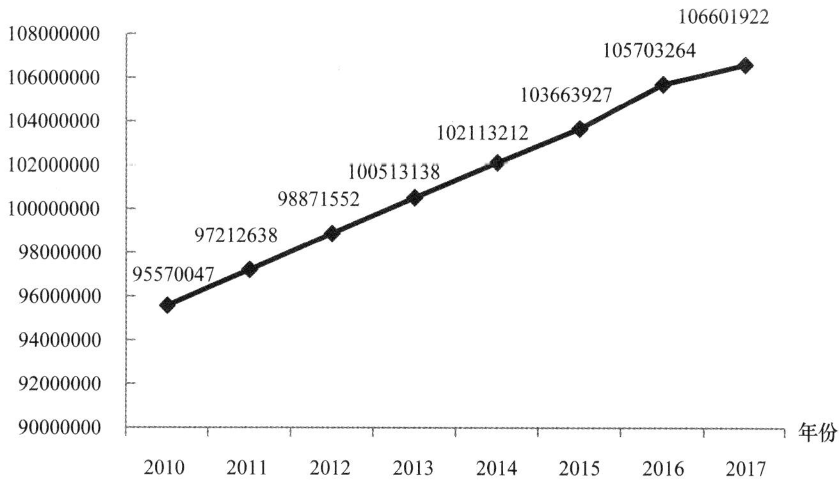

图Ⅱ－9－8　2010—2017 年菲律宾人口情况（人）

资料来源：世界银行，https：//data. worldbank. org. cn/country/philippines？view = chart。

洲金融危机，严重地挫败了这个国家的经济发展计划，制造业、农业和工业等产业均受到严重打击。而到了 2009 年，在全球金融危机的冲击下，菲律宾经受了自亚洲金融危机以来最为严峻的考验，菲律宾经济增长率连续两年大幅下滑，菲律宾政府财政赤字创历史最高纪录，为 2985 亿比索，占当年国内生产总值的 3.9%。沉重的债务危机，不断扩大的预算赤字都限制了菲律宾经济的发展。①

菲律宾的产业结构不合理，无法为广大菲律宾劳动人口提供充足的就业岗位，是菲律宾人移民海外，寻找就业机会的主要原因。菲律宾是农业大国，从事农业的人口占总人口的近 1/3。但由于历史原因，菲律宾在独立后，延续了殖民时代的土地所有制，即占农村人口 1% 的地主占有全国 40% 以上的农业用地，而占农村人口 80% 的农业工人和佃农则没有土地。农村的封建土地关系没有得到改变。② 这种土地关系严重阻碍了菲律宾农业的发展，加上跨国公司和外国资本家牢牢地控制着农业土地交易，农产

① 《菲律宾：经济停滞 20 年》，时代在线，2010 年 9 月 2 日，http：//www. time - weekly. com/post/9823。

② 李涛：《推力与拉力：菲律宾人移民海外的动因初探》，《东南亚纵横》2013 年第 8 期。

品加工、储存、生产资料和销售等诸多领域，使得农民只能从事种植业和养殖业，大量的自耕农和佃农在大公司的挤压下破产，科技的进步也让农业资本家和地主所需要的农业工人越来越少，于是大量的失地和失业农民被迫进入城市寻找工作。在工业方面，虽然菲律宾政府积极推动劳动力密集型工业的发展，但由于本国政治经济环境欠佳，影响投资者的投资意愿，导致工业发展的速度非常缓慢。1960—1994 年，工业人口比重仅增长了 3%，1990—2005 年，工业人口比重不增反减，由 1990 年的 15% 降至 2005 年的 14. 9%①，到了 2014 年工业就业人口也只达到 17. 3%。②

随着城市产业资本有机构成的提高，就业岗位增长下降，进城的很多农民工找不到工作，失业问题转化成社会问题和政治问题。加上军人走上菲律宾政治舞台，政局不稳，社会动荡，经济衰退日趋严重，反过来使失业人数不断增加，以致形成恶性循环。

贫困也是导致菲律宾人移民海外的重要因素。虽然近年来菲律宾的减贫事业有了一定的进展，但是由于人口基数较大，贫困人口仍然较多。根据菲律宾统计局 2018 年的最新贫困数据，一方面，2018 年全菲律宾人口的贫困率已经达到了 16. 6%，他们的贫困线估计为每月 10727 比索。另一方面，菲律宾的生存率或收入不足以满足基本粮食需求的人口在 2018 年达到了 5. 2%，由此可见，菲律宾的贫困状况堪忧。③ 在极端贫困的处境下，社会矛盾尖锐，使得越来越多的人走出菲律宾寻求更好的生活条件和机会。

（三）海外劳务市场的兴盛

根据劳动力市场分割理论，发达资本主义国家本质上存在着双重劳动市场，即拥有稳定雇佣年限，高工资，高福利和良好工作环境的是劳动力第一市场，不稳定，低工资和工作环境恶劣的为劳动力第二市场。发达国家本国居民从事劳动力第一市场的职业，他们不屑于从事那些低工资，危险度高，有损脸面和阻碍个人发展的职业，但是那些低端的经济部门又是发达国家经济和社会不可缺少的，这就使得发达国家对劳动力市场存在对

① 马燕冰、黄莺：《列国志・菲律宾》，社会文献科学出版社 2007 年版，第 197 页。

② 《菲律宾投资环境概述》，中国国际商会，http：//www. ccoic. cn/uploadFile/upload/file/20180717/1531812997795079941. pdf。

③ 菲律宾统计局，https：//psa. gov. ph/poverty - press - releases/nid/144752。

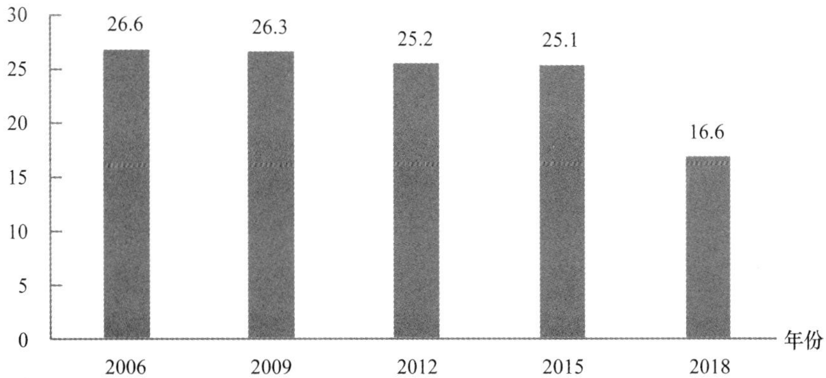

图Ⅱ－9－9　2006—2018 年菲律宾贫困率（%）

资料来源：菲律宾统计局，https：//psa. gov. ph/poverty－press－releases。

外需求，这才导致大量来自发展中国家的劳动力有机会迁徙到发达国家成为跨国劳工。同时世界经济的全球化和国际劳动市场的逐渐开放也使得劳工跨国性流动更加便利，这对海外菲律宾人移民出国务工起到了刺激作用。①

20 世纪 70 年代世界爆发了两次石油危机，原油价格成倍增长，凭此积聚了大量财富的中东国家急需劳动力来进行社会建设。当时的菲律宾政府积极鼓励国内的剩余劳动者前往中东地区务工，从事建筑行业，减轻就业危机和增加外汇。而到了 80 年代，虽然随着基础设施建设的完成，从事建筑行业的海外菲劳人数减少，但是随着当地经济的发展，服务行业开始兴起，越来越多从事服务行业例如家政业的菲劳涌入中东地区。

随着 20 世纪八九十年代第三次科技革命的兴起，全球实行产业转移，亚洲“四小龙”崛起，由于人口结构原因导致的劳动力紧缺，科技的发达也使得一些较为底层的基础职业缺口较大，加上当地人受教育程度较高，青壮年进入劳动力市场较晚，价值和就业观念也发生了变化，于是这些岗位缺口给了海外菲劳大量的就业机会。当时大量女性进入职场，人口老龄化现象严重，这也使得海外服务行业产生了大量的需求，而菲律宾女

① 李涛：《海外菲律宾人与菲律宾的社会经济发展》，社会科学文献出版社 2012 年版，第 91 页。

性正好填补了这些空缺。

国际市场上劳工的高工资也是不断刺激菲律宾人出国务工的直接动力，以香港地区菲佣为例。根据 2019 年香港特区政府公布的外籍佣工最低工资标准，住家外佣的工资为每月 4630 港币，约合人民币 4177 元。而身处菲律宾马尼拉地区的帮佣，她们的平均月薪才 4000—8000 比索（折合人民币为 570—1140 元），这其中巨大的工资差距让越来越多的菲律宾人选择出国寻找工作机会。①

（四）政策因素

20 世纪 70 年代以前，菲律宾政府没有参与劳务输出，主要是由一些国外机构和国内某些私人机构组织进行的。1974 年以后，由于国内经济不景气和失业率长期居高不下，为了缓解就业压力，转移国内民众的视线，当时的菲律宾政府便开始把劳务输出政策列为其国家发展战略的一部分，制定了一系列政策，成立了专门的机构，积极参与劳务输出活动。从此以后，菲律宾劳务输出便日益兴盛起来，规模日益扩大。当时菲律宾政府还颁布了《劳工法典》，并成立海外就业发展委员会和中介公司，在国内劳工和海外机构之间牵线。1982 年，菲律宾政府正式成立海外就业管理局，负责组织和统筹劳务输出，并为海外劳工提供技术和语言培训，务工人员必须通过劳工就业部的培训和考核才能正式出国就业。

另外，1995 年通过的总统第 8042 号法令从财务上支持劳务输出，政府设四个海外工人基金：（1）紧急遣返基金，作为因战争、流行病、自然或人为的灾难或不幸事件等，业主或代理机构没有责任赔偿的以及业主或代理机构没有能力支付的遣返费用（回国交通费），最初规模是 1 亿比索；（2）海外移民工人贷款担保基金，用于劳工出国前贷款和家庭帮助贷款，规模为 1 亿比索；（3）法律援助基金，用于移民工人和海外菲律宾人的法律援助，规模为 1 亿比索；（4）国会移民工人奖学金，奖励那些在海外的菲律宾人及（或）其 21 岁以下的直系亲属，在自然科学或技术领域继续求学或深造，最初规模为 2 亿比索。

---

① 《为什么香港有这么多菲佣?》，澎湃新闻，2020 年 6 月 18 日，https：//www. sogou. com/link? url = DSOYnZeCC_ oHMQi - EeHviRT9kKDdKR7YdofcnWH4RTDVkzIr4iwnIDt2_ eF3R6vhUo98PlrBtEg。

2003 年 8 月 29 日，阿罗约总统签署了《设立海外菲律宾人社会事务总统顾问及其权力、功能之界定》的行政令，设立了“海外菲律宾人社会事务总统顾问”。其职能主要是在巩固和发展海外劳务市场、在海外菲律宾劳工的利益及福利方面为总统提供政策建议和行动纲领。该总统顾问办公室直属总统办公室，直接向总统负责，向总统报告工作并协助行政人员履行职能。随着海外菲劳数量的持续增多，菲律宾制定了一系列有关海外劳工和劳务输出的政策法规，建立起一套较为完善的包括管理机构、法律规章和服务手段在内的运作体系，这为菲律宾移民提供了有效的制度保障。

第二节 海外菲律宾人的管理机构与政策

菲律宾政府非常重视海外菲律宾人，“保护海外菲律宾人的权利，促进他们的福利，并且动员他们参与国家的发展”是菲律宾政府外交政策的主要目标之一，[①] 由此可见海外菲律宾人在菲律宾国家政策中的地位。尤其是自 1974 年以来，随着菲律宾政府将劳务输出列为国家发展战略的一部分，政府随之制定了一系列和海外菲律宾人相关的政策，包括出台一系列相关政策，发挥和建立起一套较为完善的包括管理机构、法律规章和服务手段在内的运作体系。

一 海外菲律宾人的管理与服务机构

（一）主要涉侨政府机构

菲律宾政府的涉侨机构大体可分为三类，分别隶属于劳工和就业部、外交部，以及跨部门机构，如海外菲律宾人委员会。这里主要介绍一些重要的涉侨机构。

1. 海外菲律宾人委员会（CFO）

为了系统地促进菲律宾劳工的海外就业，1974 年菲律宾发布第 442 总统令，设立了海外就业发展委员会，以便为菲律宾人的海外就业建立一个系统的方案，并登记和监测前往不同国家的移民。随着菲律宾海外就业人口的稳定增加，建立一个独立的机构为菲律宾移民提供当地的支持网络

① 菲律宾外交部，http://www.dfa.gov.ph/index.php/about-us/mission-vision。

变得必要起来。于是在1978年6月，根据第1412号总统令，在劳工和就业部下面成立移民事务办公室（Office of Emigrant Affairs），专门为菲律宾移民提供服务。1980年6月，为了更好地促进移民的福利和利益，海外菲律宾人委员会成立并取代了移民事务办公室。

表Ⅱ-9-6　　菲律宾政府主要涉侨机构组织及职能

机构	主要职能
海外菲律宾人委员会	直属总统办公室，为永久移民提供行前培训、发展与所有海外菲律宾人的关系
菲律宾海外就业管理局	隶属劳工和就业部，制定招聘规则、管理海外菲劳派遣事务
菲律宾海外劳工福利管理局	隶属劳工和就业部，为菲劳提供行前培训、福利基金和遣送回国服务
海外菲劳重返社会中心	隶属劳工和就业部，促进海外菲律宾人重新融入社会
菲律宾海外劳工办公室	隶属劳工和就业部，在国外为菲劳提供各种服务
劳工事务副部长办公室	隶属外交部，为海外菲律宾人提供法律建议、建立目的国本地律师网络

虽然劳工与就业部、外交部都会推出一些涉及海外菲律宾事务的政策，总统与国会也颁布了一些相关的法律法规，但海外菲律宾人委员会是菲律宾国内管理海外菲律宾人的中枢机构，也是最重要的管理机构。CFO被授权为移民进行登记，以及提供出国前的指导。它同时促进移民对母国的技术转移，以及对菲律宾不发达社区发展项目的物质和金融捐赠。其目标包括五个方面：政策宣传、社会经济发展、融合和再融合、文化和教育、机构发展和组织强化。

在社会经济发展方面，CFO的主要职能是与其他政府部门进行协调与合作，给予海外菲律宾人以资源、知识、技能和技术为形式的发展援助，为不同利益相关方的合作、分配移民基金和投资、扩大捐赠等提供机制。在融合和再融合领域，主要是通过教育的方式，协助菲律宾移民在当地国的融合，帮助他们应对各种现实的、文化的和心理方面的挑战，甚至包括劳工在菲律宾国内的孩子；帮助归国菲律宾人重新适应了解菲律宾社会文化、帮助归国者获得生活技能等。在文化和教育领域，确保海外菲律宾人保留他们的菲律宾文化。

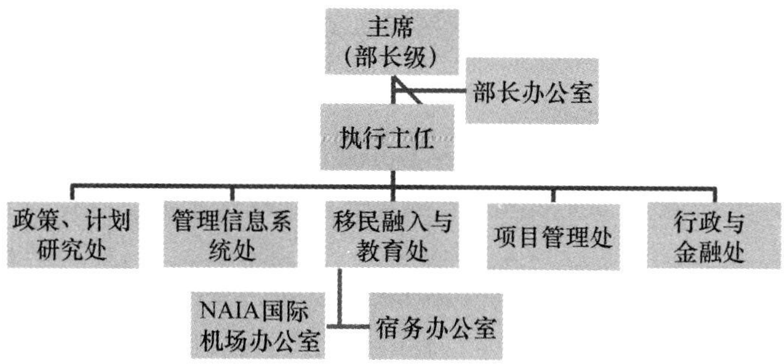

图Ⅱ－9－10　海外菲律宾人委员会结构

2. 菲律宾劳工和就业部（DOLE）

菲律宾劳工和就业部是重要的涉及海外菲律宾人事务部门，其下属的菲律宾海外劳工办公室（POLOs）、菲律宾海外就业管理局（POEA）和菲律宾海外劳工福利管理局（OWWA）都是处理菲律宾人海外就业和海外劳工利益的重要机构。

（1）菲律宾海外就业管理局（POEA）

菲律宾海外就业管理局理事会理事长由劳工和就业部的部长担任，海外就业管理局的局长担任副理事长，理事会成员来自私营部门以及其他政府部门。此外，POEA 在吕宋、米沙鄢群岛和棉兰老岛设有三个地区中心，并且在全国一些城市设有办公室。

POEA 的核心功能包括制定产业规则、促进就业和工人保护等。比如在就业服务方面，研究海外就业发展政策和就业标准，签署政府间协议，保护和提高海外劳工的利益；在福利与就业方面，举办就业前和出国前的咨询介绍会，协助海外劳工回国等；裁决办公室为海外就业提供法律解释、管理和执行等服务，并监督违反就业条款的海外劳工和有不良记录的雇主等。[①]

（2）菲律宾海外劳工福利管理局（OWWA）

菲律宾海外劳工福利管理局是负责保护和促进海外菲律宾劳工及其家

① 李涛：《海外菲律宾人与菲律宾的社会经济发展》，社会科学文献出版社 2012 年版，第 119 页。

属福利与生活的专门机构。具体包括如下几个方面：第一，承认海外菲律宾劳工对国家全面发展的贡献，保护他们的利益，促进他们福利的增长；第二，推动劳动法中有关政府保护海外菲劳福利责任的条款的执行；第三，为海外菲劳提供包括保险、社会援助、法律援助、文化服务和付款服务在内的各类社会和福利服务；第四，通过合理、明智的投资和基金管理政策，保证福利基金有效收集、保管和持久使用；第五，开展研究活动，提高海外劳工社会、经济和文化福利；第六，开发、支持和资助具体的海外劳工福利项目。①

福利管理局收取25美元的会费，并为会员提供如下具体服务：第一，社会公益计划，诸如为伤残、死者及其安葬提供资金援助；第二，教育和培训公益计划，诸如出国前的教育培训、特定国家的研讨会；第三，劳工福利援助计划，诸如一站式福利管理、国内福利管理等；第四，遣送回国计划，诸如把一些处于困境中的菲劳遣送回国，并为这些菲劳提供机场援助、安排临时住所等服务；第五，再融合计划。②

（3）菲律宾海外劳工办公室（POLOs）

该办公室通过其广泛的全球网络，为海外劳工提供服务。截至2015年底，菲律宾在全球36个城市设有海外办公室，诸如中东地区的阿布扎比、迪拜、胡拜尔，亚洲的高雄、台北、首尔、东京、新加坡，美国的华盛顿，欧洲的伦敦、马德里、米兰等。

（4）海外菲劳重返社会中心（NRCOFW）

该机构成立于2007年，目的乃是最大限度地促进海外菲劳及其家庭、社区和国家在海外雇佣方面的利益，致力于帮助海外菲劳有效地利用其资源和专长来促进发展。其服务包括如下几个方面：第一，咨询服务，即为归国菲劳提供雇佣和投资机会以及社区发展机会；第二，能力建设，即为菲劳及其家人提供金融计划和管理、储蓄和侨汇计划等方面的知识和技能；第三，网络化和沟通，即为菲劳提供商业发展、信贷获取、技术产品和产品开发、市场销售等方面的援助；第四，援助柜台；第五，教室捐赠

① OWWA网站，http：//owwa. gov. ph/？ q = content/owwa。

② OWWA网站，http：//owwa. gov. ph/？ q = node/23/#education。

计划，即动员海外菲律宾人在菲律宾捐建教室。[①]

（二）涉侨非政府（NGO）组织

除了上述政府机构外，菲律宾政府还承认NGO组织在劳工权益保护和福利促进中的地位，因此，作为一项国家政策，菲律宾政府积极推动NGO组织在上述领域发挥作用。[②] 菲律宾强大的公民社会组织，为孱弱的菲律宾政府在移民事务上提供了强大的支持。

表Ⅱ-9-7 主要涉侨NGO组织

类型	NGO组织
非盈利、非股份类，大部分由国内外社会发展组织成立	Atikha海外劳工与社会动议组织（Atikha Overseas Workers and Communities Initiative Inc.） Unlad Kabayan劳工服务基金（Unlad Kabayan Migrant Services Foundation, Inc.） 妇女网络发展行动组织（Development Action for Women Network） Kanlungan中心基金会（Kanlungan Centre Foundation） 海外菲律宾人经济资源中心（Economic Resource Center for Overseas Filipinos）
移民或前移民及其家庭的会员制组织和网络	海外劳工国际联合会（International Union of Overseas Workers） 菲律宾海员妻子协会（Seamen's Wives Association of the Philippines） 菲律宾海员和海员工会联合会（Associate Marine Officers' and Seamen's Union of the Philippines）
教会成立组织	海外劳工中心（Center for Overseas Workers） Scalabrini移民中心（Scalabrini Migration Center）
移民或非移民组织的联盟和网络	反女性移民暴力网络（Network Opposed to Violence against Women Migrants） 菲律宾移民权利观察组织（Philippine Migrants Rights Watch） 修改第8042法令移民劳工联盟（Alliance for Migrant Workers and Advocates to Amend R. A. 8042） 移民论坛亚洲网络（Migrant Forum in Asia Network）

① Aniceto Orbeta Jr., Michael Abrigo, Michael Cabalfin, "Institutions Serving Philippine International Labor Migrants," Discussion Paper Series No. 2009-31, Philippine Institute for Development Studies, May 2009, p. 15.

② Aniceto Orbeta Jr., Michael Abrigo, Michael Cabalfin, "Institutions Serving Philippine International Labor Migrants," Discussion Paper Series No. 2009-31, Philippine Institute for Development Studies, May 2009, pp. 18-20.

这些组织有些成立于20世纪70年代以前，早在1975年菲律宾政府推出海外雇佣计划之前，已经有一些会员制和教会成立的移民组织。而自20世纪80年代以来，大量NGO组织成立，以应对不断增多的和菲律宾劳工有关的非法雇佣、违法合同、虐待等行为，并且促进海外菲律宾人的福利和利益。

这些NGO组织为海外菲律宾人提供法律和律师援助（诸如违反合同、虐待方面的法律援助等）、经济服务（诸如合理利用侨汇）、心理社会服务（诸如心理咨询、心理—社会干预），以及其他服务，诸如移民转机、机场、旅游协助等。①

除了上述机构和组织外，菲律宾国内还设立了其他一些机构处理与海外菲律宾人相关的事务，诸如劳工法律援助办公室（Office of the Legal Assistant for Migrant Workers Affairs），海外菲律宾人社会事务总统顾问办公室（Office of the Presidential Adviser on Overseas Filipino Communities）等。前者隶属菲律宾外交部，旨在与其他相关国家机构及非政府组织、律师协会合作，为海外菲律宾人提供法律协助服务。后者直属总统办公室，其职能主要是巩固和发展海外劳务市场、就海外菲律宾劳工的利益及福利事务为总统提供政策建议和行动纲领。

总体而言，菲律宾政府的海外菲律宾人政策主要是由总统办公室通过海外菲律宾人委员会主导，各项政策由总统和国会通过并颁布，政府相关部门给予密切配合和分工协助。

二 主要涉侨法律法规

菲律宾国内涉及海外菲律宾人事务的政府机构众多，在法律法规方面也同样如此。除了处理海外菲律宾人和菲律宾劳工的专门法律外，某些部门的一些法律条款也会涉及海外菲律宾人和菲律宾海外劳工。总的来说，菲律宾国内主要涉侨法律包括如下几部。

（一）《移民劳工和海外菲律宾人法》

该法颁布于1995年，是菲律宾管理移民劳工和海外菲律宾人最重要

① Aniceto Orbeta Jr., Michael Abrigo, Michael Cabalfin, "Institutions Serving Philippine International Labor Migrants," Discussion Paper Series No. 2009 - 31, Philippine Institute for Development Studies, May 2009, pp. 19 - 20.

的法律。其目的是制定海外雇佣政策，并建立更好的标准来保护和促进劳工、劳工家庭以及处于困境中的海外菲律宾人的福利。

具体来说，该法律的制定基于如下考量：第一，保护所有在国外的菲律宾公民的尊严，尤其是海外劳工；第二，为了保护劳工（不管是本地的还是国外的，有组织的还是无组织的劳工）的权益，国家应该为菲律宾劳工提供足够和及时的社会、经济和法律服务；第三，国民经济的可持续增长和国家发展不能依赖海外雇佣，政府应该持续创造本地就业机会，并且促进财富和发展效益的公平分配；第四，在执行和制定有关劳工的政策和项目时，政府应该考虑到性别差异；第五，保护处于困境中的海外菲律宾人的权益，尤其是菲律宾劳工（不管是合法的还是非法的）都应该得到充分的保护；第六，承认并保证菲律宾劳工及所有海外菲律宾人参与国家民主决策的权利；第七，国家认识到只有技能才能为所有劳工提供最根本的保护，因此，政府只派遣或允许掌握技能的菲律宾劳工出国；第八，合法的 NGO 组织是政府在保护劳工权益上的伙伴，政府应该与它们开展真诚合作。①

为了更好地保护菲律宾劳工的权利，《移民劳工和海外菲律宾人法》规定：菲律宾政府只向那些劳工权利能够得到保障的国家派遣菲劳，并且反对非法雇佣；任何政府官员和他们的亲戚都不能以任何直接或间接的方式参与菲律宾劳工派遣，否则将予以罚款，并且为非法雇佣的受害者提供法律援助。

此外，该法案也提出了针对海外菲律宾人的具体计划和服务：第一，为海外菲律宾人提供旅行咨询和就业信息，实施国民救助，为菲劳提供法律援助等服务；第二，设立紧急遣返基金、劳工贷款担保基金等资助项目；第三，实施未成年菲劳强制遣返政策；第四，建立再安置和监测中心，帮助菲劳重新融入菲律宾社会，帮助他们在本地就业；第五，由外交部、劳工部、旅游部、司法部、移民局等机构及其下属机构共同组建跨部门委员会，为移民建立共享政府信息系统。

此外，政府还为菲律宾劳工提供法律援助，并为此设立移民劳工法律援助基金，以及其他各种援助和支持，诸如设立劳工日、国会劳工奖学金等来表达对海外劳工和海外菲律宾人的重视。

---

① *Migrant Workers and Overseas Filipino Act of* 1995, Republic of the Philippines, 1995.

（二）《归国菲律宾人项目法》

早在 1973 年，菲律宾就开始实施归国菲律宾人项目（A Balikbayan Program）[①]，保护海外菲律宾人在菲律宾国内的权益。为了更好地推动该项工作，菲律宾政府在 1989 年颁布《规范归国菲律宾人项目法》（第 6768 号共和国法令），旨在吸引和鼓励海外菲律宾人访问菲律宾，通过这种形式肯定海外菲律宾人对菲律宾经济发展所做的贡献。

该法案于 2002 年进行了修订，根据修订后的第 9174 号共和国法令，该法案优惠措施幅度更大，范围更广，除了原先旅行、购物优惠外，还提供创业培训服务，以使归国菲律宾人更好地融入社会。

该法案主要包括以下内容：第一，旅行税减免；第二，外国护照持有者一年之内免签证进入菲律宾；第三，高达 1500 美元的免税购物额度（必须满足一定的条件，比如在抵达菲律宾的 15 天之内或圣诞节期间的 30 天之内，仅限个人使用等等）；第四，根据第 9174 号共和国法令，享有所有国内运输工具的特别促销/激励优惠；第五，在授权港口的接待区域为归国菲律宾人快速办理入境事宜；第六，提供可靠的交通设施以确保归国菲律宾人旅行的安全和便利；第七，在政府所有或经营的免税店，享有高达 2000 美元的免税购买生活用品的额度。

（三）《海外缺席投票法案》

菲律宾海外移民数量庞大，不仅对国家经济发展至关重要，而且因其人数众多，也是政治考量中一支不容忽视的重要力量。为了照顾这一群体的利益，体现国家对海外菲律宾人的重视，菲律宾政府在 2003 年 2 月颁布了《海外缺席投票法案》。

该法规定，所有菲律宾年满 18 岁以上的海外公民，都可以参加总统、副总统、参议员和众议员代表的选举。该法还规定，根据菲律宾法律丧失菲律宾国籍的菲律宾人、声称放弃菲律宾国籍并且效忠外国的菲律宾人无权参与投票。

为了推行海外缺席投票法案，菲律宾实行海外缺席投票登记制度，即

---

① 菲律宾语中的 Balikbayan 就是英文中的 a returning overseas Filipino，即归国海外菲律宾人，具体指在菲律宾国外连续生活一年以上的菲律宾公民，或者菲律宾海外劳工，以及加入他国国籍但又返回菲律宾的原菲律宾公民及其配偶和子女。

想要参与投票的个人必须事先进行登记。他们或者在离开菲律宾前在居住地的选举登记委员会登记，或者通过国外的菲律宾驻外使领馆进行登记。

（四）《保留和恢复公民身份国籍法》

菲律宾对海外菲律宾人的重视还体现在对国籍法的修改上。2003 年 8 月，菲律宾政府颁布了《保留和恢复公民身份国籍法》（第 9225 号共和国法令），开始实行双重国籍政策，因此该法也称为《双重国籍法》。该法旨在全面恢复海外菲律宾人的各项权利，使其在菲律宾享有充分的公民权，并获得各种新机遇。

该法赋予那些天生菲人（Natural-born citizens of the Philippines）因归化他国而丧失菲律宾公民身份的人以菲律宾国籍，即所有其他国家的菲律宾公民不再失去他们在菲律宾的公民身份。该法主要内容包括：第一，因为归化为他国公民而失去菲律宾身份的天生菲人，在宣誓效忠和遵守菲律宾宪法及其他法律后可以再次获得菲律宾的公民身份；第二，公民权承袭：再次获得菲律宾公民身份的海外菲律宾人的未婚子女，只要年龄在 18 岁以下，不管是合法还是非法生养或者收养的，均被认定为菲律宾公民；第三，保留和恢复菲律宾公民身份的海外菲律宾人享有完全的公民和政治权利并且承担相应的义务和责任（除非法律另有规定，比如竞选公职方面的特别要求）。

政治权利主要包括：第一，选举权。重新获得菲律宾国籍者只要满足菲律宾选举法规定的居住要求，就可以在选举中进行投票。根据 2003 年《海外缺席投票法案》及 2013 年的修正案，所有在海外生活和工作，但并未放弃菲律宾国籍的菲律宾人，都可以参加菲律宾全国大选（如总统、副总统、参议员和众议员）投票。第二，竞选公职。重新获得菲律宾国籍者在菲律宾竞选公职，应符合现行宪法和法律规定的担任公职的条件，通过候选人资格认证，并且在指定的公务员面前宣誓放弃任何外国国籍。第三，委任公职。通过委任担任公职者，就职前要宣誓效忠菲律宾共和国及其政府，并且要宣誓放弃之前对其他国家的效忠。第四，限制条件。在归化国担任公职或为公职候选人，或在归化国担任现役军官的，不能在菲律宾参加选举、竞选公职或被委任为公职人员。[①]

---

① 路阳：《菲律宾政府的海外菲律宾人政策探析》，《华侨华人历史研究》2014 年第 3 期。

经济权利主要包括：第一，在菲律宾拥有土地和不动产的权利；第二，从事只向菲律宾人开放的商业和贸易活动的权利，以及开发自然资源的权利；第三，持有菲律宾护照旅行的权利。

三　海外菲劳政策与项目

菲律宾政府对海外菲律宾人的重视还体现在其制定的一些节日或者嘉奖上，诸如设立海外菲律宾人月、海外菲律宾劳工日、全国海员日等，及其制定的一系列计划和项目上。

表Ⅱ-9-8　　为海外菲律宾人提供的主要项目和服务

项目或服务	组织/提供机构或法令
抵达后指导服务（Post-arrival Orientation Services）	海外菲律宾人委员会
菲律宾游学（Lakbay-Aral Program）	海外菲律宾人委员会
为菲律宾发展的联动项目（Link for Philippine Development Program	海外菲律宾人委员会
海外菲律宾学校（Philippine School Overseas）	海外菲律宾学校跨部门委员会
交换访问计划（Exchange Visitors Program）	AO 191
返回科学家项目（Balik Scientists Program）	科技部
家庭互助发展海外基金（The Pag-IBIG Overseas Program）	Pag-IBIG 海外项目办公室
海外菲劳一站式中心（OFW One-stop Center）	跨部门
菲律宾劳工社会保障计划（Social Security Agreement of the Philippines）	RA 1161，Social Security Act of 1954. R. A. 8282
海外劳工医疗计划（Medicare Program for Overseas Filipino Workers）	卫生部
非美元进口二手机动车（No Dollar Importation of Used Motor Vehicle）	EO No. 156
有条件免税进口（Conditionally-free Importation）	EO No. 206

（一）海外菲律宾人月

1988年6月，菲律宾政府颁布第276号公告，将每年12月定为“海外菲律宾人月”。2001年10月，菲律宾政府又设立了庆祝海外菲律宾人月跨部门委员会（Inter-Agency Committee，IAC），专门负责这一工作。该委员会的成员和伙伴来自政府、私营部门和公民社会，包括外交部、劳工部、海外就业管理局、内政部、旅游部、国家文化与艺术委员会等众多部门，旨在通过制订庆祝纪念计划，组织移民会议、系列电影论坛及演奏会等一系列活动，密切海外菲律宾人与菲律宾的联系，以强化他们在菲律宾国家建设和发展中的作用，对他们在国家和地方发展中所发挥的作用表示尊敬。

例如，2013 年的海外菲律宾人月的活动主题是“回乡：赋权于归国菲律宾人和他们的家庭”，IAC 组织联合其他部门如菲律宾移民权利观察组织和海外菲律宾人委员会，围绕该主题组织了一系列让菲律宾劳工及其家庭受益的活动和项目。[①] 2015 年的活动从该年 10 月一直持续到年底，包括与移民家庭的协商对话、图片展、财务知识培训、海外菲律宾人及其家庭的企业发展、海外菲劳论坛等。[②]

（二）海外菲律宾劳工日

根据1995 年颁布的《移民劳工和海外菲律宾人法》，菲律宾政府将每年的 6 月 7 日定为“海外菲律宾劳工日”，目的在于表彰海外菲律宾人对国家发展和建设的贡献。每年的这一天，一些国家机构如外交部即海外使领馆、海外就业管理局、海外劳工福利管理局等政府机构都会举行隆重的纪念活动。如在庆祝活动当天，海外就业管理局会与卫生部、海外劳工医疗诊所协会合作，为海外劳工提供免费的医疗和牙科服务，以及免费法律咨询。[③]

（三）国家海员日

自 1997 年以来，菲律宾将每年 9 月 29 日定为“国家海员日”，因为海员也是菲律宾海外劳工的重要组成部分。一些国家机构会举行一些庆祝活动，以肯定和表彰在菲律宾国内和国际海运业服务的数百万菲律宾海员。

---

① CFO 网站，http://www.cfo.gov.ph/index.php?option=com_content&view=article&id=2087.

② 《2015 年海外菲律宾劳工日庆祝日历》，CFO 网站，http://cfo.gov.ph/images/CFO_NEWS/MOF_CALENDAR_OF_ACTIVITIESasof12-03-2015.pdf。

③ 《海外菲律宾劳工日》，POEA 网站，http://www.poea.gov.ph/news/2009/PR_Jun2009_MWD%20Advisory.pdf。

（四）对海外菲律宾人的嘉奖

除了设立各种节日外，菲律宾政府还设立众多奖项，对杰出的海外菲律宾人和优秀海外劳工进行表彰，如“总统奖”“海外菲律宾劳工模范家庭年度奖”和“杰出海员年度奖”。

1991 年 12 月，菲律宾政府根据第 498 号行政令，设立“总统奖”（Presidential Awards for Filipino Individuals and Organizations Overseas），每两年对那些对菲律宾国家发展做出积极努力以及在其专业领域拥有突出成就的海外菲律宾个人和团体进行表彰。截至 2014 年底，该奖项共颁发了 11 届，总共有 437 名菲律宾人及来自 49 个国家或地区的团体获得这一奖项，2016 年举行了第 12 届“总统奖”评选活动。[①]

“海外菲律宾劳工模范家庭年度奖”（The Model OFW Family of the Year Award）由 OWWA 设立，专为表彰杰出的海外菲律宾劳工家庭。目的是通过表彰杰出的海外劳工家庭，在整个海外劳工移民中树立榜样；颂扬海外菲律宾劳工家庭在维系家庭关系上经历的挑战与忍耐，提高海外菲律宾劳工家庭在社区的形象；彰显海外劳工家庭在实现社会经济、教育、专业领域和物质成就方面的重要作用。2015 年 12 月，两个 OFW 家庭获得该年度的大奖，每个家庭获得价值 50 万比索的现金和其他礼品。[②]

“杰出海员年度奖”（Outstanding Seafarers of the Year Award）是海外菲律宾人委员会为表彰最能体现菲律宾价值、菲律宾海员职业道德和工作能力杰出的海员而设置的奖项，旨在给予为航运业和菲律宾国家做出贡献的海员以荣耀和认可。

（五）设立海外菲律宾学校

海外菲律宾学校是指开设菲律宾教育部批准的课程，在菲律宾国外正式注册和运作，持有所在国签发的有效经营许可证、提供幼儿园、小学和中学课程的教育机构。设立海外菲律宾学校的目的是满足海外菲律宾人子女的教育需求，有助于他们在回到菲律宾后融入菲律宾的教育体系，这些学校同样教授菲律宾传统和文化。只要是存在大量菲律宾学龄儿童的国

---

① 《2016 年海外菲律宾个人与组织总统奖》，http：//www. presidentialawards. cfo. gov. ph/images/2016_ primer/PA_ primer_ Jan15. pdf。

② 《海外菲律宾劳工家庭年度模范奖》，http：//www. rappler. com/nation/114985 – owwa – model – ofw – family – award – 2015。

家，都被鼓励成立菲律宾海外学校。

海外菲律宾学校必须遵守菲律宾政府和东道国政府的有关政策和规定，在向菲律宾教育部申请许可证之前，必须先获得东道国政府的有效许可证。

为了管理海外菲律宾学校，1995年成立了海外菲律宾学校跨部门委员会（Inter-Agency Committee on Philippine Schools Overseas，IACPSO），并在2000年颁布第252号行政命令加强IACPSO的地位。IACPSO既是决策机构，同时也是讨论和解决有关海外菲律宾学校建立、运行和管理事务的平台。该机构由教育部人员担任主席，外交部人员担任副主席，委员会其他成员来自劳工与就业部、海外劳工福利管理局、海外菲律宾人委员会，后者同时为秘书机构。

海外菲律宾学校主要分为以下四种类型：一是由菲律宾社团志愿者、菲律宾政府组织或宗教团体建立的非股份制、非营利机构；二是由菲律宾公民完全拥有和控制的作为企业运营的机构；三是由菲律宾公民拥有部分股权，或者是由外国人资助建立但由菲律宾公民管理和经营的机构；四是由外国人全资拥有，但由菲律宾公民管理和经营的机构。①

（六）引资引智，加强与海外菲律宾人的联系

菲律宾的侨务政策和中国有共同的地方，比如注重引资引智，吸收海外菲律宾人的力量参与菲律宾国家建设和发展，注重维系和发展与海外菲律宾人的关系等。

1．“菲律宾游学”项目

该项目由海外菲律宾人委员会于1983年推出，为15—25岁的年轻人提供为期两周的到菲律宾游学的机会。活动具体包括如下内容：第一，参观历史遗迹和风景名胜并附讲解；第二，举行有关菲律宾土地和人民的讲座；第三，了解菲律宾传统、艺术和手工艺品；第四，与菲律宾学生、国家和地方政府官员，以及土著菲律宾人进行交流。通过这些方式，菲律宾政府希望加强与海外移民的联系，增加海外年轻菲律宾人对菲律宾的文化

---

① Inter-Agency Committee on Philippine Schools Overseas，*Manual of Policies*，*Standards and Regulations for Philippine Schools Overseas*，Third edition，2015.

认同和了解。[①] 该项目不是免费的，费用取决于具体的活动，费用大概每人800—1800美元，涵盖了菲律宾国内交通、食物、住宿、旅行包、学习资料，以及活动期间的保险，但不包括从国外往返菲律宾的机票。

2. "返回科学家"项目

返回科学家项目是由菲律宾科学技术部（Department of Science and Technology，DOST）实施的项目，于1975年启动，旨在让国外的菲律宾裔科学和技术专家回到或定居菲律宾，分享他们的技能，以加快菲律宾科学、农工业和经济发展。所有定居在国外并且打算回到菲律宾工作的科学家和新毕业博士（New Graduates）都可以参加该项目，那些已经回到菲律宾并且生活不超过半年的科学家和新毕业博士也适用这一项目，超过这一时间则不能申请。这一计划的目标在于加强菲律宾学术、公立和私营机构的科学技术实力，以加速技术的流动，并刺激对菲律宾国家发展和进步具有战略意义的技术的进步。比如在2016年1月11日，"返回科学家"项目在菲律宾科技部副部长的带领下，在日本的菲律宾大使馆与61名旅日菲律宾科学家和研究生进行交流，这也是该项目第一次在亚洲举行类似的活动。[②]

3. "为菲律宾发展而联动"项目

该项目由海外菲律宾人委员会于1989年设立，目的在于促进海外菲律宾人或其他外国捐赠者以捐赠和援助等各种形式，对菲律宾的民生发展、教育、健康和福利、小型基础设施、技术和技能转移等项目进行资助和支持。该项目致力于在推进菲律宾人民的集体利益，为实现国家发展做出贡献的共同愿望的基础上，建立海外菲律宾与国内菲律宾人之间更广泛和深入的伙伴关系。

四　移民权益保护

侨民和劳工权益保护也是菲律宾侨务政策的重要方面，海外菲律宾人和劳工是菲律宾国家的重要资产，菲律宾历届政府都非常重视保护这

---

① 《政府机构为海外菲律宾人提供项目和政策》，CFO网站，http：//www. cfo. gov. ph/pdf/handbook/Programs_ and_ Services_ of_ Government_ Agencies_ of_ Overseas_ Filipinos - chapterV. pdf。

② 菲律宾科技部网站，http：//bsp. dost. gov. ph/index. php/bsp - news。

一群体的权益，一方面既是出于对这一群体的重视，另一方面也有政治方面的考量，即由于这一群体庞大的数量，及其背后所代表的更加庞大的菲律宾人家庭，因此成为很多政治家不得不重视和争取的力量。

（一）援助

菲律宾外交部及其驻外使领馆在援助海外菲律宾人权益上发挥着重要作用，设有专门的机构和经费来对海外菲律宾人进行援助。

表Ⅱ-9-9 **受援海外菲律宾人数量** （人）

时间	接受援助的海外菲律宾人数量
2014年	20939
2015年1—6月	10139
2014年	420
2015年1—6月	63
与毒品案有关被羁押的菲律宾人	
截至2015年8月6日	1279
2015年1—6月新增案例	225

资料来源：菲律宾外交部，http：//www. dfa. gov. ph/index. php/assistance - to - victims - of - trafficking。

表Ⅱ-9-10 **法律援助基金对海外菲劳的援助经额** （比索）

年份	分配费用	支出	援助海外菲劳人数
2015（截至8月7日）	100051893.79	50416565.05	750
2014	50562677.86	50510784.03	258
2013	60000000.00	39437322.14	246
2012	60000000.00	15301638.50	627
2011	80000000.00	9488216.03	132

资料来源：菲律宾外交部，http：//www. dfa. gov. ph/index. php/assistance - to - overseas - filipinos - in - distress。

（二）海外劳工社会保障计划

菲律宾的社会保障体系部分是强制性的，部分是自愿的。海外菲律宾人可以在出国前登记成为社会保障体系的成员，除了参加常规性的保障计划（Regular Social Security）外，海外菲律宾人还可自愿参加社会保障体系提供的弹性基金计划（Flexi-fund）。常规计划包括免税的储蓄和养老金计划，旨在鼓励海外菲律宾人储蓄，从而使他们在回国时能够积累足够的资金。除了向常规保障计划缴纳的费用外，任何缴费都记入他们的个人账号，累计余额将以一次支付或离休金的形式发放，作为常规计划下成员退休或退休福利的补充。①

（三）家庭互助发展海外基金（The Pag-IBIG Overseas Program）

该基金是一项为海外菲律宾劳工、移民，以及已经归化入外国的菲律宾人设计的自愿储蓄基金，旨在将来为会员提供最高可达 300 万比索的房产贷款。该项目向所有持有有效签证或雇佣合同的海外菲律宾劳工、菲律宾移民和归化入他国的菲律宾人开放，成员需要每个月存入至少 5 美元，高级会员必须缴纳更多的储蓄金。比如，如果一个人希望未来能够贷 150 万—160 万比索的房款，那么直到贷款的时候每个月必须存入至少 750 比索或者等额的美元，存款分为 5 年期、10 年期和 20 年期。除了房屋贷款外，会员还可以申请多用途贷款和股息。②

第三节　“国家英雄”：海外菲律宾劳工的喜与悲

海外菲劳对菲律宾社会的影响是多元且复杂的。从宏观上讲，海外菲劳为国家提供巨额外汇，减缓国内就业压力，影响菲律宾与其他国家的对外交往关系，造成本土人才流失，同时海外菲劳的变动为菲律宾政府制定劳务政策指引了方向。从微观上讲，海外菲劳的务工浪潮深深地影响着当地社会的风气与文化，间接造成主要移民地区的贫富差距问题，同时海外菲劳长期在国外务工对自身的夫妻感情和亲子关系也造成了一定的影响。由此可以看出，海外菲劳虽然身处国外，但是其影响却不止于此，海外菲

---

① 《政府机构为海外菲律宾人提供的项目与服务》，CFO 网站，http：//www. cfo. gov. ph/pdf/handbook/Programs_ and_ Services_ of_ Government_ Agencies_ of_ Overseas_ Filipinos - chapterV. pdf。

② 见该项目网站，http：//www. pagibigfund. gov. ph/。

劳既是菲律宾的“国家英雄”，海外菲劳背后的伤痛所反映出来的问题又值得人们的深思。

一　本土人才流失

在海外劳工群体当中，海外菲劳的市场需求是异常庞大的，这得益于海外菲劳的文化程度高、专业技能强和通用英语的优势。

全球知名咨询公司威利斯 2016 年发表研究报告称，菲律宾劳动力成本为东盟最低，但这一优势也可能是“双刃剑”。菲律宾劳动力成本低的相对优势使其成为世界各国从中国实施产业转移的首选投资地，同时也使菲律宾工人，特别是专业人士成为海外招聘的首选目标，工程师、软件开发人员、护士等占劳动人口 40% 的就业人员选择在海外就业，[①] 客观上造成了菲律宾的人才流失。

人才流失问题是劳工迁徙所存在的一个持续性的问题，每年过多的专业海外菲劳流向国外对于菲律宾经济长期发展不利。根据亚洲开发银行于 2017 年 2 月发布的报告，“医疗、科学、工程、管理与教育领域的人力资本流失足以对国家经济与社会发展构成主要障碍”。这份报告还显示，前往经济合作与发展组织（OECD）成员国工作的东南亚大学毕业生在截至 2011 年的 10 年内激增 66%，达到 280 万人，其中超过半数来自菲律宾。有近 10% 受过高等教育的菲律宾国民侨居于经合组织成员国，超过半数受过高等教育，受教育水平和工作经验往往高于工作所需。[②] 国家培育一个高端人才需要花费大量的精力和财力，考虑到在高质量的人力资源离开时，需要资源和时间来填补经验和专业知识的空白，国内确实会缺乏符合条件的工作者，在这个过程中一些人才的流失会对本国的经济发展造成一定的制约。

菲律宾政府似乎也意识到这一问题，正在着手改变这一局面，菲律宾总统杜特尔特于 2019 年底表示政府正在竭尽所能，改善菲律宾经济状况，

---

① 中华人民共和国国家发展和改革委员会：《咨询公司称菲律宾劳动力成本为东盟最低》，2016 年 5 月 10 日，https：//www. ndrc. gov. cn/fggz/jyysr/jysrsbxf/201605/t20160510_ 1124035. html。

② 《报告称东南亚人才迅速流向发达国家，十年增 66%》，中国新闻网，http：//www. nbd. com. cn/articles/2017 - 06 - 07/1114702. html。

为菲国人民（包括在海外工作的菲律宾人）提供更多本地工作岗位。他认为去别的国家找工作“不应该是一种需要，而是菲律宾人的一种选择”①。

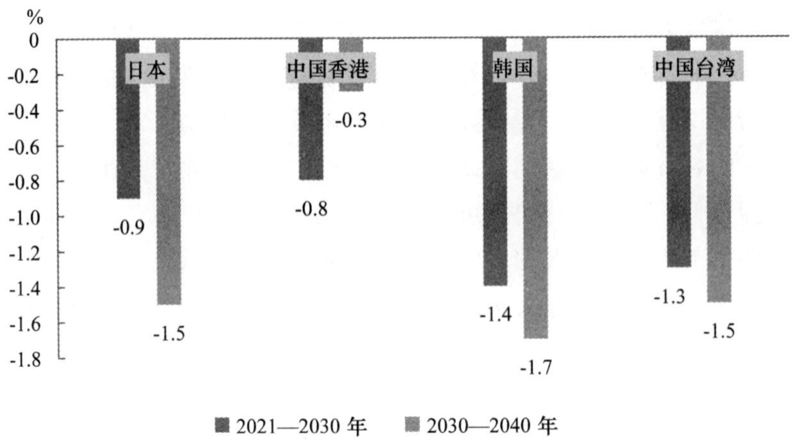

图Ⅱ-9-11　亚洲国家及新兴地区的人口增长预测（劳工接纳国及地区）

资料来源：联合国秘书处，the United Nations Secretariat，“World Population”。

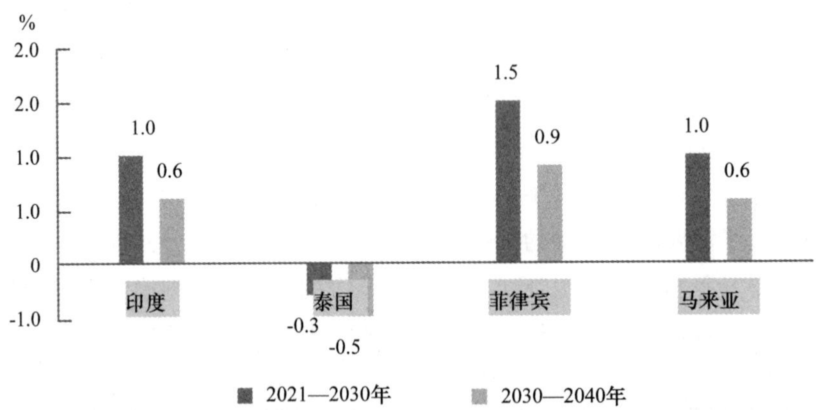

图Ⅱ-9-12　亚洲国家及新兴地区的人口增长预测（劳工输出国地区）

资料来源：联合国秘书处，the United Nations Secretariat，“World Population”。

① 《菲律宾总统将创工作岗位让海外菲劳有选择》，菲信网，2019 年 12 月 29 日，https://mp. weixin. qq. com/s/LJpGI4KmLvanXXdM2_ bMFw。

除了人才流失外，菲律宾还面临着劳动力竞争的问题。一方面，联合国2009年的一份报告显示，接纳外来劳工的日本和中国等东亚各国及地区在今后30年里将陷入深刻的劳动力不足状态。另一方面，在包括菲律宾在内的东南亚各国（劳动力输出国），劳动力人口的增加将会停滞，但劳动力输出将会继续增加，基于这种情况，预计今后在鼓励出国打工的国家之间围绕劳动力供给将会展开激烈的竞争。①

二 与移民相关的贫富差距问题

大量的劳动力前往海外务工会在一定程度上造成菲律宾的城乡差距扩大，并且会使得菲律宾地区发展不平衡的状况持续下去。长期以来，菲律宾社会的贫富差距较大，除了首都马尼拉外，乡村地区经济较为落后。美国布鲁金斯学会学者劳伦斯·汉迪（Lawrence Hendy）和布里纳·赛德尔（Brenner Seidel）于2017年对134个国家的财富分配状况进行研究后指出，在过去25年里全球收入分配不平等程度增长了9%，根据他们的调查，菲律宾的“替代基尼系数”应为0.6，显著高于官方报告“基尼系数”的0.4。②

对处于经济贫穷且落后地区的农村青年劳动力而言，进城务工或是海外移民是他们较为理想的选择，因为农村地区无法提供充足的岗位，再加上大多数年轻人也不愿意接受农业工作，在这样的就业理念刺激下，农村地区的劳动力大量迁往城市或者海外地区务工，留下许多孤寡老人留守农村地区，造成当地人口断层现象，进一步阻碍菲律宾农业的发展。③

虽然海外菲劳的侨汇能够直接改善菲律宾移民家庭的收入情况，但是这样的现象一般发生在中间阶层，对于那些极度贫困的下层民众而言，他们无法支付昂贵的移民费用，且在教育资源上明显要弱于中间阶层，这就使得他们被选择的概率进一步缩小，这些因素的限制使得菲律宾移民地区的经济贫富差距越来越大。由于菲律宾失业率仍然处于不理想的状况，中间阶层的海

---

① 佐佐木辰雄、柳弘：《菲律宾面临劳动力出口竞争》，《南洋资料译丛》2009年第2期。

② 中华人民共和国商务部：《美智库：过去25年菲律宾贫富差距扩大》，2017年2月21日，http://www.mofcom.gov.cn/article/i/jyjl/j/201702/20170202519894.shtml。

③ 李涛：《海外菲律宾人与菲律宾的社会经济发展》，社会科学文献出版社2012年版，第209页。

外菲劳在国内所留下的就业岗位，也会迅速被新的一批中间阶层所填补，下层民众很难有机会获得改变命运的机会，从而形成“马太效应”。

三　社会文化问题

菲律宾海外劳务历史悠久，长期向国外输出劳动力，在菲律宾社会形成了以海外劳务输出为核心的移民文化。这股移民文化给菲律宾社会所带来的直接影响是菲律宾当地社会的移民风气强劲，到海外务工成为菲律宾人职业选择的主要方向，同时，当大量海外菲劳返回菲律宾时则不可避免地会将务工国的文化习俗、消费习惯等产品带回当地社会，给当地社会的文化风气、生活方式带来重大改变。

作为移民大国，菲律宾海外移民历史悠久，在菲律宾社会已经形成一股移民文化。根据前文所述海外菲律宾人规模的扩大得益于特定的历史环境和政策支持，在这一特定的历史时期内，人们的价值理念、就业方向都是以海外劳务输出为核心，一切从海外劳务输出出发，一切为了海外劳务输出。在这种社会思潮以及人们的整体认识下，可以说整个社会都被动员起来，形成一股强大的社会凝聚力。

因此，在菲律宾劳动力迁徙已经成为一种生活方式。无论是家庭成员之间的传统就业沿袭，还是社区内部成员之间的效仿，抑或是整个菲律宾社会都形成了一股强大的移民风气，促使海外务工人员增加。同时移民文化的兴盛对菲律宾的劳务政策也提出了更高的要求，例如海外菲劳利益保护、法律援助、留守在菲律宾的劳工子女教育问题等，也促使政府更加重视海外菲劳群体。①

四　海外菲律宾人的不幸遭遇

尽管海外菲律宾人为国家创造了可观的财富，并被菲律宾国家视为“英雄”，但在现实生活中，菲律宾劳工在国外打工生活，往往处于弱者的地位，其权益可能受到种种侵犯，比如菲佣被虐待、女性劳工被拐卖等

① Edwin S. Estrada, “*Mi Figue, Miraisin: the Filipinos' Culture of Migration in the Age of Globalization*,” *Criss Comentrant*, VoL II 15, June, 2015, http://www.fsi.gov.ph/wp-content/uploads/2015/06/2015-0515-Vol-2-No-15-Mi-Figue-Mi-Raisin-The-Filipinos-Culture-of-Migration-in-the-Age-of-Globalization-Estrada.pdf.

等，这些都是值得菲律宾政府关注的问题。

2018 年 2 月，一名菲佣在科威特遭杀害，尸首还被藏在冷冻库里长达一年。此事震惊了菲律宾全国，并导致两国关系紧张。2018 年 4 月，网上流传一段视频，疑似菲律宾驻科威特大使馆人员涉嫌协助遭虐待的菲佣逃离雇主家。科威特政府愤怒回应，抗议主权遭侵犯，并下令菲律宾驻科威特大使维拉在三天内呈报涉案人员的身份。菲律宾外交部 4 月 24 日就此事件向科威特道歉，但表示，由于菲佣面临着生命危险，驻科威特的菲律宾大使馆人员被迫出面解救。25 日，科威特政府下令菲律宾驻科威特大使一星期内离境。

菲佣在科威特遭遇不测的事件频频发生，在菲律宾国内引起了强烈的反应，任何菲佣可能被迫害的信息都极易让菲律宾人愤慨。菲佣事件使菲律宾和科威特的关系也受到了较大的冲击。总统杜特尔特甚至下令，禁止菲律宾人前往科威特工作，并下令当地所有公民返回国门。

从总体上看，菲律宾女佣在国外的遭遇已成为菲律宾政府和普通百姓日益关注的问题，并时刻牵动着广大菲律宾人的情绪，且这一问题与菲律宾的民族尊严和国际地位息息相关。对政府而言，如果处理不当，既无法向国内民众交代，也无法与涉事国妥善处置分歧，极可能引发政治危机。

除了菲佣被虐待外，人口贩运也是海外菲劳面临的巨大威胁。据美国《人口贩运报告 2015 年》，菲律宾是一个女性、男性、儿童遭受人口贩卖、强迫劳动的来源国、目的国和中转站。来自贫困家庭、受台风打击的社区，以及棉兰老岛受冲突影响的区域的妇女和儿童都会成为受害者。[①]比如在海外菲律宾人集中的澳大利亚，涉及菲律宾妇女、儿童的人口贩运现象非常严重。

五　移民家庭问题

在菲律宾，海外移民已经成为一种常态，海外菲劳与其背后的家庭网络形成了一个互动式结构。在移民前期的决策过程中，促进家庭福利，改善家庭经济困难是寻求工作的家庭个人成员的动力；而在准备移民的过程中，潜在的移民通过依靠家庭网络获得国外就业机会以及非常重要的资

① US Department of State, *Trafficking in Persons Report* 2015, July 2015, p. 279.

金；在海外务工阶段，海外菲劳通过将其在海外务工的收入寄回国内来支撑其家庭的消费；而等到海外菲劳返回菲律宾时，家庭成员则成为海外菲劳的投资对象或者成为菲劳重返菲律宾社会的安全网。

如果说汇款是海外菲劳最受公认的“有利影响”，那么由移民引起的家庭问题则往往多过其积极影响。有许多研究表明，家庭成员的分离恐怕会给婚姻关系和亲子关系播下不稳定的种子。父母一方或双方都在国外务工所导致的父母角色缺位与青少年犯罪、吸毒成瘾、辍学、少女怀孕和早婚有关。①

从目前来看，海外菲劳仍然是菲律宾移民的主流群体，但是在被菲律宾举国上下所称颂的“国家英雄”背后，隐藏的是一个个无奈的家庭之殇，这些移民家庭成员无论是在个体成长还是在家庭关系的发展中都不可避免地受到了影响。

（一）移民家庭夫妻感情破裂

在海外菲劳的年龄结构中，大多数成员处于中年阶段，对于已婚的海外菲劳群体而言，移民可能会改变家庭内部的亲子关系和夫妻关系，从而破坏家庭内部的和谐。当移民家庭成员迫于经济压力而不得不外出务工时，丈夫和妻子长期分居两地会造成夫妻感情的消亡，甚至因为长期分离而产生出轨等不忠贞的行为。由于菲律宾人深受天主教文化的影响，在法律上禁止离婚，这在一定程度上使得人们的婚姻忠诚成本降低，出轨等不忠行为十分普遍。出国务工后由于接触的环境不同，其价值观念也会相应地发生变化，长期分居使得沟通的机会减少，这些因素可能会导致夫妻在相处上发生冲突，甚至会出现许多夫妻在回国团聚后在生活习惯方面不再适应的现象，从而导致夫妻感情破裂。随着海外务工的风气越来越盛，这种现象在菲律宾越来越普遍，对整个家庭氛围和子女教育问题都产生了深远的影响。

（二）子女养育问题

随着海外菲劳群体的壮大，菲律宾移民家庭的留守儿童问题开始凸显。在菲律宾移民家庭中，父母一方或双方的角色缺位对子女的教育是具

---

① Maruja M. B. Asis, “Looking after the Left - behind Families of Overseas Filipino Workers: The Philippine Experience,” *Science Proceedings*, *Family*, *Migration and Dignity*, Mar. 2013, Volume 2013, 4, p. 3.

有深远、持久的负面影响的，疏离的亲子关系助长了菲律宾青年的疏远和叛逆行为，与非移民子女相比，移民子女在身心健康和学业上明显处于不利地位。即便网络科技的发达使得海外菲劳能够随时与其子女保持联系，但是地理位置上的遥远不可避免地在他们的感情上画上了一道鸿沟。[①] 另外，出于对其子女的愧疚和思念，海外菲劳往往会采用金钱等物质性手段进行补偿，但这种商品化的爱并不能够真正填补父母角色缺失所产生的心理缺憾，反而有可能导致其子女滥用父母给予的金钱，甚至误入歧途。

总之，海外劳务输出这一模式打破了传统的家庭角色，它将家庭生活中的父母角色单一化为移民家庭的经济支柱，而留在菲律宾的家属成员则实际上担任了抚养者这一角色，等到移民父母归国后，许多移民父母对于其子女而言不过是“陌生的家人”，海外菲劳远在异乡务工的直接动力是为了家庭幸福，而等到归国后反而在亲子关系中受到了伤害，令人嘘唏不已。[②]

---

① Cohen Rina, “‘Mom Is a Stranger’: The Negative Impact of Immigration Policies on the Family Life of Filipino Domestic Workers,” *Canadian Ethnic Studies Journal*, Sep. 22, 2000, p. 6.

② 《失落的母职：跨国保姆的困境与挣扎》，澎湃新闻，2018 年 3 月 29 日，https://www.sohu.com/a/226674556_260616。

第三篇

双边关系研究

第一章　中菲关系的历史与前瞻

自古以来，菲律宾与中国一衣带水，两国文明交流频繁。明朝时期，菲律宾苏禄东王访华，病逝中国，其子孙留在中国守墓，繁衍生息，成为中菲友好的见证。新中国成立以来，中菲关系总体上呈现出曲折发展的态势。本章在回顾新中国成立以来中菲关系发展历史的基础之上，系统梳理当前中菲关系发展状况，并对后杜特尔特政府时期中菲关系进行展望。

第一节　中菲关系的历史

从 1949 年新中国成立到 2016 年杜特尔特总统执政以前，中菲关系在曲折中前进。通过梳理这段时期的中菲关系历史，可以发现中菲关系发展经历对立隔绝、建交发展、困难前行、黄金阶段、争端升级五个阶段。

一　对立隔绝

1946 年菲律宾独立，但其政治、经济、外交及国防等方面都严重依赖美国，成为“依附性独立的国家”[①]。1949 年新中国成立之后，菲律宾追随美国外交政策，拒不承认新中国，与中国形成对立关系。美国视菲律宾为围堵中国的前沿阵地，菲律宾则追随美国对华政策，成为其对抗中国的“马前卒”。在政治外交上，菲律宾拒不承认新成立的中华人民共和国，尤其是随着菲律宾国内共产主义组织活动的增加、台海危机日益加剧，1955 年菲律宾政府再次重申了与台湾地区关系的重要性。在万隆会

① Stanley Karnow, *America's Empire in the Philippines*, New York: Random House, 1989, p. 323.

议期间，周恩来总理邀请菲律宾领导人访问中国，希望解决移民的国籍问题，均被菲律宾一一回绝。[①] 在经贸领域，菲律宾不与中国开展经贸往来。1951 年，菲律宾政府因朝鲜战争要求联合国对朝鲜和中华人民共和国实施禁运。1954 年菲律宾国会一度考虑与中国大陆开展贸易的可能性，但此提议并未获得国会通过。[②] 在人文方面，菲律宾拒绝与中国大陆进行任何人员交流。“在新中国成立的当年，菲律宾制定了反共政策，将中国排除在‘自由世界’之外，禁止中国移民，禁止往来中国的旅行”[③]。

二　建交发展

20 世纪 60 年代，菲律宾民族主义情绪日益增强，寻求废除与美国的军事基地条约、军事援助协定和共同保卫条约。[④] 1965 年上台执政的马科斯，致力于通过摆脱与美国的亲密盟友关系，为菲律宾赢得更多的外交政策的独立性。[⑤] 菲律宾国内政治的调整，以及美菲同盟关系出现裂痕，为中菲关系改善提供了契机。此后，中菲关系逐渐破除“藩篱”，双方开展了经贸与人文领域的交流，为两国关系正常化奠定了基础。1972 年，美国总统尼克松访华，中美关系实现“破冰”，为中菲关系正常化扫除了最大的外部障碍。1971—1974 年，中菲贸易额迅猛增长，分别为 265 万美元、529 万美元、5298 万美元、4893 万美元。[⑥] 尤其是 1972 年之后，中菲贸易额更是大幅度增长，为两国正式建立外交关系夯实了经济基础。1975 年 6 月，中国国务院总理周恩来和菲律宾总统马科斯在北京签署《中华人民共和国政府和菲律宾共和国政府建交联合公报》，两国正式建立了外交关系。此后至 1986 年中菲关系取得积极发展，政治外交、经贸人文等领域的交流频繁。

---

① 汪新生：《世纪的回顾：现代东南亚政治与外交》，广西人民出版社 1998 年版，第 217 页。

② 金是用：《安全与发展：二战以来中国—菲律宾关系之研究》，博士学位论文，暨南大学，2009 年。

③ 李涛、陈丙先：《菲律宾概论》，世界图书出版社 2018 年版，第 432 页。

④ 周东华：《战后菲律宾现代化进程中的威权主义起源研究》，人民出版社 2010 年版，第 46 页。

⑤ 朱新山：《菲律宾海洋战略研究》，时事出版社 2016 年版，第 61 页。

⑥ 李涛、陈丙先：《菲律宾概论》，世界图书出版社 2018 年版，第 437 页。

三　困难前行

1986 年马科斯政权倒台，上台执政的阿基诺夫人（Cory Aquino）调整对华政策，为发展国内经济，与台湾地区互动频繁，关系暧昧，中菲关系进入困难阶段。20 世纪 80 年代初，菲律宾经济形势恶化，国内民主呼声高涨。为了发展国内经济，作为出口导向型经济的菲律宾，为开拓国际市场，对外贸易是必然选择。台湾当局实施的“金钱外交”，加之菲律宾与台湾地区的经贸关系明显比中国大陆更为密切，使得菲律宾在“一个中国”政策方面出现了动摇，从而导致中菲关系的停滞。相反，菲律宾与台湾当局互动频繁，1988 年和 1989 年，菲律宾众议院少数党领袖、商人奥雷利亚·佩里科特和卢莫伊格相继提出“与台湾关系法”（第 16421 号法案）和“菲台互惠关系法”（第 22183 号法案），妄图升级和恢复与台湾地区的关系。[①] 为了稳定中菲关系，1988 年阿基诺夫人签署第 313 号行政命令，禁止菲律宾政府官员访问台湾地区。

1995 年“美济礁事件”导致中菲关系陷于紧张状态。为了缓和局势，中菲两国之间进行密切沟通，1996 年江泽民主席对菲律宾进行国事访问，两国领导人同意建立中菲面向 21 世纪的睦邻互信合作关系，并就南海问题达成“搁置争议，共同开发”的重要共识和谅解。尽管“美济礁事件”看似平息了，但是南海问题进一步成为菲律宾国家安全的重大议题，菲律宾对美国的安全依赖性增强，尤其是菲律宾国内亲美势力更加希望借助美国的力量来制衡中国在南海区域不断提升的影响力。20 世纪 90 年代初苏联解体，美国加紧对华实施遏制政策，密切美菲同盟关系。1998 年美国借机与菲律宾签订《美菲访问部队协议》，南海争端以及美菲同盟关系的强化，进一步加剧了中菲关系的复杂性。

四　黄金阶段

随着中国经济的崛起，中国与菲律宾经贸关系日益密切，台湾地区对于菲律宾在经贸方面的重要性相对下降，台湾问题对于中菲关系的负面影

---

① 沈红芳：《菲律宾与中国的关系——战后历史回顾、现状及展望》，《南洋问题研究》1989 年第 3 期。

响逐渐降低。1998 年亚洲金融危机爆发，进一步推动中菲关系的发展。时任菲律宾总统埃斯特拉达（Joseph Estrada）为寻求国内经济的发展，进一步寻求发展对华关系。2000 年 5 月，埃斯特拉达对华进行国事访问，与中国国家主席江泽民在北京共同签署《中华人民共和国政府和菲律宾共和国政府关于 21 世纪双边合作框架的联合声明》，确定在睦邻合作、互信互利的基础上建立长期稳定的关系。① 埃斯特拉达仅担任总统 2 年，但为中菲关系发展奠定了良好基础。

2001 年，菲律宾总统阿罗约（Gloria Arroyo）上台。上台伊始，阿罗约便派遣总统特使杨应琳（Alfonso Yuchengco）访问中国，杨应琳称："愿根据两国关于 21 世纪双边合作的联合声明，深化两国在各个领域的交流。"② 2004 年 9 月，阿罗约访问中国，菲律宾与中国建立战略伙伴关系，双边关系进入建交以来的黄金阶段。③ 2005 年 4 月，中国国家主席胡锦涛访问菲律宾，中菲关系再度提升为"建立致力于和平与发展的战略性合作关系"。2007 年 1 月，温家宝总理对菲律宾进行正式访问，双方发表了联合声明，愿共同全面深化中菲致力于和平与发展的战略性合作关系。④ 2008 年 1 月，全国人大常委会委员长吴邦国会见菲律宾众议长德贝内西亚（Jose de Venecia），德贝内西亚称："中国经济的快速发展为亚洲国家经济发展带来了重要机遇。菲中关系在双方共同努力下已经进入黄金时期。"⑤

两国在军事合作领域也取得突破。2001 年菲律宾国防部部长梅尔卡

---

① 《中国同菲律宾关系》，中国外交部官网，2020 年 5 月，https：//www. fmprc. gov. cn/web/gjhdq_ 676201/gj_ 676203/yz_ 676205/1206_ 676452/sbgx_ 676456/。

② 《朱镕基会见菲律宾总统特使》，中国外交部官网，2001 年 3 月 30 日，https：//www. fmprc. gov. cn/web/gjhdq_ 676201/gj_ 676203/yz_ 676205/1206_ 676452/xgxw_ 676458/t5591. shtml。

③ Hong Zhao，"Sino-Philippines Relations：Moving Beyond South China Sea Dispute?，" *The Journal of East Asian Affairs*，Vol. 26，No. 2，pp. 57 – 76.

④ 《中华人民共和国和菲律宾共和国联合声明》，中国外交部官网，2007 年 1 月 16 日，https：//www. fmprc. gov. cn/web/gjhdq_ 676201/gj_ 676203/yz_ 676205/1206_ 676452/1207_ 676464/t289365. shtml。

⑤ 《吴邦国会见菲律宾众议长》，中国外交部官网，2008 年 1 月 9 日，https：//www. fmprc. gov. cn/web/gjhdq_ 676201/gj_ 676203/yz_ 676205/1206_ 676452/xgxw_ 676458/t398185. shtml。

(Merka) 访华，2002 年迟浩田部长访问菲律宾，成为出访菲律宾的首位中国国防部部长，双方同意在反恐和菲律宾军事装备现代化方面增加合作，中国向菲律宾军队提供价值 300 万美元的 40 辆军用卡车。2004 年 11 月，中菲两国签署《防务合作谅解备忘录》。同年 12 月 7 日到 11 日，在中国访问的菲律宾武装部队总参谋长里卡多·戴维与中国签署“军事后勤供应协议”，从中国接受或购买军事装备。[①] 2005 年中国军方宣布，从 2006 年起，每年将向菲律宾武装部队提供价值 200 万美元的军事援助。[②]

政治互信的提升推动了两国在南海的合作。2004 年 9 月，在阿罗约访问中国期间，菲律宾国家石油公司与中国国家海外石油公司达成了《在南中国海部分海域开展联合海洋地震工作协议》。2007 年 12 月，在新加坡召开的东亚领导人峰会期间，中国与菲律宾双方决定加强在南海石油开采方面的合作。在 2008 年菲律宾众议长黎敏尼舍访华期间，中菲决定加强在南海渔业方面的合作。在阿罗约执政后期，中菲合作项目逐渐成为菲律宾国内重要政治议题，尤其是菲律宾国内亲美势力，借南海等议题，打击阿罗约及其执政联盟，给中菲关系造成负面影响。例如，菲律宾参众两院提出议案，要求停止和调查受到质疑的中菲投资合作项目，并追查阿罗约总统在与中国方面达成协议时所犯下的滥权行为。[③] 2009 年菲律宾国会又通过了“领海基线法”。

五　争端升级

2009 年美国奥巴马政府提出亚太“再平衡”战略，强化与菲律宾的同盟关系，利用南海问题扰乱中国周边局势。2010 年就任菲律宾总统后，阿基诺三世（Cojuangco Aquino III）便着手调整对华政策，尤其是在南海问题上对华趋于强硬。阿基诺三世先后撤销了对华温和的外长罗伯特·罗慕洛（Alberto Romulo）和驻华大使周清琦（Frank Benedicto）的职务，导致菲律宾驻华大使空缺长达一年之久。2011 年 2 月，阿基诺任命以亲美

---

① 《菲律宾将购买中国武器消息引发关注》，新浪网，2010 年 12 月 16 日，http://news.sina.com.cn/c/sd/2010-12-16/152721654217.shtml。

② 《中菲军事合作迈出新步伐》，光明网，2010 年 10 月 8 日，http://epaper.gmw.cn/gmrb/html/2010-12/08/nw.D110000gmrb_20101208_7-08.htm。

③ 代帆、金是用：《安全与发展：菲律宾对华政策研究》，《南洋问题研究》2009 年第 3 期。

著称的菲律宾前驻美大使德尔·罗萨里奥（Albert del Rosario）为新任外长。同年3月2日，菲律宾宣称其勘探船在礼乐滩附近海域遭受中国执法船的“骚扰”，并出动OV-10轰炸机和一架轻型军机前往事发地点，事后阿基诺三世派海岸警卫队护送这艘勘探船。[①]

尽管阿基诺三世调整对外政策，亲美制华，但是依然重视对华经贸关系。2011年8月30日至9月3日，应中国主席胡锦涛邀请，阿基诺三世对中国进行国事访问。中菲双方认为，阿基诺三世访华对中菲两国关系发展具有里程碑意义。访问期间中菲两国发表联合声明，双方重申将在相互尊重、平等互利的基础上，共同致力于推动中菲战略性合作关系长期稳定发展，并提出构筑新时期中菲关系的框架。[②] 两国还签署了《中菲经贸合作五年发展规划（2012—2016）》等协议。然而，此次中菲关系缓和持续的时间很短。阿基诺三世在南海问题上的强硬政策加剧了南海局势的紧张。2012年4月，菲律宾在黄岩岛企图扣押中国渔船的行为，导致菲律宾军舰与中国渔政船在黄岩岛附近海域对峙了一个多月，黄岩岛争端导致中菲关系恶化，中菲在政治外交、经贸、人文等领域的合作几乎陷于停滞或者倒退。

阿基诺三世政府试图通过多种方式在南海问题上与中国展开对抗。第一，强化与美国军事同盟关系。2014年4月，美菲两国正式签署了为期10年的《美菲加强防务合作协议》，加强美菲防务合作。根据该协议，菲律宾将允许美国军队使用菲律宾军事基地，允许美军扩大在菲律宾轮换部署。第二，南海问题东盟化。2012年菲律宾外长罗萨里奥呼吁东盟召开南海争端国家特别会议磋商南海问题，并多次试图将南海问题纳入东盟外长会联合公报之中。第三，南海问题国际化。2013年1月，阿基诺三世政府单方面就中菲在南海的有关争议提起国际仲裁。在此后几年里，菲律宾政府不断在所谓仲裁案上做文章，拉拢美国以及其他西方国家的支持，在政治舆论上极力污蔑中国解决争端的努力。2016年6月，在“南海临时仲裁庭”公布裁决之际，围绕南海争端，中菲关系处于极度紧张状态。

总结这五个阶段的特征，可以看出影响中菲关系的结构性因素主要包括

---

① 关于阿基诺三世在南海问题上的具体行动，可参见陈庆鸿《菲律宾南海政策的调整及其原因》，《国际资料信息》2011年第10期。

② 《中华人民共和国与菲律宾共和国联合声明（全文）》，新华网，2011年9月1日，http：//news. xinhuanet. com/world/2011-09/01/c_ 121947424. htm。

台湾问题、中菲经贸关系、美国因素、南海争端、菲律宾国内政治等。其中，台湾问题在改革开放初期以及此前的一段时间里是影响中菲关系的重要因素，但是，随着中菲经贸关系日益密切，台湾问题对中菲关系的影响越来越小。发展中菲经贸关系符合两国重大利益，是中菲关系稳定的重要基石。南海问题关乎中菲两国领土争端，是困扰两国关系长期稳定发展的最大难题。菲律宾国内政治，尤其是亲美利益集团与美国的互动，成为阻碍中菲关系发展的重要因素。从外部来看，美国因素是影响中菲关系最大的外部因素，影响着菲律宾国内政治和南海问题的走向，制约着中菲关系向好发展。

第二节　中菲关系现状

2016 年菲律宾杜特尔特总统上台，其执政地位总体稳固，他试图振兴国内经济，奉行大国“平衡外交”政策。在中菲两国元首的引领之下，经贸合作成为中菲关系的核心动力，南海问题暂时降温。中菲关系实现外交转圜、战略对接，双边关系提升至全面战略合作上，并开展多领域全方位的合作。在 2020 年新冠肺炎疫情肆虐之际，中菲两国加强公共卫生领域合作，携手共同战疫，为中菲友好合作注入了新内涵。

一　外交转圜

2016 年 6 月，杜特尔特就任菲律宾总统之后，逐渐调整菲律宾国内外政策，主动对华释放善意，降低南海争端的负面影响，恢复和发展中菲关系。同年 10 月，杜特尔特总统访华，中菲关系实现转圜。

（一）政策调整

杜特尔特就任菲律宾总统以及一系列内外政策的调整，为中菲关系改善带来契机。杜特尔特将施政的重点转移到国内，致力于发展经济，进行大规模基础设施建设，维持社会稳定与国家安全，大力开展禁毒行动，打击国内分离主义和恐怖主义势力。外交政策服务于国内目标，杜特尔特政府改善菲律宾基础设施、发展经济的政策，与中国提出的“一带一路”倡议不谋而合，两国在发展经贸关系方面利益一致；禁毒行动与美国等西方国家倡导的人道主义相违背，导致美菲关系出现分歧，中国等国对菲律宾相关行动表示支持。因此，杜特尔特政府调整阿基诺三世政府时期“亲美制华”，转而实行“大国平衡”的外交政策。

（二）释放善意

南海问题依然是影响中菲关系的难题。杜特尔特在竞选期间对南海争端态度强硬，主张采取美国、日本、澳大利亚、东盟国家等多边对话解决南海争端，呼吁中国尊重菲律宾专属经济区。[①] 在其就任总统之初的两个月时间内，杜特尔特也多次强调与中国开展双边对话的基础是“南海仲裁案”。随着中菲双方释放改善关系的善意，南海争端逐渐降温。杜特尔特在多个场合表达改善对华关系的愿望，表示愿意以双边方式与中国解决南海争端。他强调维护菲律宾国家利益，不依赖美国。[②] 2016 年 9 月 7 日，在老挝万象召开的东亚合作领导人系列会议期间，中国总理李克强同杜特尔特进行了会谈。杜特尔特表达了改善对华关系的积极愿望。同年 10 月，杜特尔特总统公开表示：“希望中菲关系回暖能够带动菲律宾经济的发展。”[③]

在中国方面，中国国家主席习近平在祝贺杜特尔特就任菲律宾总统时曾指出：“中菲两国是搬不走的邻居，睦邻友好是两国关系上千年的历史传承，也是必须坚持的正确方向。今天，中菲关系发展面临着重要机遇，我愿同总统先生共同努力，推动中菲关系走向改善，实现健康稳定发展。”[④] 在老挝万象与杜特尔特会谈时，中国总理李克强表示，期待双方共同努力，推动中菲关系重返正常轨道，实现健康稳定发展。中国强调中菲关系处于“新的转折阶段”，希望菲方同中方同向而行，妥善处理分歧，推动两国关系重回对话协商和友好合作的轨道。[⑤] 在杜特尔特访华之

---

① Duterte's South China Sea Stance Could Shake up Security Ties with Japan, U. S. , http://www. japantimes. co. jp/news/2016/05/10/asia - pacific/politics - diplomacy - asia - pacific/philippines - china - stance - duterte - shake - security - ties - japan - u - s/#. WKmMM_ meo88。

② Rody Won't Rely on Longtime PH Ally US, June 02, 2016, http://globalnation. inquirer. net/139848/rody - wont - rely - on - longtime - ph - ally - us.

③ 《杜特尔特：菲律宾在经济上唯一的希望是中国!》，菲律宾《联合日报》，October 20, 2016, http://www. unitednews. net. ph/article. php? post = 1447。

④ 《习近平致电祝贺杜特尔特就任菲律宾总统》，中国外交部官网，2016 年 6 月 30 日，https://www. fmprc. gov. cn/web/gjhdq_ 676201/gj_ 676203/yz_ 676205/1206_ 676452/xgxw_ 676458/t1376560. shtml。

⑤ 《刘振民：“中菲关系处于新转折阶段”》，联合早报网，2016 年 9 月 15 日，http://www. zaobao. com/news/china/story20160915 - 666414。

前，中国解除了对菲律宾香蕉、菠萝等农林水产品长达四年的进口禁令，并正在考虑解除对菲律宾杧果、火龙果、对虾、螃蟹等产品的禁令。[①]

（三）访华破冰

2016 年 10 月，菲律宾总统杜特尔特开始对中国进行国事访问，中国成为其上任以来首访的东盟以外的国家，此访也成为中菲关系史上具有里程碑意义的历史性访问。中国国家主席习近平在人民大会堂同菲律宾总统杜特尔特举行会谈，双方发布《中华人民共和国与菲律宾共和国联合声明》，重申现有中菲双边对话机制对增进理解、拓展合作、增强双边关系的重要性，同意恢复两国外交磋商、领事磋商、经贸联委会、防务安全磋商、农业联委会、科技联委会及其他双边对话机制。在南海问题上，双方同意继续商谈建立信任措施，提升互信和信心，并承诺在南海采取行动方面保持自我克制，以免争议复杂化、扩大化及影响和平与稳定。[②] 访华期间双方还签署了《中国海警局和菲律宾海岸警卫队关于建立海警海上合作联合委员会的谅解备忘录》。以菲律宾总统杜特尔特成功访华为标志，中菲关系实现全面转圜，两国关系和各领域合作都进入一个全新的发展阶段。[③] 在北京访问期间，杜特尔特还公开宣布要与美国在军事和经济领域"分道扬镳"[④]。

二　战略对接

2017 年，杜特尔特提出"大建特建"计划，并与中国"一带一路"倡议积极对接。中菲双方在经贸领域开展密切合作。2018 年，中国国家主席习近平访问菲律宾，中菲两国关系提升为全面战略合作关系。

（一）杜特尔特"大建特建"计划期待中国支持

在杜特尔特访华，中菲关系出现转圜之后，双边关系迎来了快速发展

---

① 《美媒：菲总统杜特尔特访华渴望获数百亿美元投资》，中华网，2016 年 10 月 14 日，http://news.china.com/international/1000/20161014/23766656.html。

② 《中华人民共和国与菲律宾共和国联合声明》，中国外交部网站，2016 年 10 月 21 日，http://www.fmprc.gov.cn/web/zyxw/t1407676.shtml。

③ 《外交部：杜特尔特成功访华标志着中菲关系进入全新发展阶段》，人民网，2016 年 11 月 2 日，http://world.people.com.cn/n1/2016/1124/c1002－28894115.html，登录时间：2016 年 11 月 20 日。

④ 《杜特尔特宣布与美国分道扬镳 美方回应：给我们个说法》，环球网，https://world.huanqiu.com/article/9CaKrnJYdBB，登录时间：2016 年 11 月 20 日。

时期。尤其是菲律宾的“大建特建”计划与中国提出的“一带一路”倡议对接，更是推动了中菲关系的迅速发展。2017 年，杜特尔特总统提出菲律宾史上最雄心勃勃的基建计划，即“大建特建”计划，计划在 6 年内投资 8.4 万亿比索（约合 1.16 万亿元人民币），旨在发展国内基础设施以吸引国外的投资进而增加就业，并带动菲律宾的经济发展。菲律宾贸易和工业部部长拉蒙·洛佩兹（Ramon Lopez）称，“大建特建”项目邀请投资者参与政府的基础设施项目，同时改善有助于货物和人员流动的公共基础设施。[①]“大建特建”计划的基础设施建设项目具有投资规模大、投资周期长、回报慢等特征。菲律宾政府自身财政实力有限，政府税收难以完全负担资金需求，因此需要外国政府提供开发援助等支持。

为了发展经济，推动国内基础设施建设，杜特尔特政府意图加强与中国的经贸合作与发展战略对接。对杜特尔特政府来说，中国的“一带一路”倡议是“大建特建”计划的天然合作对象。杜特尔特公开表示，“中国的‘一带一路’正适合菲律宾的发展计划，特别是‘大建特建’计划，在该前提之下，两国合作大大拓展。”[②] 菲律宾时任外长艾伦·卡耶丹诺（Alan Peter Cayetano）称：“衔接性的方案应当支持菲律宾的发展优先方案、菲律宾发展计划等。展望‘一带一路’带来繁荣与和平的国际社会。”[③] 通过战略对接，菲律宾可以获得中国对于其国内基础设施项目建设资金等方面的支持，实现发展目标，进而维持和巩固杜特尔特及其执政联盟在菲律宾的执政地位。

（二）中国共建“一带一路”倡议欢迎菲律宾加入

就中国而言，2013 年提出的“一带一路”倡议，已经得到世界上越来越多的国家和国际组织的认可与参与，成为推动国际经济发展与治理变革的重要平台。菲律宾处于太平洋海上贸易路线的要冲，是“21 世纪海上丝绸之路”的重要国家，中国欢迎菲律宾成为“21 世纪海上丝绸之路”

① Kris Crismundo, DTI Chief: Build, Build, Build Program Crucial to Lure Investments, *PHILIPPINE NEWS AGENCY*, August 10, 2017, https://www.pna.gov.ph/articles/1005700.

② 《学者：菲将在中国发起的“一带一路”机制扮演“重要角色”》，菲律宾《联合日报》，November 12, 2018, http://www.unitednews.net.ph/article.php?post=12037。

③ 《外交部：“一带一路”有助于菲开创成长机会与提升人民生活》，菲律宾《联合日报》，May 16, 2017, http://www.unitednews.net.ph/article.php?post=5717。

建设中“主动、积极、建设性的合作伙伴”[①]。由于南海争端等问题，中菲关系发展受阻，菲律宾没有加入“一带一路”倡议。随着中菲关系的转圜，菲律宾积极表达与中国加强战略对接的意愿。中国对于菲律宾加入“一带一路”倡议，共建“一带一路”持积极的欢迎态度。

2017 年 7 月，中国外交部部长王毅在马尼拉同菲律宾外长卡亚塔诺共同会见记者时表示：“共建‘一带一路’不仅将为中菲关系开拓互利合作的新前景，也将为菲律宾的自身发展提供更加持久强劲的动力。”[②] 同年 11 月，在出席越南岘港亚太经合组织会议之际，习近平主席会见杜特尔特总统，指出中国“要围绕‘一带一路’倡议和菲方发展战略对接，深化和拓展基础设施建设、农业、投资等领域务实合作”[③]。在此次会晤五天后，中国总理李克强访问菲律宾，中菲两国发布联合声明，强调加强经贸等领域合作，两国签署经济技术、工业园区发展、第二批重点基础设施项目建设等合作协定。[④]

（三）中菲建立全面战略合作关系

2018 年中菲高层互动频繁，推动实现中国“一带一路”倡议与菲律宾“大建特建”计划的战略对接。2018 年 4 月，杜特尔特总统应邀来华出席博鳌亚洲论坛 2018 年年会，其间习近平主席同其举行双边会见。同年 9 月，中国全国人大常委会副委员长吉炳轩访问菲律宾。10 月，中国国务委员兼外交部部长王毅访问菲律宾。11 月，中国国家主席习近平对菲律宾进行国事访问，中菲两国发布《中菲联合声明》，建立中菲全面战略合作关系。两国签订了《中菲关于共同推进“一带一路”建设的谅解备忘录》，双方一致认为，“基础设施合作是中菲合作的亮点”。政治互信

---

① 《中国海上丝路计划将把菲律宾包括在内》，环球网，2014 年 11 月 17 日，https：//finance. huanqiu. com/article/9CaKrnJFQ5q。

② 《王毅：“一带一路”是中菲合作的重点和亮点》，中国外交部网，2017 年 7 月 25 日，https：//www. fmprc. gov. cn/web/gjhdq _ 676201/gj _ 676203/yz _ 676205/1206 _ 676452/xgxw _ 676458/t1479989. shtml。

③ 《习近平会见菲律宾总统杜特尔特》，中国外交部网，2017 年 11 月 12 日，https：//www. fmprc. gov. cn/web/gjhdq_ 676201/gj _ 676203/yz _ 676205/1206 _ 676452/xgxw _ 676458/t1509748. shtml。

④ 《中华人民共和国政府和菲律宾共和国政府联合声明》，中国外交部官网站，2017 年 11 月 16 日，https：//www. fmprc. gov. cn/web/gjhdq_ 676201/gj_ 676203/yz_ 676205/1206_ 676452/1207_ 676464/t1511205. shtml。

的提升，推动中菲两国在南海地区的合作，两国签署《中菲关于油气开发合作的谅解备忘录》，愿积极商讨包括海上油气勘探和开发，矿产、能源及其他海洋资源可持续利用等在内的海上合作。①

二　全方位合作

2019 年中菲关系在多领域全方位展开，尤其是在南海展开务实合作。2020 年，新冠肺炎疫情肆虐全球，中国和菲律宾先后受到严重的影响，中菲双方加强公共卫生合作，守望相助，共同战疫。

（一）首脑互动频繁，引领双边政治外交关系深入发展

2019 年 3 月 20 日，菲律宾外长洛钦访华，中菲双方就高层交往以及各领域合作达成广泛共识，提出四个“推进”工作重点：推进“一带一路”合作；推进海上合作；推进东亚合作；推进多边合作。② 2019 年 4 月 25 日，第二届“一带一路”国际合作高峰论坛召开，菲律宾总统杜特尔特访华。两国就中国“一带一路”倡议与菲律宾“大建特建”发展战略对接，海上合作等问题达成多项共识。③ 同年 8 月 29 日，杜特尔特再度访华，中菲双方持续推进“一带一路”倡议与“大建特建”计划对接，聚焦基础设施建设、工业园区、电信、能源等领域重大合作项目；继续坚持通过合作而非对抗的方式和平解决南海争议，致力于推动各方尽早达成“南海行为准则”；双方还宣布成立油气合作政府间联合指导委员会和企业间工作组，推动共同开发取得实质性进展。④

① 《中华人民共和国与菲律宾共和国联合声明》，中国外交部网站，2018 年 11 月 21 日，https://www.fmprc.gov.cn/web/gjhdq_676201/gj_676203/yz_676205/1206_676452/1207_676464/t1615198.shtml.

② 《王毅：着力做好四个“推进”，推动中菲关系不断迈上新台阶》，中国外交部网站，2019 年 3 月 20 日，https://www.fmprc.gov.cn/web/gjhdq_676201/gj_676203/yz_676205/1206_676452/xgxw_676458/t1646930.shtml。

③ 《习近平会见菲律宾总统杜特尔特》，中国外交部网站，2019 年 4 月 25 日，https://www.fmprc.gov.cn/web/gjhdq_676201/gj_676203/yz_676205/1206_676452/xgxw_676458/t1657773.shtml。

④ 《习近平会见菲律宾总统杜特尔特》，中国外交部网站，2019 年 8 月 29 日，https://www.fmprc.gov.cn/web/gjhdq_676201/gj_676203/yz_676205/1206_676452/xgxw_676458/t1693011.shtml。

（二）协商解决南海问题，推动南海油气资源开发合作

2017—2018 年，根据中菲两国元首达成的共识，中国—菲律宾南海问题双边磋商机制召开了三次会议，在南海问题上取得积极进展。2019 年 4 月 3 日，中国—菲律宾南海问题双边磋商机制第四次会议在菲律宾马尼拉举行，双方秉持合作态度探讨处理问题的方法，重申继续开展合作并商谈促进信任措施。[①] 同年 7 月 23 日，中国外交部副部长罗照辉与菲律宾外交部副部长马纳罗（Enrique Manalo）在马尼拉共同主持第 22 次中菲外交磋商。双方同意继续坚持中菲两国领导人关于妥善处理南海问题的共识，不断加强海上对话，推进包括油气共同开发在内的海上合作；继续致力于同其他东盟国家一道，全面有效落实《南海各方行为宣言》，积极推进“南海行为准则”磋商进程，维护南海和平稳定。[②] 同年 7 月 30 日，中国国务委员兼外交部部长王毅与菲律宾外长洛钦在泰国曼谷举行会谈。菲律宾外长洛钦表示，菲方愿同中方一道开展海上油气开发合作。[③] 10 月 28 日，中菲南海问题双边磋商机制（BCM）第五次会议在北京举行。双方认为通过该机制推进海上务实合作，探讨妥善管控和处理分歧的方式方法，不断增进对话与互信，为促进双边关系健康稳定发展和南海和平稳定发挥了重要作用。[④] 12 月 16 日，中国国务委员兼外长王毅会见菲律宾外长洛钦。双方表示根据“中菲关于油气开发合作谅解备忘录”精神，积极推动中菲油气开发合作取得实质性进展。[⑤]

（三）战略对接推动中菲经贸投资迅速发展

通过中菲政府推动“一带一路”倡议与“大建特建”战略对接，双

---

① 《中国—菲律宾南海问题双边磋商机制第四次会议召开》，新华网，2019 年 4 月 3 日，http://www.xinhuanet.com/world/2019－04/03/c_1124324452.htm。

② 《中菲举行第 22 次外交磋商》，中国外交部网站，2019 年 7 月 23 日，https://www.fmprc.gov.cn/web/gjhdq_676201/gj_676203/yz_676205/1206_676452/xgxw_676458/t1682652.shtml。

③ 《王毅会见菲律宾外长洛钦》，中国外交部网站，2019 年 7 月 30 日，https://www.fmprc.gov.cn/web/gjhdq_676201/gj_676203/yz_676205/1206_676452/xgxw_676458/t1684522.shtml。

④ 《中国—菲律宾南海问题双边磋商机制第五次会议联合新闻稿》，中国外交部网站，2019 年 10 月 18 日，http://new.fmprc.gov.cn/web/wjbxw_673019/t1711339.shtml。

⑤ 《王毅会见菲律宾外长洛钦》，中国外交部网站，2019 年 12 月 16 日，https://www.fmprc.gov.cn/web/gjhdq_676201/gj_676203/yz_676205/1206_676452/xgxw_676458/t1724894.shtml。

方全面深化经贸、基础设施建设、农业、旅游等各领域的互利合作。受此推动，中菲贸易投资额增长迅速。2017 年中国超越日本成为菲律宾最大贸易伙伴，中国也成为菲律宾较大的外国投资来源国之一。2018 年，中菲双边贸易额达到 556.7 亿美元，同比增长 8.6%。2019 年，中菲贸易额为 609.5 亿美元，同比增长 9.5%（见表Ⅲ－1－1）。中国企业对菲投资 6037 万美元，同比增长 56.5%。中国企业在菲新签工程承包合同额 62.4 亿美元，同比增长 102%；完成营业额 27.6 亿美元，同比增长 39.9%。[①] 2020 年受新冠肺炎疫情影响，1—9 月，中菲贸易额为 425.3 亿美元，同比下降 3.3%。其中，中国对菲律宾出口 288.9 亿美元，增长 0.1%，进口 136.4 亿美元，下降 9.8%。[②]

（四）增强互信，开展多维度军事安全合作

2016 年杜特尔特总统上任后，中菲军事交流恢复并日益增加，对于增进两国信任、减少战略误判、避免冲突发挥了积极作用。美国以菲律宾政府禁毒战争“无视人权与自由”为借口取消了与菲律宾达成的军购合同，引起了杜特尔特政府的强烈不满。2016 年 10 月，杜特尔特访华之前表达了向中国军购的意向，并表示愿意与中俄两国一同进行军事演习。中国方面坚定地支持菲律宾禁毒和反恐努力，支持马拉维战后重建，为菲律宾维护国内和平贡献力量。同菲方持续深化防务、禁毒、反恐、执法合作，为两国发展与地区和平稳定营造良好环境。[③] 2017 年 6 月以来，中国多次向菲律宾提供先进的反恐武器装备，对于菲律宾政府军夺回马拉维发挥了重要作用。

与此同时，军事交流日益增多。2017 年 5 月，中国导弹驱逐舰“长春”号、导弹护卫舰“荆州”号及综合补给舰“巢湖”号对达沃港进行了为期 3 天的友好访问，这是中国军舰首次访菲。杜特尔特登上中国军舰并称：“这将是与中国军方较大合作之开端，尤其是对抗海盗”。他还表示

---

① 《2019 年中国—菲律宾经贸合作简况》，中国商务部网站，2020 年 7 月 29 日，http：//yzs. mofcom. gov. cn/article/t/202007/20200702987511. shtml。

② 《2020 年 1—9 月中国与亚洲国家地区（贸易）统计》，中国商务部网站，2020 年 10 月 26 日，http：//images. mofcom. gov. cn/yzs/202010/20201026161640537. pdf。

③ 《习近平在菲律宾媒体发表署名文章》，新华网，2018 年 11 月 19 日，http：//www. xinhuanet. com/politics/leaders/2018－11/19/c_ 1123734807. htm。

表Ⅲ－1－1　　2010—2019 年中国对东盟及其成员国的进出口贸易总额　　（亿美元）

年份	2010	2011	2012	2013	2014	2015	2016	2017	2018	2019
东盟 10 国	2927.76	3628.54	4000.93	4436.11	4801.25	4721.6	4522.07	5148.2	5878.7	6414.6
越南	300.94	402.07	504.4	654.82	835.16	959.7	982.26	1213.2	1478.6	1620
马来西亚	742.15	900.35	948.13	1060.75	1019.75	972.9	868.76	960.3	1086.3	1239.6
泰国	529.47	647.37	697.45	712.61	726.75	754.6	758.65	802.9	875.2	917.5
新加坡	570.58	634.82	692.76	759。14	796.48	795.7	704.24	792.4	828.8	899.4
印度尼西亚	427.50	605.22	662.19	683.55	635.86	542.3	535.08	633.2	773.7	797
菲律宾	277.46	322.54	363.7	380.66	444.43	456.5	472.08	512.8	556.7	609.5
缅甸	44.44	65	69.72	101.5	249.73	152.8	122.84	135.4	152.4	187
柬埔寨	14.41	24.99	29.23	37.72	37.57	44.3	47.59	57.9	73.9	94.3
老挝	10.55	13.06	17.28	27.41	36.14	27.8	23.38	30.2	34.7	39.2
文莱	10.25	13.11	16.08	17.94	19.36	15.1	7.19	10.0	18.4	11

资料来源：中国商务部网站。

同意与中国在棉兰老举行联合军事演习。① 2018 年 10 月，中国—东盟“海上联演——2018”演习在湛江及其以东海空域进行。此次联合演习是中国军队与包括菲律宾在内的东盟 10 国军队举行的首次海上联演，展现出中国与东盟国家致力于维护地区和平稳定的信心与决心。②

2019 年菲律宾与中国积极开展海军互访。2019 年 1 月 17 日至 21 日，由中国海军导弹护卫舰“芜湖”舰、“邯郸”舰和综合补给舰“东平湖”舰组成的海军 539 编队对菲律宾进行访问，菲律宾国防部部长洛伦扎纳对中国海军编队访问菲律宾表示热烈欢迎。洛伦扎纳表示中菲两军关系是两国关系的重要组成部分，菲律宾政府支持两国海军不断加强友好交往和务实合作，包括高层互访、专业人员交流和舰艇互访等。③ 2019 年 4 月 15 日，菲律宾海军现役排水量最大的万吨级战略运输舰“丹辘”号从马尼拉起航前往青岛，参加 4 月 23 日举行的中国海军 70 周年国际舰队检阅活动。④

（五）加强公共卫生合作，守望相助，共同战疫

新冠肺炎疫情暴发以来，中国与菲律宾守望相助、同舟共济、协同合作共同抗疫，成为全球合作抗疫的典范。中菲合作抗疫主要有两个阶段：第一阶段是 2020 年 2 月新冠肺炎疫情在中国蔓延扩展之时，菲律宾全力支持中国抗疫。菲律宾政府、企业、社会各界积极组织捐款捐物，在物质上积极支持中国抗疫。与此同时，除了物质上相互帮助之外，在政治上菲律宾支持中国抗疫，反对疫情政治化、污名化。菲律宾总统杜特尔特多次公开表达对中国抗疫的坚定支持，菲律宾外交部部长洛钦（Teodoro Lochen）多次据实驳斥西方社会针对中国抗疫的攻击、抹黑。第二阶段是进入 3 月中下旬后，菲律宾疫情逐渐加剧，中国疫情日益缓和，中国开始全力支持菲律宾抗疫。在抗疫方面，中国分享抗疫经验给菲律宾，对于菲

---

① 《杜特尔特登访中国军舰长春号 将开始与中国军方合作》，菲律宾《联合日报》，2017 年 5 月 3 日，http://www.unitednews.net.ph/article.php?post=5336。

② 《与东盟海军首次联演，这 3 艘中国军舰啥来头?》，海外网，2019 年 10 月 22 日，http://m.haiwainet.cn/middle/3542184/2018/1022/content_31419953_1.html。

③ 《中国海军编队访问菲律宾 菲防长登舰参观》，海外网，2019 年 1 月 21 日，https://baijiahao.baidu.com/s?id=1623229942565892643&wfr=spider&for=pc。

④ 《2019 年中国海军国际阅舰式：首次来华的菲律宾海军万吨大舰》，搜狐网，2019 年 10 月 2 日，https://www.sohu.com/a/308988862_730060。

律宾抗疫发挥了重要作用。

在合作抗疫的第二阶段，菲律宾国内疫情日益严峻，陷入抗击疫情的艰难时刻，面临医疗物资和设施短缺等诸多困难。对此，中国尽最大努力帮助菲律宾。中国政府、企业以及社会各界通过多种渠道、多种方式全力支持菲律宾抗疫行动，包括援助多批抗疫物资、派遣抗疫医疗专家组以及为菲律宾赴华采购和运输抗疫医疗物资提供各种便利，等等。与此同时，中国企业积极开展援助工作。国家电网、中国银行、攀华集团、中国信科、中国电建、中国路桥、中国铁设、中国地质、中国建筑、中国能建、青建公司等在菲中资企业向菲律宾捐助了医疗物资以及各类生活物资。目前，菲律宾疫情形势仍然严峻，中菲两国继续合作抗击疫情，加强开展疫苗研制合作。在中菲关系全面深化的背景下，两国合作抗疫将进一步推动两国政治互信、民心相通与经济合作，对于深化两国全面战略合作关系具有重要意义。

第三节 中菲关系前瞻

新中国成立以来，受多种结构性因素的影响，中菲关系总体上呈现出曲折前进的态势。2019 年 5 月，菲律宾中期选举“杜特尔特阵营”大获全胜。另外，随着杜特尔特任期过半，菲律宾政治也随即进入“后杜特尔特时期”，菲律宾国内政局的潜在变化对中菲关系产生着重要影响。2020 年受新冠肺炎疫情的影响，中菲经贸关系受到冲击，美国大选中拜登击败特朗普，为整个亚太局势增加了新的变数。在“后杜特尔特时期”，中菲关系是否能经受住各种因素的考验，延续并深化合作，还是可能陷入再度对立，考验着中菲两国领导人的政治智慧，也值得学界展开深入探讨和研判。

一 深化合作的基础

2020 年是中国与菲律宾建交 45 周年。建交 45 年来，中菲关系由“面向 21 世纪的睦邻互信合作关系”到“致力于和平与发展的战略性合作关系”再到“全面战略合作关系”，不断取得新成就、新进步、新发展。尤其是 2016 年杜特尔特上台以来，中菲关系实现转圜、巩固和提升，两国合作日益密切，构成中菲关系深化合作的基础。展望未来，至少是在 2022 年杜特尔特任期结束以前，中菲合作有望进一步巩固，甚至深化。

（一）不断扩大的共同利益是两国扩大合作的重要基础

日益密切的经贸合作增强了两国扩大合作的共同利益。杜特尔特执政以来，中菲贸易持续增长，中国对菲律宾投资迅速增加，中菲围绕基础设施建设、贸易、制造业、农业、服务业、产业园区等开展多领域合作。尤其是通过与中国“一带一路”倡议对接，菲律宾“大建特建”计划也能够更加顺利地得到实施。如菲律宾总统发言人称：“在杜特尔特政府雄心勃勃的‘大建特建’基础设施项目中，中国发挥了至关重要的作用，为桥梁和铁路等一些重大基础设施项目提供了财政援助。”[①] 这些重大基础设施项目投资规模大、周期长，需要中菲双方开展密切合作，以保障项目的顺利进行。

除了经贸领域之外，中菲两国在军事安全、南海、人文等领域的合作日益增多，形成推动两国扩大合作的重要基础。深厚的共同利益不仅能够推动两国开展合作，化解分歧，还能够抵御来自国内外因素对两国合作所带来的风险和挑战。例如，2020 年，受美国影响，菲律宾外交部部长洛钦曾在公开场合表示，建议终止与受到美国制裁的中国企业的合作。对此，菲律宾总统发言人表态说，总统杜特尔特不会禁止中国承包商参与菲律宾基础设施建设。[②] 2020 年习近平在中菲建交 45 周年的贺电中指出：“高度重视中菲关系发展，愿同杜特尔特总统一道努力，推动中菲全面战略合作关系不断迈上新台阶。”[③] 杜特尔特总统则称：“菲方视中方为亲密邻邦和重要伙伴，愿继续秉持和平共处、互利合作原则，不断深化两国全面战略合作，促进两国的和平、发展和繁荣。”[④]

（二）杜特尔特执政地位稳固是延续合作的重要保障

2019 年 5 月 13 日菲律宾举行中期选举，本次选举共选出 12 名参议

① Ruth Abbey Gita-Carlos, “PH-China Ties Enjoying ‘Renaissance’: Palace,” *Philippines News Agency*, June 9, 2020, https://www.pna.gov.ph/articles/1105413.

② 《菲总统发言人：不会禁止中国承包商参建菲基础设施，“我们需要中国投资者”》，环球网，2020 年 9 月 1 日，https://world.huanqiu.com/article/3zhqEVYyPTq。

③ 《习近平同菲律宾总统杜特尔特就中菲建交 45 周年互致贺电》，中国外交部官网，2020 年 6 月 9 日，https://www.fmprc.gov.cn/web/gjhdq_676201/gj_676203/yz_676205/1206_676452/xgxw_676458/t1787305.shtml。

④ 《习近平同菲律宾总统杜特尔特就中菲建交 45 周年互致贺电》，中国外交部网站，2020 年 6 月 9 日，https://www.fmprc.gov.cn/web/gjhdq_676201/gj_676203/yz_676205/1206_676452/xgxw_676458/t1787305.shtml。

员、245 名众议员以及 1.8 万个省市官员，执政党阵营和反对党阵营共有 4.35 万名候选人参选。对于杜特尔特而言，这是检验其执政成绩的“中期考核”。此前，杜特尔特执政联盟占据众议院多数，却没能完全掌控参议院，参议院曾多次否决总统的议案和政策。2019 年 5 月 22 日，菲律宾选举署公布了中期选举的最终结果。杜特尔特总统阵营获得了参议院 12 个席位中的 9 个。其中，4 人来自执政党民主人民力量党，5 人来自同属执政联盟的国民党、基督教穆斯林民主力量党和菲律宾民主战斗党等党派，另外 3 个席位是独立候选人。反对派提名的 8 名候选人全部落选。与此同时，执政联盟在中期选举中也获得众议院多数席位。[①] 值得关注的是，此次中期选举杜特尔特 3 名子女也置身其中，均高票当选。其中，被视为杜特尔特接班人、2022 年可能问鼎总统大位的大女儿莎拉（Sara Duterte）大胜对手，成功连任达沃市市长。

由于杜特尔特阵营以压倒性优势“大获全胜”，中期选举之后，杜特尔特阵营完全掌控了菲律宾参众两院。选举结果表明，杜特尔特执政三年所实施的一系列政策得到多数菲律宾选民的支持，杜特尔特本人在国内具有高人气和高支持率，未来三年杜特尔特的执政地位更加稳固。此次选举之后，尽管面临美国的外部干预、内部反对派的种种阻力，但是反对派实力受到削弱，菲律宾总统杜特尔特施政的国内政治障碍有所减少。与此同时，杜特尔特阵营内部团结一致，维护杜特尔特的总统地位，美国干预菲律宾内政推动杜特尔特下台的目标很难实现。对杜特尔特来说，在未来三年的执政期内，在内政方面，可能会继续推动修改宪法，推动菲律宾转为联邦制国家；实施严厉的反恐禁毒政策，打击极端主义势力，维护国家安全、社会稳定；实施“大建特建”计划，加强基础设施等重大项目建设；在外交方面，则会继续坚持“大国平衡”的外交政策。这些目标中的不少需要中国的配合或支持。杜特尔特执政地位的稳固，为杜特尔特剩余任期中中菲关系的稳定发展提供了重要保障。

（三）在南海问题上增加互信、对话协商是深化合作的重要内容

中菲两国在南海问题上的合作主要包含两个层面：一是中菲对话协

---

① 《菲律宾执政联盟赢得议会中期选举胜利》，新华网，2019 年 5 月 23 日，http://www.xinhuanet.com/2019-05/23/c_1124529971.htm。

商；另一是在中国—东盟框架之下推动达成“南海行为准则”，维护南海地区的和平稳定。在双边层面，2016 年 10 月，杜特尔特访华，中菲恢复外交磋商，并建立中菲南海问题双边磋商机制，签署了《中菲关于油气开发合作的谅解备忘录》，通过对话协商解决南海问题，共同开发南海资源。两国加强海警部门间合作，应对南海人道主义、环境问题和海上紧急事件。两国执行《中菲防务合作谅解备忘录》，加强军事合作以及在人道主义援助、减灾、维和领域的交流。[①] 一系列合作机制的建立，推动中菲在南海地区开展功能性合作，有利于增强中菲在南海问题上的政治互信，构成中菲深化南海合作的重要内容。

在中国—东盟框架下，中国与菲律宾以及其他东盟国家共同推动达成“南海行为准则”。制定“南海行为准则”的目的在于，对南海各方在争端尚未解决时的行为加以约束，通过协商和沟通的“行为准则”，为中国—东盟南海海上安全规范建立相应的对话、沟通、增进互信的平台。[②] 菲律宾作为 2018—2021 年中国—东盟关系协调国，在推动“南海行为准则”谈判过程中扮演着关键角色。2017 年 8 月，中国与东盟在菲律宾首都马尼拉正式通过“南海行为准则”框架，成为协商“南海行为准则”的遵循依据。2018 年 8 月 2 日，中国—东盟外长会议通过“南海行为准则”单一磋商文本草案。中国—东盟加强合作，推动“南海行为准则”取得阶段性重大成果，对于推动中菲两国深化南海合作发挥着重要作用。

二 再度对立的风险

杜特尔特的上台，给中菲双边关系的发展注入了新的动力，这并不意味着菲律宾的国内政治结构发生了显著变化，菲律宾精英政治阶层的普遍亲美、反华及持中立立场的现象并没有发生多大的改观。纵观杜特尔特总统执政的 4 年时间，尽管其政府力促中菲关系转圜，大力推动中菲合作，但从某种程度上说，中菲双边关系存在着多种潜在风险因素，为后杜特尔特政府时代中菲关系发展带来挑战，甚至可能导致两国再度对立。

---

① 《中华人民共和国与菲律宾共和国联合声明》，中国外交部网站，2016 年 10 月 21 日，http：//www. fmprc. gov. cn/web/zyxw/t1407676. shtml。

② 《中国东盟“南海行为准则”达成里程碑协议！一支队伍已赴南沙值班》，观察者网，2018 年 8 月 3 日，https：//baijiahao. baidu. com/s？ id = 1607736073074492140&wfr = spider&for = pc。

（一）菲律宾国内政治制约中菲关系提升

菲律宾国内政治精英阶层的普遍亲美氛围会对后杜特尔特政府时代的中菲关系带来消极影响。在菲律宾参议院网站搜索“杜特尔特”或“中国”所出现的结果基本上均为反华、打击杜特尔特政府对华政策的言论。这足以看出菲律宾国内强大的反华势力，菲律宾参议院成为名副其实的反华的政治中心。菲律宾参议员里莎·霍蒂韦罗斯（Risa Hontiveros）表示：“菲律宾政府应该奉行独立的外交政策，并重申对菲律宾领土的所有权。”① 已经入狱的反华先锋菲律宾前议员莱拉·德利马（Leila de Lima's）称，杜特尔特总统在疫情期间充当中国的宣传工具，削弱了对南海争议区的控制，并批评杜特尔特总统自负。② 反对派自由党领导人、副总统罗布雷多（Leni Robredo）时常对杜特尔特总统的政策提出批评。杜特尔特总统因此宣称“她永远不会成为他的盟友。”他还担心罗布雷多会利用毒品战争的机密信息来对付他和他的政府。③

即便是杜特尔特政府成员也存在不同意杜特尔特政策的声音。作为杜特尔特政府核心成员的国防部部长与外长均对中国表达过强硬的说辞。菲律宾国防部部长洛伦扎纳称，菲律宾与国际社会站在一起，要求在南中国海建立一个基于规则的秩序，并表示敦促中国应遵守“仲裁结果”。④ 2020 年 7 月，菲律宾外长洛钦宣称：“‘仲裁裁决’是不可谈判的，不存在妥协或改变的可能性。”⑤ 无论是政治反对派还是军方，都存在普遍亲美的现象。相对而言，杜特尔特政府核心成员之间表达的强硬言论基本上局限在南海争端方面。但考虑到南海问题对于中菲关系的重要性，杜特尔特

① “Hontiveros Calls on Gov't to Pursue an Independent and Interdependent Foreign Policy to Protect Filipino Fisherfolk,” *Senate of the Philippines*, July 16, 2020, http://www.senate.gov.ph/press_release/2020/0716_hontiveros1.asp.

② “Dispatch from Crame No. 770: Sen. Leila M. de Lima's Quick Reaction to President Duterte's Late Night Address on 13 April 2020,” *Senate of the Philippines*, April 14, 2020, http://www.senate.gov.ph/press_release/2020/0414_delima3.asp.

③ “Ruth Abbey Gita-Carlos: Duterte Admits He Cannot Fully Trust Robredo,” *Philippine News Agency*, November 20, 2019, https://www.pna.gov.ph/articles/1086511.

④ “Priam Nepomuceno: PH Reiterates Need for Rules-based Order in SCS,” *Philippine News Agency*, July 14, 2020, https://www.pna.gov.ph/articles/1108900.

⑤ Pia Lee-Brago, Elizabeth Marcelo, “Philippines Says South China Sea Ruling ‘Non-negotiable”, *The Philippine Star*, July 13, 2020, https://www.philstar.com/headlines/2020/07/13/2027585/philippines-says-south-china-sea-ruling-non-negotiable.

政府内部态度的不一致仍令人担忧。总体来看，菲律宾国会议员以及政府层面的高官对于杜特尔特总统对华政策的批评或者不同的声音，给杜特尔特施政带来了压力。尤其是新冠肺炎疫情对于中菲经贸合作带来冲击之后，杜特尔特加强与中国合作，面临着越来越大的挑战。

（二）美国是中菲关系的重要外部障碍因素

美国作为菲律宾的军事盟友，长期以来对菲律宾的政治、外交及国家安全有着至关重要的影响。杜特尔特上台以来，由于禁毒等问题上分歧及其奉行大国平衡的外交政策，美菲关系出现裂痕，美国对中菲关系的负面影响相对阿基诺三世时期有所减少。但是，美菲同盟基础并未受到破坏。2020 年初，杜特尔特政府一度表示要废除《美菲访问部队协议》，但后来菲律宾总统发言人哈里·罗克（Harry Roque）表示，菲律宾认识到美国这个长期盟友是一个朋友，在打击恐怖主义的斗争中可以伸出援手；“考虑到该地区的政治和其他事态发展”，决定暂停废除《美菲访问部队协议》。由此可看出，菲律宾是不会抛弃美国的，而美国也不会放弃菲律宾这个具有重要战略地位的伙伴。

在 2020 年的美国大选中，中国议题是其重要组成部分。特朗普政府推动“印太战略”，加大对南海的巡航力度，利用南海问题来牵制中国的发展，菲律宾具有地缘战略地位，同时美国政府重提“仲裁裁决”，一方面是提醒国际社会，另一方面则是给菲律宾国内亲美和“反华”势力打气撑腰。民主党总统候选人拜登赢得选举之后，中美关系在短时间内难以改善，菲律宾依然在经济伙伴与军事盟友的中美之间进行着艰难抉择。而且，考虑到民主党政府更加注意拉拢盟友，并很可能重新加大在亚太的战略投入以遏制中国，菲律宾政府在那时或许就难以维持其平衡政策了。对此，菲律宾参议院议员里莎·霍蒂韦罗斯称：“菲律宾政府应该奉行独立的外交政策，并重申对菲律宾领土的所有权。并表示，像菲律宾这样的小国往往在大国的利益竞争中纠缠不清。随着美国和中国进一步扩大自身利益，政府不应允许这些超级大国利用菲律宾作为推进自己议程的棋子。”①

① “Hontiveros Calls on Gov't to Pursue an Independent and Interdependent Foreign Policy to Protect Filipino Fisherfolk,” *Senate of the Philippines*, July 16, 2020, http://www.senate.gov.ph/press_release/2020/0716_hontiveros1.asp.

但是，为了捍卫所谓在南海的权益，菲律宾国内一些人可能会再次鼓动政府与美国联合对付中国。

（三）南海问题可能再掀波澜

杜特尔特总统就任后，与中国签署了大量的双边文件，为中菲两国关系的发展打下了坚实的基础。但从菲律宾的历史上看，其文件的签署也并不意味着中菲双边关系就牢不可破。前总统阿罗约时期，与中国在南海问题上签署的联合勘探地震等协议就被继任者阿基诺三世总统所废止。在菲律宾历史上，现任总统废止前任总统政策的事件不乏先例。在菲律宾精英阶层普遍亲美的情况下，出现此类事件的可能性还是存在的。《菲律宾星报》称，马来西亚与印度尼西亚两国用菲律宾的“南海仲裁案”结果，声索本国在南海的主权。并称，2016 年 7 月 12 日的仲裁不再是浩瀚大海中的孤儿。[①] “南海仲裁案”对中菲两国的影响是巨大的，也是横亘在中菲两国间较难以跨越的鸿沟。在后杜特尔特时代，重提“南海仲裁案”可能成为中菲关系的分水岭或中菲关系再次破裂的主要导火索之一。

由于南海问题的长期炒作与影响，菲律宾民众的民族主义情绪倾向于对华强硬。在政治结构中，虽然菲律宾民众对政治的影响没有政治精英阶层那么重要，但同样是不可小觑的一股力量。2019 年社会气象站（Social Weather Stations）调查结果显示，78% 的菲律宾人认为，菲律宾与美国的关系比与中国的关系“更为重要”，而 12% 的人则不这么认为。[②] 2020 年 7 月菲律宾社会气象站调查显示，“大约 70% 的菲律宾人认为，菲律宾政府应该对争议海域的岛屿行使自己的权利，只有 13% 的人不这么认为，而 15% 的人没有决定。”[③] 在中菲关系迅速发展的背景下，菲律宾民众对中国的信任赤字却依然存在。在阿罗约政府与中国政府的黄金发展时期，菲律宾民众基本上对华持乐观的态度，经历阿基诺三世政府后，菲律宾民

① “Renato Cruz De Castro：How Other Countries Adopted the ‘Orphaned’ July 12 Ruling on South China Sea,” *The Philippines Star*, July 11, 2020, https://www.philstar.com/other-sections/news-feature/2020/07/11/2027271/how-other-countries-adopted-orphaned-july-12-ruling-south-china-sea.

② Ruth Abbey Gita-Carlos, “52% of Pinoys say PH Can Have Good Ties with Both US, China: SWS,” Philippine News Agency, December 8, 2019, https://www.pna.gov.ph/articles/1088197.

③ Ruth Abbey Gita-Carlos, “PH Eyes Diplomatic Means to Resolve SCS Dispute: Palace,” *Philippine News Agency*, July 15, 2020, https://www.pna.gov.ph/articles/1109018.

众在对华不友好的道路上越走越远。这其中最大的原因则在于“南海仲裁案”的发起，激起了菲律宾人的民族主义情绪。在后杜特尔特政府时代，菲律宾民众对中国的态度基本上不会得到大的改观，甚至会重回阿基诺三世政府时期的激进做法，进而影响菲律宾政府的南海政策，导致中菲关系不稳定。

综上所述，菲律宾外交政策以及中菲关系的发展走向与菲律宾国内政治高度相关。自 1975 年中菲建交以来，从马科斯、阿基诺夫人、拉莫斯、埃斯特拉达、阿罗约、阿基诺三世至杜特尔特时代，中菲关系的发展几经沉浮。从中菲关系发展历史来看，菲律宾总统及其所代表的菲律宾国内利益集团对于菲律宾对华政策有着重要的影响，在很大程度上能够左右对华政策的立场。中菲经贸关系构成中菲关系发展的重要基础，两国经济互利的提升有助于推动两国关系向前发展。美国因素与南海问题相互交织，构成影响中菲关系的重要结构性因素。菲律宾与美国相互利用，菲律宾利用美国来对冲中国在南海问题上的影响力，美国借助菲律宾挑动南海局势，遏制中国崛起。因此，在后杜特尔特时期，中菲关系大体能够保持稳定的发展态势，但是存在菲律宾国内政治局势变化、美国等域外势力的干预、南海突发事件等诸多风险，可能导致中菲关系面临重大挑战。

第二章　历史与现实：菲律宾人对中国认知的演变

就地理范围而言，菲律宾是个名副其实的东南亚国家。就人种而言，绝大多数菲律宾人属于马来人种。但是在所有东南亚国家中，菲律宾又是一个非常独特的国家。这种独特性体现在菲律宾是亚洲唯一的天主教国家，以及西方文化对菲律宾社会长期浸润式的影响和菲律宾社会对西方文化和价值观的接纳上。在这一背景下，相比东南亚其他国家，菲律宾人对中国的认知就显得尤为独特。不管是历史上有关共产主义的意识形态因素，还是现实当中西方文化的持续存在，都对菲律宾的对华认知构成了深远的影响。

第一节　冷战时期菲律宾的对华认知

作为曾经被西班牙和美国殖民过近500年的国家，受殖民历史的影响，二战后获得独立的菲律宾，其意识形态、政府管理以及对外政策，都深受其殖民母国尤其是美国的影响。美国人在菲律宾长达近半个世纪的殖民统治，给菲律宾人留下了丰厚的政治和文化遗产，前者指菲律宾人的政治制度，后者则主要指美国人留下的英文教育。以前者为例，菲律宾是一个实行总统共和制的国家，其顶层政治设计基本照搬了美国的行政、立法和司法三权分立的制度，菲律宾因此被称为“西方民主的橱窗”。因此，在冷战时期，菲律宾的对华政策和对华认知不可能不受到美国的深远影响。

一　1949—1975年：意识形态的异类

以1975年中菲建交为界，冷战时期菲律宾的对华认知和对华政策大致可以分为两个阶段。在1975年中菲建交之前，菲律宾在对华政策上追随美国，视社会主义中国为意识形态的异类。当然，在1975年之后，尽管菲律宾政府放弃了之前追随美国敌视中国的政策，但是菲律宾社会的对华认知具有其文化和历史的惯性，非短期之内可改变。

（一）“美国男孩”的意识形态与对外政策[①]

如前所述，美国是菲律宾的前殖民宗主国，美国文化及美国制度对菲律宾有着天然的吸引力，正因为如此，菲律宾人对美国有一种独特的亲近感。这种文化上的亲近感，制度上的认同感，以及菲美两国机制上的联系，构成了美国对菲律宾独特的影响力。二战让菲律宾与美国的关系更加密切——1945年麦克阿瑟重返菲律宾战场，更被菲律宾人视为解放者，菲律宾将这种关系描述为“特殊关系”。直到20世纪70年代，菲律宾一直在军事安全和经济援助上严重依赖美国，尽管这一期望有时未能得到美国的回报，从而导致双边关系的挫折。[②]

很多菲律宾人坦承，菲律宾的外交政策是由美国制定的。这种说法虽然有点夸张，但在某种程度上道出了实情。[③] 菲律宾第一任总统罗哈斯表示：“我们得以摆脱殖民统治并且成立独立的共和国，乃是菲美在过去合作的结果与成就。独立并不会改变这种关系的有效性。相反，时机、环境与当前世界国家联盟的现实，都明白无误地加强了这种关系的前景的可能性。”“我们的安全、命运存在于菲美之间的同志关系，而不是寄希望于国际道德，后者尽管值得期望，但在今天依然还只是处于发展之中。我们很幸运地拥有美国作为我们安全的保护者，在今天这样的世界上，这是对小国的屏障与支持。”[④]

理解菲律宾的对华认知以及对华政策，就不能忽视这一历史背景，以及菲美之间的特殊关系。

---

① 在菲律宾，人们习惯上将认同、亲近并且服务美国利益的菲律宾人称为American Boy（“美国男孩”）。本文使用这一术语概括菲律宾对美国的认同感和菲美之间的特殊关系。

② Aileen San Pablo-Baviera, Lydia N. Yu-Jose edt., “Philippine External Relations: A Centennial Vista,” Foreign Service Institute, 1998, p. 9.

③ Russell H. Fifield, “Philippine Foreign Policy,” *Far Eastern Survey*, Vol. 20, No. 4. Feb., 21, 1951, p. 33.

④ H. B. Jacobini, “Main Patterns of Philippines Foreign Policy,” *The Review of Politics*, Vol. 23, No. 4, 1961, pp. 513 – 514.

有学者将1983年以前菲律宾的外交政策分为三个阶段：从1946年到20世纪60年代中期的“对美依附时期”、60年代后期到70年代初的“对美离心时期”，以及1972年到1983年的“自主时期”①。1946年，菲律宾在美国的帮助下获得独立，从独立之初到20世纪60年代中期，菲律宾对外政策整体呈现出对美依附的态势，并且在国际社会奉行极端反共的政策，其对华认知和对华关系基本受制于其对美关系。比如，1950年朝鲜战争爆发后，菲律宾派遣5000名士兵入朝鲜半岛作战，1964年，菲律宾还派遣医疗和民间团队到越南战场，协助美国作战。② 在后两个阶段里，菲律宾对美政策有所变化，但其反华、反共的基调已经奠定下来。

（二）反共意识形态与菲律宾的反华政策

西方社会尤其是美国对菲律宾的影响，还表现在菲律宾对共产主义的态度上。二战之后，菲律宾奉行极端反共的对外政策，在长达20年的时间里，菲律宾不承认中国和苏联等社会主义国家。

一方面，亚洲的共产主义运动同样影响了菲律宾的外交政策。从菲律宾的外部来看，1949年中华人民共和国的成立，以及随后发生的台海危机，印度支那内战，被菲律宾视为对地区安全的威胁。1950年，在一次新闻发布会上，菲律宾武装部队长官马里亚诺·卡塔内达（Mariano Castaneda）少将强调，台湾沦陷在共产主义统治之下，将严重危及菲律宾。季里诺总统在第二天的新闻发布会上，淡化了中国大陆对菲律宾的侵略威胁，但表达了对意识形态侵蚀的担忧。1950年7月，朝鲜战争爆发后，季里诺总统表示，如果台湾落入共产党之手，那么台湾可能被作为对菲律宾发动进攻的基地。1950年7月，麦克阿瑟“访问”台湾，被认为是美国准备履行6月27日杜鲁门总统关于以第七舰队保护台湾免受共产主义威胁的标志。在这一背景下，8月7日，季里诺总统说只要台湾需要或者美国愿意，菲律宾的军队应该帮助台湾。10月25日，菲律宾外交部部长罗慕洛表示，如果苏联意图在朝鲜半岛得逞，那么接下来其目标可能就是台湾和菲律宾。③

---

① 沈红芳：《菲律宾外交政策的演变和主要对外关系》，《南洋研究》1983年第4期。

② Aileen San Pablo-Baviera，Lydia N. Yu-Jose edt.，“Philippine External Relations：A Centennial Vista，” Foreign Service Institute，1998，p. 10.

③ Russell H. Fifield，“Philippine Foreign Policy，” *Far Eastern Survey*，Vol. 20，No. 4，Feb.，21，1951，p. 37.

另一方面，就菲律宾内部而言，菲律宾共产党领导的虎克叛乱（Hukbalahap）对其国家安全构成了威胁。[①] 菲律宾是个天主教国家，接近90%的人口信仰天主教，罗马天主教的反共立场无疑也深刻影响了菲律宾对共产主义和中国的看法。

以上两方面因素的结合使得菲律宾在较长时期内一直采取坚定的反共、反华政策。朝鲜战争结束后，麦格赛赛总统在1954年仍然声称："当今威胁亚洲的殖民主义就是世界共产主义。"在1955年的亚非会议上，菲律宾外长罗慕洛反复强调共产主义的威胁，尤其是对一些小国家的威胁。继任的加西亚（Garcia）总统继承了麦格赛赛总统的思想，反对与中国发生贸易关系并且反对中国在联合国恢复席位，同时在国内宣布共产党为非法。[②]

二　冷战后期：意识形态淡化、经济因素凸显

1972年美国尼克松总统对中国的历史性访问，开启了中国与东南亚非共产党国家关系的缓和时代。另外，70年代中期以来国际局势的变动也加速了菲律宾承认中国的步伐，其中包括美国从越南撤军、越南统一，以及东盟地区主义的发展。但是，在菲律宾国内存在反对承认中国的力量，尤其是菲律宾军方和宗教团体，军方的担忧主要源自国内的共产党游击队，而宗教团体则主要是因为意识形态。不过，自20世纪70年代初期起，菲律宾的外交政策逐渐摆脱对美国的依赖，开始与更多国家包括一些社会主义国家建立广泛的外交、文化和经济关系。1972年，菲律宾与南斯拉夫建立了外交关系。1973年，菲律宾又先后与民主德国、保加利亚、匈牙利、波兰、捷克斯洛伐克、蒙古国等建立外交关系。[③]

1975年对菲律宾人和当地华人所做的一份调查显示，两者都赞成与中国建立外交关系，但是大多数菲律宾人希望推迟承认中国。其原因主要在于对共产主义的深层怀疑，菲律宾人普遍认为中国支持菲律宾共产主义叛

① Russell H. Fifield, "Philippine Foreign Policy," *Far Eastern Survey*, Vol. 20, No. 4, Feb., 21, 1951, p. 35.

② H. B. Jacobini, "Main Patterns of Philippines Foreign Policy," *The Review of Politics*, Vol. 23, No. 4, 1961, p. 519.

③ Aileen San Pablo-Baviera, Lydia N. Yu-Jose edt., "Philippine External Relations: A Centennial Vista," Foreign Service Institute, 1998, p. 10.

乱和颠覆活动，认为中国对华人少数族群实行大规模归化政策造成了可能的破坏性影响，尽管人们并不认为中国会在可以预见的将来对菲律宾发动进攻，受调查者还是认为中国对其国家安全造成了最大和最可能的威胁。①

但是，受石油危机的影响，20 世纪 70 年代以来菲律宾经济萎靡，为了应付国内经济危机，菲律宾不得不采取实用主义的立场，缓和与中国的关系。菲律宾希望加强与中国的关系，从而摆脱国内经济危机。在这样的背景下，尽管菲律宾社会的对华认知并没有发生根本性的转变，但在马科斯总统的强力推动下，菲律宾最终于 1975 年与中国建交。

20 世纪 80 年代，菲律宾的对华政策一度有所摇摆。在阿基诺夫人执政期间以及拉莫斯执政初期，菲律宾选择密切与台湾的关系，并且一度试图推动“两个中国”。但是，中国在菲律宾国家利益中的作用依然举足轻重。因此，进入 90 年代之后，在中国政府的坚决抵制下，菲律宾最终回到“一个中国”的轨道上。

总的来说，冷战时期菲律宾人对华认知逐渐提升，但意识形态因素根深蒂固。尽管中菲建交后双边人文交流非常频繁，而且菲律宾在国家战略上并没有将中国视为威胁，但是意识形态的差异使很多菲律宾人仍然认为中国是个潜在的威胁，特别是那些受英文媒体影响较深的菲律宾人。菲律宾中国问题专家艾琳·巴维拉（Aileen Baviera）指出，菲律宾的英文媒体经常侮蔑中国的形象，并把这些信息传达给菲律宾大众。而最把中国视为威胁的，则是菲律宾的国防部门。此外，一些经济和商业领袖，因为感受到了来自中国的竞争，也强调中国在经济上的威胁。②

第二节　冷战后菲律宾的对华认知：安全威胁与经济机遇交织

一方面，自 20 世纪 80 年代以来，随着中国逐渐放弃对东南亚国家共

① Purification C. Valera Quisumbing, “Beijing-Manila Detente: Major Issues—A Study in China-ASEAN Relations,” University of the Philippines, 1983, p. 9.

② Aileen San Pablo-Baviera, “Perception of a China Threat: A Philippine Respective,” Herbert Yee & Ian Storey edited, *The China Threat: Perceptions, Myths and Reality*, Routledge Curzon, 2002, p. 251.

产党组织的支持，曾经长期困扰中国与东南亚国家关系的共产主义意识形态因素终于开始淡化，而90年代初冷战的终结则开拓了中国与东南亚国家关系的新时代，特别是经贸关系发展迅速。但是另一方面，长期在中国与东南亚国家关系中引而不发的南海问题也在90年代暴露出来，并被包括菲律宾在内的部分东南亚国家视为安全上的威胁。

一　南海冲突与中国“威胁”

1992年2月，中国通过《中华人民共和国领海及毗连区法》，重申南沙群岛等岛屿及其海域是中国领土和领海，随后，中国与一家美国公司签订了在南海进行勘探的合同。1994年5月，菲律宾能源部允许美国的Alcorn石油公司在南海区域进行初步的勘探。自此，在冷战时期引而不发的南海问题，开始成为影响菲律宾与中国关系的一大主要问题。1995年，中菲爆发第一次美济礁冲突。随后，中菲双方举行了多次会谈，同意建立双边磋商机制。不过，1999年，中菲又发生第二次美济礁冲突。在这种背景下，菲律宾在面对中国时的不安全感和脆弱感大大增强。为了应对中国的“威胁”，菲律宾寻求加强一度弱化的与美国的军事关系。

中菲南海冲突不仅损害了双边关系，而且在很大程度上助长了菲律宾大众对中国的负面认知。而且菲律宾媒体在关于双方争端的报道与评论中，倾向于从最坏的可能性来描绘和猜测中国。菲律宾高级官员和政治家发表的相关申明，也经常倾向于从国内需要的角度火上浇油。① 一个例子是，菲律宾参议院主席以及参议院外交关系委员会主席布拉斯·法哈多·奥普尔（Blas Fajardo Ople）在1995年的一次演讲中指出：“在我们的世界里，东亚，中国巨人已经觉醒……每一个迹象都显示……这个巨人不仅已经醒来，而且正在向外喷出火柱——对菲律宾而言就是如此。1995年一个美好的一天，当我们醒来时，我们发现中国海军已经占领了美济礁……今天是美济礁和赞巴利斯附近的黄岩岛，那明天可能有更多诱人的奖赏，包括巴拉望和菲律宾自身……限制中国军事锋芒的因素是意识到菲

① Aileen San Pablo-Baviera, “Perception of a China Threat: A Philippine Respective,” Herbert Yee & Ian Storey edited, *The China Threat: Perceptions, Myths and Reality*, Routledge Curzon, 2002, p. 259.

律宾一定要通过相互防御协定与美国绑在一起。”①

2011 年 3 月礼乐滩事件之后，南海问题再次成为中菲关系的核心议题。2013 年 1 月，菲律宾把中菲海洋争端提交国际临时仲裁法庭，导致中菲关系全面陷入低谷。在“南海仲裁案”期间，菲律宾媒体对于南海争端与中国的“霸凌”行为大肆渲染，而政客甚至包括一些学者则趁机煽风点火，强调所谓的中国威胁，菲律宾民众的对华认知急速走低。2016 年杜特尔特执政后，对“南海仲裁案”采取搁置态度，中菲政府间关系迅速转圜。但在民间层面，南海问题仍然是媒体喜欢热炒的议题，从而在很大程度上固化了菲律宾民众对中国的负面认知。

二　政治经济关系的缓和与对华认知

尽管南海问题自冷战结束以后就不时发酵，对菲律宾的对华认知产生了消极影响。但冷战后双边关系的发展也表明，如果两国政府能够从大局出发，采取缓和甚至促进双边政治经济关系的举措，就能够对菲律宾的对华负面认知产生一定的管控作用，或至少减少这种负面认知对双边关系的冲击。

例如，在 20 世纪 90 年代南海问题对中菲关系造成了严重冲击，但是在埃斯特拉达总统时期，双方仍实现了关系缓解，并于 2000 年 5 月签署了《面向 21 世纪的双边合作框架的联合声明》。在阿罗约总统时期，中菲关系进一步发展。2002 年中国与东盟各国签署了《南海各方行为宣言》，稳定了彼时的南海局势，为中菲关系的稳定奠定了好的国际环境。因此，在 21 世纪的最初十年里，南海局势保持大体稳定，中菲关系经历了少有的蜜月期。菲律宾更倾向于把中国视为一个友善的大国和“大哥”，而不是外部安全威胁。2007 年 1 月，菲律宾在宿务举办了第二次东盟峰会。在会上，阿罗约总统公开宣称：“我们很高兴中国作为我们在这一地区的老大哥。”② 这一趋势反映在菲律宾彼时的军事现代化计划上，该计划没有把中国视为菲律宾国家安全的外部威胁。

---

① Aileen San Pablo-Baviera, “Perception of a China Threat: A Philippine Respective,” Herbert Yee & Ian Storey edited, *The China Threat: Perceptions, Myths and Reality*, Routledge Curzon, 2002, p. 259.

② Philip Bowing, “America’s Low Profile in Asia Spells Trouble,” *International Herald Tribute*, June 6, 2007.

阿基诺三世时期菲律宾对华认知降到谷底。但杜特尔特于 2016 年 7 月就任总统以后，中菲关系开始一扫“南海仲裁案”所带来的阴霾。杜特尔特放弃了其前任对华不友好的政策，冻结“南海仲裁案”，选择全面加强与中国的关系，中菲关系在“一带一路”框架下进行了宽泛的合作。杜特尔特的对华政策与阿罗约类似，两任总统的对华政策都较为友好，都选择搁置南海问题，注重发展中菲经贸关系，并且在其任期里中菲经贸关系取得突飞猛进。[①] 但是，杜特尔特时期菲律宾的对华认知与阿罗约时期相比存在非常明显的差异。

在阿罗约时期，中菲合作构成两国关系的主旋律，两国在南海、军事等领域开展了一系列合作，菲律宾社会普遍将中国视为“大哥”，民间对华友好态度因此达到 90 年代以来的最高峰。但是在阿罗约统治后期，南海问题已经开始发酵，对菲律宾民间的对华认知构成消极影响，并最终在阿基诺三世时期成为影响菲律宾对华认知的最重要因素。

杜特尔特上台后，尽管中菲两国在高层实现了良性互动，经贸互动加强。但是南海问题依然横亘在中菲之间。一方面，阿基诺三世时期菲律宾民众的对华信任受到极大的削弱，双边政治关系的发展，两国高层的频繁互动，以及对安全和南海问题的淡化，短期之内未能有效改变菲律宾社会的认知。另一方面，以南海问题为核心的各种议题，比如“南海仲裁案”、非法劳工、网络博彩等，在媒体上被反复炒作，不断刺激着菲律宾民众的神经和对华认知。

从总体上看，菲律宾一方面在经济上视中国为机遇，但另一方面又因为南海问题而视中国为威胁，这一复合认知将长期存在。展望未来，这两个因素如何消长变化，仍然是观察菲律宾对华认知的重要切入点。

第三节　数据分析：1994 年以来菲律宾人对中国的认知

自 1994 年以来，菲律宾的民调机构——社会气象站开始发布菲律宾

---

① 不过，在阿罗约总统时期，中菲两国经贸关系的发展，更多地体现在双边贸易领域，由于中国企业的国际化较晚，中国企业对菲律宾投资的起点较低，因此长期处于低水平。

国民对中美等国的信任度指数。另外，一些国际知名机构如皮尤研究中心（Pew Research Center）的相关调查也涉及菲律宾的对华认知。正是由于这些数据，我们得以从历史的角度分析过去 20 多年里，菲律宾民众对主要国家的信任度和认识。本章将根据这些数据，分析自 20 世纪 90 年代以来菲律宾对中国形象的认知。

一 菲律宾社会气象站对中国形象的调查

根据社会气象站的调查数据，如图Ⅲ－2－1 所示，自 1994 年以来，菲律宾人对美国的净信任度（信任度减去不信任度后的净值）除了 2005 年和 2006 年之外，普遍都在 50% 以上。2005 年 11 月 1 日，一名菲律宾女孩被四名美国海军陆战队士兵轮奸，该案件在菲律宾媒体上被广泛报道后，引发了菲律宾民众的愤怒和针对美国人的大规模示威。在这一背景下，菲律宾人对美国的不信任有所增加，导致 2005—2006 年的信任度有所下降。但是，2005 年底社会气象站的数据显示，菲律宾人对美国的不信任在经过短期波动后开始下降，而信任感则开始恢复。除此之外，在过去近 30 年时间里，只有在极个别的情况下，菲律宾人对美国的不信任度才会高于 15%。这些数据在很大程度上表明了菲律宾人对美国的真实情感。

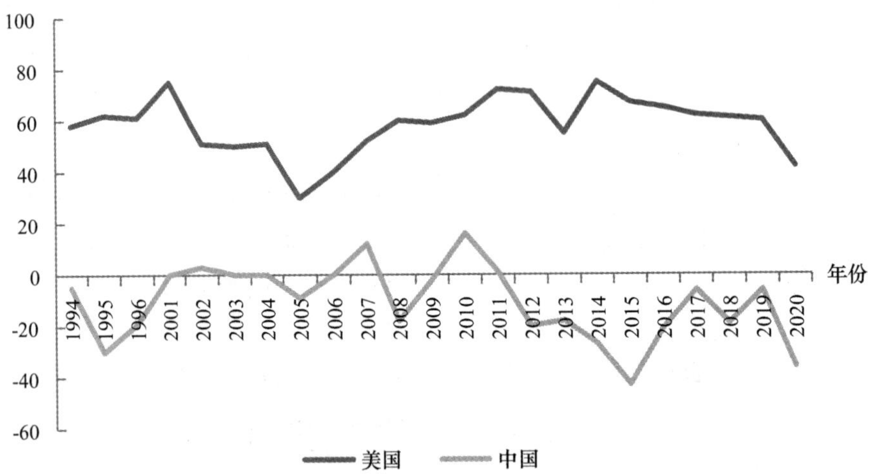

图Ⅲ－2－1 1994—2020 年菲律宾人对美国和中国的净信任度（%）

说明：年度数据系不同月份的平均数，其中 1997—1998 年的美国数据缺乏，1998 年、2001 年、2003—2004 年、2006 年的中国数据缺乏，2020 年的数据为该年 7 月的数据。

资料来源：根据 Social Weather Station，数据整理，https：//www. sws. org. ph/swsmain/home/。

反观菲律宾人对中国的净信任度，仅2002年、2007年、2010—2011年为正值，即信任中国的人超过不信任中国的人（见图Ⅲ－2－2）。不仅如此，不管中菲双边关系如何友好，菲律宾人对日本和澳大利亚的净信任度也一直高于中国（见图Ⅲ－2－2）。日本自20世纪70年代以来一直是菲律宾数一数二的投资大国，经济影响力巨大，民众对日本有好感很正常，但澳大利亚和菲律宾的联系与互动远不及中菲两国，如果不是因为意识形态的偏见，则很难解释这一现象。

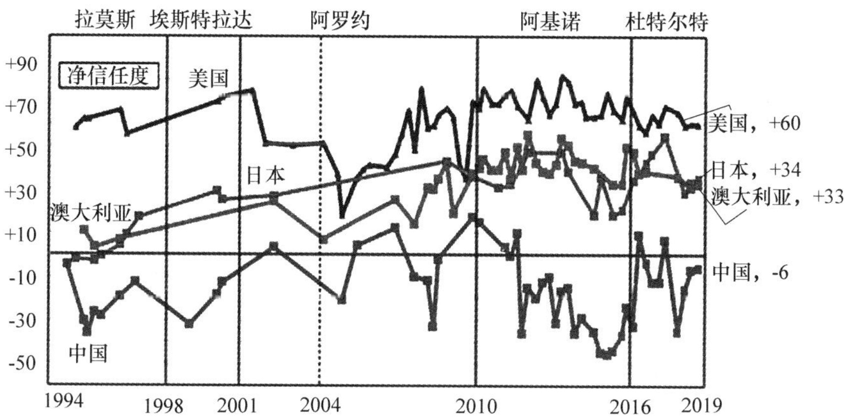

图Ⅲ－2－2 1994—2019年菲律宾人对美、日、澳和中国的信任度（%）

资料来源：Social Weather Station Philippines，https：//www. sws. org. ph/swsmain/home/。

不过，图Ⅲ－2－1和图Ⅲ－2－2的数据也显示出，2016—2018年菲律宾民众对中国的认知与2012—2015年相比，在一定程度上有所好转。但是在2019年之后，菲律宾民间对华认知开始恶化。笔者认为，这一与双边政治关系逆流而动的民间对华信任度，在很大程度上与菲律宾媒体对各类涉华议题的炒作有关，笔者将在后文继续这一话题。

图Ⅲ 2 3还展示了更多有关菲律宾人对中国认知的细节。第一，在1994—2019年的20多年里，菲律宾人对中国的不信任度，最低也在24%，即无论中菲关系如何友好，始终有接近1/4的人不信任中国。第二，1994年中菲之间的南海争端还没有爆发，但该年SWS的民调显示，不信任中国的比例仍然高达29%。第三，菲律宾人对中国的不信任感在阿基诺三世时期达到最高峰，2016年的不信任度达到61%。与此同时，阿罗约总统时期菲律宾人对华信任度最高，最高值为 2010 年的 42%。第四，除 1995 年和 2015 年之外——这两年的中菲关系深受南海争端的影响，以至于对中国的信任度降到低谷（只有 18%），其他年度对中国的信任度基本都维持在 22% 以上。此外，还有约 20% 的人没有表态。第五，自杜特尔特于 2016 年上台以来，对中国的不信任度虽然比前任阿基诺三世时期有所下降，但依然偏高，此外，对中国的信任度开始有所回升，但幅度不大，说明杜特尔特上台之后，尽管其奉行对华友好的政策，但菲律宾民间对中国的认知仍然不容乐观。

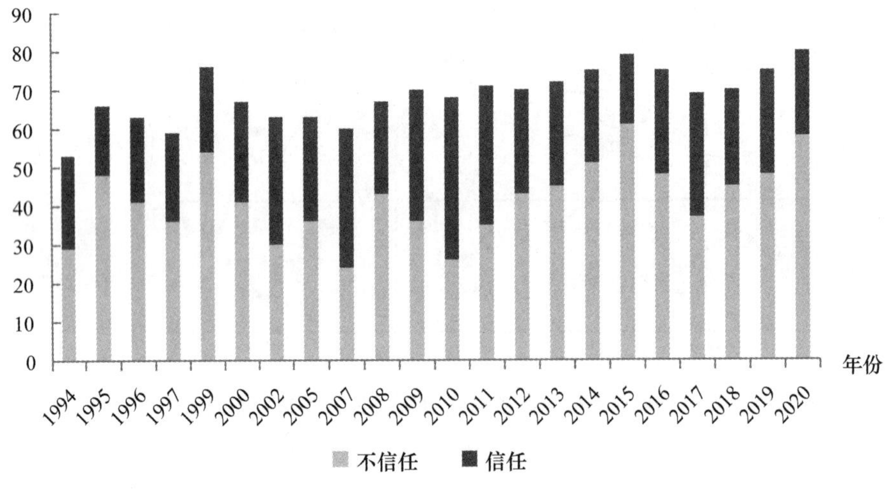

图Ⅲ-2-3　1994—2020 年菲律宾人对中国的信任度（%）

资料来源：Social Weather Station Philippines，https：//www. sws. org. ph/swsmain/home/。

问题是，为什么始终都有接近 1/4 的菲律宾人不相信中国？即便是在中菲关系整体比较稳定的 1994 年。与此同时，菲律宾人信任美国的比例，除了某些有突发事件的年份外，基本都维持在 50% 以上。笔者认为，这很可能反映了菲律宾人对中国根深蒂固的偏见，这种偏见与历史上的共产主义意识形态有关，但更多的则可能和人权等问题相关——菲律宾人在人权等问题上的立场深受西方价值观的影响。此外，也可能和菲律宾英文媒体对中国的负面报道有关。

另外，我们必须看到，虽然菲律宾社会气象站的民意调查确实在很大程度上反映了菲律宾人对中国以及中国事务的看法，但同时社会气象站的民调也因其强烈的倾向性和诱导性而广受批评。以 2020 年 7 月菲律宾社会气象站的民调为例，该调查设置的议题诸如“中国应该对不立即向世界分享其关于 COVID－19 的信息负责”“其他国家指责中国没有立即向世界分享他们关于 COVID－19 的信息，例如疾病的严重程度和中国因这种病毒而死亡的人数，对此你有多少相信”等，就具有明显的诱导性。相比之下，皮尤研究中心（Pew Research Center）的调查就显得相对客观，而且更加细致。

二　皮尤研究中心有关菲律宾人对华认知的调查

皮尤研究中心在过去数年中一直进行着题为“全球态度调查”（Global Attitudes Survey）的调研，其中部分年度的调查及内容涉及菲律宾对中国和美国的认知。笔者特意选取了皮尤研究中心 2013—2019 年的数据进行对比。①

（一）菲律宾民众对中国的喜好度

据皮尤研究中心的调查，2013 年，菲律宾人喜欢美国的比例为 85%，而喜欢中国的比例为 48%。此后，随着中菲南海争端愈演愈烈，尤其是 2013 年之后“南海仲裁案”的提出，菲律宾民众对中国的喜欢在 2014 年降到谷底，而不喜欢的比例则上升到最高（58%）。

表Ⅲ－2－1　关于菲律宾民众对中国的喜好度调查　（%）

年份	不喜欢（Unfavorable）	喜欢（Favorable）
2013	—	48
2014	58	38
2015	43	54
2017	40	55
2019	54	42

资料来源：根据皮尤研究中心 2013—2019 年的数据整理。

① 皮尤研究中心的该项调查从 2011 年才列出不同调研国家的数据，但在 2011—2012 年以及 2016 年的调研中，菲律宾均不是调研对象国家，因此本文仅选取 2013 年以来的调研数据。另外，因为每一年的调研题目并不一样，因此本文仅选取部分数据进行比较。

对数据的进一步分析显示，尽管菲律宾民众不喜欢中国的比例在本地区仅次于日本和越南，但实际上在2014年之后，菲律宾民众对中国的喜好度又开始上升——这一结果不同于菲律宾社会气象站的调查结果[①]，当然，在2019年之后又开始恶化。此外，菲律宾民众对中国的喜好度出现分化，年轻人对华喜好度较高。比如2014年，18—29岁和30—49岁年龄段的受访者对华喜好度皆为41%，而50岁以上受访者的对华喜好度为32%；2015年，这三个年龄段受访者的对华喜好度分别为57%、56%和47%。皮尤研究中心在2019年进行的数据回归分析显示，在大多数国家，50岁以下的年轻一代受访者对中国的喜好度，都高于50岁以上的受访者。[②]

表Ⅲ-2-2　**关于亚太国家对中国的喜好度调查**　（%）

	2017年		2019年	
	不喜欢	喜欢	不喜欢	喜欢
菲律宾	40	55	54	42
越南	88	10	—	—
印尼	36	55	36	36
澳大利亚	32	64	47	36
韩国	61	34	63	34
日本	83	13	85	14
印度	41	26	46	23
亚太地区平均	41	34	56	35

资料来源：Spring 2017－2019 Global Attitudes Survey，Pew Research Center.

如果进行横向对比，我们还会发现，菲律宾民众的对华喜好度在亚洲

① 这一差异从何而来还不得而知。与皮尤研究中心调研题目的委婉不同，菲律宾社会气象站的调研题目往往显得直接而粗暴，甚至有误导受访者的嫌疑。另外，菲律宾大众往往对社会气象站的调研结果津津乐道，而忽视其他调研机构的数据。笔者认为，无论是决策咨询，还是学术研究，都必须更全面地看待这些数据，而不能有选择性地引用可以证实自身预期的数据。

② Laura Silver，Kat Devlin and Christine Huang，"China's Economic Growth Mostly Welcomed in Emerging Markets，but Neighbors Wary of Its Influence，" December 5，2019，https：//www.pewresearch.org/global/2019/12/05/appendix－factors－that－influence－views－of－china/.

国家中并没有我们想象中的那样悲观。皮尤研究中心 2017 年调查了 38 个国家的对华喜好度，其中亚太国家有 7 个。数据显示，2017 年菲律宾人不喜欢中国的比例为 40%，低于亚太地区的平均水平 41%，喜欢中国的比例为 55%，高于亚太地区的平均水平 34%。2019 年菲律宾民众对中国的喜好度下降，但仍高于亚太地区的平均数，不喜欢度低于亚太地区的平均水平。①

如果进行历史的纵向对比，如图Ⅲ－2－4 所示，2002—2017 年，尽管中菲两国在 2013 年经历了双边关系的低谷，但菲律宾整体对华喜好度仍存在先缓慢下降后又逐渐上升的趋势。2017 年和 2002 年的民众对华喜好度分差为－8，说明南海问题对中国形象的影响实际上还是有限的，并且相比印度尼西亚、日本、韩国、印度等国，菲律宾民众对中国的看法其实更为积极。

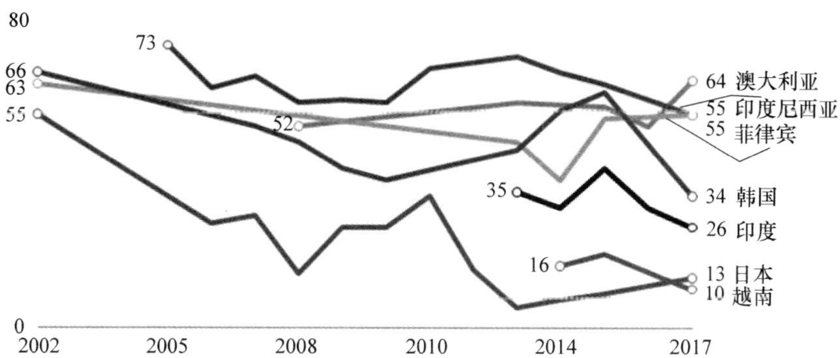

图Ⅲ－2－4　关于亚太七国对中国的喜好度调查（%）

资料来源：Spring 2017 Global Attitudes Survey，Pew Research Center.

（二）对中国经济力量的认知

尽管在过去近十年当中，中国是菲律宾最大的贸易伙伴，但中国在菲律宾投资以及经济影响力实际上依然并不显著，而且政治关系的好坏以及情绪性的话题会影响菲律宾民众对中国的客观认知。因此，如表Ⅲ－2－3 所示，认为中国经济发展对本国是“坏事”的比例，在 2014 年高达

① 当然，如果受访国包括本地区一些对华友好的国家如柬埔寨、老挝等国，亚太国家对中国喜好度的平均值无疑会发生变化，但以上数据仍足以让我们在整个地区背景下理解菲律宾民众的对华认知。

57%。不过，数据同样显示，在过去几年当中，菲律宾民众对中国经济的认可度逐渐上升。2019 年，认为中国经济对本国有积极影响的比例高达 48%，高于亚太地区的平均水平 36%。认为中国投资对菲律宾“好”的比例为 49%，认为“不好”的比例稍低，为 45%。①

表Ⅲ-2-3　关于中国经济发展对菲律宾是好是坏的调查　（%）

年份	坏	好
2014	57	30
2017	45	48
2019	48	47（亚太平均 36）

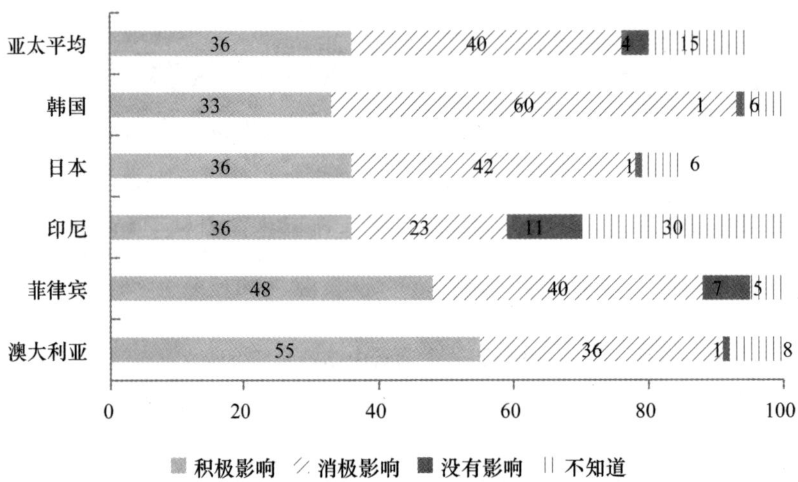

图Ⅲ-2-5　2019 年关于中国经济对菲律宾影响的调查（%）

资料来源：Spring 2019 Global Attitudes Survey，Pew Research Center.

在 2013 年调研的亚洲国家中，菲律宾对美国经济实力的认可度最

① Laura Silver，Kat Devlin and Christmas Huang，“China's Economic Growth Mostly Welcomed in Emerging Markets，but Neighbors Wary of Its Influence，” Pew Research Center，December 2019.

高，而对中国经济实力的认可度最低。[①] 在被问到哪些国家是全球经济大国时，绝大多数菲律宾人选择美国。但是在过去几年当中，如表Ⅲ－2－4所示，认为美国是全球经济大国的比例，从2013年67%下降到2019年的34%，与此同时，认为中国是全球经济大国的比例，则从同期的13%上升到28%。尽管中国和美国相比仍然有不小的差距，但是这一差距无疑正在缩小，说明菲律宾人认识到了中国正在不断崛起的经济影响力。

表Ⅲ－2－4 关于哪些国家是全球经济大国的调查 （%）

年份	美国	中国	日本	欧盟	其他/不知道
2013	67	13	12	4	4
2014	68	14	13	2	4
2015	66	14	13	4	2
2017	49	25	—	—	—
2018	40	31	—	—	—
2019	34	28	23	6	

资料来源：Spring 2013－2019 Global Attitudes Survey，Pew Research Center.

不过，如果进行横向对比，菲律宾对中国经济地位的认知低于很多亚洲国家。以2014年为例，认为中国是全球领先经济大国的比例为14%，仅高于亚洲地区的越南（11%），但低于其他被调研的亚洲国家，如泰国（34%）、马来西亚（31%）和印尼（27%）。

（三）对人权问题的认知

在被问到中国政府是否尊重公民人身自由时，如表Ⅲ－2－5所示，2013—2017年，菲律宾人对这一问题的看法变化不定。但与亚洲其他国家相比，如表Ⅲ－2－6所示，菲律宾人的看法比大多数受访的亚洲国家民众更为积极。

① “America’s Global Image Remains More Positive than China’s,” Pew Research Center, July 2013.

表Ⅲ－2－5　关于中国是否尊重公民个人自由的调查　（%）

年份	2013	2014	2015	2017	2018
是	51	37	48	52	38
否	44	50	45	37	53

资料来源：Spring 2013－2018 Global Attitudes Survey，Pew Research Center.

表Ⅲ－2－6　2017 年关于中国是否尊重公民人身自由的调查　（%）

	不尊重	尊重
菲律宾	37	52
越南	52	39
印尼	28	56
澳大利亚	81	12
韩国	77	18
日本	85	9
亚太平均	52	25

资料来源：Spring 2017 Global Attitudes Survey，Pew Research Center.

（四）对涉华安全议题的认知

如上所述，在被问到对中国经济增长的看法时，菲律宾人对中国经济增长的看法日趋积极，而负面认知则不断下降。不过，对中国军事实力的看法，依然以负面为主（见表Ⅲ－2－7）。[①] 此外，在涉及国家安全和领土争端等问题上，菲律宾人对中国的看法还是比较负面的，比如在 2013 年，90% 的菲律宾受访者认为与中国的领土争端对菲律宾是大问题（见表Ⅲ－2－8）。因此视美国为可依赖盟友的比例高达 64%，而视中国为菲律宾可依赖盟友的比例为 9%，虽然中美差距很大，但认可中国的比例依然高于日本（7%）。[②]

① Laura Silver，“How People in Asia-Pacific View China，” Pew Research Center，Oct. 16，2017，https：//www. pewresearch. org/fact－tank/2017/10/16/how－people－in－asia－pacific－view－china/.

② Laura Silver，Kat Devlin and Christmas Huang，“China’s Economic Growth Mostly Welcomed in Emerging Markets，but Neighbors Wary of Its Influence，” Pew Research Center，December 2019.

表Ⅲ-2-7　关于菲律宾对中国军事实力增长看法的调查　（%）

年份	好事	坏事
2013	25	68
2017	26	66
2019	24	71

资料来源：Spring 2013 - 2019 Global Attitudes Survey，Pew Research Center.

表Ⅲ-2-8　2013 年关于菲律宾对与中国领土争端认知的调查　（%）

大问题	小问题/不是问题	不知道
90	9	1

资料来源：Spring 2013 Global Attitudes Survey，Pew Research Center.

总之，皮尤研究中心的数据显示，第一，从总整体上而言，菲律宾人对美国形象的认知远比中国要积极，但是在经济领域，菲律宾人对中美认知差距正在迅速缩小。第二，菲律宾人在经济等方面对中国的看法较为积极，但是在军事和安全方面对中国的看法依然非常负面。第三，南海争端毫无疑问影响了菲律宾人的对华认知，但在过去几年当中，菲律宾人对中国的积极认知存在缓慢增长的趋势。不过，与菲律宾社会气象站的调研结果一样，2019 年菲律宾人对中国的认知出现了恶化的趋势，笔者将在最后一节对此问题做进一步探讨。

三　非南海因素与菲律宾社会的对华认知

菲律宾社会气象站和皮尤研究中心的调研结果都显示了南海问题对菲律宾人对华认知的影响。那么，如果没有南海问题，菲律宾人又将如何看待中国呢？在 2011 年 1—2 月和 7—8 月中菲关系比较稳定的阶段，暨南大学调研组曾经在菲律宾马尼拉区域进行了一项题为“中美日印在菲律宾的软实力比较研究”，该研究在很大程度上体现了中菲关系稳定发展时期菲律宾社会的对华认知。本研究共发放问卷 1200 份，回收有效问卷 696 份，其中菲裔 581 份，华裔 115 份。① 在此仅展示部分相关调研数据。

① 数据显示，菲律宾华裔对中国的好感度确实普遍高于菲律宾其他族裔，但是菲律宾华人本身是一个非常多元化的群体，他们在文化上也表现出非常明显的本土化和西方化的倾向，认为华人一定亲近中国的想法其实是不现实的。

（一）经济软实力

如图Ⅲ－2－6所示，在东南亚的经济影响力、对本国经济的重要性、产品质量（与日本并列）、购买产品意愿、先进跨国公司的数量等几个方面，美国均排第一位；而日本则在科技水平、企业家精神、产品质量（与美国并列）排第一位。中国在东南亚的经济影响力、对本国经济的重要性两项指标上排第二，但在产品质量、购买产品意愿、企业家精神等方面与美国和日本存在较大的差距。

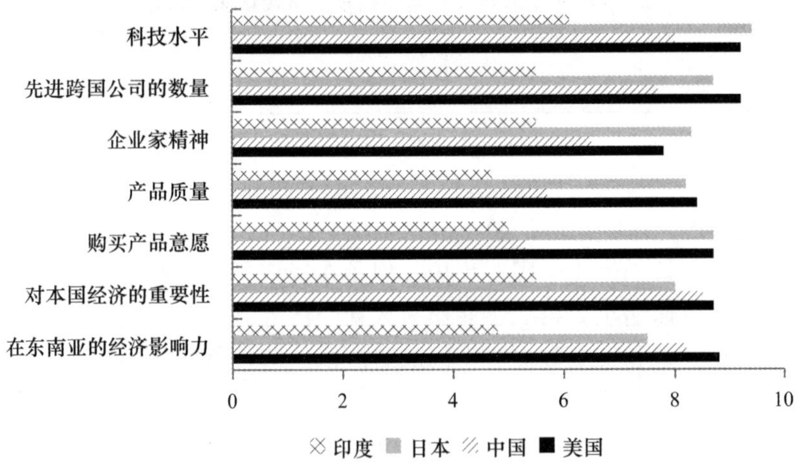

图Ⅲ－2－6 经济软实力综合比较（分）

说明：本调查中的企业家精神主要指企业的社会责任感、遵守法律、保护环境等。

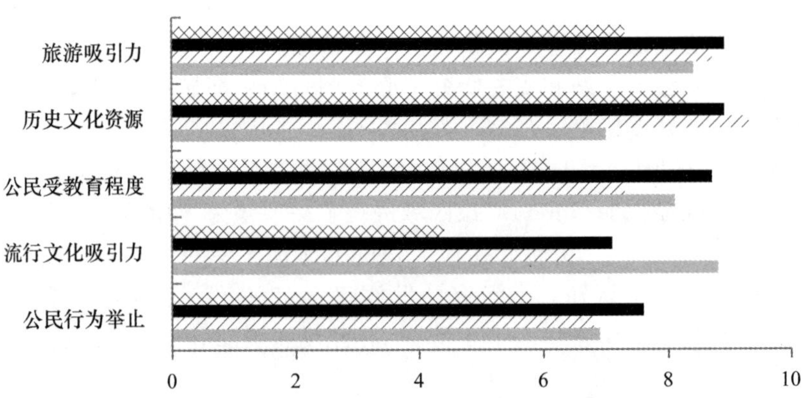

图Ⅲ－2－7 文化与人力资源综合比较（分）

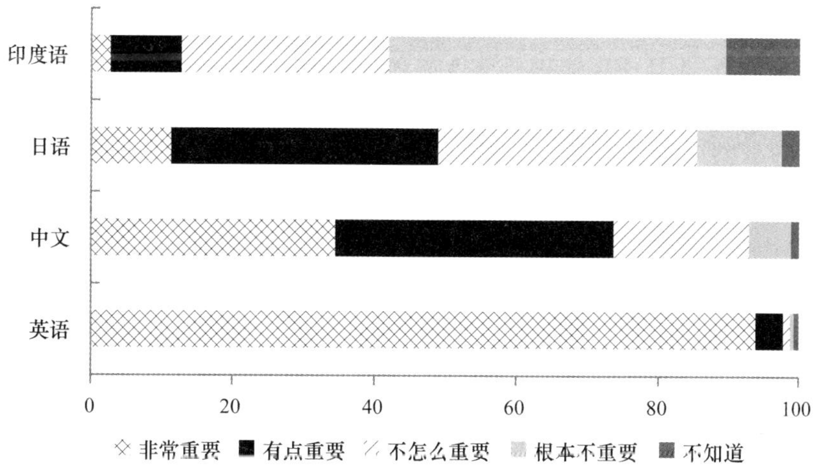

图Ⅲ-2-8　语言学习的重要性（%）

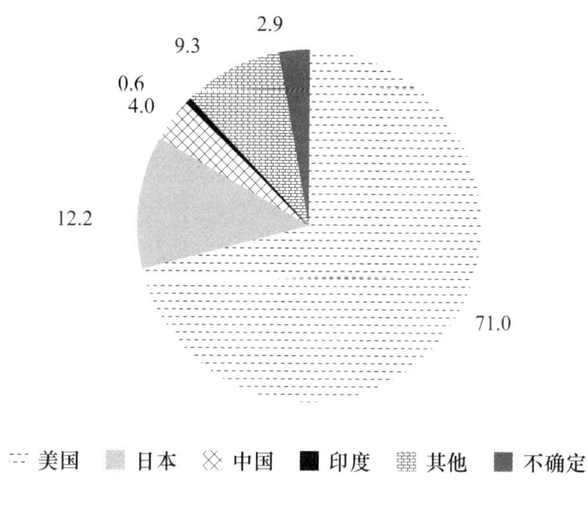

图Ⅲ-2-9　留学目的国选择（%）

（二）文化和人力资源软实力

在文化软实力方面，中国在历史文化资源的丰富性上得分最高，但是在公民受教育程度、流行文化吸引力、公民行为举止等方面皆落后于日本和美国，日本人的个人素质和行为举止等最受菲律宾人推崇。在语言学习和留学目的地的选择上，美国和英语皆为菲律宾人的第一选择，分别为93.6%和71.0%，尽管菲律宾人对中文的重视程度高于日语，但日本作为留学地，却比中国更受欢迎。一些菲律宾受访者表示，很多菲律宾人之所以选择到日本留学，主要是因为获得日本政府的奖学金相对较为容易。不过在过去几年当中，来华留学的菲律宾人已经比2011年有大幅增加。

（三）外交软实力

在外交软实力方面，菲律宾人最接受日本为亚洲的领导者，对美国和中国的接受程度差别不大。但是对于几国未来在亚洲地区的影响力，期望中国能够发挥更大作用的比例非常高（71%），远高于美国（33%）和日本（44%）。

对于中国的作用，菲律宾人也整体给出了积极的评价，如图Ⅲ－2－11所示，有近70%的人认为中国在亚洲地区的影响力是积极的。此外，还有69%的菲律宾受访者认为中国崛起对东南亚的影响是积极的。

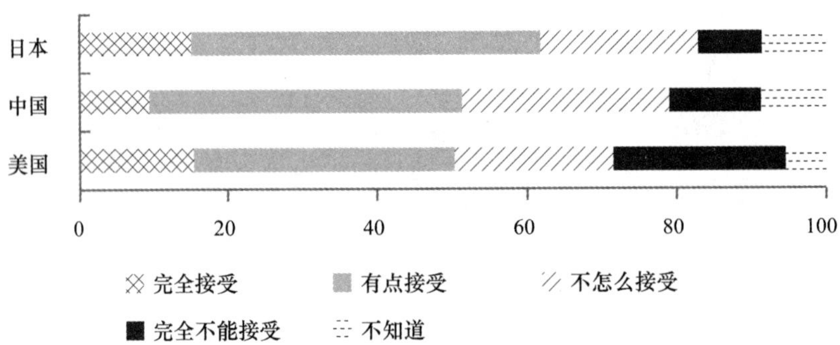

图Ⅲ－2－10　是否接受为亚洲地区的领导者（%）

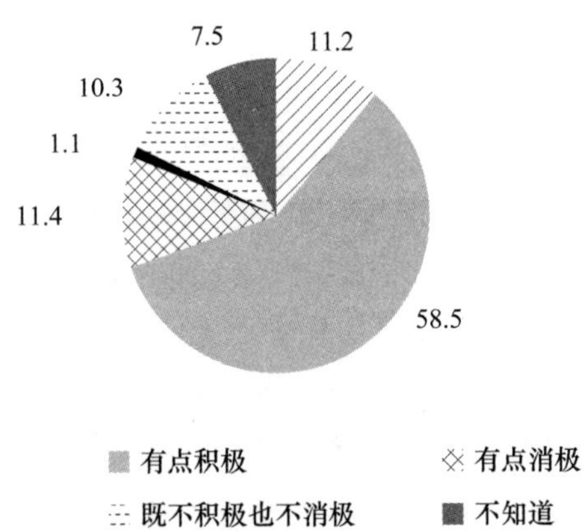

图Ⅲ－2－11　中国在亚洲地区的影响力（%）

（四）双边关系

在关于双边关系的未来发展上，菲律宾人认为与中国发生冲突的可能性最高，为6.1分，美国和日本分别为4.5分和3.9分。同样，认为中国可能对菲律宾构成军事威胁的比例高达73%，美国和日本的比例分别为50%和36%。显然，菲律宾人对中国的不信任感是最高的。

总的来说，第一，美国在菲律宾的政治软实力最强，在经济软实力方面稍稍领先于日本。第二，在外交软实力方面，美国和日本基本上不相上下，中国仍然落后于美国和日本，但是差距并不是非常大。第三，在文化与人力资源软实力方面，美国的文化软实力领先日本，但日本的流行文化在菲律宾仍然广受欢迎。第四，在人力资源方面，日本人的个人素质和行为举止等最受推崇。第五，在经济实力和世界领导力方面，菲律宾比较相信中国，认为中国能够在地区和国际舞台上发挥积极的作用和领导力。

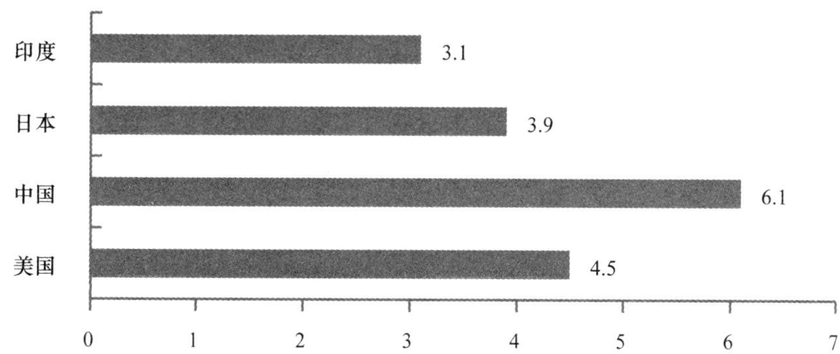

图Ⅲ－2－12　未来与菲律宾发生冲突的可能性（分）

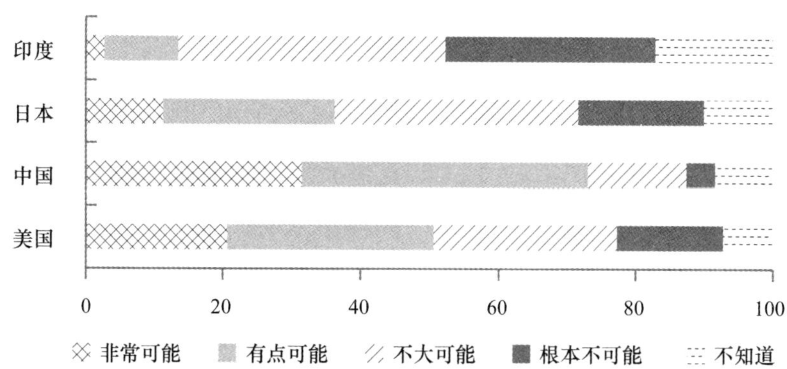

图Ⅲ－2－13　未来对菲律宾构成军事威胁的可能性（%）

2000—2011 年，中菲关系维持了一段较为稳定的时期。南海问题虽然依然横亘在中菲之间，但并没有发酵为一个突出的问题。除此之外，中菲之间并不存在任何其他严重问题。而且就外部环境而言，由于美国执着于反恐，中美关系也大致维持了较为稳定的关系，菲律宾不需要在其传统盟友美国和新兴崛起邻国中国之间进行选择。因此，以上数据显示，无论是在经济、文化还是外交领域，菲律宾人对中国的认知都展示出非常积极的一面，菲律宾人甚至乐意看到中国在地区和国际舞台上发挥更加积极的作用。当然，即便在中菲关系最好的时期，菲律宾人在军事和安全上依然对中国持有较深的疑虑和担忧。

第四节　思考：影响中国形象的因素

上述分析表明，菲律宾对其他国家的认知看起来似乎“爱恨分明”，但又有着复杂、综合的一面。到底是哪些因素影响了菲律宾社会的对华认知呢？笔者认为，总体而言，菲律宾社会亲西方的文化以及对中国根深蒂固的偏见在很大程度上塑造了菲律宾人对美国和中国的态度。当然，中菲之间存在的种种问题，诸如南海问题，也极大地影响了菲律宾社会对中国的信任。此外，菲律宾国内的政治竞争，以及媒体的偏向性报道，也对中国形象的恶化起到了推波助澜的作用。

一　西方文化以及意识形态的偏见

菲律宾社会亲西方的文化以及对中国根深蒂固的偏见在很大程度上塑造了菲律宾人对美国和中国的态度。

菲律宾民间社会与美国的互动非常密切，比如很多菲律宾人在美国工作和定居，菲律宾的 NGO 组织与美国等西方国家维系着密切的互动，这些都构成了菲律宾对美友好的基础。而且，大部分菲律宾人懂英文，西方的英文媒体也潜移默化地塑造着菲律宾人对美、对华的情感。就精英层面而言，不少菲律宾精英在西方接受教育，与西方世界的关系比较密切，比较认可西方的自由民主理念，对中国持有西方式的偏见，比如认为中国是个缺少自由和人权的国家，而且菲律宾社会长期以来缺乏对中国的客观了解。根据菲律宾社会气象站的调查，自 1994 年以来，无论菲美关系如何波澜起伏，菲律宾社会对美国的信任度始终在50%以上就能充分说明这一点。

二　热点问题的持续影响

南海问题以及双边关系中一些议题自始至终都影响着菲律宾社会对中国的信任度。除了南海问题外，不少中国公民的不良行为也加剧了菲律宾社会的“厌华”情绪。2019年全年，菲律宾各个机构针对外侨非法经商、非法务工、非法网络博彩、电信诈骗等展开了前所未有的调查和执法行动，在所有这些违法活动中都有中国公民的参与。

菲律宾移民局的记录显示，2015年全年，菲律宾逮捕非法外国人507名，其中273人为中国公民，占54%。在2016—2018年的三年里，被驱逐出境的外国人以中国人为最多，总共有1510名中国人被遣送回国。[①] 2019年1—12月，菲律宾逮捕了2000多名外国人，这些人大多因为非法博彩和网络诈骗而被捕。[②]

在菲律宾反对派和媒体的鼓噪之下，菲律宾移民局、劳工部、参众两院、劳工团体、反对派政治家在上述问题上反复发声，从而进一步诱发菲律宾社会的“厌华”情绪。

三　媒体的偏见与引导

菲律宾媒体在涉华问题上的偏向性报道，对中国形象的恶化起到了推波助澜的作用。为了测试菲律宾媒体在涉华报道上的取向，笔者使用谷歌的全球事件、语言和语气数据库（Global Database of Events, Language, and Tone-GDELT）来进行相关的测试，以2019年为例，分析菲律宾媒体在涉华问题上的报道语调（Coverage Average Tone）和情绪，[③] 从而分析该

---

① Ferdinand Patinio, “Chinese Tops List of Deported Foreigners,” Philippines News Agency, November 30, 2018, https://www.pna.gov.ph/articles/1055408.

② “BI: More than 2, 000 Illegal Aliens Arrested in 2019,” *GMA News Online*, December 27, 2019, https://www.gmanetwork.com/news/news/nation/720320/bi-more-than-2-000-illegal-aliens-arrested-in-2019/story/.

③ 谷歌Gdelt针对每一个个案，通过高性能自然语言处理技术，给出其综合情感指数情绪（tone）。“Average Tone”是指关于某事件的媒体报道的平均情绪，分值范围从-100（极端消极）到100（极端积极），但大多数文章的情绪值都在负10和正10之间，分别对应极端积极（Extremely positive）和极端消极（Extremely negative），从中可以看出媒体报道事件的情感取向。

年全年菲律宾英文媒体涉华舆情特征。

（一）菲律宾英文媒体涉华报道语调

表Ⅲ－2－9数据显示，相比较而言，菲律宾英文媒体的涉华报道最消极，为－1.48，而涉日报道的语调相比最为积极。在涉华报道上，本研究测试了南海问题、网络博彩和“一带一路”建设三个主题，关于南海问题的报道平均语调最为消极。但是相比之下，如图Ⅲ－2－14所示，菲律宾媒体对网络博彩业的报道，基本都是负面的，正面报道极少，这也和笔者在菲律宾进行田野调查时的感受一致。2019年上半年，菲律宾媒体对网络博彩的报道相对较少，但自7月以来，媒体报道急剧增加，且负面程度极高，对政府构成极大的舆论压力，并且最终迫使菲律宾政府在网络博彩问题上采取更加严厉的政策。在菲律宾媒体整体负面报道的影响之下，菲律宾社会的对华认知和信任度也持续走低。

表Ⅲ－2－9　2019年菲律宾英文媒体涉华报道语调*

	语调值（Coverage Average Tone）
涉华报道（华文）	0.51
涉华报道（英文）	－1.48
涉美报道（英文）	－1.42**
涉日报道（英文）	－0.13
南海问题	－1.20
网络博彩	－1.13
“一带一路”	－0.03

*涉华报道的主题词选取“China”，排除United States，涉美报道和涉日报道的主题词分别为United States和Japan，并且排除主题词China。考虑到菲律宾媒体更多地使用“西菲律宾海”一词，因此笔者使用了主题词West Philippine Sea + China，而不是国际社会通用的South China Sea，网络博彩主题词为Online Gambling + China，“一带一路”的主题词为BRI + China.

**笔者仔细分析了2019年谷歌Gdelt数据中的涉美报道，发现其中语调值呈现出十分负面的报道，大都与美国没有直接的关系，而是涉及伊朗、反恐等问题。以语调值为－12的六篇报道为例，仅一篇与美国有直接关系，标题为“蓬佩奥谴责伊朗镇压示威人群”。而语调值为－12的10篇涉华报道，皆为与中国直接相关，其中五篇涉及香港问题，三篇涉及中国国内安全问题。

资料来源：谷歌Gdelt。

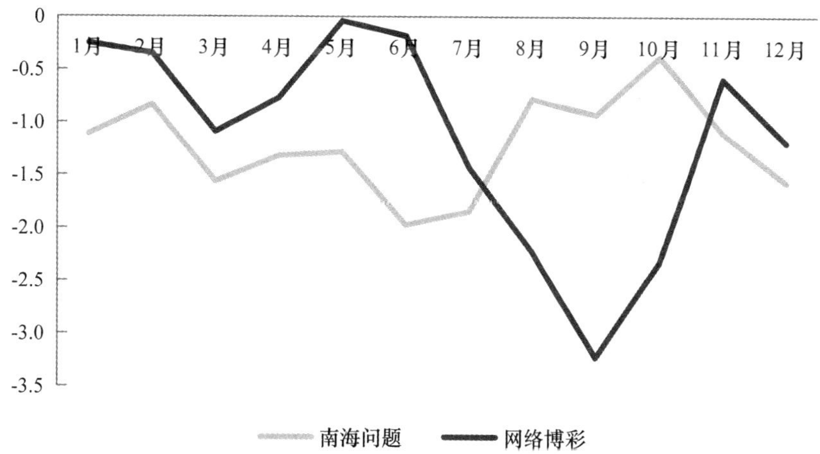

图Ⅲ－2－14　2019 年菲律宾英文媒体对南海问题和网络博彩的月度报道语调

资料来源：谷歌 Gdelt。

笔者同时测试了菲律宾华文媒体在 2019 年的涉华报道语调，其平均值为 0.51，远高于英文媒体的涉华报道。另外，如图Ⅲ－2－15 所示，2017 年和 2018 年菲律宾英文媒体涉华报道语调分别是－0.94、－0.90，均低于 2019 年，这说明 2019 年菲律宾英文媒体的涉华报道语调逐渐恶化。值得注意的是，这一趋势与菲律宾社会气象站所采集的有关菲律宾人

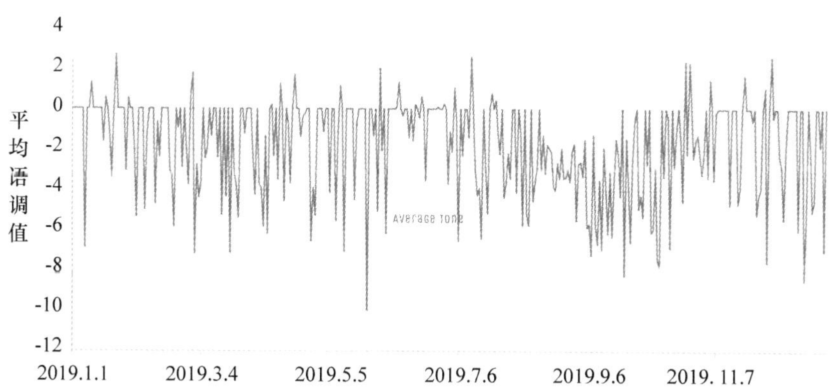

图Ⅲ－2－15　2019 年菲律宾英文媒体对网络博彩的报道语调值

资料来源：谷歌 Gdelt。

的对华信任度走向一致，即均呈恶化的趋势。基于此，我们有理由相信，菲律宾媒体的涉华报道与菲律宾大众的对华信任度存在关联。

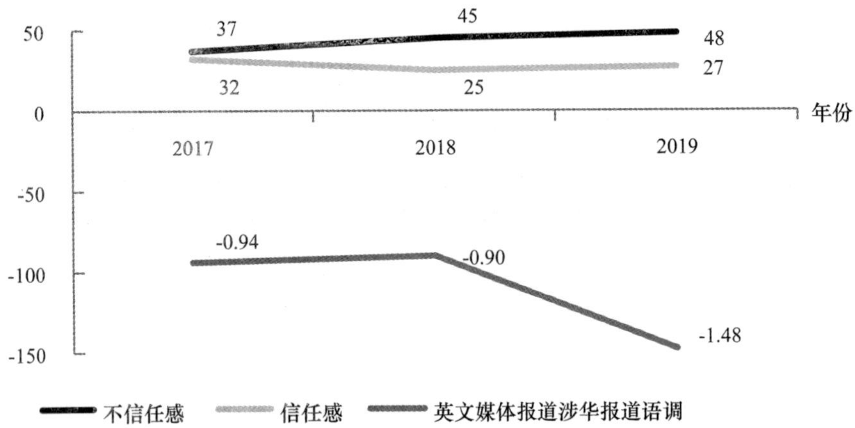

图Ⅲ-2-16　2017—2019 年菲律宾对华信任度及英文媒体涉华报道语调

资料来源：菲律宾社会气象站及谷歌 Gdelt。

（二）横向比较：东南亚国家媒体的涉华报道语调

本文同时比较了 2019 年东南亚几个国家媒体的涉华报道语调。同样发现，菲律宾英文媒体的涉华报道语调值，仅低于马来西亚英文媒体的涉华报道语调值，即马来西亚和菲律宾两国英文媒体涉华报道语调值最为负面。

由于菲律宾民间普遍缺乏对中国的信任，多媒体时代的网络传播，就像一把双刃剑，既不利于中国积极正面形象的建构，也不利于其传播。研究显示，菲律宾 79% 的智能手机用户使用 Facebook，Facebook 是 80% 菲律宾社交媒体用户使用的主流在线平台，其次是 Youtube，Facebook 也是 84% 年龄介于 16—24 岁的菲律宾用户使用的主流在线平台。平均而言，菲律宾用户每天花在 Facebook 上的时间高达两个多小时，超过传统媒体的使用时间。此外，菲律宾人还习惯在视频网站 You Tube 上观看各种视频。在这一背景下，一些对华不友好或者对中国形象不利的视频或者新闻，在社交媒体上得以快速传播。与此同时，一些对华友好的声音、观点和新闻却未能得到广泛传播。在此背景下，无论中国政府和菲律宾政府做出怎样的努力去改善中菲关系，总会有大量民众选择无视事实的真相而听从自身的“判断”，把中国公民个人的不法行为和中国政府相挂钩，或者无视中国政府的善意等，甚至对事实进行歪曲或者误导。

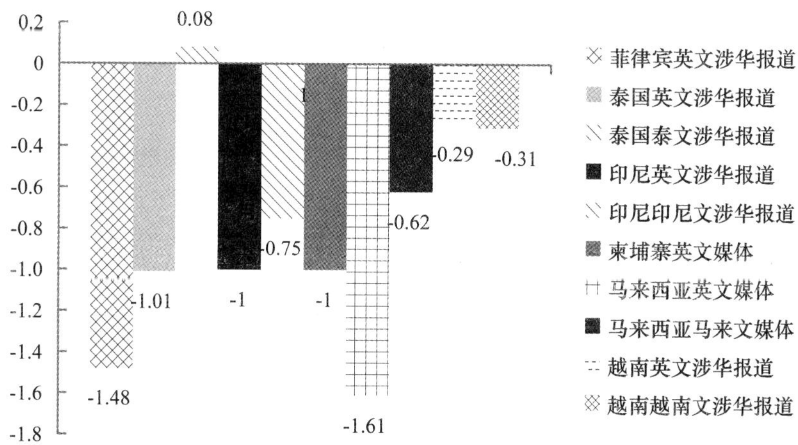

图Ⅲ－2－17　2019年东南亚几国涉华媒体报道语调值

说明：搜索主题词皆为China。

资料来源：谷歌Gdelt。

因此，要改善中国在菲律宾的形象，以及提高菲律宾社会对中国的认知，菲律宾媒体是我们无法绕开的关键一环。但是，菲律宾媒体的涉华报道，既涉及媒体的基本政治立场以及从业人员的政治偏向与意识形态，又涉及媒体背后的资金来源，以及媒体专栏作家的政治态度，甚至还可能涉及美国等外部因素的介入，这就注定了是一场艰巨的持久战。

第三章　中菲“一带一路”贸易投资合作

中国与菲律宾一衣带水隔南海相望，两国关系源远流长，两国人民具有悠久的传统友谊。早在宋朝初年中国就与菲律宾建立了贸易往来关系，从事物质文化交流；在宋、元时期，中国的帆船开辟了前往菲律宾群岛的定期商贸航线。进入明朝以后，中国与菲律宾群岛上的苏禄王朝建立了稳定而密切的朝贡关系，虽然朝贡关系体现出邦交双方的尊卑关系，但其实质仍然是一种贸易关系。明穆宗隆庆元年开放海禁，允许民间商船经营海外贸易。“于是五方之贾，熙熙水国，刳艅艎，分市东西路（东西洋），其捆载珍奇，故异物不足述，而所贸金钱，岁无虑数十万，公私并赖，其殆天子之南库也。”① 其中，东洋贸易主要就是指与菲律宾群岛各地开展的贸易。从古至今，菲律宾都是同中国交往密切的国家之一。从中国和菲律宾自 1975 年建交以来，双方合作开启了新篇章。

第一节　中菲“一带一路”贸易合作

中菲双方贸易往来可追溯到宋、元时期。中华人民共和国成立后，两国贸易往来曾一度中断。1975 年中菲建交后，两国经贸关系逐步改善。20 世纪 90 年代初以来，两国在经贸领域的合作进一步发展。进入 21 世纪，双方合作迈入新的阶段。

① 张燮：《东西洋考》，中华书局 1981 年版，第 1 页。

一 中菲贸易合作情况分析

自1950年以来，中国与菲律宾在经贸合作上可以分成七个阶段：第一阶段，中菲贸易的寒冰期（1950—1970）；第二阶段，中菲贸易的破冰升温期（1971—1981）；第三阶段，中菲贸易的萎缩停滞期（1982—1992）；第四阶段，中菲贸易的恢复期（1993—2000）；第五阶段，中菲贸易的稳定发展期（2001—2010）；第六阶段，中菲贸易的摩擦争端期（2011—2016）；第七阶段，中菲贸易的迅速发展期（2016年至今）。

1950年，中国与菲律宾之间的贸易额为70万美元，其中绝大部分是菲律宾对中国的出口。同年朝鲜战争爆发，美国操纵联合国通过对中国实行禁运的决议。菲律宾政府追随美国，奉行敌视中国的政策。1951年，两国贸易额骤降至5万美元，随后继续下降，1953年只剩下2000美元。1953年以后，由于朝鲜停战和印度恢复和平，国际形势出现了暂时的缓和；1954年，中菲贸易开始回升；在1955年亚非会议上，中国代表团团长周恩来总理同菲律宾代表团团长、外交部部长罗慕洛（Carlos Pena Romulo）会晤，两国关系得到初步改善。1956年双方贸易额上升到73万美元，这是整个五六十年代双方贸易的最高年度交易额。但是好景不长，随着中美关系在50年代后期的进一步恶化，中菲关系又趋于冷却，1957年双方贸易额又降到5万美元，随后继续低落，到1963年只剩下微不足道的400美元，这是中菲双方贸易额在这一时期的最低点。最后即使如此低水平的贸易也维持不下去了，自1965年起中菲贸易中断。

表Ⅲ-3-1 1950—1970年中国对菲律宾的贸易额 （万美元）

年份	总额	出口	进口	年份	总额	出口	进口
1950	70.3	0.3	70	1958	6	6	—
1951	5.4	0.4	5	1959	3	6	—
1952	0.6	0.6	—	1960	4	4	—

续表

年份	总额	出口	进口	年份	总额	出口	进口
1953	0.2	0.2	—	1961	3	3	—
1954	3	3	—	1962	3	3	—
1955	5	5	—	1963	0.04	0.04	—
1956	73	3	70	1964	3	3	—
1957	5	5	—	1965—1970	—	—	—

资料来源：中华人民共和国海关总署。

1950 年到 1970 年这段时期是中菲贸易发展的寒冰时期。这个时期的中菲贸易受双方政治关系的影响始终维持在较低水平。在东盟各国中菲律宾与中国的贸易额数量是最少的。同一时期，印尼与中国的贸易额为 91149 万美元；马来西亚为 24270 万美元；泰国为 3113 万美元；菲律宾只有 182.84 万美元。20 世纪 70 年代初期，美国逐渐调整对华政策。1971 年周恩来总理同基辛格秘密会谈，谱写了中美关系新的篇章；1972 年尼克松访华，中美关系得到极大的缓解。深受美国影响的菲律宾政府认识到与中国改善关系或建交是必然趋势，但因受到国内反对派的阻挠，直到 1975 年中国和菲律宾才正式建交。在中菲建交后十数年里，中菲两国领导人多次互访，两国关系逐渐加深，两国的经贸合作逐渐加强，这一时期的中菲经贸合作与 20 世纪 50 年代到 70 年代的寒冰期形成了鲜明的对比。

1971 年 9 月，中菲签订了一批贸易合同，中菲贸易在中断 6 年之后终于开始恢复，1971 年双方贸易额为 265 万美元，1972 年增加到 529 万美元，相比 1971 年增加近一倍。1973 年双方贸易额增加至 5298 万美元，比 1972 年增加 9 倍多，这也是迄今为止中菲双方贸易额年增长率最高的。1975 年 6 月菲律宾总统访华，双方签署中国和菲律宾建交联合公报，同一时间双方签署中菲贸易协定，当年双方贸易额上升至 6530 万美元。1978 年李先念主席访问菲律宾，当年双方贸易额首次突破 1 亿美元大关，达到 14345 万美元。在此后数年里，中菲双方高层频繁互访，1980 年双方贸易额突破 3 亿美元大关。

表Ⅲ-3-2　　1971—1981 中国对菲律宾的贸易额　　（万美元；%）

年份	贸易额	增长率	出口	进口	年份	贸易额	增长率	出口	进口
1971	265	—	224	41	1977	9367	16	6059	3308
1972	529	100	383	146	1978	14345	53	8630	5715
1973	5298	902	4617	681	1979	18188	27	13472	4716
1974	4893	-8	3228	1665	1980	32819	80	25810	7009
1975	6530	33	4386	2144	1981	32895	—	23532	9363
1976	8062	23	3715	4347					

资料来源：中华人民共和国海关总署。

1971 年到 1981 年这段时期是中菲贸易迅速发展的黄金时期。在这 11 年里两国贸易额从 1971 年的 265 万美元增加到 1981 年的 32895 万美元，增长了 123 倍多，年均增长率达到了 62%。

1982 年以后，菲律宾国内各种矛盾不断。1983 年西方经济出现不景气局面，受美国垄断资本影响较深的菲律宾经济陷入困境，1984 年、1985 年菲律宾国内生产总值连续两年出现负增长，经济濒临崩溃。到 1989 年 9 月菲律宾通过了具有歧视性的对华贸易平衡方案（即对华贸易“一对一”方案），这份由菲律宾单方面实施的贸易歧视方案规定，除进口用于再出口产品的商品、石油，以及政府直接进口的商品外，菲律宾进口商在申请从中国进口商品，包括从事转口贸易的同时，必须递交向中国出口等额商品的计划。该项政策的实施实际上增加了两国间商品交换的难度，在抑制菲律宾从中国进口的同时并没有促进菲律宾对中国的出口。这段时间中菲政治关系处于一种反复的状态，中菲贸易处于萎缩停滞期，贸易额围绕 3 亿美元徘徊。[①]

1993 年菲律宾方面主动取消了对华贸易平衡方案，中菲双边贸易自该年开始进入快速复苏时期，当年双边贸易额达到了 4.95 亿美元。自 1994 年开始菲律宾经济进入较快的恢复发展期，同时中菲为了改善两国的经贸关系做出了积极努力。1995 年菲律宾政府将中国从菲律宾国际贸易公司管制名单中删除，两国贸易额达到 13.06 亿美元。1996 年江泽民

① 沈红芳：《中国与菲律宾的经济合作、回顾与前瞻》，《东南亚》2003 年第 2 期。

表Ⅲ-3-3　　1982—1992 年中国对菲律宾的贸易额　　（亿美元;%）

年份	贸易额	增长率	出口额	进口额	年份	贸易额	增长率	出口额	进口额
1982	2.76	—	2.09	0.67	1988	4.04	5	2.69	1.35
1983	1.51	-45	1.36	0.15	1989	3.39	-16	2.56	0.83
1984	2.15	42	1.75	0.40	1990	2.95	-13	2.10	0.85
1985	2.69	25	2.12	0.57	1991	3.83	30	2.53	1.30
1986	2.30	-14	1.33	0.97	1992	3.64	-5	2.09	1.55
1987	3.85	67	2.45	1.40					

资料来源：中华人民共和国驻菲律宾共和国大使馆经济商务处。

主席对菲律宾进行国事访问，2000 年菲律宾总统埃斯特拉达正式访华，双方签署《关于 21 世纪双边合作框架的联合声明》，同年双方贸易额达到了 31.42 亿美元。①

表Ⅲ-3-4　　1993—2000 年中国对菲律宾的贸易额　　（亿美元;%）

年份	贸易额	增长率	出口	进口	年份	贸易额	增长率	出口	进口
1993	4.95	36	2.81	2.14	1997	16.67	20	13.39	3.28
1994	7.48	51	4.76	2.72	1998	20.00	20	15.00	5.00
1995	13.06	75	10.30	2.76	1999	22.87	13	13.79	9.08
1996	13.87	6	10.15	3.72	2000	31.42	37	14.64	16.78

资料来源：中华人民共和国驻菲律宾共和国大使馆经济商务处。

1993 年到 2000 年这个时期是中菲贸易迅速恢复的黄金时期。在这 8 年里两国贸易额从 1993 年的 4.95 亿美元增加到 2000 年的 31.42 亿美元，贸易额增长了 5.35 倍，年均增长率达到了 30%。

进入 21 世纪，中国和菲律宾的贸易关系进一步稳步提升。2000 年是中菲双方建交 25 周年，双方决定建立长期稳定的中菲友好关系，双方举行了一系列高层互访活动。2001 年中国加入世界贸易组织，中菲签署两项双边协议，当年中菲贸易额达到 35.7 亿美元。2004 年菲律宾总统阿罗

① 沈红芳：《中国与菲律宾的经济合作、回顾与前瞻》，《东南亚》2003 年第 2 期。

约对中国进行国事访问，她表示中国将在菲律宾的经济和安全事务上起决定性影响作用，当年双方贸易额高达133.3亿美元。2005年胡锦涛主席对菲律宾进行国事访问，2007年1月，温家宝总理对菲律宾进行正式访问，双方贸易额稳定上涨。2008年受国际金融危机的影响，双方贸易额有所下降。

表Ⅲ-3-5　　2001—2010年中国对菲律宾的贸易额　　（亿美元;%）

年份	贸易额	增长率	出口额	进口额	年份	贸易额	增长率	出口额	进口额
2001	35.7	13.5	16.2	19.5	2006	234.1	33.3	57.4	176.7
2002	52.6	47.5	20.4	32.2	2007	306.2	30.8	75	231.2
2003	94	78.7	30.9	63.1	2008	285.8	-6.7	90.8	195
2004	133.3	41.8	42.7	128.7	2009	205.3	-28.3	85.8	119.5
2005	175.6	31.7	46.9	128.7	2010	277.5	35.2	115.4	162.1

资料来源：中华人民共和国驻菲律宾共和国大使馆经济商务处。

2001年到2010年这10年是中菲贸易稳定发展的一个时期。在这10年里两国贸易额从2001年的35.7亿美元增加到2010年的277.5亿美元，贸易额增长了6.77倍，尽管受到全球金融危机的影响，但双方贸易额的年均增长率仍然高达25.6%。

2010年阿基诺三世（Benigno Simeon Cojuangco Aquino III）上台，美菲关系逐渐升温，中菲关系面临严重挑战。美国因实施重返亚太战略而给予阿基诺三世政府大量的经济和武力支持，中菲关系开始走向紧张。2011年菲律宾方面呼吁美国介入南海问题；2012年菲律宾扣押中国渔民引发黄岩岛事件；2013年菲律宾单方面提出“南海仲裁案”，中菲关系迅速恶化。

表Ⅲ-3-6　　2011—2016年中国对菲律宾的贸易额　　（亿美元;%）

年份	贸易额	增长率	出口额	进口额	年份	贸易额	增长率	出口额	进口额
2011	322.5	35.1	115.4	162.1	2014	444.6	16.8	234.7	209.8
2012	363.7	16.2	167.3	196.4	2015	456.6	2.7	266.9	189.8
2013	380.7	4.6	198.4	182.3	2016	471.6	3.3	297.9	173.7

资料来源：中华人民共和国海关总署。

2011 年到 2016 年中菲两国存在争议和摩擦，双方在政治、经济领域的合作受到了一定的冲击。在这 6 年中菲贸易额从 2011 年的 322.5 亿美元上升到 2016 年的 471.6 亿美元，贸易额仅增长 0.46 倍，年均增长率也只有 7%，与上一阶段相比出现较大幅度下滑。

2016 年杜特尔特（Rodrigo Duterte）总统上台后，菲律宾政府的对华政策发生转变，杜特尔特主张与中国和平对话，在经济上与中国发展更加全面、深入的合作。杜特尔特总统于 2016 年、2017 年、2018 年、2019 年数次访华，2018 年中国国家主席习近平对菲律宾进行国事访问，双方签署联合声明。中菲关系持续改善，两国合作达到前所未有的高度。

表Ⅲ-3-7　**2017—2019 年中国对菲律宾的贸易额**　（亿美元；%）

年份	贸易额	增长率	出口额	进口额
2017	513.1	8.8	320.7	192.4
2018	556.7	8.5	350.6	206.1
2019	609.5	9.5	407.5	202

资料来源：中华人民共和国统计年鉴

从 2016 年至今双方关系持续改善，中菲双方在政治、经济领域的合作受到了巨大鼓舞。在这 4 年里中菲贸易额从 2016 年的 471.6 亿美元上升到 2019 年的 609.5 亿美元，贸易额虽仅增长 0.29 倍，但双方贸易额增长 137.9 亿美元，年均增长率也增至 10%，与上一阶段相比年均增长率有较大幅度的上升。

据菲律宾统计署统计，2019 年菲律宾货物进出口贸易总额为 1768.8 亿美元，同比增长 0.3%。其中进口额为 1068.8 亿美元，同比下降 1.9%；出口额为 700 亿美元，同比增长 3.7%。中国、日本、美国、韩国、中国香港是菲律宾前五大贸易伙伴。中国是菲律宾第一大贸易伙伴、第一大进口来源地、第四大出口目的地。①

① 菲律宾国家统计局：《菲律宾进出口统计摘要》，http://www.psa.gov.ph/statistics/foreign-trade/fts-release-id/160003。

二　存在的问题

（一）双方贸易逆差严重

从 2014 年开始，菲律宾在中菲贸易中就处于逆差状态。自 2014 年到 2019 年菲律宾向中国出口 1173.8 亿美元，进口 1470.8 亿美元，出口额占进口额的 79.81%。近些年来，双方的贸易逆差非但没有减少，反而越来越大。据《马尼拉公报》报道，菲律宾贸工部部长洛佩兹（Ramon Lopez）在参加 2019 年中菲峰会时表示，菲律宾需要提高农产品和其他产品的产量，努力缩小与中国巨大的贸易逆差。[①] 洛佩兹表示菲中双方都在努力缩小贸易逆差，中国政府承诺增加自菲律宾进口，菲律宾收到不少中国的农产品订单，新获中国冰冻水果市场准入，但现在的问题是菲律宾的农产品产量无法满足巨大的中国市场的需求。他表示菲律宾确实从中国进口了很多商品，这是必要和必需的，菲律宾应该增加产量，将更多的菲律宾本地产品打入中国市场，例如椰子、高附加值产品、电子产品等，通过增加对华出口来缩小贸易逆差。[②]

表Ⅲ－3－8　2014—2019 年中国对菲律宾的贸易额　（亿美元）

年份	2014	2015	2016	2017	2018	2019
进口额	209.8	189.8	173.7	192.4	206.1	202.0
出口额	234.7	266.9	297.9	320.7	350.6	407.5
贸易逆差值	24.9	77.1	124.2	128.3	144.5	205.5

资料来源：中华人民共和国海关总署。

（二）双方贸易产品结构较为单一

中菲贸易产品结构比较单调。根据中国海关总署的贸易统计数据，1975 年至 1992 年，菲律宾从中国进口的商品主要是原油，约占进口商

① 中华人民共和国驻菲律宾共和国大使馆经济商务处：《菲律宾需更加努力以缩小与中国的贸易逆差》，2019 年 4 月 1 日，http://ph.mofcom.gov.cn/article/jmxw/201904/20190402848754.shtml。

② 中华人民共和国驻菲律宾共和国大使馆经济商务处：《菲律宾需更加努力以缩小与中国的贸易逆差》，2019 年 4 月 1 日，http://ph.mofcom.gov.cn/article/jmxw/201904/20190402848754.shtml。

品总额的 54%。其他进口商品是小型成套设备、煤、大米、棉织品、罐头等。菲律宾对中国的出口主要是钢材、铜、尿素、农药、木制品，皆非其优势出口商品。1992 年之后，两国的双边贸易结构有所调整。菲律宾从中国进口的商品逐渐多样化，石油不再是主要进口商品。可是，菲律宾对中国的出口却仍然集中在少数几种商品上。同时，石油产品却成为菲律宾对中国首项大宗出口商品。据中国海关总署统计，1995 年菲律宾对中国的石油产品出口竟占了菲律宾对中国十大出口商品总值的 59.2%。直至 1999 年，菲律宾对中国的工业制成品出口才有了较大幅度的增加。2000 年之后，菲律宾的工业制成品向中国的出口继续保持较高的数额。① 近年来，菲律宾向中国的出口产品中第 16 类商品（机电、音像设备及其零件、附件）的出口占到了 70% 以上，中国海关总署数据表明：2017 年第 16 类商品占菲律宾总出口额的 74.4%，2018 年为 74.0%，2019 年为 73.3%，2020 年上半年上升为 74.6%。与之对应，中国对菲律宾的出口产品就比较均衡，出口份额居前三位的商品分别是第 16 类商品（机电、音像设备及其零件、附件），约占 29%，第 11 类商品（纺织原料及纺织制品）约占 13%，以及第 15 类商品（贱金属及其制品），约占 12%。②

表Ⅲ-3-9　**近年来中菲贸易主要商品**

中国对菲律宾出口商品类别	中国自菲律宾进口商品类别
电机、电气、音像设备及其零部件	电机、电气、音像设备及其零部件
机械器具及零件	机械器具及零件
钢铁	矿砂、矿渣及矿灰
矿物燃料、矿物油，沥青，矿蜡	铜及其制品

① 张建平、樊子嫣：《“一带一路”国家贸易投资便利化状况及相关措施需求》，《国家行政学院学报》2016 年第 1 期。

② 中国海关总署：《2020 年对部分国家（地区）出口商品类章金额表》《2020 年对部分国家（地区）进口商品类章金额表》，http://www.customs.gov.cn/customs/302249/302274/302277/3227050/index.html。

续表

中国对菲律宾出口商品类别	中国自菲律宾进口商品类别
服装	食用水果及坚果，柑橘类水果或甜瓜果皮
塑料及其制品	塑料及其制品
钢铁制品	光学、照相、医疗或手术器械等
玩具、游戏和运动器材及其零部件	矿物燃料、矿物油，沥青，矿蜡
车辆及其零部件，铁道车辆或电车除外	动物或植物油脂、油料
鞋靴、护腿和类似品及其零件	玻璃及玻璃制品

资料来源：中华人民共和国海关总署。

（三）中菲贸易便利化程度不高

《2016年全球贸易促进报告》显示，2016年中国在全球136个国家和地区的贸易便利化指数中排第61名，呈缓慢增长的趋势。在市场准入方面，中国仍然是世界上较封闭的国家之一，国外市场准入排第124名。在营商环境方面，中国排第42名。但是中国贸易程序的总成本很高（约每集装箱950美元），中国的关税较高，平均征收11.1%的关税。中国作为世界上较大的贸易国之一，在交通基础设施，尤其是航空和港口联通性方面，总体得分非常高，中国运输服务的排名较为靠前，为第32名，交通基础设施排第12名。

与中国相比，菲律宾的贸易便利化水平较低，报告显示，2016年菲律宾在全球136个国家和地区的贸易便利化指数中排第82名，与2014年相比排名下降一个位次。在市场准入方面，菲律宾是一个比较开放的国家，国外市场准入排第39名。在营商环境方面，菲律宾排在第104名。作为一个岛国，菲律宾交通基础设施得分不是很高，排名较为落后，运输服务排在第85名；交通基础设施比较落后，排在第116名。

根据《2016年全球贸易促进报告》数据可知，中国属于一般便利国家，而菲律宾则属于不便利国家。菲律宾公路、港口、机场等基础设施，信息通信技术，“单一窗口”建设，互联网普及和电子商务人员流动等较为落后。此外，政府行政效率也不高，在菲律宾的办事手续较为烦琐，外资的运行成本较高，税种多、税率高、税务审计周期较长。加之中国市场准入门槛较高，在一定程度上影响了中菲贸易额的增长。

表Ⅲ-3-10 中菲贸易促进指数排名及得分

项目	中国		菲律宾	
	得分（分）	排名（名）	得分（分）	排名（名）
国内市场准入	4.33	101	5.57	22
国外市场准入	2.38	124	4.52	39
边境管理	4.91	52	4.09	93
交通基础设施	5.58	12	2.55	116
运输服务	4.94	32	3.73	85
信息通信技术基础设施	4.66	64	4.33	76
营商环境	4.65	42	3.87	104

资料来源：《2016年全球贸易促进报告》。

第二节 中菲“一带一路”投资合作

随着中菲经济的不断发展，中菲双边投资也逐渐展开。但受制于国际经济环境、两国政治关系等复杂因素，双边投资进程反映出不稳定及多变的特点。虽然两国的相互投资规模一直处于较低的水平，但总体来说，无论从双边投资协议，还是实际投资额来看，都呈现出不断扩大的趋势。

一 中菲投资情况分析

（一）中国对菲律宾投资情况

近些年来，中国对外投资一直持续增长。2014年中国对外直接投资净额首次突破1000亿美元，达到1231.2亿美元，与利用外资规模旗鼓相当，基本实现在对外直接投资与吸收外资方面的双向平衡。2015年，中国对外直接投资净额为1456.7亿美元，实现历史性突破，流量首次列全球第二位，并超过同期吸引外资水平，首次实现双向直接投资项下的资本净输出。截至2019年，中国对外直接投资额达到1106亿美元。

表Ⅲ－3－11 2014—2018 年中国对菲律宾、全球、东盟直接投资流量

年份	2014	2015	2016	2017	2018
对菲律宾投资流量（亿美元）	2.3	－0.3	0.3	1.1	0.6
增长率（%）	—	－113.0	200.0	266.7	－45.5
对全球总投资流量（亿美元）	1231.2	1456.7	1961.5	1582.9	1430.4
增长率（%）	—	18.3	34.7	－19.3	－9.6
对东盟投资流量（亿美元）	78.1	146.0	102.8	141.2	136.9
增长率（%）	—	86.9	－29.6	37.4	－3.0

资料来源：《2018 年中国对外直接投资公报》。

从表Ⅲ－3－11 中可以看出，2014—2018 年，中国在菲律宾的直接投资流量总体处于较低水平且波动较大。从全球范围来看，中国在菲律宾的直接投资额占比极少，仅占中国对外直接投资总额的 0.05%；从东盟范围来看，相较于中国对其他东盟成员国的直接投资，中国对菲律宾直接投资额也长期偏低。主要原因是菲律宾对华政策的不稳定，导致中国企业在菲律宾市场上的开发力度和开发深度都较小。

随着总统杜特尔特的执政及中国“一带一路”倡议的推行，中菲关系慢慢缓和，政治障碍也不断消除，中国对菲投资慢慢增长。2019 年菲律宾批准的中国投资总额达到 3901 亿比索（约合 77 亿美元），比 2018 年增长 112.8%。特别是 2019 年第四季度，中国对菲律宾的投资大幅增加。

（二）菲律宾对华投资情况

根据中国海关总署统计数据，2013 年之前菲律宾对中国的实际外商直接投资额每年在 1 亿美元和 2 亿美元之间波动。2013 年是菲律宾对华投资的分水岭，首次出现对华直接投资额降至 1 亿美元以下的情况，为 6726 万美元。2014 年菲律宾对中国的实际外商直接投资额为 9707 万美元，占外商直接投资总额 1195.6 亿美元的约 0.08%。2016 年菲律宾对中国的实际直接投资额增加为 7760 万美元，比 2015 年增加了约 100%。但是，由于中国在 2016 年利用外商直接投资总额增至 1262.66 亿美元，菲律宾 2016 年对中国的直接投资仍然占比很小，约占中国引进外商直接投资的 0.06%。2017 年菲律宾对中国实际直接投资额骤降至 500 万美元，增长率为－93.56%，投资占比在 0.01% 以下。2018 年菲律宾对中国的实

际外商直接投资流量增加至4986万美元，较去年增长高达897.2%。

菲律宾对中国的投资一向由菲商直接投资，以独资、合资为主。2013年以来菲律宾对华投资整体上大量减少的主要原因是在“南海仲裁案”之后中菲关系降至冰点，双方投资往来均大量减少。2016年以后，虽然杜特尔特的上台缓和了中菲紧张关系，但由于杜特尔特政府实行“大建特建”计划、实施减税等促进经济发展的优惠措施，使得菲律宾资本外流现象减少。

表Ⅲ-3-12　　2014—2018年中国利用外商直接投资流量

年份	2014	2015	2016	2017	2018
菲律宾对华投资（万美元）	9707	3867	7760	500	4986
增长率（%）	—	-60.16	100.67	-93.56	897.2
全球对华投资（万美元）	11956156	12626555	12600142	13103513	13496589
增长率（%）	—	5.61	-0.21	3.99	2.10
占比（%）	0.08	0.03	0.06	0.004	0.04

资料来源：2015—2019年《中华人民共和国统计年鉴》。

二　存在的问题

虽然从投资存量上看双方的投资额是不断增长的，但双方的投资仍然存在一些问题。特别是在菲律宾方面，社会治安不稳定、经济发展改革和法制改革进展缓慢、旨在吸引私人资金的公私伙伴关系（PPP）项目进展缓慢、基础设施严重滞后等，都成为外国投资者关注的主要问题。世界经济论坛《2017—2018年全球竞争力报告》显示，菲律宾在全球较具竞争力的137个国家和地区中，排第56位。世界银行《2020年营商环境报告》显示，在190个经济体中，菲律宾营商环境便利度排第95位，分值为62.8。就投资而言，在同样资源丰富、劳动力廉价的东盟中低等收入国家中，菲律宾在基础设施、国内政局、社会治安、政府行政效率等方面存在劣势。与其他东盟成员国相比，菲律宾吸引外商投资的能力排在新加坡、印尼、泰国、马来西亚以及越南之后。

（一）自然环境恶劣

菲律宾位于西太平洋上，受到自身地理位置和自然条件的影响，是世界上极易受到自然灾害侵袭的国家之一。根据全球知名智库——德国观察（German Watch）发布的《2020年全球气候风险指数》（CRI），在全球极易受气候影响的国家中，菲律宾得11.17分，排名第二。菲律宾是世界上极容易受台风影响的国家之一，属于热带气候，受到东南季风（5—10月）和东北季风（11—2月）的强烈影响，每年6月到12月，平均有22场台风进入菲律宾，造成数以亿计的损失。菲律宾位于亚欧板块和太平洋板块交界处的环太平洋地震带，地壳活跃，多火山和地震。仅2020年1—9月，六级以上地震的发生次数就有9次，平均每月一次，造成巨额经济损失。

（二）社会治安不稳定

菲律宾是东南亚地区受恐怖危害十分严重的国家和防控形势十分严峻的国家之一，其国内存在众多的反政府武装、分离组织、私人武装、恐怖组织，国内安全形势比较复杂。菲律宾存在数个力量较大的反政府武装组织，较为庞大的有阿布沙耶夫组织、苏莱曼酋长运动组织，此外还有相当数量的本土恐怖势力和极端组织。恐怖分子多盘踞在棉兰老岛，不时在南部地区或潜入马尼拉制造爆炸事件。吕宋岛北部和中部也时有“新人民军”制造血腥事件。2017年5—10月，“穆特组织”和阿布沙耶夫武装在南部小城马拉维与政府军爆发战争，虽最终被清缴，但造成上千人死亡，近50万居民逃离家园。近年来，菲律宾政局总体稳定，但治安状况不佳。联合国毒品和犯罪问题办事处（UNODC）统计数据显示，2017年菲律宾共发生谋杀案件8826起，每10万人受害比率为8.40；发生抢劫案件1.61万起。菲律宾国内贩毒和枪支泛滥也是导致社会治安恶化的一个重要因素，据菲律宾警方2018年统计，登记合法枪支120万支，未登记的非法枪支超过60万支。如此严重的枪支泛滥使得菲律宾绑架、凶杀、爆炸、盗抢案件时有发生。

（三）政治环境复杂

菲律宾是总统共和制国家，政党是为了在选举中获胜而不是为了国家和民族的利益着想，政府政策缺乏连续性，现任政府推翻前任政府项目的情况时有发生。在选举时期，不同背景的政党有时会用中资议题攻击坚持中菲合作的政党，这成为中菲经贸合作的一大障碍。另外，菲律宾某些政府部门存在较为严重的权力寻租现象。在“透明国际（Transparency International)”2014—2016 年的国别廉洁排名中，菲律宾分列 175 个国家和地区中的第 85 位、第 95 位和第 101 位。官僚主义横行、行政效率低下，使得菲律宾整体政商环境较为恶劣。

（四）基础设施不完善

菲律宾基础设施建设落后，公路、铁路、机场和港口等都急需扩容或升级。菲律宾公路通行里程约 21.6 万公里，国道占 15%，省道占 13%，市镇路占 12%，其余 60% 为乡村土路，道路密度为 0.72 公里/平方公里。高速公路总长 500 多公里。铁路总长 1200 公里，主要集中于吕宋岛，其中可运营的铁路里程为 400 多公里，其余均需改造升级。由于铁路设施远远无法满足交通需要，菲律宾政府致力于大力发展铁路建设，计划在吕宋岛和棉兰老岛新建南北铁路、苏比克至克拉克铁路、棉兰老铁路等，以改善居民出行交通需求和满足货运需求。菲律宾有 288 个机场，国内航线遍及 40 多个城市，主要机场有首都马尼拉的尼诺·阿基诺国际机场、宿务市的马克丹国际机场和达沃机场等。但很多机场设施落后，许多省会机场是土石跑道的简易机场。菲律宾水运总长 3219 公里，共有 414 个主要港口。大多数港口需要扩建和升级，以容纳大吨位轮船通行。菲律宾缺电现象严重，电力成本高昂，居民用电和工业用电价格居世界前列。①

（五）法制环境复杂

菲律宾各项法律法规十分健全，但执行过程有很大的随意性，执法不严、有法不依的情况十分常见。菲律宾法院办案程序冗杂、耗时极长，且司法的公正性有待提高。相关法律、政策对外资限制严格。在外资经营公用事业、自然资源开发及拥有公有土地方面规定了限制条款，对外资经营其他行业也设置了股权比例限制。如菲律宾政府设置了限制外资项目清单，其中规定 11 种行业不允许外资进入，绝大多数领域外国人的权益不得超过 40%；在股权限制方面，菲律宾公民至少拥有 60% 的股份以及表决权，不少于 60% 的董事会成员应是菲律宾公民。②

---

① 中国商务部：《2019 年对外投资合作国别（地区）指南——菲律宾（2019 年版）》，第 18 页。

② 中国商务部：《2019 年对外投资合作国别（地区）指南——菲律宾（2019 年版）》，第 32 页。

第三节 中菲“一带一路”项目实施情况

近年来，随着中菲政治障碍的逐步消除，特别是随着中国产业结构的调整升级、“一带一路”倡议和“菲律宾雄心2040”发展规划的对接，中国企业加大了对菲律宾的投资力度，特别是在基础设施建设方面加大了合作力度。

2016年10月杜特尔特总统访华期间，中菲两国签署了多项优惠融资项目。其中就有菲律宾奇科河（Chico River）泵站灌溉项目，该项目包括37公里主灌溉渠道、100余公里支渠，以及奇科河泵站等配套工程，于2018年正式开工建设。

2017年3月，中国商务部和菲律宾贸工部在菲律宾首都马尼拉举行第28届中菲经贸联委会，确定三个使用中方优惠贷款的建设项目，分别是奇科河灌溉项目、新世纪水源——卡利瓦大坝（Kaliwa Dam）项目和南北铁路的南线项目。6月8日，由中国政府贷款支持的菲律宾奇科河泵站灌溉项目在菲律宾加凌牙省（Kalinga Province）举行开工仪式。这是中菲合作的重要基础设施项目之一，有望惠及菲律宾就业和民生。由中国资助建造的734米长的4车道大桥将跨越巴石河，连接马尼拉与王城（Binondo-Intramuros）。11月21日，中国进出口银行与菲律宾城市供水和污水管理局在菲律宾首都马尼拉签署卡利瓦大坝项目贷款协议。卡利瓦大坝项目建设内容为在马尼拉东部卡利瓦河下游建设一座混凝土面板堆石坝，水库蓄水容量为5700万立方米，同时建设从坝址到水处理厂的输水隧道。该项目的建成将有力地改善当地供水条件，切实提升当地居民生活质量。10月27日和12月12日，中国大连制造的电车正式投入马尼拉城铁三号线使用。与此同时，在中菲两国合作协议框架下，中国对菲律宾的多个援助项目开始施行，合作领域更宽、程度更深。

从2018年起，中国超过日本成为菲律宾利用外资第一大国，投资额达到了487亿元人民币，中国企业投资领域包括油气田、发电厂、水利工程、钢铁厂等。2018年9月16日，中国政府向菲律宾提供有关超强台风“山竹”的卫星图片，协助菲律宾应对自然灾害。中国葛洲坝集团公司与菲律宾政府达成合作意向，在菲律宾克拉克开发500公顷土地，投资20

亿美元兴建工业园区，继中国电信集团有限公司表示有意成为菲律宾第三家主要电信服务供应方后，葛洲坝集团公司将是在菲律宾拓展主要业务的第二家中国企业。此外，中菲两国还在信息交流方面进行深入合作。11月20日，菲律宾国家电信署正式宣布，棉兰老伊斯兰电话公司（Mindanao Islamic Telephone，Mislatel）成为菲律宾第三家电信服务商，中国电信集团则是棉兰老伊斯兰电话公司的合作伙伴。12月13日，中国通信建设集团有限公司与菲律宾内政部签署200亿比索的贷款协议，中国通信建设集团有限公司资助菲律宾在大马尼拉区和达沃安装覆盖面更广的监控录像网络。12月14日，中国河钢集团、汇力投资基金管理有限公司、亚洲钢铁制造股份有限公司与菲律宾Phividec工业管理局签署《谅解备忘录》，联合实施菲律宾南部的钢铁生产项目。这两阶段项目成本为44亿美元，这是中国企业一次性在菲律宾投资的最大项目，也是两国落实“一带一路”倡议的重要成果。菲律宾金属矿产资源极为丰富，不仅金矿和铜矿资源丰富，而且还有世界上仅次于澳大利亚的最好的铁矿石资源。杜特尔特上台后，其目标之一就是要在2030年前将菲律宾发展成为亚洲具有影响力的钢铁大国，而中国钢铁企业有着大量的富裕产能和技术，完全可以成为菲律宾钢铁行业的最大投资者。同时中国在铁路、港口、水泥等行业具有较强的竞争力，这些领域的技术、产能和资金一旦进入菲律宾，将会大大促进菲律宾产业结构的改善。菲律宾的部分企业也加大了对中国的投资力度，菲律宾的农食产品、饮料等行业在国际市场上具有一定的竞争力，如菲律宾生力啤酒公司就在中国重庆、苏州等地设有生产工厂；SM集团在中国厦门、天津、成都等地也投资兴建了18家购物中心。

2019年5月20日，菲律宾国家铁路克拉克第一阶段工程开工，苏比克—克拉克铁路横跨71公里，由中国公司建造和资助，该列车线是菲律宾交通部计划在吕宋岛中部建设的物流枢纽的一部分。8月31日，菲律宾与中国签署了2.1978亿美元的贷款协议，为菲律宾国家铁路（PNR）南线长途工程的项目提供资金。菲律宾国家铁路南线项目预计将耗资约1510亿比索（约合192.7亿元人民币）。该南线工程长达581公里的标准铁路将从马尼拉修建至亚眉省黎牙实比市和索索贡省玛纳格市。它将连接城市、国际海港和经济区，以便更快地运送乘客和货物。该工程拟“将传统的PNR铁路完全重建为单轨等级铁路”。12月6日，棉兰老岛铁路项目一期工程已获得批准。该项目将连接塔贡市、达沃市和迪戈斯市。塔贡市—达沃市—迪戈斯市路线将是一条74公里的平地和26公里的高架桥通勤铁路，从北达沃省塔贡市一直到南达沃省迪戈斯市，它将是总长830公里棉兰老岛环线铁路中的一部分。第一期项目预计将拥有八个站点，分别是塔贡市、卡门镇、帕纳波区、幕迪央区、达沃市、托里尔区、仙沓古律斯区和迪戈斯市。12月18日，中国交通建设股份有限公司和菲律宾合作伙伴 Macro Asia Corp 共同赢得了菲律宾马尼拉郊外一座价值近100亿美元的机场即桑格里机场项目。菲律宾当地计划投资5000亿比索（折合约691亿元人民币），对这个国际机场进行现代化改造，减少其过度拥堵的情况。中国交建及其菲律宾合作伙伴 Macro Asia Corp 组成的联盟，是此项目的唯一投标者。预计项目完成后，此机场将变成一个联通四方的航空枢纽，拥有4条跑道，航站楼每年预计将运送1亿乘客。

从总体上看，中菲双方在改善民生、基础设施建设、优先合作项目和投融资等领域有着广阔的合作空间。发展势头强劲的中菲经贸关系必将有助于进一步夯实中菲关系的基础，并将中菲关系提升至新的高度。

表Ⅲ-3-13 **中方在菲项目**

项目名称	时间	目前状态
菲律宾迪格宁项目	2015年12月	在建
菲律宾奇科河泵站灌溉项目	2016年10月	在建
中国援助菲律宾马尼拉两座桥梁项目	2017年11月	在建
马尼拉—比科尔铁路项目	2017年12月	在建
中国援建菲律宾戒毒中心项目	2018年1月	已移交
卡利瓦大坝项目	2018年11月	已审阅
克拉克工业园项目协议	2018年11月	在建
菲律宾赤口河泵站灌溉项目	2018年	在建
苏比克—克拉克铁路项目	2019年5月	在建
菲律宾国家铁路（PNR）南部长线项目	2019年8月	已签署
棉兰老岛铁路项目	2019年12月	已审批
桑格里机场项目	2019年12月	在审批

第四节　新冠肺炎疫情对中菲“一带一路”贸易投资合作的影响

2020年1月30日，菲律宾确诊了首例“新型冠状病毒感染患者”。截至11月2日，菲律宾累计有385400例确诊病例，其中死亡7269例。为防控疫情的蔓延，菲律宾政府积极采取应对策略，如对中国大陆、香港、澳门特别行政区和台湾地区实行旅行禁令，封闭吕宋岛全境，调动包括军队在内的一切力量来维持国家社会的安全与稳定，为受灾社区提供援助等措施。在持续实施各等级隔离措施之后，首都马尼拉地区已出现经济持续下滑、民生艰难的困境。为应对此困境，菲律宾政府部分行业逐步实行复产复工，但在复工复产后，由于人员流动加大，首都地区成疫情中心。杜特尔特总统又批准首都大马尼拉地区和附近部分省重返“改良性强化社区隔离（MECQ）”两周，以改进防控措施，解决追踪和隔离问题，提升公共场所安全措施。

新冠肺炎疫情的产生和扩散对全球经济造成了严重的负面影响，也对中菲的经贸合作产生了重大影响。

一　新冠肺炎疫情对菲律宾经济社会的影响

（一）对经济的影响

2020年菲律宾经济下行压力较大。首先，受年度预算延迟批准所导致的政府支出受限等内部因素以及贸易保护主义、单边主义等外部因素的影响，2019年菲律宾经济连续第三年下行，实际增速为5.9%，2020年在没有新冠肺炎疫情的情况下，菲律宾经济企稳回升也较难。其次，目前全球疫情越来越严重，受疫情影响，全球经济发展将放缓，菲律宾也无法独善其身。年初，各大机构还对菲律宾经济持乐观态度，但随着疫情的发展，各大机构纷纷调低增长预期（如表Ⅲ－3－14所示）。病毒对旅游业的影响被认为是降低菲律宾经济增长预期的主要原因之一。

但即便如此，受杜特尔特政府“大建特建”、削减税收、扩大财政赤字、积极货币政策等因素的影响，2020年菲律宾仍将是亚洲经济增长速度较快的国家之一。

表Ⅲ-3-14　2020年年初各大机构对菲律宾经济增长率的预测

预测机构	预测增长率
菲律宾中央银行	全年增长率5.6%
国际货币基金组织	全年增长率6.3%
国家经济与发展局	第一季度为6%
菲律宾财政部	全年增长率6.5%至7.5%
东盟+3宏观经济研究办公室（AMRO）	全年增长率6.4%
日本投资公司野村证券（Nomura）	全年增长率4.7%
标准普尔	全年增长率仅4.2%
惠誉解决方案公司	全年增长率4%
日本的全球投资银行野村证券	全年增长率大幅下调至1.6%
世界银行	全年增长率3%
亚洲开发银行	全年增长率2%

（二）社会公众的反应

菲律宾社会对新冠肺炎疫情的反应总体较为稳定。中国暴发新冠肺炎疫情后，菲律宾民众纷纷在网上为中国鼓劲，“为中国祈祷”成为菲律宾社交媒体的热门话题，有近5万个社交媒体发文。以菲律宾华人为主的菲律宾民众组织对华捐款捐物，援助中国抗疫。随之菲律宾国内疫情加剧，尤其是马尼拉“封城”之后，许多大型商场纷纷关门，菲律宾首都马尼拉出现短暂的恐慌性抢购。由于售卖日用品和食品的市场还在继续营业，菲律宾卫生部等部门通过官方网站以及其他多种手段发布关于新冠肺炎疫情的信息，疫情信息的及时公开，使菲律宾民众心态趋于稳定，逐渐适应了政府管控政策，恐慌性抢购行为减少乃至消失。但受疫情的影响，菲律宾大范围停工，社会治安状况堪忧。国内出现假扮当地警察及移民局工作人员，以家庭清洁消毒为由，实施入室抢劫等行为。

二　新冠肺炎疫情对中菲贸易投资合作的影响

2020年前三个季度，新冠肺炎疫情的暴发对中菲贸易、投资、旅游、“一带一路”项目的合作均产生了较大影响。与2019年同期相比，除出口额呈现出稳定不变的趋势外，中菲双边贸易总额与进口额均呈现下降趋势，中国对菲的外商直接投资总额下降也较多。另外，由于限制出入境的规定，中国赴菲旅游的游客寥寥无几，也阻止了部分“一带一路”项目的中国工程师和工人去菲律宾从事工作。

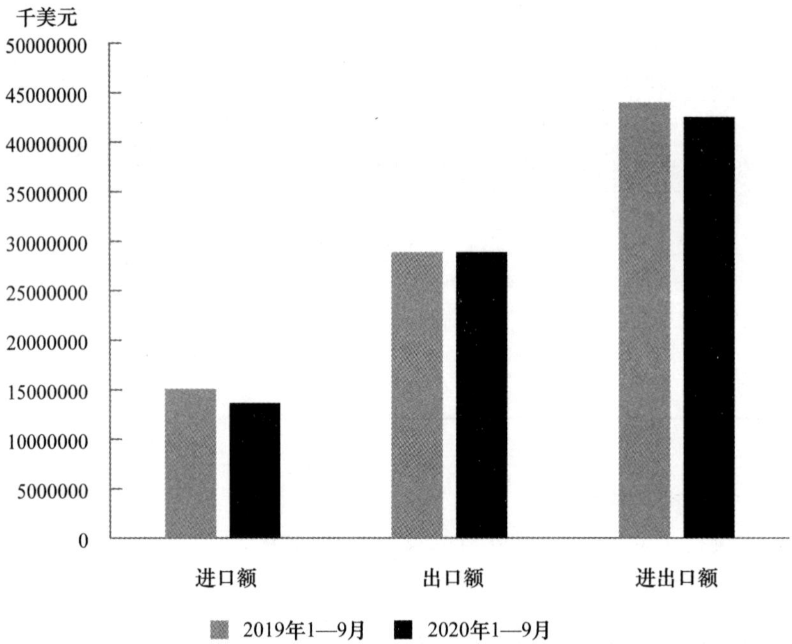

图Ⅲ－3－1　2019 年 1—9 月与 2020 年 1—9 月中菲双边贸易情况

（一）对贸易的影响

根据中国海关数据，2019 年 1—9 月与 2020 年 1—9 月中菲双边贸易情况如图Ⅲ－3－1 所示。2020 年 1—9 月，中菲进出口总额约为 425. 27 亿美元，比 2019 年同期下降 3. 31%；中国向菲律宾出口总额约为 288. 87 亿美元，与 2019 年同期保持不变；中国向菲律宾进口总额约为 136. 40 亿美元，比 2019 年同期下降 9. 65%。从贸易数额上看，与 2019 年同期相比，除出口额呈现稳中有升的趋势外，双边贸易总额与进口额均呈现下降趋势。

根据中国海关 HS 编码分类与中国海关总署相关数据，2019 年 1—9 月与 2020 年 1—9 月中菲双边贸易中占比前十的章目分别如表Ⅲ－3－15 和表Ⅲ－3－16 所示。

表Ⅲ－3－15 2019年1—9月与2020年1—9月中国从菲律宾进口前十章目概况

2019年1—9月中国从菲律宾进口前十章目	金额（千美元）	2020年1—9月中国从菲律宾进口前十章目	金额（千美元）
85章 电机、电气、音像设备及其零附件	7690289	85章 电机、电气、音像设备及其零附件	7563045
84章 核反应堆、锅炉、机械器具及零件	3294876	84章 核反应堆、锅炉、机械器具及零件	2376605
26章 矿砂、矿渣及矿灰	1274605	26章 矿砂、矿渣及矿灰	1236396
74章 铜及其制品	652518	74章 铜及其制品	834270
08章 食用水果及坚果；甜瓜等水果的果皮	592554	08章 食用水果及坚果；甜瓜等水果的果皮	426325
27章 矿物燃料、矿物油及其产品；沥青等	412951	90章 光学、照相、医疗等设备及零附件	335060
90章 光学、照相、医疗等设备及零附件	333212	27章 矿物燃料、矿物油及其产品；沥青等	226368
39章 塑料及其制品	132248	39章 塑料及其制品	86176
29章 有机化学品	86338	87章 车辆及其零附件，但铁道车辆除外	44401
03章 鱼及其他水生无脊椎动物	66728	20章 蔬菜、水果等，或植物其他部分的制品	44173

资料来源：中华人民共和国海关总署。

从章目类别上看，2019年1—9月与2020年1—9月中国从菲律宾进口前十章目总体而言变化不大，仅2019年03章与27章和2020年20章与90章有所区别；从金额上看，与2019年同期相比，2020年1—9月中国从菲律宾进口前十章目有涨有降，涨幅较大的为39章，下降较为明显的为27章、29章和08章。

表Ⅲ－3－16 2019年1—9月与2020年1—9月中国从菲律宾出口前十章目概况

2019年1—9月中国从菲律宾出口前十章目	金额（千美元）	2020年1—9月中国从菲律宾出口前十章目	金额（千美元）
85章 电机、电气、音像设备及其零附件	5477033	85章 电机、电气、音像设备及其零附件	5691952
84章 核反应堆、锅炉、机械器具及零件	2752325	84章 核反应堆、锅炉、机械器具及零件	2605624

续表

2019 年 1—9 月中国从菲律宾出口前十章目	金额（千美元）	2020 年 1—9 月中国从菲律宾出口前十章目	金额（千美元）
27 章 矿物燃料、矿物油及其产品；沥青等	2635103	27 章 矿物燃料、矿物油及其产品；沥青等	2081948
72 章 钢铁	1507080	73 章 钢铁制品	1455130
87 章 车辆及其零附件，但铁道车辆除外	1281218	72 章 钢铁	1430060
61 章 针织或钩编的服装及衣着附件	1236923	39 章 塑料及其制品	1427926
73 章 钢铁制品	1186755	61 章 针织或钩编的服装及衣着附件	1385769
39 章 塑料及其制品	1159458	87 章 车辆及其零附件，但铁道车辆除外	1091246
64 章 鞋靴、护腿和类似品及其零件	1134930	64 章 鞋靴、护腿和类似品及其零件	964447
94 章 家具；寝具等；灯具；活动房	771082	94 章 家具；寝具等；灯具；活动房	909592

资料来源：中华人民共和国海关总署。

从章目类别上看，中国向菲律宾出口前十章目有所变化，2019 年 85 章、84 章、27 章、64 章、94 章与 2020 年保持相同；从金额上看，也是有涨有降，94 章、39 章增长幅度较大，下降较为明显的为 87 章、72 章、64 章等。

综上所述，根据 2019 年 1—9 月与 2020 年 1—9 月中菲双边贸易总量与类别等的对比可知，中菲双边贸易中占比前十章目类别总体而言有所变化，金额也有所波动，表明此次疫情对中菲双边贸易产品结构和贸易金额影响较大。其中，中国从菲律宾的进口额下降较为明显，降幅达到 9.65%。

（二）对投资的影响

根据菲律宾统计局数据，2019 年菲律宾批准的外国投资有 3901 亿比索，比 2018 年增长 113%。其中，来自新加坡的投资最多，为 1764 亿比索，占 45%。排名第二的为中国，887 亿比索，占 23%，比 2018 年增长 75%。2020 年菲律宾官方投资最新数据还未公布，但据《菲律宾星报》

报道，2020 年上半年菲律宾批准投资比 2019 年同期下降 73%，外商直接投资总额排名前五的国家分别是法国、荷兰、日本、马来西亚、印度[①]，前五名中没有中国。2020 年 3 月 6 日，为了稳定经贸关系，中国驻菲律宾大使黄溪连会见菲律宾贸工部部长洛佩兹，表示要加强沟通，落实好两国领导人达成的系列共识，办好将要举办的各项经贸活动，推动双边贸易投资合作进一步发展。菲律宾也承诺逐步放开对外资的限制，如允许外资在电力、运输和通信领域拥有百分百所有权等。

（三）对旅游的影响

旅游业是菲律宾的支柱产业之一。最近几年，去菲律宾旅游的中国游客数量越来越多，中国游客数量一直稳居前三位。2019 年中国游客人数比 2018 年增长 39%，如果没有暴发新冠肺炎疫情，这种增长态势很可能会持续下去。但 2020 年受新型冠状病毒肺炎疫情的影响，中国居民被限制出境，菲律宾政府也对来自中国内地及港澳的居民及旅客实施旅游禁令，中国对菲律宾旅游行业的贡献大打折扣。如长滩岛一直是中国游客的“打卡”胜地，但据《马尼拉公报》2020 年 10 月 9 日报道，长滩岛目前只向国内游客开放，每天仅有约 50 名游客到达长滩岛，而在新冠肺炎疫情之前，平均每天接待约 5000 名游客。[②] 众议院副议长约翰尼·皮门特尔（Johnny Pimentel）预计，菲律宾 2020 年将失去多达 120 万中国游客，即使疫情被抑制，禁令解除，但损失已造成且恢复的时间比预想得要久。[③] 另外，除旅游业外，与旅游业相关的产业饮食业、娱乐及服装业等也将受到冲击。为了弥补这一损失，菲律宾政府和私营部门将暂时把重点转移到本地旅游市场。

（四）对“一带一路”重点项目的影响

目前在菲律宾的“一带一路”重点项目有奇科河泵站灌溉项目、赤口河泵站灌溉项目、卡利瓦大坝项目、克拉克工业园项目、马尼拉两座桥

---

① Philstar, “BOI-approved Foreign Investments Drop 73% in First Half as Virus Spook Investors,” July 13, 2020, https: //www. philstar. com/business/2020/07/13/2027741/boi – approved – foreign – investments – drop – 73 – first – half – virus – spook – investors.

② 《菲律宾舆情周报》（2020. 10. 04 – 2020. 10. 10），https: //cari. gxu. edu. cn/info/1372/18762. htm。

③ 《今年赴菲旅游中国游客减少显著政府为此做准备》，菲龙网，2020 年 2 月 24 日，http: //www. tovvt. com/thread – 931427 – 1 – 1. html。

梁项目、巴石河桥项目、苏比克—克拉克铁路项目、马尼拉—比科尔铁路项目、棉兰老岛铁路项目等等。

菲律宾赤口河泵站灌溉项目是中工国际工程股份有限公司援建的重点基建项目之一。2018 年 9 月开工，在菲律宾业主单位灌溉局和有关方面的大力支持下，工程进展顺利，进度持续超前。但受新冠肺炎疫情的影响，2020 年此项目停工 3 个月。2020 年 5 月初，此项目严格按照业主单位和当地政府的要求，结合中国经验，稳步推进复工复产。一是对项目现场采取封闭式管理，严格筛查返岗员工健康情况，由专人负责物资采购；二是为所有返岗员工提供充足的防疫物资，每日进行消毒；三是与当地社区合作建立员工健康档案，实时检测监控。自此项目复工以来，已有近 400 名菲律宾籍员工返岗。中菲籍员工返岗率达到 80%，现场工作恢复 90%，无人出现感染。此项目已完成合同总额的 47%，总体施工进度超前 2 个百分点，其中泵站结构施工已完成近 90%，并于 2020 年 9 月底封顶；30 公里长的 69 千伏高压输电线路已完成 85%；1 号隧道提前完成贯通，2 号隧道及渠道施工也在有序进行。整个项目预计在 2021 年年底前竣工。

巴石河桥项目是 2018 年中菲两国签署的 29 个项目中跨海大桥工程项目中最重要的项目。截至 2020 年 6 月，尽管受疫情影响，巴石河桥项目已有 50% 的开工率。桥梁的工期为 30 个月，预计在 2020 年底建成。河北钢铁集团与菲律宾亚洲钢铁公司联合建设的一个集港口、烧结、焦化、球团、炼铁、炼钢、轧制和深加工于一体的钢铁联合企业，仍在继续推进中。还有一项高达 20 亿美元的工业园区改造项目正在推进，即菲律宾首都马尼拉附近的克拉克工业园区，这是杜特尔特推出的总值 1800 亿美元“大建特建”计划中规模巨大的项目之一，2018 年由我国葛洲坝集团投资接手。

疫情在短期内已经对这些“一带一路”合作项目带来冲击。由于新冠肺炎疫情的暴发，政府颁布旅行禁令，阻止了大量中国工程师和工人去菲律宾完成工作，也在一定程度上阻碍了中国向菲律宾贷款和援助的进度。不过，双方都积极采取措施，使不利影响降到最低。中国驻菲律宾大使黄溪连表示，中国仍将继续向菲律宾的大型基础设施项目提供贷款和援助。尽管中国正在抗击新冠肺炎疫情，但这并没有减少中国所做出的国际承诺，中国将继续推进与包括邻国菲律宾在内的世界其他地区的合作。[①]从长期来看，持续的新冠肺炎疫情以及后疫情时代的到来会对中菲经贸合作造成何种影响，还有待进一步观察。

① 《黄溪连：中国对菲贷款不受影响》，菲龙网，2020 年 2 月 19 日，https：//www. flw. ph/thread - 928323 - 1 - 1. html。

第四章　主要行业发展态势与中国投资机会

菲律宾经济发展较快，国内市场广阔，有大量会说熟练英语的劳动力，是国际投资的理想场所。在过去几年里，中国对菲律宾的投资也是一路高涨。2015 年，中国对菲律宾的投资占其总投资来源的 0.6%，是第十四大投资来源国。2016 年 6 月，杜特尔特政府上台，改变了其前任政府对中国的敌视态度，积极与中国发展友好关系，中菲签署了众多投资协议。自此之后，中国对菲律宾的投资逐年上升，至 2018 年，中国已跃居菲律宾最大的投资来源国，中国投资占菲律宾总外商投资的 28.3%。2019 年，中国对菲投资总额达 887 亿比索（约合 17.95 亿美元），为菲律宾第二大投资来源国。2020 年第一季度，中国对菲投资达 49.02 亿比索（约合 0.99 亿美元），占同一时段所有外来投资的 16.7%。

表Ⅲ-4-1　2015—2019 年菲律宾主要投资来源国（地区）　（亿比索）

年份	2015	2016	2017	2018	2019
中国	14.6（第 14 名）	15（第 12 名）	23（第 9 名）	507（第 1 名）	887（第 2 名）
新加坡	169	242	102	212	1764
日本	547	272	320	197	199
美国	218	314	88	129	117
中国台湾	54	16	108	41	28
新西兰	827	494	91	41	144
英属维京群岛	56	45	21	162	8

资料来源：菲律宾统计局，https://psa.gov.ph/content/foreign-investments-0。

在中国驻菲律宾大使馆经济商务参赞处登记的中国企业有90多家，其中大多是大中型企业的分支机构。主要有中国中铁、中国铁建、中国路桥、中国港湾、中电建、中能建、中建、中技、中国地质工程等经营工程承包的大型企业，也有华为、中兴等电信设备供货商，国航、南航、厦航、东航、中国远洋等经营海空运输、船舶代理的企业以及中国国家电网公司等。中国企业在菲律宾的机构大多是其设立的分公司或代表处，以独立法人形式存在的不多。非独立法人的机构在开展业务方面局限性比较大，承接项目、签订合同均要依托母公司进行。按照菲律宾的法律，外资的建设承包商只能做外资项目，对承包菲律宾本国的工程项目有诸多限制。①

表Ⅲ-4-2 菲律宾主要中资企业名单（截至2018年）

序号	公司	序号	公司
1	中国银行马尼拉分行	15	湖南路桥建设集团公司
2	中国技术进出口总公司	16	中国国际航空公司
3	中国中铁	17	中国南方航空公司
4	中国铁建	18	中国东方航空公司
5	国家电网公司驻菲律宾办事处	19	国泰航空公司
6	中国电建	20	中色矿业集团菲律宾公司
7	中国建筑工程总公司	21	中国有色金属建设股份有限公司
8	中国地质工程公司	22	银亿菲律宾投资控股集团有限公司
9	中国路桥集团菲律宾分公司	23	华为技术公司
10	中国港湾工程公司	24	中兴通讯公司
11	中工国际	25	上海贝尔股份有限（菲律宾）公司
12	中建路桥	26	西安电力工程有限公司
13	葛洲坝集团公司	27	特变电工公司
14	广西水电	28	青岛建设集团

资料来源：中国商务部《对外投资合作国别（地区）指南——菲律宾（2018年版）》，第78—80页。

① 中华人民共和国商务部：《对外投资合作国别（地区）指南——菲律宾（2018年版）》，第19页。

本章从中国在菲律宾的已有投资情况和菲律宾本身具有投资潜力的领域出发，分析菲律宾主要行业发展态势和中国投资情况以及未来投资机会。基于对该国主要行业投资机遇、面临风险和中国投资基础的分析，本章选择了菲律宾四个具有较大投资潜力的行业（农林渔业、公用事业、建筑业、数字经济行业）进行详细探究。之所以选择这些行业，是因为它们具有以下共同点：（1）各行业均是菲律宾传统或新兴的重点领域，在国民经济中的作用举足轻重。（2）各行业在新时期的发展均面临转型升级或进一步拓宽加深的需求，且官方态度十分积极，并为此付出较大努力。同时，各行业引进外资需求较大，并已有不少国际资本进入。（3）在过去较长一段时间内，中国企业已有不少在这些行业成功落地的案例。

第一节　农林渔业

菲律宾是传统的农业大国，根据菲律宾统计局的数据，2018 年菲律宾农业面积约达 134.76 万公顷。[①] 世界银行的数据显示，2019 年菲律宾农村人口约占全国人口总数的 53.0%，农业就业人员约占总就业人员的 23.4%，其中农业领域男性就业人员占男性总就业人员的 29.5%，女性就业人员占女性总就业人员的 13.8%。[②] 农林渔业在国民经济中占有重要的地位。该国农业产值占 GDP 的比重一直较高，自 2011 年开始，农业部门对国民经济的贡献率呈下降趋势，2018 年农业占 GDP 的比重约为 9%，这表明菲律宾在进行结构转型，同时这种转型是缓慢的。

2019 年 8 月，杜特尔特总统任命威廉·达尔（William Dar）为农业部部长。达尔认为，菲律宾拥有大量的农民和渔民，现代化和有效的科技战略是农村发展的主要驱动因素，因此认为菲律宾可效仿基础设施领域的“大建特建”计划，“大建特建”农业。为此，达尔提出改善菲律宾农业部门的八个路径：农业现代化、农业产业化、促进出口、整合中小型农场、按照路线图发展、推进基础设施发展、增加农业预算和投资、进行立

---

① 菲律宾统计局，http：//www. psa. gov. ph/products - and - services/publications/philippine - statistical - yearbook。

② 世界银行，https：//data. worldbank. org. cn/indicator/SP. RUR. TOTL. ZS？ locations = PH。

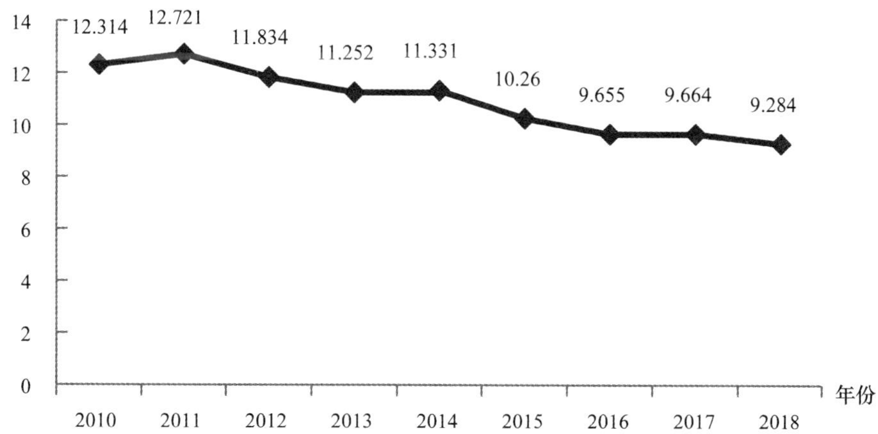

图Ⅲ-4-1　菲律宾农业占 GDP 的比重（%）

资料来源：世界银行，http://www.psa.gov.ph/products-and-services/publications/philippine-statistical-yearbook。

法支持。[①]“大建特建”农业构想释放了积极的信号，加之菲律宾近年来一直积极发展农业，该行业的发展态势日益向好。另外，为了在新冠肺炎疫情后重振农业，据菲律宾农业部于 2020 年 4 月 12 日的报道，该国将实施“大种特种”计划（Plant，Plant，Plant Program），总计投入 660 亿比索（约合 13.23 亿美元）。[②]

一　机遇

近年来，菲律宾农业领域出现了诸多新机遇，如数字化农业、机械化农业等。加之菲律宾官方对农业转型态度十分积极，还提出农业领域的“大种特种”计划，并且开始鼓励城市中的年轻人回到农村发展农业，建设农业强国。另外，早在近 20 年前，中菲官方的农业技术合作就已开始，中国援菲农技中心已经成为中菲两国农业合作的示范项目。菲律宾国内的需求及中菲官方的良好互动均为开展农业投资奠定了坚实的基础。

① “Philippines: RP Looking at Build, Build, Build for Agriculture,” Euclid News, August 21, 2019.

② 《菲农业部“大种特种”计划将使全国所有农渔民和消费者受益》，菲律宾商务通（微信公众号），2020 年 4 月 13 日。

（一）农业旅游业

20 世纪 90 年代以来，菲律宾已开始发展农业旅游。1991 年，菲律宾旅游局和联合国开发计划署共同制定了菲律宾旅游业总体规划，旨在在环境可持续的基础上发展旅游业。

在过去 30 年中，自“综合土地改革法”（CARL）生效以来，超过 10 万公顷的农业用地被批准转为非农业用途。另外，由于农业生产的巨大成本，年轻一代不再将农业视为可行的生计，拥有土地的人选择出售他们的财产。在种种原因下，可耕种农田的面积不断缩小，这也被视为是对菲律宾粮食安全的威胁。在第 10816 号共和国法案（即 2016 年农场旅游发展法案）通过后，这种状况有了改变。该法案的目的是通过注入与旅游相关的活动来优化家庭农场的收入。该法案表明，菲律宾认识到农业在提供维持和改善人类生活所必需的食物和其他产品以及为大部分人口提供生计方面的重要性；国家也肯定旅游业与农业推广服务相结合，可以在国家的经济和文化发展中传播农业的价值，促进农业发展，并为农民提供额外的收入；国家应寻求促进环境友好、高效和可持续的农业实践，提供其他娱乐设施和农场旅游活动，并通过优质农场生产的食品促进健康。[①]

杜特尔特总统也肯定了农业旅游是促进当地可持续发展的有效工具，赞扬旅游部（DOT）通过将菲律宾作为“世界食品和美食中心”来推广菲律宾景点的做法。菲律宾还利用农业旅游活动突出高价值商业作物，如每年 2 月碧瑶的花卉节、3 月拉特立尼达的草莓节、4 月吉马拉斯的杧果节等。

（二）机械化农业

菲律宾农业基础薄弱，政府对提高农业生产水平给予厚望。近年来，菲律宾一直尝试着改变传统农业模式，引入技术性手段提高农业产量。2019 年 1 月，菲律宾农业部部长伊曼纽尔·皮诺（Emmanuel Piñol）强调农民需要采用不同的农业机械和设备创新来提高机械化率，在此之前，他已经批准了农业渔业机械化贷款计划，以帮助农民获得贷款来采购他们需要的农业机械和设备。[②] 2019 年 3 月，菲律宾政府表示杜特尔特总统计划

---

① “Property-Enhancing Land Value through Farm Tourism,” PH Daily Inquirer, July 20, 2019.

② “Philippines: DA Chief Urges Farm Mechanization Adoption in Machinery Roadshow,” Euclid News, Feburary 7, 2019.

为农业部门增加预算规模，支持农业预算提高“10 倍”，帮助实现农业种植机械化。[①] 另外，菲律宾农业部与韩国企业合作，推出了菲律宾首个智能温室菲律宾项目（SGPP），旨在利用韩国先进的技术发展菲律宾农业。菲律宾还尝试利用无人机促进农业发展，农业部也在评估无人机在改变种子种植方式、如何施肥和洒农药以及如何监测作物方面的潜力。2019 年 4 月，为降低厄尔尼诺气候对农业的破坏，菲律宾空军部署了一架飞机从事云播种活动，在达沃和哥打巴托省开展云播种业务。[②]

根据全球研究与数据服务（Global Research & Data Services）2020 年 3 月发布的报告《菲律宾到 2024 年的农林机械市场》（Agricultural and Forestry Machinery Market in Philippines to 2024），菲律宾对农业机械的需求一直处于增加的状态，预计至 2024 年约有 7 亿美元的农业机械需求，是十年前 2014 年需求的 3.6 倍。

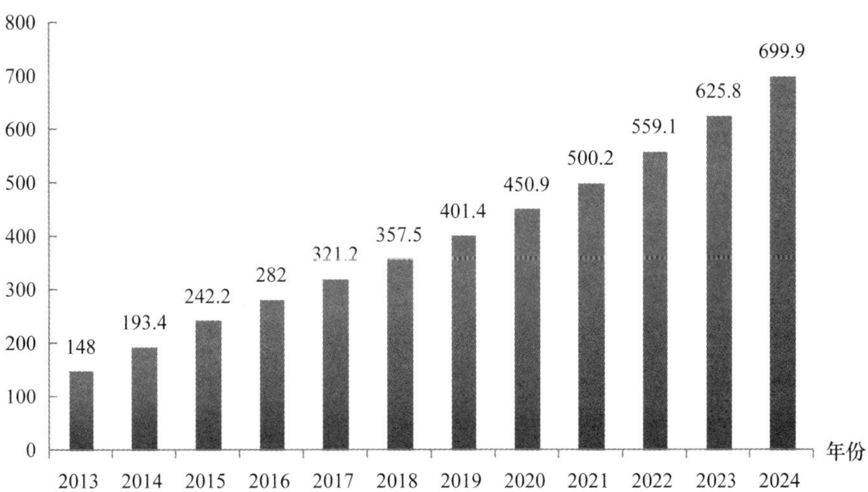

图Ⅲ-4-2　2013—2024 年菲律宾农林机械需求（百万美元）

说明：2020 年之前为实际数据，2020 年及之后为预测数据。

资料来源：Global Research & Data Services.

---

① “Piñol Claims Duterte backs Raising Agriculture Budget ‘10 Times’,” Business World, March 6, 2019.

② “Cloud Seeding Starts in Davao del Sur,” Manila Bulletin, April 15, 2019.

（三）数字化农业

为改善菲律宾传统农业生产模式，农业部发起了农民、渔民数据库计划，鼓励建立农业数据系统，实现数字化农业，利用技术手段服务农业。2019年第一季度，为更好地确定信贷计划的受益者，农业部启动全国农民和渔民数据库（NFFD）。该数据库将利用信息技术存储菲律宾每个农民和渔民的信息，包括其农场和房屋的地理标记位置，数据库中包含的所有信息只能由杜特尔特总统、农业部部长和政府主要官员以及实施干预措施的机构获取。① 另外，菲律宾还开发出为渔民提供空间数据应用程序（ISD App），并得到了美国国家航空航天局（NASA）的认可。该程序还在美国航空航天局主办的国际空间应用挑战赛（NASA Space Apps Challenge）中获得“银河影响”奖。② 菲律宾对农业相关信息的数字化极为重视，迫切希望将数字技术手段引入该领域，这为外资进入菲律宾农业领域提供了新思路，可以利用自身技术优势搭建农业数字化平台。

在国际合作方面，菲律宾和印度两国的研究机构开始接触，寻求开发数字农业联合研究项目。2019年3月，菲律宾国际水稻研究所（IRRI）的研究人员访问了印度泰米尔纳德邦农业大学（TNAU），双方重点探讨了作物遥感信息和保险（RIICE）等领域的合作问题。③ 菲律宾对农业领域国际交流的态度较为开放，且大多集中于技术方面，国际水稻研究所即位于菲律宾。这一趋势表明菲律宾对国外农业技术的进入持包容且欢迎的态度，极利于专注农业技术的相关企业进入其市场。

另外，菲律宾也开始敦促农民通过互联网扩大市场范围，呼吁农民最大限度地利用技术，通过在线销售将其影响力直接扩大到消费者。农民可以通过互联网展示他们的产品，也可以选择提供送货服务，或通过在线交易直接与大宗买家见面。东南亚区域农业研究中心（SEARCA）还建议开发从农场到消费者或电子杂货的平台。通过这种方式，农民也将成为企业

① “Department of Agriculture Launching Farmer, Fisherman Database Program,” Philstar, January 15, 2019.

② “Filipino-made ‘NASA’ App Brings Space Data to Fishermen,” Philstar, Feburary 23, 2019.

③ “TNAU and IRRI Research Cooperation on Digital Agriculture,” Bidsinfo News, March 18, 2019.

家，从而通过消除中间人的利润来削减农产品的成本。[①] 由于菲律宾的基础条件较为欠缺，不少农村地区交通落后、信息闭塞，农产品如何到达市场成为难题。此时除了解决农村基础设施建设问题外，如何让农产品在互联网时代销售同样重要。电子商务也顺应其需求而被引入菲律宾农业领域，而中国在电子商务领域已经形成较为成熟的体系，可以为菲律宾农业电子商务注入强劲力量

（四）农业投资政策

农业部门是菲律宾重要的经济部门，菲律宾政府在吸引农业投资上具有较高的热情，在《菲律宾综合投资法典》及《2017—2019 年投资优先计划实施指南》中都将农业作为菲律宾优先投资领域之一。另外，菲农业部门也在考虑与私营部门建立更多的伙伴关系，如发展灌溉系统。这些都为中资企业进入菲律宾农业领域奠定了良好的政策基础。根据菲律宾农业有关投资政策及指南，菲律宾农业投资的重点领域有机械化、数字化农业技术，农村基础设施建设，促进气候适应性产品，特色农业服务业等。

二　风险

菲律宾一向面临的限制性因素如自然灾害多发、基础设施薄弱在农业领域中的体现也十分明显。也正是因此，技术助农避免农业损失在菲律宾也显得尤为重要。另外，菲律宾普通农民的土地问题仍未得到有效解决，土地改革进程极为缓慢，也阻碍了农业转型的进程。

（一）自然灾害多发

由于特殊的地理位置和较差的应对能力，台风、地震和海啸等自然灾害频频发生，给菲律宾农业带来了极大的损失。根据国际灾难数据库《2018 年自然灾害》报告，菲律宾是全球受自然灾害影响第二严重的国家。根据菲律宾一位农业部高级官员的说法，2018 年菲律宾气候变化对农业的影响达 360 亿比索（约合 7.22 亿美元）。[②]

① "Farmers Urged to Expand Market Reach via Internet," Freeman News, January 18, 2019.

② "Storm-lashed 2018 Dampens Farm Output, Growth Falls to 1%," Business World, January 1, 2019.

根据美国国家环境中心的统计数据，菲律宾几乎每年都会发生海啸，少则一次，多则几十次。其中 1994 年海啸次数高达 56 次，菲律宾是年因海啸造成 81 人死亡，225 人受伤，损失达 370 万美元，摧毁房屋 797 间，损坏房屋 3288 间，这些数据还不包括未上报的受损情况。由此可见，仅海啸这一项灾害就造成如此大的损失，再加上多发的地震、火山喷发等，每年菲律宾因自然灾害而造成的损失数额巨大。对农业来说也是如此，自然灾害不仅毁坏农田和农作物，还对相关农业基础设施造成严重破坏。

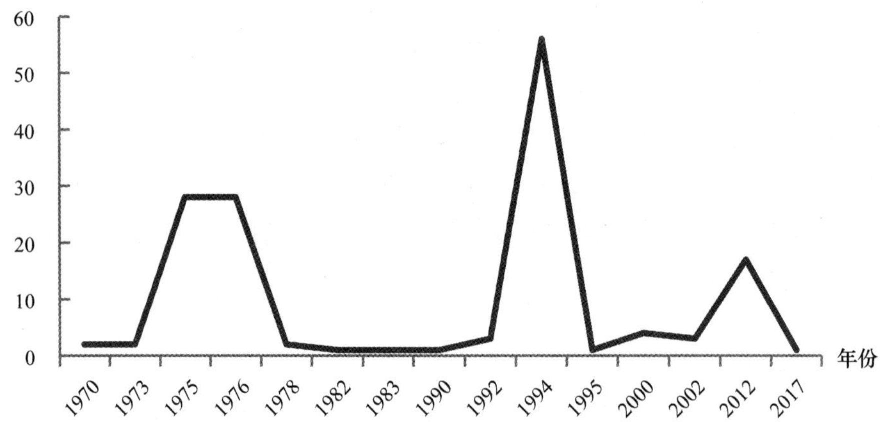

图Ⅲ-4-3　菲律宾历年海啸情况统计（次）

资料来源：National Centers for Environmental Information，https：//www. ngdc. noaa. gov/nndc/struts/form？ t = 101650&s = 72&d = i67.

（二）农业基础薄弱

首先是农业基础设施建设落后，政府对农村地区水利、供电和道路等投入不够。就灌溉面积而言，占农业用地总量的比重较低，农业种植靠天吃饭。根据世界银行的统计数据，菲律宾 2011 年农业灌溉用地约占农业用地总量的 9. 27%，同为东南亚国家的印度尼西亚这一比例早在 2005 年就已达到 15. 21%，老挝在 2005 年也已达到 13. 64%。[①] 其次是农业技术

① 世界银行，https：//data. worldbank. org. cn/indicator/AG. LND. IRIG. AG. ZS？ locations = LA.

水平欠缺，一方面是机械化水平较低，另一方面是病虫害防范治理水平不高。最后是菲律宾政府惠农政策难以落到实处，农业部资金浪费情况较严重。

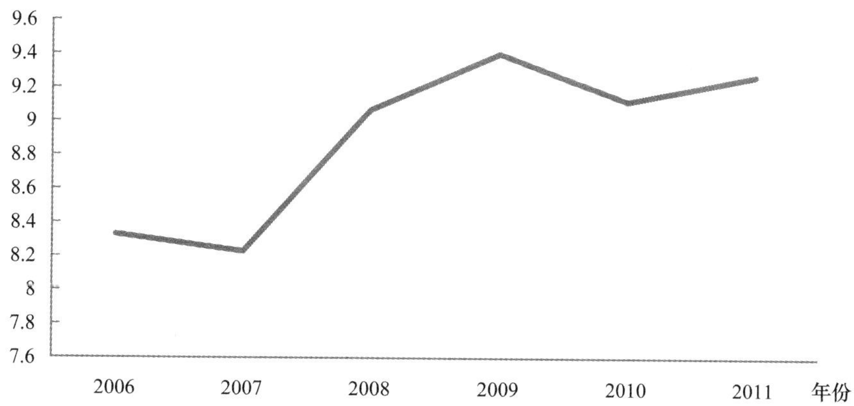

图Ⅲ-4-4　菲律宾农业灌溉用地占农业用地总量的百分比（%）

资料来源：世界银行，https://data.worldbank.org.cn/indicator/SP.RUR.TOTL.ZS?locations=PH。

（三）土地改革进程缓慢

菲律宾土地制度问题历史悠久，忽视农民利益的土地制度从殖民时期沿用至今，其间历任统治者虽不断进行改革，但收效甚微。西班牙殖民时期，在菲律宾推行单一种植的大庄园制，土地高度集中于少数地主手中。美国殖民时期虽然实现土地私有，但土地仍然被高度集中于少数阶层手中。菲律宾历届政府都试图进行土地制度改革，但进程缓慢，收效甚微。麦格赛赛时期颁布了菲律宾历史上第一部土改法律——《土地改革法》（1955年），但该法案对地主的土地保留程度较大，按照规定，未超过300公顷的土地不被纳入征收范围。马卡帕加尔时期的《农业土地改革法》（1963年）将地主保留的土地降至75公顷，但是土改范围有限，只涉及水稻和玉米区域，且由于资金匮乏而实施困难。① 马科斯政府于1972年颁布了《土地转让办法》（第27号总统令），旨在废除分担租赁制，把

① 徐建玲、陈期婷：《菲律宾土地改革和粮食安全研究》，《东南亚研究》2014年第6期。

土地所有权转让给佃户。① 军管制度在一定程度上保证了政策的实施，但农民利益仍然被忽视，地主拥有相当大的权利。阿基诺政府于 1988 年颁布了《综合土地改革法》，对全国范围内的农业土地进行改革，该法对后来的土地改革影响深远。杜特尔特总统示意农业改革部（DAR）启动第二阶段的农业改革，并根据综合农业改革计划（CARP），向失地农民授予未分配的土地。总统计划对几乎所有的公共土地，包括军事后备土地，进行土地改革。②

菲律宾土地改革中存在的主要问题，一是进展缓慢，计划任务迟迟不能完成。二是配套措施如农田基础设施建设、信贷支持、农业技术推广等不到位，农业生产仍然十分落后，农民生活普遍贫困。三是改革成果倒流，一些农民迫于生计困难，只好把到手的土地卖给地主，导致土地重新集中在地主手中。③ 纵观菲律宾土地改革历程，历届政府均希望解决土地问题，但由于其历史悠久、积重难返，土地制度改革进程极其缓慢，直到现在仍然处于改革进程中，且在可预见的未来，菲律宾的土地改革依旧会延续这一缓慢的进程。

三　中国投资现状

农业贸易在菲律宾出口商品中占据着很大的比重，香蕉是菲律宾第四大出口产品。在农业领域，2014—2018 年，菲律宾出口前十位的农产品为香蕉、椰子油、金枪鱼、菠萝及产品、椰丝、烟草制品、未加工烟草、橡胶、椰干油蛋糕、婴儿食品材料。其中，2018 年，中国是菲律宾香蕉、椰子油、菠萝和菠萝汁、橡胶、椰干油蛋糕前五位出口目的地，其贸易额和在菲律宾该类农产品出口国中的排名分别为：4.96 亿美元（第 1 名），0.4 亿美元（第 4 名）、0.45 亿美元（第 3 名）、0.15 亿美元（第 2 名）、0.09 亿美元（第 4 名）。由此可见，中国与菲律宾的农业贸易十分繁荣。

① 仇志军：《菲律宾土地改革：进程、成效与展望》，《世界农业》2015 年第 10 期。

② 菲律宾农业改革部，https：//www. dar. gov. ph/about - us/agrarian - reform - history/。

③ 仇志军：《菲律宾土地改革：进程、成效与展望》，《世界农业》2015 年第 10 期。

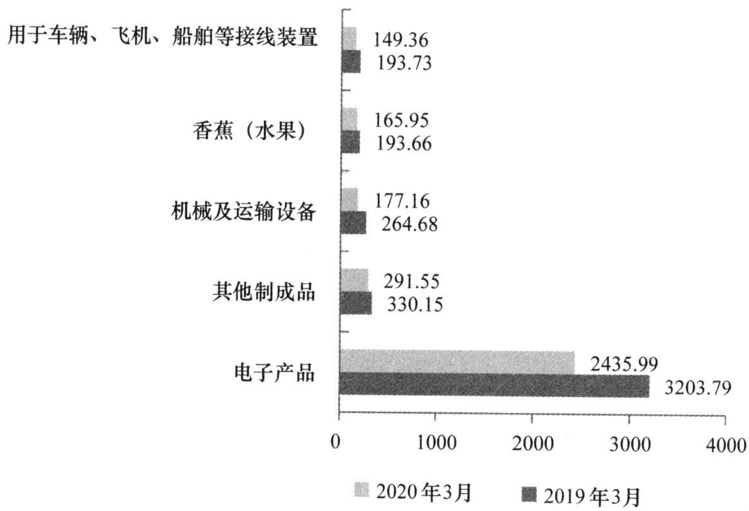

图Ⅲ－4－5　2019 年 3 月和 2020 年 3 月菲律宾前五位出口商品类别（百万美元）

资料来源：菲律宾统计局，https：//psa. gov. ph/content/foreign－investments－0。

表Ⅲ－4－3　　**2018 年菲律宾香蕉出口目的地**

	总量（万吨）	出口额（百万美元）	占总出口额的比重（%）
总计	312. 63	1382. 11	100
中国	116. 59	496. 23	35. 90
日本	94. 48	485. 22	35. 11
韩国	38. 80	192. 24	13. 91
阿联酋	19. 56	61. 34	4. 44
伊朗	16. 26	47. 77	3. 46
其他	26. 94	99. 31	7. 18

资料来源：菲律宾统计局，https：//psa. gov. ph/content/foreign－investments－0。

在双方的努力下，中菲农业领域合作稳步提升。2019 年 4 月 25—28 日，中国农业农村部副部长余欣荣率团访问菲律宾，全面了解中菲农业合作的可能性，重点就召开中菲农业渔业联委会、农产品准入及贸易、农业基础设施建设以及深化渔业合作等交换意见。[①] 2019 年 7 月，在中国—菲律宾农业联合工作组第六次会议上，中菲双方磋商制定《中菲农业合作行动计划（2020—2022）》，拟在能力建设、农业科技合作、农业贸易与投资合作、农产品精深加工等领域展开进一步合作，为中国企业投资菲律宾农业项目提供了良好的发展机遇。2018 年 4 月，杜特尔特总统在出席亚洲博鳌论坛年会时访问中国，访问成果之一即中菲签署了 9 项商务协议，其中就包括中国绿色农业集团计划与菲律宾 Calata 公司合作，探索农业和旅游合作机会。

第二节　公用事业

公用事业在菲律宾的主要投资领域体现为与民众生活和企业生产均息息相关的电力和能源行业。随着菲律宾经济水平的不断提升，对电力和能源的需求与日俱增，但菲律宾目前以传统的电力工厂和煤炭等能源为主，转型升级需求大、难度高。菲律宾从国家至社会层面都对技术性电力工厂和绿色能源的开发持欢迎态度。在过去几年里，中国和菲律宾已取得能源勘探合作方面的成功。且菲律宾对电力领域外资所有权的限制有所放松，这些均为外国投资者提供了进入该国公用事业的通道。

一　机遇

随着菲律宾经济近几年来保持较高的增速，其发展规模日渐扩大，菲律宾对能源的需求与日俱增，尤其是在人口产业高度密集的首都地区。在用电需求的高峰时段，供电稳定性受到了极大挑战，因此也对民众生活和企业生产造成一定的影响。在菲律宾，督促老化电厂升级转型的呼声不绝于耳，加之政府的支持和电力领域外资限制的放开，极利于外来资本的进入。另外，在国际潮流的带动和国内能源有限性的压力之下，菲律宾逐渐认识到可再生能源在其国民经济中的突出地位，全社会呼吁发展可再生能源。

① 中华人民共和国驻菲律宾大使馆经济商务处，http：//ph. mofcom. gov. cn/article/jmxw/201905/20190502860378. shtml。

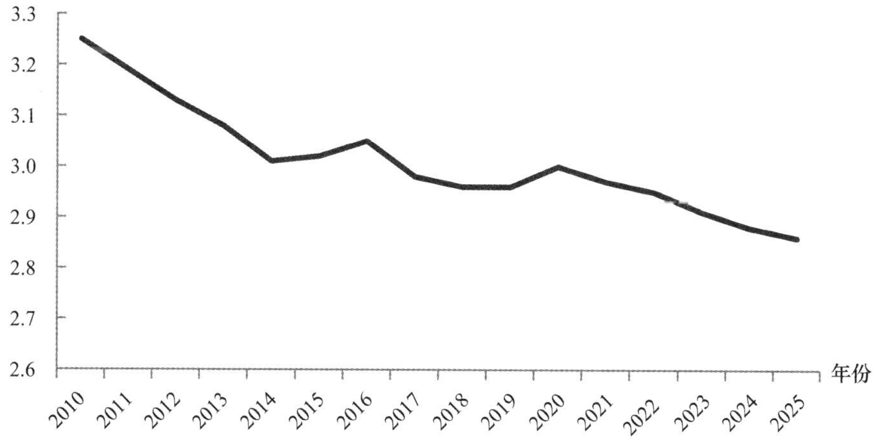

图Ⅲ-4-6 公用事业增加值占GDP比重（%）

资料来源：牛津经济学—行业预测数据，https：//www. emis. com/php/industries/statistics/charts？ series = 2349196&indu = 221。

（一）可再生能源大受政府支持

技术创新和有利的政府政策是未来几年推动东南亚国家向可再生能源过渡的四大趋势之一。全球审计公司毕马威（KPMG）2019 年 3 月 26 日发布《可再生能源转型》报告，指出虽然仍有 7000 万东盟公民无法获得可靠的电力供应，但这些市场的可再生能源潜力巨大，政府越来越多地转向太阳能和风能来解决这个问题。① 同时，亚洲开发银行批准为太平洋地区的可再生能源项目提供新的融资支持。

从国际社会到菲律宾国内政府层面，以及当地企业、民众态度均显示出对可再生能源的极大支持。在法律方面，众议院能源委员会小组建议推动新法律出台，以简化授权发电、转发和分配电力项目的过程；在税收方面，2019 年 3 月 3 日，菲律宾能源部发布进口可再生能源免征税收草案，规定经认证的可再生能源开发商和运营商在签发注册证书后的 10 年内可以对其进口的可再生能源机械、设备、材料和备件免缴税收；② 在系统建设方面，菲律宾电力市场的运营商提议建立一个全国性的系统来完善菲律宾的

① “ASEAN Fast Becoming a Renewable Energy Hub，” Bidsinfo News，April 1，2019.

② “Energy Dept. Issues Draft Rules for Duty-free Importation of Renewable，” Business World，March 18，2019.

可再生能源市场，该系统也是联合国开发计划署、能源部和全球环境基金共同努力的一部分；在试点方面，亚洲开发银行技术援助下的一个试点项目已在菲律宾安蒂克省的一个小型乡村岛屿落成，提供24小时太阳能。①

另外，在疫情期间，可再生能源在菲律宾被证明具有“弹性”。国家可再生能源委员会（NREB）表示，菲律宾需要抓住时机，利用可再生能源为疫情后的电网供电。② 清洁能源在很大程度上不受全球供应链中断的影响，并为该行业在疫情中的崛起发挥了作用。但国家可再生能源委员会在接受《商业世界》采访时称，据菲律宾独立电力市场运营商的现货市场报告，在3—5月的疫情禁令期间，可再生能源在菲律宾发电量中所占的份额没有显著增加，煤炭仍然是主要的动力来源。③ 可再生能源委员会希望在未来十年中将水电、地热、太阳能、生物质能和其他清洁能源的比例提高到35%，与2008年实施《可再生能源法》时的比例相似。

（二）电力工厂急需转型升级

菲律宾能源部曾表明，随着经济的持续增长，以及大规模基础设施项目的需求，到2040年，菲律宾将需要4465兆瓦的额外电力来满足不断增长的电力需求。为实现这一目标，未来五年内至少需要7000兆瓦的发电容量。这意味着菲律宾必须更换或升级老化电厂。电力需求的攀升对供电公司提出了更高的要求，但就目前而言，菲律宾的大部分电力供应仍由旧工厂提供。能源监管委员会（ERC）表示，吕宋岛近80%的电力来自老化发电厂或大约20年前建成的发电厂。④ 在未来几年里，菲律宾电力需求将会一直上升，它需要升级旧工厂容量功能，并设立更多调峰工厂来解决电力需求高峰问题。

菲律宾能源部表示，智能电网是一个现代化的电网，是利用双向和/或多路通信技术，进行实时监控和控制的创新技术。一方面，它由智能发电组成，将新兴技术集成到发电行业，如分布式能源、微电网、混合系

---

① “Augmenting an Island's Access to Energy via Solar Power,” Bidsinfo News, April 9, 2019.

② “PHL Urged to Switch to ‘Resilient’ Renewables after the Pandemic,” Business World, June 24, 2020.

③ “PHL Urged to Switch to ‘Resilient’ Renewables after the Pandemic,” Business World, June 24, 2020.

④ “Old Plants Supply 80% of Power in Luzon,” The Manila Times, May 14, 2019.

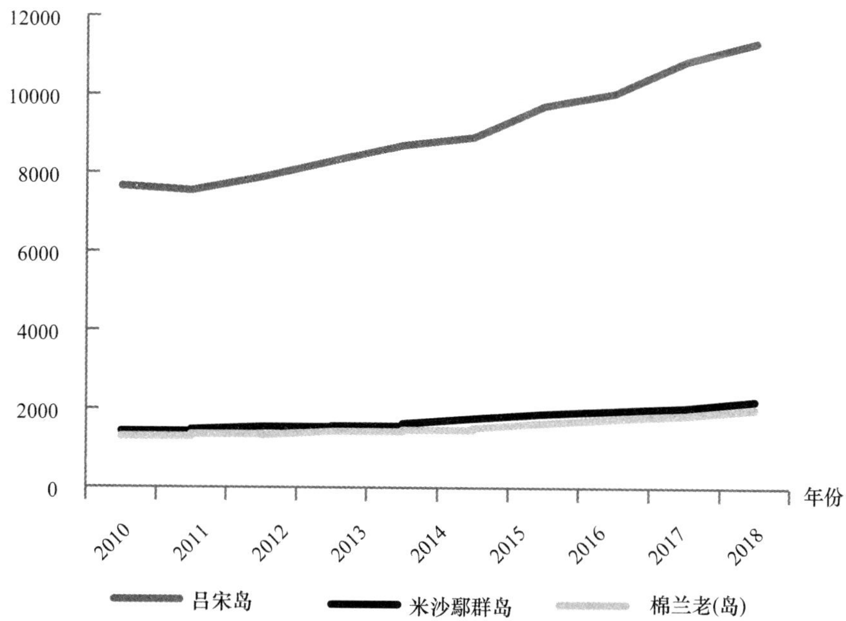

图Ⅲ-4-7 2010—2019年菲律宾峰值电力需求情况（兆瓦）

资料来源：菲律宾能源部，https：//www. doe. gov. ph/sites/default/files/pdf/energy_ statistics/2019_ power_ statistic_ 07_ monthly_ system_ peak_ demand_ per_ grid. pdf。

统、储能系统和灵活发电。[①] 另一方面，智能配电是一种具有分散能源功能的自动化配电系统，预计将会促进消费者权利保护以及能源效率的提高。2019年下半年，能源部制定了关于菲律宾电力行业采用智能电网技术的政策和配电公司路线图草案。该草案还要求与相关政府机构和利益相关方协调，制定一个框架，其中包括协议和技术标准，以实现智能电网部署的互操作性。

另外，菲律宾电力领域的外资所有权也有所放开。2020年3月9日，菲律宾众议院批准了一项法案，允许电力、运输和通信领域的外资拥有100%的所有权。[②] 根据菲律宾1987年宪法，对于绝大多数公司，菲律宾

① "Circular for Smart Grid in the Making," The Manila Times, July 15, 2019.

② "House OKs 100% Foreign Ownership in Power, Transport and Communications," Philstar, Mar. 10, 2020, https：//www. philstar. com/headlines/2020/03/10/1999714/house - oks - 100 - percent - foreign - ownership - power - transport - and - communications.

公民须拥有至少60%的股份以及表决权，不少于60%的董事会成员是菲律宾公民。此次改革将极大地促进电力领域的外来投资。

（三）油气勘探需求持续增长

根据专家的研究，菲律宾的石油和天然气储量正逐步下降，使其更加依赖进口。惠誉集团旗下的First Solutions Macro Research公司的一份报告称，能源部认为，菲律宾的石油依赖已达到48%。该报告还表示，由于对炼油原料的需求不断增长，以及石油和天然气产量持续下降，预计未来几年这一增长将会持续。惠誉报告指出，国际仲裁员最近在与审计委员会（COA）的法律斗争中决定支持能源部/马拉帕亚财团，这预示着更多的外国投资将涌入菲律宾的石油和天然气勘探领域。[①]

据菲律宾《每日问询者报》2019年5月21日报道，菲能源部正在美国举办路演，以推介其常规能源合同计划，包括14个陆上和海上区域石油勘探特许权。4月，菲律宾在新加坡也举行了推介。菲能源部计划在北美其他地区以及南美洲和中东地区加以进一步推介。截至报道时间，多家投资者已经向菲能源部提交了17份关于在苏禄海等地区开发的请求。[②] 菲律宾能源部大力对外推介菲律宾石油勘探，表明外资企业进入菲律宾油气勘探领域的可能性大大提高，同时，菲能源部在美洲和中东地区的大力推介也会给有关中资企业带来强有力的国际竞争。

二　风险

菲律宾能源困境一直存在，菲律宾极其依赖进口能源，其能源安全受到影响，进而也在一定程度上导致其他生产要素如电力价格过高。菲律宾宪法对外资投资能源领域做出一系列限制，这成为外资无法规避的风险。另外，由于历史及国际环境的影响，菲律宾国内及国际舆论对中菲能源领域的合作并不友好。

（一）能源三难困境指数排名落后

世界能源委员会于2019年9月发布了《全球能源三难困境指数报

① "Energy Expert Seeks New Oil and Gas Exploration for PHL," Bidsinfo News, June 14, 2019.

② 中华人民共和国驻菲律宾共和国大使馆经济商务处，http://ph.mofcom.gov.cn/article/sqfb/201905/20190502867344.shtml。

告》，该报告从能源安全、能源公平和环境可持续三个维度和32项具体指标出发对全球128个经济体的能源三难困境指数进行评估和排名。该报告认为，能源安全反映了一个国家满足当前和未来能源需求的能力；能源公平评估一个国家为家庭和商业提供可负担且丰富能源的能力；环境可持续代表一个国家的能源系统可减轻或避免破坏环境的程度；经济体背景着眼于各国有效制定和执行能源政策并实现能源目标的努力程度。

表Ⅲ－4－4 能源三难困境指数架构与权重 （%）

维度		指标类型		指标	权重
能源安全	30	供应安全和能源需求	12	主要能源供应多样性	6
				进口依赖度	6
		能源体系弹性	18	发电多样性	6
				能源储备	6
				体系稳定性与恢复力	6
能源公平	30	能源获取	12	电力获取	6
				清洁烹饪燃料获取	6
		高质量能源获取	6	“现代化”能源获取	6
		可负担性	12	电价	3
				汽油和柴油价格	3
				天然气价格	3
				居民用电可负担性	3
环境可持续	30	能源效率	9	最终能源密度	5
				发电效率与输配电效率	4
		低碳化	9	低碳发电	5
				温室气体（GHG）排放趋势	4
		排放与污染	12	二氧化碳（CO_2）排放强度	2
				二氧化碳（CO_2）人均排放量	1
				甲烷（CH_4）人均排放量	1
				年平均细颗粒物（$PM_{2.5}$）暴露水平	4
				年平均可吸入颗粒物（PM_{10}）暴露水平	5

续表

<table>
<tr><th colspan="2">维度</th><th colspan="2">指标类型</th><th>指标</th><th>权重</th></tr>
<tr><td rowspan="11">经济体背景</td><td rowspan="11">10</td><td>宏观经济环境</td><td>2</td><td>宏观经济稳定性</td><td>2</td></tr>
<tr><td rowspan="4">治理</td><td rowspan="4">4</td><td>治理有效性</td><td>1</td></tr>
<tr><td>政治稳定性</td><td>1</td></tr>
<tr><td>法治</td><td>1</td></tr>
<tr><td>监管质量</td><td>1</td></tr>
<tr><td rowspan="6">投资与创新稳定性</td><td rowspan="6">4</td><td>境外直接投资净流入</td><td>1</td></tr>
<tr><td>经商便利度</td><td>1</td></tr>
<tr><td>腐败问题</td><td>0. 5</td></tr>
<tr><td>法律框架在棘手监管环境下的有效性</td><td>0. 5</td></tr>
<tr><td>知识产权保护</td><td>0. 5</td></tr>
<tr><td>创新能力</td><td>0. 5</td></tr>
</table>

资料来源：世界能源委员会。

调查结果显示，菲律宾在128个被调查的经济体中排第94名，能源安全评级为B，能源公平评级为C，环境可持续评级为C，经济体背景评级为C。和亚洲其他地区相似，菲律宾尽管在能源公平方面取得了显著进步，但该地区在能源安全方面仍然较为欠缺，因为亚洲本身就是最大的能源进口市场，而菲律宾对能源进口具有极大的依赖性。且目前能源需求的快速增长已超过了依靠可再生能源来减少环境污染的能力，能源可持续性仍较差。

表Ⅲ-4-5　　2019年亚洲地区能源三难困境指数①

新西兰（10）	阿塞拜疆（57）	缅甸（104）
澳大利亚（28）	泰国（68）	柬埔寨（105）
日本（31）	印度尼西亚（69）	蒙古国（108）
中国香港地区（34）	中国大陆（72）	印度（109）
韩国（37）	斯里兰卡（85）	巴基斯坦（110）

① *World Energy Trilemma Index*, World Energy Council & Oliver Wyman, 2019, p. 50.

续表

新西兰（10）	阿塞拜疆（57）	缅甸（104）
新加坡（43）	越南（91）	孟加拉国（114）
马来西亚（51）	菲律宾（94）	尼泊尔（117）
文莱（56）	塔吉克斯坦（99）	

资料来源：世界能源委员会。

（二）煤炭阻碍着可再生能源之路

随着经济的扩张，电力消耗继续增加，长期过度依赖煤炭使菲律宾受到价格波动和过度依赖单一燃料的影响。能源经济与金融分析研究所（IEEFA）在其2017年的一份报告中表示，煤炭市场的不可预测性将推动电价上涨，并将威胁到菲律宾的产业战略。[①] 根据国际能源署（IEA）的数据，全球对煤炭发电的投资降至14年来的最低水平，但东南亚的这类发电数量继续增加。菲律宾能源部的数据显示，煤炭仍然是电力的主要资源，占其发电组合的35%，约为8000兆瓦。[②] 煤炭在一段时间内的核心能源地位阻碍了菲律宾向可再生能源转变的进程，尽管菲律宾一直强调要实现可再生能源的转型并已采取一定的措施，但这条转变之路将漫长而曲折。

（三）外资所有权限制

一般而言，外国投资者可以在没有当地合作伙伴的情况下在菲律宾从事任何商业活动，但前提是菲律宾宪法或法律并未要求该类业务全部或部分由菲律宾国民所有。对于绝大多数公司，菲律宾公民须拥有至少60%的股份以及表决权，不少于60%的董事会成员是菲律宾公民。能源领域的规定亦是如此，这对有意投资菲律宾能源行业的外资形成一定的阻碍。另外，菲律宾《投资者租赁法案》（第7652号共和国法案）对外国投资者租赁商业用地和私人土地都做出了明确的规定，对商业用地限制较多，租赁时限和购买条件都有严格的要求。

---

① "MIL-OSI Energy: High-priced Coal Seen as a Threat to Economic Growth in the Philippines," Coal Industry Feed, May 22, 2019.

② "Business-Investments in Coal Plants down," PH Daily Inquirer, May 17, 2019.

(四) 环境舆论压力大

能源开发尤其是在油气资源开发时若处置不当，对环境破坏较大，如海域生物多样性、深海油气泄露导致的污染等。一旦出现意外，投资企业面临的国际压力不言而喻。相比于欧美公司，有限的公关与宣传能力使得中资公司往往在企业社会责任形象方面处于劣势，难以获得民众在履行环境与社区保护义务方面的信任，更容易承受舆论压力。① 另外，在复杂的国际环境下，菲律宾一直流传着"中国掠夺论"，在此舆论压力下，中菲的能源合作比其他领域更有可能与"中国掠夺论"挂钩，中资企业承受的社会抨击和抵制也远高于欧美的油气公司。

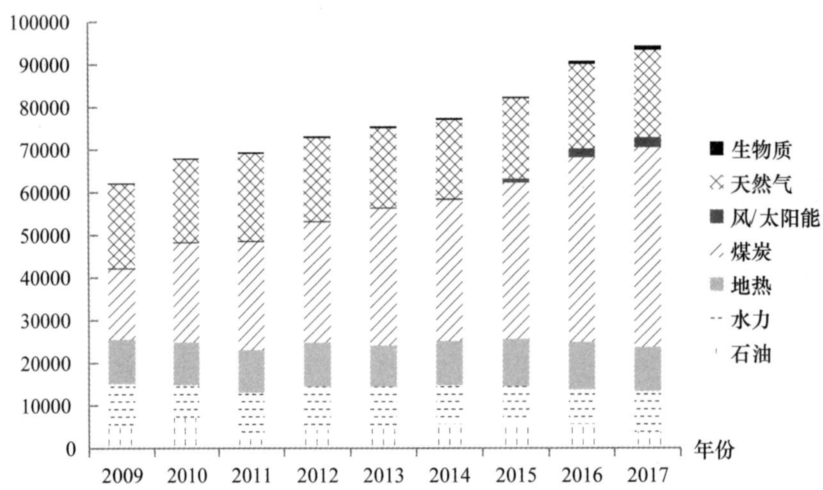

图Ⅲ－4－8　菲律宾2009—2017年不同来源的发电量（千兆瓦/小时）

资料来源：菲律宾统计局《2018年菲律宾统计年鉴》，http：//www. psa. gov. ph/products－and－services/publications/philippine－statistical－yearbook。

三　中国投资现状

菲律宾能源需求在短期内会一直呈上涨趋势，菲能源部也大力呼吁相

① 张琪：《菲律宾的能源脆弱性问题始终存在——中菲联合油气勘探前景及经验分析》，《中国对外贸易》2020年第8期。

关投资者尤其是中日能源公司赴菲律宾投资。菲律宾市场需求和政府态度积极，为中资企业的投资营造了良好的市场和社会氛围。

能源短缺长期制约着菲律宾经济的发展。菲律宾历届政府都试图实现本国能源自给，但是实际收效甚微。菲律宾气候变化委员会秘书伊曼纽尔·德·古斯曼（Emmanucl M. Dc Guzman）在一份声明中表示，可再生能源现在是当地投资的最大机会。[①] 目前中国在菲律宾公用事业的投资也主要集中于能源领域。

在太阳能方面，总部位于中国的全球能源解决方案提供商——天合光能源有限公司正在进军菲律宾的小型太阳能光伏市场，该公司认为有利的政府政策可以支持不断增长的能源解决方案需求。2018 年习近平主席访问菲律宾之后，中国国家电网公司（SGCC）为三描礼士提供太阳能，这将使该省的 1000 多位居民受益。在天然气方面，菲律宾能源部已批准当地燃料零售商凤凰石油公司和中国中海油的收购，以建设该国第一个液化天然气（LNG）进口终端。该项目将由凤凰城唐拉湾菲律宾液化天然气集团和中海油气电集团组建的合资企业开发和运营。

除此之外，菲方也大力吸引中国在菲律宾进行电力投资。2019 年 4 月，菲能源部副部长通过媒体呼吁电力投资者增加投资能力，他不仅向国内电力投资者发出呼吁，而且向外国公司发出邀请，他一直在寻求有投资意向的中国和日本公司。这位能源部负责人表示，他对中国公司的邀请早在 2016 年杜特尔特总统对中国的首次国事访问期间就已发出。[②]

2007 年 12 月，中国国家电网公司与两家菲律宾企业（MOGRC、CALACA）组成的联营体中标菲律宾国家输电网 25 年特许经营权，中国国家电网公司拥有 40% 的股权，两家菲律宾企业各拥有 30% 的股权。随后三方共同组建了菲律宾国家电网公司（NGCP），于 2009 年 1 月正式接管运营菲律宾国家输电网。后因种种原因，中国国家电网公司在菲律宾的技术人员回国，但中国国家电网公司仍保持着 40% 的股权。2019 年底，菲律宾国内及国际上一些别有用心的人士开始就此话题进行炒作，声称“中国

---

① “CCC（The Climate Change Commission）Tells Investors to Seize Opportunities in Renewable Energy,” Business World, June 11, 2019.

② “DOE Starts Enticing New Power Investments,” Manila Bulletin, May 23, 2019.

可遥控关闭菲电网”。虽然杜特尔特政府在此事上的表态比较积极，但对于不明事理或乐于抹黑中国的人来说，他们仍然选择相信谣言，对于普通吃瓜群众而言，他们或许会跟着热门舆论走，至少持半信半疑的态度，这些炒作对中国企业甚至中国的形象仍会造成极大的负面影响。这一案例表明，一方面菲律宾在电力/能源等领域需要外来资本的进入，另一方面国际舆论极易让中菲电力/能源的合作面临挑战。

第三节　建筑业

菲律宾是亚洲增长较快的基础设施建筑市场之一。杜特尔特总统上任以来推行“大建特建”计划，以迎接“基础设施的黄金时代”，公共工程和公路部的预算不断增加，并改革公私伙伴关系（PPP）计划以加快项目进程。有理由相信，在2022年卸任以前，杜特尔特仍将继续推进该计划。由此可见，菲律宾建筑业对投资的需求和支持力度将持续，是较理性的投资行业。而且，中国习近平主席2018年访问菲律宾后，双方签订的为期十年的基础设施合作协议也为中资企业进入菲律宾建筑业提供了契机。但是，日本等国际力量也是菲律宾基础设施项目的积极投资者，不免会形成竞争。

一　机遇

在“大建特建”计划的刺激下，菲律宾建筑业发展势头强劲。建筑行业也由此生出诸多机遇，该市场将持续拓展，成为投资的理想领域。

（一）“大建特建”助力建筑业发展

2017年4月，菲律宾推出一项名为“大建特建”的大规模基础设施投资计划，在6年内将投资8.4万亿比索（约合1686.31亿美元）进行基础设施建设。菲政府将推出75个旗舰项目，其中约1/3预计将在杜特尔特总统任期内完成，以便在2022年之前迎来“基础设施的黄金时代”。此举极大地带动了该国基础设施领域的国内外投资。

根据菲律宾预算和管理部（DBM）的数据，在过去两年中，公共工程和公路局所得预算仅次于教育领域之后，2019年，该部门所得预算达到了5557亿比索（约合111.56亿美元），且政府投资在基础设施中占比继续提高。菲律宾建筑业管理局（CIAP）于2019年批准了一项为期10

年的规划，该规划从2020年开始，预计在未来10年内基础设施项目建设投资额下限为40万亿比索（约合8030.06亿美元），上限可高达130万亿比索（约合26097.69亿美元）。[①] 菲律宾建筑业十年期发展规划的制定实施表明了菲律宾政府对建筑业的关注和支持。

表Ⅲ-4-6　**菲律宾前十预算收入部门**　（10亿比索）

部门	2018年（现金等价物）		2019年（基于现金）		上升/下降	
	总额	排名	总额	排名	总额	%
教育	589.9	1	659.3	1	69.4	11.8
公共工程和公路局	441.8	2	555.7	2	113.9	25.8
内政和地方政府部	172.4	3	225.6	3	53.2	30.9
国防部	136.5	6	183.4	4	46.9	34.4
社会福利与发展部	164.4	4	173.3	5	8.9	5.4
卫生部	153.7	5	141.4	6	-12.3	-8.0
交通部	40.2	8	76.1	7	35.9	89.3
农业部	50.7	7	49.8	8	-0.9	-1.8
司法部	35.4	9	37.3	9	1.9	5.4
棉兰老穆斯林自治区	24.4	10	32.3	10	7.9	32.4

说明：经DBM批准，扣除过往年度的付款和应付账款。机构特定预算不包括特殊用途资金中的拨款；卫生部预算包括菲律宾健康保险公司的预算；教育预算包括教育部、州立大学和学院、高等教育委员会、技术教育和技能发展局的所有预算。

资料来源：菲律宾预算和管理部（DBM），https://www.dbm.gov.ph/images/pdffiles/DBM-ACBA-FY-2019.pdf。

表Ⅲ-4-7　**2014—2018年菲律宾建筑业产值情况**　（百万比索，按当前价格）

年份	2014	2015	2016	2017	2018
公共部门	286647	361125	457830	523066	661048
私营部门	1108612	1205776	1336187	1415878	1665293

① "Construction Sector Expecting at Least 40 Trillion of Building Works," Business World, Feburary 20, 2019.

续表

年份	2014	2015	2016	2017	2018
总值	1395259	1566901	1794018	1938944	2326341
总增加值	802880	904510	1034279	1113606	1347556

资料来源：菲律宾统计局《2018 年菲律宾统计年鉴》，http：//www. psa. gov. ph/products – and – services/publications/philippine – statistical – yearbook。

表Ⅲ –4 –8　　　　2019—2028 年菲律宾建筑业预测

年份	2019	2020	2021	2022	2023	2024	2025	2026	2027	2028
价值(10 亿比索)	1584. 5	1825. 2	2081. 6	2362. 5	2673. 0	3004. 3	3375. 7	3792. 2	4259. 4	4783. 3
价值增长率(%)	10. 9	10. 5	9. 7	9. 1	8. 8	8. 1	8. 0	8. 0	8. 0	8. 0
占 GDP 比重(%)	8. 0	8. 4	8. 6	8. 9	9. 1	9. 3	9. 4	9. 6	9. 8	9. 9

资料来源：Philippines Infrastructure Report – Q1 2020，https：//www. emis. com/php/search/pdf2html? pc = PH&doc_ id = 664941302&type = 2，惠誉报告。

由于“大建特建”计划的拉动，菲律宾建筑业发展势头较好，对经济的贡献也日益突出。2019 年 4 月，菲律宾贸易部部长拉蒙·洛佩兹（Ramon Lopez）表示，根据 2020—2030 年建筑业路线图，菲律宾建筑行业希望到 2030 年将建筑业对经济的贡献增加到 130 万亿比索，提供的就业机会从 2018 年的 400 万个增加到 700 万个。① 2020 年由于疫情影响，菲预算和管理部削减了基础设施建设预算，用于抗击新冠肺炎疫情。截至 5 月，经过几次削减，菲律宾公造部预算由 5809 亿比索（约合 116. 62 亿美元）降至 4579 亿比索（约合 91. 92 亿美元）。但在疫情影响过后，有理由相信菲律宾仍将继续其“大建特建”计划，仍然是外商进行投资的理想领域。

（二）建筑业涉及程序简化

菲律宾“大建特建”计划推动了建筑业的快速发展，各地方纷纷采取措施简化建筑业中的相关程序，尤其是建筑许可证的可获得性大大提高。达沃

① 《到 2030 年，菲建筑业产值或达 130 万亿比索》，菲律宾世界日报（微信公众号），2019 年 4 月 3 日。

市市长萨拉·杜特尔特（Sara Duterte）已经建立了建筑许可证一站式服务，以便有效和迅速地发放施工许可证和入驻证明。① 第 12 号行政命令创建了由达沃市市长或其正式授权的代表担任主席的建筑许可办事处（OSSCP），OSSCP 确保及时处理达沃市的施工许可证和入驻证书。除达沃市外，宿务也推出了可提供建筑许可的数字化系统，申请人只要提交材料电了副本即可进入审核阶段，建筑许可申请的处理将变得方便和有效。

建筑许可的申请程序简化对建筑业从业者来说是好消息，极大地节省了跑各部门审批的时间，仅通过一站式服务或数字化系统即可获得，为建筑商打开了方便之门。

（三）建筑成本持续下降

根据咨询公司 Arcadis 的全球建筑成本指数，马尼拉的建筑成本仍然相对便宜。2019 年 Arcadis 全球建筑成本比较报告将马尼拉排在第 100 位。在亚洲，菲律宾排名第六，仅次于香港特区、澳门特区、东京、新加坡和首尔。

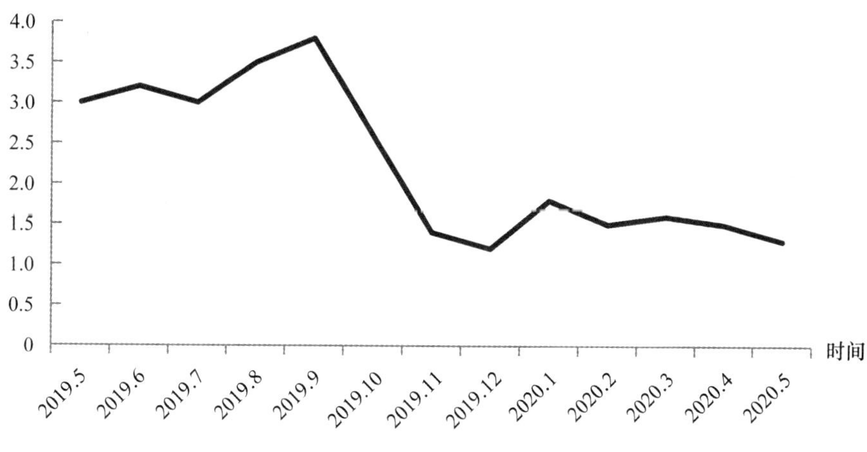

图Ⅲ-4-9　菲律宾首都地区建筑材料批发价格指数增长率（2919.5—2020.5）

资料来源：菲律宾统计局，http：//www.psa.gov.ph/price-indices/cmwpi/title/Construction%20Materials%20Wholesale%20Price%20Index%20in%20the%20National%20Capital%20Region%20%282012%3D100%29%20%3A%20May%202020。

① "Philippines: Davao City LGU Establishes One-stop Shop for Construction Permits," Euclid News, July 23, 2019.

另外，菲律宾统计局的数据显示，自 2019 年 9 月以来，首都地区建筑材料的价格指数增长率呈下降趋势，且在 2020 年保持较稳定，可以预见在短期内建筑材料价格不大可能大幅上升，将保持在较稳定的状态。这对于建筑业来说是一个利好消息，建筑业将持续保持强劲的发展势头。

（四）住房需求大幅增长

城市化将推动对住房的需求，推动人们前往马尼拉大都会、达沃市和宿务市等中心城市。惠誉评级预计菲律宾 2028 年住宅市场将增长 8.9%。同时，受商业部门的推动，未来 10 年里菲律宾非住宅建筑行业的年均增长率为 10.5%。2019 年第一季度，菲律宾颁发了 6400 个此类许可证，同比增长 15%，一半以上是涉及商业建筑的建设项目。[①] 由此可见菲律宾住宅市场具有可观的增长前景。

二　风险

在目前阶段，中资企业进入菲律宾建筑业的风险主要表现在劳工问题上。一方面，菲律宾社会缺乏专业的建筑工人，这使得中国企业在进入菲律宾市场时不可避免地要派遣中国工人。另一方面，中国工人的大量涌入在菲律宾社会又饱受诟病。当地或是认为本国工人的工作机会被侵占，或是因非法务工现象而对中国工人心存芥蒂。这一矛盾处境对建筑业的用工形成挑战。

（一）菲律宾国内专业工人短缺

菲律宾建筑工人因国内工资低而大量外流，造成建筑用工短缺。第 10 区劳工和就业部区域主任助理曾表示，在劳动节工作和商业博览会上有 2000 多个职位空缺与基础设施和建筑相关，主要是木匠和泥瓦匠。

菲律宾劳工部门呼吁建筑技术工人考虑在国内就业，以支持政府实施的建设计划。同时，劳工部技术教育和技能发展局（TESDA）正在加速推进建筑工人的技能培训工作，重点解决用工需求和技能不匹配问题。

（二）外籍劳工限制更趋严格

随着“大建特建”计划蓬勃发展的是大量外籍劳工的涌入，菲律宾

① “Building Permits Point to Strong Residential, Office Growth,” Business World, August 9, 2019.

社会及官方对此有些许抵触情绪，认为外来劳工挤占了本地人的就业机会，对外籍劳工的限制也日益增多。首先是税收问题，菲财政部表示，从 2019 年 7 月开始，税务局将采取更严厉的措施，向在菲律宾务工的外国人征收适当的税款。其次是加大外国劳工证件申请难度，菲劳工部表示，基于安全威胁，政府将会对来本国工作的外国人实施附加要求，现在外国人必须先向菲劳工部领取一张无异议证明，但该证明并不意味着相关工作许可申请已自动获得批准。最后是九部门联合加强对外籍劳工的监管，菲律宾环境和自然资源部、财政部、外交部、司法部、劳工部、移民局、税务局、国家情报协调局和专业监管委员会于 2019 年 7 月 11 日签署联合备忘录公告，统一向在菲律宾工作的外国人签发证件的条例和政策准则。外国人就业许可证将由劳工部签发，特殊临时许可证将由专业监管委员会签发，特别工作许可证和临时工作许可证将由移民局签发，9（g）和 47（a）签证将由外交部签发，并授权司法部签发雇用外国人的许可证和 47（a）签证以及授权环境和自然资源部矿务局可雇用外国工人。①

由于中菲在建筑业投资合作广泛，因此掌握一定技术的中国工人也大量存在菲建筑领域。菲律宾社会关于全面禁止外国建筑工人在该国就业的呼声也不绝于耳，特别是在政府的基础设施项目中，中国工人在菲律宾建筑业就业的形势较为严峻。一方面是菲律宾社会认为大量外国工人的进入挤占了该国民众的工作机会。另一方面是非法务工现象层出不穷，在菲律宾社会形成了中国工人的负面形象。在菲律宾的中国非法劳工多为持旅游签证却从事工作，或没有任何证明，或未缴纳税款等，因此这一群体也经常遭到菲律宾移民局的逮捕或驱逐。

（三）建筑质量要求日益提高

菲律宾自然灾害频繁发生，对基础设施的破坏性极大，由此而引发的对基础设施质量考核的呼声也不断增大。能够应对任何强大地震的建筑对其技术和成本都提出了较高的要求，成为建筑业的挑战之一。2019 年上半年，菲贸易和工业部一直在对选定的五金店进行检查，审查建筑材料如钢筋及其他钢铁产品的质量。另外，碧瑶敦促公共和私人建筑商将其建筑物的抗震标准升到 8 级，以确保这些建筑物的安全性和稳固性。城市建筑

① 《菲九部门联合加强对外籍劳工监管》，菲律宾世界日报（微信公众号），2019 年 7 月 13 日。

工程师 Nazita Baez 曾表示，虽然菲律宾国家规范仍然要求房屋设计能够承受 6.5 级地震的强度，但私人工程师现在使用抗震强度 7.2 的基准，其所属部门鼓励每个工程师都超出这些水平以达到最佳的状态安全。[①] 2020 年 1 月 8 日，菲贸工部部长拉蒙·洛佩兹（Ramon Lopez）在其演讲中也再次表示，菲律宾必须加强对建筑业的监管和政策执行，减少无许可证建筑活动，并严格遵守国家的建筑规范。[②]

三 中国投资现状

在 2018 年 11 月习近平主席访问菲律宾时，中菲签署了为期 10 年的基础设施合作协议，中国加大了对菲建筑业的投资步伐。根据惠誉集团的报告，预计在接下来的几年中由中国支持的菲律宾项目的建设将加快步伐。惠誉集团表示，目前菲律宾公路和铁路行业中最大的外国投资者是美国和日本，而中国在这些行业中的参与很少。但随着两国将交通确定为中菲基础设施合作计划的主要合作领域之一，这种竞争格局有望改变。

中国在菲律宾投资的基建项目众多，主要集中于交通、发电厂、大坝、钢铁等领域。交通领域如达沃—萨马尔大桥、达沃河桥、达沃快速路、苏密—克拉克铁路项目及棉兰老铁路项目等，电力领域如八打雁发电厂扩建、卡加延河谷水力发电厂建设项目等，其他如赤口河灌溉、卡利瓦大坝项目等。

2018 年 6 月，中工国际工程股份有限公司总经理助理刘生承在采访中介绍，该公司 2000 年已进入菲律宾市场，成功开发和实施了多个工程项目，与菲律宾国家灌溉局、农业部、渔业局等多次合作，在菲律宾已建成项目有合同金额为 1 亿美元的阿格诺河综合灌溉项目、巴纳旺泵站灌溉项目、桑托斯将军市渔码头扩建项目等。[③]

另外，河北钢铁集团也在菲律宾开展了据称是“迄今为止中国对菲最

---

① “Baguio Builders Urged to Upgrade Quake Resistance Standard to Intensity 8,” The Manila Times, June 19, 2019.

② “Trade Department Calls for Stricter Monitoring of Building-code Norms,” Business World, January 10, 2020.

③ 中新网，http://www.chinanews.com/gj/2018/06-08/8533761.shtml。

表Ⅲ－4－9　　涉及中国的部分项目清单

项目	领域	金额（百万美元）	量级	单位	公司介绍		状态
					赞助商（资金/设备）	建筑承包商	
八打雁加拉卡燃煤发电厂扩张	发电厂和输电网	1600	1000	兆瓦	DMCI公司（菲律宾）、丸红株式会社（日本）、马尼拉电气公司（菲律宾）	中国电力工程公司（中国）	计划阶段
卡加延河谷基里诺Diduyon水力发电厂	发电厂和输电网	610	320	兆瓦	绿色能源管理服务控股公司（美国）	中国葛洲坝集团（中国）	计划阶段
苏比克湾自由港可再生能源设施	发电厂和输电网	200	150	兆瓦	Amber Kinetics［设备］（美国）、亚洲镍业公司（菲律宾）、新新能源科技有限公司［金融］（中国）	PROINSO（英国）、中国水利水电总公司（中国）	建设中
巴丹迪格宁电站（马里韦莱斯工厂扩建）	发电厂和输电网	—	1336	兆瓦	Aboitiz Power Corporation（菲律宾）、Sithe Global（美国）、国家开发银行［金融］（中国）、阿亚拉公司［赞助商］（菲律宾）	上海电力建设有限责任公司（中国）、河南院EFC（中国）	建设中

资料来源：惠誉集团，Philippines Infrastructure Report－Q1 2020，第8页，https：//www.emis.com/php/search/pdf2html? pc＝PH&doc_ id＝664941302&type＝2。

大的投资项目”。据中国驻菲律宾使馆经济商务参赞处的消息，2018 年 12 月 14 日，河北钢铁集团菲律宾钢铁项目合作备忘录签约仪式在菲律宾贸工部举行。洛佩兹部长表示，该项目是菲律宾首个综合性长流程钢铁项目，将产生超过 2 万个就业机会。河北钢铁集团菲律宾钢铁项目位于菲棉兰老岛卡加延德奥罗市菲佛德克工业园，场地面积 3 平方公里。河北钢铁集团与菲律宾亚洲钢铁公司牵头组建投资联合体，拟建设一个集港口、烧结、焦化、球团、炼铁、炼钢、轧制和深加工于一体的钢铁联合企业。钢铁配套生产规模约 800 万吨/年，总投资约 44 亿美元，建设周期 3—5 年。[①]

第四节　数字经济

尽管与东南亚邻国相比，菲律宾数字经济起步较晚，但其数字经济市场的前景十分可观。在过去几年里，在菲律宾经济形势、人口结构、基础设施、政府态度等因素的推动下，数字经济发展已初具规模。由淡马锡和谷歌与贝恩公司发布的《2019 年东南亚数字经济》[②] 报告显示，菲律宾数字经济将从 2019 年的 70 亿美元增长到 2025 年的 250 亿美元，增幅高达 257.14%。在线媒体方面，菲律宾正在经历高增长热潮，自 2015 年以来该行业年增长率达到 42%，订阅音乐和视频服务在熟悉英语的菲律宾年轻人中尤其受欢迎。在菲律宾数字经济领域，表现十分突出的即为电子商务和电子支付。

2020 年，疫情在菲律宾的蔓延带来了诸多影响，但却从另一个角度刺激了该国电子商务和在线支付的增长。且通过这段时期的“被迫”转型，全菲都会将目光聚集于在线交易。这一方面会促使数字经济基础的完善，另一方面也会使民众形成在线交易的习惯，并扩大其受众群体。在这种环境的支持下，数字经济概念在菲律宾社会的根深蒂固指日可待，随着数字基础设施的不断完善，未来数字经济也会迎来大繁荣时期。

---

① 腾讯新闻，https://new.qq.com/omn/20181215/20181215A0TTIS.html。

② 谷歌、淡马锡、贝恩公司：《2019 年东南亚数字经济》，https://www.bain.com/globalassets/noindex/2019/google_temasek_bain_e_conomy_sea_2019_report.pdf。

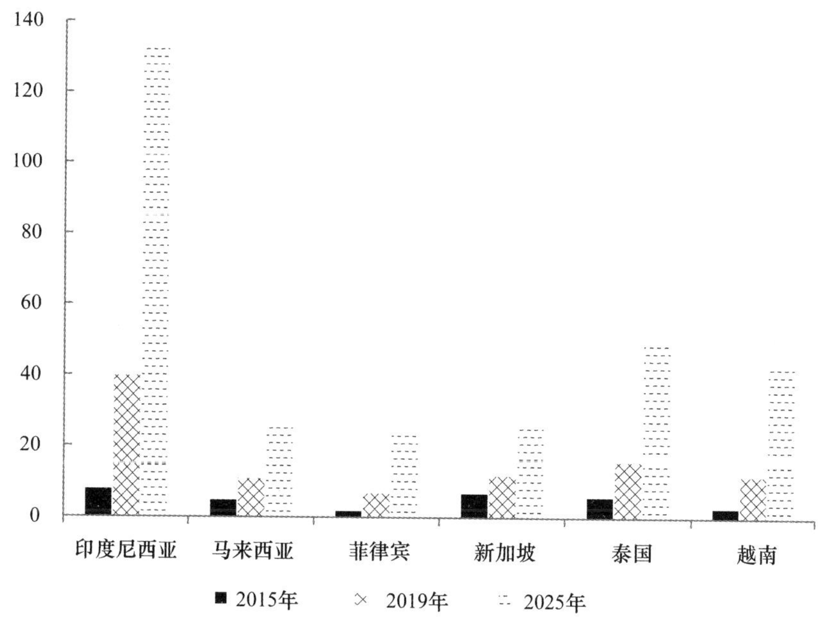

图Ⅲ-4-10　菲律宾互联网经济成交总额（10亿美元）①

资料来源：谷歌、淡马锡、贝恩公司：《2019年东南亚数字经济》，https：//www.bain.com/globalassets/noindex/2019/google_ temasek_ bain_ e_ conomy_ sea_ 2019_ report.pdf。

一　机遇

近年来，菲律宾的发展令人惊叹，在国内经济和国际潮流的双重带动下，菲律宾也成为数字经济的新兴市场。其庞大的人口基数、年轻的人口结构、掌握熟练英语的劳动力、相对低廉的生活成本、较长的互联网使用时间、积极的政策调整等因素均为数字经济的发展奠定了国内基础。

（一）市场潜力不容忽视

首先是经济水平。菲律宾是亚洲增长较快的经济体之一，根据亚洲开发银行的数据，该国2018年和2019年的GDP增长率分别为6.2%、5.9%。② 其次是人口结构。菲律宾也是一个人口大国，该国约有1.09亿人（截至2020年7月），是世界上第13大人口大国。在结构方面，0—14岁

① 谷歌、淡马锡、贝恩公司：《2019年东南亚数字经济》，第19页，https：//www.bain.com/globalassets/noindex/2019/google_ temasek_ bain_ e_ conomy_ sea_ 2019_ report.pdf。

② 亚洲开发银行，https：//www.adb.org/countries/philippines/main。

人口占 32.42%，15—24 岁人口占 19.16%，25—54 岁人口占 37.37%，55—64 岁人口占 6.18%，65 岁及以上人口占 4.86%。[①] 再次是海外汇款。菲律宾的海外劳工汇款是菲国内消费的主要驱动因素，2018 年外劳汇款占菲国内生产总值（GDP）的 9.7%，占国民总收入的 8.1%。根据菲律宾中央银行的数据，2020 年前四个月海外个人汇款总计达 10.5 亿美元（约合 2100 万美元），现金汇款约达到 9.4 亿美元（约合 1900 万美元）。[②] 加之菲律宾人的购物习惯，这些汇款多用来消费，而不是积攒下来或进行投资。最后是互联网使用时间。根据研究调查公司 WeAreSocial 于 2020 年 1 月发布的报告，菲律宾互联网每日平均使用时间长达 9 小

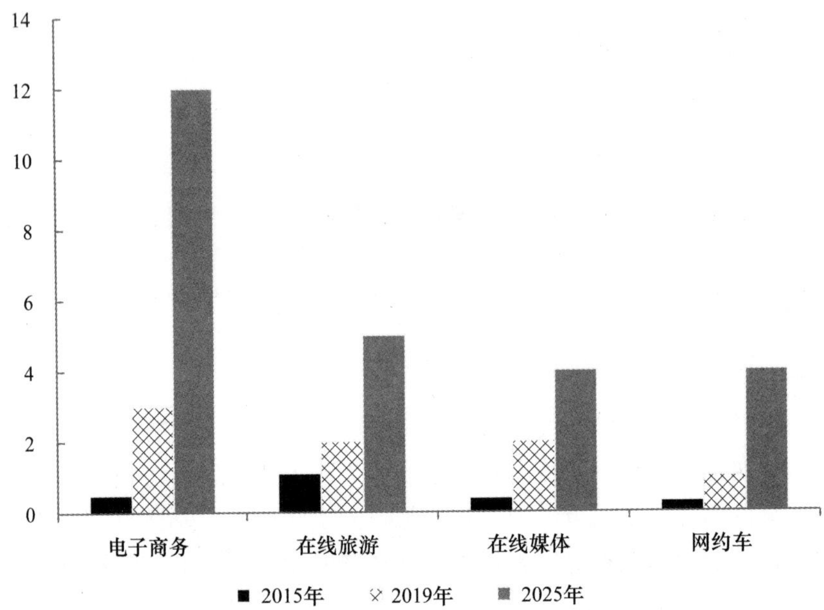

图Ⅲ-4-11　菲律宾互联网经济成交总额（10 亿美元）

资料来源：谷歌、淡马锡、贝恩公司《2019 年东南亚数字经济》，https：//www. bain. com/globalassets/noindex/2019/google_ temasek_ bain_ e_ conomy_ sea_ 2019_ report. pdf。

① 美国中央情报局官网，https：//www. cia. gov/library/publications/the - world - factbook/geos/rp. html，访问日期：2020 年 8 月 27 日。

② 菲律宾中央银行，http：//www. bsp. gov. ph/statistics/keystat/ofw. htm。

时45分钟，移动设备互联网每日平均使用时间长达5小时11分钟，电脑设备互联网每日平均使用时间长达4小时34分钟。社交媒体平均使用时间长达3小时53分钟，Facebook使用率最高，占比达87%。[①]

（二）电商市场持续繁荣

菲律宾电子商务发展不仅得益于国际潮流的带动，而且与国内政府的支持和社会的接纳与融入密不可分。为了推动电子商务的发展，政府也多次鼓励或出台法律政策支持。2016年，贸工部推出了《2016—2020年电子商务路线图》，该路线图规划时间为5年，旨在刺激菲国的电子商务增长。2019年8月，菲贸易和工业部通过其电子商务计划办公室（DTI-ECO）邀请利益相关者参加关于更新菲律宾电子商务路线图的"启动"会议，旨在制定新的2020—2022年电子商务路线图。

另外，突然到访的疫情也催生了"无接触经济"，极大地刺激了菲律宾的电子商务发展。安永新加坡（Ernst & Young Singapore）的一位合伙人表示，在当前疫情大流行的强劲势头之后，菲律宾电子商务市场预计将在2019年10亿美元的规模上，在5年内增长到56亿美元。[②] 且疫情期间老年群体被视为在线购物的巨大市场。一直以来，在线购物的主力军多为年轻人，由于疫情期间出于安全和防护考虑，在线购物被视为最稳妥的购物方式。因此，老年人也成为菲律宾零售商的目标消费群体，旨在拓展老年人市场。

（三）在线支付迎来新机遇

在线支付手段在菲律宾的普及程度不高，大多数国民仍倾向于使用现金。虽然菲律宾也有在线支付企业，如PayMaya（PLDT）和GCash（Globe），但在线支付在菲律宾还远非主流支付方式。在国家政策的支持及新冠肺炎疫情的压力下，在线支付迎来重大发展机遇。

目前，GCash、PayMaya、GrabPay这三个电子钱包品牌在菲律宾大受欢迎。GCash是由菲律宾中央银行管理的一项移动货币服务，它允许用户在菲律宾的任何网络上下载、购买物品、支付账单、转账等等。GCash是

---

① "Digital 2020—Global Digital Overview," WeAreSocial, https://wearesocial.com/digital-2020.

② "PHL E-commerce Market Projected at $5-6 Billion in Five Years — EY," Business World, May 13, 2020.

菲律宾十分受欢迎的手机银行应用程序之一，也是比较便宜的银行服务提供商之一。PayMaya 是菲律宾另一款流行的手机钱包，由菲律宾 Voyager Innovations Inc. 旗下的数字支付部门 PayMaya 提供移动商务服务，包括一款预付费在线支付应用程序。GrabPay 是由外来独角兽企业 Grab 带来的移动钱包，用户可以在菲律宾许多商店使用 GrabPay 作为支付方式。Grab 始于网约车服务，并迅速扩展到更多的服务领域，包括快递、送餐和金融服务领域。

国家政策鼓励菲律宾支付升级转型。2015 年，菲律宾央行推出“国家零售支付系统”（NRPS），目标是到 2020 年将零售电子支付交易额从 2015 年的 1% 增加到 20% 。为此，菲律宾中央银行于 2017 年 11 月推出国家零售支付系统的第一个自动结算所 PESONet，随后在 2018 年 4 月，菲律宾央行又推出电子资金转账系统 InstaPay。菲律宾中央银行 2018 年度报告显示，自 PESONet 于 2017 年 11 月上线以来，到 2018 年 12 月，其支付总价值达到 867.7 亿比索（约合 17.85 亿美元），增长了约 64% 。截至 2018 年底，共有 47 个金融机构参与了 PESONet 电子资金转账系统。截至

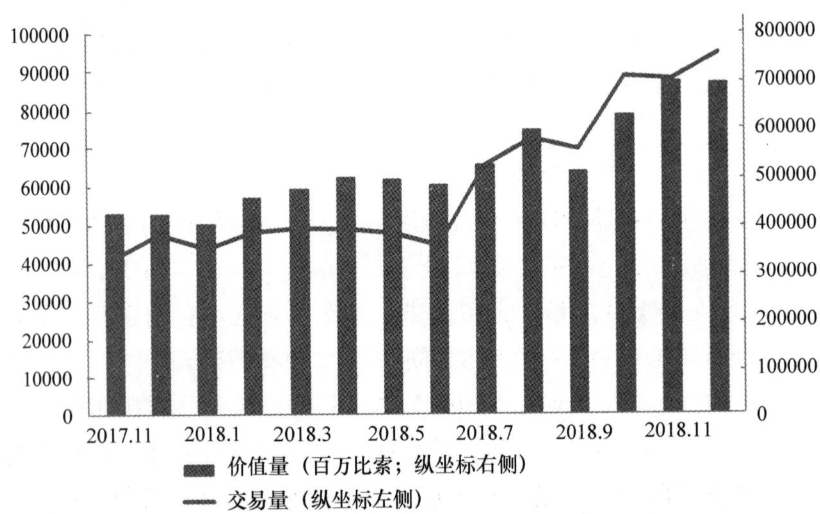

图Ⅲ-4-12 2017 年 11 月—2018 年 12 月 PESONet 交易情况

资料来源：菲律宾中央银行《2018 年年度报告》，第 71 页，http://www.bsp.gov.ph/downloads/publications/2018/annrep2018.pdf#page=99。

2018 年 12 月 31 日，付款人可以在 24 个已参与此系统的金融机构中使用 InstaPay，已经有 36 个金融机构允许其账户持有人通过 InstaPay 接收资金。①

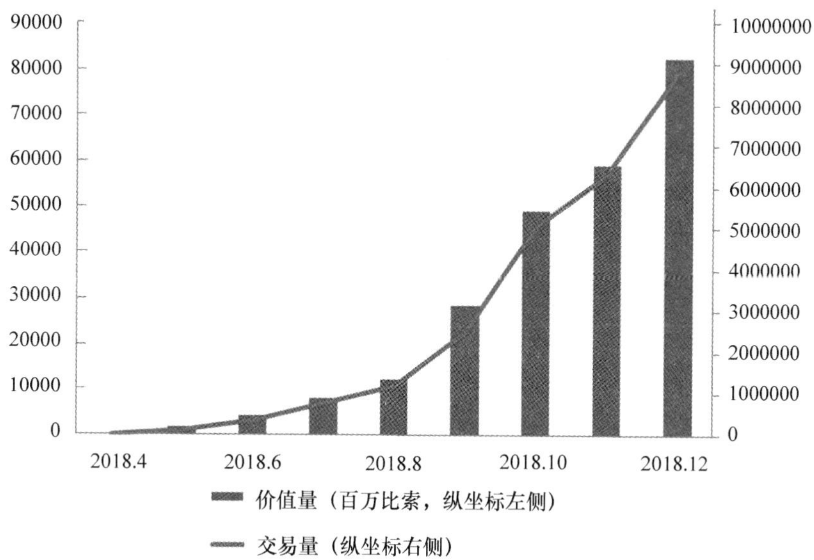

图Ⅲ－4－13　2018 年 4 月—12 月 InstaPay 交易情况

资料来源：菲律宾中央银行：《2018 年年度报告》，第 72 页，http：//www. bsp. gov. ph/downloads/publications/2018/annrep2018. pdf#page = 99。

另外，菲律宾也大力支持出台与电子商务有关的各类法律。菲律宾贸工部部长拉蒙·洛佩兹在 2020 年 6 月的声明中表示，贸工部将大力支持与电子商务有关的各种法案，尤其是《互联网交易法》。② 另外，国会也在制定其他各类旨在促进数字经济的相关法案，包括《电子政务法案》（HB 6927）、《国家数字职业法案》（HB 6926）、《国家数字转换政策》（SB 1470）等。

① 菲律宾中央银行：《2018 年年度报告》，第 71、72 页，http：//www. bsp. gov. ph/downloads/publications/2018/annrep2018. pdf#page = 99。

② "Philippines：DTI to Push E-commerce Growth，Support Legislation to Strengthen E-commerce Law in PH，" Euclid News，June 7，2020.

疫情带来的新机遇主要表现在两个方面。一方面是在线支付使用频率上升。菲律宾中央银行于2020年5月表示，因政府实施强化社区措施，4月电子支付交易增长了260%。另一方面是数字服务或通过信用卡实施的在线支付激增。华侨银行（OCBC Bank）表示，疫情期间在线食品配送以及视频或音乐订阅的支出增长了50%，在线游戏服务的支出增长了25%。大华银行新加坡分行表示，与一年前相比，2020年持卡人在网上的支出增加了约50%。渣打银行表示，2020年前三个月，近40%的总支出通过在线渠道进行。①

二　风险

菲律宾数字经济市场潜力巨大，但在基础条件、发展能力、营商环境等方面面临着诸多限制性因素，而且这些限制性因素存在时间较长，要在短时间内发生改变具有一定的困难。

（一）数字基础设施不完善

目前，菲律宾数字经济领域发展较为繁荣的主要是电子商务及在线支付，数字基础设施的欠缺也主要体现在这两个行业上。

一方面表现在互联网的连接速度上。自杜特尔特总统上台以来，菲律宾的平均网速得到稳定提高，杜特尔特还推行了全国宽带网络计划。但截至目前所实施的一系列互联网速度改善措施收效甚微，菲律宾的移动互联网速度不论是在东南亚地区还是在全球范围内，仍处于较落后水平。移动互联网分析公司Open Signal发布的报告显示，在该报告包含的87个国家中，菲律宾的上传速度居倒数第11位，下载速度居倒数第16位。②

另一方面表现在物流基础设施上。与区域的竞争对手，如中国和马来西亚相比，菲律宾物流基础设施质量较差。且菲律宾极易发生自然灾害，这也给物流基础设施建设和维护带来了极大的成本。菲律宾由7000多个岛屿组成，仅靠陆路运输无法实现完整连接，物流的互联互通面临较大挑战。另外，菲律宾不同区域物流基础差距较大，马尼拉及吕宋岛以外的地

---

① "Surge in Credit Card Spend on Food Deliveries, at Supermarts," Bidsinfo News, May 6, 2020.

② 《菲网速全球最慢》，菲律宾世界日报（微信公众号），2019年6月1日。

区物流基础设施渗透率不足。

（二）网络安全环境欠佳

网络安全几乎是各国数字经济发展的一大隐患，菲律宾的网络安全形势也较为严峻，根据联合国国际电信联盟（ITU，简称“国际电联”）2018 年发布的全球网络安全指数，菲律宾在亚太地区排第 12 名，全球排第 58 名。[①] 菲律宾曾多次发生严重的网络安全事件，甚至政府网站也无法幸免。在距离 2016 年大选仅一个月之际，黑客袭击政府网站，导致约 7000 万选民的个人信息遭泄露。基于严峻的网络安全形势，有不少菲律宾人因为担心支付安全而拒绝电子支付，担心信息泄露而拒绝使用或访问电子平台或在线新媒体。

（三）技术人才薄弱

据瑞士商学院国际管理发展研究所（IMD）的年度调查显示，菲律宾 2019 年发展、吸引和留住高技能专业人才的能力得到了提高。在世界竞争力中心《2019 年世界人才排名》报告中，菲律宾在 63 个经济体中排第 49 名，比 2018 年的第 55 位上升了 6 位。[②] 尽管如此，菲律宾仍然是东盟国家中排名靠后的国家。就信息技术而言，中高端 IT 专业人员短缺是菲律宾信息技术发展的一大限制性因素。

在数字经济有关技术领域，技术水平也极大地阻碍了菲律宾数字经济的向前发展。就电子支付领域而言，EMV 技术引入菲律宾的时间较晚，在一定程度上影响其电子支付的水平。Europay、Master Card 和 Visa（也称为 EMV）是最初创建信用卡和借记付款系统的三家公司。这项 EMV 技术除了被运用在磁条上之外，还被利用来将数据存储在 EMV 卡上。这项技术 2017 年才引入菲律宾，其他国家早已在 10 年前就开始使用。该项技术在菲律宾推广较晚，菲律宾人还处于适应和逐渐接受的阶段，这也成为电子支付发展缓慢的因素。

（四）税收负担加重

菲律宾企业一直面临着税种多、税率高、税负较重、税务审计周期

① “Global Cybersecurity Index（GCI）2018，” p. 58，ITU，https：//www. itu. int/dms_ pub/itu - d/opb/str/D - STR - GCI. 01 - 2018 - PDF - E. pdf.

② IMD World Competitiveness Center：IMD World Talent Ranking 2019，p. 23，https：//www. imd. org/wcc/world - competitiveness - center - rankings/world - talent - ranking - 2019/.

长、要求高的困境。2020 年 6 月初，菲律宾国会议员提出一项旨在向大型科技公司如 Facebook、Google、Youtube、Netflix 和 Spotify 等征税的法案。[①] 该法案的起草者表示，菲律宾正在整顿税收，已准备好进行数字化转型。新税收也将用于数字项目，如国家宽带项目和数字学习项目。目前由于菲律宾受疫情影响较大，政府主要聚焦于审议刺激经济的一系列计划，因此该法案可能需要在一段时间后才能得到审议。当然，这并非菲律宾所独有，2019 年东南亚监管机构就在该地区加大对科技巨头征税的力度举行了会谈。5 月底，印尼也宣布将从 7 月起对数码产品征收 10% 的增值税，以增加收入。虽然目前该项法案还未审议通过，但随着疫情的更可控，或许法案的审议也将被提上议程。且此趋势在其他东南亚国家也出现了苗头，这对有意出海的中资企业来说，是一个提醒。

三　中国投资现状

菲律宾数字经济的发展吸引了大批外来资本的涌入。菲律宾及东南亚地区或已成为大国在亚太地区数字经济领域竞争的前沿阵地，区域内的优势使其成为大多数企业出海的首站，中国企业进军东南亚市场亦是如此，多把菲律宾作为第一站。

在电子商务方面，阿里巴巴对 Lazada 的收购成为中资电商企业出海的典范。2015 年 2 月，Lazada 便开始在中国招商；2016 年 4 月，阿里巴巴决定投入 10 亿美金控股 Lazada；2017 年，阿里巴巴追加 10 亿美元投资，持股比例达到 83%；2018 年 3—4 月，阿里巴巴追加 20 亿美元的投资，同时宣布蚂蚁金融服务集团董事长彭蕾出任 Lazada CEO；2018 年 12 月，皮尔・彭龙接任彭蕾作为 Lazada CEO 并向彭蕾汇报，彭蕾继续担任 Lazada 董事长。阿里巴巴集团 CEO 张勇曾表示，阿里巴巴对待海外市场的方式不是以采购或销售为导向的电商出海，而是在当地培育一个新的数字生态。[②] 这一点完全体现在阿里巴巴对 Lazada 的做法上，包括保留本地化团队，提供强大的技术支持，扩大 Lazada 原有品牌规模等。

---

① 《菲律宾也要向科技巨头征税了?》，CAMIA 出海（微信公众号），2020 年 6 月 1 日。

② 《阿里全球化生态体系再进化，Lazada 会否成为东南亚“淘宝”》，南方都市报，2019 年 3 月 9 日，https：//www. sohu. com/a/300194097_ 161795。

在电子支付方面，支付宝和微信也积极开拓菲律宾市场。亚洲联合银行（AUB）率先在菲律宾市场推出支付宝（Alipay）扫码付款业务。菲律宾电信 GLOBE 旗下的数字金融公司 Mynt 也和阿里巴巴旗下的蚂蚁金服集团合作，联合推出了二维码方案。微信支付与菲律宾亚洲联合银行签署合作协议，欲进军菲律宾在线支付市场。作为菲律宾增长最快的综合性银行，亚洲联合银行现在可以让菲律宾商家接受中国游客的微信支付。但支付宝和微信主要针对中国大陆游客展开，对菲律宾本地人来说，其移动支付在成为主流支付方式过程中所取得的进展不大。

在物流建设方面，马云欲在菲律宾建设物流和电子商务中心。国外电商巨头也在积极利用菲律宾电子商务发展的机遇。菲律宾的世界拳击偶像、参议员曼尼·帕奎奥（Manny Pacquiao）称，他已和阿里巴巴集团创始人马云达成一致，共同在菲律宾建立物流和电子商务中心，预计将创造成千上万个就业岗位。① 新项目将首先在桑托斯将军城试点，再推广到全国，可为当地创造众多就业机会。

在网约车方面，中国滴滴有意进入菲律宾市场。据称，中国滴滴出行正在与一个菲律宾本地企业谈判，力图终结 Grab 菲律宾子公司在当地的垄断地位。② 作为菲律宾的公用事业，网约车受到菲律宾宪法规定的外国所有权不得超过 40% 限制条款的约束。2018 年，Go-Jek（印度尼西亚）因未遵守该规定，而未获得菲律宾陆运特许经营管制署的运营许可。因此，如果滴滴要避免 Go-Jek 的命运，就必须遵守此条款。因 Grab 于 2018 年 3 月收购 Uber 在东南亚的业务之后，自恃垄断而大幅提高了菲律宾的车费，引起当地人的不满。然而，目前菲律宾当地没有任何一家网约车公司有能力打破 Grab 在菲律宾 90% 的市场垄断地位。同时，菲律宾也出现政府应支持本地网约车企业而不是向外国公司开放国内市场的声音。对于意图进入菲律宾网约车行业的外资企业来说，民众态度的考量也是极其重要的一环。

① “Pacquiao, Ma Partner for E-commerce Venture in Philippines,” Philstar, November 4, 2019.

② 《滴滴出行传有意进入菲律宾市场》，菲信网（微信公众号），2019 年 11 月 5 日。

第五章　华侨华人与中菲合作

华人移居菲律宾群岛的历史悠久，经过长期的发展和融合，菲律宾华人已经形成了对本土社会的政治认同，成为菲律宾社会密不可分的一个部分。在经济上，华人掌握了与其人口比例不相称的财富和经济实力，国民经济的各个行业中都活跃着华人的身影。政治上，华人参政议政已经成为普遍的潮流。作为与中国维系着密切文化和社会互动往来的群体，华人普遍对中国持有当地民众不具备的亲近感，成为中菲合作的重要纽带。与此同时，尽管华菲族群关系融洽，但菲律宾社会在某种程度上依然存在的种族主义，制约了华人在中菲交往中发挥作用的空间。

第一节　华侨华人的历史与现状

中国人移民菲律宾群岛的历史较为悠久，早在西班牙人统治菲律宾之前，华人即已活跃在菲律宾群岛。经过长达几百年的融合与发展，华人已经深深融入本土社会。与东南亚其他国家的华人一样，作为人口上的少数族群，华人也掌握了远超过其体量的大量财富。

一　华侨华人移居菲律宾社会的历史

中菲交流渊源深厚，古代时期菲律宾民间就有“竹林神话”的传说，据称，菲律宾人的祖先是中国王子和菲律宾女孩结合的产物。虽然是神话传说，但依然说明了中菲民间交往的悠久历史。明朝永乐年（1417 年），苏禄王国三王—东王、西王、峒王来到中国朝贡，东王在回程途中病逝于山东德州，其长子回国继位，其妻与另外两个儿子在德州守墓并由此定居下来，后来获得中国国籍。古代官方的良好互动也带动了民间的贸易往来，不少中国人开启了踏往菲律宾的旅程。

16世纪，欧洲人东扩，相继在太平洋地区建立贸易基地。西班牙殖民者在拉丁美洲和菲律宾建立殖民地之后，从16世纪下半叶至19世纪初的约两个半世纪中，开辟了从马尼拉至墨西哥的大帆船贸易航线。大帆船贸易进一步带动了中国商人赴菲律宾的贸易活动。同时，西班牙殖民时期，为了统治的需要，从中国征招大量劳工，使菲律宾的华人数量激增。但统治者对华人实施严厉的政策，经常强征华人充当苦役。在林凤集团进攻马尼拉与潘和五刺杀西班牙官员等威胁殖民统治的事件发生之后，殖民者担心日益庞大的华人群体，策划了第一次对华人的大屠杀。此后，西班牙殖民者一直想尽各种办法剥削华人。科奎拉总督到任后，对华人的压榨和奴役更是变本加厉。面对殖民者的暴行，华人奋起反抗，殖民当局下令对全菲华人进行野蛮的搜杀。此后，西班牙殖民者分别于1662年、1686年、1762年对华人进行三次大屠杀。

19世纪末期，美国对菲律宾进行殖民占领后，引入《排华法案》，严格限制华人移民出入菲律宾。1919年菲律宾粮食歉收，华侨米商成为社会矛盾的焦点，美菲当局出台《禁米条例》，禁止大米出口并限定最高米价。由于担心华商采用华文记账方式逃税，殖民总督于1921年批准通过《西文簿记法案》。华商在菲律宾零售业中一直占据着主导优势，菲社会也一直没有停止过对华商的挤压。1939年3月，菲律宾国会再次提出《零售商菲化法案》，同年11月，马尼拉市议员又提出《禁止外侨在市立公共菜市租赁摊位营业法案》，虽然这两次法案最后因战事而不了了之，但华商在这期间经受了种种不公正待遇。

1941年，日军入侵菲律宾，菲律宾华侨遭受了日本侵略者的仇视和压迫。早在太平洋战争爆发前的许多年里，日本军方、外交部和私人谍报人员就已经收集了大量有关华侨的情报，准备在占领菲律宾后对付华侨。[①] 基于此，日军登陆菲律宾后即开始对华侨进行清洗活动。1942年4月，日军将中国领事馆8位外交官员与9名侨领杀害。在日军占领期间，受残害的菲律宾华侨华人数不胜数。日本殖民当局为了使华侨听命于其统治并利用华侨的经济力量为其服务，对菲律宾当地人和华侨实行“分而治

① 庄国土、［菲］陈华岳等：《菲律宾华人通史》，厦门大学出版社2012年版，第385页。

之”，鼓吹华侨应从零售业中退出，从事粮食生产，并大力煽动菲律宾人的种族主义情绪，使华侨成为日本人的替罪羊。日本当局还大力培育和拉拢亲日分子，如成立华侨协会及邻里协会（保甲）等组织。由此可见，华侨在菲律宾社会的地位与处境一直比较艰难，华侨社会的抗争也一直未停止过。

1946年菲律宾独立后，华侨处境有所改善，但很快就面临冷战时期复杂的意识形态冲突以及菲律宾国内民族主义思想的困扰。由于菲律宾政府长期不承认新中国，华人正常流入菲律宾的渠道被迫中断，华人入籍菲律宾难度加大，乃至有近3000名中国游客长期滞留菲律宾而无法获得永久居留权。直到70年代中期，马科斯的入籍政策才从法律层面解决了华人的身份问题，华人对主流社会的融入才迈出了一大步。

20世纪70年代，中美关系解冻，西方国家开始与中国建立外交关系，中国与东盟国家的关系也得到了改善，加之马来西亚先于菲律宾与中国建立了外交关系。在这样的情况下，马科斯总统认为，菲律宾如果再不采取行动，就很有可能导致其在东南亚地区的孤立，华人问题的拖延也可能导致中菲建交后华人对菲律宾社会的疏离状态。因此，菲律宾政府开始着手解决华人入籍程序问题、侨校菲化问题、逾期游客案等。随着1975年中菲建交及菲律宾政府对华人问题的解决，华人在菲律宾社会的处境得到了较大程度的改善，华人在认同、参政意识等方面发生了重要的转折。此后，华人也以“菲律宾人”的身份自居，通过“华社三宝”（捐建农村校舍、菲华志愿消防队、义诊）等服务于菲律宾社会。

二　菲律宾华侨华人的结构

1990年，菲律宾华人研究专家、加拿大学者魏安国（Edgar Wickberg）估计，80年代末菲律宾华人数量为60万—100万人。90年代中期，菲律宾学者和华社著名活动家洪玉华（Teresita Ang See）估计，菲律宾华人为80万—85万人。[①] 廖建裕（Leo Suryadinata）估计，2000年菲律宾华人约有96.8万人。另外，根据福建省侨办20世纪80年代末的统计，菲

① Teresita Ang See, “The Chinese in the Philippines: Continuity and Change,” *Asian Study Journal*, Vol. 33, 1997, p. 69.

律宾华人约为 100 万人。因此，就整体而言，在 20 世纪 90 年代中期，菲律宾华人数量约为 100 万人，占当时菲律宾全国总人口的 1.4%。据中国侨网的报道，2014 年菲律宾华人约为 150 万人。①

菲律宾华人大多来自福建闽南地区。福建与菲律宾距离相近，加之濒海的优越位置，闽籍人成为通过海运远行至菲律宾的主力军。自唐代开始，闽籍人就因商贸、谋生、避乱等前往以菲律宾为主的东南亚地区。闽南人与菲律宾的互动主要以贸易为主，虽然中国古代历届政府都不同程度地实施海禁政策，但福建沿海人民仍愿意冒各种各样的风险，远赴菲律宾谋生。闽南的地理位置优势、闽人的冒险进取和重商务实精神使闽南地区很早就崛起了规模庞大的海商集团，在赴菲律宾谋发展的队伍中，闽籍人自然占据了大部分。根据 1996 年泉州市华侨志的统计数据，1939 年，福建籍华侨占当时菲律宾华侨总数的 80%，这一比例居东南亚国家之首，其中又以泉州籍华侨人数居多。菲律宾华人学者洪玉华在 20 世纪 90 年代指出，菲律宾华人大约 85% 来自福建，剩下 15% 来自广东。②

表Ⅲ-5-1　　1939 年泉州籍华侨分布　　（人）

国家、地区	华侨总数	闽侨人数	闽侨占比（%）	泉籍华侨数	占总数的百分比（%）
荷属东印度	1232650	739540	60	406775	33
马来亚、新加坡	1709392	854695	50	564100	33
菲律宾	110520	85400	80	82890	75
缅甸	193548	77400	40	54193	28
安南	381417	75265	20	45770	12
暹罗	2500000	376000	15	180000	7.2
北婆罗洲	75000	30000	40	9000	12
其他	—	11502	—	7000	—

① 《菲律宾华侨华人概况》，中国侨网，2014 年 4 月，http：//www.chinaqw.com/hqhr/2014/04-21/1153.shtml。

② Teresita Ang See, "The Chinese in the Philippines: Continuity and Change," *Asian Study Journal*, Vol. 33, 1997, p. 70.

第二节　华侨华人的经济与政治参与

凭借在中菲海洋贸易和西班牙殖民体系中的独特作用，菲律宾华人很早就确立了他们在菲律宾群岛商业和经济领域的关键地位。在菲律宾独立后，华人的经济地位得到了进一步强化，华人企业家的身影，几乎活跃在菲律宾国民经济的每一个领域。随着本土认同的形成与确立，华人也开始投身于本土政治。

一　菲律宾华人的经济活动

相对于其他东南亚国家的华人来说，菲律宾华侨华人是经商比例最高的族群。菲律宾华人吴文焕认为，可能是历史的因素造就了华人在菲律宾经济和商业领域的角色。在西班牙统治时期，西班牙权贵对中国商品的需求扩大了中国商品在菲律宾的市场，因而往返菲律宾和中国的贸易船只增多，而华人在其中发挥了关键的作用。与海洋贸易一同兴盛的则是国际移民的兴起，不少随船而至菲律宾的中国人选择在当地定居。在西班牙统治后期，华人商业及经济活动又有了更大的发展。收购土产、购销外国货成为华人的主要经济活动。随着西班牙殖民政府解除不准华人到外省去的禁令，华人的商业活动逐渐开始遍布整个菲律宾群岛。美国在统治菲律宾之后，试图使遍布全菲的华人商业网络为其所用，而后者的商业经济则借机获得较快的发展，结果，这一时期成为菲律宾华人商业史上的黄金时期，甚至几乎每一个菲律宾村庄都有华商的足迹。[①]

到了20世纪50年代，菲律宾民族主义盛行，菲律宾政府推出“菲化政策”，排斥外国侨民在菲律宾的经济活动。比如，《禁米条例》《零售商菲化法案》《禁止外侨在市立公共菜市租赁摊位营业法案》等条例的提出和部分实施对菲律宾华商的打击十分沉重。在此背景之下，华侨资本不得不转移到制造业、金融业和进出口等行业，这些行业在60年代以后迅速

---

① 吴文焕：《菲律宾华人为何多经商》，《关于华人经济奇迹的神话》，菲律宾华裔青年联合会出版社1996年版，第32—33、56页。

发展，使菲律宾华人在国家经济结构调整过程中再获先机。[①] 菲律宾华人经过打拼，在菲律宾形成了多个著名的华人企业家族/团体。1993 年拉莫斯总统指名协助国家建设的六大华人（施至成、杨应琳、吴亦辉、陈永栽、郑少坚、吴天恩）财团，其巨额财富多来自制造业、房地产业、金融业、采矿业和大规模贸易等新兴行业。[②]

时至今日，菲律宾华人在国民经济中发挥着至关重要的作用。在金融、零售、交通、地产、制造、食品等几乎所有领域，都可以看到华人活跃的身影。比如由施至成家族创建的 SM 集团，是菲律宾最大的零售商，其业务覆盖零售、超市、百货、购物中心、银行金融、房地产开发、酒店及旅游休闲产业等多个领域，也是菲律宾最大的集团公司。在食品行业，菲律宾知名的餐厅品牌如 Jollibee（快乐峰）、Red Ribbon，Greenwich，Mang Inasal，Manong Pepe's，Tita Frita Uling Uling，Chowking（超群）都是华人陈觉中的产业，他在包括菲律宾在内的世界范围内拥有差不多 1500 家左右的连锁餐厅。在金融领域，菲律宾最大的银行如金融银行、首都银行、菲律宾中华银行、菲律宾国家银行、菲律宾联盟银行等，几乎都为菲律宾华人所拥有。

根据《福布斯》（*Forbes*）杂志 2019 年菲律宾富豪榜，SM 投资集团的华人零售大亨施至成家族仍然保持着菲律宾首富的地位。在前十大富豪中，除第二、四、五位之外，其他七位富豪都是华人。

表Ⅲ－5－2　　2019 年福布斯菲律宾富豪榜[③]

排名	姓名	净资产（亿美元）	行业
1	施氏兄弟姐妹（Sy Siblings）	172.0	—
2	曼努埃尔·维拉（Manuel Villar）	66.0	房地产
3	吴奕辉（John Gokongwei，Jr.）	53.0	多元化经营
4	小恩里克·雷颂（Enrique Razon，Jr.）	51.0	港口
5	詹米·佐贝尔·德·阿亚拉（Jaime Zobel de Ayala）	37.0	多元化经营

① 庄国土、［菲］陈华岳等：《菲律宾华人通史》，厦门大学出版社 2012 年版，第 674 页。

② 庄国土：《菲律宾华人政治地位的变化》，《当代亚太》2004 年第 2 期。

③ 福布斯官网，http：//www.forbeschina.com/lists/1721。

续表

排名	姓名	净资产（亿美元）	行业
6	陈永栽（Lucio Tan）	36.0	多元化经营
7	陈觉中（Tony Tan Caktiong）	30.0	食品
8	蔡启文（Ramon Ang）	28.0	多元化经营
9	郑氏兄弟姐妹（Ty Siblings）	26.0	银行业
10	吴聪满（Andrew Tan）	25.5	多元化经营

二　菲律宾华人的政治参与

1975 年，菲律宾政府降低华侨入籍门槛，简化入籍手续，从而推动华侨大规模入籍菲律宾，大约有 50 万华人——约占华人总数的 80%，获得菲律宾国籍。[①] 到 1988 年初，只有 98625 名华侨依然保留中国国籍，[②] 菲华社会已经转变为本土型的华人社会，而华侨大规模入籍也为华人参与本土政治提供了前提条件。

不过，华人普遍的参政始于 20 世纪 80 年代。1986 年，菲律宾提前举行总统选举，总统候选人阿基诺夫人公开承认自己有华裔血统，华人选民则以前所未有的规模参加选举。1987 年，菲律宾五家华文报纸在选举期间呼吁华人积极参与，并支持华裔候选人，《世界日报》还发表评论文章《一次意义重大的选举：华人参政成熟的标志》。在 1992 年的选举中，华人社会根据各自的意见分别公开支持总统候选人。在以往的选举中，华人尽管有所倾向，但多是暗中支持，此次参选的各位候选人也对华人社会表现出极大的善意，华人选择公开表达对所支持候选人的态度。在马尼拉市长选举中，华裔候选人林斐洛参选，大多数马尼拉华人选民把选票投给他，并在经费上给予支持，促成林斐洛的当选，显示了华人的政治热情与潜力。[③]

进入 21 世纪，更多的华人开始参与政治。在 2001 年的中期选举中，至少有 5 名能讲闽南话的华裔当选众议员、2 人当选省长、1 人当选市长，还有约 20 人当选省市议员和市长；在 2007 年大选后，14 名参议员中有 3

① C. Valera Quisumbing, *Beijing-Manila Détente*, University of the Philippines, 1983, p. 118.

② 庄国土、［菲］陈华岳等：《菲律宾华人通史》，厦门大学出版社 2012 年版，第 569 页。

③ 庄国土：《菲律宾华人政治地位的变化》，《当代亚太》2004 年第 2 期。

名华裔，200多名众议员中有8名华裔，71名省长中有3名华裔，1577名市长中有102名华裔。根据菲华商联总会的数据，2011年，菲律宾政府各部、委、署、局的部级任命官员中，有14人是华人。在国会议员中，26人具有华人血统，占国会议员比例的12%以上。在各省长市长及其副手中，有274名为华人。[①] 2019年菲律宾举行参议院中期选举，菲律宾总统杜特尔特的前特别助理克里斯托弗·吴（Christopher Go）当选为参议员。

当然，菲律宾华人参与政治的方式更多地表现在为候选人提供竞选经费上。每次竞选，政客们从工商界募集的经费有很大部分来自华人社会，不少华人领袖与政界核心人物私交甚笃，并且积极参与国家事务，也被总统委以重任。

总体而言，一方面，菲律宾华人参政议政的程度日益加深。但另一方面，不少菲律宾华人长期以来游离于菲律宾政治系统之外，政治参与意识较低。此外，由于菲律宾华人人数较少，因此他们并未组建自己的政党，而是常常借助各种社会团体来进行利益表达，[②] 且华人社会内部也是派别林立，存在不同地域或新老移民的隔阂，在参政过程中，力量过于分散。

第三节　菲律宾华裔新生代的文化传承与认同

2014—2019年，笔者所在的研究团队在东南亚八国（越南和新加坡除外）进行一项题为"东南亚华裔新生代的认同及对华态度与认知"的大型调研，菲律宾的调研是其中的一部分。该研究旨在从历史的视野考察菲律宾华裔新生代的认同及对华认知。2015年7—8月，课题组在大马尼拉地区的菲律宾侨中学院（Philippines Cultural College）、崇德学校（Saint Jude Catholic School）以及雅典耀大学的孔子学院（Ateneo De Manila University）发放问卷。[③] 问卷包括30个题目，从文化、宗教、身份、对华认

---

① 庄国土、［菲］陈华岳等：《菲律宾华人通史》，厦门大学出版社2012年版，第571页。

② 孔祥利：《民主化进程中东南亚国家的华人政治参与——以菲律宾、马来西亚和印度尼西亚为例》，《东南亚研究》2008年第5期。

③ 菲律宾侨中学院在传统上与中国大陆的关系较为密切，而崇德学校则是一所本土化的天主教华人学校。

知等角度考察菲律宾华裔新生代的认同及对华认知。

使用定量方法研究菲律宾华人的认同早有先例。早在 1969 年，杰拉尔德·麦克比斯（Gerald A. McBeath）就对 2490 名华人学生进行了问卷调研，其成果体现在《菲律宾华人的政治融合》（*Political Integration of the Philippine Chinese*）一书中。在该研究中，作者运用问卷调查和数据分析的方法，探讨菲律宾华人融入菲律宾社会的进程。作者认为，菲律宾华人在语言方面已经融入菲律宾主流社会，宗教信仰上已实现菲律宾本土化，价值观方面在一定程度上还保持着中华价值观念，但同时也接受了菲律宾的价值观念，华人与菲律宾社会的联系也越来越紧密。罗伯特·提尔曼（Robert O. Tillman）的博士学位论文《中国人还是菲律宾人？——菲律宾年轻华人的族群性与政治》（Chinese or Filipino? Ethnicity and Politics among Philippine-Chinese Youth），也是以菲律宾全国多所学校的 1500 多名华人学生为研究对象，对他们进行问卷调查和深度访谈，探讨了菲律宾年轻华人的政治社会化与认同，尤其是对影响菲律宾华人的“中华属性”（Sinicity），形成其身份认同的家庭、教育、居住地点、性别等多种可能的因素进行了非常深入的探讨。①

到了 90 年代，菲律宾华教中心以及菲律宾著名华裔学者洪玉华也曾先后进行了类似的调查，以考察菲律宾华裔学生的文化认同与族群关系。1991 年，菲律宾华文教育中心对大马尼拉地区的华校进行“菲律宾华文学校学生的文化背景与认同意识的调查”，调查了 143 名华人学生，认为菲华年轻一代不仅在理智上，而且在感情上也明显地倾向于菲律宾。与此同时，华人学生大都希望接受华文教育，保留中华文化的素质。对于祖籍国中国，华人仍抱有传统的好感。② 洪玉华 1995 年的问卷调查共有 510 名受访者，他们分别来自华文学校、校友会、家长协会和 NGO 组织，在该项题为“菲律宾华人的族群认同”的调研中，作者较为全面地分析了 90

① Gerald A. McBeath, *Political Integration of the Philippine Chinese*, Berkeley: Center of South and Southeast Asia Studies, University of California, 1973. Robert O. Tilman, *Ethnicity and Politics: The Changing Political World of Philippine-Chinese Youths*, Yale University, 1973. 尽管这两项定量研究非常重要，但中国学者很少提及或者引用这两项研究成果。

② 廖赤阳、黄端铭、杨美美：《菲律宾华人学生文化背景与认同意识的调查》，《华侨华人研究历史》1996 年第 2 期。

年代中期华人的认同现状，显示出大多数年轻一代华人已经确立了其作为菲律宾华人的认同取向。①

在本课题的研究中，我们共发放问卷1000份，回收有效问卷857份，实际使用问卷844份，其中菲律宾国籍754份，中国国籍90份（大部分为中国新移民子女）。若无单独说明，本研究仅使用754份菲律宾国籍的华人受访者信息，运用SPSS 17.0软件进行分析，同时围绕部分问题，对菲律宾华人进行访谈。

本研究的754位受访者大多数年龄在35岁以下，其中12—17岁年龄段的比例为77.2%，18—34岁的比例为16.5%。就职业而言，有82.3%的受访者为学生，其次是专业人士和公司职员，分别占10.6%和5.6%。在学历上，中学和大学或以上学历的比例分别为74.5%、21.8%。在宗教信仰上，天主教和基督教是菲律宾华人最主要的宗教信仰，占比为85.9%，此外，还有15.2%的人信仰佛教。

表Ⅲ-5-3　**受访者部分信息（N=754）**

		占比（%）
职业	学生	82.3
年龄（岁）	12—17	77.2
	18 34	16.5
宗教信仰	佛教	15.2
	基督教	22.6
	天主教	63.3
学历	中学	74.5
	大学或以上	21.8

说明：问卷的受访者一般是初三学生和高中生，因此年龄一般都在15岁以上。

一　菲律宾华人的宗教信仰

早在西班牙殖民统治时期，殖民政府认为华人移民带来的风俗习惯和

① Teresita Ang See, "The Ethnic Chinese as Filipino," in Teresita Ang See edt., *The Chinese in the Philippines: Problems and Perspectives*, Vol. II, Manila: Kaisa Para Sa Kaunlaran, 1997, pp. 24 - 68.

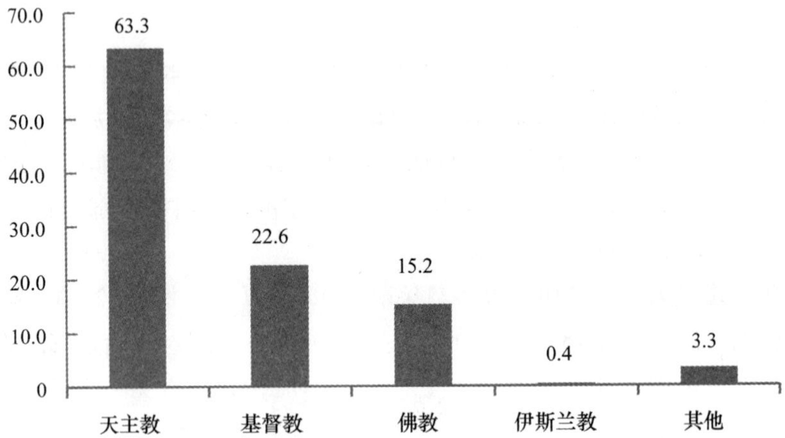

图Ⅲ－5－1　华人的宗教信仰（N＝754）

生活方式会影响其殖民统治，并阻碍菲律宾土著皈依天主教，因此制定各种归化政策，同时在税收、居留、婚姻等方面给予华人天主教徒各种优惠，以引诱更多的华人加入天主教。在西班牙殖民者对华人的大屠杀、大驱逐时期，华人天主教徒也能免遭驱赶。基于此，不少华人选择皈依天主教，天主教也因此成为菲律宾华人最主要的宗教信仰。如图Ⅲ－5－1所示，信仰天主教和基督教的华人占比为85.9%。图Ⅲ－5－1也同样显示出，多重信仰在华人中也在一定范围内存在着。研究发现，少数华人除了信仰天主教和基督教外，还保有华人传统的信仰如佛教和道教信仰。把基督教信仰和中国的宗教信仰融合起来加以崇拜，是菲律宾华人宗教信仰活动的一个独特现象，[①] 这在老一辈的菲律宾华人中体现得尤为普遍。比如在马尼拉唐人街（中国城）核心区拥有100多年历史的岷伦洛教堂（Binando）的后墙上，矗立着一个十字架，十字架下方燃放着香炉，供过往行人祷告参拜。据笔者多次观察，不少参拜者都是中老年华人，他们会燃烧香烛，同时给十字架献花，双手合十进行祷告。

---

① Teresita Ang See, "Chinese in the Philippines," in Melvin Ember, Carol R. Ember and Ian Skoggard, eds., *Encyclopedia of Diasporas: Immigrant and Refugee Cultures around the World*, Volume II: Diaspora Communities, New York: Kluwer Academic/Plenum, 2005, p. 766.

二　菲律宾华人家庭主要庆祝节日

节日在文化传承中发挥着重要的作用，在家庭主要庆祝节日方面，整体来看，华人仍然习惯于庆祝新年、圣诞节和万圣节这样的菲律宾本土节日，比例分别为93.4%、89.4%和63.6%，而庆祝华人传统节日如春节、中秋节和清明节的比例则远低于对菲律宾本土节日的重视。此外，18—34岁年龄段的受访者庆祝春节和中秋节的比例远高于12—17岁的受访者，这说明年龄组较大的华人受中华文化的影响更加深远，年龄小的组对于节日的庆祝相比较来说更贴近菲律宾节日，这反映了年轻一代与菲律宾主流社会的融入度高于年长一代，在认同上更加本土化。

表Ⅲ－5－4　家庭主要庆祝节日（N754）　（%）

	新年	春节	圣诞节	中秋节	万圣节	清明节	其他
全部	93.4	23.4	89.4	27.4	63.6	21.7	5.2
12—17岁	93.8	18.7	89.5	24.7	62.5	22.2	5.5
18—34岁	95.4	33.6	94.7	34.4	70.0	21.4	3.1

尽管圣诞节是菲律宾华人社会最主要的节日，但在春节期间，华人家庭仍然以一定的仪式来庆祝春节。45岁的Grace是在菲律宾出生的第二代华人，信仰基督教。她表示，父亲在世的时候，家里会比较重视春节，父亲去世后家里则主要庆祝圣诞节。不过，每逢春节，家里仍然会以各种形式庆祝春节，比如家庭聚餐，或者穿红色衣服去侨中学院附近的寺庙祭拜，吃团圆饭和其他华人特有的食品。农历正月初一一定要准备果篮，里面还要放上系着红色纸条的生姜，大门左右两侧要摆放菠萝，将金色的硬币装饰在菠萝里面，寓意着发财，母亲还会给晚辈发红包。①

三　菲律宾华人家庭的主要沟通语言

从表Ⅲ－5－5可以看出，20世纪60年代末，菲律宾华人家庭主要使

① 2019年3月采访于广州。

用闽南语和菲律宾他加禄语，且闽南语的使用比例超过菲语，但是随着时间的推移，华人使用闽南语的比例持续下降，而使用菲律宾语的比例已经超过闽南语。这说明随着时代的变迁，菲律宾华人家庭已慢慢融入菲律宾主流社会，家庭语言的使用也正反映了这一渐进的本土化趋势。

此外，新生代华人自小在菲律宾接受当地教育，与菲人长期相处，生活方式、思维观念和价值观都认同于当地。他们把他加禄语视为第一语言，与他们的祖父辈相比，他们对菲律宾文化更加包容。[①] 正是在菲律宾教育和社会环境的熏陶下，华人对语言的选择和使用逐渐本土化。表Ⅲ-5-6数据进一步显示，18—34岁年龄段受访者使用菲律宾语的比例相对要低于12—17岁的受访者，而使用闽南语的比例则相对要高出很多。当然，在实际的家庭生活中，菲律宾华人习惯说多种语言。

表Ⅲ-5-5　**不同时期华人家庭使用语言情况**　(%)

年份	厦门方言（闽南语）	他加禄	英语	普通话	广东话	菲方言	其他
1969	70.3	61.9	17.5	11.1	6.3	25.4	0.7
1991	69.0	43.0	17.0	4.0	3.0	—	1.0
1995	12.2	43.7	30.8	0.8	—	10.4	2.0
2015	46.6	56.7	11.0	1.2	11.0	—	1.3

说明：“—”表示无该选项。

资料来源：1969年、1991年、1995年分别指上文提到的杰拉尔德·麦克比斯、菲律宾华教中心、洪玉华的田野调查数据。

表Ⅲ-5-6　**家庭主要沟通语言**　(%)

	闽南语	他加禄语	英语	粤语	普通话	其他*
全部	46.6	56.7	11.0	7.0	1.2	1.3
12—17岁	42.3	60.4	9.5	8.6	1.2	0.9
18—34岁	57.9	44.4	15.8	1.5	0	3.0

说明：*在华人选择“其他”的人中，有人填写“台湾话”。

① Teresa Carino, “Chinese in the Philippines,” China Studies Program, De La Salle University, 1979, p. 47.

四　菲律宾华人的语言能力

1973 年 1 月，菲律宾国会通过新宪法，规定教育机构应该由菲律宾公民控制和管理，不允许建立外侨拥有的教育机构。同年 4 月，马科斯总统颁布第 176 号关于外侨学校全面菲化的法令，对华侨学校所有权、管理权和课程设置等做了明确的规定，给予华侨学校三年的过渡期，至 1976 年所有侨校须完成菲化。[①] 政府要求学校不得采用外国编的教程，只能用菲律宾教育部所颁布的标准课程，并且中文只作为选修课存在，每天教授时间不超过 100 分钟。自此，菲律宾华人的华语能力开始急剧下降。

1969 年的调查显示，受访学生普通话、英语和菲律宾语流利（Fluent）的比例分别是 32.9%、37.7%、59.6%。洪玉华 1988 年的调查显示，受访学生菲律宾语和福建话流利的比例分别是 85%和 47%。[②] 1991 年的调查显示，华人虽然菲律宾语能力最好，但认为自身华语普通话和闽南话"完全没问题"的比例分别为 29.0%、49.0%。而 2015 年的数据则显示，华人的华语能力持续大幅下降，认为自身普通话和闽南话"非常好"的比例分别下降到 8.0%和 15.6%。不过，表Ⅲ-5-8 显示，12—17 岁年龄段的受访者，无论是普通话还是闽南语水平，都显著高于 18—34 岁受访者，这在某种程度上说明菲律宾的华文教育正在逐渐取得成效，年轻一代华人的华语水平有提高的迹象。

表Ⅲ-5-7　1991 年华人语言能力调查　（%）

	完全没问题	基本没问题	非常困难/完全不会
英语	35	57	8
他加禄语	63	29	8
普通话	29	46	25
闽南语	49	38	15

① 范启华：《中菲建交和菲律宾华人的整合问题》，《华侨华人历史研究》1992 年第 2 期。

② Teresita Ang See, "The Ethnic Chinese as Filipino," in Teresita Ang See edt., *The Chinese in the Philippines: Problems and Perspectives*, Vol. II, Manila: Kaisa Para Sa Kaunlaran, 1997, p. 50.

表Ⅲ-5-8　　2015 年华人语言能力调查　　(%)

		非常好	好	一般	比较差	完全不会
全部	普通话	8.0	33.2	44.4	13.4	1.0
	闽南语	15.6	34.7	37.2	9.5	3.0
普通话	12—17 岁	7.7	36.9	46.5	8.9	0
	18—34 岁	7.6	21.2	37.9	30.3	3
闽南语	12—17 岁	15.7	35.4	37.8	8.8	2.4
	18—34 岁	11.6	27.9	41.1	14.0	5.4

第四节　菲律宾的中国新移民

自 20 世纪 70 年代末期以来，又有一批中国人陆续来到菲律宾定居和工作。早期来到菲律宾的中国新移民，依然以福建籍为主，而在过去一二十年里，中国新移民无论是在来源还是在职业构成上都更加多元化。中国新移民的流入给本土华人社会带来了新的冲击。一方面，中国新移民为本地华人社团、华文媒体乃至文化都注入了新的活力，但是另一方面，少数中国新移民卷入的非法务工，以及中国公民大量参与的网络博彩，不仅诱发了菲律宾华人的担忧，也在一定程度上损害了中国的国家形象。

一　菲律宾中国新移民潮的历史

20 世纪 70 年代中期以来，随着中国与菲律宾双边关系的改善，又有一批中国人沿着先辈的足迹，陆续移民到菲律宾。在这一波移民潮中，前期的中国移民以家庭团聚为主，因为菲律宾政府在 1950 年完全取消了中国移民配额，导致无数华人家庭的分离。而 90 年代中期以来的移民，往往依靠朋友或者同乡的关系，可以说是前期移民网络的拓展。

菲律宾华人近九成祖籍福建，这种历史联系赋予新时期的移民网络以明显的地缘和血缘特点，即自 70 年代末以来的 40 年中，移民菲律宾的中国公民仍然以福建籍为主。由于他们中的很多人在移民过程中在极大程度上借助了移民网络，因此在移居菲律宾之后，其生活、工作和人际网络仍然与传统的以福建籍移民为主的华人社会保持着非常密切的关系。他们中的很多人可能会在马尼拉唐人街或者其他福建移民聚居的商场从事零售业，闽南话也是他们重要的商业语言。

不过，在过去10年中，随着互联网的普及以及中国人海外投资的兴起，又有一大批中国公民来菲律宾工作。这批人大致可以分为三种类型。第一类是中资企业的外派人员，比如华为、中兴、烽火科技、中国建筑等公司的外派员工，其中不少人在任期届满之后可能会选择留在当地继续工作，比如创建自己的公司。第二类则是以菲律宾大马尼拉地区的帕拉尼亚克（Paranaque）、马卡蒂（Makati）和马拉翁（Malabon）为主要聚集区从事博彩业的中国员工。博彩业在菲律宾可以合法进行，只要取得当地政府的营业执照即可。在靠近机场的帕拉尼亚克（Paranaque），分布着为数众多的赌场和互联网博彩公司，比如太阳城（Solar），这里的很多赌场从投资、运营到管理，都有大量中国公民的参与。[①] 在金融中心马卡蒂（Makati）以及马尼拉唐人街以北的马拉翁（Malabon），这里聚集的中国公民主要以互联网博彩为业，据说人数在10万以上。这一数字无法得到印证，不过，由于从事博彩业的中国公民如此众多，乃至成立了专门服务博彩人员的中文小区网站博牛网，甚至还有博牛外卖，即为博彩人员提供外卖服务的网站。第三类则是服务上述人员而衍生的配套服务，比如中餐馆、理发店、中国超市、旅行社等。在过去几年里，由于中国公民人数的急剧膨胀，大量中餐馆随之涌现出来。在马卡蒂中国博彩人员聚居的区域，随处可见中餐馆和中文招牌。在首都马尼拉以外的区域，则有不少中国公民在长滩岛（Boracay）这样的旅游景点从事旅行社、潜水店等行业。此外，还有不少中国留学生在学成后留在菲律宾工作。[②]

上述群体尤其是在大马尼拉区域从事博彩业的群体——大多数来自不富裕的家庭，他们只是将菲律宾作为挣钱的场所，少有在此长期居住的打算。他们来自中国各地，而很少来自传统侨乡中国福建。与活跃在马尼拉唐人街以及青山（Green Hills）附近、以福建籍为主的中国移民相比，这一

① 2017年4月，笔者在广州飞往马尼拉的飞机上，邻座的乘客来自广东珠海。此人与朋友合作，在太阳城内经营一家VIP赌场，客户也以中国公民为主。

② 不少中国留学生在读书期间会就职于旅行社、中资公司，或者开办中餐馆，这为他们毕业后继续留在当地打下了基础。

群体基本不参与华人社会的活动，与传统华人小区保持着相当的距离。①

归根到底，菲律宾的中国公民出现两个非常大的群体。第一个群体以福建籍移民为主，他们中的很多人已经获得菲律宾的永久居留权；第二个群体则以博彩业为主，来自全国各个区域，他们基本持有的是工作签证或旅游签证。严格而言，后一个群体也许并不能纳入移民的范畴，但是由于这个群体是如此庞大，在数量上甚至可能已经超过了第一个群体，以至于我们的研究不能忽视他们。

二　中国新移民与菲律宾华人社会

大批中国新移民涌入菲律宾带来诸多问题，主要体现在以下方面。

第一，非法工作问题。一方面，福建籍中国移民在菲律宾主要从事小商品零售或批发，但是菲律宾法律对外国人在本国从事零售业设置了非常高的门槛，因此大多数福建籍中国移民在菲律宾从事的零售业在本质上并不合法。另一方面，根据菲律宾法律，在菲律宾工作的外籍人必须先到劳工部、移民局和专业管理署办理外籍人员就业许可证。如果他们的技能是菲律宾劳工市场无法提供的，而且申请人的声誉是没有瑕疵的，这些外籍人可获得在当地的就业许可证。但由于办理工作证件过程漫长，一些心急的中国公司会让中国籍工人一边工作一边等待，这也是明显的法律漏洞。② 菲律宾移民局也多次进行突袭，逮捕非法中国劳工。2013 年 9 月 24 日，菲律宾最大的劳工团体菲劳联（TUCP）声称，大约有 3000 名中国人在巴丹省和八打雁省的跨国私人承包商建筑工程中非法务工。该组织还声称，菲律宾劳动和就业部、移民局及其他机构必须调查建筑行业中越来越多的没有工作许可证的中国人。作为捍卫菲律宾劳工权益的先锋，菲劳联对于大批外国人——特别是中国人——在建筑业工作的消息表示严重关切。该机构副主席西诺指出，一些不法外国承包商钻法律漏洞，申请 300 份工作证，但却引进多于此数倍的外国劳工。③

---

① 他们当中的部分人，当然也会把家人带到菲律宾定居，但是一般是在菲律宾人活动的区域生活或者读书。

② 代帆：《"中国劳工"在菲被炒成政治牌》，环球网，2018 年 12 月 27 日，http://opinion.huanqiu.com/hqpl/2018-12/13906252.html? agt=15422。

③《菲律宾华报》2013 年 9 月 25 日；Dennis Carcamo, "3000 Chinese Illegally Working in Phl-TUCP," *The Philippines Star*, September 24, 2013; Tina G. Santos, "DOLE Probes Reports of 3, 000 Chinese Illegals," *The Philippine Daily Inquirer*, October 1st, 2013.

另外，中国在菲律宾的投资项目多集中于基础设施建设领域，需要大量懂技术又高效率的工人，中国公司为了提高效率，往往会从国内招聘大量工人。此举在菲律宾人看来挤占了本地人的工作机会，菲律宾社会及官方对此都产生了抵触情绪。

第二，博彩业问题。网络博彩业在菲律宾为合法产业，因其收益丰厚而吸引了大批中国人前往，成为其员工或顾客。但没有取得政府许可的非法博彩业也大量存在，且不少相关从业人员并没有获得可在当地工作的工作签证。另外，在利益的驱使下，往往会产生众多非法行为，菲律宾官方对此也是大力打击，相关中国公民在菲律宾被逮捕甚至驱逐出境的新闻屡见不鲜。大量中国博彩工人在菲律宾的存在，以及菲律宾媒体对涉及这一群体合法或不合法活动的广泛报道，在很大程度上引发菲律宾社会对中国劳工的忧虑。根据菲律宾社会气象站 2019 年 9 月的一项社会调研，在 1800 名受访者中，70% 的受访者对不断增加的中国工人表示担忧——在中国工人最密集的大马尼拉市，这一比例高达 76%，另外有 52% 的人认为越来越多的中国人是对菲律宾国家整体安全的威胁（27% 的人反对这一说法）。

第三，参与贩毒。在菲律宾媒体上，有关来自中国公民在菲律宾参与制毒贩毒的新闻时有报道，菲律宾民间一种广为流传的看法是，菲律宾大部分毒品都来自中国。部分菲律宾人因此对中国形成较为负面的观感，认为中国应该为菲律宾的毒品泛滥负责。

由于上述问题的存在，中国移民和劳工群体成为菲律宾政府随意执法的对象。不过，抓捕外国非法移民实际上也是菲律宾移民局“创收”的一种方式，尤其是在每年圣诞节前夕，即使是在中菲较为友好的阿罗约总统时期，也是如此。但无论如何，大量非法中国劳工的存在，无疑严重影响了中国在菲律宾的形象。

第五节　华侨华人对中菲合作的影响

如上所述，一方面，菲律宾华人已经形成了对本土的政治认同，他们视菲律宾为自己的祖国。另一方面，在不断融入本土社会的同时，菲律宾华人依然在很大程度上维系着自身的族群认同，他们对中国有着不同于菲律宾其他族群的情感，因此能够在中菲关系上发挥积极的推动作用。

一 华人对中国的认知

廖赤阳、黄端铭等人在1991年的研究中，要求受访者表达对几组球队的支持，比如北京队VS马尼拉队、台湾队VS马尼拉队、北京队VS福建队、中国大陆队VS其他国家队。研究发现，北京队或台湾队对马尼拉队时，对马尼拉的支持均高居首位，支持马尼拉者是支持北京者的近两倍，是支持台湾者的五倍，而当北京队与福建队比赛时，支持福建队者是支持北京队的三倍。在与马尼拉队以外的外国队比赛时，支持中国大陆队的，均达80%。[①] 洪玉华在1995年的问卷中测试的是受访者对中菲两国篮球队的支持，支持菲律宾队和中国队的比例分别是75.9%和15.9%。[②] 上述研究显示，菲律宾华人在政治认同上明确指向菲律宾，不过对祖籍国中国依然持有一定的认同，而且认同自身为菲律宾华人/华人的受访者，相比认同自身为菲律宾人的受访者，其对中国形象的评价更高。

在2015年的研究中，笔者同样设置了类似的选项。研究发现，第一，与之前的研究一样，菲律宾华人在政治认同上依然以菲律宾为主；第二，在中国大陆与其他国家之间，受访的菲律宾华人依然支持中国，但这一支持度已经有所下降；第三，最大的变化发生在福建队和北京队之间，即对北京队的支持远远超过对福建队的支持。研究发现，福建作为大多数菲律宾华人的祖籍地，20世纪90年代菲律宾华人可能仍对祖籍地有很强的感情。随着时间的推移，尽管菲律宾华人与中国的联系可能更加频繁，如菲律宾华社每年都会组织不少华人到中国进行交流、访学等活动，同时中国各地方政府也会举办一系列活动邀请菲律宾华人参加，在这一背景下，华人传统上与祖籍地福建的关系反而淡化了，而北京作为中国的首都和政治文化中心，则更多地被华人接触和感受到。

---

① 廖赤阳、黄端铭、杨美美：《菲律宾华人学生文化背景与认同意识的调查》，《华侨华人研究历史》1996年第2期。

② Teresita Ang See, "The Chinese in the Philippines: Continuity and Change," *Asian Study Journal*, Vol. 33, 1997, p. 60.

表Ⅲ－5－9　　　　　华人对中菲球队的支持　　　　　（%）

	福建队	北京队	无所谓	不清楚
	16.8	36.9	31.8	14.5
	中国大陆队	其他国家	无所谓	不清楚
	35.9	20.3	24.3	19.5
	菲律宾队	中国大陆队	无所谓	不清楚
全部	47.5	15.1	23.5	13.9
二代	41.8	23.8	16.4	18.0
三代	41.8	17.3	28.8	12.0
四代或以上	56.7	13.5	17.7	12.1
12—17岁	50.4	16.2	17.8	15.7
18—34岁	45.5	9.8	37.1	7.6

在纳入代际变量和年龄变量后，研究发现，第一，随着代际的更迭，华人支持菲律宾的比例越来越高，支持中国队的比例递减；支持福建队的比例持续下降，支持北京队的比例缓慢上升，且高于对福建队的支持；第二，12—17岁受访者对菲律宾队的支持度更高，但同时对中国队的支持度也更高。有受访者表示，只要不是彻底被同化的华人，对祖籍国中国都会有一定的偏好和感情。①

在2020年7月，暨南大学菲律宾研究中心和菲律宾理工大学联合发起了一次线上调研，以了解菲律宾大众对新冠肺炎疫情的态度和认知。研究发现，菲律宾华人和菲律宾人在涉华新冠肺炎疫情上显示出了不小的差别。比如，有58.6%的菲律宾华人认为中国在抗击新冠肺炎疫情上展现了全球领导力，但是菲律宾人认可中国领导力的比例则为34.6%。②

总体而言，作为一个在文化和族群上与中国存在密切关系的群体，菲律宾华人无疑对祖籍国中国持有很大程度上的偏好和情感。从这一点上而言，华人无疑可以成为推动中菲关系的有利因素。

① 见笔者2019年3月的访谈。

② 本次研究以英文，通过Google Doc平台进行，共回收问卷463份。

二 中菲关系中的菲律宾华人

在中菲关系的发展进程中，华人确实在很大程度上发挥了积极的作用。就菲律宾华人社会的主流而言，仍然希望中菲友好，一些华裔对菲律宾对外政策中过分亲美的态势表示担忧，认为这不符合菲律宾的国家利益。因此，一些华人学者、社会活动家、企业家，会以各种温和但又渐进的方式向菲律宾大众介绍有关中菲交流的历史，以及中菲在经济方面的合作与潜力，希望菲律宾的外交政策能够更加平衡。此外，华人普遍反感美国在中菲关系和南海争端上所扮演的角色，一些华人还希望菲律宾政府在处理中菲关系时能够保持足够的理性。

以菲律宾华人推动成立的菲律宾中华研究学会（Philippines Association for Chinese Studies，PACS）为例，该会由菲律宾知名华人学者、社会活动家洪玉华女士（Teresita Ang See）创办，同时囊括了菲律宾国内的一些知华友华人士，一直试图从民间层面推动中菲友谊，促进菲律宾大众对中国的认识。该会最近几年每年都召开中菲关系和南海问题研讨会，希望能够促进中菲对南海争端和中菲关系的理解。2013 年 4 月，在菲律宾华商的支持下，PACS 组织成员到上海和北京，与中国的智库就中菲关系展开对话。当年 12 月，PACS 又组织中菲学者开展研讨会和圆桌对话，邀请中国学者与菲律宾官方高层进行互动。自 2019 年底新冠肺炎疫情暴发以来，菲律宾中华研究学会已经组织了多次与中国议题有关的线上论坛。这些活动不一定可以起到立竿见影的效果，但是作为民间层面的交往，积累到一定程度就可能会对双边关系的发展起到正面的推动作用。

例如，菲律宾商会（PCCI）前主席、菲华青年企业家俱乐部（Anvil Business Club）前主席李栋梁（George Siy），长期通过组织各种论坛和学术会议，来促进菲律宾大众对菲律宾经济、中国文化和中菲关系的了解。菲律宾华人记者李天荣（Wilson Lee Flores）、专栏作家张万兴（Herman Tiu Laurel）等人则在媒体上评论菲律宾政府的对外政策，甚至批评菲律宾政府的南海政策。因此，华人即便不能以直接的方式对政府的对华政策施加影响，也能以渐进的、温和的方式在民间层面推动大众以更全面和客观的方式看待中菲关系。

菲律宾政府也注意到了华人在双边关系中的积极作用。2015 年 4 月，在中菲关系因南海问题陷入低谷之际，菲律宾外交部一名前副部长表示，菲律宾除了应该与北京进行双边对话外，还应动员菲华大班（华人大企业家）与中国进行幕后管道谈判。他表示："政府应进行幕后管道谈判，一如我所说的，商业及贸易通道是可以探索的方法，外交谈判不应停止，而应继续进行。"早在 2014 年，该政治家即建议菲律宾政府利用华人大班们的个人影响力——投资和文化以及对中国的亲和力与中国政府谈判。不过，一名政府高级官员说："外交部对是否采用这个方法感到犹豫，因为怀疑有些大班可能是亲中国的。"[①] 以上相互矛盾的信息表明，一方面，华人也许可以在中菲关系中发挥积极的作用，但另一方面，在一些菲律宾官员看来，华人的效忠或多或少仍然是个问题。

三　菲律宾社会对华人的认知

尽管经过多年的融合，菲律宾华人已经完全融入主流社会，已经构成菲律宾社会密不可分的一部分。长期以来，华人和菲律宾人之间的通婚现象非常普遍，以致尽管华人只占菲律宾人口不到 1.5% 的比例，但是整个菲律宾社会拥有华人血统的比例可能在 20% 以上。华人对本土社会的贡献，也得到了主流社会的认可。

但是，如上所述，尽管华人已经在菲律宾社会中树立起积极正面的形象，但菲律宾政府对华人的政治效忠仍然存在一定程度的怀疑。

2015 年 6 月，菲律宾华人学生庄泽美（Tiffany Grace Cheng Uy）以 1.004 的平均分完成菲律宾国立大学生物系学士课程，成为该大学自二战以来获得最高分的学生，但因其华人的姓氏而引起一些菲律宾人的微词，比如有菲律宾人认为，庄泽美是中国人而不是菲律宾人。6 月 20 日，《询问者日报》刊登《福布斯杂志第一个纯正菲律宾富豪曼尼·维惹教会他子女什么?》，称维惹（Manny Villar）是登上《福布斯》世界富豪榜的"第一个纯正菲律宾人"[②]。这实际上是把那些登上《福布斯》杂志的华人

---

① 《菲官员称菲华大班可与华进行幕后沟通》，(菲律宾)《世界日报》2015 年 4 月 21 日。

② Eric S. Caruncho, "What Forbes' 1st all-Filipino Billionaire Manny Villar Has Taught His Children," *Philippine Daily Inquirer*, June 20, 2015.

富豪视为“不纯正的”菲律宾人。7 月，菲律宾文学家尚尼扶西（F. Sionil Jose）在媒体上公开怀疑华人的忠诚，认为华人在中菲冲突时会支持中国。①

对此，华人专栏作家 Melanie Lim 发表《华人依然是二等公民》的评论，抨击种族主义仍然在菲律宾存在。Lim 的祖父在 100 多年前从中国移民到菲律宾，其父亲出生于薄荷岛（Bohol），直到 75 岁前都未曾踏足中国半步，但人们仍然视他为中国人而不是菲律宾人。Lim 自己在年轻的时候，每次申请护照时，都必须出示多种证件来证明她“听似外国人”的姓氏。Lim 写道：“我不断说服我父亲，种族主义已死。我渴望在他的脑海中，删去那段他的家人因他们的族裔背景而遭当地人掷石头的记忆。”但最后 Lim 悲伤地得出结论：“掷石头是停止了，但叛国的指责来了。因此我们心碎了。我的父亲是对的，种族主义仍然存在。我们是这个国家的二等公民。”②

另据笔者的观察，一些菲律宾人本身对华人和中国的关系并不太清楚。2015 年 8 月，笔者在随菲华商联总会（FFCCCII）到邦邦牙省（Pampanga）参加商总农村校舍交接仪式时，接受华人捐赠学校的很多学生在欢迎商总一行时，挥舞着中菲两国的国旗。③

除此之外，菲律宾华人也是一个非常多元化的群体，其政治立场、文化认同、对中国的认知等都存在较大的区别，甚至有华人公开批评中国政府在南海问题上的立场。

因此，华人社会自身的多元性，以及本土社会对华人的疑虑，在一定程度上也会影响华人在中菲关系上所能发挥的作用。在中菲关系顺利的时候，华人自可顺势而为，推动中菲关系的进一步发展，而在中菲关系遭遇挫折的时候，因为对本土社会的忌惮，华人发挥作用的空间可能就会受到挤压。

---

① F. Sionil Jose, “A Memoir of War (then) and China (now),” *The Philippine Star*, June 7, 2015。不过此人的言论遭到很多菲律宾人包括华人的批判，相关回应可参见：http://www.rappler.com/thought-leaders/101173-f-sionil-jose-donald-trump。

② Melanie Lim, “2nd-class Citizens,” *Sunstar Philippines*, July 4, 2015, https://www.sunstar.com.ph/article/18128.

③ 一位受访者对笔者表示，菲华商联总会来自中国，它捐赠修建了菲律宾农村校舍，因此受益的菲律宾学校对中国非常感谢。

不过，放眼整个东南亚地区，菲律宾华人与本土社会的融合，以及华菲族群之间的关系，可能是除了泰国之外最为融洽的。再加上华人在经济领域的能量，以及越来越普遍的政治参与，毫无疑问，他们能够在中菲合作中扮演积极的角色。

附　中菲关系大事记

1975 年 6 月 9 日，菲律宾总统马科斯及其夫人访华，中菲签署《中华人民共和国政府和菲律宾共和国政府联合公报》，两国建立大使级外交关系。同时签署的还有《中华人民共和国政府和菲律宾共和国政府贸易协定》。

1976 年 4 月，中菲两国政府在马尼拉签订《关于成立中菲贸易联合委员会协议》。1977 年以来，中菲双方每年都在北京和马尼拉轮流举行局级贸易联委会会议，商签年度贸易议定书和安排两国间进出口主要商品。2011 年后因两国关系变化而暂停，2017 年恢复。

1978 年 3 月 12 日，李先念副总理访问菲律宾，与马科斯总统及其夫人会晤。访问期间两国签订了《中华人民共和国和菲律宾共和国科技合作协定》。

1978 年 11 月 18 日，中菲在北京签署《中华人民共和国政府和菲律宾共和国政府农业合作协定》。

1979 年 7 月 8 日，两国在北京签署《中华人民共和国政府和菲律宾共和国政府民用航空运输协定》和《中华人民共和国政府和菲律宾共和国政府文化合作协定》。

1980 年 4 月 23 日，两国签订《中菲农业技术合作备忘录协定》。

1988 年 4 月 14 日，菲律宾总统科拉松·阿基诺对华进行国事访问，与邓小平等中国国家领导人举行会谈。

1992 年 7 月 20 日，中菲两国在马尼拉签署了《相互鼓励和保护投资的协定》。

1993 年 4 月 26 日至 5 月 1 日，菲律宾总统菲德尔·拉莫斯对华进行国事访问，与江泽民等中国国家领导人举行会谈。访问期间，两国签署《经济技术合作协定》。

1996 年 7 月 29 日，两国在北京签署《中华人民共和国国防部和菲律宾共和国国防部关于互设武官处的协定》。

1996 年 11 月 26 日，江泽民主席对菲律宾进行国事访问，会晤拉莫斯总统。双方发表《中华人民共和国政府和菲律宾共和国政府联合新闻公报》，并就南海“搁置争议，共同开发”达成共识。

1998 年 6 月 11—13 日，全国人大谢非副委员长作为中华人民共和国特使出席菲律宾独立百年庆典，会晤拉莫斯总统和当选总统埃斯特拉达。

1999 年 7 月，两国签订《中菲杂交水稻技术合作备忘录》和《中华人民共和国和菲律宾共和国双边投资保护协议》。

1999 年 9 月，两国签订《中菲农业及相关领域合作备忘录》。

1999 年 11 月 26 日，中国国务院总理朱镕基抵达菲律宾出席第二届东盟和中日韩领导人非正式会晤，并对菲律宾进行正式访问。

1999 年 11 月 18 日，两国在北京签订《中华人民共和国政府和菲律宾共和国政府防止双重征税及逃税的协议》。

2000 年 5 月 16 日，菲律宾总统埃斯特拉达对华进行国事访问，双方签署《中华人民共和国政府和菲律宾共和国政府关于 21 世纪双边合作框架的联合声明》。

2000 年 10 月 17 日，菲军总参谋长雷耶斯访华。

2001 年 5 月 25 日，金戈纳副总统兼外长来京出席亚欧外长会议，两国签订了《在中国和菲律宾设立银行机构的备忘录》和《中菲灌溉、农业及相关领域合作备忘录》。

2001 年 7 月 29 日，两国于北京签署《中华人民共和国菲律宾共和国打击贩毒合作备忘录》。

2001 年 10 月 29 日，阿罗约总统和金戈纳副总统兼外长来华出席上海 APEC 会议，并应中国国家主席江泽民的邀请，对华进行了为期 3 天的国事访问。两国签订了《中菲体育合作备忘录》《中国贸易促进会与菲律宾商会合作协议》《中华人民共和国和菲律宾共和国引渡条约》和《中华人民共和国政府和菲律宾共和国政府打击跨国犯罪合作备忘录》。

2002 年 4 月，菲国防部部长雷耶斯访华。

2002 年 6 月，根据阿罗约总统令，菲律宾将两国建交日定为“菲华友谊日”。

2002 年 6 月，菲律宾空军司令迪凡叟访华，菲海军舰队首次访华。

2002 年 7 月，菲律宾在上海开设总领馆，两国签订《中菲外交领事人员 5 年多次签证协议》。

2002 年 9 月，中共中央军委副主席、国务委员兼国防部部长迟浩田访菲。

2002年9月11日，两国于北京签订《中菲双边旅游合作备忘录》。

2002年9月12日，菲律宾众议院议长何塞·德贝内西亚邀请全国人大常委会委员长李鹏访问菲律宾。

2003年8月30日，两国在马尼拉签署《中国人民银行与菲律宾中央银行货币互换协议》。

2003年11月10日，两国签订《中国海洋石油公司与菲律宾国家石油开发公司合作意向书》和《中国海洋石油公司与菲律宾国家石油公司在南海部分海域开展联合地震工作的协议》。

2004年，菲律宾国防部部长克鲁兹和武装部队总参谋长阿巴亚上将分别访华，双方建立年度防务安全磋商机制。

2004年3月2日，两国在北京签署《中菲航空服务备忘录》。

2004年6月，中国外交部部长李肇星作为主席特使访问菲律宾并参加菲律宾总统就职仪式，其间与阿罗约总统举行会谈。

2004年9月1日，两国在北京签署《中华人民共和国旅游局和菲律宾共和国旅游部旅游合作执行计划》《中华人民共和国农业部和菲律宾共和国农业部渔业合作备忘录》和《互免持外交、公务（官员）护照人员签证协定》。

2004年11月8日，两国在北京签署《中华人民共和国国防部和菲律宾共和国国防部防务合作备忘录》。

2004年9月1日，菲律宾总统阿罗约访华期间，中菲在北京发表《中华人民共和国政府和菲律宾共和国政府联合新闻公报》，签署了《中华人民共和国国务院新闻办公室和菲律宾共和国新闻部新闻交流合作意向书》等文件。

2005 年 4 月，胡锦涛主席应阿罗约总统邀请对菲律宾进行国事访问，双方发表《中华人民共和国与菲律宾共和国联合声明》。双方一致认为中菲关系已经进入伙伴关系的黄金时期，两国决定建立致力于和平与发展的战略性合作关系。两国在马尼拉签署了包括《中华人民共和国政府和菲律宾共和国政府关于促进贸易和投资合作的谅解备忘录》《中华人民共和国交通部和菲律宾共和国交通和通信部海事合作谅解备忘录》在内的一系列文件。

2005 年 5 月 22—25 日，中国人民解放军副总参谋长熊光楷上将率中国军事代表团访问菲律宾，与菲国防部副部长桑托斯在菲国防部举行了首轮中菲防务与安全磋商。双方就国际、地区等共同关心的问题及两军关系等交流了情况和看法，增进了相互了解，并就中方向菲方提供军援的具体落实及建立中菲防务与安全磋商机制的细则达成了协议。

2006 年 4 月 15—22 日，应全国人大常委会委员长吴邦国的邀请，菲律宾共和国参议院议长富兰克林・德里隆率菲律宾参议院代表团访华。

2006 年 5 月 9 日，中央军委副主席、国务委员兼国防部部长曹刚川在北京会见了来华访问的菲律宾武装部队总参谋长赫内罗索・森加。

2006 年 6 月，菲律宾副总统德卡斯特罗访华，其间与中国国家副主席曾庆红、国务院总理温家宝等领导人会面。

2006 年 6 月 5 日，中国与菲律宾经贸合作论坛在马尼拉开幕，两国签署了《关于建立中菲经济合作伙伴关系的谅解备忘录》。

2006 年 6 月 28 日，全国人大常委会委员长吴邦国在北京会见菲律宾基督教穆斯林民主力量党总裁、众议长何塞・德贝内西亚。

2006 年 10 月，由中山大学和雅典耀大学共同筹建的孔子学院在雅典耀大学成立，这是菲律宾第一所孔子学院。

2006 年 10 月 10 日，中央军委副主席、国务委员兼国防部部长曹刚川在八一大楼会见了来华出席第二次中菲防务安全磋商的菲律宾国防部副部长桑托斯。

2006 年 12 月，中国外长李肇星在菲律宾宿务出席东盟外长会议，其间与菲律宾外长罗慕洛举行会谈。

2007 年 1 月，温家宝总理在宿务参加第十次中国与东盟领导人会议、第十次东盟与中日韩领导人会议和第二届东亚峰会后对菲律宾进行正式访问，双方发表《中华人民共和国与菲律宾共和国联合声明》。同月，李肇星外长出席在菲律宾宿务举行的中国—东盟外长会、东盟与中日韩外长工作午餐会和东亚峰会外长工作午餐会。

2007 年 1 月 15 日，两国在马尼拉签署了《关于扩大和深化双边经济贸易合作的框架协定》和《中华人民共和国国家文物局与菲律宾共和国国家文化艺术委员会关于文化遗产保护的协议》。

2007 年 4 月 21 日，全国人大常委会委员长吴邦国在海南博鳌会见前来出席博鳌亚洲论坛年会的菲律宾总统阿罗约。

2007 年 6 月 6—7 日，阿罗约总统来华对成都和重庆进行考察访问。

2007 年 6 月 17—19 日，应中国外交部部长杨洁篪邀请，菲律宾共和国外交部部长阿尔韦托·罗慕洛对中国进行正式访问，其间与国务院总理温家宝、外交部部长杨洁篪等举行会谈。

2007 年 9 月，中国国防部部长曹刚川访问菲律宾并与菲律宾国防部部长特奥多罗举行会谈，就国际和地区安全形势、两国两军关系及其他共同关心的问题交换了意见。

2007 年 10 月，阿罗约总统来华参加特奥会开幕式，并在上海与中国国家主席胡锦涛进行会晤。

2007 年 10 月 28 日，中国国家质检总局在此间举行的首届中国—东盟质检部长会议期间同菲律宾食品主管部门签署了会议纪要，承诺建立食品安全合作机制，对双边食品贸易中发生的质量安全问题及时通报、积极磋商，并予以妥善解决。

2008 年 1 月 8—16 日，应全国人大常委会委员长吴邦国的邀请，菲律宾众议院议长何塞·德贝内西亚对中国进行正式友好访问。

2008 年 8 月，阿罗约总统来华参加奥运会开幕式，并在 7 日与中国国家主席胡锦涛举行会谈。在到访北京前，阿罗约特地到访四川地震灾区，慰问灾区人民。

2009 年 1 月 19 日，由中国国家电网公司作为最大股东的“菲律宾国家电网公司”完成交接，开始正式运营菲律宾国家输电网。这是我国电网企业首次获得境外国家级电网的运营权。

2009 年 2 月，由西北大学和布拉卡国立大学共同筹建的孔子学院在布拉卡国立大学成立。

2009 年 10 月，杨洁篪外长对菲律宾进行正式访问，双方共同签署了《中华人民共和国政府和菲律宾共和国政府关于战略性合作共同行动计划》。

2009 年 10 月 21 日，中共中央政治局常委、全国人大常委会委员长吴邦国在北京人民大会堂会见菲律宾众议院议长、基督教穆斯林民主团结力量党副主席诺格拉莱斯。

2009 年 10 月 28—29 日，外交部部长杨洁篪访问菲律宾，会见了阿罗约总统并与罗慕洛外长在马尼拉正式签署了《中华人民共和国和菲律宾共和国领事协定》。

2009 年 11 月 19—20 日，全国政协主席贾庆林访问菲律宾，会见了阿罗约总统、参议院议长恩里莱等领导人，并出席了第十届世界华商大会。

2009 年 12 月 8 日，国务委员兼国防部部长梁光烈在八一大楼会见了来访的菲律宾武装部队总参谋长维克托。

2010 年 1 月，由福建师范大学和红溪礼示大学共同筹建的孔子学院在红溪礼示大学成立。

2010 年 4 月 13 日，应菲律宾海军邀请，从亚丁湾海域护航归来的中国人民解放军海军 525 护航编队抵达马尼拉南港，对菲律宾进行了为期 5 天的友好访问。这是中国海军护航编队首次访问菲律宾。

2010 年 6 月 9 日，在中国与菲律宾建交 35 周年纪念日举行了世博会的菲律宾馆日，菲律宾总统阿罗约，中共中央政治局委员、上海市委书记俞正声出席仪式并致辞。

2010 年 7 月 1 日，刚刚就职的菲律宾总统贝尼尼奥・阿基诺三世在马尼拉会见了中国国家主席胡锦涛特使、全国人大常委会副委员长严隽琪。

2010 年 11 月 24 日，菲律宾总统贝尼尼奥・阿基诺三世在总统府马拉卡南宫会见了到访的中共中央委员、甘肃省委书记陆浩。

2010 年 12 月 8 日，国务委员兼国防部部长梁光烈在八一大楼会见了来访的菲律宾武装部队总长里卡多・戴维。

2010 年 12 月 12 日，中国国务院副总理李克强在广州会见来华出席广州亚残运会开幕式的菲律宾副总统比奈。

2011 年 4 月 12 日。中国国务院副总理王岐山在中南海会见菲律宾财政部部长塞萨尔·普里西马率领的菲律宾政府高级经贸代表团。双方就加强经贸、投资、基础设施等领域的合作交换了意见。代表团还与中国交通部部长李盛霖、商务部部长陈德铭举行了会谈。

2011 年 5 月 23 日，中国国务委员兼国防部部长梁光烈在马尼拉与菲律宾国防部长加斯明举行会谈，就双边关系及共同关心的问题交换了意见

2011 年 6 月 23 日，中共中央政治局常委、全国人大常委会委员长吴邦国在人民大会堂会见了菲律宾众议长、自由党联合主席贝尔蒙特。

2011 年 7 月 8 日，时任中国国家副主席习近平 8 日在人民大会堂会见来访的菲律宾外长德尔·罗萨里奥。此外，罗萨里奥与外交部部长杨洁篪举行会谈，双方就两国关系和重要的地区及国际问题交换了意见。

2011 年 8 月 16 日，中国国务委员、公安部部长孟建柱在中南海会见了菲律宾司法部部长德利马女士。此外德利马女士还与中国司法部部长吴爱英举行了会谈。

2011 年 9 月，菲律宾总统阿基诺应邀对华进行为期五天的国事访问，双方发表《中华人民共和国与菲律宾共和国联合声明》。

2012 年 9 月 21 日，时任中国国家副主席习近平在广西南宁会见出席第九届中国—东盟博览会的菲律宾总统特使、内政部部长罗哈斯。

2012 年 10 月 19 日，在菲律宾参加第十八轮中菲外交磋商的傅莹副外长拜会了阿基诺总统。

2013 年 4 月 28 日，中国国务委员兼国防部部长常万全在北京会见了菲律宾国防部副部长阿斯库埃塔。

2013 年 11 月，菲律宾遭受“海燕”强台风袭击，受灾严重。11 月 20 日晚，中国派往菲律宾参与救灾的首支国际救援队抵达菲律宾首都马尼拉尼诺伊·阿基诺机场。

2013 年 11 月 21 日，中国海军“和平方舟”号医院船紧急赶赴菲律宾台风重灾区塔克洛班执行人道主义医疗救助任务。这是中国首次派出舰艇赴海外灾区执行人道主义医疗救助，“和平方舟”号医院船也是首艘抵达菲律宾灾区的外国医院船。同日，中国政府应急医疗队奔赴菲律宾。

2014 年 11 月 11 日，中国国家主席习近平在出席亚太经合组织第二十二次领导人非正式会议期间，同菲律宾总统阿基诺进行简短交谈。

2015 年 9 月 3 日，中国国家副主席李源潮在北京会见来华出席中国人民抗日战争暨世界反法西斯战争胜利 70 周年纪念活动的菲律宾前总统、马尼拉市长埃斯特拉达。

2015 年 10 月，由厦门大学和菲律宾大学共同筹建的孔子学院在菲律宾大学成立。

2015 年 11 月，王毅外长对菲律宾进行工作访问，为习近平主席出席 APEC 峰会进行前期准备。

2015 年 11 月 17 日，中国国家主席习近平抵菲出席亚太经合组织第二十三次领导人非正式会议。其间与阿基诺总统简单寒暄。

2015 年 12 月 30 日，菲律宾政府宣布，菲将以创始成员国身份加入亚洲基础设施投资银行（简称“亚投行”），并分期出资 1.96 亿美元。

2016 年 3 月 17 日，第四届东盟—中日韩（10 + 3）新闻部长会议在菲律宾宿务举行。国务院新闻办公室副主任郭卫民率中国代表团出席。

2016 年 9 月 7 日，中国国务院总理李克强在老挝万象出席东亚合作领导人系列会议期间，同菲律宾总统杜特尔特进行了交谈。杜特尔特表达了愿改善对华关系的积极愿望。

2016 年 10 月 6 日，中国外交部副部长刘振民在京同菲律宾副外长马纳罗举行会谈，双方就中菲关系总体情况包括加强各领域双边合作交换了意见。

2016 年 10 月 18—21 日，杜特尔特总统应邀对中国进行国事访问。其间，习近平主席同杜特尔特总统举行会谈，双方同意共同推动中菲致力于和平与发展的战略性合作关系健康稳定发展；双方签署《关于交通基础设施合作项目清单的谅解备忘录》《关于开展产能与投资合作的谅解备忘录》；中国国务委员兼国防部部长常万全在八一大楼会见了随总统访华的菲律宾国防部部长洛伦扎纳。

2016 年 11 月 3—4 日，《区域全面经济伙伴关系协定》（RCEP）部长级会议在菲律宾宿务举行。中国商务部副部长王受文率领商务部、财政部和农业部组成的中方代表团与会。

2017 年 2 月 20—22 日，中国和菲律宾海警在菲律宾苏比克举行了海警海上合作联合委员会第二次筹备会暨成立会议，正式成立中菲海警联委会并建立了热线机制。

2017 年 2 月 19—22 日，中共中央对外联络部部长宋涛率领中共代表团访菲，并与菲民主人民力量党主席、总统杜特尔特会面。宋涛与菲律宾民力党总裁、参议长皮门特尔共同签署了中国共产党与菲民力党交流合作备忘录，这标志着中菲两国执政党正式开启了机制化交往。

2017年3月6—9日，中国商务部部长钟山访问菲律宾，与菲律宾贸工部部长洛佩兹共同主持两国政府经贸联委会第28次会议，这是该机制中断6年后再次举行。

2017年3月16日，中国国务院副总理汪洋访问菲律宾，在达沃市会见杜特尔特总统，同菲内阁经济管理团队举行会谈，出席“中国—东盟旅游合作年”开幕式活动并致辞，出席中菲经贸论坛开幕式并发表主旨演讲。

2017年4月30日，中国海军远航访问编队抵达菲律宾东南部城市达沃，开始进行为期3天的友好访问。这是此次中国海军远航访问编队出访的首站，也是中国海军舰艇编队首次访问达沃。

2017年5月15日，中国国务院总理李克强在人民大会堂会见来华出席“一带一路”国际合作高峰论坛的杜特尔特总统。

2017年5月19日，中菲南海问题双边磋商机制（BCM）第一次会议在贵阳举行。

2017年5月20日，国务院总理李克强在中南海紫光阁会见菲律宾众议长阿尔瓦雷兹。

2017年6月28日至7月1日，菲律宾外交部部长卡耶塔诺来华进行正式访问，其间先后会见中国国务院总理李克强、外交部部长王毅、国防部部长常万全。

2017年10月25日，菲律宾总统杜特尔特在马尼拉总统府会见了来访的中国国务委员兼国防部部长常万全。

2017年11月12日，李克强总理应邀出席在马尼拉举行的第20次中国—东盟（10+1）领导人会议、第20次东盟与中日韩（10+3）领导人会议和第12届东亚峰会，并在会后对菲律宾进行正式访问，其间与总统杜特尔特、众议长阿尔瓦雷斯、参议长皮门特尔会见。

2017年11月15日，中菲农业部代表签署了《关于中华人民共和国农业部向菲律宾赠送东星斑鱼苗的谅解备忘录》。同年12月14日，中国向菲律宾捐赠的首批10万尾东星斑鱼苗，在海南省文昌市清澜港码头正式启运。

2018年8月22日，中国国务委员兼外交部部长王毅会见来华参会的菲律宾外长卡耶塔诺。双方一致同意共同推进中国—东盟全面战略伙伴关系，继续全面有效落实《南海各方行为宣言》，积极有序推进“南海行为准则”磋商。

2018年8月23日，中国国务委员兼外交部部长王毅在北京会见由菲律宾财政部部长多明格斯率领的菲律宾政府代表团。

2018年9月8—11日，应菲律宾参议长索托邀请，中国全国人大常委会副委员长吉炳轩率团访问菲律宾，其间分别会见菲众议长阿罗约和副众议长黄严辉，并同参议长索托举行会谈。

2018年10月28日，中国外交部部长王毅对菲律宾进行正式访问，与杜特尔特总统举行会谈并会见了菲财政部部长多明格斯及菲内阁经济管理团队主要成员。

2018年10月30日，中菲建立人民币兑菲律宾比索的直接兑换机制。中国银行和菲央行签署谅解备忘录，批准成立菲律宾人民币比索交易协会。

2018年11月20日，中国国家主席习近平应邀抵达马尼拉对菲律宾共和国进行国事访问。访问期间两国元首共同见证了《中华人民共和国政府与菲律宾共和国政府关于共同推进“一带一路”建设的谅解备忘录》《中华人民共和国政府与菲律宾共和国政府关于油气开发合作的谅解备忘录》等多项双边合作文件的签署，两国一致决定建立中菲全面战略合作关系。

2019 年 1 月 8 日，菲律宾政府成功发行价值 15 亿美元的主权债券，中国银行首次作为联席全球协调人协助菲政府发行了这笔债券。这是菲律宾政府首次聘任中资银行作为全球协调人参与其美元债券发行。此前，中国银行曾作为主承销商及簿记管理人于 2018 年 3 月协助菲方在中国成功发行首笔价值 14.6 亿元人民币的熊猫债。

2019 年 1 月 17—21 日，由中国海军导弹护卫舰“芜湖”舰、“邯郸”舰和综合补给舰“东平湖”舰组成的海军 539 编队，对菲律宾进行友好访问。其间菲律宾国防部部长洛伦纳扎登舰参观。

2019 年 3 月 18—21 日，菲律宾外交部部长洛钦应邀访问中国并与王毅外长举行会谈。

2019 年 4 月 25 日，杜特尔特总统来华出席第二届“一带一路”国际合作高峰论坛，其间两国领导人就双边关系发展特别是“一带一路”合作达成新的重要共识。

2019 年 5 月 15 日，菲律宾在中国银行间债券市场发行价值 25 亿元人民币的三年期熊猫债。这是菲律宾发行的第二笔熊猫债。

2019 年 7 月 9 日，中菲电信监管交流会议在菲律宾马尼拉举行，中国工业和信息化部党组成员、总工程师张峰与菲律宾通信部部长格雷戈里奥·霍纳桑共同主持会议，双方就电信监管、共建共享、携号转网等领域相关政策进行了交流。

2019 年 7 月 23 日，中国和菲律宾在马尼拉举行了第 22 次外交磋商。本次磋商是去年中菲关系升格为全面战略合作关系后两国间首次外交磋商。双方就中菲关系发展、各领域合作及国际地区问题进行充分沟通，就坚持中菲友好、南海稳定与地区发展三个大方向达成重要共识。

2019 年 7 月 26 日，“一带一路”中国—菲律宾人文交流与经济合作论坛在菲律宾首都马尼拉举行，来自中菲两国经济、交通、媒体、文化等领域的近 300 名嘉宾共聚一堂，为两国人文交流与经济合作共同出谋划策。

2019 年 8 月 28 日至 9 月 1 日，杜特尔特总统应习近平主席邀请访华，其间与习近平、李克强等国家领导人举行会谈。

2019 年 10 月 24 日，菲律宾总统杜特尔特在菲律宾首都马尼拉会见了中国国务院副总理胡春华。在菲期间，胡春华还与菲律宾财政部部长多明格斯率领的内阁经济团队举行会谈。

2019 年 12 月 3 日，菲律宾教育部和中国孔子学院总部在马尼拉签署协议，双方同意启动合作项目，选拔菲律宾公立中学本土汉语教师在菲攻读汉语师范教育硕士，以推动该国汉语教学的持续发展。

2019 年 12 月 18 日，中国中车株洲电力机车有限公司与菲律宾国家铁路公司在马尼拉签署供货合同，由中国制造的动车组列车将首次出口菲律宾。根据合同，中车株机将于 2021 年 7 月向菲律宾国家铁路公司交付 3 列设计时速为 120 公里的内燃电力动车组列车。

2020 年 1 月 14 日，参加中菲海警海上合作联合委员会第三次会议暨第二次高层会晤系列友好交流活动的中国海警 5204 舰靠泊在菲律宾马尼拉港 15 号码头。这是中国海警舰艇首次访问菲律宾。

2020 年 3 月 15 日，中国国务委员兼外长王毅应约同菲律宾外长洛钦通电话。表示中方愿尽最大努力帮助菲方，决定向菲方提供检测试剂盒以及防护服等急需的医疗物资，并将积极协调派出医疗专家事宜。

2020 年 4 月 5 日，中国政府派遣的抗疫医疗专家组抵达菲律宾首都马尼拉，中方捐赠的一批防护用品、医疗设备和中成药等抗疫物资也随机抵达。

2020 年 6 月 30 日，中国共产党同菲律宾主要政党于 30 日成立“一带一路”政党共商机制并举行第一次会议，主题为“共建‘一带一路’共促经济民生”。

2020 年 9 月，中国国防部部长魏凤和访问菲律宾，并先后与菲国防部部长洛伦纳扎、总统杜特尔特举行会谈。

2021 年 1 月 15—16 日，王毅国务委员兼外长应菲洛钦外长邀请对菲律宾进行正式访问。访问期间，王毅国务委员兼外长会见杜特尔特总统，同洛钦外长举行会谈，中方承诺提供一批新冠肺炎疫苗并支持菲律宾的基础设施建设项目。